U0901131

2009

统计思政

主 编 冯 巍

吉林大学出版社

统 计 思 考　　主 编 冯 巍

责任编辑、责任校对：从立新　　封面设计：张沭沉

吉林大学出版社出版　　吉林大学出版社发行
（长春市明德路421号）　　长春科普快速印刷有限责任公司印刷

开本：880×1230毫米　1/16　　2010年4月第1版
印张：32.875　插页：24页　　2010年4月第1次印刷
字数：650千字　　1－500册

ISBN 978-7-5601-3305-8　　定价：298.00元

主　　编： 冯　巍

副 主 编： 程建华　王德军　李　悦
沙景芳　蔡晓力

编辑人员：（按姓氏笔画为序）
王　洁　孙　臻　程　春
程淑云　潘　豫

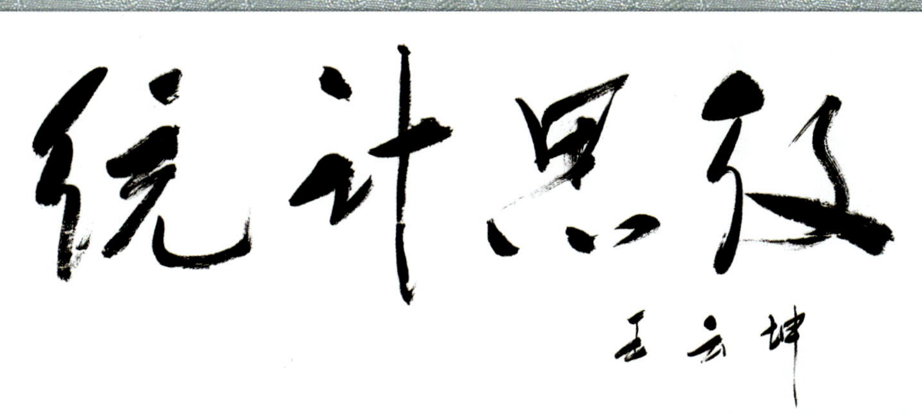

原省人大常委会主任王云坤为本书题写的书名

▲2009年2月1日，省委常委、常务副省长竺延风和省政府副秘书长张宝田、刘长龙一行在省统计局调研。

▲2009年12月10日，省委常委、省纪委书记李法泉一行到省统计局社情民意调查中心全省民主评议软环境CATI现场检查指导工作。省局党组书记、局长冯巍陪同检查。

▲2009年3月6日，时任国家统计局党组成员、纪检组长章国荣到省统计局调研。

▲2009年9月1日，国家统计局党组成员、纪检组长罗兰到省统计局与局领导班子、三总师和局机关各处室及事业单位负责人举行了座谈。

▲2009年4月2－3日，国家统计局总经济师姚景源就金融危机对实体经济影响情况对我省大型工业骨干企业进行了实地调研考察并与省统计局领导进行了座谈。

▲2009年4月2－3日，国家统计局总经济师姚景源在吉林省工业企业进行调研考察。省局党组成员、副局长程建华陪同考察。

▲ 2009年3月1－3日，国务院经济普查领导小组成员、国家税务总局副局长宋兰，国务院经普办副主任杨宽宽等一行7人到我省检查指导经济普查工作。

▲ 2009年3月1－3日，省统计局党组书记、局长冯巍陪同国务院经济普查督查组到基层检查经普工作。

▲ 2009年5月25日，省统计局党组书记、局长冯巍会见带队前来吉林省开展全国粮食清仓查库抽检工作的国家统计局农村司巡视员徐志全。

▲ 2009年9月1日，省统计局党组书记、局长冯巍在全省农业统计核算培训会议上作题为《工业化进程和社会主义新农村建设》的专题报告。

▲ 2009年2月25日，省委常委、常务副省长竺延风，省政府副秘书长张宝田与省统计局领导班子成员共同为2008年“县级统计数据质量管理AAA级单位”授奖。

▲ 2009年4月17日，辽源市委书记马明、市长王兆华一行到省统计局拜访。

▲ 2009年7月15日，省统计局召开市州统计局长上半年工作会议。

▲ 2009年7月1日，省统计局党组书记、局长冯巍，省统计局党组成员、纪检组长沙景芳共同为省社情民意调查中心揭开新牌。

▲ 2009年9月17日，由吉林省统计局、国家统计局吉林调查总队、长春市统计局、国家统计局长春调查队联合举办的“喜迎中华人民共和国六十华诞”大型文艺汇演在长春举行。

▲ 2009年11月19－20日，省统计局党组理论中心组学习扩大会议暨市州局长工作例会在长春市召开。

省领导对《统计参考》、《统计分析》的批示选登

省发改委、商务厅、统计局同志要对项目建设情况进一步摸底，尽快推动项目的开工建设和达产达效，同时主动对接长春和吉林两市进行现场办公。

推动基础设施和工业项目的启动，同时了解运行情况，寻找差距，增强信心，争取第二季度有较大的突破。

王珉

省委书记王珉为统计参考《1—2月我省投资持续快速增长，但增幅位次下滑》一文的批示。

实事求是、客观公正，全面系统，做好分析预测，请统计局同志继续努力，为吉林省科学发展做好参谋和统计基础工作。

王珉 12/11

省委书记王珉为统计参考《国际金融危机周年吉林省经济发展回顾》一文的批示。

风梧、晓光同志，目前正是文化产业发展的大好时机，望进一步加快机制体制改革的步伐，加大整合调整的力度，狠抓改革、抓好发展。

王珉
2/5

省委书记王珉为统计分析资料《吉林省文化产业生机勃发—吉林省文化产业发展状况分析》一文的批示。

省委副书记、省长韩长赋为简明统计资料《一季度我省招商引资情况分析》一文的批示。

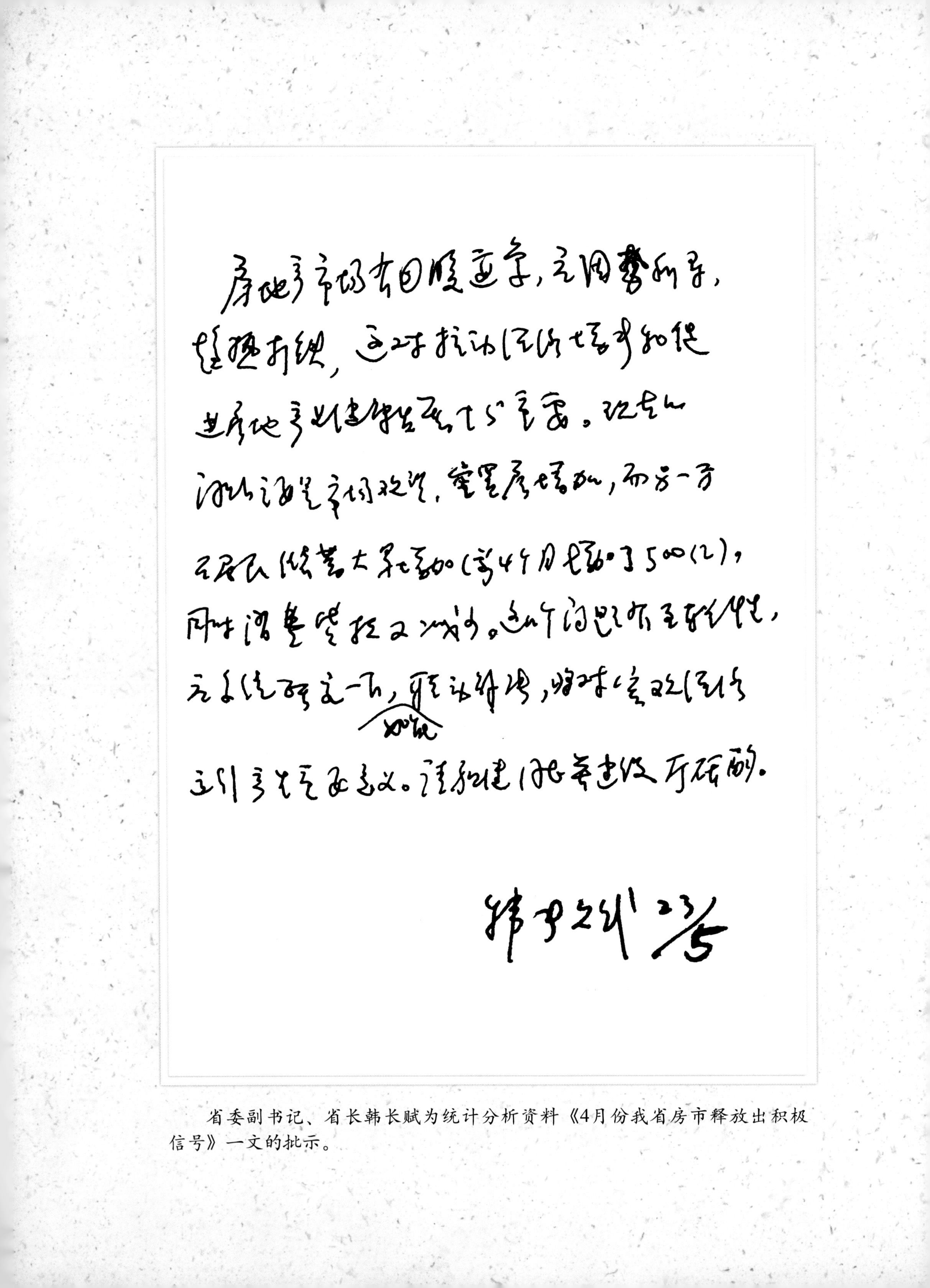

韩长赋 23/5

省委副书记、省长韩长赋为统计分析资料《4月份我省房市释放出积极信号》一文的批示。

前4个月我省金融信贷工作成绩很大，各项指标创纪录当年，对此应予以肯定，对各银行及金融机构表示感谢。但也要看到如下问题：(一)贷款增幅[illegible]，提出[illegible]一个一点，即存款增幅高于全国和中西部，而贷款增幅仍低于全国和西部；(二)企业一方面资金紧张、一方面又存款在增加；(三)4月份贷款增幅大幅下滑，这不是一个好现象；(四)存贷差仍在进一步扩大，这和振兴吉林的要求不一致；(五)个人储蓄意愿较强，这和扩大内需扩大消费的政策取向背道而驰；(六)中小企业融资仍然比较困难，创新不够。这些问题说明我省改进金融服务工作[illegible]，一定工作[illegible]。请[illegible]一个讨论会（与银行、银监局一起），研究一些办法，各方共同努力，进一步搞好工作。

此件并请[illegible]同志阅，文及。

韩长赋

五月廿三日

省委副书记、省长韩长赋为简明统计资料《1－4月份我省存贷款增量均创历史最高水平》一文的批示。

这篇报告分析的很好。其中我省服务业占（GDP）低于全国平均而人均收入高于全国平均，说明我们现代服务业和生产服务业发展相对滞后；今年以来，服务业增速明显下降，有发展问题，也有统计问题；城市化率较高，城市化质量偏低（林区、矿区），也是影响服务业发展和城市居民收入水平一个因素。这些都需要我们深入研究并努力解决之。

此件请国风、服务业领导参阅。

韩长赋

6/11

省委副书记、省长韩长赋为统计分析资料《从比较中看我省服务业发展的成就，存在的不足，寻求发展潜力》一文的批示。

印发给各地各部门，对照群众评价找差距，努力做好新一年的各项工作。

李申学

省委常委、省政法委书记、省公安厅厅长李申学为统计分析资料《保民平安服务社会，推进平安吉林建设—2009年吉林省群众安全感调查报告》一文的批示。

衷心感谢统计系统对平安吉林建设做出的贡献，对公安政法工作的大力支持。

李申学

11.16

省委常委、省政法委书记、省公安厅厅长李申学为统计分析资料《保民平安服务社会，推进平安吉林建设—2009年吉林省群众安全感调查报告》一文的批示。

省统计局关于我省文化产业发展状况的分析全面、系统、准确，送省文化体制改革领导小组成员单位阅读，并在即将召开的全省文化产业发展大会上印发。请充分吸收以上分析的判断和意见，明确提出将省文化产业培育发展为我省支柱产业的任务目标。

5.25

省委常委、省委宣传部部长荀凤栖为统计分析资料《吉林省文化产业生机勃发—吉林省文化产业发展状况》一文的批示。

统计分析做的很好，我每期都看，给予我们工作很大支持，也了解了许多分析资料情况，感谢统计局的同志们的努力工作。

关于引进内资总额这样大幅增长，涉及面较广，我们更关注的是其中用于浙江资本和固定资产投资的资金究竟引入了多少？我看统计局从去年开始已经改革了对引资的分类统计项目，请将目前的内资统计模式做一个情况说明给我。

陈伟根 11.4

副省长陈伟根为统计分析资料《1—9月份我省引资能力不断增强，招商引资总量再创历史同期最高》一文的批示。

序

《统计思考》发刊至今，已有八个年头，每一册在手，与我们既似熟悉亲切的老朋友，又每每会给我们带来惊喜与新奇。那每一笔细心核算的统计数据，每一张简明直观的统计图表，每一篇言简意赅、洋溢着数字逻辑的统计分析，用一种无声的“数字声音”向我们传达着客观而理性的统计思考。我们就是通过这样一组组数字的对比，一条条曲线的延伸，并结合身边的现实感受，从变化中体会到吉林经济发展的喜悦，从大跨越的发展中进一步坚实起发展的信心。

在刚刚经历的百年一遇的世界性金融危机中，无论是各级政府、企事业单位还是社会公众，都身有体会，而在这复杂多变的时期，统计的地位和作用尤显重要，从对当前经济发展形势的判断到未来的预测，从政府的职能转变到民众的普遍感受，都需要统计数据的印证，需要统计信息的传达。在这一本厚厚的《统计思考》里，充分体现全省统计部门切实加强统计监测和分析，认真把脉经济运行态势，用统计数据说话，为省委、省政府决策服务，为吉林经济发展做出的积极贡献。

今年是实施“十一五”规划的最后一年，也是我省发展全面实现突破的重要一年，如何做好统计服务，发挥其最有效的潜能，统计部门依然是“路漫漫其修远兮”！当金融危机的阴影随着新年的到来似乎渐行渐远的时候，当各个部门、各个领域的专家学者以及社会公众对新公布的统计数据见仁见智的时候，我们对统计工作应该更多一些信任，少一些置疑，多一些肯定，少一些轻视，统计更需要在灿烂的阳光下绽放！

二〇一〇年四月九日

目　录

吉林省2008年国民经济和社会发展统计公报

吉林省统计局

2008年，全省各族人民在党中央、国务院和省委、省政府的正确领导下，紧紧围绕科学发展、改革开放、改善民生等重点任务，继续解放思想，奋力攻坚克难，推动全省经济较快发展和社会全面进步，振兴吉林老工业基地迈出了新的步伐。

一、综　合

国民经济持续较快发展。初步核算，全省实现地区生产总值（GDP）6424.06亿元，按可比价格计算，增长16.0 %。其中，第一产业增加值916.70亿元，增长9.5%；第二产业增加值3064.63亿元，增长17.2%；第三产业增加值2442.73亿元，增长16.7%。按常住人口计算，当年人均GDP达到23514元，增长15.7%。产业结构得到进一步优化，三次产业比例为14.3：47.7：38.0，第一、二、三产业对经济增长的贡献率分别为8.1%、50.1%、41.8 %。民营经济主营业务收入增长33.6%，规模以上工业增加值单位能耗降低6.96%。

图1：2004—2008年全省地区生产总值及其增长速度

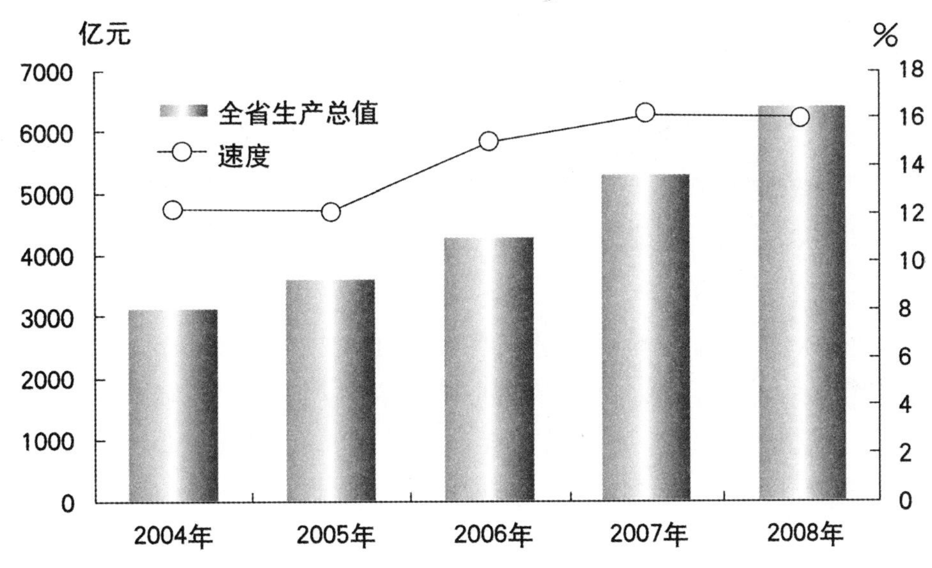

居民消费价格涨幅先高后低。全年居民消费价格上涨5.1%，涨幅提高0.3个百分点。其中，农村上涨5.3%，城市上涨5.1%。分八大类别看，食品类价格上涨12.3%（粮食价格上涨3.7%），烟酒及用品类价格上涨3.4%，衣着类价格上涨1.5%，家庭设备用品及维修服务类价格上涨2.6%，医疗保健及个人用品类价格上涨1.8%，居住类价格上涨4.2%，交通和通信类价格下降2.3%，娱乐教育文化用品及服务类价格下降0.3%。农业生产资料价格上涨27.3%，涨幅提高21.3个百分点；工业品出厂价格上涨4.9 %，涨幅提高2.2个百分点；原材料燃料动力购进价格上涨11.3%，涨幅提高6.1个百分点；固定资产投资价格上涨7.3%，涨幅提高3.4个百分点。

2008年全省居民生活消费价格指数

表1　　上年=100

指　　标	全　省	城　市	农　村
居民生活消费价格总指数	105.1	105.1	105.3
食品	112.3	112.6	111.7
其中：粮食	103.7	105.2	101.8
烟酒及用品	103.4	103.2	103.7
衣着	101.5	101.6	100.7
家庭设备用品及服务	102.6	103.1	101.6
医疗保健及个人用品	101.8	101.6	102.2
交通和通信	97.7	98.2	96.4
娱乐教育文化用品及服务	99.7	100.0	98.6
居住	104.2	102.9	108.4

财政收入增长加快。全年完成一般预算全口径财政收入845.20亿元，增长30.2%。其中，地方级财政收入422.77亿元，增长31.8%，增幅高于上年1.1个百分点。全年税收收入311.10亿元，增长31.0%。其中，企业所得税42.57亿元，增长44.7%。税收收入占地方级财政收入的比重为73.6%，下降0.4个百分点。全年完成地方财政支出1180.12 亿元，增长33.5 %，增幅高于上年10.5个百分点。其中教育支出188.03亿元，增长30.2%；社会保障和就业支出200.25亿元，增长29.7%；医疗卫生支出59.52亿元，增长40.7%；环境保护支出45.61亿元，增长89.8%；交通运输支出29.30亿元，增长24.7%。

二、农业

农业获得大丰收。全年粮食作物播种面积6586.8万亩，增长1.3%；粮食总产量2840万吨，增长15.7%，创历史最好水平。其中，玉米产量2083万吨，增长12.3%，单产7127公斤/公顷，增长13.0%；水稻产量579万吨，增长15.8%，单产8790公斤/公顷，增长17.8%。

畜牧业发展势头强劲。2008年，我省畜牧业发展速度、效益均创历史最高水平。全省猪、牛、羊、禽出栏量分别发展到2450.0万头、435.6万头、395.0万只、5.36亿只，分别增长11.4%、 3.7%、8.2%和7.5%。肉蛋奶产量分别达到384.48 万吨、127.0万吨和65.0万吨，分别增长10.6 %、12.4 %和35.4 %。畜牧业产值751 亿元，增长10.0 %。

图2 2004—2008年粮食产量及其增长速度

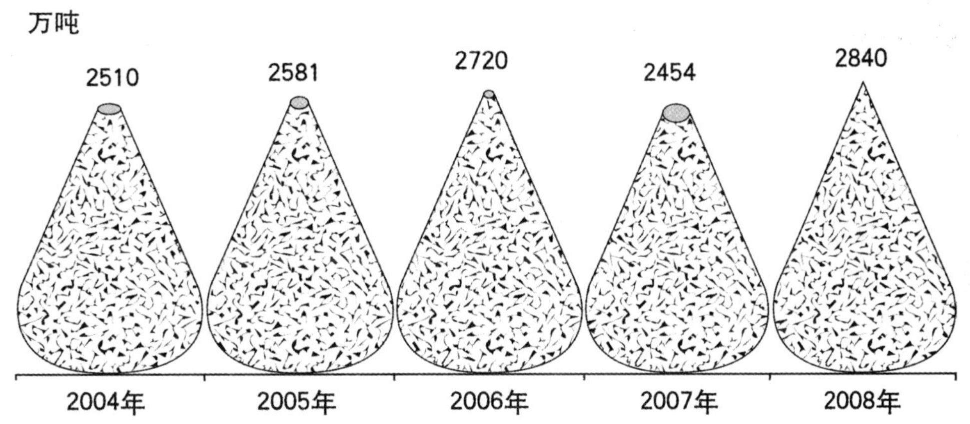

主要农副产品产量

表2

指　　标	单　位	2008年	比上年增长%
粮食总产量	万吨	2840	15.7
蔬菜总产量	万吨	857.60	-2.4
肉类总产量	万吨	384.48	10.6
鲜蛋总产量	万吨	127.00	12.4
牛奶总产量	万吨	61.75	30.5
水产品总产量	万吨	15.50	2.2
出栏生猪	万头	2450	11.4
出栏家禽	亿只	5.36	7.5

新农村建设取得可喜成果。新农村建设试点实施1000个村，并在6个县（市、区）整体推进试点。

食品质量安全工作稳步发展。全省有效使用绿色食品标志产品683个，有机食品240个，无公害农产品1814个，无公害农产品产地认定570个，环境监测面积达到3600万亩。全省“三品”（绿色食品标志产品、有机食品、无公害农产品）当年产量2879万吨，实现产值406亿元，带动农民增收43亿元，带动农户232万户，带动从事“三品”生产的农户户均增收1860元。

农产品加工保持快速发展。到2008年底，全省较大规模的农业产业化经营组织达到3510个，增长7.0%；完成固定资产投资286亿元，增长31.0%；粮食加工量达1400万吨；畜禽屠宰加工量达3.1亿头(只)，增长5.4%；农产品加工业销售收入1860亿元，增长18.5%。

林业经济、园艺特产业加快发展。全省实现林业产值538亿元；实现园艺特产业产值474亿元。

农业基础设施建设高速发展。全省农机总动力达到1800万千瓦，增长7.3%。主要农业机械与设备均有增加，其中拥有大中型拖拉机20.1万台、排灌机械45万台、农用水泵47万台，分别增长21.8%、0.9%和6.8%。农田水利建设进一步加强，农田有效灌溉面积和旱涝保收面积分别达到167.89万公顷和102.31万公顷，提高2.3%和6.1%。农村用电量达到34.68亿千瓦时，增长6.3%。吉林增产百亿斤商品粮能力建设规划作为省级第一个增粮工程，获得国务院批准并启动实施。

全程农机化示范区建设取得新突破。启动30个县（市）全程农机化示范区建设，机械综合作业率达到48.2%。扶持发展农机大户483户和农机专业合作组织64个，示范作业面积200万亩。截至2008年末，各类农民专业合作经济组织已发展到4806个，加入农户72万户，带动农户135.7万户，分别占全省农户总数的21.2%和34.0%。

三、工业和建筑业

工业生产稳步增长。全省规模以上工业企业完成增加值2491.28亿元，按可比价格计算，增长18.6 %。其中轻工业增加值638.58亿元，增长27.0%；重工业增加值1852.69亿元，增长16.0%。（见表3、图3）

优势和特色产业增长加快。在全省规模以上工业中，交通运输设备制造、石油化工、食品加工、医药制造和通信设备、计算机及其它电子设备制造业共完成增加值1644.86亿元，增长17.0%，占全部规模以上工业增加值的比重达到66.0%，拉动全省规模以上工业增加值增长11.5个百分点，对规模以上工业增长的贡献率为61.6%。

(见表4)

赢利能力有所下降。全省规模以上工业企业在面临诸多不利因素的情况下实现利润353.80亿元，下降17.9%。

民营工业快速发展。截至2008年末，全省规模以上民营工业企业3340户，比上年末增加871户，实现工业增加值919.04亿元，增长37.3%，增幅高于全省规模以上工业平均增长水平18.7个百分点；实现利润124.45亿元，增长48.8%。

规模以上工业企业增加值

表3 单位：亿元

指　　标	2008年	比上年增长%
工业增加值	2491.28	18.6
轻工业	638.58	27.0
重工业	1852.69	16.0
其中：国有及国有控股企业	1164.57	7.8
其中：交通运输设备制造业	617.43	13.9
石油化工业	483.18	8.6
食品工业	399.48	34.0
医药制造业	134.06	19.3
通信设备、计算机及其他电子设备制造业	10.71	20.9

图3 2004—2008年工业企业增加值及其增长速度

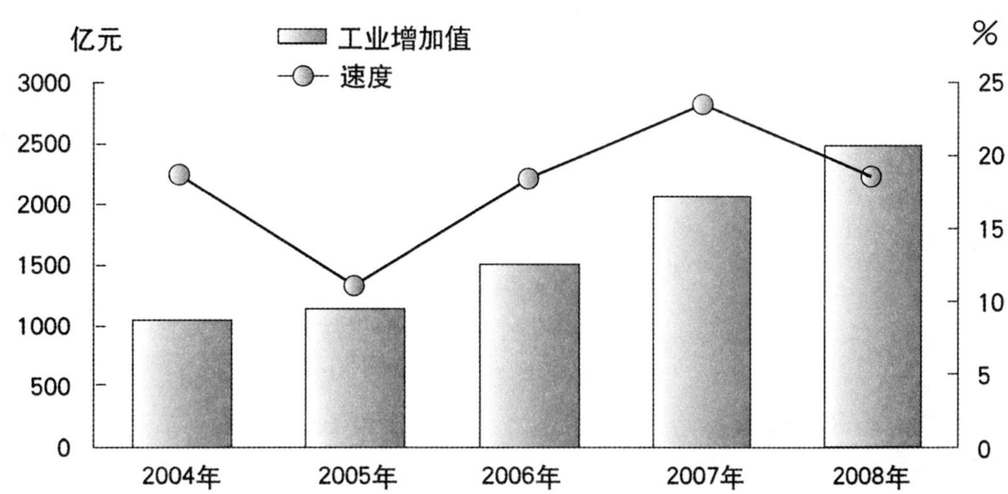

建筑业平稳较快发展。全年资质等级以上的总承包和专业承包建筑企业完成总产值962.79亿元，增长30.4%；实现工程结算收入809.44亿元，增长19.2%；建筑施

工面积5143.58万平方米，增加557.48万平方米，增长12.2%。其中实行投标承包面积4400.61万平方米，占全部施工面积的85.6%；竣工面积2560.13万平方米，增加17.52万平方米，增长0.7%。

主要工业产品产量及其增速

表4

产品名称	单　位	产　量	比上年增长（%）
纱	万吨	5.34	-14.9
布	亿米	0.40	-22.2
服　装	万件	13413.84	66.3
化学纤维	万吨	25.33	-29.7
配混合饲料	万吨	374.50	33.0
精致食用植物油	万吨	24.63	6.4
软饮料	万吨	304.89	89.7
卷　烟	亿支	329.00	7.3
汽车仪器仪表	万台	137.65	-5.8
原　煤	万吨	3788.01	19.1
焦　炭	万吨	379.79	1.2
天然原油	万吨	675.61	8.2
原油加工量	万吨	835.78	-2.9
发电量	亿千瓦小时	499.59	2.7
粗　钢	万吨	642.31	7.1
钢　材	万吨	718.32	15.7
生　铁	万吨	580.71	19.5
铁合金	万吨	58.76	-6.4
黄　金	千克	8412.06	63.5
十种有色金属	万吨	0.27	33.9
水　泥	万吨	2581.83	-1.0
硫酸（折100%）	万吨	21.54	9.8
合成氨	万吨	50.95	-9.0
合成橡胶	万吨	16.82	-8.5
乙　烯	万吨	79.43	-9.0
农用化学肥料（氮、磷、钾类折纯）	万吨	17.90	-4.2
化学药品原药	万吨	0.67	-24.8
中成药	万吨	7.64	30.6
汽　车	万辆	86.13	4.8
轿　车	万辆	59.93	3.9

四、固定资产投资

固定资产投资保持高速增长。全年完成全社会固定资产投资5608.20亿元，增长40.1%。人均投资突破2万元，达到发达省份水平。其中，城镇投资4687.35亿元，增长40.3%，农村投资920.85亿元，增长38.9%。

图4 2004—2008年固定资产投资及其增长速度

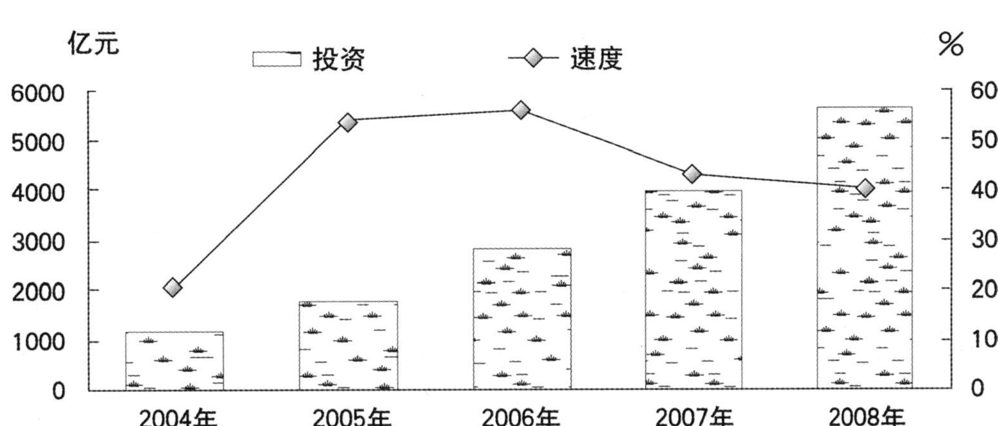

在城镇投资中，第一产业投资96.15亿元，增长93.0%；第二产业投资2609.36亿元，增长49.1%；第三产业投资1981.84亿元，增长28.7%。

全社会固定资产投资及其增速

表5　　单位：亿元

指　　标	2008年	比上年增长%
全社会固定资产投资	5608.20	40.1
城镇固定资产投资	4687.35	40.3
其中：房地产开发	625.43	27.6
其中：第一产业	96.15	93.0
第二产业	2609.36	49.1
其中：工业	2571.65	48.2
第三产业	1981.84	28.7
其中：基础设施投资	971.93	50.0
住宅投资	583.90	20.7

工业投资增长加快。全年城镇工业投资2571.65亿元，增长48.2%，对全社会投资增长的贡献率达62.1%。分行业看，石油和天然气开采业、农副产品加工业、化

学原料及化学制品业和交通运输设备制造业的投资完成情况较好，分别完成投资179.09亿元、166.15亿元、175.40亿元和327.56亿元，增长16.4 %、47.3%、25.3%和32.7%。

非国有投资高速增长。全年城镇民间投资3154.03亿元，增加1005.52亿元，增长46.8%，高于全省城镇以上投资增幅6.5个百分点。全年城镇外商和港澳台商投资243.37亿元，增加44.65亿元，增长22.5%。非国有投资占城镇投资的比重达到72.5%，提高2.2个百分点。

基础建设力度增强。全省城镇基础设施建设投资971.93亿元，增长 50.0%，占城镇固定资产投资总额的比重为20.7%。总投资3000万元以上的项目4755个，亿元以上项目766个。长白山旅游机场于北京奥运会开幕前正式通航。

房地产开发运行平稳。全年房地产开发投资625.43亿元，增长27.6%。商品房竣工面积1056.00万平方米，下降18.3%；商品房销售建筑面积1377.90万平方米，增长6.6%。其中，销售住宅面积1202.82万平方米，增长1.6%。商品房屋空置面积495.69万平方米，下降9.3%。

五、国内贸易

消费品市场稳中见旺。全年实现社会消费品零售总额2484.26亿元，增长24.3%。其中，城市消费品零售额1939.38亿元，增长24.2%，占消费品零售总额的78.1%；农村消费品零售额544.88亿元，增长24.6%，占消费品零售总额的21.9%。分行业看，批发、零售贸易业零售额2127.91亿元，增长23.7%；住宿、餐饮业零售额354.67亿元，增长28.1%；其他行业零售额1.68亿元，下降36.3%。

图5 2004—2008年社会消费品零售总额及其增长速度

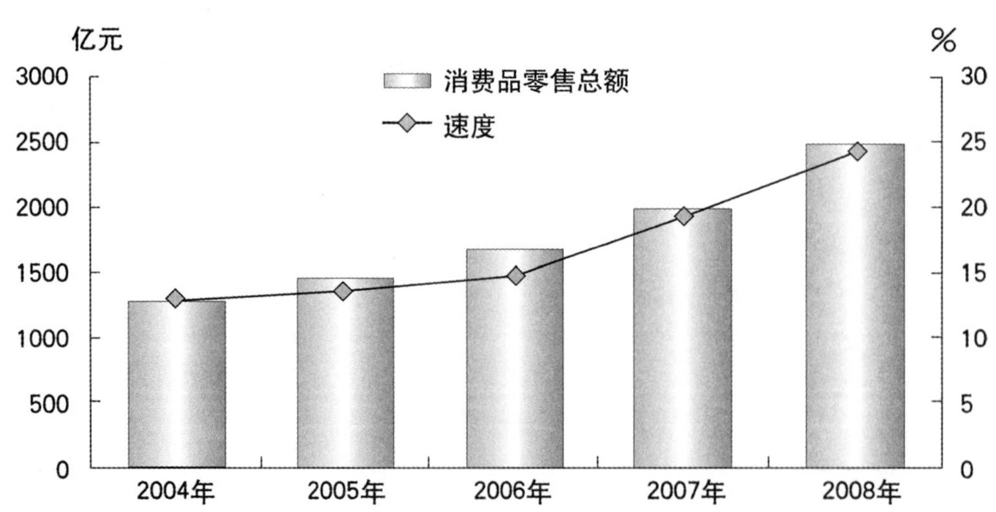

2008年社会消费品零售额及其增速

表6 单位：亿元

指　　标	2008年	比上年增长%
社会消费品零售额	2484.26	24.3
按行业分：		
批发、零售贸易业	2127.91	23.7
其中：限额以上批发零售贸易业	636.47	31.3
按商品用途分：		
食品类	61.83	36.0
衣着类	84.22	27.1
日用类	490.42	24.1
住宿、餐饮业	354.67	28.1
其他行业	1.68	-36.3
按城乡分：		
城市	1939.38	24.2
农村	544.88	24.6

消费结构升级加快。在限额以上批发零售贸易企业零售额中，汽车类增长50.2%，家具类增长20.0%，金银珠宝类增长27.8%，建筑及装潢材料类增长4.9倍，石油及制品类增长25.2%，日用品类增长37.0%。

六、对外经济

对外贸易成果丰硕。据海关统计，全省外贸进出口总值达到133.41亿美元，增长29.5%。其中实现出口总值47.72亿美元，增长23.7%；实现进口总值85.69亿美元，增长33.0%。在出口总值中，机电产品出口11.41亿美元，增长26.3%，占出口总值的比重为23.9%。

全省进出口贸易主要分类情况

表7 单位：亿美元

指　　标	2008年（亿美元）	比上年增长（%）
出口总额	47.72	23.7
其中：一般贸易	30.80	27.6
加工贸易	6.69	0.3
进口总额	85.69	33.0
其中：一般贸易	76.17	33.5
加工贸易	2.60	-10.5

图6 2004—2008年进出口总额及其增长速度

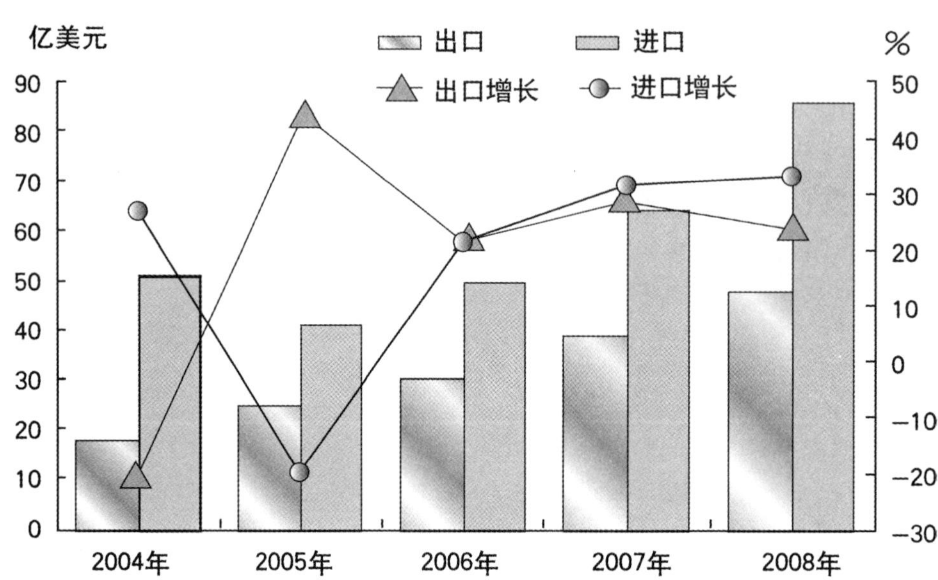

招商引资成效显著。全年实际利用外资30.08亿美元，增长32.5%，其中外商直接投资9.93亿美元，增长12.2%。全年实际引进外省资金1222.38亿元，增长61.5%。

七、交通、邮电和旅游

交通运输业增长加快。全社会全年各种运输方式完成货物周转量846.30亿吨公里，增长10.77%；旅客周转量345.35亿人公里，增长7.1%。机场旅客吞吐量384.51万人，增长11.96%。

道路基础建设稳步发展。截止2008年末全省铁路营业里程3749公里，等级公路总里程87099公里(含农村公路)，其中，高速公路924公里。2008年末全省民用汽车保有量122.94万辆，增长11.39%。其中私人汽车保有量88.47万辆，增长13.5%；私人轿车保有量35.36万辆，增长19.8%。

邮电通信业快速发展。全年完成邮电业务总量455.85亿元，增长10.4%。其中，邮政业务总量17.65亿元，增长8.0%；电信业务总量438.20亿元，增长10.5%。在邮政业务中，全年函件6959.20万件，增长6.4%；特快专递652万件，增长15.2%；邮政储蓄平均余额401亿元，增长5.3%。年末全省局用电话交换机总容量900.1万门；固定电话用户621.6万户，其中城市电话用户446.5万户，农村电话用户175.1万户，固定电话普及率23.2部/百人。移动电话用户达到1441.2万户，移动电话普及率53.9部/百人，增长5.8%。互联网络宽带接入用户175.9万户，增长22.7%。

图7 2004—2008年邮电业务总量及其增长速度

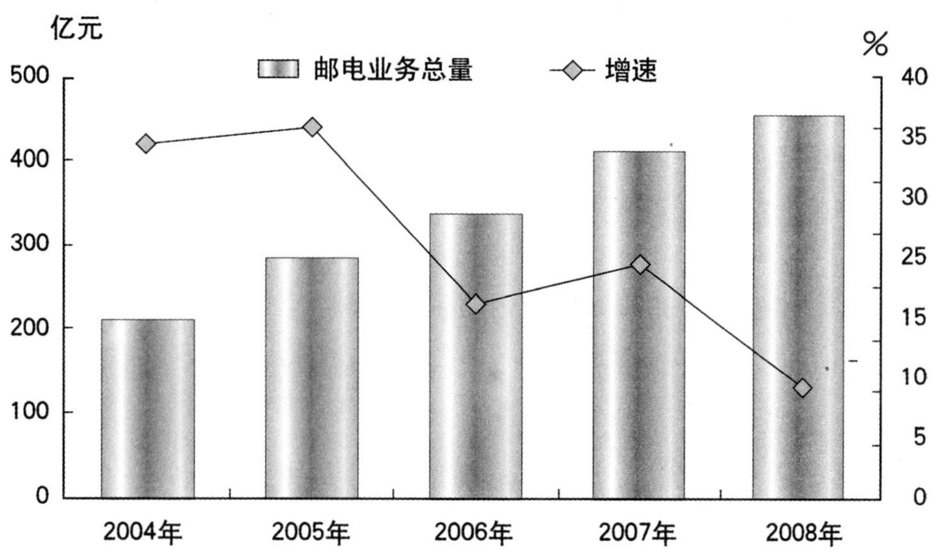

旅游业快速发展。全年接待国内外旅游者4558.65万人次，增长21.3%。其中，接待国内旅游者4496.92万人次，增长21.4%；接待入境旅游者61.73万人次，增长13.6%；其中，外国人52.46万人次，港澳台同胞9.27万人次。全年旅游总收入450.80亿元人民币，增长28.7%。其中，国内旅游收入436.10亿元人民币，增长29.6%；旅游外汇收入2.11亿美元，增长17.9%。截止2008年末，全省星级以上宾馆已达236家，其中五星级宾馆5家；旅行社488家，其中国际旅行社64家，国内旅行社424家。

八、金融、证券和保险业

金融业平稳运行。2008年末，全省境内金融机构本外币存款余额6433.34亿元，比年初增加1034.58亿元。金融机构本外币贷款余额4891.01亿元，比年初增加766.93

2008年全部金融机构本外币存贷款及其增长速度

表8 单位：亿元

指 标	年末数	比上年增长%
各项存款余额	6433.34	19.2
其中：企事业单位存款	1544.20	13.7
城乡居民储蓄存款	3975.62	22.4
其中：人民币	3923.10	23.1
各项贷款余额	4891.01	17.6
其中：短期贷款	2295.44	15.1
中长期贷款	2338.22	16.8

亿元；其中，农村信用社人民币贷款631.40亿元，比年初增加94.60亿元；人民币消费贷款312.95亿元，比年初增加52.06亿元。全年境内金融机构现金收入18036.65亿元，下降12.5%；现金支出18274.06亿元，下降11.9%；累计现金净投放237.42亿元。（见表8）

图8 2004—2008年金融机构本外币存贷款余额

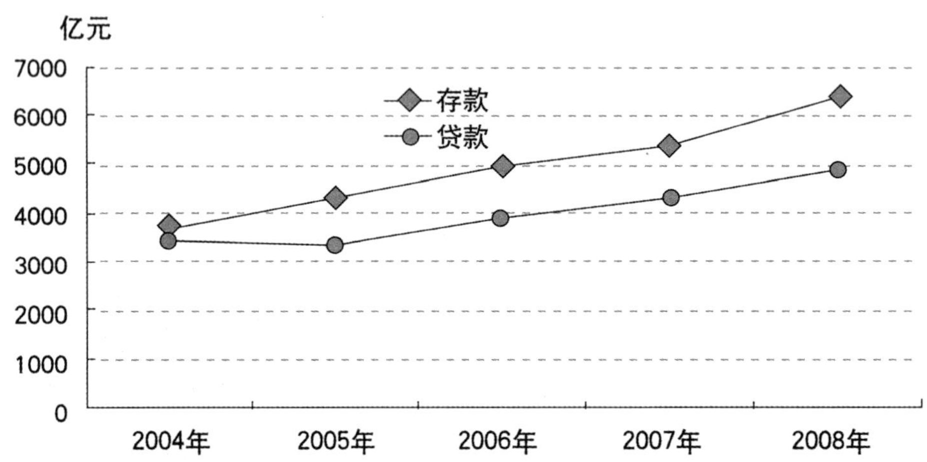

证券市场快速发展。年末全省共有上市公司39家（含境外），其中境内上市公司34家。全年证券市场（A股）直接融资14.33亿元。

保险业务健康发展。截止2008年末，全省境内已有开展保险业务的保险公司21家，有保险专业中介机构33家，兼业保险代理机构2150家。全年保费收入158.92亿元，增长36.1%。其中，寿险收入118.66亿元，增长50.7%；健康险和意外伤害险收入8.03亿元，增长3.5%；财产险收入32.23亿元，增长2.5%。全年支付各类保险赔款给付总额52.98亿元，增长18.8%。其中，寿险给付25.45亿元，增长29.5%；健康险和意外伤害险赔款3.46亿元，增长17.4%；财产险赔款24.07亿元，增长9.4%。

九、科学技术和教育

自主创新步伐加快。全省科学研究与技术开发机构422个，其中政府部门所属独立研究与开发机构135个，高等院校所属科研机构170个，大中型工业企业办科研机构117个。从事科技活动人员8.2万人，其中研究与发展人员2.8万人。拥有中国科学院和中国工程院院士29人。全省已建国家及省级高技术研究重点实验室、工程技术研究中心（创新中心）等科技公共服务平台93个，经国家认定企业技术中心13个。全社会科技创新投入大幅度增长，全年研究与发展活动经费（内部）支出50.9亿元，占全省生产总值的0.96%。全省科技进步贡献率达到43%左右。启动实施了汽车关键技术、新型光电子器件及应用技术、高性能特种高分子材料、主要农作物优良品种选育及综合配套技术、玉米生物化工产品及关键技术、重点行业节能减排技术、特色优势新药创制等7个重大科技专项。每个专项的投资强度平均达到400万元以上。围绕工业高新技术、农业科技创新、科技惠及民生、中药与生物制药等问题，组织实施了一批重点科技项目，投入经费4200万元。

科学研究成果显著。全省国内专利申请和授权量分别为5536件和2984件，分别增长5.4%和4.5%。全年共取得省部级以上科技成果498项，有7项科研成果获得国家科技奖。获省科技进步一等奖22项、二等奖60项、三等奖113项。获得授权发明专利35件。

全省共签订技术合同3647份，实现合同成交额19.6亿元。设立了常设技术市场。举办了“吉林省第五届网上科技成果暨专利技术展览交易会”，现场展示各类成果500余项，网上展示5000余项。全省建成生产力促进中心42家，其中国家级中心3家。

高新技术产业化进程加快。组织实施科技发展计划项目844项，其中，科技支撑计划219项，科技成果转化专项资金项目58项，中小企业创新基金项目132项，科技引导计划389项，科技条件与平台建设计划46项。

综合技术服务能力不断加强。全省共有产品质量检验机构 694个，国家质量检测中心13个，共监督抽查产品50种，892个批次。共有质量认证机构5个，完成了473户企业16大类1940个产品的强制性认证。法定计量技术机构62个，强制检定计量器具9.93万台件，增长11.5%。截至2008年末，我省已有27个中国名牌产品。

灾害预警和救助能力进一步增强。全省市（州）以上气象部门共发布各类气象灾害预警信号1265次，预警信息累计覆盖4245万人次，有效减轻了气象灾害的损失。全年共开展飞机人工增雨作业20架次、地面火箭作业861枚、高炮增雨17685发，累计增雨量9.6亿立方米。共有14个地震台站，2个火山观测站，16口观测井。

测绘事业成效显著。全省测绘系统共为社会各界提供各种比例尺地形图5207张，测绘大地基准成果4379点，航空摄影航片6972片，各种分辨率的航空航天影像资料244景18.74万平方公里，数字地形图数据36447MB，各种版本地图集（册）235册，各种幅面挂图359张，开发应用系统4项。全省查处地图市场违法案件2件。

义务教育成果得到提高。由于全省学校布局结构调整和学龄人口逐渐减少，义务教育学校数、在校生和招生数、教师数继续减少。全省小学6450所，减少286所；招生25.94万人，减少0.63万人；在校生150.07万人，减少3.60万人，其中县镇在校生52.59万人，农村在校生65.98万人。学龄儿童入学率为99.75%。普通初中1232所，减少31所；招生29.09万人，减少0.93万人；在校生90.57万人，减少3.58万人，其中县镇在校生43.42万人，农村在校生25.44万人。

高中阶段中等职业教育比重增加。全省高中阶段教育在校学生为75.01万人（不含技工学校），增加0.63万人；招生26.28万人，增加0.60万人。普通高中学校278所，招生15.99万人，在校生48.89万人。中等职业教育学校（机构）388所，招生10.29万人，在校生26.13万人。获得职业技术证书的人数为3.22万人，增加0.08万人。另有职工技术培训学校（机构）2812所，注册学生数73.38万人。

高等教育规模不断扩大，办学效益得到提高。高等教育毛入学率达到31.6%。全省共有研究生培养单位19个，招收研究生1.51万人，在学研究生4.29万人。普通高校45所。其中普通本科院校26所，普通专科（高职）院校19所。招收普通本科、专科（高职）学生15.49万人，增加0.80万人，在校生50.41万人，增加3.39万人。普通高等学校校均规模由0.93万人增加到0.99万人，独立学院由0.68万人增加到0.79万人。成人高校经过调整，由17所减少为16所，成人本专科共招生6.66万人，在校生17.89万人。

民办教育健康发展。全省共有各级各类民办学校（机构）2027所，在校生为36.51万人，增加1.56万人。民办普通高等学校4所，招生0.58万人，在校生1.77万人。民办非学历高等教育机构15所，各类注册学生0.64万人。民办普通高中29所，在校生2.62万人。民办中等职业学校62所，在校生3.11万人。民办普通初中29所，在校生4.24万人。民办普通小学16所，在校生2.60万人。民办幼儿园1872所，在园学生13.66万人。

学前教育、特殊教育、民族教育稳步发展。全省有幼儿园为2749所，在园幼儿（包括学前班）为31.91万人。有特殊教育学校46所，招收残疾学生626人，在校生5621人。有独立设置少数民族普通高中23所，在校生2.33万人；普通初中38所，在校生1.24万人；小学96所，在校生2.76万人；幼儿园33所，在园儿童0.44万人。

十、文化、卫生和体育

文化事业加快发展。2008年末，全省有文化馆63个，群众艺术馆13个，艺术表演团体62个，公共图书馆64个，档案馆89个，博物馆26个。全年共出版各种图书7881种、期刊237种、报纸78种，共出版各类期刊1.0亿册、图书1.8亿册、报纸9.5亿份。全省广播人口综合覆盖率为98.2%;全省电视人口综合覆盖率为98.4%；全省有线广播电视用户数为270.85万户（其中数字电视用户数136.60万户）。

全省城镇社区卫生服务体系建设全面展开，居民享有公共卫生和基本医疗服务条件得到进一步改善。截至2008年末，全省城市辖区建成社区卫生服务中心140家，人口覆盖率达91%。全省县（市）建成社区卫生服务中心69家，人口覆盖率达

81%。全省所有64（加各类开发区）个县（市、区）开展新型农村合作医疗，覆盖率达100%。1216.6万农民参加了新型农村合作医疗，参合率达82.72%。共筹集资金9.75亿元；已有512.46万参合农民受益，支付补偿资金8.75亿元，占筹资总额的89.85%。全省报告甲、乙类传染病发病人数63870例，报告死亡106人，报告传染病发病率233.96/10万，死亡率0.39/10万。全省孕产妇死亡率为28.68/10万，下降4.14%。婴儿死亡率为7.21‰，上升了9.74%。

体育事业蓬勃发展。竞技体育在2008年北京奥运会上取得重大突破，获得我省历史上首枚奥运金牌。全年在国际、国内重大比赛中共获得71枚金牌、84枚银牌和61枚铜牌。全省各级体育行政部门新建市州级全民健身中心1个，县区级全民健身中心4个，县区级健身广场31个，街道（社区）健身路径130个，乡镇健身路径141个，435个行政村配建体育器材，新建3个国家级社区体育俱乐部、7个国家级青少年体育俱乐部和4所国家级体育项目传统校；参与健身活动人数达1195.2万人次。

十一、人口、人民生活和社会保障

年末全省常住人口为2734.21万人，增加4.39万人。其中，城镇人口为1454.87万人，占全省常住人口的53.21%，提高0.05个百分点。全省人口出生率为6.65‰、死亡率为5.04‰、自然增长率为1.61‰，分别下降0.90、0.01和0.89个千分点。

城乡居民生活水平继续提高。全年城镇居民人均可支配收入12829.45元，增

图9 2004—2008年我省
城镇居民人均可支配收入和农民人均纯收入

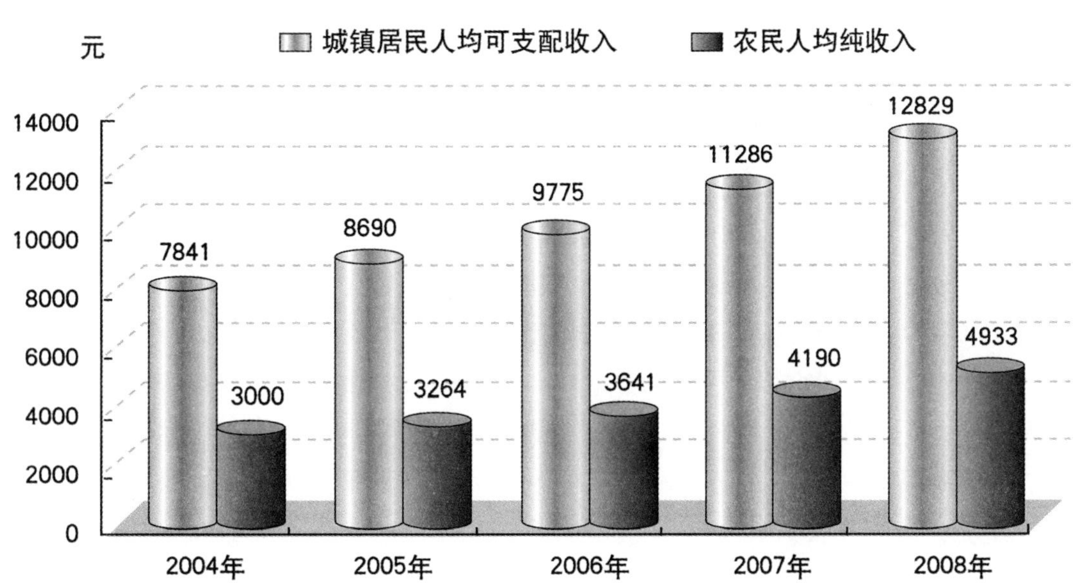

长13.7%；城镇居民人均消费性支出9729.05元，增长13.7%。农村居民人均纯收入4932.74元，增长17.7 %；农村居民人均生活消费支出3443元，增长12.4%。城镇恩格尔系数为34.0%，农村恩格尔系数为39.6%。城镇人均住房建筑面积26.97平方米，增加0.25平方米；农村人均住房面积21.94平方米，增加0.73平方米。农村泥草房改造14.7万户，城市和煤矿棚户区改造1300万平方米，林业棚户区改造30万平方米。

社会保障事业稳步发展。年末全省基本养老保险参保人数达到525.27万人，增长4.7 %。其中参保职工为369.88万人，增长4.5%；离退休人员为155.39万人。基本医疗保险参保人数达到937.42万人，增长24.3%。其中城镇职工参保人数为319.11万人，退休人员为131.80万人，城镇居民为486.51万人，增长19.9%。失业保险参保人数达到233.71万人，增长2.2%。工伤保险参保人数达到234.94万人，增长13.6%。生育保险参保人数达到227.91万人，增长31.3%。

社会保障能力进一步提高。城市低保共筹集资金21.39亿元，保障城市低保对象127万人，平均补助水平达到130元，比省政府年初制定的100元增加了30元，提高幅度达到53%；农村低保筹集资金4.33亿元，保障农村低保对象80万人，人均年补助水平540元，比省政府年初确定的420元的目标增加了120元，提高幅度达到50%。全省共筹集城乡医疗救助资金2.23亿元，救助城乡患病困难群众13.57万人次，资助农村低保对象和五保对象参加农村新型合作医疗80万人，资助城市低保对象参加城市居民基本医疗保险85.1万人。

民政事业全面推进。全省城镇各类养老机构625个，总床位3.51万张，收养各类人员2.10万人，床位使用率达65.7%，城镇每千名老人拥有床位19.8张，高于全国平均水平。通过销售社会福利彩票筹集社会福利资金15.9亿元，筹集福利公益金5.57亿元。接受“慈善救助双日捐”善款1.08亿元。

十二、环境保护和安全生产

全省环境保护事业不断发展。全省主要污染物总量减排年度任务超额完成。其中，化学需氧量（COD）排放量37.43万吨，下降6.42%，居全国第4位；二氧化硫（SO2）排放量37.75万吨，下降5.38%，与2005年相比首次出现拐点。松花江等重点流域水污染防治工作取得积极进展。全省15条江河的53个国省控断面，好于三类水质的占56.5%，有4个断面水质好于去年。松花江流域2个出省境断面稳定达标，辽河流域出省境的六家子断面、四双大桥断面、林家断面化学需氧量浓度分别比2005年下降73%、55%和66%。全省各类自然保护区达到34个，其中，国家级自然保护区11个，省级自然保护区14个，总面积223万公顷，占省域国土面积的11.93%。全省共有11个国家级生态示范区、14个国家级环境优美乡镇和1个国家级生态村。

安全生产进一步落实。全省发生伤亡事故16504起，减少2564起，死亡2014人，减少307人，分别下降13.5%和13.2%。其中，工矿商贸企业发生事故195起，减少49起，死亡239人，减少35人，分别下降20.1%和12.8%。亿元GDP生产安全事故死亡0.31人。

2008年，全省交通事故共5782次，下降16.90%，其中死亡1660人，下降11.23%，受伤6691人，下降17.42%，造成财产损失2448万元，下降24.14%。2008年共发生火灾10413起，下降10.8%，死亡25人，下降13.79%，受伤2人，下降77.78%，造成财产损失2454万元，下降11.72%。

说明：1.本公报发表的数据为年度快报初步统计数。

2.本公报部分指标数据系有关部门（行业）提供。

3.本公报地区生产总值、各产业增加值绝对数按当年价格计算，增长速度按可比价格计算。增长速度计算基期为2007年。

吉林省经济形势总体向好
结构调整任重道远

吉林省统计局

编者按：本文于2009年12月29日作为全省经济工作会议唯一参阅文件印发全会。

一、2009年全省较高质量实现“保增长”的目标

2009年全省人民在省委、省政府领导下，继续实施扩大投资、不断加大招商引资力度、有效推进国有企业改革，在金融危机状态下，总体经济很快扭转了增长速度大幅度下滑的局面，不仅实现了年初提出的“保增长”的主要目标，而且能够以较高的质量实现全省经济的增长，全省经济发展正在从“企稳回升”逐渐步入“常态较快增长”。

（一）主要指标快速恢复增长

1.地区生产总值

前三季度，我省完成地区生产总值4347.45亿元，增速达到12.1%，比全国平均

图1 今年各季度全省地区生产总值及增速

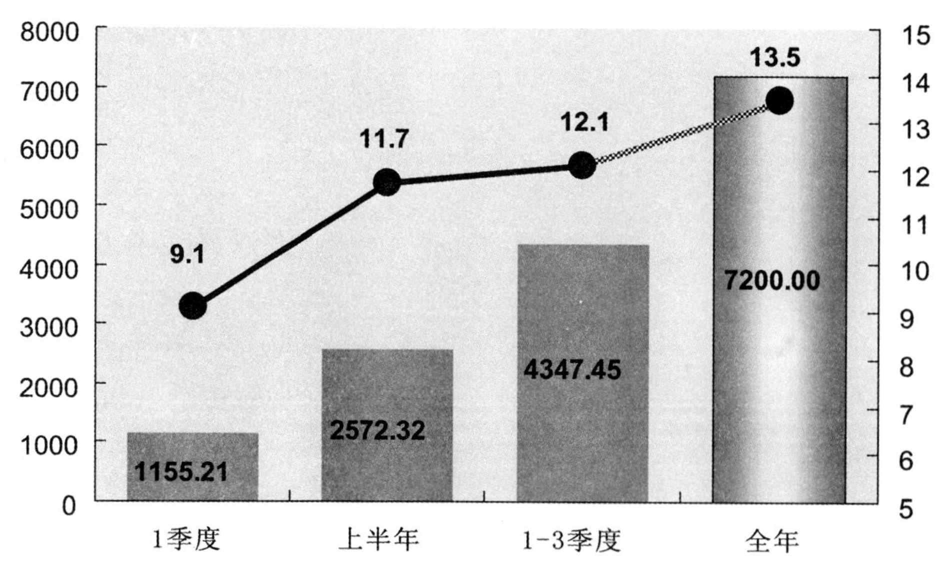

水平高出4.4个百分点，增速在全国各省区市中居第11位。分产业看，第一产业增加值达到391.85亿元，增长5.0%，比全国平均增速高1.0个百分点；第二产业增加值达到2323.94亿元，增长15.3%，比全国平均增速高7.8个百分点；第三产业增加值达到1631.66亿元，增长9.3%，比全国平均增速高0.5个百分点。根据当前的经济形势预测，全年可完成地区生产总值7200亿元左右，按可比价格计算，预计将比上年增长13.5%左右。（见图1）

纵向比较，一是今年我省地区生产总值增长速度逐季加快，一季度地区生产总值增速为9.1%，上半年增速为11.7%，前三季度增速扩大到12.1%,全年增速可达到13.5%。二是同比增幅差距逐季缩小，一季度增幅同比回落7.4个百分点，上半年增幅同比回落4.8个百分点，到前三季度回落3.9个百分点，全年增幅同比仅回落2.5个百分点。三是13.5%的增幅依然是近几年一个较高的增长水平，2002年-2008年是我省经济的快速增长期，此时期我省地区生产总值的平均增速为13.0%，可见今年的增速比这个快速增长期的平均增速还要高0.5个百分点。

横向比较，一是和临近的同为振兴中的黑龙江省比较，我省前三季度的地区生产总值增速为12.1%，比黑龙江省高3.3个百分点。二是和总量相近的津、赣、晋三省比较，我省的增速比天津低4.2个百分点，比江西高1.1个百分点，比山西高11.6个百分点；增幅同比回落的幅度比天津高3.8个百分点，比江西高1.9个百分点，但比山西低7.2个百分点。

2.工业经济

前11个月，全省规模以上工业累计实现增加值2656.79亿元，同比增长16.8%，比全国平均增速快6.5个百分点，增速居全国第10位。预计，全年可实现规上工业增加值2900亿元左右，增长17%以上，超出年初规划目标2个百分点以上。

分经济类型工业增加值

表1

分组名称	1—11月累计完成额(亿元)	1—11月累计增长(%)
规模以上工业总计	2656.79	16.8
其中：国有企业	281.76	9.9
集体企业	16.94	16.4
股份合作企业	4.80	58.3
股份制企业	1480.65	17.8
外商及港澳台商投资企业	680.51	12.6
其他经济类型企业	192.13	37.6
其中：国有控股企业	1079.77	5.0

一是各种经济类型企业生产均保持增长态势。（见表1）

各经济类型企业增加值均保持了较快的增长势头，特别是各类民营经济保持了较高的增长速度。前11个月，全省规模以上民营工业企业实现增加值1223.58亿元，同比增长33.2%，增幅高于全省平均水平16.4个百分点。

二是轻工业生产增速快于重工业。前11个月，全省规模以上轻工业企业实现增加值738.22亿元，同比增长22.8%；重工业企业实现增加值1918.56亿元，增长14.9%，轻工业生产增速快于重工业7.9个百分点，轻重工业增加值的比重达到27.8：72.2，轻工业比重同比提高1.4个百分点。

三是支柱产业特别是交通运输设备制造业生产增速持续加快，对全省工业经济增长的拉动作用继续增强。前11个月，全省九大支柱、优势和特色行业共实现增加值2063.60亿元，按可比价格计算，同比增长14.9%，对全省工业生产增长的贡献率为71.0%。其中，交通运输设备制造业实现增加值670.27亿元，同比增长11.9%，对全省工业增长的贡献率达到17.3%，拉动全省工业生产增长2.9个百分点；食品工业实现增加值456.19亿元，同比增长21.2%，对全省工业增长的贡献率为19.3%，拉动全省工业增长3.2个百分点；石化工业实现增加值362.32亿元，同比增长10.6%，对全省工业增长的贡献率为12.2%，拉动全省工业增长2.0个百分点；医药制造业实现增加值158.20亿元，同比增长24.3%；电子行业实现增加值12.53亿元，同比增长14.5%；冶金行业实现增加值139.81亿元，同比增长13.0%；能源行业实现增加值65.56亿元，同比增长1.1%；纺织行业实现增加值40.42亿元，同比增长27.8%；建材行业实现增加值158.30亿元，同比增长23.1%。

四是工业经济带动全省经济企稳回暖。去年下半年以来，我省工业生产受金融危机影响，增长放缓，工业增加值同比增速一度呈现出波动中下滑的态势，到今年1月份降至6.1%，达到最低点，此后工业生产开始筑底回升，增速逐月加快，特别是今年下半年以来，工业经济呈现出强劲反弹势头， 7月、8月、9月、10月和11月的增速分别达到20.4%、19.9%、23.0%、23.1%和23.6%。（见图2）

这表明，我省工业经济逐步摆脱国际金融危机的冲击和影响，当前工业生产的增长水平已经超过了危机前。工业经济在我省经济总量中占有重要比重，工业经济的快速回升，带动了全省经济的企稳回暖。

3.固定资产投资

前11个月，全省累计完成城镇固定资产投资5887.03亿元，同比增长34.9%，增速比全国同期水平高2.8个百分点，投资额总量居全国第13位，增速居全国第16位；占全国比重达到3.5%，比去年同期提高0.1个百分点。预计，全年可完成全社会固定资产投资7200亿元左右，增长30%左右。（见图3）

图2 各月规模以上工业增加值增速情况

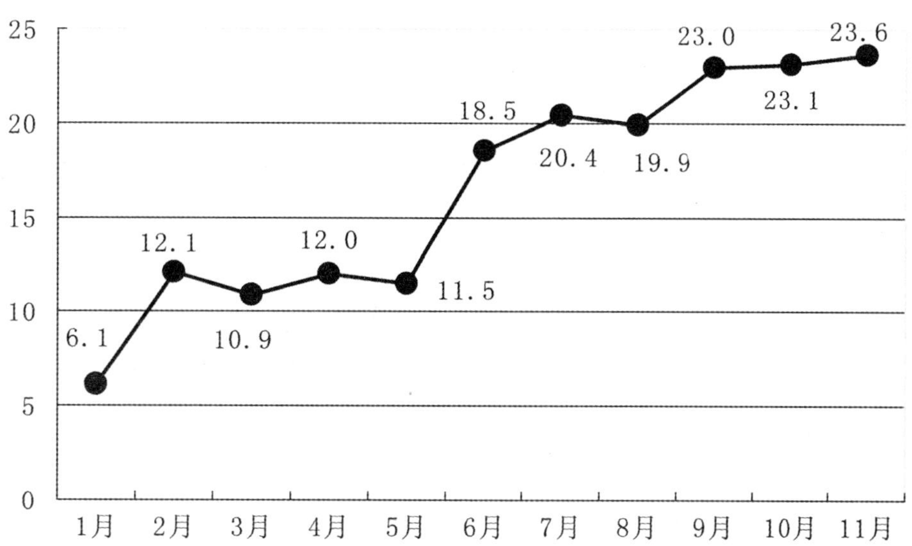

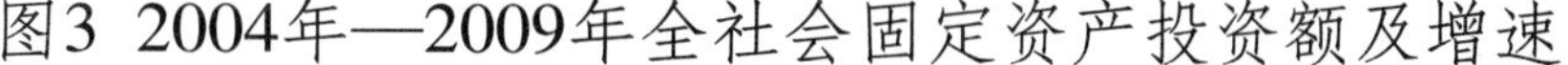
图3 2004年—2009年全社会固定资产投资额及增速

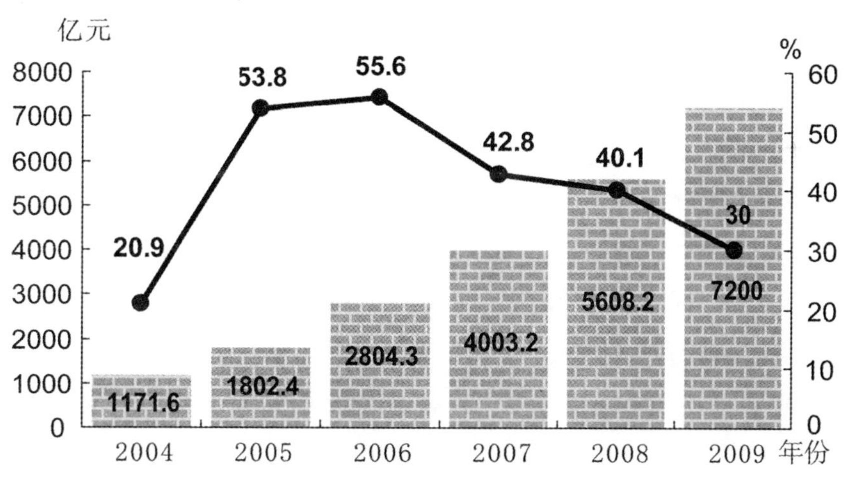

一是从项目情况看，大项目作用增强。大项目，特别是能够“立市立县”的超大项目投资的效率和效益能够有很好的保障，在地区未来的经济增长中能够起到关键性的作用。前11个月，全省新开工计划总投资超亿元以上建设项目达到356个，完成投资778.25亿元，占城镇投资的13.2%，新开工计划总投资超10亿元以上的项目33个，完成投资226.33亿元。其中，计划投资57亿元的吉林成大弘晟油页岩综合开发项目、计划投资40.69亿元的一汽集团一厂换型改造项目、计划投资38.1亿元的松原大广高速公路项目、计划投资30亿元的白山华能煤矸石发电项目、计划投资20亿元的华能风电厂项目、计划投资15.29亿元的吉林油田分公司油气开发项目、计划投资15亿元的博德医学诊断治疗制品产业化基地项目、计划投资15亿元的纽西兰乳液项目、计划投资10.96亿元的磐石多晶硅太阳能电池项目、计划投资10亿元的榆树古船米业综合加工稻谷和仓储项目是我省今年固定资产投资的重要成果，将对我省未来的经济增长起到重要作用。

二是分行业看，工业投资力度继续加大。前11个月，全省工业完成投资3291.58亿元，同比增长38.5%，增速比全部城镇投资高3.6个百分点。其中，交通运输设备制造业、化工、食品工业、建材和医药等支柱优势产业投资额分别达到504.54亿元、433.76亿元、442.59亿元、227.52亿元和 157.89亿元，同比分别增长71.5%、27.5%、 42.6%、65.2%和64.6%。加大对支柱优势产业的投资建设支持力度，是这些产业部门快速走出危机影响，推动全省工业经济恢复快速增长的重要原因之一。

4.社会消费品零售总额

前11个月，全省实现社会消费品零售总额2664.14亿元，同比增长19.0%（扣除价格因素增长20.3%），比同期全国平均水平高3.7个百分点，增速在全国各省市区中排第9位。预计，全年可实现社会消费品零售总额2900亿元以上，增长18%左右，超出年初计划目标1个百分点。

一是高层次消费成为消费热点。前11个月，我省汽车类零售额同比增长36.7%，文化办公用品类零售额同比增长21.8%，书报杂志类零售额增长26.7%，体育、娱乐用品类零售额增长34.3%，中西医药类零售额增长61.2%，建筑及装潢材料类零售额增长23.4%，增长速度均明显快于总体零售额增长水平。说明全省人民对高档消费品、医疗保健用品、文化娱乐用品的需求明显高于一般生活用品的需求，人们的消费习惯在向高档消费升级。

二是农村消费品市场领先增长。今年以来在国家多项惠农政策的拉动下，我省的农村消费品市场呈现出了强劲的增长势头。前11个月我省农村消费品零售总额达到594.34亿元，同比增长22.6%，增幅高于全省平均增长水平3.6个百分点，高于城市增长水平4.7个百分点。（见图4）

农村消费品零售额不仅增速明显高于全省水平，并且其总量所占比重也明显扩大，由去年前11个月的21.6%提高到今年同期的22.3%，提升了0.7个百分点。农村消费品市场正在成为全省扩大内需新的增长点。

5.进出口总额

前11个月，全省累计完成外贸进出口总值103.59亿美元，同比下降12.8%。其中，累计完成进口总值77.02亿美元，同比下降2.8%；累计完成出口总值26.57亿美元，同比下降32.9%。（见图5）

图4 各月社会消费品零售总额增长速度

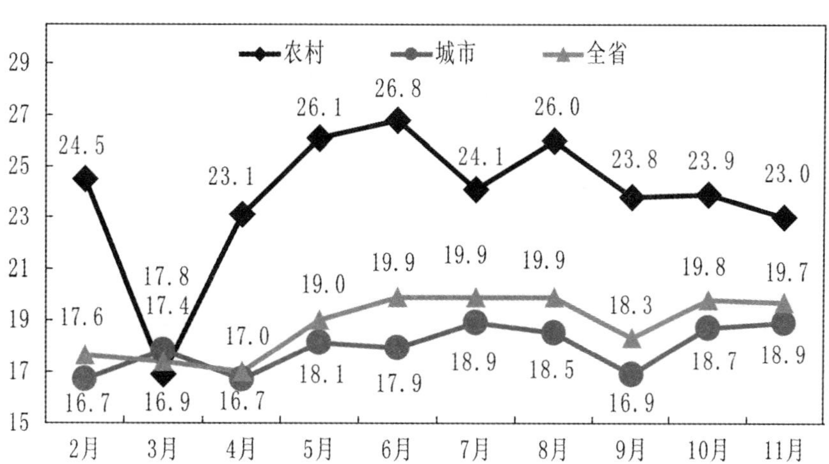

图5 各月累计进出口总额及增速

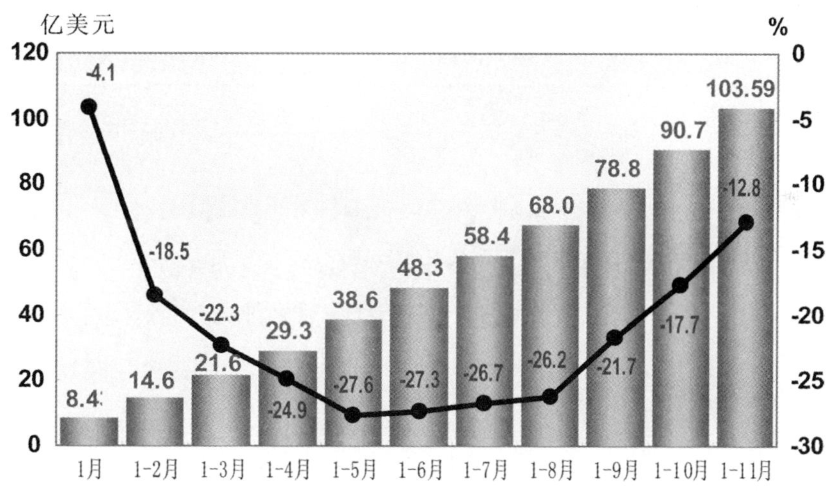

虽然进出口总值全年都处于负增长的状态，但下半年以来其降幅呈现出逐月收窄的态势。上半年降幅为27.3%，前三季度降幅缩小到21.7%。进入四季度以来，在进口额大幅增长的拉动下，降幅进一步缩小。前11个月降幅为12.8%，降幅较上半年缩小了14.5个百分点。

2008年，我省的外贸依存度仅为15%。今年这一现象不会有大的变化，所以进出口总额负增长的态势对全省经济总量的影响不大。

（二）经济增长质量不断提高

1.企业经济效益良好，财政收入大幅增长，城乡居民收入稳步增长

全省1—11月工业企业累计实现利润总额达到455.54亿元，增长24.7%，全年可达到490亿元左右，增长38%左右，将创历史最好水平。1—11月工业亏损额比上年同期下降55.4%，也为近几年较低水平。全省建筑业企业在生产较快增长的带动下，实现了利税持续增长。前三季度，实现利润总额7.28亿元，增长30.2%；上缴税金18.08亿元，增长20.7%。银行企业前三季度实现利润总额57.37亿元，增长6.7%。（见图6）

图6 规模以上工业累计盈亏相抵后利润额增速

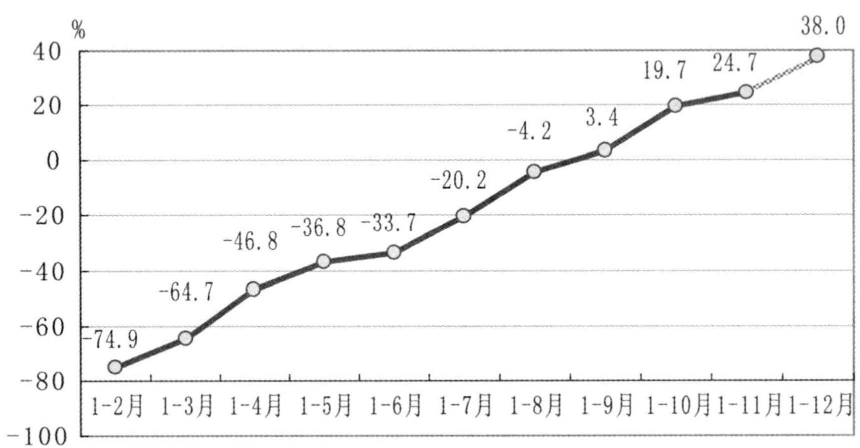

企业利润的大幅回升直接带动财政收入的增长。1—11月全省实现地方财政收入431.38亿元，比上年同期增长16.2%，今年以来始终保持两位数水平增长，并且增速呈逐月加快的趋势。税收收入更是在企业利润回升的拉动下稳步回升。前11个月全省税收收入达到322.20亿元，同比增长15.4%。其中，营业税达到105.42亿元，同比

图7 各月累计财政收入及增速

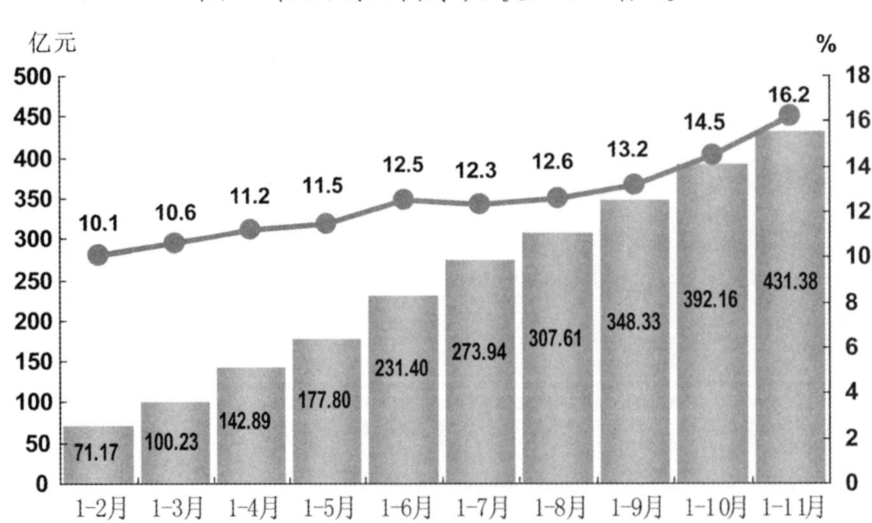

增长24.4%，企业所得税达到42.94亿元，增长6.1%，保持了稳定的增长。（见图7）

企业效益的好转也直接带动职工劳动报酬的增长。前三季度全省单位从业人员劳动报酬达到474.60亿元，比上年同期增长13.5%。前三季度城镇居民人均可支配收入达到10483元，同比增长9.7%，农民人均现金收入达到5831元，增长12.6%。

2.经济发展的保障和服务部门表现稳定

截至11月末城乡居民储蓄存款余额达到4536.87亿元，比年初增加555.32亿元，城乡居民储蓄存款余额大幅增长，表明人民收入稳步增加，潜在的消费需求有保障。截至11月末中长期贷款余额达到3150.27亿元，比年初增加809.76亿元，中长期贷款余额的大幅增长，表明金融机构对我省经济增长充满信心，对大项目建设的金融支持增加。（见图8）

图8　城乡居民储蓄存款余额和中长期贷款余额

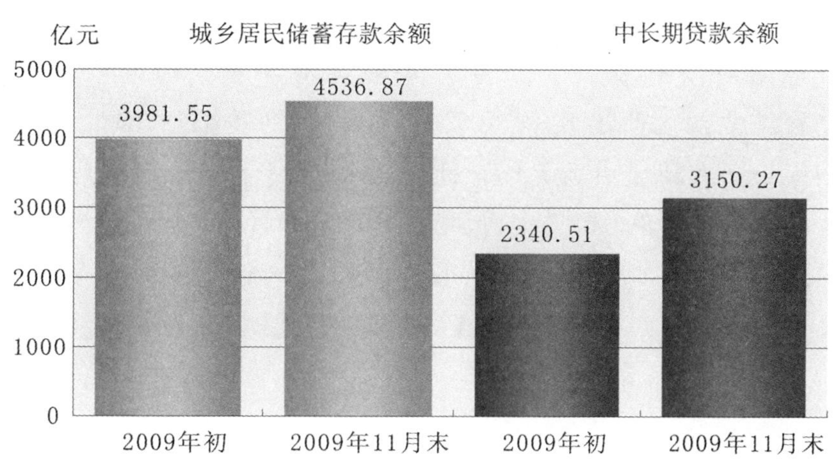

前11个月，全省铁路和公路客运量达到5.32亿人，同比增长3.5%；货运量达到3.08亿吨，同比增长9.2%。前11个月，全省邮电业务总量达到480.77亿元，同比增长15.4%；宽带接入用户219.50万户，增长25.7%；移动电话用户1565.40亿元，增长14.9%。交通运输和邮政、电信业务增长大幅回升说明经济运行的服务部门发展稳定。

3.节能降耗成效显著，单位GDP能耗下降

年初，确认全年工业节能降耗率为下降7.0%，前三季度就下降了11.4%，全年下降10%左右的目标完成的把握性较大。这个成绩的取得，得益于我省近几年节能技改项目的达产见效。据测算节能技改项目形成的节能量，约占全部节能量的30%；还得益于我省低耗能产业对工业经济贡献巨大，工业整体布局趋于优化。预

计全年单位GDP能耗下降6%左右。（见图9）

图9　单位地区生产总值能耗降低率和单位工业增加值能耗降低率

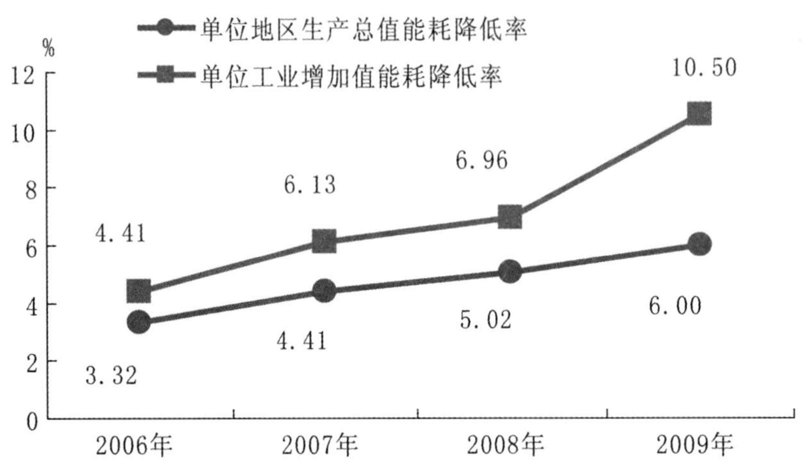

4. 投入产出效率大幅提升，工业品市场占有率稳定增长

2004年全省工业投入产出效率为0.74，2008年则增长到1.08，实现了产出大于投入，到2009年1—9月则上升为1.10，比2004年提高了36个百分点。同时，工业产品市场占有率也由2004年的1.68%上升到2009年1—9月的1.74%。当前的工业资产比2004年增加了3538亿元，2009年的销售收入将比2004年增加5400多亿元，充分说明连续几年的工业扩大投资，相对较好地避免了产能过剩的问题。

二、结构调整任重道远

（一）三次产业结构——服务业增长相对缓慢

1. 服务业在经济总量中的比重出现下滑

实施老工业基地振兴战略以来，工业经济的持续快速发展，以工业经济为主

各次产业比重

表2

	2003	2004	2005	2006	2007	2008
地区生产总值	100.0	100.0	100.0	100.0	100.0	100.0
一产	18.3	18.2	17.3	15.7	14.8	14.3
二产	41.3	42.6	43.7	44.8	46.8	47.7
其中：工业	35.0	36.6	37.7	38.8	41.1	41.8
三产	40.4	39.2	39.0	39.5	38.3	38.0

体的第二产业在地区生产总值中比重迅速提升，三次产业的比重由2003年的18.3：41.3：40.4转变为2008年的14.3：47.7：38.0。显示出实施振兴战略以来，工业经济发展取得了显著效果。（见表2）

但是，在这个阶段的结构变化中，第三产业的比重由2003年的40.4%下降到2008年的38.0%，降低了2.4个百分点。就经济发展的一般规律而言，第三产业比重的持续下滑，深刻反映出我省经济结构不尽合理的现实。

2.服务业比重下滑原因的初步判断

第三产业增长速度相对第二产业和工业增长速度慢，这是第三产业比重出现下滑的直接原因。（见表3）

各次产业增长速度

表3

	2003	2004	2005	2006	2007	2008	2009年1-3季度
地区生产总值	10.2	12.2	12.1	15.0	16.1	16.0	12.1
一产	5.9	8.0	9.9	4.2	1.2	9.5	5.0
二产	14.1	15.2	11.6	17.0	21.2	17.2	15.3
其中：工业	13.2	17.0	11.3	17.4	22.4	18.0	14.9
三产	8.3	11.0	13.6	17.4	16.4	16.7	9.3

2003年—2008年全省第二产业增加值平均增速达到16.0%。其中，工业增加值的平均增速更是达到16.5%，而第三产业增加值的平均增速为13.9%，比第二产业低2.1个百分点，比工业低2.6个百分点。今年前三季度的情况更是如此，二产增速达到15.3%，工业增速达到14.9%，而三产增速仅为9.3%，增速低于二产多达6个百分点。

首先，从服务业内部结构来看，生产性服务业与工业振兴不同步。2003—2008年的6年间，我省服务业中的生产性服务业实现增加值年均增长13.4%，不仅低于地区生产总值年均增长13.6%的水平和低于第三产业年均增长13.9%的水平，更低于工业年均增长16.5%的水平。我省生产性服务业在整个第三产业中的比重，已由2003年的31.1%回落到2008年的30.1%，降低了1个百分点。从服务业自身固有的特性来看，生产性服务业具有附加值相对较高、增长潜力大的特点，我省生产性服务业发展的相对迟缓，比重下降，正是造成服务业增速缓慢的重要原因所在。

其次，从服务业发展的外部条件来看，服务业发展的政策支持总体力度不大，落实尚不到位。在服务业发展的投资支持上，2003—2008年的6年间，我省全社会固定资产投资中第三产业的投资规模增长了3.38倍，但其增幅明显小于全社会投资增长4.79倍的发展水平，更低于第二产业投资增长6.98倍的水平，全省第三产业投资比重已由2003年的53.0%下滑到2008年的40.1%，导致服务业发展缺乏后劲，增速不快。

第三，从服务业发展的区域结构来看，长春市是我省服务业发展相对最为发达的地区。但从2003年以来，长春市服务业实现增加值占全省第三产业的比重处于连年下降的状态，其所占比重已由2003年的46.8%回落到2008年的40.3%，降低了6.5个百分点，这一方面反映出长春市其他产业发展比重大，也预示着作为省会城市在服务业发展上的巨大潜力。

3.扶持服务业发展，推动产业结构优化

第三产业增加值比重的连年下降，特别是生产性服务业比重的持续走低，既从一个侧面反映出我省经济结构的优化程度仍处于较低水平的现实，同时也表现出振兴中的吉林工业仍然缺乏对生产性服务业加快发展的渴望和需求。结合当前全省实际情况，在未来时期的结构调整中，应加快第三产业发展。

一是切实加大工业创新投入，有效提升企业的生产技术层次，进一步提升其对生产性服务业的需求，实现二、三产业发展的良性互动。二是采取积极措施，切实加大对生产性服务业发展的政策扶持力度，为其加快发展提供更加宽松的外部环境。三是紧紧抓住长吉图开发开放先导区建设上升为国家层面的历史机遇，加大工作力度，打造长春、吉林两个突出生产性服务业特色的现代服务业园区，以其带动全省服务业加快发展，推动全省产业结构调整的步伐。

（二）需求结构——消费渐成“短板”

近年来，随着投资的持续高速增长，在拉动我省经济的“三驾马车”中，投资已远远超过消费成为拉动经济增长的第一主动力。2003年，全省投资率为41.4%，

近年来我省消费、投资占GDP比重情况

表4　　单位：%

年　份	消费比重	投资比重
2003	59.9	41.4
2004	56.2	44.7
2005	51.1	51.1
2006	43.0	57.9
2007	46.2	69.3
2008	45.0	79.8

2008年上升到79.8%，提高了38.4个百分点，与全国相比，我省投资率由2003年的基本持平上升到2008年比全国高36.3个百分点。在我省投资率持续攀升的同时，消费率逐年下降，由2003年的59.9%下降到2008年的45.0%，回落了14.9个百分点，对经济增长的拉动作用明显减弱，已经成为三大需求中的短板。（见表4）

消费率之所以大幅度降低：

一是投资的高速增长对消费率形成挤压效应是主要原因。通常情况下，投资与消费是此消彼涨的关系。随着近年我省持续扩大招商引资，加大固定资产投资力度，2008年完成全社会固定资产投资5608.2亿元，是2003的5.8倍，2004—2008年均增长42.1%，致使投资率上升，而消费率下降。但近年来我省投资效率有所下降，2004年，我省投资增长率相对于GDP增长率的弹性系数为0.58，2008年降至0.40，五年间平均为0.37，低于全国0.43的平均水平。

二是收入不足是消费率降低的根本原因。在影响居民消费的诸多因素中，收入是最根本、最具决定性的因素，收入的高低决定了居民消费购买力的强弱。长期以来，我省居民收入水平一直偏低。2008年，我省在岗职工平均工资为23486元，位居全国第27位，城镇居民人均可支配收入12829元，位居全国第23位。近年更是出现劳动者报酬占GDP比重下降趋势。2008年，我省劳动者报酬占GDP比重为39.8%，比2003年下降22.4个百分点。

三是消费水平不高是消费率降低的直接原因。我省居民消费增长缓慢。2008年，我省城镇居民家庭平均每人全年消费性支出为9729元，比全国平均水平低1514元。消费需求一方面受到收入水平的限制,另一方面与消费者信心强弱直接相关，城镇的一系列与居民生活密切相关的体制改革较为集中和简单,居民在教育、医疗、住房等方面承受巨大的心理压力。2008年，我省城镇居民平均每人在教育、医疗、住房三项上的支出占总支出比重为28.5%，高出全国平均水平5.8个百分点。

正确认识投资与消费的关系对扩大消费至关重要。消费需求与投资需求的良性互动，是实现经济社会持续健康发展的关键。鉴于投资目前仍是我省经济增长的主要动力，应尽力保持投资增幅不出现大的波动，同时应更加注重投资的效能。

扩大居民消费，首先要增加居民收入。应在可能情况下，使经济成果分配向居民收入倾斜，特别是城镇中低收入者和农民。应建立合理有效的工资增长机制，使职工工资随着经济发展水平不断提高，研究并建立确保最低工资标准与本地经济发展同时增长的长效机制。消除居民后顾之忧，改善消费环境，进一步提高医疗保险、养老、救济等方面保障制度的覆盖面，加大教育、卫生、文化、体育健身等公共领域投入，提供优异的公共设施和公共服务，增强居民消费信心，使消费和投资并驾齐驱，保障我省整体经济的快速平稳运行。

（三）区域结构——发展差距有所扩大

1．区域经济发展成效显著

一是区域（市州）经济总量持续扩张。2008年，全省地区生产总值达到6424.06亿元，比上年增长16.0%，其中长春、吉林、辽源、通化、白城等5个市州的地区生产总值增速在20%以上，只有2个市州的增速在18%以下；长春、吉林、松原等3个地区的人均GDP超过25000元；长春、吉林、白山、松原、延边等5个市州的人均地方财政收入超过1000元，实现了区域（市州）经济高速增长。

二是区域（市州）居民收入大幅提高。随着区域（市州）经济规模扩大，全省居民的生活水平也得到快速提升。2008年，全省城镇居民人均可支配收入达到12829元，农村居民人均纯收入达到4933元，分别比2006年增加3054元和1291元，分别是2003年的1.8倍和1.9倍。2003年全省城镇居民人均可支配收入最高的地区高出最低的地区2304元，2006年差距缩小到1755元，到2008年进一步缩小到1357元，全省各区域（市州）居民共同富裕的良好势头已见端倪。

三是区域（市州）产业集群发展具有一定规模。近几年来，区域（市州）部分产业集群已经形成了相当的群体规模和协作效应，具备了较强的市场竞争能力。如长春五棵树镇的“白酒之乡”，吉林丰满区的“猴岭”石材，四平伊通车轮产业聚集地，辽源袜业产业区，通化松子加工区，白山硅藻土产业群，松原石油产品加工区，白城的粉条加工业，延边的明太鱼加工业等，都具有良好的发展前景，区域经济发展势头强劲。

2．区域（市州）经济发展差距呈现扩大趋势

我省区域（市州）经济的持续加快发展，为拉动全省经济发展做出了巨大贡献。但区域（市州）综合经济实力差异明显，产业结构、地方财力相差悬殊，居民收入差距不断扩大，区域经济发展不协调，发展差距呈现扩大趋势。

一是区域（市州）经济总量差距拉大。全省GDP最高与最低地区的差额由2003年的1145.05亿元，扩大到2006年的1549.29亿元，到2008年差距已达到2317亿元；人均GDP也由2003年的相差10577元，发展到2006年的12293元，到2008年相差更达到20097元。

二是固定资产投资和地方财政收入差距也逐渐扩大。全省城镇固定资产投资额最高和最低的地区由2003的相差228.13亿元，增加到2006年的766.12亿元，到2008年已扩大到1492.73亿元。地方财政收入最高与最低的地区由2003年的相差42.71亿元，发展到2006年相差65.83亿元，到2008年差额已过百亿元，达到108.13亿元。

三是在岗职工平均工资水平和农村居民人均纯收入差异加大。在岗职工平均工资最高与最低地区在2003年仅相差542元，到2006年差额扩大到1062元，到2008年差额已达到1773元；农村居民人均纯收入也由2003年的相差542元，拉大到2006年的1062元，到2008年差距达到1773元。

3．区域（市州）经济发展差距呈扩大趋势带来的影响需要高度重视

一是区域（市州）经济发展不平衡，将增加社会中的不安定因素，进一步拉大贫富差距，与实现共同富裕和建设“和谐社会”的目标不相一致。

二是区域（市州）经济发展不平衡，将影响资源配置，不利于经济的可持续发展，使得欠发达地区的经济发展空间狭小，市场日益萎缩，从而导致区域（市州）经济关系的扭曲，影响经济运行的效率，对全省经济发展起到掣肘作用。

根据经济学上“倒U字型假说”原理，当人均GDP在3000-5000美元时，一般都到达倒U字型的顶端。我省当前人均GDP在3500美元左右，正是区域（市州）经济发展差距扩大最明显、矛盾最突出的时期。因此，区域（市州）经济协调发展应当引起高度重视。

要充分发挥政府促进区域（市州）协调发展的主体作用，加大对欠发达区域（市州）的支持力度，在人才、资金、基础设施建设等方面予以重点关注和倾斜，改善欠发达地区投资环境，增强欠发达地区对民间资本的吸引力，使欠发达地区和发达地区各自的比较优势在流动中得到整合和优化。

要抓项目，力促“项目立市”、“项目立省”，以项目建设为突破口，投资增长为着力点，下大力气培育和壮大能够主导、支撑和带动区域（市州）经济又好又快发展的企业和产业，加速引进、培育、集聚新型工业化主体，加强区域合作，建立统一市场，实现生产要素在地区间的自由流动和产业转移，实现我省产业的良性互动。

要大力提高区域创新能力，以高新技术产业发展推动产业结构升级，通过创新能力的提升破解发展中市场竞争、生产要素、资源环境等诸多制约，提升我省科技创新对转变经济增长方式的支撑和引领作用。

要充分利用区位优势和政策优势，打造新的重要增长极，应以“长吉图”开发为契机，提高对外开放水平，增强产业竞争能力，为全省经济发展创造潜力巨大的增长空间，成为提升全省区域（市州）结构协调发展的重要引擎。

（四）工业企业结构——创新优化不足

今年前11个月，全省规模以上工业企业累计实现主营业务收入近八千亿元，总产出近万亿元，总资产达八千多亿元，实现利润创今年以来最好水平，但规模以上工业企业创造的增加值却不足三千亿元，低于经济规模相近的陕西、天津等省份。出现这种情况，主要是我省工业企业存在着消耗高、创新不足、结构不够优化等问题。

1．高耗能企业能耗高，贡献相对较小

近年来,我省不断加大节能降耗的工作力度,工业节能降耗工作取得了一定成效。但工业内部高耗能行业能耗高，对工业贡献小的矛盾仍较为突出。

2008年，我省石油加工炼焦及核燃料加工业、化学原料及化学制品制造业、非金属矿物制品业、黑色金属冶炼及压延加工业、有色金属冶炼及压延加工业和电力热力的生产和供应业等6大高耗能行业综合能源消费3264.2万吨标准煤,占规模以上工业综合能耗的68.3%，实现增加值为589.7亿元，占规模以上工业增加值的23.7%，单位工业增加值能耗为5.54吨标煤，是规模以上工业能耗的2.9倍。

从东三省及内蒙高耗能行业对比情况看：辽宁、黑龙江和内蒙古6大高耗能行业占规模以上工业能耗的比重分别为78.9%、64%和84.8%，而实现的增加值占规模以上工业增加值的比重分别为41.1%、16.3%和45.4%，除黑龙江省外，辽宁、内蒙高耗能行业对工业的贡献均比我省高。

能耗高、贡献小的主要原因：一是高耗能企业中间投入费用相对较高。6大高耗能行业能源消费占生产成本费用的比重较高，电力热力的生产和供应业能源消费约占成本费用的70%，其它5个高耗能行业能源费用也高达40%以上。我省一次能源供给率不足50%，地产煤碳灰份大，发热值低。高耗能企业生产用能有相当部分从黑龙江和内蒙等地购入，而辽宁、内蒙和黑龙江省能源资源丰富，煤、油、天然气等能源品质好，供应充足。近年来，内蒙、黑龙江在煤炭产地新建一批坑口电站、焦化企业，就地消化本地产出的煤炭，产出的电力等产品成本较低，市场竞争力较强。而我省相同企业在能源购入价格上（包括运输费用）就不占优势，能源等原材料购入成本相对较高，产品利润率较低。二是产品附加价值偏低，竞争力较弱。从我省高能耗企业产品结构看，多数企业生产的产品属低端产品，附加价值低，产品竞争力弱。如，非金属矿物制品业生产企业主要以水泥、平板玻璃产品为主，而钢化、中空、夹层等高档技术玻璃，装饰陶瓷、卫生陶瓷等附加价值较高的建材产品几乎没有。中油吉林石化分公司、通化钢铁集团两户高耗能企业是我省工业耗能大户，年综合耗能占全省工业能耗的18%。中油吉林石化分公司以基础化工原料产品为主，精细化工产品比重较低，近年来受原油等原材料价格不断上涨等影响，生产经营一直徘徊不前，赢利能力严重不足。通钢集团是我省最大的钢铁联合企业，生产的钢材主要以建筑用钢为主，产品附加值低，竞争力较弱，特别是近年来受体制性因素的困扰，目前生产经营欠稳定，困难重重。

2．大中型企业自主创新能力亟待提高

创新能力不足是长期以来阻碍我省工业企业进一步深入发展的重要因素。2003年以来，衡量我省大中型企业创新能力的主要指标均呈现下滑趋势。2008年我省高技术产业增加值占全省规模以上工业增加值的比重为6.3%，低于2003年0.6个百分点。2008年全省技术合同成交额占GDP的比重为0.31%，低于2003年0.02个百分点。2008年扣除一汽集团、一汽大众、中油吉化总公司和吉化集团后，全省大中型企业新产品产值率为14.9%，低于2004年0.3个百分点。2008年全省规模以上工业企业达4393户，企业户数是2003年的近两倍，但有科技活动的企业为120户，仅比2003年多出4户。（见表5）

2003年-2008年大中型企业创新能力主要指标

表5

	2003年	2004年	2005年	2006年	2007年	2008年
高技术产业增加值（亿元）	56.56	62.60	77.05	102.04	133.00	156.42
占全省规上工业增加值的比重（%）	6.9	6.3	6.6	7.3	7.1	6.3
技术合同成交额（亿元）	8.73	10.79	12.23	15.37	17.48	19.61
占GDP的比重（%）	0.33	0.35	0.34	0.36	0.33	0.31
新产品产值率（扣除一汽、大众、吉化公司和吉化集团）（%）	-18.0	15.2	8.5	15.3	11.5	14.9
有科技活动的企业（个）	116	127	119	106	102	120

3．民营企业竞争能力急需提升

随着招商引资力度的不断扩大，规模以上工业企业户数不断增多，其中民营企业增长最快。截至今年10月份，全省规模以上工业企业达5229户，其中民营企业4207户，比上年末增长867户。

但是，民营企业投入多产出少，资产周转相对较慢。2008年我省民营企业总资产周转率（主营业务收入与资产总额的比率）为1.5，低于辽宁和江苏0.2个百分点。与经济发达省份相比，我省民营企业资产周转速度慢，说明我省民营企业资产利用的有效性和充分性不足。

民营企业总资产贡献率小。2008年我省民营企业总资产贡献率为12.5%，低于全省规模以上工业企业平均水平0.45个百分点，比广东省民营企业低2.24个百分点。总资产贡献率过小说明企业全部资产的获利能力相对较差，企业盈利能力过低，同时也说明我省民营企业在经营业绩和管理水平上与大企业和发达地区存在一定差距。民营企业创新能力弱。2008年我省民营企业实现新产品产值209.64亿元，新产品产值率仅为7.9%，低于全省规模以上工业企业平均水平17.2个百分点。民营企业新产品产值率过低的主要原因在于企业对科技创新的投入不足、重视不够。2008年我省民营企业实现的每百元主营业务收入中科技活动经费支出仅占不足0.3元，比全省平均水平低0.7元，科技人员占全部从业人员的比重仅为1.3%，低于全省平均水平2.6个百分点。

提高工业附加值对整体经济的贡献率是振兴老工业基地的根本任务。

一是要进一步关注高耗能骨干企业的生产经营状况，采取有力措施破解制约生产经营的一些矛盾，包括体制性矛盾和困扰。要进一步加强节能降耗工作力度，进而降低生产成本。要强化包括节能技术改造在内的技术升级和改造，注重开发适应市场需求的高附加值产品，提高产品的竞争力，逐步摆脱生产经营的困境，为我省工业经济增长贡献出应有的力量。

二是要研究提高企业创新能力的措施和办法，能够保证企业在日趋激烈的市场竞争中保持又好又快发展。鼓励企业加强对研发中心的建设，充分发挥企业研发中心的作用，提高企业自主创新能力，对于企业在研究开发上的资金投入，政府可以考虑在税收政策上予以一定优惠，同时可以考虑提高财政科技支出对企业的投入份额。鼓励企业与高等院校、科研院所进行合作，完善产、学、研紧密结合机制。

三是要通过强化自身内部管理，促进民营企业做大做强。通过不断开拓销售渠道、加强市场营销、提高经营管理水平、树立自有品牌从而提高资金周转速度和资产贡献水平。另一方面政府部门再为民营企业创造更加宽松的发展环境，制定更为有利的发展政策。如鼓励民营企业创新经营形式，开展资本运营，在民营经济和各种不同所有制的企业进行联合、参股、改组以及组建企业集团方面，相关政策应给予鼓励和支持。

食品工业成为拉动我省工业增长的主要力量
——2008年我省支柱、优势和特色产业发展综述

刘莉

编者按：《食品工业成为拉动我省工业增长的主要力量——2008年我省支柱、优势和特色产业发展综述》一文于2009年2月4日以《统计分析》第1期（总第504期）印发。

2008年我省工业经济总体上保持了相对稳定且较好的发展态势，但受国际金融危机影响，一些产业的生产出现了较大波动，行业间差距和发展不平衡的问题较为突出，特别是支柱、优势和特色产业（以下简称主要行业）增速放缓。

一、主要行业发展的基本情况

2008年我省主要行业实现工业总产值6813.00亿元，按现价计算，比上年增长26.5%，增幅低于2007年增速6.2个百分点，占全省规模以上工业总产值的比重为81.4%，比上年回落了1.9个百分点；累计实现增加值2009.14亿元，按可比价格计算，比上年增长16.8%，增幅不仅低于全省规模以上工业平均增速1.8个百分点，也低于上年增速5.4个百分点，占全省规模以上工业增加值的比重为80.6%，比上年回落了1.6个百分点，对全省工业增长的贡献率为74.1%，拉动全省工业增长13.8个百分点；盈亏相抵累计实现净利润290.87亿元，同比下降23.0%。

在国际金融危机的冲击和影响逐渐加深的背景下，我省食品工业生产不仅保持了较高的增长速度，而且效益水平也得到了进一步改善，全年增加值增速达到34.0%，高于全省规模以上工业平均增长水平15.4个百分点；实现利润55.20亿元，增长56.0%，高于全省规模以上工业平均增长水平73.9个百分点，而其他大多数的主要行业，生产增速明显放缓，效益同比显著回落。（见表1、2,表3）

二、主要行业发展的主要特点

(一) 从总量上看，交通运输设备制造业总量依然最大

2008年全省交通运输设备制造业累计实现工业总产值2589.44亿元，占全省规模

以上工业总产值总量的30.9%，其比重比上年回落了3.2个百分点；全年累计实现增加值617.43亿元，占全省规模以上工业增加值总量的24.8%，比重比上年回落2.7个百分点，在全省主要行业中总量依然最大。其中，汽车制造业全年累计实现工业总产值2493.77亿元，占交通运输设备制造业总产值总量的96.3%，比上年回落0.3个百分点；累计实现增加值594.23亿元，占交通运输设备制造业增加值总量的96.2%，比上年回落0.4个百分点。

我省主要行业产值情况

表1　　单位：亿元，%

	2007年			2008年			2008年比2007年提高（百分点）	
	产值	增速	占全省比重	产值	增速	占全省比重	增速	占全省比重
全省合计	6387.54	34.1		8369.01	28.7		-5.4	
九大支柱、优势和特色产业合计	5321.53	32.7	83.3	6813.00	26.5	81.4	-6.2	-1.9
交通运输设备制造业	2179.45	36.6	34.1	2589.44	16.7	30.9	-19.9	-3.2
石化工业	1081.75	16.2	16.9	1301.84	21.8	15.6	5.7	-1.4
食品工业	846.54	41.3	13.3	1343.55	52.1	16.1	10.8	2.8
医药制造业	268.03	36.9	4.2	335.98	25.4	4.0	-11.5	-0.2
通信设备、计算机及其他电子设备制造业	32.03	70.1	0.5	48.04	51.7	0.6	-18.4	0.1
冶金工业	414.76	35.3	6.5	589.59	42.9	7.0	7.6	0.6
能源工业	133.97	18.2	2.1	149.23	11.8	1.8	-6.5	-0.3
纺织工业	151.63	50.1	2.4	140.06	-4.2	1.7	-54.2	-0.7
建材工业	213.37	41.9	3.3	315.28	41.1	3.8	-0.8	0.5

（二）从发展速度上看，食品工业增长最快

2008年，全省规模以上食品工业累计实现总产值1343.55亿元，同比增长52.1%，高于全省平均水平23.4个百分点，占全省规模以上总产值总量的16.1%，其比重比上年提高2.8个百分点；全年累计实现增加值399.48亿元，同比增长34.0%，高于全省平均水平15.4个百分点，占全省规模以上工业增加值总量的16.0%，比重也比上年提高了2.4个百分点，成为我省发展最快的行业；全年利润增长56.0%，比去年同期提高15.1个百分点，实现了生产和效益的快速增长。

在食品工业中，农副食品加工业全年累计实现总产值902.94亿元，同比增长

56.7%；累计实现增加值253.14亿元，同比增长37.5%；累计实现利润39.29亿元，同比增长63.2%。食品制造业全年累计实现总产值138.81亿元，同比增长39.1%；累计实现增加值47.00亿元，同比增长25.8%；累计实现利润4.51亿元，同比增长31.4%。饮料制造业全年累计实现总产值231.82亿元，同比增长53.1%；累计实现增加值58.50亿元，同比增长39.2%；累计实现利润4.00亿元，同比增长4.5倍，是全省利润增长最快的行业。烟草制造业全年累计实现总产值69.98亿元，同比增长24.5%；累计实现增加值40.84亿元，同比增长19.5%；累计实现利润7.40亿元，同比增长3.4%。

我省主要行业增加值情况

表2　　　　单位：亿元，%

	2007年			2008年			2008年比2007年提高（百分点）	
	增加值	增速	占全省比重	增加值	增速	占全省比重	增速	占全省比重
全省合计	1873.85	23.6		2491.28	18.6		-5.0	
九大支柱、优势和特色产业合计	1541.14	22.2	82.2	2009.14	16.8	80.6	-5.4	-1.6
交通运输设备制造业	515.37	31.9	27.5	617.43	13.9	24.8	-18.0	-2.7
石化工业	381.75	9.7	20.4	483.18	8.6	19.4	-1.1	-1.0
食品工业	255.72	25.7	13.6	399.48	34.0	16.0	8.3	2.4
医药制造业	106.87	27.2	5.7	134.06	19.3	5.4	-7.9	-0.3
通信设备、计算机及其他电子设备制造业	10.52	56.4	0.6	10.71	20.9	0.4	-35.5	-0.1
冶金工业	109.52	12.4	5.8	168.41	20.6	6.8	8.1	0.9
能源工业	47.43	7.0	2.5	65.83	4.5	2.6	-2.5	0.1
纺织工业	43.71	33.9	2.3	33.54	-3.7	1.3	-37.6	-1.0
建材工业	70.25	26.9	3.7	96.51	27.7	3.9	0.7	0.1

（三）从效益水平看，石化工业利润大幅减少，冶金工业亏损面明显扩大

受国际金融危机影响，2008年全省石化和冶金工业效益下滑最为显著，石化工业累计实现利润38.27亿元，同比减少83.32亿元，下降68.2%，占全省工业利润总额的比重比上年同期下降18.6个百分点；冶金工业实现利润5.16亿元，同比减少19.19亿元，下降79.4%，占全省工业利润总额的比重比上年同期下降4.4个百分点。在石化工业中，化学原料及化学制品制造业累计净亏损77.17亿元，同比增亏91.46亿元；石油加工、炼焦及核燃料加工业累计净亏损24.85亿元，同比增亏24.29亿元；石油和

天然气开采业累计实现利润140.28亿元，同比增长31.8%。在冶金工业中，黑色金属冶炼及压延加工业累计净亏损3.82亿元，同比增亏15.44亿元；有色金属冶炼及压延加工业累计实现利润8.98亿元，同比减盈4.39亿元，下降32.9%。

我省主要行业效益情况

表3　　　　单位：亿元，%

	2007年				2008年				2008年比2007年提高（百分点）		
	亏损面	利润	增速	利润占全省比重	亏损面	利润	增速	利润占全省比重	亏损面（降低百分点）	亏损面（降低百分点）	利润占全省比重（提高百分点）
全省合计	15.8	413.05	103.0		13.8	353.80	-17.9		2.0	-120.8	
九大支柱、优势和特色产业合计	16.2	363.16	102.2	87.9	14.1	290.87	-23.0	82.2	2.1	-125.2	-5.7
交通运输设备制造业	21.5	134.56	195.1	32.6	19.6	139.28	-0.6	39.4	1.9	-195.7	6.8
石化工业	10.8	121.59	68.8	29.4	11.6	38.27	-68.2	10.8	-0.8	-136.9	-18.6
食品工业	12.9	34.19	40.9	8.3	8.8	55.20	56.0	15.6	4.2	15.1	7.3
医药制造业	20.8	30.45	113.8	7.4	20.5	29.17	-20.1	8.2	0.3	-133.9	0.9
通信设备、计算机及其他电子设备制造业	24.2	0.36	-10.2	0.1	24.2	5.22	229.6	1.5	0.0	239.8	1.4
冶金工业	14.0	24.35	107.6	5.9	20.9	5.16	-79.4	1.5	-6.9	-187.0	-4.4
能源工业	17.8	4.76	150.4	1.2	16.0	5.66	19.1	1.6	1.8	-131.3	0.4
纺织工业	21.2	2.44	55.9	0.6	21.5	-5.73	-286.0		-0.2	-341.9	
建材工业	17.6	10.46	33.4	2.5	14.1	18.64	68.4	5.3	3.5	35.0	2.7

2008年全省冶金工业亏损面达到20.9%，比去年扩大6.9个百分点，在主要行业中亏损面扩大幅度最高。其中黑色金属冶炼及压延加工业亏损面为22.7%，是上年同期的1.9倍；有色金属冶炼及压延加工业亏损面为18.4%，同比扩大0.9个百分点。

（四）分季度情况看，工业增加值增速和利润增速逐季回落

2008年一季度，全省主要行业累计实现增加值的同比增速为21.1%，利润增速更高达65.9%，实现了生产和效益的首季开门红。从实现增长的构成要素来看，增加值增速位居前三位的分别是通信设备、计算机及其他电子设备制造业、冶金工业和食品工业，增速分别达到83.2%、44.1%和42.2%；利润增速位居前三位的则分别是交

通运输设备制造业、能源工业和食品工业，增速分别达到2.4倍、1.6倍和93.9%。

截至6月末，全省主要行业的生产和效益水平虽有所下滑，但仍然保持着良好的增长态势，增加值增速达20.3%，利润增速达37.1%。纺织工业实现利润虽然低于上年同期水平，但回落速度有所放缓，石化工业利润同比回落速度加快。

进入三季度，国际金融危机对我省主要行业的影响逐渐显现。前三季度累计实现增加值的同比增速继续回落到18.5%，累计实现利润则下降2.2%，首次出现负增长。尤其是交通运输设备制造业、石化工业和冶金工业受到冲击较大，利润增速明显下滑，分别比上半年回落105.8、18.1和77.4个百分点。

从全年情况看，全省主要行业增加值增速为16.8%，利润增速为-23.0%，其实现增加值和利润的增速在年内各划出了一条逐季回落的曲线，其中石化、医药、冶金、能源和纺织工业的利润水平都明显低于2007年。(见表4)

2008年我省主要行业分季度主要指标

表4　　单位：%

	一季度		上半年		前三季度		全　年	
	增加值增　速	利润增速	增加值增　速	利润增速	增加值增　速	利润增速	增加值增　速	利润增速
全省合计	23.1	73.5	22.0	47.3	20.4	5.4	18.6	-17.9
九大支柱、优势和特色产业合计	21.1	65.9	20.3	37.1	18.5	-2.2	16.8	-23.0
交通运输设备制造业	16.3	244.5	22.7	131.9	17.1	26.1	13.9	-0.6
石化工业	4.1	-2.3	4.2	-24.5	7.8	-42.6	8.6	-68.2
食品工业	42.2	93.9	35.0	72.8	33.0	76.9	34.0	56.0
医药制造业	37.7	56.2	29.8	24.0	24.8	-18.2	19.3	-20.1
通信设备、计算机及其他电子设备制造业	83.2	66.3	33.8	68.1	27.0	43.8	20.9	229.6
冶金工业	44.1	79.3	29.5	70.7	29.1	-6.7	20.6	-79.4
能源工业	10.4	159.1	4.6	32.4	4.7	-6.4	4.5	19.1
纺织工业	6.7	-406.5	7.6	-236.2	-0.7	-230.1	-3.7	-286.0
建材工业	31.0	15.0	25.0	12.6	24.1	-1.7	27.7	68.4

（五）从贡献率水平看，主要行业对全省工业增长的贡献率有所降低，拉动作用有所减弱

2008年，我省主要行业对全省工业增长的贡献率为74.1%，拉动全省工业经济增长13.8个百分点，分别比2007年回落了4.2和4.7个百分点。

从行业发展的贡献水平来看，食品工业首次超过交通运输设备制造业，成为我省工业经济的最大增长点。2008年食品工业对全省工业增长的贡献率为25.6%，同比提高11.3个百分点，拉动全省工业经济增长4.8个百分点，同比提高1.4个百分点。交通运输设备制造业对全省工业增长的贡献率为20.6%，拉动全省经济增长3.8个百分点，两项指标分别同比回落15.6个百分点和4.7个百分点，在主要行业中回落幅度最大。(见表5)

我省主要行业贡献率和对经济增长的拉动作用

表5　　单位：%

	2007年		2008年		提升百分点	
	贡献率	拉动经济增长百分点	贡献率	拉动经济增长百分点	贡献率	拉动经济增长
九大支柱、优势和特色产业合计	78.3	18.5	74.1	13.8	-4.2	-4.7
交通运输设备制造业	36.2	8.5	20.6	3.8	-15.6	-4.7
石化工业	9.5	2.3	9.2	1.7	-0.4	-0.5
食品工业	14.3	3.4	25.6	4.8	11.3	1.4
医药制造业	6.5	1.5	5.8	1.1	-0.7	-0.5
通信设备、计算机及其他电子设备制造业	1.0	0.2	0.5	0.1	-0.5	-0.1
冶金工业	3.0	0.7	6.8	1.3	3.8	0.6
能源工业	0.9	0.2	0.7	0.1	-0.1	-0.1
纺织工业	2.8	0.7	-0.3	-0.1	-3.2	-0.7
建材工业	4.1	1.0	5.3	1.0	1.2	0.0

（六）资金利用情况普遍好于2007年

2008年，全省主要行业资产负债率为54.6%，流动资产周转率为2.9次，分别比上年降低3.2个百分点和加快0.4次。从各主要行业的资金利用情况看，情况普遍好于2007年。综合两项指标，食品工业不仅资产负载率较低，为49.9%，且流动资金周转率达到4.1次，比全省平均水平高出1.2次，资金利用情况良好；医药制造业和通信设备、计算机及其他电子设备制造业流动资金周转相对较慢，分别为1.6次和1.3次，石化、能源和纺织工业流动资产周转率与去年同期相比有所下降；能源工业资产负载率高达84.9%，较高的资产负债率给企业偿债能力带来严峻考验，使企业生产经营面临加大风险。(见表6)

我省主要行业资金利用情况

表6 单位：%

	2007年		2008年		降低百分点/加快次数	
	资产负债率	流动资产周转率(次)	资产负债率	流动资产周转率(次)	资产负债率	流动资产周转率(次)
全省合计	57.8	2.5	54.6	2.9	3.2	0.4
九大支柱、优势和特色产业合计	57.4	2.6	53.7	2.9	3.7	0.3
交通运输设备制造业	60.0	2.4	54.6	2.9	5.5	0.5
石化工业	45.0	3.3	46.2	3.2	-1.3	-0.1
食品工业	60.0	3.6	49.9	4.1	10.1	0.5
医药制造业	38.8	1.3	37.9	1.6	0.9	0.3
通信设备、计算机及其他电子设备制造业	91.7	0.9	60.3	1.3	31.4	0.5
冶金工业	62.2	2.3	59.9	2.6	2.3	0.3
能源工业	85.5	2.8	84.9	2.7	0.6	-0.1
纺织工业	64.9	2.6	67.0	2.5	-2.0	-0.1
建材工业	55.8	1.9	56.1	2.5	-0.3	0.5

从上述分析中可以看出，交通运输设备制造业和石化工业实现增加值和利润占全省总量的一半以上，在我省工业经济中稳居于主导地位。从速度和贡献率情况看，食品工业对我省经济的拉动作用已经超过交通运输设备制造业，成为我省最突出的经济增长点。

三、值得关注的问题

（一）食品工业产销率偏低

2008年，我省主要行业产销率为97.9%，比2007年提高1.6个百分点。从各行业产销水平来看，食品工业产销率为96.7%，比上年回落1.1个百分点，在主要行业中回落幅度最大。医药制造业产销率在主要行业中最低，为93.5%，比全省平均水平低

4.4个百分点。(见表7)

我省主要行业产销率

表7 单位：%

	2007年	2008年	2008年比2007年提高百分点
全省合计	96.3	97.9	1.6
九大支柱、优势和特色产业合计	96.3	98.2	1.9
交通运输设备制造业	95.1	99.8	4.7
石化工业	98.3	97.8	-0.5
食品工业	97.8	96.7	-1.1
医药制造业	91.5	93.5	1.9
通信设备、计算机及	93.9	95.7	1.7
其他电子设备制造业	97.7	98.2	0.5
冶金工业			
能源工业	99.8	99.7	-0.1
纺织工业	93.4	99.1	5.8
建材工业	96.4	96.5	0.1

（二）产成品资金增长较快，两项资金占比偏高

2008年我省主要行业应收账款净额为456.86亿元，同比增长9.1%；产成品资金占用299.79亿元，增长15.1%，两项资金占全部流动资产平均余额的比重达35.2%。在主要行业中，通信设备、计算机及其他电子设备制造业两项资金所占比重最高，达到49.1%，但仍比同期回落8.9个百分点。

值得注意的是，产成品资金占用在食品工业和通信设备、计算机及其他电子设备制造业中呈高速增长状态，食品工业达到38.7%、通信设备、计算机及其他电子设备制造业更是高达66.6%。工业产品库存增多是导致两项资金占比偏高的直接原因。(见表8)

我省主要行业两项资金占用情况

表8

单位：亿元

	应收账款	同比增长(%)	产成品	同比增长(%)	流动资产平均余额	同比增长(%)	两项资金占比(%)	同比提高（百分点）
全省合计	583.03	10.3	373.68	17.9	2639.13	15.5	36.3	0.2
九大支柱、优势和特色产业合计	456.86	9.1	299.79	15.1	2149.75	14.8	35.2	0.1
交通运输设备制造业	181.58	2.9	132.34	10.8	774.65	3.2	40.5	1.3
石化工业	86.40	18.0	32.88	7.2	418.19	22.9	28.5	4.1
食品工业	51.90	10.9	59.75	38.7	302.12	34.8	37.0	-2.6
医药制造业	50.83	15.4	21.52	13.0	167.20	15.6	43.3	1.2
通信设备、计算机及其他电子设备制造业	10.84	12.2	6.13	66.6	34.57	21.7	49.1	-8.9
冶金工业	15.99	25.1	17.06	11.9	215.03	26.7	15.4	-1.6
能源工业	16.71	6.9	0.08	-76.0	52.84	20.4	31.8	-6.1
纺织工业	8.86	30.6	13.65	-1.1	51.58	3.4	43.6	1.2
建材工业	33.74	2.0	16.38	7.9	133.56	10.7	37.5	-0.2

我省1月份工业生产的五个下降应引起关注

刘莉

编者按：《我省1月份工业生产的五个下降应引起关注》一文于2009年2月12日以《统计参考》第1期（总第1期）印发。

据省统计局对1月份工业生产初步统计，1月份全省规模以上工业实现增加值163.90亿元，按可比价格计算，比上年同月增长6.1%。其中规模以上轻工业实现增加值53.77亿元，比上年同月增长15.8%；重工业实现增加值110.14亿元，同比增长2.5%，轻工业生产增速快于重工业13.3个百分点。从初步统计结果看，我省1月份工业生产存在五个下降的现象，应当引起重视。

一、增加值增速继续下降

1月份我省规模以上工业增加值同比增速继续下降，这是自2008年10月份以来的持续第四个月回落。1月份全省规模以上工业增加值同比增长6.1%，增幅比上年12月回落2.9个百分点，低于上年同月增幅11.2个百分点和2008年3月增幅（上年最高增幅月份）19.8个百分点。6.1%的增速是40个月以来的最低增幅。

我们认为，造成我省规模以上工业生产增速持续下滑的原因主要有：

1．国际金融危机和“双节”假日的影响。1月份，扣除元旦、春节等法定节假日后仅余17个工作日，加之国际金融危机对我省汽车和冶金等支柱行业影响尚在延续，导致我省主要产品产量和增加值同步下降。1月份全省支柱、优势和特色产业实现增加值131.65亿元，同比增长4.8%，增幅比上年12月回落1.6个百分点。其中交通运输设备制造业实现增加值34.92亿元，同比下降14.1%，而以一汽大众、一汽集团为代表的汽车制造业实现增加值34.03亿元，同比下降14.7%；冶金工业实现增加值9.18亿元，同比下降64.9%，而以通钢为代表的黑色金属冶炼及压延加工业实现增加值6.62亿元，同比下降13.9%。

2．我省部分重点行业工业品出厂价格下降影响工业总产值增幅。1月份，在39个大类行业中，我省有18个行业的工业品出厂价格低于去年同期水平。其中石油和天然气开采业价格指数仅为0.43、黑色金属冶炼及压延加工业价格指数为0.94、有色金属冶炼及压延加工业价格指数为0.68、农副食品加工业价格指数为0.95、饮料制造业价格指数为0.97、交通运输设备制造业价格指数为0.99。

3. **停产企业对全省规模以上工业生产带来一定程度影响。**1月份，全省规模以上工业企业停产988户，比上年同期多227户。其中本期停产而上年同期生产的企业有342户，同期实现工业总产值15.60亿元，占上年同期全省规模以上工业总产值的2.7%。

二、大企业支撑作用明显下降

1月份，我省工业总产值排名前30户企业共实现工业总产值260.01亿元，同比减少18.5%，绝对量比上年12月减少31.90亿元，占全省规模以上工业总产值的比重为46.7%，低于上年同月10.5个百分点。大企业总体贡献比重低于50%，说明我省大企业整体上还没有摆脱生产下滑的困境；但说明我省小企业出现了转机，1月30个大型企业以外的企业工业总产值同比增加46.90亿元。在30户大企业中，交通运输设备制造业实现工业总产值110.62亿元，同比减少24.7%，绝对量比上年12月减少41.40亿元。在交通运输设备制造业中汽车制造业实现工业总产值108.24亿元，同比减少25.8%，绝对量比上年12月减少29.58亿元。

三、新产品产值率下降

1月份，全省规模以上工业企业实现新产品产值118.89亿元，同比下降21.1%，绝对量比上年12月下降88.21亿元，新产品产值率为21.3%，比上年同期下降4.5个百分点，比上年12月下降9.9个百分点。在全省规模以上工业企业中，轻工业实现新产品产值23.54亿元，同比下降19.2%，新产品产值率为13.8%，比上年同期下降5.7个百分点；重工业实现新产品产值95.35亿元，同比下降21.5%，新产品产值率为24.6%，比上年同期下降3.3个百分点。新产品产值率降低，说明企业开发创新的势头减弱，这非常不利于从整体上改变我省工业经济速度的增幅持续降低的状况。在当前情况下非常需要创造更多的新产品，从而创造更多的机会。

分行业看，在39个国民经济大类行业中，有个24行业新产品产值率低于上年同期水平，占所有大类行业的61.5%。新产品产值率降幅居于前五位的行业是其他采矿业，工艺品及其他制造业，造纸及纸制品业，饮料制造业和专用设备制造业，新产品产值率分别为0、6.9%、5.6%、3.1%、5.1%，分别比上年同期下降81.0、29.8、25.8、20.1和8.1个百分点。

四、出口交货值率下降

1月份，全省规模以上工业企业实现出口交货值8.21亿元，同比下降37.5%，绝对量比上年12月下降7.86亿元，出口交货值率为1.5%，比上年同期下降0.9个百分点，比上年12月下降0.8个百分点。

分行业看，1月份全省规模以上工业出口交货值全部来自制造业。制造业中有16个大类行业出口交货值率低于去年同期水平，占制造业大类行业总数的53.3%。出口交货值率降幅居于前五位的行业是皮革、毛皮、羽毛(绒)及其制品业，通信设备、计算机及其他电子设备制造业，食品制造业，印刷业和记录媒介的复制和工艺品及其他制造业，出口交货值率分别为2.8%、0.8%、1.5%、9.2%和5.3%，分别比上年同期下降19.5、13.9、7.9、7.5和7.4个百分点。

五、主要产品产量下降

1月份统计的258种产品中，产量同比下降的有132种，占全省规模以上工业产品种类的51.2%，比上年12月份下降的有121种，占全省规模以上工业产品种类的46.9%。1月份全省规模以上工业企业生产原煤227.24万吨，同比下降5.7%；天然原油59.22万吨，同比下降0.2%；原油加工量73.50万吨，同比下降3.6%；汽车5.24万辆，同比下降31.5%，其中轿车4.31万辆，同比下降25.2%；水泥78.48万吨，同比下降11.7%；生铁44.67万吨，同比下降12.3%；粗钢51.24万吨，同比下降14.1%；钢材57.16万吨，同比下降6.3%；发电量36.26亿千瓦小时，同比下降5.8%。

需警惕我省建筑业企业工程款拖欠现象重新抬头

林梅

编者按：《需警惕我省建筑业企业工程款拖欠现象重新抬头》一文于2009年2月13日以《统计专报》第2期（总第2期）印发。省委书记王珉于2月18日作了批示："请祖继同志阅研"。

建筑业是国民经济的支柱产业，它的兴衰，直接影响社会经济的发展。2003年以来，我省各级政府认真贯彻落实国家《关于切实解决建设领域拖欠工程款问题的通知》的文件精神，全省建筑业领域工程款拖欠问题得到了有效遏制。但从2008年下半年以来，受全球金融危机影响，建筑行业工程款拖欠数额扩大，增速再度抬头，并呈愈演愈烈的趋势，应当引起各级政府及有关部门的高度重视。

一、工程拖欠款规模扩大

（一）工程拖欠款总量增加，增速提高

建筑业企业的工程拖欠款是指建筑业企业在报告期末应向建设项目或单位收取而未收取的工程款项。根据2008年快报数据显示，去年全省建筑业企业(指具有资质

图1 2003-2008年全省建筑业企业被拖欠工程款

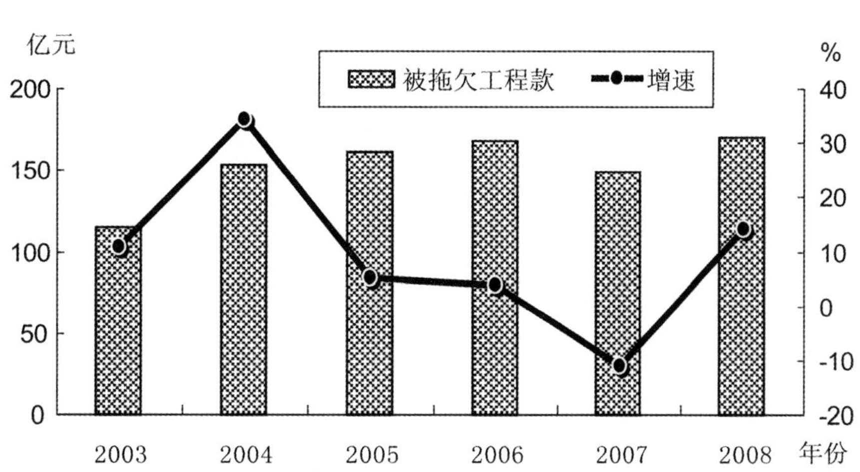

等级的总承包和专业承包建筑业企业，不含劳务分包建筑业企业，下同)被拖欠工程款达到170.42亿元，比上年增加21.15亿元，增长14.2%，增速比上年提高了13.9个百分点。全年被拖欠工程款已是当期建筑业企业利税总额的3.2倍。(见图1)

（二）非国有企业被拖欠工程款激增

据2008年快报数据显示，当年全年非国有建筑业企业被拖欠工程款达到136.36亿元，占拖欠款总量的80.0%，比重比上年提高了2个百分点。从增长速度上看，非国有企业被拖欠工程款比上年增长17.1%，增速比上年提高了16.8个百分点，增速超过国有及国有控股企业被拖欠工程款13.3个百分点。大量拖欠非国有企业工程款，将会影响非国有企业的健康发展。(见表1)

2007—2008年全省国有及非国有建筑业企业被拖欠工程款

表1

年份	国有及国有控股			非国有		
	被拖欠工程款（亿元）	增速(%)	占全部比重(%)	被拖欠工程款（亿元）	增速(%)	占全部比重(%)
2007	32.8	0.3	22	116.47	0.3	78
2008	34.06	3.8	20	136.36	17.1	80

（三）在建、竣工项目被拖欠现象均有加重

2008年，在全部拖欠工程款中，竣工工程被拖欠95.61亿元，增长13.6%，增速比上年提高了13.2个百分点，占拖欠款总量的56.1%，比重比上年降低0.3个百分点。在建工程被拖欠74.8亿元，增长14.9%，增速比上年提高了14.9个百分点，占拖欠款总量的43.9%，比重比上年提高0.3了个百分点。竣工项目被拖欠工程款尚未解决，在建项目新的拖欠又增多，建筑市场环境不容乐观。(见表2)

2007—2008年全省竣工与在建项目被拖欠工程款

表2

年份	竣工项目			在建项目		
	被拖欠工程款（亿元）	增速(%)	占全部比重(%)	被拖欠工程款（亿元）	增速(%)	占全部比重(%)
2007	84.14	0.4	56.4	65.1	0	43.6
2008	95.61	13.6	56.1	74.8	14.9	43.9

（四）工程拖欠款负面影响加大

拖欠款对建筑业企业影响的深度(简称拖欠款影响深度，下同)，是期末被拖欠工程款与当年建筑业总产值的比值。数值的大小能够充分反映拖欠对企业的影响。2008年，全省建筑业拖欠款影响深度为17.7%，虽比上年下降2.5个百分点，但是降幅减缓，降幅为2004年以来最低，拖欠款的负面影响将会加大，这必将对我省今后几年的建筑业生产产生消极影响。拖欠款17.7%的影响深度对一个企业来讲，说明什么呢？说明这个企业2008年已经完成的工程，有17.7%的款项将被拖欠。我们知道，建筑企业是微利行业，正常情况下平均利润仅为5%左右，除利润外，在被拖欠工程款的构成中，还有占总造价13%左右的人工费和材料款。作为支柱产业的建筑行业，背负这样严重的拖欠款，而且拖欠款额还有越来越扩大化的趋势，这不仅会对企业的正常生产经营活动造成影响，而且严重时还会使资金链断裂，造成企业倒闭、拖欠农民工工资、引发社会不稳定等棘手问题。(见表3)

全省建筑业企业被拖欠工程款影响程度

表3

年份	建筑业总产值(亿元)	被拖欠工程款(亿元)	被拖欠工程款影响程度(%)	被拖欠工程款影响程度降幅(%)
2004	411.11	153.94	37.4	
2005	485.58	161.74	33.3	4.1
2006	607.69	168.0	27.6	5.7
2007	738.34	149.27	20.2	7.4
2008	962.79	170.42	17.7	2.5

二、工程拖欠款增多的主要原因

2008年我省建筑业工程拖欠款增多，既有外因也有内因：

(一）受前两年国家从紧宏观调控政策影响，特别是2008年又遭遇国际金融危机的波及，我省建筑业也受到影响。去年下半年开始，我省房地产市场出现了低迷、成交量下降，开发商投资意愿减小。到四季度我省企业家信心指数下跌到109.8，比上年同期下降31.9个点，创下2000年以来的最低值。与房地产关联度较高的建筑业也遭遇“寒流”。四季度全省建筑业企业景气指数比上年同期下降5.2个点，为134.8。很多项目停工停产，生产萎缩，项目开发单位回款慢，企业流动资金周转紧张，施工成本增加，直接影响工程款支付不能按期履约。

（二）建筑行业现行管理体制不健全。不成熟的市场机制导致不规范的企业经营模式。随着我省固定资产投资规模加大，当前一些建设单位在资金短缺或资金不到位、不具备开工条件的情况下，仍然盲目承揽项目，开工建设，因而形成拖欠。这其中既有各级政府的宏观层次的原因，也有企业、项目等微观层次的原因。如行政主管部门与企业责、权、利不清，管理程序混乱，挪用项目建设资金或是资金供应和使用不按计划落实，实施中严重超概算等，进而殃及应付工程款。

（三）建筑业企业带资承包现象普遍存在。很多企业以牺牲自身权利为代价来换取工程项目的承建资格，在建设施工之初即埋下了拖欠工程款的隐患，而潜在风险一旦转变成现实的损失，企业因缺乏风险防范意识，自我保护能力较弱，只能接受被套的事实。

（四）市场信用和失信惩罚体系缺失，相关法律法规仍有漏洞。近几年虽然已颁布《建筑业法》、《合同法》、《担保法》等法律法规，但在工程竣工决算的期限、方式等规定诸多方面仍是空白，造成一些工程款的合同纠纷难以判定，法律法规在建立建筑业信用秩序方面还没起到强有力的保障作用，这些都纵容了工程款拖欠的“死灰复燃”。

三、对策与建议

由于全球金融危机仍在继续，世界经济形势更趋严峻，信贷条件持续紧缩，房地产市场下滑压力还将加大，下一步必然会进一步影响建筑业。在经济发展不确定因素增多，环境更为复杂多变的背景下，我们应在政府和企业的共同努力下，从以下几个方面做起，坚决遏制工程款拖欠抬头现象，防止工程拖欠款扩大化。

一是要时刻关注国际经济形势变化。企业要根据市场情况及时调整定额水平，减少企业政策性亏损，同时积极搭建和银行合作的平台，增强企业的融资能力。相关部门建立应急处置预案，建立有效的分工联动机制，减少因经济形势和政策变化造成的工程拖欠款的产生。

二是对于重点企业、数额巨大的拖欠问题，政府相关部门要参与进去，尽快解决。鼓励采取法律手段，对于通过法院追讨工程款的建筑企业，法院应从诉讼时间、诉讼费用和判决执行等方面给予方便，解决建筑业企业打官司难的问题。行政主管部门要增加强制性惩罚措施，加大行政执法力度，对恶意拖欠工程款的项目和违法违规单位严厉处罚。

三是在清理解决已拖欠工程款问题的同时，从源头上防止新的拖欠工程款产生。行政主管部门要加强规范投资主体行为，调控队伍规模，优化组织结构，建立严格的建筑市场准入和清出制度，认真落实项目资本金制度，严格基本建设程序，构建招标投标长效管理机制，推行工程担保制度，坚持标本兼治。

四是建筑业企业也要外树形象，内练本领，提升行业整体素质，在提高自身竞争力上下功夫，按照市场规律进行运作，严禁带资承包，增强自身抗风险能力。

2008年吉林省畜牧业发展形势良好 今年有望继续保持稳增势头

刘权蔚

编者按：《2008年吉林省畜牧业发展形势良好 今年有望继续保持稳增势头》一文于2009年2月26日以《统计分析》第2期（总第505期）印发。3月6日，副省长王守臣对该文做出批示："转畜牧局研阅，文章写的很好，很有说服力。"该文也于3月4日被"东亚经贸新闻"报部分刊登，于3月5日被网易新闻中心部分转载。

2008年，在省委、省政府的正确领导下，全省各级政府紧紧围绕着社会主义新农村建设，把畜牧业生产放在优先发展的战略地位，统筹规划，奋力攻坚，努力克服养殖成本增加、畜产品市场价格震荡、三鹿奶粉事件和国际金融危机冲击等不利因素的影响，全面落实强农惠农政策，积极采取各项促进畜牧业发展的措施，有力地推动了全省畜牧业经济的快速健康发展。

一、2008年畜牧业生产情况

2008年，在各项惠牧强牧政策的推动和市场的强力拉动下，全省畜牧业经济呈现出良好的发展态势，主要呈现如下基本特点：

（一）政策效应和资金投入明显增大

2007年，国家先后出台了多项扶持畜牧业生产的优惠政策，在能繁母猪补贴和保险、生猪调出大县奖励、生猪良种补贴、优质后备奶牛补贴等方面加大了资金投入力度。同时，各地重点围绕生猪生产和小区建设等方面也积极制定了相关的扶持政策。长春市拿出2000万元建设200个标准化牧业小区，公主岭市、农安县等地利用生猪大县奖励资金对牧业小区建设给予1—5万元的资金扶持。同时，社会闲散资金对发展畜牧业的积极性十分高涨。

（二）生产方式转变加快

经历了近几年的波动，我省畜牧业生产，尤其是生猪生产方式已由千家万户的分散饲养逐步向养殖方向发展，全省畜禽生产集约化、规模化饲养水平进一步提高。截至2008年年底，全省共建成牧业养殖小区2660个，规模饲养户（场）已达到38.96万个，规模饲养比重达到54%，同比提高了4个百分点。以生猪为例，目前饲养基础母猪一般都在5头以上，年出栏都在100头以上。

（三）生猪等主要畜产品产量增长较快

2008年全省生猪存栏1550万头，比年初增长10.7%，全年出栏2450万头，同比增长11.4%；年末肉牛存栏722.5万头，比年初增长8.7%；奶牛存栏27.5万头，增长27.9%；羊存栏520万只，增长7.2%，全年羊出栏395万只，同比增长8.2%；年末肉鸡存栏7200万只，比年初增长7.5%，全年肉鸡出栏39200.12万只，同比增长7.4%；年末蛋鸡存栏10300万只，比年初增长3.0%。

全省肉蛋奶产量保持了稳步增长势头。2008年全省肉类总产量达到384.5万吨，同比增长10.6%，其中猪肉产量200万吨，增长12.4%；牛肉产量64.5万吨，增长8.7%；羊肉产量5.0万吨，增长9.7%；禽肉产量110万吨，增长8.4%。全年禽蛋产量127万吨，同比增长12.4%；奶类产量65万吨，增长35.4%。

（四）养殖业收益实现较快增长

2008年，我省主要畜产品价格呈较高价位运行态势，当年活猪平均价格为每公斤14.25元，出栏一头育肥猪平均盈利200—300元；活牛平均价格为每公斤13.92元，出栏一头肉牛平均盈利500—800元；活羊平均价格为每公斤14.29元，出栏一只肉羊平均盈利120—180元；鲜奶平均价格为每公斤2.85元，饲养一头年产量4吨的奶牛平均盈利4920元；活鸡平均价格为每公斤9.90元，出栏一只肉鸡平均盈利3.69元。饲养1只蛋鸡盈利17元左右（含残值）。在相对较高价格的拉动下，全省农民牧业养殖收益实现了较快增长，据抽样调查统计，全年农民人均牧业纯收入达到531元，比上年增长15.8%，对农民增收起到了积极的促进作用。

二、2009年生产形势预测

根据当前生产情况，通过广泛调研和深入分析，预计2009年我省畜产品市场需求仍将持续增长，畜产品供给仍显偏紧，畜产品市场价格仍将在较高价位上运行,不会出现较大幅度下滑，养殖效益将持续看好。

（一）生猪生产

2009年全省猪肉价格走势趋于平稳，2月份平均价格为每公斤20.27元，环比提高11.9%。由于近期降雪对交通运输造成的影响，今后一段时期价格还可能会略有上升。2009年下半年我省后备母猪存栏量还会有大幅增加，这批后备母猪目前已陆续开始配种，按正常生长期推算，这批母猪所产仔猪将于今年11—12月份集中出栏。

但受饲料价格及整体物价水平上涨等因素影响，预计全年猪肉价格不会出现大幅度回落。

（二）肉牛、肉羊生产

随着人们生活水平的不断提高和饮食习惯的变化，牛肉和羊肉的消费需求仍将呈现稳定增长的态势，对肉牛、肉羊生产的拉动作用会进一步增强。从今年前两个月价格走势看，我省牛、羊肉价格高位趋稳，牛肉平均价格为每公斤30.50元；羊肉平均价格为每公斤34.88元。考虑到当前全国性牛源短缺及封山禁牧政策的实施等因素，预计今后一个时期，我省牛、羊肉价格仍将呈现上升趋势。

（三）肉鸡生产

从今年度价格走势看，我省肉鸡雏价格仍呈现上涨之势，鸡肉价格持续高位运行。2月份肉鸡雏平均价格为每只1.09元，环比上涨21.1%；鸡肉平均价格为每公斤8.71元，环比上涨0.2%。受今年禽肉市场价格高、需求量大等因素影响，预计今后肉鸡饲养量还会有所增加，由于市场需求仍有很大空间，2008年价格仍将保持高位。

（四）蛋鸡生产

由于2008年上半年全国蛋鸡市场行情看好，10月份蛋鸡补栏明显增加，使鸡蛋供应呈现出供大于求的局面。由于饲料价格上涨和鸡蛋价格下降因素影响，目前我省蛋鸡生产处于微利状态。随着气温的不断升高，南方蛋鸡饲养会有所下降，预计进入二季度以后，我省蛋鸡生产将恢复到正常盈利水平。

三、畜牧业经济发展中存在的问题

当前，我省畜牧业养殖基础条件薄弱、防御病害能力低、畜牧业养殖效益提高缓慢等制约畜牧业发展的因素依然存在，需要引起我们高度重视。

（一）养殖业信贷支持问题

资金问题一直是制约我省畜牧业发展的瓶颈问题，主要表现在两个方面。一是资金投放规模较小，农村金融机构中，只有农村信用联社向农业放贷，且大部分用于支持种植业生产，用于养殖业的资金额度较小。二是发展规模养殖业，对资金需求量较大，农户自身投入能力有限，需要一定的信贷支持，但目前贷款门槛高、利率高、周期短，难以适应产业发展需求，在一定程度上制约了规模养殖业的快速发展。

（二）畜牧业资源科学利用问题

主要表现在两个方面，一是粗饲料资源开发不够。全省年产秸秆2500—2800万吨，利用率不到30%，很多秸秆在耕地上被直接烧掉，较多地浪费了发展畜牧业的饲料资源。二是东部山区林牧矛盾问题。我省东部山区、半山区沟谷面积较大，植被茂密，但由于封山禁牧政策的实施，致使牧业资源不能得到有效利用。

四、对加快发展畜牧业生产的两点建议

（一）进一步调整优化畜牧产业结构

要本着“发挥优势、培育特色、形成规模、提高档次、注重实效”的原则，进一步调整优化畜牧产业结构，重点发展具有市场潜力的优势畜牧产品，发展具一定规模和效益的畜牧业生产大户，加大对农村养殖户信贷投入。一是扩大对养殖业的投资额。二是对具有一定规模和效益的养殖户降低信贷门槛、延长还贷时间。

（二）进一步落实和完善国家生猪活体储备制度，加快母猪储备基地建设

猪肉作为居民日常消费食品。具有市场需求量大的特点，必须有充分的活体及肉制品储备，才能保证市场供应和价格稳定。作为粮食主产区，我省要积极争取国家政策的倾斜和扶持，加快建立生猪活体储备制度和母猪储备基地，进一步扩大生猪生产规模，提高我省生猪和猪肉产品在全国市场的占有率，充分发挥农业大省、牧业大省的优势，为确保全国肉类生产安全做出新的更大的贡献。

我省GDP总量保持现在位次面临较大压力

谭英

编者按：《我省GDP总量保持现在位次面临较大压力》一文于2009年2月26日以《统计参考》第3期（总第3期）印发。

2008年，省委、省政府面对复杂多变的国际国内形势，沉着应对，带领全省人民攻坚克难，全省经济保持了又好又快的发展势头。据初步核算，2008年全省GDP为6424.06亿元，居全国第21位，按可比价计算，比上年增长16.0%，增速大体与上年持平，在全国各省、市中列第3位。全省地方级财政收入、一般预算全口径财政收入、财政支出分别达到422.8亿元、845.2亿元、1180.1亿元，分别增长31.8%、30.2%、33.5%，三项指标增长同时超过30%，为我省1994年实行分税制改革以来首次。伴随着经济的快速发展，全省城乡居民收入得到了明显提高。2008年，全省城镇居民人均可支配收入12829.45元，农村居民人均纯收入4930元，分别增长13.7%和17.6%，百姓的生活更加殷实。在国际金融危机及国内沿海省份经济发展速度明显趋缓的大环境下，我省经济仍能取得如此成绩，实属不易。

2009年是我省振兴发展的关键一年。客观形势日趋严峻，不利条件不断增多，对我们实现九次党代会提出的2011年我省GDP总量力争实现10000亿元的奋斗目标，无疑是一个挑战。在短期宏观形势难以有所变化的情况下，任何一年的滞缓都会为下年带来压力。在各省经济均在竞相发展的情况下，稍一放松，我省GDP总量随时有退位的可能。

一、近年来我省GDP居全国的位次情况

2000年以来，我省GDP在全国排位中最靠前的是第18位（2002—2003年），最靠后的是第22位（2005—2006年）。2005年以后，借振兴东北老工业基地的契机，我省从改善经济发展软环境入手，不断加大投资力度，相继实施了国企改革攻坚、县域突破、民营经济腾飞等一系列举措，经济增长速度明显加快。2006—2008年三年间，我省GDP年均增速达到了15.7%，为改革开放以来的最好水平，比经济增长态势最好的“八五”时期高4.7个百分点，分别高出全国及辽宁、黑龙江省4.9、1.9和

3.7个百分点，在同期全国各省、市中列第2位。GDP总量排位也由2005、2006年的第22位升至2007、2008年的第21位。(见表1)

2000年以来我省GDP总量居全国位次及不变价增速

表1

年份	2000	2001	2002	2003	2004	2005	2006	2007	2008
居全国位次	19	19	18	18	20	22	22	21	21
增速（%）	9.2	9.3	9.5	10.2	12.2	12.1	15.0	16.1	16.0

二、我省GDP与位次临近省份的比较

近年来，与我省GDP总量比较接近的省、市分别是内蒙古、广西、山西、陕西、江西、天津、云南和重庆。目前，排在我省前两位的是江西、陕西，排在我省后两位的是天津、云南。(见表2)

近年来我省GDP与位次临近省份的比较

表2

	2008年		2007年		2006年		2005年	
	GDP	居全国位次	GDP	居全国位次	GDP	居全国位次	GDP	居全国位次
内蒙古	7761.80	16	6091.12	16	4841.82	16	3895.55	19
广　西	7171.58	17	5955.65	17	4828.51	17	4075.75	17
山　西	6938.73	18	5733.35	18	4714.99	18	4179.52	16
陕　西	6851.32	19	5465.79	20	4520.07	20	3772.69	20
江　西	6480.33	20	5500.25	19	4670.53	19	4056.76	18
吉　林	**6424.06**	**21**	**5284.69**	**21**	**4275.12**	**22**	**3620.27**	**22**
天　津	6354.38	22	5050.4	22	4344.27	21	3697.62	21
云　南	5700.10	23	4741.31	23	3981.31	23	3472.89	23
重　庆	5096.66	24	4122.51	24	3452.14	24	3066.92	24

内蒙古的发展可以说是一个特例，其发展速度之高，升位之快实属罕见。2004年内蒙古的GDP总量尚排在我省的后两位，但随后却连续两次实现“三级跳”：2005年，以23.8%遥遥领先的经济增长速度及3895.55亿元的经济总量，一举超过天津、吉林和陕西，GDP由2004年经济普查后的全国第22位跃居到第19位；2006年，又以19.0%全国第一的经济增长速度及4841.82亿元的经济总量，再超江西、广西和

山西，GDP排位由第19位跃升至第16位，并保持至今。

与内蒙古经济的一路高歌猛进相反，江西省的GDP增速2006年以来始终保持在12%—13%之间，由于增长相对缓慢，其GDP总量居全国位次也因此由2005年的第18位，退居到2008年的第20位，而且2008年，其GDP总量仅比我省多56亿元，为我省超越留下了一线希望。

得益于工业的上佳表现,陕西省的GDP位次已由2007年的第20位,上升至2008年的第19位。在去年国际国内经济形势十分严峻的情况下，陕西工业创出了其20年以来的最高增速。其全省规模以上工业增加值为2988.07亿元，比上年同期增长21%，增速比我省快2.4个百分点；工业经济效益综合指数为298. 67，比上年同期提高39.29个百分点,比我省高68.2个百分点；实现利税总额1341.76亿元，比上年同期增长28.6%，其中实现利润872.63亿元，增长26.5%,比我省高44.4个百分点。

处于我省后一位的天津，是一个强有力的竞争对手。随着滨海新区龙头带动作用的明显增强，以及空客A320飞机总装线、京津城际铁路等一批对产业发展具有较强带动作用的大项目的相继竣工和投入使用，天津的经济发展正呈现出突破之势，其上升潜能巨大。2008年，天津GDP增速比我省高0.5个百分点。新的一年天津市GDP总量极有可能超过我省。

综上所述，内蒙古的经济发展为我们树立了典范；江西启示我们经济发展犹如逆水行舟，不进则退，甚至前进慢了也会后退；陕西让我们更加认识到工业增长的重大意义；天津则坚定了我们进一步抓好大项目建设的信心。2009年，面对各省你追我赶的巨大压力，我们必须齐心协力、拼搏实干，靠实力保位升级。

三、2009年我省经济发展面临的压力

一是工业增速回落、效益下滑，对经济增长的支撑作用减弱。

2008年上半年，我省原材料、燃料和动力购进价格指数持续高于工业品出厂价格指数，工业企业“高进低出”现象明显。下半年美国次贷危机蔓延，最终演变为全球性金融危机，对我省工业造成了较大损害。两个因素综合作用，最终导致我省工业生产步伐逐季放缓，盈利水平不断下降。2008年全省工业企业实现工业增加值2686.98亿元，同比增长18.0%，回落4.4个百分点，对全省经济增长的贡献率由2007年的53.5%下降至2008年的45.8%，下降了7.7个百分点。规模以上工业增加值增速逐季下滑，由一季度的23.1%，逐步下滑为上半年的22.0%，三季度的20.4%和全年的18.0%。实现利税总额增幅也由一季度的89.95%，逐步回落至上半年的53.41%、三季度的18.93%和全年的-1.17%。2008年我省石化和冶金工业受到的影响最大。规模以上石化工业实现利润38.27亿元，同比减少83.32亿元，下降68.2%；规模以上冶金

工业实现利润5.16亿元，同比减少19.19亿元，下降79.4%。

在金融危机的影响愈演愈烈的情况下，今年元月，我省工业生产继续回落。规模以上工业实现增加值163.9亿元，增长6.1%，同比回落13.1个百分点，环比回落2.9个百分点。尽管中央以及省委、省政府出台了很多保增长的政策、措施，但这些政策发挥效应尚需时日，工业企业的生产形势和销售市场何时转暖仍需密切观察。

二是农业对经济增长的贡献难超上年。

2008年我省粮食生产再创历史新高，第一产业实现增加值916.7亿元，同比增长9.5%，增幅位居全国首位，比位居第二的黑龙江省高1.3个百分点，对经济增长的贡献率由2007年的1.2%上升到2008年的8.1%，成为推动全省经济发展的一个突出亮点。但从今年的农业生产形势看，情况并不十分乐观。首先，农产品价格涨幅减弱，由2008年一季度的30.1%，逐步下降为上半年的22.4%、三季度的17.0%、全年的7.1%，而且推动农产品价格下行的动因还在累积；其次，政策效应的动能正逐渐减弱；第三，一些不确定因素，如2009年气候状况如何，是否有大的自然灾害，我省粮食产量能否实现重大突破等等，都存在着变数。即使2009年风调雨顺，农业生产实现2008年9.5%的增速也是很有难度的。

三是第三产业占GDP比重下降。

2008年我省第三产业实现增加值2442.73亿元，同比增长16.7%，增速位居全国第一，比位居第二、三的内蒙古、天津分别高1.2和2.0个百分点。对经济增长的贡献率为41.8%，比上年提高1.3个百分点。但第三产业占GDP比重为38.0%，比上年下降了0.4个百分点。第三产业中金融业增加值增速回落最为明显，由上年同比增长19.9%下降至2008年的9.8%，回落了10.1个百分点，对经济增长的贡献率由上年2.9%下降至1.5%。商品房销售面积发展速度由上年的13.8%下降至2008年的6.6%。2009年，由于大的经济环境仍然严峻，实现新的发展难度进一步加大。

四是企业投资信心不足。

面对国际国内的不利环境，企业景气指数和企业家信心指数持续回落。据国家统计局吉林调查总队调查统计，2008年四季度，受房地产业和工业景气指数大幅下降的影响，全省企业景气指数大幅回落，为118.6，分别比一、二、三季度下降18.0、17.4和19.2点，同比回落28.5，降至2002年以来的最低点。企业家信心指数为109.8，分别比一、二、三季度下降28.7、23.3和16.7，同比下降31.9，为2000年以来的最低点。

四、对保位升级的对策建议

上述分析表明，2009年我省GDP总量被天津超过几乎没有悬念。但只要我们咬紧牙关，坚定信心，克服困难，发挥好重大项目投资的引擎作用和农民增收，农村市场潜力巨大等优势，我省GDP总量超过江西，保持住第21的位置，还是大有希望的。为此，特提出如下建议：

一是要用足用好各项政策。全省上下要认真贯彻中央扩内需、保增长的决策和部署，强化措施，加大落实力度，务求取得实际成效。同时，要根据我省实际，继续向国家争取更大的政策和资金支持。

二是要在税收、补贴方面加大对工业企业的扶持力度。针对汽车、石化等重点工业企业及自主知识产权、高新技术产业，制定特殊时期特定产业扶持政策，多予少取，以降低企业生产成本，齐心协力，共渡难关。

三是要大力发展生产性服务业。优化产业环境和市场环境，在融资、物流、人力资源等方面出台相应的政策，培养、构建起新的生产要素。努力促进科技成果在农业、工业中的广泛应用，使三次产业形成良性互动。

四是要全力以赴加快重大项目建设。为重点项目开辟行政审批“绿色通道”，加大组织协调、跟踪服务和督察督办力度，确保项目提前竣工，尽快形成新的经济增长点。要抓住扩大内需的机遇，积极储备一批大项目，为未来经济发展蓄积能量。

五是继续加大软环境整治和建设力度。要在提高效率、轻费减负、简政放权、加强服务上下功夫。要切实转变工作作风，加大各级各部门到企业中调研，解决企业反映的实际问题的力度。

2008年全省消费品市场快速发展

陈刚

编者按：《2008年全省消费品市场快速发展》一文于2009年2月27日以《统计分析》第3期（总第506期）印发。

2008年，我省认真贯彻十七大扩大内需、促进消费的精神，出台各项政策促进消费，扩大内需，使得居民消费需求不断增强，消费结构不断改善，消费层次逐步提升，促进了全省经济社会又好又快的发展。

一、我省社会消费品市场运行特点

（一） 消费品市场快速增长，消费总量不断扩大

2008年全省社会消费品市场始终保持较快增长态势，全年实现零售额2484.26亿元，同比增长24.3%，增幅比上年同期提高5.0个百分点，排在全国第三位。这是我省消费品市场零售额首次突破两千亿元。从各月看，零售额逐月扩大，最低的2月份为179.09亿元，到最高的12月226.00亿元；零售额增幅是先低后高再低，从1月份的21.4%到6月份的26.3%再回落到十二月份的22.9%。（见图1）

图1 2008年各月零售额及增幅走势图

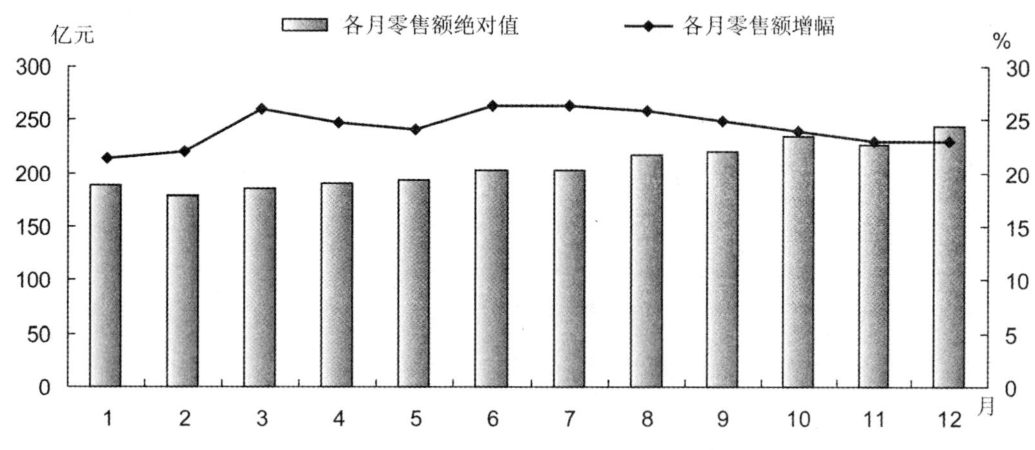

（二）城乡市场协调发展，农村市场增速超过城市

2008年，城乡居民消费潜力得到有序释放。全省城市实现消费品零售额1939.38亿元，增长24.2%；县及县以下零售额544.87亿元，增长24.6%；分别比上年同期上升3.9和8.7个百分点。农村市场增幅高于城市市场增幅0.4个百分点。

（三）限上企业支撑作用明显，个体商业保持活力

随着新型零售业态的多元发展和零售业的全面开放，大型超市、大型购物中心竞相发展，并以其强大的资金实力和现代化的管理理念，使大型批发零售企业在市场竞争中占据了一定的优势。2008年全省限额以上批发零售和住宿餐饮业共实现零售额659.72亿元，占全省社会消费品零售总额的比重由上年25.4%提高到26.6%。同时，个体商业在活跃市场、方便居民生活等方面发挥了重要的作用，2008年全省批发零售和住宿餐饮业中，限额以下企业及个体户实现零售额1822.86亿元，增长22.2%，占全社会消费品零售总额的73.4%。

（四）住宿餐饮业引领发展，批零贸易业支撑发展

从消费品市场中的行业内部看，批发和零售贸易业占居主导地位，对消费品市场的快速发展起了重要的支撑作用。2008年，批发和零售业实现消费品零售额2127.91亿元，比上年增长23.7%，占零售总额的85.7%。随着人们生活方式和消费观念的转变，旅游和在外就餐的次数大大增加，有效刺激了餐饮市场的繁荣活跃。2008年，全省住宿和餐饮业实现零售额354.67亿元，比上年增长28.1%，增幅比上年提高5.4个百分点。

（五）消费结构不断升级，消费内容日趋多样化

消费观念的变化和居民休闲时间的增多，提高消费档次的消费比重大、增长快，使得对消费品市场的发展起到了积极的推动作用。从限额以上批发零售业统计数据看，2008我省限额以上批零企业实现吃类零售额61.83亿元，同比增长36%；实现穿类零售额84.22亿元，同比增长27.1%；实现用类零售额490.42亿元， 占限额以上批零企业零售总额的77.1%,同比增长24.1%。其中汽车类实现零售额125.92亿元，同比增长50.2%；建筑及装潢材料类实现零售额12.05亿元，同比增长4.9倍；日用品类实现零售额18.16亿元，同比增长37.0%；石油及制品类实现零售额201.78亿元，同比增长25.2%。

（六）物价是拉动零售额快速上涨的重要因素

受物价指数持续走高影响，我省各月零售额也均保持了较高速度的增长，每月零售额增幅均在20%以上。全年扣除物价因素我省社会消费品零售额实际增长18.3%，物价拉动零售额上涨6.0个百分点。八月份后受物价指数走低影响，我省零

售额名义增速也稍稍放缓，但是由于我省各项拉动内需措施得力，零售额仍然保持着快速上涨的态势，特别是第四季度各月扣除物价因素后零售额实际增幅仍然保持着较快的增长速度。（见图2）

图2 2008年各月零售额与物价增幅走势图

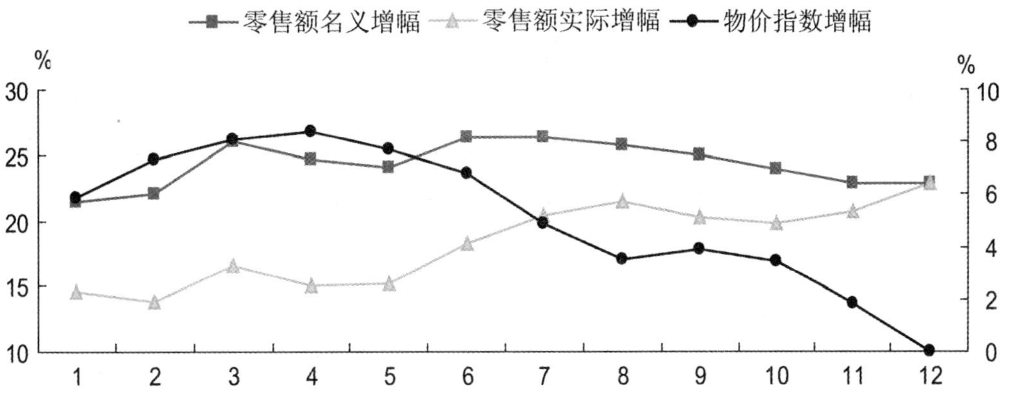

二、拉动消费品市场高速增长的主要因素

（一）全省经济的快速增长为消费品市场的快速增长提供了条件

近几年，我省经济进入了快速发展阶段，主要表现为GDP、投资和出口等方面的快速增长，综合实力的提高带动了消费需求的增长。2008年，全省地区生产总值达到6424.06亿元，比上年增长16.0%，增速排在全国第3位；城镇固定资产投资完成额同比增长40.3%，增速排在全国第三位；地方级财政收入同比增长31.8%。随着长吉图开放先导区的建立，富民强省各项政策措施的落实，我省将会进入新的快速发展时期，这将为消费品市场的快速发展提供坚实的经济基础。

（二）政策效应支撑消费品市场健康发展

党的十七大报告指出：“坚持扩大国内需求特别是消费需求的方针，促进经济增长由主要依靠投资、出口拉动向依靠消费、投资、出口协调拉动转变，由主要依靠第二产业带动向依靠第一、第二、第三产业协同带动转变”，这一宏观调控政策导向把消费在促进国民经济发展中的作用放在了更加突出的位置，提高消费对经济增长的贡献。省委、省政府按照中央的要求，顺应民意，改善民生，围绕增加城乡居民收入的目标，陆续出台了一系列惠及民生的政策，增加居民收入，提高了社会购买力，价格涨幅开始趋缓，增强了居民的消费信心。特别是启动“家电下乡”“汽车下乡”工程有力拉动了消费需求的增长。

（三）农村市场的有效启动也有力推动了农村消费品市场的发展

2008年各项支农惠农政策措施在更大范围内、更深程度上得到落实，使得农民收入持续稳定增长，农村居民消费水平继续提高。2008年农村人均现金收入达到7415.90元，同比增长34.1%。与此同时农村人均生活消费性支出也达到了3101.65元，同比增长14.6%。农村消费品市场增幅高于城市0.4个百分点，城乡市场呈现出共同繁荣、齐头并进的良好态势。

（四）限额以上企业拉动作用明显

2008年限额及星级以上企业零售额增幅达到30.8%，比上年提高了9.0个百分点，占零售额总额的比重也比上年提高了1.2个百分点。其中四月份欧亚集团店庆期间，11天欧亚集团公司各门店总客流量超过300万人次，集团公司销售额实现9.7亿元，4月15日当日销售超过9000万元，再创集团的阶段性销售最高纪录。

（五）会展经济拉动了住宿餐饮业及零售额的快速增长

2008年住宿餐饮业同比增长28.1%,住宿餐饮业增速加快的原因主要有两点：一是居民生活水平提高的需要，二是展会及旅游拉动的结果。2008年我省国内旅游总收入达到436.10亿元，同比增长29.6%；本年度我省相继召开了第七届农业博览会，第四届东北亚投资博览会，第九届长春电影节、中国（长春）国际汽车零配件展洽会等大型节庆及展会活动，有力拉动了住宿餐饮业零售额的增长。单单中国长春国际农业•食品博览（交易）会就有170余万人次参会，创下国内展会之最。展会七天时间累计实现现场交易额5.5亿元，合同和协议金额达36.5亿元。

三、2009年消费品市场面临的形势

（一）外部环境对我省消费品市场的影响不可小视

目前世界经济增速降缓，企业缺乏活力，世界金融危机打击了各国投资者和消费者的信心，使得消费整体乏力，国际经济环境的日趋严峻将对我省经济形成较大压力，同样对我省的消费品市场也将产生一定的影响。一是企业受世界金融危机的影响收益下滑将使得居民对未来收入的信心预期降低，进而影响居民的即期消费。二是房产地业的调整将影响相关消费。由于经济环境及房价的调整，房屋成交量将受到影响，那么作为消费热点之一的住房消费将面临着较为严峻的挑战，进而带动建材、家电、家具、装修材料等相关消费增速回落。三是就业机会的减少也将影响消费品市场的发展。受国际金融危机影响，全国特别是东部沿海地区出现部分中小企业开工不足甚至停产的情况，直接影响外出务工农民的就业状况。相关部门预测农民外出务工机会将明显降低，势必影响农村消费品市场的进一步发展。

（二）物价指数快速下滑影响居民即期消费

2008年我省物价指数先高后低，最高时为三月份，同比增长8.4%，此后逐月走低，至十二月份时降为零增长。物价的快速下跌，将使居民消费趋于谨慎，持币待购影响到城乡居民即期消费。

（三）农村消费依然偏低，农村消费品市场需进一步拓展

近年来，省委省政府不断加强“三农”工作，在制度、政策和投入方面采取了一系列重大举措，农民的切身利益得到提高，但城乡居民收入仍存在着较大的差距，农民实际的消费能力远远低于城市居民。从市场规模看，近年来，我省农村市场消费品零售额占全社会比重相对过小，2008年农村消费品市场零售额所占比重仅为21.9%，农村市场所占的份额与农村人口比例严重倒挂。究其原因，农民大幅增收相对缓慢，消费观念落后，即期消费压力大，消费网点小、商品品种少、售后服务不健全，消费环境相对较差等都是导致农村消费难以大幅提高的主要因素。

（四）食品安全挫伤消费信心

近年来，由于不法生产厂商盲目追求利润而忽视食品安全问题，苏丹红、瘦肉精、大头娃娃、三聚氰胺等食品安全事件层出不穷，使得最初的产品质量问题演变成为一场影响食品行业质量安全问题，并由此引发了消费者对整个食品行业的信任危机，对我省食品行业及相关领域也造成较大的负面影响。面对今年的经济形势，加强产品质量安全的监管，避免出现大的产品质量事件，对2009年消费市场尤为重要。

2009年受世界经济和国内经济调整的双重影响，我省消费品市场将面临着严峻的挑战，增速将比2008年有所减缓。但是在全省扩大消费、拉动内需的政策的扶持下，特别是在全省民营经济、旅游业等加快发展的带动下，消费需求将不会大幅下滑，预计全省消费品市场将保持较为稳定的增长速度。

倾听吉林农民工的心声
——吉林省农民工返乡快速抽样调查报告

张丹　尹致远

编者按：《倾听吉林农民工的心声》一文于2009年2月27日以《统计参考》第4期（总第4期）印发。

受全球金融危机影响，我国出现了较大规模的农民工返乡现象。为及时了解和掌握当前吉林省农民工返乡情况以及农民工外出务工的情况，为政府决策提供参考和依据。近日，吉林省统计局开展了全省农民工返乡情况快速抽样调查工作。调查内容分为两部分：一是调查村的基本情况，包括总人口、劳动力人数、外出务工人数、返乡农民工人数；二是外出务工人员的基本情况，包括年龄、性别、返乡原因、务工时间、从事职业等。调查在全省22个县的农村住户调查村中进行，共调查了210个行政村，在每个村中调查了20个外出务工人员（以返乡农民工为主），回收有效问卷4200份（其中返乡农民工2955人，未返乡1245人）。通过调查，我们走进农民工群体，了解他们的所思所想，倾听到他们的心声。

一、调查结果

（一）农民工返乡规模

调查数据显示：所调查的210个村的总人口为30.1万人，劳动力16.3万人，其中2008年外出务工人员3.8万人，占劳动力总数的23.5%。截止到2009年2月中旬，全部调查村共有9987人返乡，占外出农民工总量的26.2%。返乡后已在本地从事非农产业的为2055人，占返乡农民工的20.6%。2008年吉林省乡村总人口1279万人，根据此次抽样调查数据推算，当前我省返乡农民工人数约为42.5万人。(见表1)

在调查的2955名返乡农民工中，因企业停工而返乡的有592人，占20.0%；因企业裁员返乡的有317人，占10.7%；因找不到工作返乡的有476人，占16.1%；因收入降低返乡的有615人，占20.9%；因家庭原因返乡的有470人，占15.9%；因其他原因返乡的有485人，占16.5%。(见表2)

调查村基本情况及推算结果

表1

	调查村人数（人）	推算全省数据（万人）
乡村人口	300875	1279.3
劳动力人数	163300	694.3
外出务工人数	38176	162.3
返乡农民工人数	9987	42.5
本地安置就业人数	2055	8.7

农民工返乡原因情况

表2　　单位：人，%

	调查的返乡人数（人）	比重（%）
企业停工	592	20.0
企业裁员	317	10.7
找不到工作	476	16.1
收入降低	615	20.9
家庭原因	470	15.9
其他	485	16.4

由上表数据可见，在我省返乡农民工中受经济因素影响返乡的占67.6%，因家庭及其他原因返乡的占32.3%。据此推算，受金融危机影响，我省返乡农民工中，因受金融危机影响而返乡的人数将近30万人。

（二）返乡农民工的基本情况

1．**男性农民工返乡比重高于女性**。在调查的2955个返乡农民工中，男性为2174人，占返乡农民工人数的73.6%；女性为781人，占返乡人数的26.4%。这主要是由于男性农民工大多在建筑业、制造业等行业工作，女性大多从事服务行业，而这次金融危机中服务业所受的冲击相对要小一些。(见表3)

2．**年龄较大的农民工返乡比重较高**。在调查的返乡农民工中30岁以下的1122人，占返乡农民工人数的38.0%；30—45岁的1203人，占返乡农民工的40.7%，45岁以上的630人，占返乡农民工的21.3%。而调查的未返乡农民工中，30岁以下的占42.8%，30—45岁的占37.0%，45岁及以上的占20.2%。年龄较大返乡比例高，这是因为年轻的农民工文化水平相对较高，并且容易掌握新的知识和技能，在就业市

场低迷的情况下，具有相对较强的竞争力。(见表4)

农民工返乡原因情况

表3 单位：人，%

	调查人数	比重
总人数	2955	100.0
男	2174	73.6
女	781	26.4

农民工的年龄情况对比

表4 单位：%

	返乡农民工	未返乡农民工
30岁以下	38.0	42.8
30–45岁	40.7	37.0
45岁以上	21.3	20.2

3．**受教育程度低的人返乡比重较高**。在调查的返乡农民工中受教育程度为小学及以下的有323人，占10.9%；受教育程度为初中的有2269人，占76.8%；受教育程度为高中及以上的有363人，占12.3%。在所调查的未返乡农民工中，受教育程度为小学及以下的占8.3%，受教育程度为初中的占67.7%，受教育程度为高中及以上的占24.0%。(见表5)

农民工的受教育程度情况对比

表5 单位：%

	返乡农民工	未返乡农民工
小学及以下	10.9	8.3
初中	76.8	67.7
高中及以上	12.3	19.0

4．**外出务工时间较短的农民工返乡比重高**。在调查的返乡农民工中，外出不满半年的225人，占返乡农民工的7.7%；外出半年至一年的为1124人，占返乡农

民工的38.0%；外出一年至二年的为793人，占26.8%；外出两年以上的为813人，占返乡农民工的27.5%。而未返乡农民工中，外出时间在半年以内的仅占2.7%。外出时间在二年以上的占57.0%。外出时间较长的农民工，有相对稳定的就业岗位，对城市的环境更为熟悉和适应，即使失去工作，在寻找新的工作时也具有一定的优势。(见表6)

农民工外出时间情况对比

表6　　单位：%

外出时间	返乡农民工	未返乡农民工
不满半年	7.7	2.7
半年至一年	38.0	13.5
一年至二年	26.8	26.8
二年以上	27.5	57.0

5．**没有技术的农民工返乡比重较高**。在调查的返乡农民工中，没有技术等级有2180人，占73.8%；技术等级为“初级工”的458人，占15.5%；技术等级为“中级工”的273人，占9.2%；技术等级为“高级工”的24人，占0.8%；技术等级为“技师及以上”的20人，占0.7%。(见表7)

返乡农民工的技术等级情况

表7　　单位：人，%

	调查人数	比重
总人数	2955	100.0
无技术等级	2180	73.8
初级工	458	15.5
中级工	273	9.2
高级工	24	0.8
技师及以上	20	0.7

6．**省外返乡农民工占比最大**。在调查的返乡农民工中，外出务工地在本县的300人，占返乡农民工的10.2%；外出务工地在本市（州）的420人，占返乡农民工的14.2%；外出务工地在本省的748人，占返乡农民工的25.3%；外出务工地在外

省的1133人，占返乡农民工的38.3%；外出务工地在国外的354人，占返乡农民工的12.0%。外出地在省外的返乡比重最大。这说明我省农民工在外省务工地相对集中在受这次金融危机的影响较大的东部沿海省份。(见图1)

图1 不同务工地农民工的返乡情况

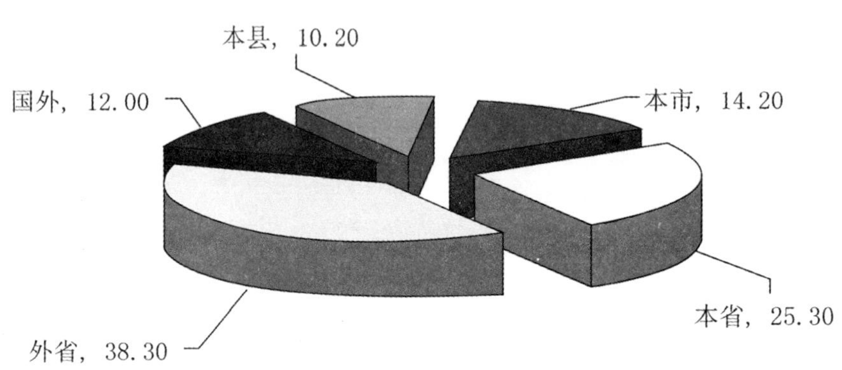

7．**建筑业农民工返乡比例最高**。在调查的返乡农民工中，从事家政服务的140人，占4.7%；保安112人，占3.8%；建筑工人919人，占31.1%；制造或维修工人535人，占18.1%；厨师62人，占2.1%；宾馆或饭店服务员432人，占14.6%；售货员116人，占3.9%；司机105人，占3.6%；其他534人，占18.1%。(见图2)

图2 返乡农民工的职业情况

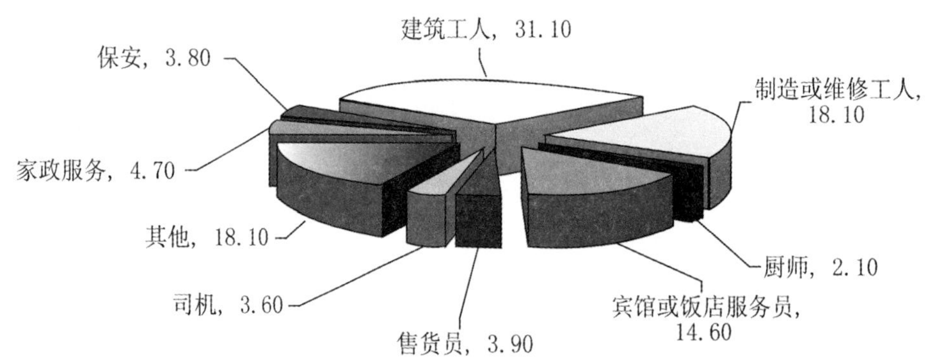

8．**返乡农民工的收入情况**。在调查的2955名返乡农民工中，月收入在1000元以下的1010人（其中有10人没有拿到工资），占34.2%；月收入在1000—2000元的人数最多有1379人，占46.6%，月收入在2000—3000元的有244人，占8.3%；月收入在3000元以上的有322人，占10.9%，其中有289人是在国外打工，占3000元以上收入者

的89.8%。国外务工收入明显高于国内，国外务工者月平均收入为6408元，有的高达15000元。而国内务工者的月平均收入仅为1339元。(见表8)

返乡农民工的收入情况

表8 单位：人，%

	调查人数	比重
总人数	2955	100
1000元以下	1010	34.2
1000—2000元	1379	46.6
2000—3000元	244	8.3
3000元以上	322	10.9

二、返乡农民工的愿望

此次调查问卷中，设置了返乡农民工“关心的问题”这个调查项目，使我们能够窥视我省农民工的内心活动与感受。

(一）希望继续外出务工

在调查的2955名返乡农民工中，2615人有再务工的意愿，占返乡人数的88.5%。在返乡农民工关心的问题这个调查项目中，70.7%人把“能否再务工”作为最关心问题的首选。这说明我省的返乡农民工仍然有很强烈的外出务工意愿。

近年来，由于农业生产效率提高，农村劳动力过剩所引起的隐性失业问题日益突出，加之农业与非农产业比较效益相对较低，使进城务工成为农村剩余劳动力，特别是青壮年劳动力解决就业、增加收入的有效途径。很多农民将土地转租他人，跻身于进城务工人员的行列，有的甚至举家进城。虽然他们没有摆脱农民的身份，但许多人已经失去了农业生产的要素和农村生活的根基，甚至已经不熟悉农业生产技能。如今失业返乡，无工可做，无地可种，使他们遇到比城镇失业人员更严峻的生计问题。因此，继续外出打工就成为返乡农民工最大的心愿，也是他们改善个人和家庭经济状况的唯一选择。在调查的2955个返乡农民工中，1149人有再务工目标，占38.9%；他们因为企业倒闭、停产等原因失去工作，但仍希望回到原务工地继续工作，目前在家等待消息，一旦有工作仍会选择外出。

(二）希望参加技能培训

有技能的农民工在就业市场上拥有更强的竞争力。16.1%的人把参加技能培训作为关心问题的首选。24.2%的返乡人员把参加技能培训作为第二关心的问题。“缺乏技能，知识太少，希望参加培训深造”。辉南县样子哨镇邵家店农民宋建军谈到在外务工的感受时这样说，后悔自己读书太少，不能适应市场经济发展的需要，一起在广东打工的，有专长的工友厂里就给保底工资，没有技术的就动员回家放长假。他回来20多天了，总想找个地方学技术。而失业返乡也是农民工朋友参加培训提高技能的有利时机。

（三）希望提供创业支持

外出打工使一部分农民工掌握了相关生产技术，积累了一定资金，熟悉了市场规则，他们想利用多年打工积累下来的资金、技术等资源回到家乡创业，实现自我价值。调查中，7.7%人把“提供创业支持”作为关心问题的首选。如调查的4位辉南县楼街乡胜利村提前返乡农民工中，就有2人已经回乡开了小餐馆。许多人希望政府在提供贷款、技术支持、政策服务等方面提供支持。

（四）希望提供就业信息

能够获得就业信息也是很多返乡农民工的强烈愿望。在调查中34.4%的人把“提供就业信息”作为第二关心的问题，27.1%的人把“提供就业信息”作为第三关心的问题。特别是那些对近期就业无信心的农民工，希望政府能提供快捷、准确的就业信息。“作为年轻人，就业是关键。无论干哪行，挣钱是目的”，这是九台市上河湾乡四台村青年农民李玉发的心里话。只有初中文化程度的他，19岁到浙江电子厂打工，如今已有两年了，已经掌握了一些专业技术。由于企业裁员被迫离职，目前在家千方百计寻找重新就业的机会，渴望获得相关的就业信息。(见图3)

图3 返乡农民工关心的问题

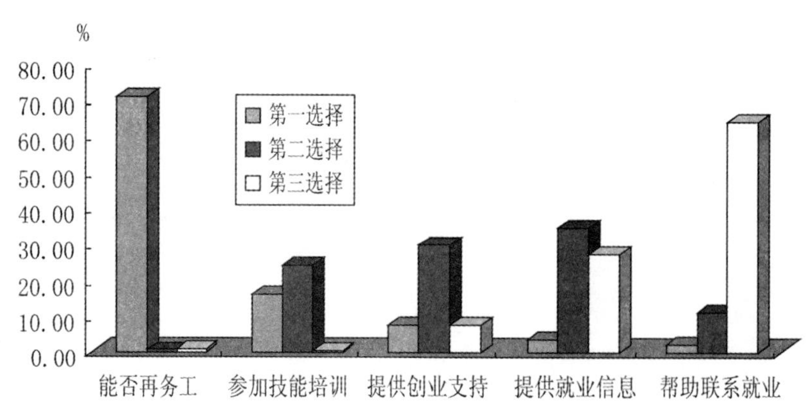

三、未返乡农民工及家庭关心的问题

（一）未返乡农民工关心的问题

农民工是一个特殊的群体，是经济社会发展的重要力量。通过调查发现，农民外出务工仍存在很多困难和问题。在对未返乡农民工的调查中，有37.0%的人最关心的问题是“工资待遇”，35.3%的人最关心的问题是“工作环境”，22.6%的人最关心的问题“工作时间”。此外，劳动合同、社会保险、子女入学等问题也深受农民工的关注。(见图4)

图4 未返乡农民工关心的问题

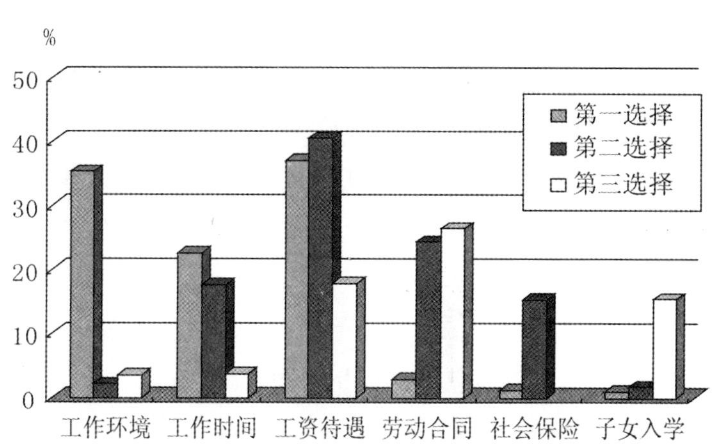

1．**收入偏低**。我省农民工的月平均务工收入为1339元，由于从事职业的技术含量低，农民工的收入水平提高缓慢。一方面农民工自身的素质和能力使他们大多在报酬较低的产业部门就业，如建筑业、制造业、居民服务业等所需技术含量低的劳动密集型企业；另一方面尚不健全的制度因素导致农民工在就业时受到不公平的待遇，导致农民工工资提高步履维艰。在各级政府的高度重视和社会各界关注下，城市农民工报酬支付总体情况大有改善，但少数企业仍然存在克扣、拖欠农民工报酬的现象。

2．**工作条件差**。调查中，35.3%的人最关心的问题是“工作环境”，22.6%的人最关心的问题是“工作时间”。农民工一般承担苦、累、脏、险的工作，工作条件差，部分农民工每天的工作时间超过10个小时，基本没有休息日。而农民工的收入水平并没有随着经济的发展而显著提高。

3．**社会保障不完善**。农民工进城就业签订劳动合同者不多，就是签订了合同的农民工，很多人不太清楚合同内容，无法依法维护自己的合法权益。调查中24.4%的人把劳动合同作为第二关心的问题，64.9%的人非常关心“社会保险”问题，说明他们在外务工，迫切需要一份保障。农民工为经济发展做出了重要贡献，付出了很多，却收入微薄，很多农民工在外工作多年（我省外出两年以上的占36.3%），但仍然没有任何社会保障。

4．**生活条件差、子女入学难**。受工资水平低限制，大部分农民工的月消费几乎全部用于住宿和食品消费。居住环境质量差，很多农民工居住在工棚或集体宿舍里，地方狭窄拥挤。特别是近几年，很多城市由于城中村改造及城区的拓展，市区一般楼房的月租金在一路攀高，加上水、电、气等费用，导致居住成本逐年增加，农民工大多选择居住在城郊结合部，生活空间狭小，周边环境差。农民工子女受教育也存在困难。调查中，15.4%的人最关心“子女入学”问题。农民工认为子女在城里就学所遭遇的最大困难是费用高，其次是没有城市户口。此外，工作的不稳定性也影响到子女在城里就学，有些子女因为打工地点变化而被迫辍学。

（二）农民工家庭关心的问题

据调查，收入、农资价格、卖粮难、看病难等问题深受农民工家庭的关心。

1．**收入**。收入是农民工家庭关心的核心问题。调查中，87.2%的农民工家庭最关心的问题是收入。我省农民工外出务工收入已占到家庭收入的16.4%，所以外出务工人员的收入是家庭收入的重要来源。一个农民工的失业返乡有可能带来一个家庭的返贫，因此农民工外出务工就业状况是否稳定已成为农村经济社会能否稳定的晴雨表。

2．**卖粮难**。7.5%的农民工家庭最关心的问题是“卖粮难”，37.1%的农民工家庭把“卖粮难”作为第二关心的问题。我省是粮食大省，目前粮食生产仍然是农民收入的主要来源，调查表明，我省农民卖粮难的问题在农村仍没有得到根本性的解决，各级政级政府应高度重视这一问题，确保农民在“丰产”的年头也能获得“丰收”。

3．**看病难**。调查中，53.1%的农民工家庭非常关心“看病难”问题。目前农村医疗水平低，条件差，生病得不到及时救治的现象极为普遍。而在城市打工的农民也不敢随意进医院看病，医疗费用高，使农民工家庭难以承担，甚至因为就医费用问题，延误病情，形成“小病拖、大病扛，实在不行回家躺”的局面。在农村因病致贫、因病返贫的现象绝非罕见。

4．**农资价格**。农资价格直接关系到农业生产的成本，影响农民的收入水平。调查中，28.7%的农民工家庭第二关心的问题是“农资价格”，80.5%的农民工家庭把“农资价格”作为第三关心的问题，可见农资价格问题还是深受农民家庭关注的。(见图5)

四、建议

我省是农业大省，也是农民工输出省。促进农村剩余劳动力合理流动，妥善解决农民工返乡问题是我省农村工作和就业工作的重要内容。

（一）加大力度做好返乡农民工转移就业工作

返乡农民工转移就业关系到社会的和谐稳定。据调查，我省返乡农民工中约有40%是上世纪80年代出生的年轻人，他们习惯了城市的生活，且不愿意或根本不会务农。即便返乡，由于长期在外，承包土地早已“易主他人”，他们将成为农村的“赋闲者”，成为农村的不稳定因素。此外，农民工如果在本地找不到合适的就业机会很可能会回流到城市，也将成为流入地区的“隐患”。因此，做好返乡农民工转移就业工作，消除城乡社会不和谐因素迫在眉睫。

图5 农民工家庭关心的问题

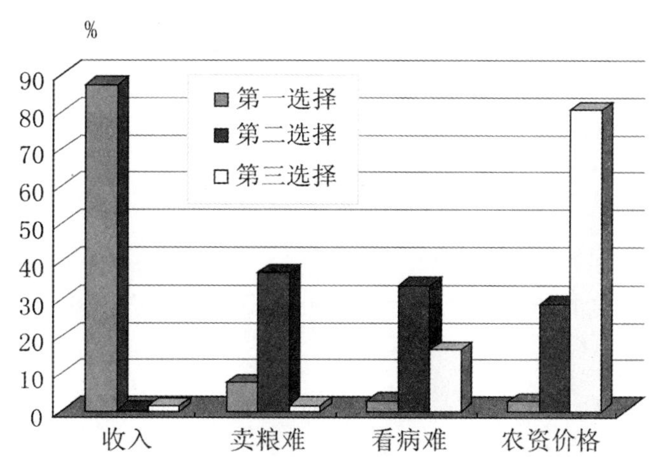

返乡农民工的转移就业关系到农民家庭的收入。近年来，我省农民收入来源结构不断调整，非农产业对收入的贡献越来越大，工资性收入占农民人均纯收入的比重已上升到2008年的16.4%。随着劳务经济的发展，外出务工收入将成为农民增收的主渠道。我省2008年农村家庭恩格尔系数为39.6%，对于返乡农民工及其家庭来说，减少了近五分之一的生活来源，对生活水平将产生直接影响，因此，做好返乡农民工转移就业工作，避免返乡带来返贫至关重要。

现阶段应着重抓好以下几方面：

1．**为返乡农民工寻找就业出路**。在调查中我们发现，除70.7%的返乡农民工最关心的问题是“能否在务工”外，16.1%的人最关心的问题是“参加技能培训”，3.5%的人最关心的问题是“提供就业信息”，而参加技能培训、获得就业信息仍然是在为外出务工作准备。三项人数之和超过返乡农民工人数的90%。这说明我省返乡农民工的外出务工愿望十分强烈。政府应该急农民工之所急，为没有就业目标的农民工寻找出路。当前沿海经济虽不景气，而中部地区正在崛起，北京、上海、天津等直辖市经济并未下滑，我们应调整务工人员的输出方向，善于在这些地区寻找就业机会，开拓返乡农民工就业渠道，做好农民工外出就业的服务和组织工作。

2．**尽最大可能为返乡农民工提供创业支持**。据调查，三成以上的返乡农民工渴望获得创业支持，这说明我省的农民工也有强烈的创业愿望，以创业带动就业是解决返乡农民工的有效途径。从我省的情况看，回乡创业的农民工在获得贷款、技术支持、政策服务等方面还存在很多困难。各级政府应尽快解决农民工创业的制度性保障，降低他们的创业成本。比如在解决融资难的问题上可以考虑设立“农民工创业专项扶持资金”，鼓励金融机构给创业农民工发放小额担保贷款，满足他们创业的资金需求；简化农民工创业企业的注册登记手续，提供良好的创业服务；不仅应对创业企业实行税费减免，也应按吸纳就业人数给予一定的财政补贴，激发他们解决就业问题的积极性。

3．**加大农村富余劳动力的培训和信息服务力度**。调查中有16.1%的人最关心的问题是“参加技能培训”，3.5%的人最关心的问题是“提供就业信息”，政府部门应加大服务力度，为农民工提供技能培训和就业信息，这样既可以增强农民工转岗就业能力，又可以为产业审计储备技能人才。应加强培训的针对性和实用性，切实提高培训效果，避免单纯追求培训次数和人数，使培训流于形式。应把培训与就业紧密结合起来，没有就业的培训会影响农民参与的积极性，因此，有条件的地区应尝试订单培训。

要拓展就业信息发布渠道。避免出现有用工需求的单位招不到工，而有就业意愿的农民招不到岗位的现象。

（二）消除对农民工的歧视性政策，使农民工享有与城市居民平等的国民待遇

1．**加快户籍制度改革步伐**。消除附着在户口上的城乡居民的权利不平等制度，保障公民的迁徙自由、居住自由和择业自由。实行城乡统一的户口登记制度。凡在城镇有稳定职业和住所的农村人口可按规定在就业地或居住地登记户口，并依法享有当地居民；应有的权利。解决进城农民住房、子女入学、入托等方面的问题，保证进城农民与城镇居民同等待遇，享有平等的发展机会和统一的社会身份。

2．**建立健全覆盖农民工的社会保障制度**。针对农民工工资偏低和流动性较强的特点，建立多层次、的社会保障网络。消除城乡劳动用工界限，按照统一的政策建立以农民工社会保障个人帐户为主的保障模式，使进城务工人员不再需要经历“退保”、“参保”等繁琐的程序。对于临时在城镇打工的农民工，针对他们的需要，先搞“工伤保险”“大病医疗保险”等，维护农民工的合法权益，推动和保障

注[1] 人口红利是指一个国家（或地区）的劳动年龄人口占总人口比重较大,抚养率比较低,为经济发展创造了有利的人口条件,整个国家（或地区）的经济呈现高储蓄、高投资和高增长的局面。

农村富余劳动力转移的顺利进行。

特别值得提出的是：改革开放以来，沿海省份经济发展迅速，欠发达地区输出的农民工为发达地区的经济建设做出了不可磨灭的贡献。他们从事着城市工人不愿意做的高强度、高风险的工作，获得的报酬却非常低廉，基本没有任何社会保障，一旦失业返乡，他们又面临着失业又失地的双重困境。像吉林省这样的欠发达省份，在经济形势向好时，青壮年的劳动力聚集到发达地区，创造的财富和价值留在了发达地区，"人口红利 "也被发达地区所享有；在经济下滑时，农民工返回本地，造成当地的就业压力和社会问题，使欠发达省份发展的步子更为迟缓，形成"强者更强，弱者更弱"的局面，加剧了区域之间经济水平的差距。国家应出台有关政策，逐步实行农民工"在哪务工，在哪参保，在哪获得保障"的新型保障制度，统筹协调各地区的发展。

2008年我省对外经济贸易实现新跨越

冀群英　王晓辉

编者按：《2008年我省对外经济贸易实现新跨越》一文于2009年3月2日以《统计分析》第4期（总第507期）印发。

2008年，国际经济环境复杂多变，不确定性、不稳定性因素明显增多，给对外经济贸易带来严峻挑战。国际上，受美国次贷危机的影响，国际金融危机持续蔓延，全球经济明显减速，外需明显萎缩；在国内，国家出口环节政策调整力度较大，限制"两高一资"产品的出口，出台了一系列新的政策，国内经济困难增加。面对诸多不利的形势，我省大力实施出口战略，加快发展高新技术产业，拓宽出口渠道。同时继续改善环境，加大招商引资力度，促进全省对外经济贸易保持了良好的发展态势。通过扩大开放，进一步提高了我省经济发展的外向度，有力地推动了全省经济又好又快发展。

一、对外贸易实现新突破

据海关统计，2008年全省实现进出口总额133.41亿美元，在上年突破百亿美元大关的基础上，又增加了30.41亿美元，同比增长29.5%。其中，出口实现47.72亿美元，增长23.7%；进口实现85.69亿美元，增长33.0%。进出口额均创历史最高水平，实现了新的突破。

对外贸易的新特点：

（一）高新技术产品出口增幅较大，比重上升

2008年，由于全省继续实施科技兴省战略，高新产业进一步壮大，出口规模不断扩大。全省机电产品出口11.41亿美元、高新技术产品出口1.82亿美元，分别比上年增长26.3%和34.9%，机电产品占全省出口的比重为23.9%，比上年提高0.5个百分点。其中，出口增幅较大的有汽车、摩托车，说明我省出口结构有所优化，国际竞争力有所增强。

（二）私营企业、外商投资企业增速加快，国有企业、集体企业竞争力有所萎缩

近几年，由于我省民营经济实施跨越式发展，在政策和资金的扶持下，私营、外商企业不断壮大，出口能力明显增强。2008年，私营企业成为全省出口的主力军，出口17.92亿美元，同比增长25.1%，占全省出口的份额达37.6%；外商投资企业由于产品适销对路，出口13.43亿美元，实现了29.9%的较高增速。国有企业份额有所下滑，出口15.85亿美元，占全省总额的33.2%，比上年下降1.5个百分点。集体企业出口出现萎缩，为0.41亿美元，同比下降11.6%。（见图1）

图1 2008年全省出口总值按企业经济类型分比重(%)

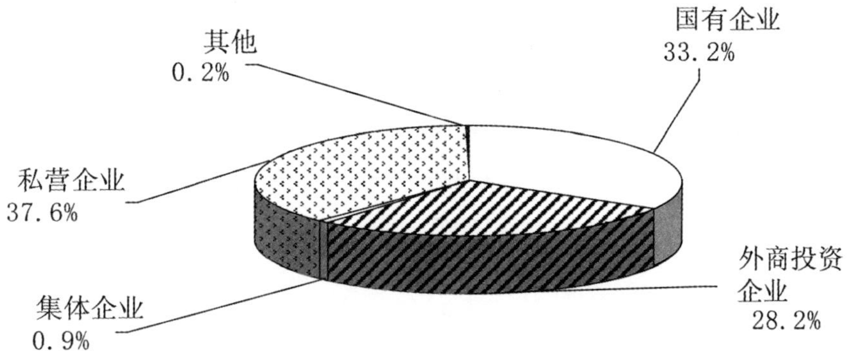

（三）重点企业、重点产品出口增势强劲

2008年，全省出口前20名企业累计实现出口24.76亿美元，比上年增加6.4亿美元，同比增长34.7%，占全省总额的51.9%。

重点出口商品拉动作用较大。全省出口值超过5000万美元的重点商品共25.38亿美元，同比增长20.1%。（见表1）

从总量看，我省出口的大宗商品有9种为工业产品，有3种为农业产品，出口份额较大的为轻工业品和重工业品。

（四）主要出口市场稳固，新兴市场开辟良好

我省主要出口市场是美国、欧盟、俄罗斯等国，均保持较稳的份额。对美国、欧盟全年分别出口4.41亿美元和8.61亿美元，分别同比增长22.6%和37.5%，对俄罗斯出口达到6.75亿美元，但同比下降6.8%。亚洲新兴市场主要是朝鲜、伊朗和印度等国，全年对朝鲜出口5.35亿美元，增长1.7倍；对印度出口0.64亿美元，增长91.4%；对伊朗出口0.24亿美元，增长61.9%，说明亚洲市场出口的潜力非常大。

（五）各市、州发展不平衡

2008年，全省出口主要集中在长春、吉林和延边州，三个市州共完成出口39.54亿美元，占总额的82.9%，其他6个市只出口8.16亿美元，占总额的17.1%。其中，辽

源市、四平市、松原市每个市的出口额不到1亿美元。说明我省出口规模小，主要是发展不均衡，有些市还没有走出去，参与国际竞争能力太弱。（见图2）

2008年出口值超过5000万美元的商品情况

表1

商品名称	总值(万美元)	同比增长(%)	占全省的比重(%)
出口贸易总值	477159	23.7	100.0
12种商品合计	253806	20.1	53.2
蔬菜	6199	37.9	1.3
粮食	21407	-40.9	4.5
食用油籽	11100	148.8	2.3
新的充气橡胶轮胎	6122	28.5	1.3
胶合板及类似多层板	28131	11.3	5.9
纺织纱线.织物及制品	13603	18.8	2.9
服装及衣着附件	68375	24.4	14.3
铁合金	28587	122.6	6.0
钢材	21936	59.7	4.6
汽车（包括整套散件）	30684	21.5	6.4
汽车零件	11513	0.5	2.4
家具及其零件	6149	-4.5	1.3

图2 2008年各市州出口总值比重(%)

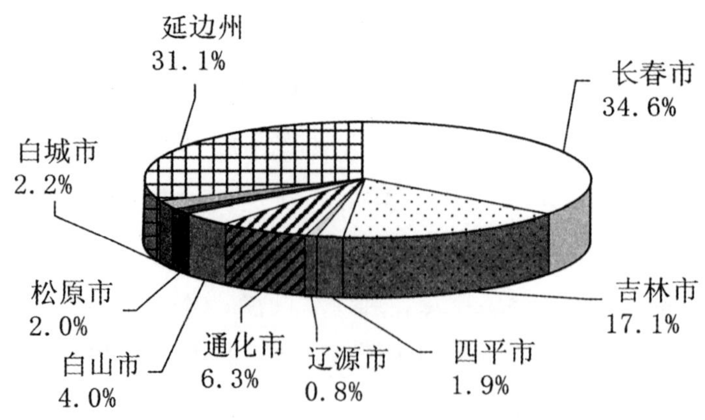

(六) 进口继续保持高位运行

近几年，我省外贸进出口一直为逆差，进口大于出口，且增长快。全年进口较大的商品，主要是汽车零件及原材料。全年进口汽车零件19.54亿美元，同比增长14.8%，汽车进口14.10亿美元，同比增长2.3倍。在投资快速增长的带动下，钢材进口2.06亿美元，同比增长74.3%，这对增强我省经济发展后劲十分有利。

二、利用外资情况

2008年，受国家宏观政策趋紧，特别是受国际金融危机，世界经济发展减慢的影响，新签项目减少。全年新签项目245个，同比下降28.4%；合同外资金额13.55亿美元，同比下降12.9%。但由于我省狠抓外资资金的落实，接续项目资金到位较好，全年实现利用外资额增速较快，全年完成30.08亿美元，同比增长32.5%，其中外商直接投资完成9.93亿美元，同比增长12.2%。

利用外资呈现以下特点：

(一) 投资结构较优化

2008年，外商直接投资主要集中在交通运输设备业、食品制造业、化学原料及化学制品制造领域，分别投资1.03亿美元、1.05亿美元、0.95亿美元，占投资的比重分别为10.4%、10.6%和9.5%。增幅较大的行业还有房地产业，投资0.90亿美元，同比增长54.2%，比重达9.0%。

(二) 大项目投资到位多，新签大项目增多

全年到位外资500万美元以上的项目共有54个，到位外资7.84亿美元，占全部到位资金的78.9%，大项目主要集中在交通运输设备制造业、食品制造业、农副产品食品制造业、化学原料及化学制品制造业、医药制造业、房地产业及风力发电等行业。新签大项目增多，全年新签项目中超过3000万美元的有16个，集中在食品制造业、房地产业、清洁能源业，说明外商在我省投资的信心增强。

(三) 外资主要来源比较分散

2008年，我省外商直接投资共来自24个国家和地区，其中直接投资超过1亿美元的国家（地区）只有2个，分别是香港和英属维尔京群岛，分别投资3.81亿美元和2.08亿美元。

三、对外贸易、经济面临的问题

尽管2008年全省对外贸易、经济取得较好的成绩，但仍存在一些问题不容忽视。

（一）外贸进出口规模依然偏小

2008年虽然我省进出口总额增幅达到29.5%，超过全国17.8%的平均水平，但仅占全国的0.52%，在全国的位次靠后，为19位，比上年后移1位。2008年，我省外贸依存度仅为14.2%，比全国的58.2%低44.0个百分点（人民币外汇牌价按2008年年末时点价格计算）。说明我省对外开放的程度还较低。特别是出口额仅占全国的0.33%，在全国省、市中排在24位。比邻省的辽宁省少372.83亿美元（辽宁排在全国8位），比黑龙江省少118.02亿美元（黑龙江排在全国12位）。说明我省出口规模比邻省的差距还很大，国际的竞争力还不强。

（二）利用外资后劲不足

今年以来，我省新批项目和合同外资额双双出现下降，表明后续引资乏力。全省有7个市州新批项目出现下降，有4个市下降幅度超过50%；有6个市州合同外资额出现下降，有3个市下降幅度超过50%。新批项目和合同外资额的下降，不利于我省利用外资的进一步稳固和扩大。

四、对今年全省对外经贸工作的建议

2009年，全省对外经贸工作面临着严峻的考验和挑战。从国际环境看，随着国际金融危机向实体经济的蔓延，外部需求进一步减少，不利影响在对外贸易上会逐渐显现。同时，也应该看到，针对国际金融危机加速向实体经济蔓延的形势，我国自去年下半年以来相继出台了上调出口退税、放松信贷、取消或降低关税等措施，特别是连续四次上调出口退税率，以扶持外贸企业，稳定外部需求。我省要充分发挥好自身优势，更需要抓住危机中蕴藏的机遇。

今年应重点抓以下几方面工作：

（一）抓住机遇，进一步调整、优化出口商品结构

目前，从我省出口商品结构看，附加值低、加工程度浅的初级制品、高劳动密集型的材料与金属制品占有较大的比重，在全球经济发展放缓，外需急剧萎缩的情况下，这种商品结构抗风险能力较弱，在国际市场上缺乏竞争力。在出口面临重重困难的严峻形势下，也恰恰是促进出口企业升级换代、加速转变外贸增长方式的一个动力。各级政府要引导出口企业依靠科技进步、研发设计、节能减排、创新品牌，有计划地引导不同地域形成优势产业群，打造出口基地，如对汽车及零部件、农副产品深加工、医药、木制品及家具、纺织等出口企业制定扶持政策，使其不断发展壮大，成为全省的拳头产品，抢占国际市场份额。

（二）扩大边境贸易，拓展新兴市场

我省发展边境贸易有着得天独厚的自然条件，重点是延边州。延边州有5个边境县、市，有11个外贸通道。近几年我省对俄罗斯、朝鲜、韩国和日本等的周边市场发展较快。要加大口岸的基础设施建设，建立适应国际联运业务需要的新机制，提升口岸工作效率和服务水平，促进边境贸易快速发展。

（三）各级政府帮助企业转型升级，渡过难关

目前，出口企业特别是民营出口企业面临着金融危机向实体经济蔓延造成的诸如订单减少、资金短缺、劳动成本上升等困难。各级政府要积极扶持和帮助企业渡过难关。如提供技术、信贷支持，改善企业的融资环境，提供更多渠道。进一步密切与信保机构合作，广泛开展保单融资业务，有效发挥出口信用保险的保障和融资功能。对于符合产业发展政策的企业和高新技术产品研发、打造自主品牌的企业给予鼓励，并给予减免税扶持。

（四）重点抓好大项目的招商引资工作，提高整体竞争力

要抓住国际产业转移加快的契机，充分发挥“东北亚投资贸易博览会”这个大平台，加大招商引资力度。经济全球化的今天，跨国公司已成为全球化经济的主导力量，我省要优化投资软环境，积极吸引国际大型跨国公司特别是世界500强企业来我省投资建设，鼓励省内出口企业与国际跨国公司进行联盟合作合资，借助其资本、技术管理和营销的优势，提高产品质量、档次，形成规模经营，增强综合竞争能力。

积极应对 合力攻坚
努力实现我省招商引资新突破
——当前我省招商引资形势分析

姜文鑫

编者按：《积极应对 合力攻坚 努力实现我省招商引资新突破——当前我省招商引资形势分析》一文于2009年3月10日以《统计分析》第5期（总第508期）印发。此文结合当前国际国内错综复杂的经济形势，着重阐述了当前我省招商引资在受到国际金隔危机冲击的背景下存在的主要问题及不利因素，并有针对性地提出建议。此文发出后，得到省领导的批示。2009年4月9日，陈伟根副省长做出批示："转经合局研究"。

2008年，我省招商引资工作在省委、省政府的高度重视和正确领导下，克服国际国内经济形势错综复杂的不利局面和国际金融危机的冲击，积极拓展招商引资渠道，强化招商引资措施，狠抓项目的推介洽谈、跟踪服务，努力提高项目的履约率和资金到位率，招商引资又实现了新突破，到位资金总量再创历史新高，在保证我省固定资产投资持续快速增长和促进经济发展中发挥了重要作用。但同时也存在引资项目技术含金量不高，签约项目资金到位不理想，特别是国际金融危机仍在持续，世界经济仍将处于下行周期，招商引资难度越来越大，亟待采取切实有效的对策，全省上下合力攻坚，力争实现招商引资的新突破。

一、招商引资的主要特点

（一）延续强劲攀升势头，引资总量再创新高

2008年全省招商引资继续保持近几年来强劲增长势头,无论是引资总量还是引资项目数量都创历史新高。签约项目达2261个，签约项目计划总投资达到2660.81亿元。在增加签约项目的同时，采取强有力措施做好重大项目的落地和资金到位工作，实际到位资金大幅增加。全年共引进域外资金1298.56亿元，比上年同期增加418.18亿元，增长58.9%，增速高于同期投资总额增幅18.8个百分点，占全省固定资

产投资的比重达到23.2%，同比扩大了2.7个百分点；其中，引进外省资金1226.10亿元，增长62.0%；外商直接投资99331万美元，增长12.2%。从引进外省资金的使用方向上看，注入资本金175.27亿元，比重占14.3%；用于固定资产投资的资金888.62亿元，占72.5%；投入流动资产的资金142.02亿元，占11.6%。（见图1）

图1 2004-2008年外省在吉林投资情况

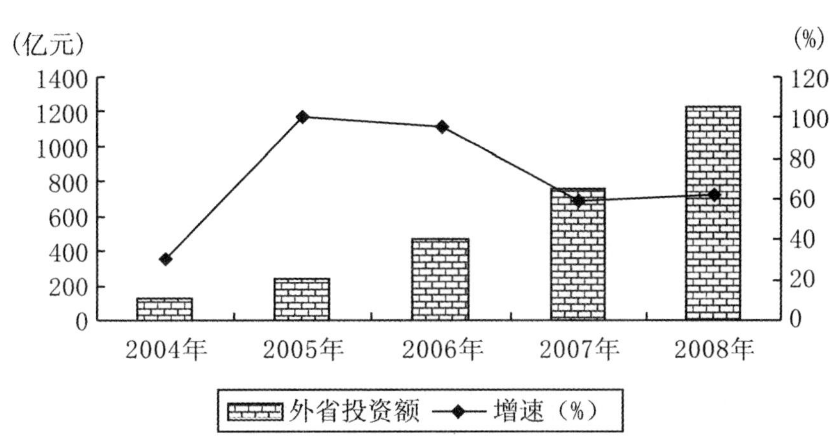

（二）引资领域不断拓宽，产业集群效应进一步突出

2008年，外省投向我省的资金已经扩大到19个大类行业，第一、第二、第三产业到位外省资金分别为33.05亿元、938.60亿元和254.45亿元，增长速度分别为36.3%、55.3%和98.3%。在第二产业引入外省资金中，工业项目投资达到928.87亿元，增长55.2%，占全部外省实际到位资金的比重为75.8%。在我省的传统三大支柱产业中，食品工业引入外省资金156.53亿元，交通运输设备制造业引入外省资金46.24亿元，石化工业引入资金151.99亿元，合计引资354.76亿元，占全部引资总额的近三成,说明我省优势产业集群效应显现，传统的支柱优势产业在招商引资工作中依据其特点也保持了优势，为我省投资的持续稳定增长起到了重要的带动作用。

（三）“引强入吉”取得新突破，知名企业落户较多

今年以来，我省各地区在招商引资工作中引进了一大批资金投入大、技术含量高的大项目特别是新引进了跨国集团和战略投资者。2008年我省引进的合同签约资金在亿元以上的项目546个，占全部项目的比重为24.1%；实际到位外省资金882.87亿元，占全省引进资金总额的比重为72.0%。特别是第四届东博会的成功举办，推动我省与域外的投资合作进一步取得重大突破。本次会上签约了一大批质量比较高的大型投资项目，签约项目的平均投资额达14.2亿元人民币，其中辽源金刚水泥有限公司年产4000万吨新型干法水泥、大唐集团珲春电厂三期工程等5个项目单项投资额超过30亿元。为全省引资工作做好了充实的项目储备，未来我省的大型重点建设项

目数量将会进一步大幅增长。

（四）引资工作全面延伸，东部地区依旧是重点

2008年在我省投资的省区市已经扩大到26个。东部和东北地区依旧是我省引入资金的主要来源，不但包揽了外省在我省注入资金总量的前十名，而且从各省的具体投入资金情况看，东部地区11省市（即辽宁、北京、天津、河北、上海、江苏、浙江、福建、山东、广东、海南）对我省的投资为1071.46亿元，占全部外省投资的87.4%；其中，北京在我省投资最多，达到487.15亿元，比重为39.7%；其次为辽宁省，在我省投资240.95亿元，比重达到19.7%。东部地区基本为发达省份,拥有雄厚的资金、技术和人才优势，正确选择东部发达地区作为引资重点，保证了我省招商引资工作的全面顺利开展。

（五）各地区均快速增长，长、吉、松支撑作用突出

2008年，全省招商引资签约项目共有2261个，9市、州中签约项目个数超过200个的共有6个地区。其中，通化市的签约项目最多，达到537个，占全省的比重达到23.8%；其次为四平市，签约项目370个，比重达到16.4%。

从外省实际到位资金看，9市、州均实现了快速增长。实际到位资金超过100亿元的共有6个地区，其中，长春市的实际到位资金最多，达到203.72亿元，占全省的比重达到16.6%；其次为吉林市达到190.34亿元，比重为15.5%；松原市达到155.25亿元，比重为12.7%，长、吉、松三个地区合计占全省的44.8%，支撑作用突出。各地区实际到位资金增速超过50%的共有8个地区，最低增速也为49.1%。（见表1）

2008年我省各地区招商引资完成情况表

表1

地　区	签约项目个数（个）	比重（%）	引入外省资金（亿元）	增幅（%）	比重（%）
全　省	2261	100	1226.10	62.0	100
长　春	136	6.0	203.72	54.9	16.6
吉　林	296	13.1	190.34	53.4	15.5
四　平	370	16.4	154.32	61.6	12.6
辽　源	218	9.6	105.33	69.3	8.6
通　化	537	23.8	140.98	60.9	11.5
白　山	227	10.0	99.67	61.5	8.1
松　原	144	6.4	155.25	91.9	12.7
白　城	120	5.3	98.76	61.1	8.1
延　边	213	9.4	77.70	49.1	6.3

二、存在的主要问题及不利因素

2008年，我省招商引资工作取得了多项突破，实际到位域外资金保持了较高的增长速度，在扩大投资、促进经济增长中发挥了重要作用，但也存在着一些不容忽视的问题亟待解决，特别是随着世界金融危机愈演愈烈，世界经济衰退，企业投资意愿、能力下降，招商引资难度越来越大，形势严峻。

（一）企业引资主体地位意识亟待进一步改变

我省招商引资工作目前主要依靠各级政府的强势推动，而作为招商主体的企业的积极性和原动力明显不足。国有经济比重高和活力不足一直是制约我省招商引资工作的重要原因。近几年我省民营经济取得了较快发展，但与发达地区相比，无论是在总量上还是发展实力上，差距仍然很大，市场观念不足，小富即安的思想还比较严重。对自己应该在招商引资活动中扮演主体地位的意识淡薄，主动性差，亟待进一步改变。

（二）引资项目技术含金量亟待进一步提升

作为新兴现代服务业的金融业、信息传输、计算机服务和软件业、科学研究、技术服务和地质勘查业、租赁和商务服务业，2008年我省引进投资为25.47亿元，仅占第三产业引进投资的10.0%，占全省引进外省资金的2.1%。知识密集型、科技含量高的新兴现代服务业引资比重低，直接影响我省招商引资成果在未来经济发展中的成效，同时也说明我省的投资环境对高科技项目缺乏吸引力。在未来的招商引资工作中，我省亟需在新兴现代服务业中寻找新的增长点

（三）引资环境亟待进一步改善

主要是政策、服务、法律、诚信等软环境方面，仍存在服务质量不到位、政策落实差、承诺不兑现、搭车收费等等不尽如人意的地方，政府部门审批环节、办事效率仍亟待进一步改善。

（四）引资难度亟待进一步破解

在当前国际国内经济环境下，2009年我省招商引资工作面临比以往更多的困难。从国际上看，金融危机对各国经济实体的冲击将进一步加深，企业盈利能力和投资能力下降；特别是金融危机导致的严重的信心危机，减弱了市场需求，企业投资信心不足，扩张愿望减弱。从国内看，企业利润下降，经济下滑风险加大。为应对金融危机，保经济增长，各省、市（区）都将招商引资作为解决资金缺口的重要手段，我省招商引资面临的竞争更为激烈。但同时我们也应看到面临的新的机遇，国家扩大内学政策的出台和实施，4万亿投资计划提振了企业的投资信心，提供了巨大的投资需求，保证了我国经济长期强劲增长势头，也为跨国公司在中国投资提供

了新的机遇。我省不断改善的投资环境以及资源、产业基础等比较优势，有利于吸引国内的产业转移，机遇与挑战并存。

三、几点建议

（一）重点做好服务业招商引资工作，提高服务业的引资数量和质量

服务业的发展水平反映一个地区的经济发展水平，服务业的开放程度，更能反映出一个地区的发达程度。因此，我们要实现“吉林经济更好更快的发展”，就必须要做好服务业引入域外资金的工作。具体来说，就是要根据我省发展装备制造业基地建设的需要，明确服务业利用外资重点，加大研发、法律、会计、咨询规划、信息技术、人力资源管理、市场调查等专业服务业利用域外资金力度；结合我省产品开拓国际市场需要，以与国际品牌展览公司开展境外合作、引进世界著名展览公司落户等方式，大力发展会展服务业；适应提升中心城市功能需要，加大社会公共服务领域开放力度，引导域外资金进入电信、金融、保险、物流、旅游以及城市交通等公共基础设施领域。

（二）强化企业招商引资的主体作用，提高招商成功率

发挥各级政府的推动作用，进一步调动企业招商引资的积极性，筛选优质招商企业，作为吸收外资重要主体，引导企业对外招商。促进企业积极开拓国际市场，主动与国外企业对接。根据企业和地区资源特点等优势，全方位寻找相应国外投资商进行项目的有效对接，重点针对技术有实力、合资有意向、发展有后劲的大企业和大项目，加快配套产业和现代工业基地建设，有针对性地引导各类企业为主导产业配套，建立配套协作项目库，提高招商引资项目成功率。

（三）建立健全以“质量和效益”为核心的绩效评价机制

以科学发展观为指导，以招商引资综合经济效益最大化为原则，建立与科学发展观、和谐发展思想相配套的绩效评价机制。以“质量和效益”为核心，奖励和惩戒制度双管齐下。奖惩中，不仅看招商引资的数量，更要看引进项目的效益和技术含量；既要看经济效益，更要看社会效益。

（四）进一步优化引资环境，提高签约项目资金到位率

要进一步加强基础设施、特别是电力和交通运输等设施建设，大力发展现代物流业、服务业，进一步改善全省的引资环境，做好各项服务工作。尽量做到对签约项目跟踪服务，兑现展会宣传中和招商过程中做出的各种承诺，及时了解投资企业的需求，及时解决项目进程中的问题和困难，切实落实各项“亲商、扶商、富商”政策，保护投资方的合法权益，保障投资者从“对吉投资”中受益。使投资商放下顾虑，放心履行签约合同，提高签约项目的实际资金到位率。

2008年吉林省各市州农民收入情况分析

尹致远

编者按：《2008年吉林省各市州农民收入情况分析》一文于2009年3月11日以《统计分析》第6期（总第209期）印发。

2008年，吉林省农业生产继续保持健康平稳发展的态势，农民收入呈现较快的增长势头。各地农民收入均实现了大幅增长，亦呈现出新的特点。

一、各市州农民收入增长情况

2008年吉林省农民人均纯收入达到4933元，比2007年增加743元，增长17.7%。

(一) 从收入水平看，长春市最高

2008年各市州农民收入均实现了大幅度的增加，其中的长春市、吉林市、通化市、四平市和辽源市首次突破5000元大关，分别达到了5292元、5281元、5127元、5044元和5011元，长春市农民人均纯收入为全省收入水平最高的地区；白山市农民人均纯收入达到4990元；松原市和延边州农民人均纯收入突破4000元，达到4839元

图1 2008年吉林省各市州农民人均纯收入图

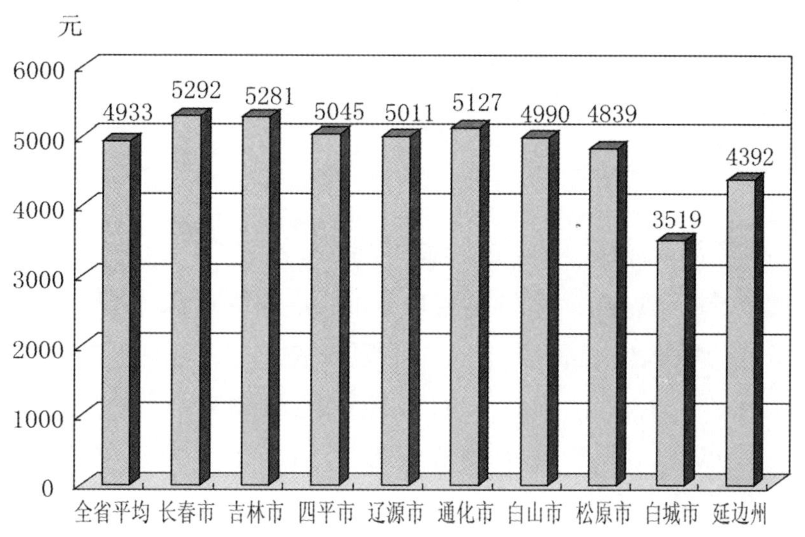

和4392元；白城市农民人均纯收入达到3519元，是收入水平最低的地区。2008年各市州农民人均纯收入水平。（见图1）

（二）从收入增长幅度看，松原市增幅最大

2008年吉林省农民收入实现了较快增长，分市州情况看，收入增长幅度最大的是松原市，增长幅度达到了29.5%，其次是白城市，增长幅度为23.4%。从增长原因分析，由于2007年我省遭遇百年不遇的旱灾，西部的松原市和白城市两个地区受灾最严重，2007年松原市和白城市的粮食产量分别比2006年下降了33.0%和24.7%，导致2007年农民收入下降明显。2008年又赶上难得的风调雨顺的好年景，粮食产量大幅度反弹，2008年松原市和白城市的粮食产量分别比2007年增长了68.8%和70.0%，拉动农民收入大幅增长。白山市由于人均耕地少，粮食增产对农民收入贡献与其他地区相比稍差，2008年农民收入增幅最小，为16.4%。（见表1）

2008年各市州农民人均纯收入增长情况表

表1　　　　单位：元

地　区	2008年收入	2007年收入	2008年比2007年	
			增加	增长%
长春市	5292	4508	784	17.4
吉林市	5281	4496	785	17.5
四平市	5045	4279	766	17.9
辽源市	5011	4275	736	17.2
通化市	5127	4346	781	18.0
白山市	4990	4286	704	16.4
松原市	4839	3736	1103	29.5
白城市	3519	2851	668	23.4
延边州	4392	3598	795	22.1

（三）从收入结构上看，均以家庭经营收入为主

作为农业大省和粮食主产省，我省农民收入主要来源于以种养业为主的家庭经营收入，家庭经营收入一直占农民收入的70%左右。分市州情况看，由于地理位置、社会经济条件、自然条件等存在的差异，经济发展各有特色，农民收入结构也显示出各自的特点。2008年各市州农民收入结构中，家庭经营收入均占55%以上，其中，白城市农民收入中家庭经营收入比重最高，占77.6%，白山市最低，为

55.9%。2008年各市州农民收入结构。（见图2）

图2 2008年各市州农民收入结构图

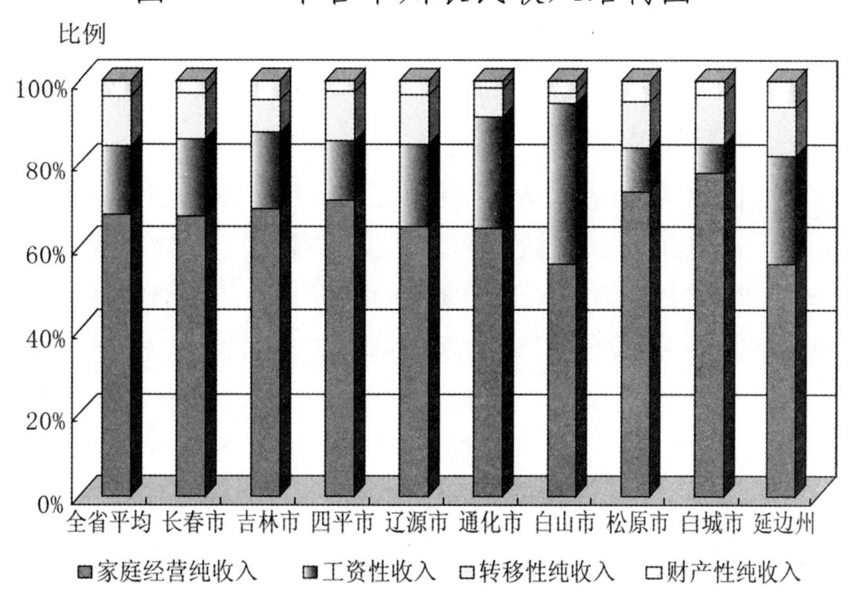

补贴收入对吉林省农民收入增长贡献显著。近几年，吉林省农民收入中，转移性收入增长较快，占农民收入的比重上升明显。这是因为自2004年“一免三补”政策实施以来，我省农民来自于种植粮食等的补贴收入连年增加，带动农民转移性收入在农民收入中的比重持续增加。全省农民转移性收入占全部收入的比重由2003年的1.9%提高到2008年的12.1%，提高了10.2个百分点。分市州情况看，人均耕地越多

图3 2003—2008年各市州农民人均种粮补贴收入图

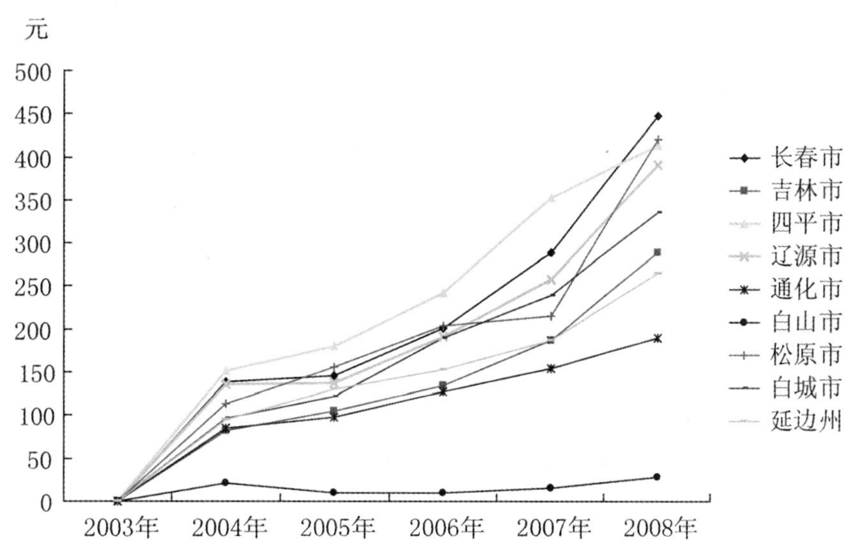

的地区，补贴收入越高，转移性收入比重增加越多。从2003年到2008年的5年间，转移性收入占纯收入比重提高最多的是白城市，从0.9%提高到12.0%，提高了11.1个百分点；最低的是白山市，比重从4.8%下降到2.3%，不但没有上升，反而下降了2.5个百分点。这是因为白山市人均耕地面积较少，农民来自于种粮补贴的收入与其它市州相比增长较少。2004—2008年全省各市州农民种粮补贴收入增长情况。（见图3）

（四）从增长的贡献率来看，农业收入占主要成分

2008年我省农民收入实现了17.7%的增长。增收原因主要有两个方面，一是粮食产量实现了大丰收，2008年我省粮食产量达到568亿斤，比2007年增长了15.7%，创历史新高，带动我省农民人均农业收入增加428元，占当年农民收入增量的57.7%；二是农民各种补贴收入大幅增长，对农民收入增长的贡献率达到14%以上。

国外务工收入是延边州农民收入的亮点。2008年延边州农民人均纯收入增加了795元，从对收入增长的贡献看，外出务工收入，特别是国外务工收入是其收入增长的主要因素。2008年延边州农民人均国外从业收入为438元，比上年增加了275元，对农民收入增长的贡献率为34.6%。另一方面是由于粮食丰收和粮食价格的上涨，农民来自于农业的收入大幅增加，2008年延边州农民人均农业纯收入达2080元，比上年增加了180元，对当年农民收入增长的贡献率为22.6%，为拉动农民增收的第二因素。

本地务工收入是白山市农民收入的增长点。2008年白山市农民人均纯收入增加了704元，其中农民人均在本乡劳务收入达到1841元，比上年增加了414元，其对当年农民收入增长的贡献率为58.8%，成为收入增长的主要因素。另一方面也是由于粮食的丰收及价格的上涨，农民人均农业收入增加了280元，对农民收入增长的贡献率为39.8%，为拉动农民收入增长的次要因素。

粮食增产是其他市州农民收入增长的主要因素。从对农民收入增长的贡献看，2008年长春市，吉林市，四平市、辽源市、通化市、松原市和白城市的农业收入对农民收入增长的贡献率分别为71.7%、68.7%、53.4%、75.4%、60.2%、75.2%和75.9%，成为农民收入增长的主要因素，对农民增收贡献明显。特别是白城市和松原市的农业收入对农民收入增长的贡献达到75%以上。另一个就是粮食补贴收入对农民增收贡献明显，其中，长春市、吉林市、辽源市、松原市和白城市的贡献率分别达到20.2%、13.0%、17.9%、18.7%和14.4%。

二、各县（市、区）农民收入增长情况

（一）从收入水平看，延吉市收入水平最高

从所调查的43个县（市、区）看，2008年农民收入水平最高的是延吉市，人均

按位次排列的2008年各县市区农民人均纯收入表

表2 单位：元

位次	单 位	2008年收入	2007年收入	2008年比2007年	
				增加	增长%
1	延吉市	6635	5395	1241	23.0
2	绿园区	5863	5248	615	11.7
3	抚松县	5585	4955	630	12.7
4	敦化市	5576	4918	657	13.4
5	梅河口	5436	4537	900	19.8
6	德惠市	5417	4525	892	19.7
7	辉南县	5400	4500	899	20.0
8	磐石市	5398	4488	910	20.3
9	榆树市	5325	4487	838	18.7
10	前郭县	5305	4388	917	20.9
11	桦甸市	5301	4451	850	19.1
12	江源县	5292	4479	813	18.2
13	临江市	5268	4474	795	17.8
14	蛟河市	5234	4466	768	17.2
15	公主岭	5174	4382	792	18.1
16	双阳区	5147	4378	769	17.6
17	舒兰市	5137	4356	781	17.9
18	九台市	5096	4354	743	17.1
19	农安县	5062	4362	700	16.1
20	梨树县	5050	4339	710	16.4
21	集安市	5042	4264	779	18.3
22	东丰县	5016	4301	714	16.6
23	东辽县	5003	4273	730	17.1
24	珲春市	5001	4043	958	23.7
25	双辽市	5000	4075	926	22.7
26	永吉县	4999	4284	714	16.7
27	通化县	4998	4239	758	17.9
28	扶余县	4960	3968	992	25.0
29	伊通县	4767	4065	702	17.3
30	乾安县	4629	3508	1121	32.0
31	图们市	4546	3850	696	18.1
32	长白县	4541	3961	580	14.6
33	长岭县	4469	3501	968	27.6
34	柳河县	4456	3953	502	12.7
35	洮南市	4332	3461	871	25.2
36	安图县	3302	2890	412	14.2
37	和龙市	3189	2825	364	12.9
38	汪清县	2955	2332	623	26.7
39	镇赉县	2953	2613	340	13.0
40	大安市	2912	2353	559	23.8
41	龙井市	2893	2300	592	25.8
42	通榆县	2881	2274	606	26.7
43	靖宇县	2845	2279	566	24.8

纯收入达到6635元，绿园区、抚松县、敦化市农民人均纯收入超过5500元。收入水平较低的是8个国家重点扶持县，平均农民人均纯收入只有2998元，仅为全省平均水平的60.8%；收入水平最低的是靖宇县，人均纯收入为2845元，仅为全省平均水平的57.7%，比收入水平最高的延吉市低3790元。（见表2）

（二）从收入增长情况看，乾安县增幅最大

2008年我省各县（市、区）农民收入都实现了较快增长，涨幅均超过10%。增长幅度较大的主要是2007年受灾较重的西部地区，其中乾安县、长岭县、汪清县、通榆县、洮南市、扶余县和双辽市的农民人均纯收入分别增长了32.0%、27.6%、26.7%、26.7%、25.2%、25.0%和22.7%，这些县市收入的增长主要是由于粮食产量的大幅反弹，2008年以上几个县市粮食产量分别2007年增长了86.5%、76.3%、58.7%、4.6倍、97.3%、61.2%和68.6%。另外，延边州的龙井市、珲春市和延吉市等农民收入增幅较大，2008年增幅分别达到25.8%、23.7%和23.0%。这部分县市除粮食增产因素外，主要是由于农民外出打工收入大幅增加所致。

从收入增长的绝对值看，2008年，农民人均纯收入增加在1000元以上的县市有延吉市和乾安县，分别增加了1241和1121元；农民人均纯收入增加在900—1000元的有6个县市，800—900元的有7个县市，700—800元的有14个县市，500—600元的有11个县市，400元以下的有3个县市。（见表3）

（三）县（市、区）农民收入增长的几个亮点

1．延吉市的国外打工收入

延吉市的农民收入水平在我省各县（市、区）中一直处于领先位置，从其收入增长因素看，主要得益于其有较高的国外务工收入。由于地域原因，又具有语言和文化优势，当地朝鲜族居民大多与韩国有血缘或亲缘关系，加之韩国实行的“访问就业制度”，受邀请去韩国就业人员较多。同时大部分朝鲜族群众会讲日语，也为赴日务工创造了条件。

当地政府通过搭建境外就业中介平台和建立国内劳务输出办事机构，并以外出考察、招商引资等形式，大量收集信息，及时进行发布，做到信息真实可靠。同时制定了相关的优惠政策，为劳务输出人员提供扶持。如为下岗失业出国劳务人员提供小额担保贷款，为出国就业农民提供抵押担保贷款等。农民国外务工人员显著增加，由于农民国外务工收入水平较高，很多的月工资水平有7000—8000元，较高的可以达到15000元，拉动农民收入的快速增长。2008年延吉市农民人均国外从业收入达2515元，占农民纯收入的比重为37.9%，成为农民收入的最主要来源，对当年农民纯收入的贡献达71.6%。

2．绿园区的郊区经济

按增幅排序的2008年各县市区农民人均纯收入表

表3 单位：元

位次	单　位	2008年收入	2007年收入	2008年比2007年	
				增加	增长%
1	乾安县	4629	3508	1121	32.0
2	长岭县	4469	3501	968	27.6
3	汪清县	2955	2332	623	26.7
4	通榆县	2881	2274	606	26.7
5	龙井市	2893	2300	592	25.8
6	洮南市	4332	3461	871	25.2
7	扶余县	4960	3968	992	25.0
8	靖宇县	2845	2279	566	24.8
9	大安市	2912	2353	559	23.8
10	珲春市	5001	4043	958	23.7
11	延吉市	6635	5395	1241	23.0
12	双辽市	5000	4075	926	22.7
13	前郭县	5305	4388	917	20.9
14	磐石市	5398	4488	910	20.3
15	辉南县	5400	4500	899	20.0
16	梅河口	5436	4537	900	19.8
17	德惠市	5417	4525	892	19.7
18	桦甸市	5301	4451	850	19.1
19	榆树市	5325	4487	838	18.7
20	集安市	5042	4264	779	18.3
21	江源县	5292	4479	813	18.2
22	公主岭	5174	4382	792	18.1
23	图们市	4546	3850	696	18.1
24	舒兰市	5137	4356	781	17.9
25	通化县	4998	4239	758	17.9
26	临江市	5268	4474	795	17.8
27	双阳区	5147	4378	769	17.6
28	伊通县	4767	4065	702	17.3
29	蛟河市	5234	4466	768	17.2
30	东辽县	5003	4273	730	17.1
31	九台市	5096	4354	743	17.1
32	永吉县	4999	4284	714	16.7
33	东丰县	5016	4301	714	16.6
34	梨树县	5050	4339	710	16.4
35	农安县	5062	4362	700	16.1
36	长白县	4541	3961	580	14.6
37	安图县	3302	2890	412	14.2
38	敦化市	5576	4918	657	13.4
39	镇赉县	2953	2613	340	13.0
40	和龙市	3189	2825	364	12.9
41	抚松县	5585	4955	630	12.7
42	柳河县	4456	3953	502	12.7
43	绿园区	5863	5248	615	11.7

绿园区位于长春市的近郊区，由于大城市的辐射和带动作用，经济比较发达，劳动力素质高，小城镇发展快，城市化水平高，这些地方农民收入具有鲜明的特点。首先，由于城市吸纳剩余劳动力的能力强，农民工资性收入较高。2008年绿园区农民人均工资性收入为1433元，占当年收入总量的24.4%；其次，随着城市建设的

加快，近郊农民耕地占用和拆迁等的速度很快，农民来自于耕地占用等的补偿收入较多，2008年绿园区以耕地占用补偿收入为主的财产性收入人均为1456元，占当年农民收入的24.8%；再次，近郊农民收入持续、稳定的增长还得益于农业生产的快速发展，特别是蔬菜产业的发展，具有得天独厚的优势，拉动农民农业收入的稳定增长。2008年绿园区人均农业纯收入为2589元，占当年农民收入的44.2%。

3．抚松县的人参种植

近几年来，抚松县的农民收入水平始终处于全省前列，从其收入来源看，种植人参收入是其主要贡献因素。人参种植是抚松县的优势产业，人参的栽培历史有400多年，1995年抚松县被国家命名为“中国人参之乡”。近年来，抚松县构建“吉林长白山人参”发展战略，通过统一标准、加强标准化人参生产基地建设、扶强扶壮参业重点龙头企业、大力研发人参系列精深加工产品等措施，逐步形成了吉林“长白山人参”完整的产业链条。抚松县现有人参专业种植户1.6万户，从事人参生产的专业人员达到5.7万人，占农村人口总数的52.7%。2008年抚松县农民人均纯收入达到5585元，其中参业人均收入达2938元，占全部纯收入的52.6%。

三、当前农民收入中反映出的问题

（一）农民收入来源单一，非农产业收入低

近几年，党和国家高度重视“三农”问题，连续出台了6个涉农“一号文件”，在各项支农惠农政策的刺激下，我省农民收入实现了较快的增长，但从农民收入结构和增收贡献因素看，我省农民收入增长主要来源于以种植业为主的农业收入和种粮补贴收入。2008年这两项收入占农民全部收入的60%以上，对农民增收的贡献率达70%以上。而同时，农民来源于非农产业的收入对收入的贡献率非常低，2008年农民工资性收入和家庭经营二三产业收入占全部收入的比重为20.4%，对农民增收的贡献率仅为17.3%。分市州情况看，农业收入比重较低的是白山市和延边州，分别为43.6%和47.4%，比重较高的是白城市和松原市，为71.2%和62.7%。而非农产业收入比重较高的是白山市，占44.1%，非农比重较低的是白城市和松原市，分别为7.0%和12.8%。（见表4）

（二）农业抵御风险的能力差

由于我省农民收入主要来源于以粮食生产为主的农业收入，粮食产量的增减对

农民收入影响特别大。近些年由于全球气候变暖和农田水利基础设施的缺乏，我省农业生产抵御自然灾害的能力下降。特别是西部的白城市和松原市几乎是十年九旱的天气，农民收入有75%以上来源于粮食生产，受自然灾害的影响特别大，2007年白城市和松原市的粮食产量受到旱灾的影响，分别比2006年减产了24.7%和33.0%，特别是通榆县的粮食产量下降了65%以上，大面积耕地处于绝收境地，农民收入随之大幅下降。2008年随着气候的好转，收入又大幅反弹。

2008年各市州农业收入和非农产业收入占全部收入比重表

表4

单　位	全年纯收入	农业收入	农业收入比重	非农产业收入	非农产业比重
长春市	5292	2942	55.6	1092	20.6
吉林市	5281	3063	58.0	1181	22.4
四平市	5045	2927	58.0	975	19.3
辽源市	5011	2556	51.0	1282	25.6
通化市	5127	2742	53.5	1585	30.9
白山市	4990	2175	43.6	2203	44.1
松原市	4839	3032	62.7	622	12.8
白城市	3519	2506	71.2	245	7.0
延边州	4392	2080	47.4	1250	28.5

（三）农民收入差距进一步拉大

随着农业生产的稳定发展和粮食的丰收，2008年我省农民整体收入水平大幅上升，但农民内部之间的收入差距却呈现扩大的态势。

市州之间的收入差距继续扩大。2008年收入水平最高的长春市与收入水平最低的白城市收入差距为人均1773元，比2007年收入差距扩大了116元。收入最低的白城市的收入仅为最高的长春市收入的66.5%。

县（市、区）之间的收入差距拉大明显。从所调查的全省43个县（市、区）来看，2008年农民收入水平排在县（市、区）的第1位是延吉市，其农民人均纯收入为6635元，而排在县（市、区）末位的是靖宇县，其收入为2844元，高低相差3790元，比2007年3121元的差距扩大了669元。

农户之间的收入差距不断扩大。我们把农民人均纯收入按高、中上、中、中下、低分成五等分，即各占样本总体的20%，来分析高低收入户的差异程度，可以看出高低收入户的收入差距呈逐年扩大的趋势，也就显现了贫富差距越拉越大的结果。从全省平均计算得出，2008年我省农民20%最高收入户的人均纯收入水平为11940元，而20%低收入户的人均纯收入仅为1031元，两者相差10909元，比2007年扩大了2945元；高低收入户人均纯收入的差距比由2007年的8.1：1提高到2008年的11.6：1。

1—2月我省投资持续快速增长 但增幅位次下滑

刘燕江

编者按：《1—2月我省投资持续快速增长　但增幅位次下滑》一文于2009年3月13日以《统计参考》2009年第5期（总第5期）印发。此文被列为省统计局年度绩效目标，2009年3月23日省委书记王珉阅后批示“省发改委福春、家兴同志要对项目建设情况进一步摸底，尽快推动项目的开工建设和达产达效；同时主要对长春和吉林市进行现场办公，推动基础建设和工业项目的启动；同时了解辽黑情况，寻找差距，增强忧患意识，争取第二季度有较大突破。”

2009年前两个月，在世界金融危机日趋严峻的背景下，为应对复杂多变的新形势，按照国家“出手要快、出拳要重、措施要准、工作要实”的扩大内需要求，省委、省政府高瞻远瞩，审时度势，正确判断形势，增强信心，迅速出台了促进经济平稳发展的扩大投资措施，固定资产投资呈现较快增长的良好态势。1—2月全省城镇固定资产投资完成42.58亿元，比上年同期增长28.0%。但也出现一些影响全年目标实现的苗头，应引起我们的高度重视。主要特点有：

一、投资规模迅速扩大

1—2月，固定资产投资施工项目120个，较上年同期净增53个。计划总投资585.1亿元，同比增长80.2%。施工项目的平均投资规模由去年的48455.87万元，上升到今年的48758.18万元。投资规模的扩大有力地拉动了全省投资增长。

二、资金到位情况良好

随着货币政策的宽松及投融资体制改革稳步推进，投融资活动的市场化程度进一步提高，企业运用信贷和自主投资能力显著增强。1—2月，全省城镇固定资产投资项目到位资金56.7亿元，同比增长69.8%，为投资平稳快速增长提供了资金保证。1—2月，在本年资金来源中，国内贷款到位14.37亿元，猛增8.5倍；自筹资金29.75亿元，增长21.3%，自筹资金占全部资金的52.5%。

三、非国有投资增长迅速

伴随着经济体制、投资体制改革的不断深入，我省非国有投资发展速度加快，民间投资规模不断扩大，涉及领域不断拓宽，对拉动经济持续、快速增长发挥了重要的作用。1—2月，全省城镇固定资产投资项目投资中，国有投资8.34亿元，下降30.7%；非国有投资34.24亿元，增长61.1%。其中民间投资31.96亿元，增长1.36倍，民间投资占城镇固定资产投资的比重为80.4%，比上年同期提高16个百分点。受金融危机的影响，港澳台和外商投资出现下滑，1—2月投资完成2.28亿元，下降70.3%。

四、农业投资增速较快，工业投资仍占主体

1—2月，长期薄弱的第一产业即农业投资高速增长，投资完成7718万元，增长4.1倍；第二产业投资39.29亿元，增长27.8%；第三产业投资2.52亿元，增长18.5%。在第二产业中工业投资39.19亿元，增长27.5%，与城镇投资增幅基本持平。工业投资总量占绝对优势，其比重高达92.2%。在扩大内需和东北老工业基地振兴政策驱动下，钢铁、农副产品加工业、化学原料及化学制品制造业、机电设备制造业等行业投资增长较快。1—2月钢铁行业完成投资2250万元，增长4.6倍；化学原料及化学制品业完成投资36346万元，增长120.1倍；通用和专用设备制造业完成投资9306万元，增长2.3倍；电气机械及器材制造业完成投资4910万元，增长2.2倍。与民生直接相关的行业有突破性增长。1—2月，餐饮业、教育行业破例在冬季进行了施工，分别完成投资1206万元和50万元；文化、体育和娱乐业完成投资 7505万元，增长6.9倍。

五、几个应引起关注的问题

（一）城镇投资增速在全国位次出现大幅度下滑

从城镇固定资产投资增速来看，1—2月我省固定资产投资增速达到28.0%，高出全国平均水平1.5个百分点，但从我省投资增速在全国及东北三省的位次看，出现位次下移。1—2月城镇以上固定资产投资我省增速列全国第20位，同比下滑了14位；在东北三省的位次也由首席跌至第3位。辽宁增幅为48.0%，黑龙江更高达216.4%。当前我省位次下滑较大的原因主要是西部省份特别是川陕甘等省震后恢复投入大以及黑龙江等省基数较低的影响；而我省近5年来投资持续高速增长，基数越来越高。2008年固定资产投资占GDP比重已高达87.3%，居全国首位，继续保持投资持续高速增长的难度加大。

（二）在新开工项目较少的年初，内涵效益型投资增长不快

随着投资总量的快速提高，投资结构应不断改善调整，然而全省内涵效益型投资增速明显低于外延型投资增速，改建和技术改造项目投资所占比重明显下降。1—2月全省城镇固定资产投资项目投资中，新建项目完成投资12.6亿元，同比下降13.8%，扩建项目投资8.3亿元，同比增长3.5倍；内涵性质的改建和技术改造项目完成投资18.9亿元，增长20.7%，增幅低于全省投资7.3个百分点，投资比重也由51.3%下降到44.4%。投资结构调整只能说处于波澜不惊的平平状态。

（三）大内需投资政策体现不明显

1—2月在建的结转续建项目中，列入中央支持的扩大内需项目有11个，但没有一个项目开工建设。钢铁、汽车、船舶、石化、纺织、轻工、有色金属、装备制造业、电子信息及物流业十个重点振兴产业，属于我省支柱产业的汽车投资先行的脚步迈的还比较小。1—2月，交通运输设备制造业仅完成投资6.69亿元，同比下降25.3%。 与民生直接相关的行业如住宿、居民服务业、环境和公共设施管理业、医疗卫生、保障性住房开发等众多行业投资还没起步。

工业生产出现可喜变化 存在问题不容忽视

李传平

编者按：《工业生产出现可喜变化 存在问题不容忽视》一文于2009年3月17日以《统计分析》第7期（总第510期）印发。

受国际金融危机的影响和冲击，我省规模以上工业前2个月的增速继续在低位运行，但增速在全国排位并未下滑。工业生产月报资料显示，今年2月份，全省规模以上工业实现增加值172.08亿元，按可比价格计算，同比增长12.1%，增速比上月提高6.0个百分点，比全国平均增速高出1.1个百分点，增速列全国第14位，比去年12月份提高2位。1—2月份累计实现增加值333.88亿元，同比增长8.9%，比全国平均增速高出5.1个百分点，增速列全国第11位，与去年相同。

分经济类型工业增加值

表1

分组名称	工业增加值（亿元）		工业增加值速度（按可比价格计算 %）	
	2月	1–2月	2月	1–2月
规模以上工业总计	172.08	333.88	12.1	8.9
在总计中：国有企业	15.93	32.47	-10.2	-10.7
集体企业	1.54	2.94	14.2	20.2
股份合作企业	0.24	0.42	36.6	24.6
股份制企业	101.75	192.53	12.7	12.2
外商及港澳台商投资企业	42.79	87.75	17.6	6.8
其他经济类型企业	9.82	17.77	32.6	28.8
在总计中：国有控股企业	66.13	132.95	-1.8	-4.8
其中：国有控股大型企业	48.04	96.60	-6.3	-10.1
国有控股中型企业	14.34	28.88	24.8	24.3
国有控股小型企业	3.74	7.46	-3.6	0.2

一、基本情况

从经济类型分组看：国有企业生产下降明显，股份制企业成为支撑工业发展中坚。2月份，我省国有及国有控股工业企业实现增加值66.13亿元，同比下降1.8%，其中纯国有企业实现增加值15.93亿元，同比下降10.2%；股份制企业实现增加值101.75亿元，同比增长12.7%；外商及港澳台商投资企业实现增加值42.79亿元，同比增长17.6%。（见表1）

从轻、重工业分组看：2月份，全省规模以上轻工业企业实现增加值55.07亿元，比上年同月增长22.1%；重工业企业实现增加值117.01亿元，同比增长8.4%，轻工业生产增速快于重工业13.7个百分点。（见表2）

分轻重工业增加值

表2

分组名称	工业增加值（亿元）		工业增加值速度（按可比价格计算 %）	
	2月	1—2月	2月	1—2月
规模以上工业总计	172.08	333.88	12.1	8.9
在总计中:轻工业	55.07	109.08	22.1	19.1
重工业	117.01	224.80	8.4	5.1

分行业工业增加值

表3

分组名称	增加值（亿元）		增速（%）	
	2月	1—2月	2月	1—2月
仪器仪表及文化、办公用机械制造业	0.35	0.69	94.5	102.5
其他采矿业	0.02	0.03	87.1	58.8
金属制品业	3.03	5.23	76.8	48.9
印刷业和记录媒介的复制	0.53	1.09	73.9	62.1
皮革、毛皮、羽毛(绒)及其制品业	0.13	0.23	47.0	29.1
黑色金属冶炼及压延加工业	7.87	14.49	-10.1	-12.1
纺织业	0.85	1.77	-12.5	-5.9
废弃资源和废旧材料回收加工业	0.21	0.26	-15.2	-39.3
食品制造业	4.02	7.73	-27.5	-15.1
化学纤维制造业	0.53	1.09	-27.7	-32.0

从行业分组看：2月份在统计的39个行业大类中，同比增长的有30个行业，比1月份多2个行业。增加值增速排在前五位的行业是，仪器仪表及文化、办公用机械制造业，其他采矿业，金属制品业，印刷业和记录媒介的复制和皮革、毛皮、羽毛(绒)及其制品业，增速分别为94.5%、87.1%、76.8%、73.9%和47.0%。而降幅较大的行业是化学纤维制造业、食品制造业、废弃资源和废旧材料回收加工业、纺织业、黑色金属冶炼及压延加工业，下降幅度分别为27.7%、27.5%、15.2%、12.5%、10.1%。（见表3）

从行业增速看，增长较快的行业并非是我省的支柱和优势产业，而下降较快的行业，支柱和优势产业占有一定比重。

二、可喜变化

2月份我省工业经济增幅虽然仍低于去年同期水平，但是，一些指标显示，我省工业经济运行出现了可喜的变化。

支柱、优势及特色产业工业增加值

表4

分组名称	工业增加值（亿元）		工业增加值速度(按可比价格计算%)		贡献率（%）		拉动全省工业经济增长百分点	
	2月	1−2月	2月	1−2月	2月	1−2月	2月	1−2月
规模以上工业总计	172.08	333.88	12.1	8.9				
支柱、优势及特色产业合计	133.69	265.91	8.7	6.4	59.8	60.5	7.2	5.4
交通运输设备制造业	35.40	70.68	1.2	-6.7	2.1	-17.2	0.3	-1.5
汽车制造	34.12	68.10	1.9	-7.1	3.2	-18.0	0.4	-1.6
石化工业	25.97	51.62	7.4	9.5	14.2	24.3	1.7	2.2
食品工业	36.16	73.14	21.8	21.2	31.7	42.1	3.8	3.7
医药制造业	11.39	21.15	40.7	26.2	15.6	14.3	1.9	1.3
通信设备、计算机及其他电子设备制造业	0.91	1.76	1.7	-1.4	0.1	-0.1	0.0	0.0
冶金工业	10.48	19.66	-3.8	-4.5	-2.4	-3.7	-0.3	-0.3
能源工业(电力生产业)	5.57	12.15	-3.6	0.5	-1.0	0.2	-0.1	0.0
纺织工业	2.05	4.11	-15.2	-16.1	-2.2	-3.1	-0.3	-0.3
建材工业（非金属矿物制品业）	5.75	11.62	7.0	11.7	1.8	3.8	0.2	0.3

（一）增加值增速扭转了下滑趋势

受国际金融危机的影响， 2008年12月以来我省工业增加值增速持续下滑，本月我省工业增加值增速出现止跌的迹象。全省规模以上工业实现12.1%增速，不仅高出上月6.0个百分点，而且高出去年12月份3.1个百分点。在这一过程中，支柱、优势及特色产业扮演了重要角色，其当月实现增加值133.69亿元，同比增长8.7%，累计实现增加值265.91亿元，同比增长6.4%，对全省工业增长的贡献率接近60%，拉动全省工业经济增长7.2个百分点，特别是食品工业和医药制造业贡献尤为突出。(见表4)

2009年2月主要工业产品产量

表5

指标名称	单位	2月	2月同比增长(%)	1-2月	1-2月同比增长(%)
原煤	万吨	314.26	44.6	542.95	17.3
天然气	万立方米	11548	87.2	20255	62.9
饮料酒	万千升	10.54	13.1	22.35	10.7
卷烟	亿支	24	38.8	67	12
原油加工量	万吨	65.96	-7.4	139.27	-5.4
沥青和改性沥青防水卷材	万平方米	1.3	364.3	1.88	222.5
中成药	万吨	0.5	66.1	0.97	24.1
水泥	万吨	123.71	-18.8	198.62	-18.5
钢材	万吨	57.24	-4.1	114.4	-5.2
大型型钢	万吨	1.62	396.4	2.8	246.0
钢筋	万吨	5.65	2052.7	10.65	414.0
冷轧窄钢	万吨	0.58	43.9	0.93	54.3
汽车	万辆	6.19	47.5	11.46	-8.5
大米	万吨	36.74	38.8	72.46	37.6
精制食用植物油	万吨	2.02	33.3	4.43	45.9
鲜、冷藏肉	万吨	8.4	68.3	18.02	42.9
饲料	万吨	24.55	21.3	53.31	36.4
发酵酒精	万千升	13.63	24.1	26.04	16.3
服装	万件	875.8	17.1	1673.68	-6.3
人造板	万立方米	39.17	40.1	70.93	32.3
水泥熟料	万吨	203.8	38.1	363.37	23.2
电子元件	万只	158.89	50	558.59	17.8
电工仪器仪表	万台	6.61	966.7	7.23	37.6

（二）重点产品和能带动相关行业发展的产品产量增长加快

在2月份统计的260种产品中，同比增长的有129种，比1月增长的有120种。分别占我省规模以上工业产品种类的49.6%和46.2%。如2月份轿车产量累计同比增长9.4%，其中排量大于1升小于1.6升轿车产量累计同比增长32.0%，排量大于2.5升小于3.0升轿车产量累计同比增长33.3%；天然气同比增长87.2%，累计增长62.9%，比上月增长32.9%；饲料同比增长21.3%，累计增长97.7%，比上月增长4.6%；精制食用植物油同比增长33.3%，累计增长45.9%，比上月增长15.2%；鲜、冷藏肉同比增长68.3%，累计增长42.9%，比上月增长20.6%；发酵酒精同比增长24.1%，累计增长16.3%，比上月增长9.9%；中成药同比增长66.1%，累计增长24.1%，比上月增长8.4%；电子元件同比增长50.0%，累计增长17.8%；电工仪器仪表同比增长9.7倍，累计增长37.6%，比上月增长9.8倍；水泥熟料同比增长38.1%，累计增长23.2%，比上月增长23.4%；大型型钢同比增长4.0倍，累计增长2.5倍，比上月增长37.7%；钢筋产量同比增长20.5倍，累计增长4.1倍，比上月增长12.8%。（见表5）

2月新产品产值增速前十五位行业分布

表6

分组名称	新产品产值(亿元)		增速(%)		新产品产值率(%)	
	2月	1–2月	2月	1–2月	2月	1–2月
规模以上工业总计	103.95	223.61	9.5	-8.9	17.6	19.7
煤炭开采和洗选业	0.09	0.13	462.3	215.6	0.7	0.6
木材加工及木、竹、藤、棕、草制品业	1.71	2.45	117.9	89.5	9.3	7.2
通用设备制造业	0.55	0.93	94.7	64.3	6.4	5.9
电气机械及器材制造业	0.32	0.65	78.8	84.9	5.7	5.7
塑料制品业	0.36	0.50	59.9	-5.2	7.5	5.9
通信设备、计算机及其他电子设备制造业	0.67	1.29	57.6	39.6	15.5	15.4
医药制造业	3.50	5.99	36.8	1.1	11.8	10.9
交通运输设备制造业	82.64	165.33	32.3	-0.5	55.7	55.8
非金属矿物制品业	1.09	2.10	21.0	-9.1	5.7	5.6
仪器仪表及文化、办公用机械制造业	0.07	0.12	15.7	10.9	8.0	7.8
农副食品加工业	0.93	18.91	14.9	12.5	1.1	11.6
金属制品业	0.12	0.23	13.7	-7.3	1.3	1.4
废弃资源和废旧材料回收加工业	0.01	0.02	13.2	46.3	1.2	1.9
其他采矿业	0.04	0.04	11.2	-28.6	53.2	38.0
化学纤维制造业	2.06	3.25	8.3	-10.6	52.1	47.1

（三）大企业降幅缩小

2月份我省资产前30户企业实现工业总产值242.61亿元，同比下降7.6%，累计实现工业总产值470.53亿元，同比下降16.3%。虽然这30户企业当月实现的工业总产值仍低于去年同月水平，但与1月份（下降22.5%）相比，下降程度已经得到改观。

（四）新产品产值增长较快

2月份，全省规模以上工业企业实现新产品产值103.95亿元，同比增长9.5%，增幅分别比去年12月和今年1月高出8.0和30.6个百分点，新产品产值率达到17.6%。(见表6)

（五）工业企业用电量降幅减缓

据电力部门统计，2月份全省累计工业用电量同比下降6.5%，而1月份工业企业用电量同比下降7.6%。工业企业用电量降幅减缓是工业生产出现回暖迹象的信号。

三、存在问题

（一）产销率下降，重点行业下降尤为严重

2月份产销率同比回落的行业分布

表7　　单位：%

行业名称	2月	1—2月	2月同比增长（百分点）	1—2月同比增长(百分点)
规模以上工业总计	98.6	96.9	-3.7	-1.8
交通运输设备制造业	104.7	99.2	-23.2	-12.0
石油加工、炼焦及核燃料加工业	109.7	94.2	-18.8	9.9
黑色金属矿采选业	70.0	79.2	-17.2	-14.7
燃气生产和供应业	82.7	82.6	-13.8	-15.4
工艺品及其他制造业	87.8	88.5	-13.1	-4.5
专用设备制造业	94.9	96.6	-7.4	-3.4
煤炭开采和洗选业	90.7	92.3	-5.4	-3.4
文教体育用品制造业	94.5	93.7	-4.5	-0.5
石油和天然气开采业	93.8	96.7	-3.5	-2.3
废弃资源和废旧材料回收加工业	97.5	97.3	-1.7	-1.9
烟草制品业	122.8	114.4	-1.3	7.1
黑色金属冶炼及压延加工业	93.5	93.8	-1.2	-2.3
电力、热力的生产和供应业	99.7	99.7	-0.9	1.0

2月份，全省规模以上工业企业实现销售产值582.80亿元，同比增长2.5%，工业产品销售率为98.6%，同比下降了3.7个百分点。分行业看，2月份，交通运输设备制造业产销率为104.7%，同比下降23.2个百分点，其中汽车制造业产销率为104.9%，同比下降24.1个百分点；黑色金属矿采选业为70.0%，同比下降17.2个百分点；石油和天然气开采业为97.8%，同比下降3.5个百分点；石油加工、炼焦及核燃料加工业为109.7%，同比下降18.8个百分点；黑色金属冶炼及压延加工业为93.5%，同比下降1.2个百分点。（见表7）

（二）出口交货值仍处于较低水平

2月份，全省规模以上工业企业实现出口交货值9.27亿元，同比下降36.7%，出口交货值率为1.6%，比上年同期减少1.0个百分点。在39个大类行业中有31行业出口交货值低于去年同期水平。而我省支柱、优势和特色产业出口交货值明显下降。

2月份出口交货值同比回落的行业分布

表8

分组名称	出口交货值(万元)		增速(%)		出口交货值率(%)	
	2月	1—2月	2月	1—2月	2月	1—2月
规模以上工业总计	9.27	17.69	-36.7	-36.7	1.6	1.6
工艺品及其他制造业	0.09	0.17	-6.0	-10.7	10.0	11.2
医药制造业	0.24	0.47	-6.9	-8.0	0.9	0.9
农副食品加工业	1.92	3.34	-10.4	-35.4	2.3	2.1
专用设备制造业	0.29	0.64	-14.5	68.4	2.3	2.7
非金属矿物制品业	0.55	0.91	-26.4	-29.8	3.3	2.6
家具制造业	0.30	0.62	-28.8	-31.4	14.8	16.7
皮革、毛皮、羽毛(绒)及其制品业	0.02	0.03	-45.2	-70.6	4.1	3.6
食品制造业	0.20	0.35	-55.6	-72.5	1.8	1.6
交通运输设备制造业	1.24	3.48	-69.6	-49.1	0.8	1.2
通信设备、计算机及其他电子设备制造业	0.08	0.11	-76.8	-87.2	1.8	1.3
黑色金属冶炼及压延加工业	0.05	0.06	-97.3	-97.9	0.2	0.1
文教体育用品制造业	0.00	0.02	-99.5	-80.0	0.2	6.7
有色金属冶炼及压延加工业	0.00	0.06	-99.9	-93.3	0.0	0.5
非金属矿采选业	0.00	0.00	-100.0	-100.0	0.0	0.0
饮料制造业	0.00	0.00	-100.0	-100.0	0.0	0.0
仪器仪表及文化、办公用机械制造业	0.00	0.00	-100.0	-100.0	0.0	0.0

如黑色金属冶炼及压延加工业出口交货值同比下降97.3%，有色金属冶炼及压延加工业同比下降100.0%，食品制造业同比下降55.6%，交通运输设备制造业同比下降70.0%，其中汽车制造同比下降76.4%，汽车整车制造业同比下降84.6%。（见表8）

（三）停产企业户数仍然较多

2月份我省规模以上工业停产企业为861户，与上年12月基本持平，虽然比1月份减少127户，但占比仍高达近20%。其中大型企业3户，中型企业39户，小型企业819户。这些停产企业同期累计实现产值35.27亿元，占同期全省规模以上工业总产值的3.1%，涉及从业人员13.62万人，占规模以上工业全部从业人员平均人数的11.6%。（见表9）

2月份停产企业行业分布

表9　　单位：%

分组名称	企业户数		企业人数（人）	
	绝对量	占全省比重(%)	绝对量	占全省比重(%)
规模以上工业总计	861		136204	
非金属矿物制品业	161	18.70	19944	14.64
农副食品加工业	79	9.18	6682	4.91
木材加工及木、竹、藤、棕、草制品业	78	9.06	9733	7.15
交通运输设备制造业	66	7.67	23528	17.27
化学原料及化学制品制造业	61	7.08	5925	4.35
黑色金属矿采选业	37	4.30	4799	3.52
通用设备制造业	36	4.18	4773	3.50
医药制造业	30	3.48	3456	2.54
金属制品业	30	3.48	2973	2.18
煤炭开采和洗选业	27	3.14	5161	3.79
黑色金属冶炼及压延加工业	27	3.14	3563	2.62

（四）化工产业生产出现波动对全省工业影响较大

2月份，我省规模以上石化工业实现工业总产值81.53亿元，同比下降21.6%，实现增加值25.97亿元，同比增长7.4%，增幅比1月份减少8.4个百分点，对全省工业增长的贡献率为14.2%，比1月份减少41.9个百分点，拉动全省工业增长1.7个百分点，比1月份减少1.7个百分点。（见表10）

2月份石化工业生产指标

表10

分组名称	增加值（亿元）		增加值速度（%）		贡献率（%）		对经济增长的拉动作用(%)	
	2月	1–2月	2月	1–2月	2月	1–2月	2月	1–2月
规模以上工业总计	172.08	333.88	12.1	8.9				
石化工业	25.97	51.62	7.4	9.5	14.2	24.3	1.7	2.2
石油和天然气开采业	12.82	25.30	10.6	14.2	12.5	21.9	1.5	2.0
石油加工、炼焦及核燃料加工业	4.27	9.18	-9.2	-6.0	-2.2	-2.0	-0.3	-0.2
化学原料及化学制品制造业	8.88	17.13	7.6	6.4	3.8	4.3	0.5	0.4

从1—2月份数据
透视全年消费品市场走势

冀群英　陈刚

编者按：《从1—2月份数据透视全年消费品市场走势》一文于2009年3月19日以《统计分析》第8期（总第511期）印发。

今年以来,我省全面贯彻落实党的十七大、十七届三中全会和中央经济工作会议精神，深入贯彻落实科学发展观，按照中央决策部署，紧紧围绕保持经济平稳较快发展的首要任务，全力做好保增长、保民生、保稳定各项工作，为消费品市场繁荣活跃奠定了坚实的基础。1—2月份正逢元旦和我国传统节日春节，是一年当中的销售旺季，各商场紧紧抓住这一有利商机，积极开展了购物赠礼、打折让利、限时抢购等一系列丰富多彩、形式各异的促销活动，使社会消费品零售总额继续保持了两位数的增长，对促进全省经济总量稳定增长发挥了重要作用。

一、消费品市场运行的主要特点

（一）社会消费品零售总额仍保持较快增长

承接上年消费品市场快速发展的惯性，前2个月仍保持两位数的增幅。1—2月份，全省实现社会消费品零售总额434.71亿元，同比增长18.4%，比上年同期回落3.4个百分点;但高于全国平均水平3.2个百分点。分月看，1月份增幅高于2月份。1月份全省实现零售额224.07亿元，同比增长19.2%，比上年同期回落2.2个百分点；2月份实现零售额210.64亿元，同比增长17.6%，比上年同期回落3.7个百分点。今年春节差月，提前到1月份，所以1月份增幅较高，而2月份上年基数高，又比上年同月减少一天，所以增幅回落也是非常正常的。

（二）城乡市场均保持较快发展，农村市场增幅超过城市

分城乡看，1—2月城市实现社会消费品零售额333.66亿元，同比增长17.3%，比上年同期回落4.5个百分点；农村实现零售额101.05亿元，同比增长22.1%，比上年同期提高0.7个百分点，农村市场增幅超过城市。

（三）住宿餐饮业领跑消费品市场较快发展

分行业看，前2个月住宿餐饮业在假日经济和旅游业发展的带动下，增速依旧快于批发零售业。住宿餐饮业1—2月实现零售额61.02亿元，同比增长23.8%，高于批发零售业6.2个百分点,高于全省平均水平5.4个百分点。

二、消费品市场较快发展的主要因素

（一）收入增长是决定消费增长的根本因素

弗里德曼的持久收入理论认为，消费与持久收入的关系是恒定的。居民消费取决于居民的持久收入，即可支配收入的稳定增长是居民消费能力不断提高的基础和保证。2008年全省城乡居民收入均有较大幅度增长，城镇居民人均可支配收入和农民人均现金收入分别增长13.7%和34.1%，特别是上年末省政府提高了机关、事业单位的津贴标准及住房补贴，同时社保退休职工的工资标准平均增加了100元，增幅达到10%，农村居民手中的余钱也明显增加。居民收入的提高为消费品市场的持续活跃奠定了坚定的基础。

（二）各项惠农政策的实施拉动农村消费品市场快速发展

今年以来，全国各地各种促进农村消费的优惠政策陆续出台。一是“汽车下乡”政策。最近省财政拿出一亿元资金，资助农民购买农用车和微型车，每辆车给予5000元的补贴，这拉动了我省汽车的销售；二是“家电下乡”政策。各级财政也拿出一定资金对农村居民购买家电给予一定额度的优惠，并采取各种措施送货下乡，也拉动了农村消费品市场的较快发展。

（三）热点消费热度不减,带动消费品市场持续繁荣活跃

受消费结构升级影响，热点商品继续热销。据对全省限额以上批发零售业企业统计，前两个月实现汽车类零售额同比增长18.7%；实现家具类零售额同比增长47.9%；实现建筑及装潢材料类零售额同比增长45.3%；实现体育、娱乐用品类零售额同比增长32.5%。

（四）零售物价指数呈现负增长，拉动了零售额实际增幅的提高

从上年第4季度以来，受各种政策及经济因素的影响，物价指数一路走低。今年以来这种态势进一步延续，1—2月全省零售物价下降0.5%，而上年同期是增长7.1%。扣除物价因素后，今年1-2月社会消费品零售额实际增长19.0%，比上年同期实际增幅高出5.0个百分点。

三、对全年消费品市场的走势判断

2009年，虽然全省乃至全国的经济发展面对国际金融危机的进一步蔓延，实体经济受到较大冲击。目前全省面对工业生产增速趋缓，就业压力增大等困难,但同时对消费品市场健康发展的有利因素很多,全年消费品市场仍将保持两位数的稳定增长，不会出现较大波动。

有利因素：

（一）国家实施的扩大内需的十项措施，将为消费市场的发展提供根本保证

在世界经济危机呈蔓延之势，我国经济受到冲击的背景下，国家及时地实行了积极的财政政策和适度宽松的货币政策，出台了更加有力的十项扩大国内需求的措施，以促进经济平稳较快增长。扩大内需保增长，眼前靠投资，长远靠消费，消费是经济增长的最终动力。特别是国家金融财政政策进一步放宽，将成为消费增长的潜在动力。在存款准备金及一年期存贷款利率双下调，同时暂免征存款利息税之后，新的金融政策不断出台，即为企业扩大了融资渠道，也为金融市场增添了活力，更对消费市场带来了极大的利好。随着国家货币政策由“稳健”转向“积极”，将成为消费品市场增长的潜在动力。

（二）城乡居民的收入稳定提高和社会保障制度的不断完善是消费品市场持续活跃的保证

上年全省城乡居民收入增长幅度较高，更重要的是居民储蓄存款总量较大。消费的走向取决于消费能力、消费意愿和消费环境。消费行为相对来讲刚性是比较强的。人们总是要吃、住、行。中国的老百姓手中有存量收入，加上即期收入还在不断增长，加之社会保障制度不断健全和完善，城镇低保收入的提高以及覆盖群的扩大，农村农民上年粮食丰收，粮食价格上涨，手中余钱增多，这些都夯实了消费稳步增长的基础。

（三）惠农政策的实施将促进农村市场进一步活跃

2009年国家支农惠农的政策将在更大范围内，更深程度上得到落实，特别是国家的促进农村市场活跃的“汽车下乡”、“家电下乡”等活动，加之用电、公路等消费环境的改善，更加激活了农民生产、消费的积极性。我省农村市场的上升空间非常大，为支撑全省的消费市场稳步增长将会发生更大的作用。

（四）居民消费结构的升级将持续拉动消费品市场

改革开放30年来，人民得到了实惠，积累了财富，最终将体现在消费结构升级上。集中消费在购房、装修，购买汽车上。今年以来，我省汽车销售依然较热；

同时，商品房销售有所回暖，在多数省份商品房价格下降的情况下，我省商品房价格比上年同期有所上涨。近期由于我省相继出台了刺激房地产市场的相关政策，拓宽了房地产商的融资渠道，使房地产市场明显活跃。住房消费的增长，对建材及家电、家具等家居类产品及装修材料的消费起到积极的推动作用。

不利于消费品市场增长的因素:

（一）消费品零售额增幅在全国的位次明显下滑

1—2月份全省社会消费品零售总额同比增长18.4%，在全国的位次为20位,比上年同期的位次错后13位。在东北三省中由首位回落到末位。1—2月份黑龙江省增幅为20.2%,位次为8位; 辽宁省增幅为19.2%,位次为13 位。主要原因是我省上年增幅位次靠前,全年为第三位,基数较高。而黑龙江省、辽宁省基数较低。

（二）物价回落，居民收入预期减弱，影响居民即期消费信心

目前的金融危机影响工业企业增速减缓，效益下滑，就业机会减少等，将导致居民消费信心预期减弱。特别是1—2月居民消费价格指数、商品零售物价指数、工业品出厂价格指数持续回落，通货紧缩的压力增大，将影响居民的即期消费。

纵观以上各方面因素，我们相信，我省经济加快发展的基本态势没有改变，我省存在着巨大的产业升级空间和巨大的市场需求潜力，全年全省消费品市场将延续稳定增长的趋势。进入下半年，在各项扩大内需政策作用力逐步显现及假日经济、会展经济以及国庆60周年等诸多利好因素带动下，消费品市场增速将有所加快。

2008年我省22个县
农民外出务工人员调查情况分析

尹致远　张丹

编者按：《2008年我省22个县农民外出务工人员调查情况分析》一文于2009年3月26日以《统计参考》第6期（总第6期）印发。

近日，吉林省统计局在全省22个县210个行政村开展了农民外出务工情况快速调查。调查结果显示，210个调查村总人口为30.1万人，劳动力为16.3万人，其中2008年外出务工人员3.8万人，占劳动力总数的23.5%。如果依据2008年吉林省乡村总人口1279万人简单进行推算，2008年我省农村外出务工人员约为162.3万人，占乡村总人口的12.7%。

一、外出务工人员的基本情况

根据快速调查结果，结合全省农村住户调查报表资料分析，我省农村外出务工人员呈现以下特点：

（一）外出务工人员以30岁以下的年轻人为主

从年龄构成看，2008年我省农村外出务工人员中，16—20岁人员占16.8%，21—30岁的占47.4%，31—40岁的占14.1%，41—50岁的占13.8%，50岁以上的占7.9%。可以看出，我省农村外出务工人员主要是30岁以下的年轻人，占64.2%。这是因为年轻的农民工文化水平相对较高，容易掌握新的知识和技能，能够适应城镇工作的需要。(见图1)

（二）外出务工人员68.2%是初中文化程度

从文化程度看，2008年我省外出人员中，初中文化程度的人员比重最高，占68.2%；初中及以下文化程度的占83.1%；高中及以上文化程度的仅占17.0%。可以看出，我省农村外出务工人员文化程度相对较低。(见图2)

图1 2008年吉林省外出务工人员年龄构成

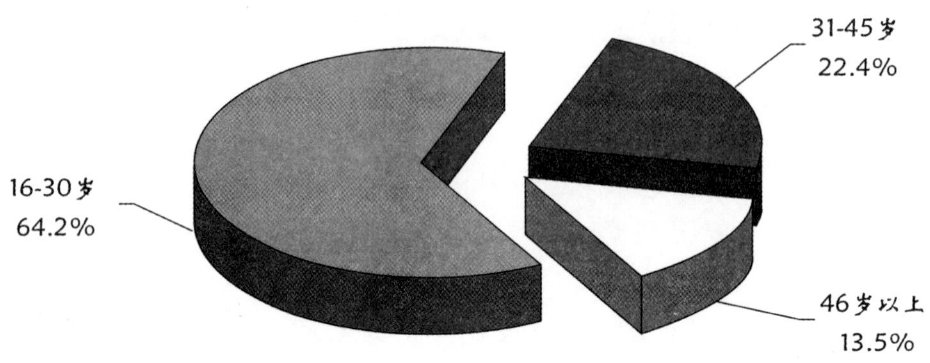

图2 2008年吉林省农村外出务工人员文化程度构成

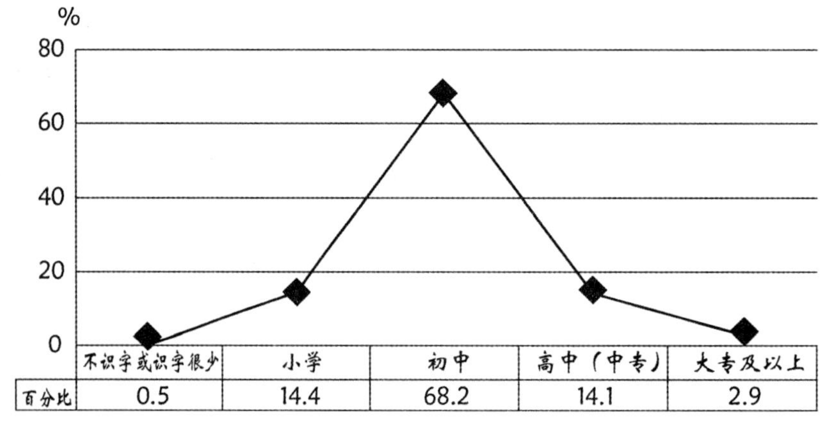

	不识字或识字很少	小学	初中	高中（中专）	大专及以上
百分比	0.5	14.4	68.2	14.1	2.9

图3 2008年吉林省农村外出务工人员外出地区比重

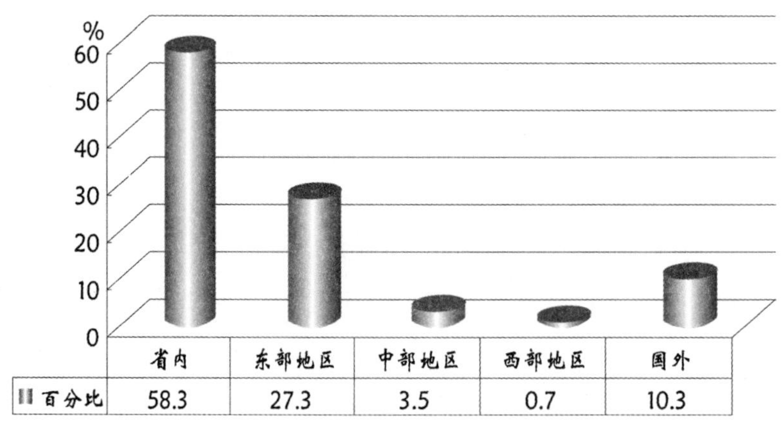

	省内	东部地区	中部地区	西部地区	国外
百分比	58.3	27.3	3.5	0.7	10.3

（三）外出人员58.3%在省内，省外以东部地区为主

从外出人员地区分布情况看，2008年我省农村外出务工人员在省内务工的占58.3%，省外务工人员中到东部地区的占65.5%。可以看出，我省农村劳动力外出务工多以省内为主，此外东部沿海地区是农村劳动力外出务工的热点地区。（见图3）

从外出务工的地区类型看，2008年我省外出人员中，务工地在直辖市的人员占7.9%，省会城市占27.0%，地区级城市占29.6%，县级市占19.6%，建制镇占6.1%，其它地区类型占9.8%。(见图4)

图4 2008年吉林省农村外出务工人员外出地区类型比重

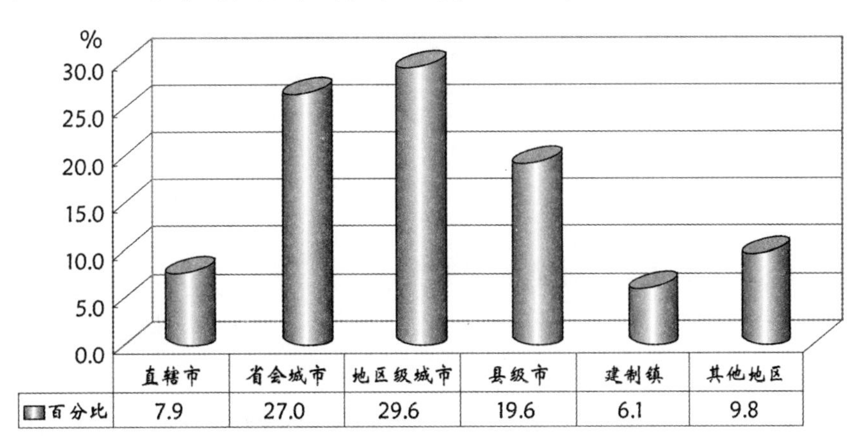

	直辖市	省会城市	地区级城市	县级市	建制镇	其他地区
百分比	7.9	27.0	29.6	19.6	6.1	9.8

（四）外出劳动力分布集中在五大行业

从劳动力的产业构成看，外出人员在第一产业就业的占1.4%，二、三产业就业的占98.6%。从具体从事的行业看，建筑业、住宿和餐饮业、制造业、居民服务业、批发和零售业所占比重较大，分别占25.2%、18.0%、13.5%、13.2%和10.4%。(见图5)

图5 2008年吉林省农村外出务工人员行业分布比重

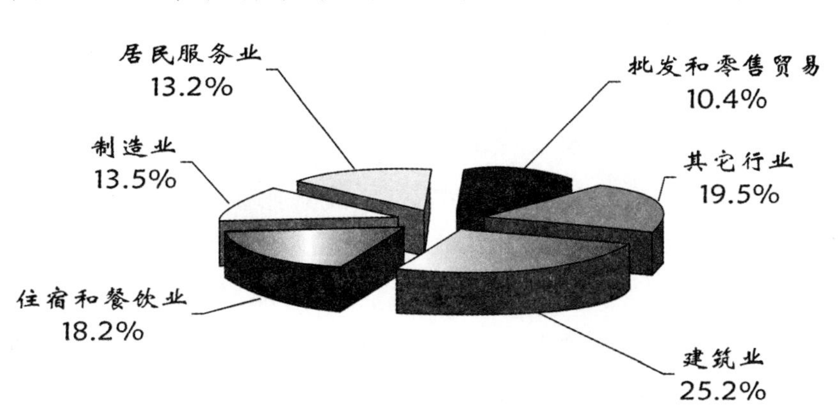

（五）亲友介绍和自行外出是农民外出的主渠道

调查显示，在2008年我省农村外出务工人员中，通过政府（或单位）组织外出的人员占全部人员的比例为3.3%；通过中介组织介绍外出的人员比例为5.8%；通过亲属和朋友介绍外出的占54.4%，自行外出的占36.5%。可以看出，当前我省农民外出仍以亲友介绍和自行外出为主要方式。(见图6)

图6 2008年吉林省农村外出务工人员外出渠道构成

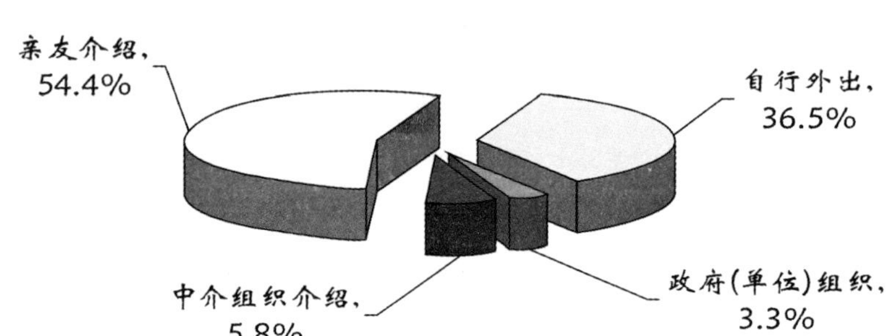

（六）外出务工人员劳动保障程度低

调查显示，2008年我省农村外出务工人员中，与雇主签定劳动合同的人员占全部外出务工人员的比例为24.5%，参加工伤保险的人员占全部外出人员的比例为15.8%。可以看出，我省外出务工人员中，有75.5%的外出务工人员未与用人单位签订劳动合同，有84.2%的外出务工人员未参加工伤保险。

二、外出务工人员收入状况

农村住户调查报表资料显示，2008年我省农村外出务工人员人均外出务工时间为7.93个月，外出务工人员的人均年工资收入为12209元，月工资收入水平为1540元。

（一）务工收入实现了较快增长

2008年我省农村外出务工人员人均外出务工收入为12152元，比2007年的人均9503元增加2649元，增长27.9%。各地区收入水平差别较大。（见表1）

外出务工人员工资收入主要表现出以下特点：

一是国外劳务收入最高，且大幅度增长。2008年国外务工人员人均收入为33022元，远远高于国内的务工收入水平。同时国外务工人员数量大幅增长，比2007年增长了32.8%，是拉动2008年我省农民外出务工收入大幅增长的主要因素。

二是国内东部地区收入水平最高，收入水平增长明显。从国内各地区来看，我省在东部地区务工人员的收入水平最高，人均为12153元，比2007年增长了17.7%。

外出务工人员分地区收入增长情况

表1

地区名称	收入（元／人.年）		2008年比2007年增加	
	2008年	2007年	绝对值	百分比（%）
全部平均	12152	9503	2649	27.9
国　　外	33022	27779	5243	18.9
东部地区	12153	10322	1830	17.7
中部地区	8593	7435	1158	15.6
西部地区	8944	7743	1201	15.5
吉林省内	8755	7122	1633	22.9

注：中部地区数据中不包括吉林省

三是中、西部地区收入呈稳步增长态势。我省在中、西部地区务工人员的收入水平明显低于东部地区，人均年收入水平分别为8593元和8944元，收入与2007年相比呈现稳步增长的趋势。

四是省内收入水平与中部省份相当，但增长较快。外出务工地在省内的人员2008年人均收入为8755元，比上年增长22.9%。省内务工人员很多是属于临时性、短期外出，平均务工时间为7.2个月，比省外务工人员平均务工时间低19.2%。

（二）外出务工人员工资兑现情况良好

从外出人员的工资兑付情况看，雇主拖欠工资的人员占全部外出务工人员的0.8%；雇主拖欠的工资额占当年全部外出务工人员收入总额的0.5%。可以看出，2008年，我国企业拖欠农民工工资的现象得到了有效扼制。

（三）外出务工人员寄回现金数额稳步增长

2008年我省农村外出务工人员人均寄回（或带回）现金为5065元，比上年增加790元，增长18.5%。人均外出务工寄回（或带回）现金占外出务工收入的比重为41.5%，比上年提高了1.9个百分点。其中，国外务工人员人均寄回（或带回）现金为12227元，比上年增长18.6%；国内省外务工人员人均寄回（或带回）现金为3295元，比上年增加758元，增长了29.9%；在省内务工人员人均寄回（或带回）现金为4960元，比上年增加853元，增长了21.8%。

三、外出务工人员现金支出情况

（一）外出务工的生产性费用支出

2008年我省农村外出务工人员人均生产性费用支出为1201元，占当年收入的

9.8%。其中，人均旅费支出为431元，占35.9%，人均各种手续费用支出为770元，占64.1%。分地区情况看，国外务工人员各种生产性费用支出人均为7889元，占当年收入的23.9%。其中人均旅费支出1907元，占24.2%；人均办理各种手续费用支出5982元，占75.8%。在国内省外务工的人员各种生产性费用支出人均532元，占当年务工收入的4.5%；其中，旅费支出人均420元，各种手续费用支出人均为112元。省内务工人员各种生产性费用支出人均385元，占当年务工收入的4.4%；其中，旅费支出人均176元，各种手续费用支出人均为208元。可以看出，近几年经过各级政府和社会各界的努力，农民外出务工各种手续费用支出已经不是很高，但国外务工手续费用支出仍然较高。(见图7)

图7 2008年吉林省外出务工人员生产性费用支出情况

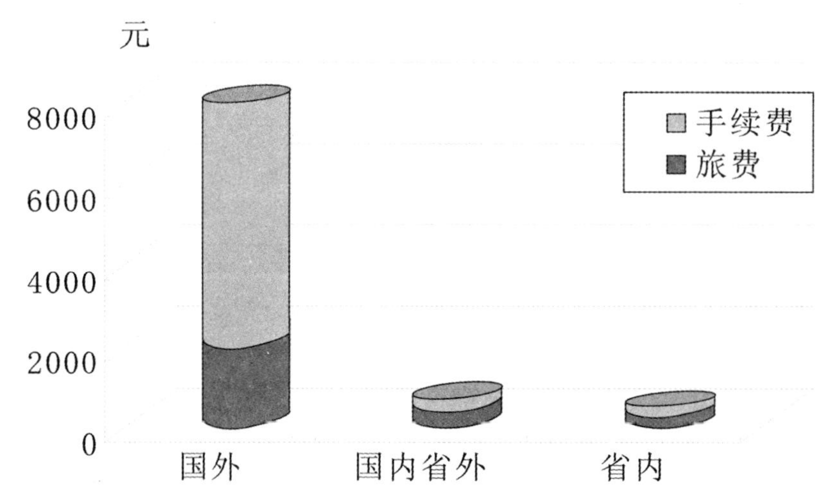

（二）外出务工期间生活消费

2008年我省农村外出人员在外务工期间人均生活消费支出为4104元，占外出务工收入的33.6%。按照务工时间平均计算，人均每月生活消费支出为518元，其中，食品消费支出为203元，占生活消费总支出的39.3%；衣着消费支出为103元，占19.9%；居住消费支出为76元，占14.6%；交通通讯消费支出为74元，占14.2%；医疗保健消费支出为32元，占6.1%。可以看出，我省农村外出务工人员在外期间的生活消费是以食品消费为主。(见表2)

四、关于促进农村劳动力转移的两点思考

随着第一产业劳动生产率的不断提高，农村剩余劳动力人数会进一步增加。据测算，从2004年—2008年，我省第一产业劳动生产率年均增长14.5%，居全国前列。

其中59.3%是由科技能力提高做出的贡献。农村居民外出务工成为解决劳动力就业、增加收入的重要途径。当前受全球金融危机的影响，农民工的就业形势较为严峻。从22个县的情况看，不仅返乡农民工比例较高，而且外出务工的劳动力所占比重较低，说明促进农村劳动力转移的任务还相当艰巨。

吉林省农村外出务工人员月均生活消费增长情况

表2

指标	2008年	2007年	2008年比2007年	
			增加	增长(%)
生活消费总支出	518	429	89	20.7
其中：食品	203	169	34	20.6
衣着	103	90	13	15.0
居住	76	62	14	22.2
交通通讯	74	65	9	13.9
医疗保健	32	27	5	15.8

（一）农民工本地创业存在现实困难

农民工创业是当前社会普遍关注的热点。从我省的情况看，农民工创业在提供贷款、技术支持、政策服务等方面存在诸多障碍。受金融危机影响，原有企业步履维艰，农民工办厂受资金、技术、市场等条件影响存在实际困难。多数农民工的创业之路选择开小饭店、杂货店等，这种近乎个体商贩的小企业很难吸纳更多的劳动力。而农村的消费水平和购买力有限，无形中加剧了市场的竞争。此外，技术落后也是农民工创业面临的一大难题，农民工大多文化程度不高，创新意识薄弱，企业产品很难长期保持市场的竞争力。

（二）外出务工依然是未来一个时期我省农村劳动力转移的主要方向

随着农村外出务工人员的增加，外出劳务收入已成为我省农民收入增长的重要途径。调查显示，2008年我省每个外出务工人员收入为12152元，而全年每个劳动力平均家庭经营总收入7575元，在外务工收入是家庭经营收入的1.6倍。农业生产的比较效益及其劳动力容量决定，目前的农民工返乡现象是少数的、暂时的、相对的，而外出则是多数的、长期的、绝对的。只要条件许可，外出打工的比较利益仍吸引那些返乡农民工再度外出。在被调查的返乡农民工中，有88.5%的人有再务工的意愿，在返乡农民工关心的问题这个调查项目中，70.7%的人把“能否再务工”作为最关心问题的首选。这说明我省的返乡农民工仍然有很强烈的外出务工意愿。建议做好以下几方面工作，促进农村劳动力转移。

1．加强劳务输出的组织工作，建立健全劳务输出信息网络

2008年外出务工人员中，通过政府（单位）组织外出的仅占3.3%。这既不利于对外出务工人员的管理，也加大了农民外出务工的成本，同时也为不法职介提供了可乘之机。因此，政府有关部门要加强横向、纵向联系，积极搜集全国各地的劳务信息，定期发布用工信息。要加强对我省农民外出的组织，建立劳动力资源信息库，实施“订单劳务”，实现务工合理流动。

22个调查县基本情况

表3

县名	乡村人口	劳动力		外出劳动力		人均粮食产量
	（万人）	人数（万人）	比重（%）	人数（万人）	比重（%）	（公斤）
九台市	63.24	32.49	51.37	7.43	22.88	1795.99
蛟河市	25.91	13.62	52.57	2.44	17.92	2342.53
舒兰市	43.81	25.24	57.61	7.70	30.51	2209.56
伊通县	38.19	19.03	49.84	6.58	34.59	2124.83
辉南县	21.43	12.48	58.27	2.27	18.17	2381.96
集安市	14.05	7.39	52.58	2.15	29.04	2382.89
柳河县	25.52	12.37	48.50	3.85	31.14	1672.16
梅河口市	36.21	17.77	49.07	4.73	26.63	405.25
抚松县	9.97	6.32	63.45	0.74	11.78	675.43
靖宇县	6.20	3.69	59.42	0.44	12.05	815.25
长白县	3.17	1.34	42.30	0.25	18.58	638.97
临江市	6.36	3.72	58.44	0.79	21.23	709.33
长岭县	49.15	26.78	54.49	5.47	20.44	3622.99
扶余县	66.43	35.52	53.47	5.48	15.43	3162.34
镇赉县	16.96	7.16	42.25	1.61	22.44	4425.74
大安市	26.69	13.45	50.40	4.01	29.77	1881.00
延吉市	6.88	3.88	56.39	1.01	25.93	1294.79
图们市	2.79	1.87	67.17	0.66	35.23	1317.70
敦化市	20.26	11.05	54.56	2.35	21.24	1745.90
珲春县	7.38	4.73	64.19	1.11	23.50	1774.68
龙井市	6.59	3.99	60.51	1.13	28.22	2149.96
汪清县	11.22	7.29	65.03	1.40	19.18	953.87

2．加强有针对性的培训，切实提高农民工的素质

职业技能培训是提高岗位工作能力和增强就业竞争力的主要手段。2008年我省农村外出务工人员中，只有35.8%的农民工在外出务工之前接受过技能培训，但大多也是临时性的、短期的岗前培训。职业培训不足，拥有职业资格登记证书的农民工更少，被调查的农民工中只有26.4%的拥有职业资格证书，拥有技师和高级技师证书的仅占2.0%。

3．积极开拓国际劳务市场，减少国外务工的费用

出国劳务是当前我省农村劳动力外出务工人均收入最高的，但国外务工人员手续费用等支出较高。因此，要积极开辟多种渠道，开拓国际劳务市场，加强对出国劳务的组织和管理，减少外出人员费用支出。

4．解决外出务工人员的后顾之忧

进一步完善农村专业合作社，为缺劳力的农户解决农业生产难题。加大对义务教育的投入，切实解决进城农民子女上学问题，从根本上消除农民工的后顾之忧。(见表3)

2009年1—2月份全省经济运行情况及全年经济形势预测

潘豫

编者按：《2009年1—2月份全省经济运行情况及全年经济形势预测》一文于2009年3月31日以《统计分析》第9期（总第512期）印发。4月1日，本文作为省政府常务会议讨论文件。

今年以来，全省人民在省委、省政府的正确领导下，继续高举东北振兴的旗帜，面对国际金融危机带来的一系列不利因素的影响，始终把“保增长、保民生、保稳定”作为经济工作的主线，攻艰克难，奋力拼搏，保持了全省经济的持续健康发展，为确保全年经济发展目标的实现奠定了良好的基础。

一、当前全省经济运行情况

从1—2月的数据上看，我省的核心经济数据指标增速均高于同期全国平均水平，在当前全国经济增长都面临严峻考验的形势下，我省的经济形势相对还比较乐观，部分数据指标已经出现回暖迹象。

（一）工业经济增长企稳，工业利润下降幅度较大

今年前两个月份，全省规模以上工业累计实现增加值333.88亿元，按可比价格计算，比上年同期增长8.9%，其增长水平比一月份加快2.8个百分点，比全国平均水平高5.1个百分点，在全国各省区市中排第11位，和去年1—12月份的位次持平。其中，二月当月的同比增长率达到12.1%，不仅高出上月6.0个百分点，而且高出去年12月份3.1个百分点，比全国平均水平高1.1个百分点，增速列全国第14位，比去年12月份提高2位。

今年1—2月份全省规模以上工业企业盈亏相抵后累计实现利润15.16亿元，比上年同期减少45.18亿元，下降74.9%。1—2月份，全省规模以上工业经济效益综合指数为213.2%，比上年同期水平下降23.4个百分点。

从工业经济的内部结构来看，主要呈现出四个方面的基本特征：

一是多种经济类型企业的生产保持较快增长。前两个月，全省股份制企业

实现增加值同比增长12.2%；股份合作企业增长24.6%；集体企业增长20.2%；其他经济类型企业增长28.8%，其增长幅度都高于或者远高于全省工业平均增长水平。

二是轻、重工业的结构比例继续发生积极变化。全省轻工企业累计实现增加值109.08亿元，同比增长19.1%；重工企业累计实现增加值224.80亿元，同比增长5.1%，轻重工业产出之比由上年同期的27.0：73.0演变为32.7：67.3。

三是支柱、优势和特色产业在全省工业经济发展中继续发挥强力支撑作用。前两个月，全省九大支柱、优势和特色产业共实现增加值265.91亿元，占全部规模以上工业增加值的比重为79.6%，对全省工业经济增长的贡献率仍高达60.5%，拉动全省工业经济增长5.4个百分点。

四是民营企业生产发展对全省工业经济增长的拉动作用进一步增强。前两个月，全省规模以上民营工业累计实现增加值145.61亿元，占当期全部规模以上工业增加值的比重达到43.6%，比上年同期提升了10.5个百分点，同比增长率达到31.8%，高于全部规模以上工业增速22.9个百分点，对全省工业经济增长的贡献率更高达118.5%，比上年同期提升37.6个百分点，拉动全省工业经济增长10.5个百分点。

（二）固定资产投资扩大的势头得以延续

今年前两个月，全省已累计完成城镇以上固定资产投资42.58亿元，增长28.1%。和全国比较，我省的投资增速比全国增速高1.6个百分点，增速在全国各省区市中排第20位。我省投资增速比相邻的辽宁低20.0个百分点，比龙江低188.4个百分点。增速低于龙江的原因主要是龙江投资起步晚，基数小，上年同期龙江仅完成投资8.2亿元，为同期我省的24.7%，今年1-2月份每增长1个百分点仅需增加投资0.08亿元；而我省投资连续五年的高速增长，基数不断加大，每增长1个百分点需增加总量0.33亿元，持续高速增长的难度很大。与辽宁省比较，主要是辽宁在国家扩大内需政策支持下，开展了冬季施工活动，使施工高峰期提前，改变了投资月度分布规律。而我省同期气温低，今年又“倒春寒”，相对影响了施工进度。

从完成投资的构成要素来看：

一是投资主要集中在工业。前两个月全省城镇以上固定资产投资中累计完成工业项目投资39.19亿元，增长27.5%，在全省城镇以上固定资产投资总额中的比重高达92.0%，仍然是投资的主体。

二是地方项目投资依然是拉动全省投资快速增长的主导力量。前两个月全省城镇以上固定资产投资中已累计完成地方项目投资24.87亿元，增长66.2%，增幅高于全省投资增速38.1个百分点，占全省城镇以上固定资产投资总额的比重达到58.4%，比上年同期提高13.4个百分点。

三是民间投资的作用更加突出。前两个月全省城镇以上固定资产投资中累计完成民间投资31.96亿元，增长1.4倍，增幅高于全省投资增速108.3个百分点，占全省城镇以上投资的比重达到75.1%，比上年同期提高了34.4个百分点。

（三）城乡消费市场趋于繁荣活跃，热点商品销售增幅较大

今年前两个月，在国家扩大内需和刺激消费重大战略的促动下，全省累计实现社会消费品零售总额434.71亿元，比上年同期增加67.57亿元，增长18.4%，剔除物价变动因素，实际增长19.0%。和全国比较，我省的速度比全国水平高3.2个百分点，增速在全国排第20位。

从社会消费品销售的不同区域来看，前两个月全省城市累计实现社会消费品零售额333.66亿元，增长17.3%；农村实现零售额101.05亿元，同比增长22.1%，比上年同期提高0.7个百分点，农村市场增幅超过城市增幅4.8个百分点。

从构成社会消费品零售总额的不同行业来看，前两个月全省批发零售贸易业实现社会消费品零售额373.39亿元，增长17.6%；住宿和餐饮业实现社会消费品零售额61.02亿元，增长23.8%，增幅同比提高1.9个百分点。

据对限额以上批发零售贸易企业的统计，今年前两个月全省事关民生的重点商品销售都有良好的表现。粮油、食品、饮料和烟酒类实现零售额14.62亿元，同比增长14.2%，其中粮油、食品类实现零售额10.54亿元，同比增长18.1%；服装、鞋帽、针纺织品类实现零售额18.20亿元，同比增长10.9%；体育、娱乐用品类实现零售额0.73亿元，同比增长32.5%；家具类实现零售额2.21亿元，同比增长47.9%；建筑及装潢材料类实现零售额2.07亿元，同比增长45.3%；汽车类实现零售额21.93亿元，同比增长18.7%。

（四）财政收入增幅回升，涉及民生的重点支出有较大幅度增长

1—2月份，全省实现地方财政收入71.17亿元，增长10.1%，比一月份的增幅提高了7.2个百分点，增幅明显回升，比全国下降0.1%的平均水平高10.2个百分点，增速在全国各省区市中排第8位。其中，税收收入49.7亿元，同比减少4.6亿元，下降8.5%；非税收入21.4亿元，同比增加11.2亿元，增长1.1倍，拉动地方级财政收入增长17.3个百分点，非税收收入成为拉动财政收入增幅回升的主要力量。

1—2月份，全省财政支出194.40亿元，同比增长30.5%。其中属于公共支出性质的教育支出26.43亿元，同比增长33.9%；社会保障和就业支出28.97亿元，增长57.2%；医疗卫生支出6.80亿元，增长53.3%；环境保护支出2.47亿元，增长1.6倍；交通运输支出4.86亿元，增长2.3倍。

（五）金融机构服务经济发展的能力增强

据中国人民银行长春中心支行提供的统计数据显示，截至今年2月末，全省金融机构的本外币存款余额达到6920.29亿元，比年初增加477.01亿元。其中，城乡居

民储蓄存款余额4313.98亿元，比年初增加332.43亿元。截至2月末，全省金融机构本外币贷款余额5387.41亿元，比年初增贷490.47亿元。其中，短期贷款余额2593.40亿元，比年初增加294.52亿元；中长期贷款余额2381.34亿元，比年初增加40.83亿元。截至2月末，全省金融机构本外币存贷比为81.3%，比年初扩大了1.6个百分点。

（六）进出口总额出现回落，实际利用外资保持稳定增长

据长春海关提供的资料，1—2月份全省累计完成进出口总值14.69亿美元，比上年同期下降18.5%，全国进出口是下降27.2%，我省降幅比全国小8.7个百分点。其中，累计完成进口总值10.80亿美元，同比下降8.4%，比全国下降34.2%的降幅小25.8个百分点；累计完成出口总值3.89亿美元，同比下降37.7%，比全国下降21.1%的降幅高16.6个百分点。1—2月份，全省实际利用外资3.17亿美元，同比增长12.4%；其中外商直接投资1.31亿美元，同比增长26.6%。

（七）居民消费价格指数回落，食品价格回落是主因

1—2月，全省居民消费价格总指数为100.0（以上年为100，下同），低于上年同期6.8个点。居民消费价格总水平依然呈现回落的趋势。从不同类别商品的变动情况看，食品类价格指数99.6，衣着类价格指数99.5，交通和通信类价格指数97.8，价格较上年同期有回落。烟酒及用品类价格指数101.4，家庭设备用品及维修服务类价格指数104.1，医疗保健和个人用品类价格指数102.0，居住类价格指数100.3，娱乐教育文化用品及服务类价格指数100.1，比上年同期价格略有上升。

二、当前经济发展中存在的问题

1．受近一段时期PPI持续下降影响，我省支柱产业的产能难以完全释放，对工业产品竞争力将产生严重影响，市场占有率下降。1—2月份我省工业产品产销率为96.9%，同比下降1.8个百分点。

2．1—2月全省利用外资新签合同数17个，合同外资金额5157万美元，分别比上年同期下降41.4%和58.2%，将影响到我省利用外资的后劲儿。

3．新开工项目计划总投资减少，投资增长后劲不足。1—2月，我省城镇新开工项目比上年同期减少47.1%，特别是新开工项目计划总投资同比减少73.2%，降幅居全国第一位，全国仅有三省下降（上海下降62.8%，北京下降31.9%），我省大幅下降将影响投资持续高速增长。

三、对全年经济发展的基本判断

根据1—2月份我省经济发展的基本情况，我们可以得出这样认识。我省经济发

展速度将继续保持相对较快的增长。从核心指标的增长速度上看，1—2月我省规上工业增加值的增长速度为8.9%，比辽宁低1.7个百分点，但是比龙江高8.1个百分点，在全国排第11位，与去年同期持平。城镇固定资产投资增速28.1%，比辽宁低20.0个百分点，比龙江低188.4个百分点，排第20位，后退14位。社会消费品零售总额增速18.4%，比辽宁低0.8个百分点，比龙江低1.8个百分点，在全国各省区市中排第20位，后退13位。一般前2个月我们省的起步较慢，随着我省大中型企业产能的恢复和投资大项目的陆续竣工投产，我省的生产能力还将有明显的提高，今年能有一个相对较快的发展。今年如果解放J6重型卡车、200Km/n动车组、混合动力客车、生物化工醇等重点项目能顺利投产，将新增产值500亿元以上。去年四季度至今，我省共争取国家扩大内需项目资金70亿元，比辽宁多5亿元，也略高于龙江，将有力地带动地方投资扩张；特别是以总投资110亿元的大成玉米工业园、总投资超百亿元的哈大铁路客运专线、总投资700亿元左右的靖宇核电站、总投资296亿元的长白山国际度假区（已签合同，年内开工）等为代表的一批特大项目的陆续开工建设，将带动起我省新一轮投资高潮，支撑我省投资持续高速增长。

一是今年我省刺激经济增长的政策因素强烈。为了应对国际金融危机的强力冲击和影响，去年四季度国家适时实施了积极的财政政策和适度宽松的货币政策，同时出台了两年内追加投资4万亿的具体政策，我省争取项目力度大，极大地促进我省投资的增长；国家产业振兴规划和我省即将出台的产业跃升计划将极大地刺激产业发展；小排量汽车促销政策为一汽集团等省内交通运输设备制造业企业保持稳定生产提供了保障。

二是消费性因素的作用。伴随着2008年城乡居民收入的稳定增加和国家扩大内需各项政策的贯彻落实，将带动全省城乡市场保持旺盛消费需求。同时，惠农政策进一步加大，农村消费市场成为新的消费增长点。“家电下乡”工程，“汽车下乡”政策的出台，农民在购买纳入补贴范围的冰箱（含冰柜）、彩电时，可享受销售价格13%的政府补贴。由省财政投入1亿元对农民购买一汽集团有关产品进行补贴，农民购买一汽集团在吉林省境内生产的5吨以下（5吨）车、微型客车和微型卡车等每辆车，政府将给予15%的补贴，单车最高补贴额为3万元。这两项政策都将极大地刺激农民的消费，拉动农村消费品市场的较快发展

三是金融支持作用增强。截至2月末，全省金融机构本外币贷款余额达到5387.41亿元，比1月末增加218.65亿元，增长4.2%，比本年初增加490.47亿元，增长10.0%；金融机构本外币存贷比为81.3%，比年初扩大了1.6个百分点。可见我省的金融运行保持了较高的稳定性，金融机构对我省下一步的经济发展形势相对乐观，资金保障力度较高，贷款规模稳定扩大。

四是民营经济增势强劲。前两个月全省城镇以上固定资产投资中累计完成民间投资增长1.4倍，增幅高于全省投资增速108.3个百分点，占全省城镇以上投资的比重达到75.1%，比上年同期提高了34.4个百分点。全省规模以上民营工业累计实现增加值占当期全部规模以上工业增加值的比重达到43.6%，比上年同期提升了10.5个百分点，同比增长率达到31.8%，高于全部规模以上工业增速22.9个百分点，对全省工业经济增长的贡献率更高达118.5%，比上年同期提升37.6个百分点，拉动全省工业经济增长10.5个百分点。

具体经济指标的预计

地区生产总值：今年我省经济总量增长的速度将会比去年有所放缓。但是，随着国家和我省为应对当前经济形势实施的各项政策措施的逐步到位，将会带动全省经济的回暖。预计一季度全省地区生产总值将达到1200亿元，增长9.0%；上半年地区生产总值将达到2700亿元，增长10.0%；全年地区生产总值将达到7400亿元左右，增长11.0%。

工业：今年我省工业经济的发展将会在波动中上升，预计一季度可实现规模以上工业增加值550亿元，同比增长10%以上，盈亏相抵后利润总额25亿元左右；随着这几年扩大的工业投资，不断形成新的产能，有些能在今年上半年显现。上半年可实现规模以上工业增加值1250亿元，增长11%左右，利润总额70亿元左右；全年可实现规模以上工业增加值2600亿元，增长13%左右，利润总额160亿元左右。

固定资产投资。今年投资的增长速度较2008年将有所回落，但仍将保持较大幅度的增长。预计一季度可完成城镇固定资产投资174亿元，增长33%；在国家扩大内需投资项目逐渐显效及带动拉动下，上半年可完成城镇固定资产投资2010亿元，增长33%；全年可完成全社会固定资产投资7200—7500亿元，增长30%左右。

社会消费品零售总额。今年我省的消费品市场仍将保持繁荣活跃，预计一季度可实现社会消费品零售总额654亿元，增长18.5%；在这几年持续扩大的旅游经济促进下，二季度几个小长假对拉动消费将会有所作为。上半年可实现1352亿元，增长18.8%；全年可实现2956亿元，增长19.0%。

四、几点建议

1．加大工作力度，采取有效措施，促使停产企业恢复生产。今年1月规上工业企业停产981户，2月缩小到861户，但仍占全部工业企业的20%。1—2月数据显示中小企业的总产值增长率高达47%，这说明在当前的市场形势下，中小企业的适应能力较强，而停产企业中小企业居多，占95.1%。相对而言，在这种大环境下，小企业恢复产能比大企业可能性大一些，而且这些小企业上年有出口交货值的仅有16户

（0.43亿元）。

2．针对不同需求，提高有效供给。1—2月我省体育、娱乐用品等文化类消费，以及相应的公共财政支出均有大幅增长。这证明在这些方面的需求较为强烈，而且潜在需求较大，因为我省的恩格尔系数比全国水平低，人均消费水平在全国排列为第11位，比人均GDP排位要靠前1位。但是，我省的二、三产业为这些需求，还没有很好地提供更多的有效供给。工业产品中文化产品类的比重低，服务业中这方面的增加值不高。还有很多领域可以挖掘。

3．集中人力，逐个项目督查，促使新建项目开工。今年我省计划总投资的规模依然较大，可能受当前较冷的气候影响，新开工项目显有不足，但也可能有手续不全，前期准备不到位的情况，要督促项目主体，政府有关部门千方百计提高开工率，特别是审批部门要提前审批、现场审批，创造条件，以优质的服务促进新建项目的开工。

工业经济重新实现两位数增长
——一季度工业经济形势分析

陈雪

编者按：《工业经济重新实现两位数增长——一季度工业经济形势分析》一文于2009年4月9日以《统计分析》第10期（总第513期）印发。

2008年的国际金融危机把我省工业经济推向了低谷，工业生产增速出现了多年未见的一位数增长，工业实现利润也结束了连续大幅增长的趋势，工业经济进入了低速发展期，但是随着国家一系列宏观政策的贯彻实施和我省连续多年扩大投资所积蓄的发展能量逐步释放，今年一季度，全省工业出现了止跌回暖的可喜迹象，工业生产增速重新站上两位数的平台。但是也应该清醒的看到，虽然工业生产开始企稳，但工业企业经济效益却未见起色，工业经济彻底走出低谷重回健康发展的轨道仍需付出极大的努力。

一、一季度概况

（一）工业生产回归两位数增长

今年前3个月，我省工业生产稳步增长，累计增长速度分别为6.1%、8.9%和10.1%，截止到3月份累计增速重回10%以上的两位数增长，实现了一季度工业生产的开门红。

（二）重工业生产增速加快，促进全省工业反弹

此次金融危机虽然对轻工业的影响最早，但是对重工业的影响最深，占我省工业生产70%份额的重工业也受到较大冲击，自去年4月份以后，重工业生产增速迅速下滑，但今年以来这一下滑趋势有所缓解，3月份重工业增长速度分别比1月份和2月份提高6.8和0.9个百分点，从而有效促进了全省工业的止跌反弹。（见图1）

（三）民营企业快速增长，成为新的增长动力

随着民营经济三年腾飞计划顺利推进，使我省民营工业发展速度迅速提高。一季度，我省规模以上民营工业增长33.1%，高于全省工业平均增长速度23个百分点，

民营工业对全省工业增长的贡献率高达114.8%，在国企遭受金融危机重创的情况下，民企的高速增长作出了重大贡献。

图1 轻重工业月度增速走势图

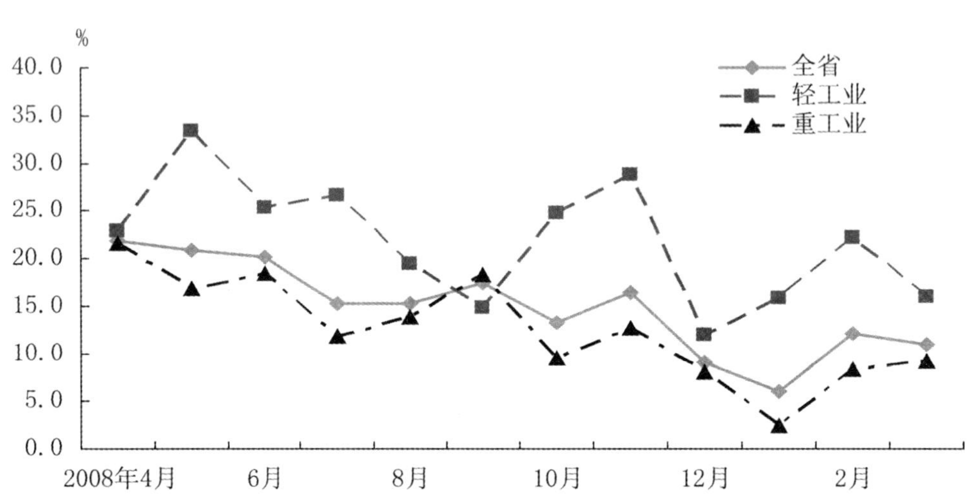

（四）多数行业生产保持增长势头

一季度，在统计的39个行业大类中，同比增长的有34个行业,其中增速高于全省平均水平的有28个行业。增加值增速排在前五位的行业是，黑色金属矿采选业、工艺品及其他制造业、皮革、毛皮、羽毛（绒）及其制品业、印刷业和记录媒介的复

一季度主要行业工业增加值

表1

分组名称	工业增加值（亿元）	工业增加值增速（%）	
		1—2月	1—3月
黑色金属矿采选业	7.98	26.5	65.7
工艺品及其他制造业	1.12	33.3	57.0
皮革、毛皮、羽毛(绒)及其制品业	0.46	29.1	55.1
印刷业和记录媒介的复制	2.00	62.1	40.0
金属制品业	8.33	48.9	37.0
通信设备、计算机及其他电子设备制造业	2.97	-1.4	-5.0
交通运输设备制造业	132.45	-6.7	-6.8
黑色金属冶炼及压延加工业	21.79	-12.1	-14.9
化学纤维制造业	2.08	-32.0	-18.4
废弃资源和废旧材料回收加工业	0.49	-39.3	-28.1

制、金属制品业，增速分别为65.7%、57.0 %、55.1%、40.0%和37.0%。而降幅较大的行业是废弃资源和废旧材料回收加工业、化学纤维制造业、黑色金属冶炼及压延加工业、交通运输设备制造业、通信设备、计算机及其他电子设备制造业，下降幅度分别为-28.1%、-18.4%、-14.9%、-6.8%、-5.0%。（见表1）

从行业增速看，增长较快的行业并非是我省的支柱和优势产业，而下降较快的行业，支柱和优势产业占有一定比重。

（五）经济效益总体水平下滑

从1—2月份的工业财务月报资料看，前两个月我省工业经济较上年同期出现了较大降幅，企业实现利润15.16亿元，同比下降了74.9%，亏损企业亏损额为32.12亿元，同比增长29.3%，综合经济效益指数为213.16%，比上年同期下降了23.43个百分点。

二、月度工业生产数据呈现回暖信号

（一）工业生产止跌回稳，企业生产开始恢复

1．工业生产总体水平呈现止跌迹象。在国际金融危机的影响下，我省自去年4月份开始生产增速逐月下滑，工业生产规模也呈逐月递减趋势，至今年1月份工业增加值和增长速度跌至最低水平，但2月份工业生产呈现止跌迹象，增长速度回归两位数增长。（见图2）

图2 各月份工业增加值及增长速度

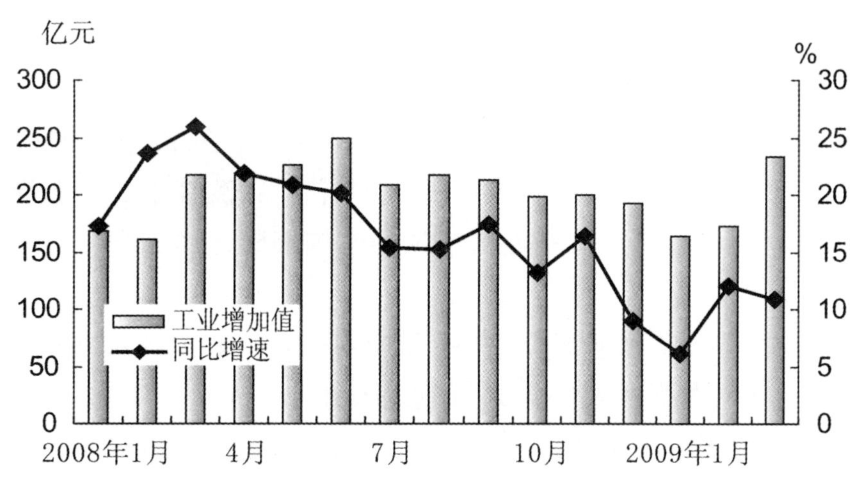

2．企业大范围停产现象得到缓解。去年11月份以来，我省规模以上工业企业中，停工停产企业骤增，一些大型企业开工不足半停产现象也骤然增加，全省工业生产形势严峻。（见表2）

2008年10月以来规模以上工业停产企业户数

表2

指标名称	2008年10月	11月	12月	2009年1月	2月	3月
停产企业户数	523	575	858	987	861	543
其中大中型企业	43	30	36	46	42	20

今年2月份以来，受国家各类政策的推动，企业逐步恢复市场信心，纷纷恢复生产，企业大范围停工停产情况有所缓解。

3．主要能源产品产量开始增加，工业用电降幅明显趋缓。工业生产的增长一般伴随着能源产品的消耗，因此观察能源产品的生产消耗情况，可以判断出工业经济发展的走势。（见表3）

2008年10月份以来主要能源产品生产消耗情况

表3

指标名称	单位	2008年10月	11月	12月	2009年1月	2月	3月
原煤产量	万吨	335.33	320.66	269.66	227.24	314.26	440.31
发电量	亿千瓦小时	34.98	40.18	42.59	36.26	37.96	41.52
工业企业用电量	亿千瓦小时	27.73	26.89	27.15	29.62	25.23	28.68
同比增长	%	-2.07	-9.24	-10.38	-7.55	-6.54	-5.72

表中可见，主要能源产品产量增加和工业用电的增长均预示着我省工业企业开工率正在逐步提高，标志着工业经济逐步扭转持续下滑的趋势。

（二）产业政策导向作用明显，重点行业信心恢复

今年初，国家先后出台了十大产业调整振兴规划，对汽车、钢铁、纺织、装备制造、造船、电子信息、石化、轻工、有色金属、物流等重点行业提出了指导意见，目前汽车、钢铁和物流业调整振兴规划的实施细则已经公布，其政策导向的效果已经开始逐步显现。

1．轿车消费市场需求回暖，中小排量轿车市场订单增加，生产销售同步增长。随着国家汽车产业调整振兴规划的发布和实施，国内轿车消费市场开始回暖，尤其是对中小排量的家用轿车和符合节能标准的中高级新车型需求增加，据调查，2月份以来我省奥迪A4L订单增加，企业满负荷生产仍供不应求，3月份，一汽大众公司日产量突破了2000辆的历史大关，汽车行业呈现产销两旺的态势。（见表4）

2008年10月份以来轿车产量及环比增速

表4

指标名称	单位	2008年10月	11月	12月	2009年1月	2月	3月
汽车产量	万辆	6.00	5.96	3.57	5.24	6.19	10.0
环比增长	%		-0.7	-40.1	46.8	18.1	61.6
轿车产量	万辆	4.37	5.15	2.81	4.31	4.08	6.69
环比增长	%		17.8	-45.4	53.4	-5.3	64.0
1.0～1.6排量轿车	万辆	2.30	2.75	0.67	2.18	2.09	3.34
环比增长	%		19.6	-75.6	225.4	-4.1	59.8
1.6～2.5排量轿车	万辆	1.68	2.24	1.97	2.04	1.91	3.23
环比增长	%		33.3	-12.1	3.6	-6.4	69.1

2．**原油价格成本下降、成品油价格改革、相关化工产品价格企稳使得化工行业生产开始恢复**。去年受金融危机和化工产品价格倒挂等因素的影响，化工行业承受了巨额亏损，我省吉化集团下的乙烯生产线大面积停产，相关的大批小乙烯也纷纷停产。今年以来，油价成本下降，国内经济环境逐步走出低谷，对化工产品需求增加，吉化公司的大乙烯也已于3月25日恢复生产，省内其他小乙烯生产企业也将于4月6日恢复生产。

3．**基础建设和固定资产投资高速增长，增加了钢铁、水泥等建材产品需求，相关产业生产开始恢复**。去年11月份以来，国家实施了加强基础设施建设、扩大内需等政策，我省一批重点基建项目，如长吉高铁、路桥改造工程等也纷纷开始开工建设，1—3月份，我省固定资产投资同比增长了34.8%，从而拉动了我省钢铁、水泥等建材行业生产增速加快。通化钢铁集团7个高炉去年停了6个，今年已有5个恢复生产，并正在进行技术革新提高产品技术含量，调整产品结构。而总投资8.5亿元，年产600万吨的德全.金刚水泥一期工程也将于近期开工生产。建材产品产能扩张迅速，生产呈现高速增长。（见表5）

2008年10月份以来建材产量及环比增速

表5

指标名称	单位	2008年10月	11月	12月	2009年1月	2月	3月
水泥	万吨	254.69	155.78	99.62	78.09	123.71	371.80
环比增长	%		-38.8	-36.1	-21.6	58.4	200.5
钢材	万吨	45.09	34.33	45.70	57.16	57.24	60.67
环比增长	%		-23.9	33.1	25.1	0.1	6.0

4．**现代物流业得到重视，卡车生产呈现可喜变化，发展前景可观。**物流业作为重要的服务产业，是服务和支撑其他产业的调整与发展、扩大消费和吸收就业的重要力量，对于促进产业结构调整、转变经济发展方式和增强国民经济竞争力具有重要意义，因而倍受关注。作为物流业的重要环节之一，货物运输的需求增大，为我省卡车生产提供了良好的发展机遇，卡车生产开始恢复，发展前景非常可观。（见表6）

2008年10月份以来卡车产量及环比增速

表6

指标名称	单位	2008年10月	11月	12月	2009年1月	2月	3月
载货汽车产量	万辆	1.43	0.64	0.61	0.70	1.65	2.72
环比增长	%		-55.2	-4.7	14.8	135.7	64.8

三、存在问题不容忽视

虽然我省工业生产在3月份终于重回10%以上增长速度，但是仅凭一个月的走势并不能断定工业经济已走出低谷，工业运行中仍然存在着不容忽视的问题，如果不妥善加以解决，工业生产仍然有可能陷入低速增长甚至下滑的危险境地。

（一）产销衔接水平欠佳，企业库存明显增加

一季度，全省规模以上工业企业实现销售产值1889.60亿元，同比增长1.2%，工业产品销售率为96.14%，同比下降了1.78个百分点，较大的工业生产并未及时销售出去，从而造成库存增加，1—2月份，全省工业产成品库存317.09亿元，同比增长26.4%，增幅高于同时期工业增加值增速17.5个百分点。这种状况如果长期得不到改善，必将造成企业流动资金紧张，进而影响企业继续扩大生产规模。

（二）工业品出厂价格持续下降吞噬企业利润

自去年8月份以来，我省工业品出厂价格指数（PPI）呈现逐月下降趋势，到今年一季度，PPI比上年同期下降5.1个百分点。尤其以能源、原材料、建材、冶金等产品的降幅较大，影响我省相关行业利润大幅下降。（见表7）

（三）企业收入下降，与工业增长不同步

1—2月份，全省规模以上工业实现主营业务收入1041.64亿元，同比下降1.72%，与同时期工业生产增长的趋势不同步，其中轻工业实现主营业务收入303.94亿元，同比增长40.6%，而重工业实现主营业务收入737.70亿元，同比下降12.6%，

轻重工业的收入差距一方面表明了我省轻工业发展优于重工业，另一方面也预示着要想改善我省工业发展现状必须继续加快发展重工业，使重工业真正承担其工业发展的重任。

（四）出口形势仍然严峻

由于世界经济还未见底，国外市场需求仍未启动，因此我省工业产品出口形势依然严峻，一季度，全省规模以上工业企业实现出口交货值30.2亿元，同比下降39.6%，出口交货值率为1.6%，比上年同期减少1.1个百分点，在这种情况下，汽车、农产品、建材等我省的主要出口产品出口均呈下降趋势。（见表8）

价格指数走势

表7 单位：%

	2008.1–8	1–9	1–10	1–11	1–12	2009.1	1–2	1–3
全省	106.66	106.58	106.28	105.71	104.92	95.10	95.10	94.89
石油和天然气开采业	139.45	143.48	146.08	146.56	145.96	42.54	41.13	41.52
黑色金属矿采选业	159.33	154.97	150.85	144.26	137.81	60.67	63.23	62.27
石油加工、炼焦及核燃料加工业	115.21	116.90	117.53	117.63	117.42	99.58	98.48	97.40
化学原料及化学制品制造业	103.50	103.14	102.44	100.20	97.72	74.53	75.34	75.40
黑色金属冶炼及压延加工业	128.73	128.99	127.66	125.85	123.14	93.71	93.28	91.11
有色金属冶炼及压延加工业	97.43	95.95	95.31	93.27	91.40	68.12	67.36	66.75

主要行业出口交货情况表

表8

名称	出口交货值（万元）		销售产值（万元）		出口交货值率（%）
	一季度累计	增长%	一季度累计	增长%	
规模以上工业总计	302016	-39.6	18895979	1.2	1.6
食品制造业	6515	-73.5	311008	10.3	2.1
医药制造业	10991	0.1	823127	26.5	1.3
非金属矿物制品业	16411	-28.2	729097	23.3	2.3
交通运输设备制造业	53620	-60.7	5448840	-14.3	1.0

三月份长春市劳动力月度调查情况报告

彭颖

编者按：《三月份长春市劳动力月度调查情况报告》一文于2009年4月9日以《统计参考》第7期（总第7期）印发。

为及时反映我国就业形势的变化，为政府准确判断形势，制定和调整宏观经济政策，改善就业服务提供依据，根据《国务院办公厅关于建立劳动力调查制度的通知》精神，我省于3月15日至25日在长春市进行了月度劳动力调查。

我省首次月度劳动力的调查范围是长春市的城镇和乡村，调查对象为该市被抽中住户中的全部16岁及以上常住人口。按照多阶段、分层、概率比例抽样方法抽取了600户样本。

一、全部调查对象现状

调查结果显示：本次月度调查抽取城乡600户样本，分布于长春市全部10个市县区。调查登记的16岁及以上常住人口有1555人，其中城镇954人，农村601人。在全部样本中，经济活动人口1203人，非经济活动人口352人。经济活动人口中，就业人口1107人，失业人口96人；劳动参与率77.4%，全部调查失业率7.98%。

从年龄段分组上分析：在全部调查对象中，按照5年为一年龄段，16—20岁人口失业率为10.7%，21-25岁人口失业率为17.1%，26—30岁人口失业率为8.6%，31—35岁人口失业率为4.5%，36—40岁人口失业率为9.5%，41—45岁人口失业率为6.1%，46-50岁人口失业率为6.6%，51—55岁人口失业率为10.3%，56岁及以上人口失业率为3.2%。调查数据表明：21—25岁组失业率最高， 16—20岁组、51—55岁组、36—40岁组和26—30岁组也正值失业高峰期，而31—35岁组则相对进入职业稳定期，失业率较低。

从性别分组上分析：在全部调查对象中，男性占总人数的51.1%，失业率为8.2%；女性占48.9%，失业率为7.7%，男性失业率略高于女性。但在劳动参与率和就业人口比上，男性则明显高于女性，男性的劳动参与率、就业人口比为83.1%、

76.3%，分别比女性高出11.8和12.2个百分点，表明男性在经济生活中承担着更多的责任，在就业领域相对于女性优势明显。

二、城镇调查对象现状

本次调查的城镇16岁及以上人口954人，经济活动人口660人。其中，就业人口582人，失业人口78人；非经济活动人口294人。劳动参与率69.1%，长春市城镇失业率11.8%，沈阳为11.7%，哈尔滨为9.8%。

从户口性质上看：在全部城镇调查对象中，83.3%的人拥有非农业户口，只有16.7%的人是农业户口。

从年龄段分组上分析：按照10年为一年龄段，16—25岁人口失业率为17.8%，26—35岁人口失业率为9.3%，36—45岁人口失业率为11.6%，46—55岁人口失业率为13.7%，56岁及以上人口失业率为5.7%。数据显示； 16—25岁组的失业率最高，其次是46—55岁组，56岁及以上组失业率最低，表明初、高中及大学毕业生进入劳动力市场时竞争最为激烈，工作稳定性最差；劳动人口进入中年后工作压力增大，面对年轻大学毕业生，其竞争力急剧下降，职业稳定性趋弱，下岗与转换工作现象频繁出现，失业率攀升，再就业举步唯艰；而56岁及以上人口则劳动意愿不强，如果经济条件许可，很少有人愿意再就业。

从性别分组上分析：在全部城镇调查对象中，男性占总人数的49.3%，失业率为11.9%；女性占50.7%，失业率为11.7%，失业率性别差异不明显，女性失业率比男性略低，源于女性在择业时标准相对较低，家政等服务业领域也可以大量吸收女性就业。在16—25岁年龄组中，男性失业率为18.4%，女性失业率为17.1%；在26—35岁年龄组中，男性失业率为10.0%，女性失业率为8.6%；在36—45岁年龄组中，男性失业率为8.7%，女性失业率为14.8%；在46—55岁年龄组中，男性失业率为17.2%，女性失业率为9.1%；56岁及以上男性的失业率为8.0%,女性失业率为0。从分年龄组的男女失业率的数据对比中可以看出：女性的失业高峰期出现在16—25岁、36—45岁年龄段；而男性失业高峰则在16—25岁、46—55岁年龄段。16—25岁之间是男性与女性失业的高发期，这个年龄段的人正是高中毕业或大学毕业后找不到工作的人群，学历相对较高，择业标准高，工作回报期望值大，择业范围囿于高福利、高薪酬、低风险的职业；或实际劳动技能较差，而又眼高手低，难以满足专业技能要求较高的行业需求，造成结构性供需矛盾突出，一些行业专业人才大量缺口的同时一些岗位却无人问津。从数据上分析，无论男女，在36—45岁、46—55岁段失业率均位居第二，说明在总体就业形势严峻的大环境下，“4050”现象趋向严重，此岁数段的人一旦下岗很难实现再就业。

从受教育程度上分析：有小学及以下学历的调查对象失业率为19.1%，其中男性为30.8%，女性为0；有初中学历的调查对象失业率为13.0%，其中男性为10.5%，女性为16.0%；有高中学历的调查对象失业率为14.2%，其中男性为14. 8%，女性为13.3%；拥有大学专科学历的调查对象失业率为6.4%，其中男性为7.5%，女性为5.2%；拥有大学本科学历的调查对象失业率为9.6%，其中男性为10.3%，女性为8.8%；拥有研究生学历的调查对象失业率为0。总体上看，城镇调查失业率随学历的提高基本呈逐步下降趋势，学历越高就业优势越明显。其中的特例是大学专科毕业生，其就业率最高，失业率最低，这与专科院校专业设置的灵活性、毕业生的择业标准和心态关系重大。从性别上看，男性失业集中在小学学历段，女性失业集中在初中学历段，这一趋势符合国情省情，即男性即使文化程度低也不愿从事家政等服务性行业，又因学历低本身缺乏竞争力而增大就业难度；而女性因家庭经济条件、风俗习惯、招生录取条件限制等原因学历相对较低，在就业竞争中相对男性明显处于劣势，则其或降低择业标准，或留在家中相夫教子、料理家务。

调查结果显示：在失业人群中，“近三个月内采取过哪种方式寻找工作”一项，选择“在职业介绍机构登记”的人最多，占失业人口的42.3%；其次是“委托亲友找工作”，占32.1%；“参加招聘会”的占12.8%；“为自己经营做准备”的占6.4%；选择其他的占3.8%；“应答或刊登广告”的占2.6%。以上数据表明：在就业与再就业方面，有关职业介绍部门发挥了很大作用，有四成多的失业者选择到社区登记，参加劳动部门的培训，接受其推介的职位；但仍有近六成的失业者并未到相关部门登记，而是自己参加应聘、自主创业或委托亲友寻找工作。因此，调查失业率会远高于劳动部门的登记失业率实在情理之中。

调查结果显示：失业人群中，在调查时点前一周未工作的人群中，“因单位原因失去工作”的比例最高，占到总数的48.7%，即有近一半的人因下岗而失业；“因本人原因未找工作”和“毕业后未工作”的位列其后，分别占总数的18.0%和16. 7%；“承包土地被征用”、“其他原因”、“料理家务”则分别占7.7%、5.1%和3.8%。调查数据表明：下岗职工近乎占据失业人群的一半，在开辟新就业领域的同时，搞好现有企业的生产经营、维护企业稳定仍是重中之重。

三、调查数据引发的思考

在全球金融危机的大环境下，经济不景气、失业率上升乃当前世界各国普遍存在的棘手问题，中国身处于全球经济一体化格局中，也不可能独善其身。而危机的解决途径相当错综复杂，绝非一朝一夕之功、一国一地之力。我省的经济形势、就业率与失业率走势总体上符合上述趋势。但是我们也应有所作为，把我们自己的事情办得更好。

（一）转移城镇劳动力，稳定农村劳动力

吉林省是农业大省，乡村人口1279.34万人，占我省总人口的46.79%。农村小学专任教师73754人，农村初中专任教师21653人，而农村普通高中专任教师仅有756人！大量乡村高中教师岗位虚席以待，不仅为农村所急需，而且也是一个数目惊人的就业市场。我省同时又是高教大省，去年大学本、专科及研究生毕业人数达到13万人，且每年以25%左右的速度增长，而大学毕业生的初次就业率在75%左右，大批高校学生毕业即进入失业大军，使我省就业状况雪上加霜。如果开展新“上山下乡”活动，有计划地将大学毕业生转移至广大农村，从事力所能及且为农村急需的教师职业，则不仅可以缓解城镇就业压力，提高大学生就业率，而且为农村输送去大批有用之才，使农村适龄儿童有书可读、有人可教、有学可上，提升农村居民的文化素质和劳动技能，使之在社会主义新农村建设中学有所用，用有所长，不必背井离乡一样有所作为，从而将农村剩余劳动力最大限度地消化吸收在当地而非涌进城市，减轻城镇就业岗位供不应求的压力。

有计划地转移城镇劳动力、稳定农村劳动力，不仅可以缓解当前社会就业压力，而且可以缓和社会矛盾，稳定社会秩序，维护社会安定，平稳渡过全球金融危机时期。广阔天地必将大有作为。

（二）危机中加强人才储备，谋求未来增速发展

在全球经济发展放缓的今天，失业率上升乃大势所趋，就业—失业—再就业将是长期困扰各级政府的现实问题，纵使高学历的人才之间的惨烈竞争也未必幸免。我省不如趁此时机推出招贤优惠政策，把物质激励、精神激励与情感激励结合起来，用温馨的政策吸引人、用蓬勃的事业汇聚人，用优厚的待遇留住人，广集天下有才有志之士，做好人才的避风港和蓄水池。风物常宜放眼量，待到金融危机度过、经济形势好转之日，这些人才储备必将发挥巨大作用，成为我省经济提速发展的生力军。

2009年一季度吉林省经济运行情况分析

蔡晓力　潘豫

编者按：《2009年一季度吉林省经济运行情况分析》一文于2009年4月20日以《统计分析》第11期（总第514期）印发。

今年以来，在省委、省政府的正确领导下，吉林全省上下认真贯彻党中央、国务院应对国际金融危机的各项部署，特别是扩大内需、促进增长的政策措施，充分调动方方面面的积极性，省及各地区、各部门紧紧围绕保增长、保民生、保稳定的中心任务，采取了一系列得力措施，在工业、农业、服务业、招商引资、项目建设等方面做了大量卓有成效的工作，在克服困难中保持了全省经济的稳定健康发展，实现了预期的良好开局。

一、全省经济运行的基本特点

今年一季度，在国际金融危机的强力冲击和影响下，尽管吉林经济运行中出现了增速减缓、效益下滑的情况，面临着下行的巨大压力，但总体上看，经济持续增长的基本态势并未曾发生改变。

（一）经济规模持续扩大，增长速度明显放慢

据核算，并经国家统计局审核认定，一季度全省完成地区生产总值1155.21亿元，比上年同期增加90.87亿元，按可比价格计算，同比增长9.1%。增速虽低于上年同期7.4个百分点，低于上年四季度6.9个百分点，但高于当期全国平均增速3.0个百分点，仍处在较快的增长区间，且好于预期。一季度全省三次产业实现增加值依次分别达到74.01亿元、603.79亿元和477.41亿元，分别比上年同期增长3.7%、10.2%和8.5%，三次产业增加值的增长率同比分别回落1.7、11.7和3.7个百分点，但分别高于当期全国平均增速0.2、4.9和1.1个百分点。

（二）工业经济增长企稳，工业利润降幅较大

一季度，全省规模以上工业企业累计实现增加值575.35亿元，按可比价格计算，比上年同期增长10.1%，高于全国平均水平5.0个百分点，居各省、区、市的第12位。其中,三月份增加值同比增长10.9%，快于一月份4.8个百分点，慢于二月份1.2

个百分点，工业经济总体呈现回暖企稳的基本趋势。

从工业经济的内部结构特征来看：一是多种经济类型企业生产保持较快增长。全省股份制企业实现增加值同比增长14.4%；股份合作企业增长1.3倍；集体企业增长34.5%；其他经济类型企业增长33.7%，增长幅度都高于或者远高于全省工业的平均增长水平。但国有及国有控股企业增加值增长率则同比下降5.1%，其中纯国有企业下降8.9%。二是轻、重工业的结构比例继续发生积极变化。一季度全省轻工企业累计实现增加值同比增长21.3 %；重工企业增长6.3%，轻重工业产出比由上年同期的25.3：74.7演变为30.6：69.4，分别升降了5.3个点。三是支柱、优势和特色产业在全省工业经济发展中继续发挥强力支撑作用。一季度全省九大支柱、优势和特色产业累计实现工业增加值450.69亿元，占全部规模以上工业增加值总量的78.3%，对全省工业经济增长的贡献率仍高达58.7%，拉动全省工业经济增长5.9个百分点。四是民营企业生产发展对全省工业经济增长的拉动作用进一步增强。一季度全省规模以上民营工业累计实现增加值261.74亿元，在全部规模以上工业增加值中的比重达到45.5%，比上年同期提升了10.5个百分点，同比增长率达到33.1%，高于全部规模以上工业增速23个百分点，对全省工业经济增长的贡献率高达114.8%，比上年同期提升2.7个百分点，拉动全省工业经济增长11.6个百分点。

截至一季度末，全省规模以上工业累计实现利润37.91亿元，比上年同期减少69.47亿元，下降64.7%。工业经济效益综合指数为226.05%，同比回落26.1个百分点。

（三）投资规模继续扩大，所居位次明显后移

一季度，全省累计完成城镇以上固定资产投资175.30亿元，比上年同期增长34.8%，增幅高于当期全国平均水平 6.2个百分点，居全国第20位，位次较上年同期后移16位。

从完成投资的构成要素来看：一是投资的主体仍在工业。一季度全省城镇以上固定资产投资中累计完成工业项目投资136.07亿元，同比增长34.8%，占全省城镇以上固定资产投资总额的77.6%，其主体地位显而易见。二是地方项目依然是拉动全省投资快速增长的主导力量。一季度全省累计完成城镇以上地方项目投资140.33亿元，同比增长50.7%，高于全省投资增速15.9个百分点，所占比重由上年同期的71.6%扩大到80.1%，提升了8.5个百分点。三是民间投资的作用更加突出。一季度全省累计完成民间投资98.75亿元，同比增长62.7%，高于全省投资增速27.9个百分点，占全省投资中的比重达到56.3%，比上年同期提高了14.8个百分点。

（四）消费市场繁荣活跃，农村增长快于城市

一季度，在扩大内需和刺激消费重大战略的促动下，全省累计实现社会消费品

零售总额651.60亿元，比上年同期增长18.1%，高于当期全国平均增幅3.1个百分点，居全国第17位，较上年同期后移12位。剔除物价变动影响，实际增长19.3%。

从社会消费品销售的不同区域来看，一季度全省城市累计实现社会消费品零售额502.50亿元，增长17.5%，增速同比回落4.7个百分点；农村实现零售额149.11亿元，同比增长20.1%，增速同比放缓4.5个百分点，农村销售额增幅快于城市2.6个百分点。

从构成社会消费品零售总额的不同行业来看，一季度全省批发零售贸易业实现社会消费品零售额559.37亿元，同比增长17.1%，增速同比放慢6.2个百分点；住宿和餐饮业实现社会消费品零售额91.78亿元，增长24.6%，增速同比加快1.7个百分点。

一季度，全省事关民生的重点商品销售都有良好的表现。粮油、食品类销售同比增长16.1%；服装、鞋帽、针纺织品类销售增长8.7%；体育、娱乐用品类销售增长30.9%；家具类销售增长38.9%；建筑及装潢材料类销售增长21.2%；汽车类销售增长25.2%。

（五）外贸经济降幅较大，利用外资稳定增长

据长春海关提供的数据资料显示，一季度全省累计完成外贸进出口总值21.61亿美元，比上年同期下降22.3%，降幅小于当期全国平均降幅2.6个百分点。其中，累计完成进口总值15.85亿美元，同比下降10.6%，小于全国降幅20.3个百分点；累计完成出口总值5.77亿美元，同比下降42.9%，大于全国降幅23.2个百分点。一季度，全省实际利用外资 6.65亿美元，同比增长7.2%；其中外商直接投资2.53亿美元，同比增长6.8%。

（六）铁路民航货运减少，公路货运稳定增长

据沈阳铁路局反馈的数据资料显示，今年一季度全省铁路累计完成货物发送量1583万吨，比上年同期减少269万吨，下降14.5%，降幅比一月份缩小4.2个百分点，比1-2月份缩小2.2个百分点；完成货物周转量136.54亿吨公里，比上年同期减少16.19亿吨公里，下降10.6%，降幅比一月份缩小5.1个百分点，比1—2月份缩小3.3个百分点。

从省交通运输厅提供的统计数据资料来看，今年一季度全省公路累计完成货物运输量8312万吨，比上年同期增加653万吨，增长8.5%，增幅比一月份缩小0.3个百分点，与1—2月份增幅相当；完成货物周转量36.32亿吨公里，同比增加4.25亿吨公里，增长13.3%，增幅比一月份缩小0.3个百分点，比1—2月份缩小1.0个百分点。

从省民航局提供的统计数据资料来看，今年一季度全省民航累计完成货物发运量3830.40吨，比上年同期减少101.40吨，下降2.6%，降幅比一月份缩小16.6个百分点，比1—2月份缩小6.1个百分点；完成货物周转量941.00万吨公里，同比减少

173.00万吨公里，下降15.5%，降幅分别比一月份和1—2月份缩小12.7和2.2个百分点。

（七）财政收入稳定增长，民生支出显著增加

一季度，全省累计实现一般预算全口径财政收入212.2亿元，比上年同期增长4.1%，其中，实现地方级财政收入100.23亿元，同比增长10.6%，分别比一、二月份累计增幅提高7.7和0.5个百分点，增速呈现明显加快之势。其中，累计完成各项税收收入72.96亿元，同比下降1.9%；完成非税收入27.27亿元，同比增长67.9%。

一季度，全省财政支出268.75亿元，同比增长40.1%。其中属于民生支出性质的教育支出39.93亿元，同比增长41.9%；社会保障和就业支出44.63亿元，增长79.0%；医疗卫生支出12.20亿元，增长49.1%；环境保护支出3.93亿元，增长1.8倍；城乡社区事务支出14.35亿元，增长36.0%；交通运输支出7.71亿元，增长2.5倍。

（八）金融信贷规模扩大，支持发展作用增强

据中国人民银行长春中心支行提供的统计数据显示，截至一季度末，全省金融机构本外币存款余额达到7272.71亿元，比年初增加829.43亿元，增量同比增加499.53亿元，其中，城乡居民储蓄存款余额4470.89亿元，比年初增加489.34亿元，增量同比增加166.24亿元。一季度末，全省金融机构本外币贷款余额5680.43亿元，比年初增加783.49亿元，增量同比增加464.39亿元。其中，短期贷款余额2704.42亿元，比年初增加405.54亿元，增量同比增加198.04亿元；中长期贷款余额2480.31亿元，比年初增加139.81亿元，增量同比增加53.31亿元。一季度末，全省金融机构本外币存贷比为78.1%，比年初扩大了2.1个百分点。

（九）居民收入持续增加，消费价格继续走低

据国家统计局吉林调查总队提供的数据资料显示，一季度，全省城镇居民人均可支配收入为3504.68元，比上年同期增加316.78元，增长9.9%，增幅同比回落0.3个百分点；农村居民人均现金收入为2433.73元，比上年同期增加355.71元，增长17.1%，增幅同比回落12.4个百分点。

单位从业人员人均劳动报酬继续实现较快增长。一季度末全省单位从业人员达到259.56万人，比上年同一时点净减少1.54万人，下降0.6%。一季度全省单位从业人员劳动报酬总额152.98亿元，同比增长11.6%，单位从业人员人均劳动报酬为5893.75元，同比增加644.56元，增长12.3%。

一季度，全省居民消费价格总指数为99.7（以上年为100，下同），其中一月份为100.8，二月份为99.3，三月份为99.0，居民消费价格总水平继续呈现回落的趋势。从不同类别商品的价格变动情况来看，食品类价格指数为98.9；衣着类价格指数为99.2；交通和通信类价格指数为97.6，价格水平较上年同期都有一定幅度回落。

而烟酒及用品类价格指数为101.2；家庭设备用品及维修服务类价格指数为103.9；医疗保健和个人用品类价格指数为101.9；居住类价格指数为100.1，较上年同期价格水平略有上升。娱乐教育文化用品及服务类价格指数100，与上年同期水平持平。

二、当前吉林经济运行中需要高度关注的几个问题

（一）工业产销衔接水平不高的问题

统计资料显示，今年一季度全省规模以上工业企业累计实现产品销售产值1889.60亿元，同比仅增加23.15亿元，增长1.2%，工业产品销售率仅为96.1%，同比回落了1.8个百分点。受其影响，一季度末全省规模以上工业企业产成品资金占用348.32亿元，比上年同一时点增加69.76亿元，增长25.0%，产成品资金占企业流动资产平均余额的比重，由上年同一时点的11.4%扩大到今年一季度末的13.9%，提升了2.5个百分点。

（二）工业净利润减少的问题

统计资料显示，今年一季度全省规模以上工业盈利企业累计实现盈利额84.47亿元，同比减盈56.31亿元，下降40.0%；亏损企业累计亏损46.56亿元，同比增亏13.16亿元，增长39.4%；规模以上工业企业盈亏相抵累计实现净利润同比降低64.7%，增长率同比回落了138.2个百分点。截至今年一季度末，在纳入全省月度统计的5124户规模以上工业企业中，亏损企业有950户，亏损面虽比上年同一时点有所缩小。但仍高达18.5%。

（三）部分重点生产行业和涉及民生行业的投资状况不甚理想的问题

统计数据显示，今年一季度，全省重点生产行业中的黑色金属冶炼及压延加工业累计完成固定资本投资同比下降67.2%；电力、热力的生产和供应业的投资下降23.0%，制约了整体工业投资的更快增长。事关民生大局的居民服务业、教育和医疗卫生等行业的投资都比上年同期有较大幅度的降低。

一季度我省万元工业增加值能耗下降8.5%

高跃珊　苏艳春

编者按：《一季度我省万元工业增加值能耗下降8.5%》一文于2009年4月21日以《统计分析》第12期（总第515期）印发。

今年以来，我省工业企业着力克服国际金融危机带来的不利影响，能源经济效益继续得到改善和提高。据对全省规模以上工业企业统计，一季度，共完成增加值575.35亿元，按可比价格计算，比上年同期增长10.1%；综合能源消费量1145.91万吨（折标准煤，下同），比上年同期增耗8.28万吨，增长0.7%，万元工业增加值能耗为1.84吨，比上年同期减耗？吨，下降8.5%，共节约能源106万吨。

一、主要特点

（一）万元工业增加值能耗下降的面广且幅度较大

从大类行业来看，在全省规模以上工业所涉及的39个行业大类中，一季度有14个行业万元增加值能耗同比有所上升，其余25个行业万元增加值能耗同比均有不同程度的降低，占行业大类总数的64%。

从全省各市（州）的具体情况来看，有7个市（州）万元工业增加值能耗不同程度地有所下降。（见表1）

（二）多数高能耗行业能源消费同比有所减少

从石油加工、炼焦及核燃料制造业，化学原料及化学制品制造业，非金属矿物制品业，黑色金属冶炼及压延加工业，有色金属冶炼及压延加工业和电力、热力的生产和供应业等高耗能行业来看：一季度这六大高耗能行业共完成工业增加值135.03亿元，按可比价格计算，比上年同期增长5.7%，比全省规模以上工业增加值增幅低4.4个百分点，而综合能源消费量为774.34万吨，比上年同期减耗0.71万吨，下降0.1%，万元工业增加值能耗为5.34吨，比上年同期下降5.5%。其中,化学原料及化学制品制造业综合能源消费192.11万吨，万元工业增加值能耗为5.14吨，比上年同期下降17.2%；非金属矿物制品业综合能源消费82.23万吨，单万元工业增加值能耗为3.67吨，比上年同期下降5.4%；有色金属冶炼及压延加工业综合能源消费5.63

万吨，万元工业增加值能耗为0.49吨，比上年同期下降27.3%；电力、热力的生产和供应业综合能源消费345.02万吨，万元工业增加值能耗为9.92吨，比上年同期下降2.68%；石油加工、炼焦及核燃料制造业综合能源消费20.50万吨，万元工业增加值能耗为1.46吨，比上年同期上升20.8%；黑色金属冶炼及压延加工业综合能源消费128.85万吨，万元工业增加值能耗为5.14吨，比上年同期上升5.3%。

受国际金融危机的影响，高能耗行业的增加值增长幅度相对较低，综合能源消费量相应有所减少。

全省各市（州）万元工业能耗情况

表1

	综合能源消费量(万吨标煤)		综合能源消费量增长率（%）	综合能源消费量增长率（%）
	2009年1—3月	2008年1—3月		
全　省	1145.91	1137.63	0.73	8.51
长　春	239.60	233.33	2.68	-0.18
吉　林	321.50	349.59	-8.04	10.89
四　平	113.94	104.95	8.56	18.13
辽　源	49.37	45.30	8.98	16.17
通　化	146.28	160.55	-8.89	10.32
白　山	99.50	78.60	26.59	3.00
松　原	127.20	121.14	5.00	5.91
白　城	16.16	11.47	40.93	-11.58
延　边	68.12	70.87	-3.88	24.25

（三）重点耗能企业综合能耗同比有所下降

一季度，纳入全省年综合能耗在1万吨标准煤及以上定期统计范围的工业企业有291户,年综合能源消费量约占全部规模以上工业企业能源消费总量的87%，是我省工业节能降耗的重中之重。今年以来，受世界金融危机的冲击影响，重点耗能企业生产增速减缓,其综合能源消费量同比也有所减少。据统计，一季度，全省重点耗能企业累计实现工业总产值762.67亿元，比上年同期下降了15.8%；综合能源消费999.74万吨，同比下降了2.9%，比全省规模以上工业综合能源消费增幅低3.6个百分点,重点耗能企业万元工业总产值能耗1.3吨，比上年同期下降15. 3%。

（四）重点耗能企业半数主要工业产品的单耗水平有所下降

据统计，一季度，我省重点耗能企业的53种主要工业产品中，单位产品能耗比上年同期下降的有27种，占50.9%。

二、主要原因

（一）工业生产增速减缓，结构性影响因素较大

一季度，我省规模以上工业增加值同比增长10.1%，虽然出现了回暖企稳迹象，但仍未彻底摆脱国际金融危机的波及影响，增速是近年来的较低水平，从而相应减少了能源消耗。

另一方面，从高耗能行业情况来看，六大高耗能行业生产增速明显低于全省平均增速，能源消费量同比有所减少，从而带来的结构性减耗作用明显。

（二）工业节能项目和节能管理的推动

我省组织实施的100项重点节能项目，一季度完成投资8.5亿元，其中47个续建项目复工建设，18个新项目开工建设。重点节能项目的建成投入使用，使部分企业产出增加，能源消耗相对降低。

同时，各级节能主管部门加强对能耗的管理，采取推行合同能源管理、重点企业能源审计、清洁生产审核等工作，有力地推动了全省工业节能降耗工作的顺利进行。

三、几点建议

（一）“特殊时期”，节能意识不容忽视

在当前保增长的“特殊时期”，我们更要毫不松懈地抓好节能降耗工作，绝不能让高耗能、高污染项目借“扩大内需”之机而有所回潮。今年以来，受国际金融危机的影响，我省经济增长的步伐放缓，一季度虽有所回暖企稳，但从根本上看，工业经济增长还没有摆脱高投入、高消耗、高排放的粗放经济增长方式，节能降耗的形势仍不容盲目乐观。因此，我们必须进一步树立科学发展意识，增强能源供需的危机感，切实把节能降耗工作作为一项重大的战略任务来抓，时刻保持清醒的头脑，正确处理保增长与节能降耗的关系，在保持经济增长的同时，不断降低能源消耗，提高能源经济效益。

（二）积极调整结构，应对危机增强企业自身竞争力

我省工业中重工业比重偏高，轻工业比重较低，工业内部高能耗行业比重也偏高，这些因素都使我省节能降耗工作面临着巨大的压力。在此次的危机大潮中，粗放式发展模式的企业受到的冲击影响更大。因此，我们要继续加大结构调整力度，不断用更先进的技术和装备逐步改造石化、冶金和建材等高能耗行业，大力降低单位产品能源消耗水平，逐步提高高技术产业比重。从企业自身来看，更要通过加强管理，调整好结构，加大节能等技术改造力度，增强企业自我发展能力和核心竞争力。

（三）切实加强能源计量和统计等节能监测能力建设，努力提高管理水平

随着国家和各级政府对节能工作的高度重视和各项节能措施的实施，多数企业对节能降耗工作的重大意义有了较深刻的理解和认识，能源管理基础工作得到了一定的加强，但仍然满足不了企业现代化管理模式和节能降耗工作的需要。因此，我们必须进一步强化工业企业的能源计量、能源统计监测等能源基础工作，建立相应的规章制度，大力加强能源管理基础能力建设，使我省工业节能降耗工作进一步向更高的水平和更深的层次推进。

一季度我省经济发展态势良好 GDP增幅有所收窄

张维宇

编者按：《一季度我省经济发展态势良好GDP增幅有所收窄》一文于2009年4月28日以《统计参考》第8期（总第8期）印发。

年初以来，在省委、省政府的正确领导下，我省以党的十七届三中全会精神为指导，全面贯彻党中央、国务院一系列战略部署，面对全球经济不景气的严峻现实，认真落实科学发展观，围绕科学发展、加快振兴、富民强省，全力扩大内需，加快结构调整，转变发展方式，收到了积极效果，一季度经济显现了良好的发展态势。

一、经济总量增加，增速保持较好水平

据国家统计局反馈资料显示，一季度我省GDP总量达到1155.21亿元，比去年同期增加90.87亿元，位居全国第23位，比排在后面1位的重庆市多123.01亿元，比排在前面1位的云南省少64.23亿元。由于我省农业种植业比重相对较大，且受季节性影响，种植业增加值大多数记入在第四季度，因此全年经济总量的位次仍将在云南省之前。

分产业看，第一产业实现增加值74.01亿元，与上年同期基本持平，因受农产品价格缩减指数下降的影响，虽速度有所增长，但增加值总量并未有增加。第二产业实现增加值603.79亿元，比上年同期增加55.73亿元。第三产业实现增加值477.41亿元，比上年同期增加35.77亿元。

GDP增速保持较好水平。按可比价格计算，一季度我省GDP同比增长9.1%，比全国平均水平高3.0个百分点，明显高于沿海等发达地区，其中，比广东高3.3个百分点，比山东高2.1个百分点，比上海高6.0个百分点，比浙江高5.8个百分点，也高于临近的黑龙江省3.1个百分点。

一季度我省各产业也实现了平稳运行。第一产业增长3.7%，第二产业增长10.2%，第三产业增长8.5%，我省经济在面对外部恶劣的经济环境下能够保持经济

的平稳运行，这个成果是来之不易的。

二、影响经济快速增长的几个问题

从总体上看，我省整体经济运行较为平稳，但一季度 GDP增速回落明显，增幅与去年同期相比，下滑7.4个百分点，与上年全年相比，下滑6.9个百分点，是自2005年二季度以来首次出现个位数增长。增速位居全国第13位，与去年同期相比后退了11位。分析其原因主要有：

（一） 工业经济中部分产业受金融危机影响较大，带动全省整体经济下滑

一季度，工业增加值同比增长10.0%，增幅与去年同期相比，下滑12.0个百分点，与上年全年相比，下滑6.0个百分点。一季度，工业对全省经济增长的贡献率为55.6%，比去年同期低8.5个百分点；工业拉动全省经济增长5.1个百分点，比去年同期低5.5个百分点。工业是我省经济快速增长的动力，如果没有工业的快速增长，我省整体经济的增速是很难提高的。

（二）第三产业增速大幅放缓

我省第三产业一季度增速8.5%，位居全国第27位，与去年同期相比，增速下降3.7个百分点，位次后退17位。与去年全年相比，增速下降8.2个百分点，位次后退26位。一季度，我省除批发和零售业、住宿和餐饮业、金融业有较快增长外，其他行业增速均有所放缓，甚至有些行业出现了负增长。

核算第三产业增加值的基础数据是由多个部门提供的，主要数据指标多数出现回落，尤其是其他非统计部门数据，一季度降幅巨大。如来自沈阳铁路局一季度铁路运输总周转量增速为-8.1%，低于去年同期16.6个百分点。铁路运输总周转量增长速度是计算第三产业中交通运输、仓储和邮政业增加值的一个重要指标，客货运周转量增速的降低致使我省交通运输、仓储和邮政业增加值增速比上年同期降低了5个百分点；还有来自省税务部门的营业税增速为-21.8%，低于去年同期61.7个百分点，营业税的负增长致使我省营利性服务业增加值增速比上年同期降低了30个百分点。第三产业中主要行业的下降导致了第三产业增速的大幅放缓。

（三）相关经济指标回落明显

一季度，全省实现地方级财政收入100.23亿元，同比增长10.6%，增速较去年同期低40.6个百分点。从数据上看，10%的增速并不算低，但从构成上看，却不够理想。一季度，我省财政收入的增长主要依靠的是非税收入。一季度，我省非税收入为27.27亿元，增长67.9%，税收收入为72.96亿元，同比下降1.9%，增速较去年同期低48.6个百分点，较当期GDP增速低11.0个百分点。按照GDP的核算方法，在季度核

算中，部分服务业增加值的计算主要依靠的是税收收入指标，而非税收收入指标对GDP没有直接影响,因此我省税收的低迷使得GDP中相关行业增速缓慢。

（四）价格指数出现负增长

我省价格指数在去年大幅走高后，一季度出现大幅回落，多项价格指数出现负增长。其中对我省GDP核算影响较大的几项价格指数分别表现为：农产品生产价格缩减指数95.7%，与去年同期比较，下降34.4个百分点；工业品出厂价格指数94.9%，同比下降11.2个百分点；居民消费价格指数99.7%，同比下降7.5个百分点。

价格指数的大幅回落对我省GDP增速影响不大，但对经济总量却有着较大影响。如果今年一季度GDP的价格指数与去年同期一致，则我省经济总量会多出100亿元左右。

（五）各地区GDP增速出现较大分化

一季度，从分地区情况看，GDP份额大的地区增速明显回落，如长春、吉林、通化、松原等市GDP增速明显放缓，分别增长6.9%、11.7%、4.8%、13.9%，增长幅度同比回落10.2、11.1、15.1、4.7个百分点。这4个地区经济总量占全省的7成以上，它们增速的放缓制约了全省发展的步伐。一季度，增速最快的是辽源，达到23.8%，白山增长21.7%，四平增长20.0%，但它们占全省经济总量的比重不足2成。

四、经济全面回暖仍需努力

目前，从总体趋势上看，我省经济已逐步企稳。随着国内外经济大环境的改善，我省二季度GDP增速实现触底反弹具有较大的可能性，但要实现仍要克服许多的困难，付出更大的努力。

二季度，各部门应把主要精力放在工业振兴上，因为其他行业无法承担经济复苏的重担，只有工业上去了，我省经济才会有动力。当前正值春耕时节，各地区各部门一定要下力气抓好，保证全年的粮食生产和农民的增收。第三产业是薄弱环节，需要政策、资金等各方面的支持，不可能一蹴而就，随着扩大内需政策的逐步落实，争取有较快的增长。

用电量折射我省
不同行业受金融危机影响程度

高跃珊

编者按：《用电量折射我省不同行业受金融危机影响程度》一文于2009年5月11日以《统计参考》第9期（总第9期）印发。

年初以来，我省全面贯彻党中央、国务院一系列战略部署，面对国际金融危机对我省经济的波及影响，进一步落实科学发展观，积极调整结构，围绕扩大内需，积极有效地组织生产，收到了一定的成效，但从全省用电整体情况看，电力需求仍显不足，全省用电形势仍没有明显好转和改善，应引起我们的关注。据省电力有限公司电力报表：1—4月份，全省全社会累计用电163.62亿千瓦时，比去年同期下降2.81%，比1—3月份全省用电降幅加大了0.78个百分点，比去年同期增速降低15.8个百分点。

一、用电基本特点

（一）第一产业用电量仍下降，但降幅有所收窄

1—4月份，全省第一产业累计用电1.91亿千瓦时，比去年同期下降4.72%，降幅比1—3月份缩小0.78个百分点，降低幅度有所收窄。由于第一产业用电量仅占全省全社会用电量的1.5%左右，虽然有所下降，但对全省用电量的趋势影响不大。

（二）城乡居民用电、非居民照明及商业等第三产业用电保持正常增长态势

1—4月份，全省城乡居民生活用电量为29.94亿千瓦时，同比增长9.39%。其中，城镇居民用电增长8.14%；乡村居民用电增长11.33%，高于城镇居民用电增幅3.2个百分点。

第三产业用电量为21.85亿千瓦时，同比增长7.9%。其中，公共事业及管理组织，商业、住宿和餐饮业增速相对较高，分别增长12.5%和10.9%。

（三）工业用电继续下降，是造成全社会用电量下降的主要因素

1—4月份，第二产业累计用电量为109.92亿千瓦时，比去年同期下降7.42%。

其中，工业用电108.77亿千瓦时，比去年同期下降7.72%；建筑业用电量1.16亿千瓦时，比去年同期上升32.1%。

我省工业用电量约占全省全社会用电量的70%，工业用电量的下降是造成第二产业，乃至全省全社会用电量下降的主要因素。

分地区看，只有四平市工业用电量微幅增长，其他地区均不同程度地下降，其中吉林、白山市工业用电量下降幅度较大。各地区用电：长春市工业累计用电20.47亿千瓦时，同比下降2.26%；吉林市30.06亿千瓦时，同比下降 19.28%；四平市10.38亿千瓦时，同比微升 0.3%；辽源市4.43亿千瓦时，同比下降11.57%；通化市13.85亿千瓦时，同比下降10.24%；白山市5.44亿千瓦时，同比下降21.11%；白城（包括松原）市12.27亿千瓦时，同比下降2.7%；延边州6.14亿千瓦时，同比下降8.39%。

从工业行业看：在工业所分布的29个行业中，与同期相比下降的有21个行业，占72.4%。其中，食品饮料和烟草制造业、造纸及纸制品，化学原料及化学制品制造业中的化肥制造，非金属矿物制品业，黑色金属冶炼及压延业，有色金属冶炼及压延业，交通运输、电气、电子设备制造业中的交通运输设备制造业等重点用电行业用电量分别下降13.7%、35.7%、14.2%、1.58%、15.6%、62.9%和7.06%。这几个重点用电行业用电占全省工业用电的40%以上,由于这些高耗电行业用电需求量大幅减少，从而拉动全省工业用电量大幅下降。

从重点用电企业看，省电力公司调度的15户重点工业用电企业中，有通化钢铁公司、吉林铁合金厂、吉林碳素厂、吉化公司化肥厂、辽源金刚水泥厂、吉化公司乙烯厂、通钢集团吉林钢铁公司、吉化公司有机合成厂、吉林吉恩镍业公司、冀东水泥吉林公司、辽源工业硅厂、东丰铁合金厂、磐石佳联铝业有限公司等13户重点企业用电量不同程度地下降，占重点企业的86.7%。详见下表：(见表1)

二、初步分析判断

总体上看，吉林省全社会用电仍处于下降态势。分产业看，虽然第一产业用电量继续有所下降，但由于其所占比重偏小，对全社会用电需求的影响不大。第三产业、城乡居民生活用电量维持正常增长趋势，用电形势相对稳定。

工业用电占全社会用电量的70%左右，是造成全社会用电量下降的主因。首先，今年一季度以来，我省工业增长虽有所企稳，但由于部分行业受国际金融危机的波及影响较大，工业整体上仍未摆脱低速增长态势，从而用电需求降低，造成工业用电量下降。一方面是部分低电耗行业及重点企业生产有所好转。如：交通运输设备制造业、食品、医药和建材类产品（主要是水泥）生产逐步恢复，有所企稳。尤其是吉林亚泰明城水泥公司、冀东水泥磐石公司等水泥生产企业由于固定资本投资项目的陆续开工建设，水泥产品供需形势趋好，用电需求相应增长较大。另一方面，相当一部分行业生产仍未摆脱困境，受国际、国内市场需求影响较大。特别是黑色、有色金属等高耗电行业生产不景气，用电需求大幅下降。如，钢铁行业自去年12月开始集中启动生产以来，原料库存增幅较大。但由于产能过于集中释放，导致产品供过于求，继而产品价格下降，带动原材料价格也相应下降，由于钢铁企业去年年底以来已形成过高价格的原料库存，造成对钢铁企业的二次冲击，相应带动铁合金、炭素、有色金属等相关行业产品销售困境加大，用电需求大幅下降。

1—4月份重点企业用电情况

表1　　单位：亿千瓦时

企业名称	所属工业行业	用电量		同比增长(%)
		本月累计	同期累计	
1.通化钢铁公司	黑色金属冶炼	1.91	2.10	-9.10
2.吉林铁合金公司	黑色金属冶炼	0.68	1.56	-56.20
3.中钢吉林炭素公司	非金属矿物制品	0.21	0.39	-45.10
4.吉化化肥厂	化学原料及制品	0.27	0.39	-30.70
5.辽源金刚水泥厂	非金属矿物制品	0.13	0.24	-46.90
6.吉化乙烯厂	化学原料及制品	0.23	0.23	-1.30
7.亚泰明城水泥厂	非金属矿物制品	0.22	0.12	87.90
8.通钢吉林钢铁公司	黑色金属冶炼	0.29	0.34	-12.90
9.冀东水泥盘石公司	非金属矿物制品	0.12	0.09	23.40
10.吉化有机合成厂	化学原料及制品	0.09	0.10	-6.50
11.冀东水泥吉林公司	非金属矿物制品	0.10	0.13	-21.80
12.辽源工业硅厂	非金属矿物制品	0.02	0.12	-86.50
13.吉恩镍业公司	有色金属冶炼	0.16	0.16	-1.80
14.东丰铁合金厂	黑色金属冶炼	0.04	0.10	-63.70
15.磐石佳联铝业公司	有色金属冶炼	0.00	0.63	-99.70
合计		4.47	6.70	-33.40

注：该15户重点企业用电量约占全省工业用电量的16%。

其次，从结构上看，高耗能行业生产的低速运行，对整个工业用电需求的降低影响较大。据统计，一季度我省6大高耗能行业共完成工业增加值135.03亿元，按可比价格计算，比上年同期增长5.7%，比全省规模以上工业增加值增幅低4.4个百分点，而综合能源消费量为774.34万吨，比上年同期减耗0.71万吨，下降0.1%。其中，电耗占能耗的较大比重。

总之，我省一些工业行业受国际金融危机的影响程度还较大，从而造成全省工业用电量，乃至全省全社会用电量的持续下降。我省电力需求的增长还有待于今后一段时间进一步把精力集中在振兴工业上，继续围绕扩大内需，进一步调整结构，逐步摆脱金融危机对我省经济的不利影响，加快工业项目的固定资产投资，特别是切实注重项目的开工建设，进一步拉动省内需求，使工业经济得到逐步恢复和企稳，进而加快发展。

一季度全省交通运输业发展状况简析

李辉

编者按：《一季度全省交通运输业发展状况简析》一文于2009年5月12日以《统计参考》第10期（总第10期）印发。

一季度，我省经济受国际金融危机的影响，增幅放缓。交通运输业在外部需求不足的情况下，主要运行指标呈现出低迷运行态势。全省铁路、公路和民航共完成运送旅客0.93亿人次，比上年同期增长8.1%；旅客周转量90.68亿人公里，增长3.8%；完成运送货物0.99亿吨，比上年同期增长4.2%；货物周转量172.95亿吨公里，下降6.5%。

一、交通运输业运行状况

（一）铁路方面

共完成旅客发送量1290万人，比上年增长1.4%；旅客周转量48.08亿人公里，同比下降0.1%。完成货物发送量1583万吨，比上年下降14.52%；货物周转量136.54亿吨公里，同比下降10.6%。

（二）公路方面

共完成旅客发送量7943万人，比上年增长8.66%；旅客周转量35.46亿人公里，同比增长10.4%。完成货物发送量8312万吨，比上年增长8.53%；货物周转量36.32亿吨公里，同比增长13.25%。

（三）民航方面

共完成旅客发送量55.22万人，比上年增长26.16%；旅客周转量7.14亿人公里，同比下降0.26%。完成货物发送量 0.38万吨，比上年下降2.58%；货物周转量941万吨公里，同比下降15.53%。

二、制约交通运输业较快增长的几个问题

（一）工业生产低速增长，对交通运输业的需求不足

从一季度工业生产数据指标来看，规模以上工业增加值同比增长10.1%，增幅与去年同期相比下滑12.0个百分点，对全省经济增长的贡献率为55.6%，比去年同期低8.5个百分点，拉动全省经济增长5.1个百分点，同比下降5.5个百分点。由于工业生产的低速运行，产成品、原材料的运输需求下降，使货运量相应减少。我省工业生产的主体产品仍然集中在煤炭、金属矿石、钢铁、医药、水泥、石油、化工、纺织、粮食加工等品类中，受外部经营环境和供求减少等不利因素的影响，各项产品运输增长率均有所下降，但降幅随工业生产一季度的稳步增长也呈现回暖趋势。今年前3个月，我省工业生产月度累计增长速度分别为6.1%、8.9%和10.1%，全省交通运输业货物运输量月度累计增长速度分别为3.5%、3.6% 、4.2%。

（二）粮食交易下降，对铁路货运量影响突出

从沈阳铁路局获悉，一季度，我省铁路运输下降品类最大的为粮食类，其中，白城地区同比减少133.6万吨，长春地区减少115万吨。而我省长春车务段、白城车务段、四平站、吉林车务段、延吉车务段、通化车务段均未完成一季度调整计划进度，在沈阳铁路局运量下降的13个站段中，下降绝对数最多的是白城车务段，减少120.1万吨，下降幅度最大的是长春站，同比下降55.7%。

一季度以粮食运输为主的白城车务段、长春车务段、四平站货物发送量与计划比，欠帐比较大，与去年同期实际发送量相比，下降幅度也比较大，主要原因：一是国家为保护农民利益，要求中储粮在吉林、辽宁、黑龙江等地大量托市收购玉米，提高了产地粮食价格，使粮食产地、销地之间没有价差，粮食经营者无利可图，市场交易不活跃，粮食流通量大幅度减少，造成铁路运量萎缩。目前外运少量粮食主要以国储库移库粮为主，内销量减少。二是粮食出口减少。据海关数据统计，到3月底，全省出口粮食8051万美元，同比下降8.4%。出口下降也是铁路货运粮食减少的一个主要因素。

以长春车务段为例，今年一季度货物发送量完成161.9万吨，同比减少115.9万吨，其中粮食运量只完成54.5万吨，比去年同期减少115万吨，粮食运量占该段一季度货物发送量33.7%，同比下降27.3个百分点。

（三）进出口货物减少

我省进出口货物主要经大连、营口、天津等港口承运，而陆路运输主要由铁路承担。据海关统计，全省1—3月份完成进出口总值21.61亿美元，同比下降22.3%（比全国下降24.9%的降幅低2.6个百分点）。其中出口完成5.77亿美元，同比下降42.9%，进口完成15.85亿美元，同比下降10.6%。

从进口商品品种看，进口大宗商品下降幅度较大。1—3月份，全省汽车及配件进口2.29亿美元，同比下降30.1%；进口钢材3468万美元，同比下降18.8%；进口铁

矿砂及其精矿4529万美元，同比下降71.6%。

进出口商品的减少，直接影响铁路货运量及公路货运量的提高。

三、各项指标全面回升仍有待观察

目前，从我省经济运行总体趋势上看，经济已逐步趋稳，已有转好迹象。随着国内外经济大环境的好转，今年下半年交通运输的各项指标将随着经济的回暖有可能出现逐步回升的态势，但要实现快速增长仍要取决于我省经济的回暖程度，特别是工业生产的有效回暖。

二季度，各项工作的重点应放在提高工业的振兴上，只有工业上去了，交通运输业的各项指标才能有所好转。此外，现在正值春耕时节，各地区各部门还应加大力气抓全年的粮食生产和增收，因为粮食运输占我省铁路运输比重较大。

我省私人控股工业投资增长78.9%
——1—4月我省工业投资简述

刘燕江

编者按：《我省私人控股工业投资增长78.9%——1—4月我省工业投资简述》2009年7月20日以《统计分析》第13期（总第516期）印发。该文对全省工业投资应对国际金融危机的挑战进行了客观描述和分析，特别是对全年工业投资总体趋势向好过程中几个苗头性问题加以提示，取得较好效果。

在国际金融危机持续影响和国家宏观调控政策及时应对调整的挑战和机遇面前。今年我省继续加大工业投资力度，加快工业化进程，全省工业投资增速不减。1—4月份全省工业投资完成273.34亿元，同比增长37.1%，增幅比上月快1.7个百分点，占城镇以上固定资产投资的比重为66.7%。

一、工业投资主体日趋多元化，私人控股工业投资、地方工业投资增长较快

1—4月份在我省工业投资中，国有单位投资完成44.66亿元，同比增长35.2%；有限责任公司完成投资118.26 亿元，同比增长34.3%；股份有限公司完成投资33.23亿元，增长39.6%；港澳台完成投资3.44 亿元，同比增长1.03倍；外商完成投资15.71亿元，同比增长72.6%；私营及个体投资完成33.23 亿元，同比增长1.1倍，可见我省工业投资主体多元化的格局已经形成，工业投资的自主增长能力增强，全省工业企业改制成效显著。

1—4月份，私人控股工业投资完成159.56亿元，同比增长78.9%，占全部工业投资的比重高达58.4%，比国有控股工业投资多67.53亿元；地方工业项目完成投资202.29亿元，同比增长66.1%，占全部工业投资的比重由上年同期的56.9%提高到68.9%。私人控股工业投资、地方工业投资对我省工业快速发展起决定作用，这也表明我省区域性投资市场初步形成。

二、亿元以上工业大项目增加较多

1—4月份，我省城镇工业施工项目个数为1877个，比上年同期增加38个。其中，新开工建设项目个数为695个，比上年同期增加 231个，同比增长50.0%，其计划总投资382.86亿元，同比增长1.56倍；亿元以上重大项目个数为22个，同比增长69.2%，完成投资153.83亿元，占全省工业投资的比重近六成，亿元以上重大工业项目和新开工工业项目的增多、规模的扩大为后阶段固定资产投资的持续增长储备了能量。

三、工业新建、扩建项目投资增长较快

1—4月份全省工业新建项目完成投资105.08亿元，同比增长50.1%；扩建项目投资完成79.68亿元，同比增长54.9 %，二者合计占全部工业投资的比重高达67.6%。而工业改建和技术改造投资仅完成67.67亿元，同比仅增12.2 %，只占全部工业投资的24.8 %，这说明我省工业投资中体现内涵性增长方式的改建和技术改造投资不足，外延式增长特征仍较明显。

四、我省工业支柱产业投资总体趋势向好

1—4月份我省汽车、石化、农副食品加工业三个支柱行业共完成投资128.29 亿元，占全部工业投资的46.9 %，依然是我省工业投资占主体地位的行业。但受国际金融危机影响原油价格下降，石油开采投资增幅为-11.0 %；一直以来投资增速较低的化学原料及化学制品制造业和交通运输设备制造业投资分别增长3.3倍和79.4%，充分表明国家扩大内需和刺激消费政策对我省化工和汽车行业的拉动。农产品加工继续保持良好发展势头，完成投资15.16亿元，增长73.9%。

钢铁、煤炭、电解铝、铁合金、水泥、电石和焦炭等国家严控投资的行业，投资水平较低，1—4月份我省除水泥因需求拉动增长27.1%外，钢铁和煤炭行业增幅为-85.0%和-1.2%。其他国家严控行业实现投资仅2500万元，而水泥、钢铁和煤炭投资总量合计也只有11.18亿元，只占全省工业投资的4.0 %，表明我省投资增长符合国家宏观的调控政策。

从1—4月份全省工业投资完成情况来看，全省工业投资结构有所改善，投资增长是积极健康的，拉动经济增长的作用进一步增强，但以下几个问题值得关注：

一是当前工业投资增长还不稳定，不协调，总体增速还低于全省平均水平，同时工业投资内部采矿业增速（-1.9%）和电力、燃气及水的生产和供应业增速（8.3%）与制造业增速（61.1%）相差较大。

二是全省工业投资建设中各地区仍然注重铺新摊子，上新项目，工业企业技术

改造投资明显不足，尤其是对企业“节能降耗”方面的技术改造投资更显薄弱，完成投资仅为7817万元。所以应加大这方面的投资力度，加快企业技术改造的步伐，提高技术改造投资比重。

三是目前我省工业投资仍以粗放式增长为主，高附加值工业总量仍然偏小、比重偏低。1—4月份我省以食品深加工、石油加工、医药、电子等高附加值加工业投资完成28.8亿元，仅占全部工业投资的10.5% 。高附加值工业具有投资获利能力较高、经济效益较好、环境污染程度低等方面的优势，这应是今后我省加大工业投资的方向。

四是我省资源产业投资尤其是有色金属矿采选业投资增长太快，投资增长8倍多。要严防短期利益，坚持保护和开发并重，加强资源勘探和资源保护，做到有计划、合理地开采，严格行业准入。

1—4月份我省
存贷款增量均创历史最高水平

邱晓红

编者按：《1—4月份我省存贷款增量均创历史最高水平》一文于2009年5月19日以《统计分析》第14期（总第517期）印发。省长韩长赋批示："前4个月我省金融信贷工作成绩很大，有力支持了经济发展，对此应予充分肯定,对各银行类金融机构表示感谢。但也要看到如下问题：（一）贷款增幅较高是纵比，横比还是"一高一低"，即存款增幅高于全国和南北两省，而贷款增幅仍低于全国和两省；（二）企业一方面资金紧张、一方面又存款增加；（三）四月份贷款增量大幅下滑，这不是一个好现象；（四）存贷差仍在进一步扩大，这和加快振兴走向不一致；（五）个人消费类贷款减少，这和扩大内需消费政策取向背道而驰；（六）中小企业融资仍然比较困难，创新产品较少。这些问题说明我省改进金融服务工作仍处在爬坡阶段，一定不能自我满足松懈下来。请长龙同志与支行、银监局一道召集一个分析会，研究一些办法，各方面共同努力，进一步提升工作。此件亦请延风同志阅，又及。"省委常委、副省长竺延风批示："请金融办认真阅研，提高我们未来工作水平"。省政府副秘书长刘长龙批示："请即将此件送人行长春中支振海行长、吉林银监局高飞局长并金融办先行研究，近日我们共同碰一下思路"。

在中央"扩内需、保增长"加快经济发展的方针指引下，我省金融机构认真执行国家适度宽松的金融货币政策，加大金融对经济发展的支持力度。全省存贷款增速、增量，继一季度均创历史新高之后，4月份再次达到历史最高水平。

一、居民存款增长仍为存款主力，企业存款增长异军突起

1—4月份，全省金融机构本外币各项存款余额7490.0亿元，比年初增加1046.8亿元，同比多增623.2亿元，超过上年全年增量12.2亿元，为上年全年增量的1.01倍。人民银行资料显示：一季度我省存款增幅27.0%，高于全国平均水平1.2个百分点，

分别高于辽宁省和龙江省2.8和1.8个百分点。存款增速创10年来历史新高。从存款构成看，1—4月份人民币居民储蓄余额4430.6亿元，比年初增加501.5亿元，同比多增加151.4亿元，占新增存款的 49.2%，仍为存款增加的传统主力。值得一提的是，企业存款打破以往增加较慢的态势，成为新增存款的又一主力。1—4月份，人民币企业存款1853.7亿元，比年初增加316.2亿元，同比多增296.4亿元，占新增存款的31.0%，比上年同期提高26.4个百分点，所占比重为近年来最高。1—4月份企业存款各月分别增加-64.6亿元、96.2亿元、164.8亿元、119.2亿元，1—3月份增加额度呈逐月加快趋势，4月份虽比3月份有所减缓，但仍高于1、2月份的增量，增长十分强劲。企业存款增加较快的原因一是贷款大量投放，产生较多派生存款（一部分企业贷款还未投入到经济实体，暂存银行）；二是受金融危机的影响，企业对资本市场前景持观望态度，部分资金沉淀于银行。

二、各项贷款增量、增速均创历史新高，有力地支持了全省的经济建设

（一）贷款增量强劲上扬

在国家适度宽松的货币政策下，我省金融机构积极采取措施加大对信贷的投放，贷款增量增幅均创我省历史新高，极大地支持了我省经济发展。1—4月份我省本外币贷款余额为5769.1亿元，比年初增加872.2亿元，同比多增415.7亿元，增幅为24.8%，同比提高11.8个百分点。据人民银行资料显示：1季度，贷款增速为27.8%，增速低于全国平均增速2个百分点，居东北三省第二位（龙江27.8%，辽宁26.8%）为我省历史最高。1—3月份各月贷款增速呈逐月加快趋势，增速分别为20.4%、23.3%、27.8%。一季度，贷款增量为783.5亿元，已超过2008年全年增量16.6亿元。1—4月份，贷款增量分别为271.8亿元、218.7亿元、293.0亿元、88.7亿元，4月份增量下滑较大比三月份减少204.3亿元。1—4月份我省贷款增量比2008年全年贷款增量多105.3亿元，是2008年全年增量的1.14倍，上涨仍十分强劲。

（二）贷款结构不断优化

在贷款大量投放的同时，贷款结构更加优化，对经济的支持力度实现最大化。从贷款期限看：1—4月份，全省金融机构本外币短期贷款2791.6亿元，增长 21.8%，增幅同比提高14.2个百分点。1—4月份各月增量分别为163.3亿元、131.2亿元、111.0亿元、87.2亿元，比年初增加493.0亿元，比2008年全年新增短期贷款多167.8亿元，是2008年全年新增短期贷款的1.52倍。 1—4月份，本外币中长期贷款2486.2亿元，增长18.5%，同比下降0.3个百分点。 1—4月份各月分别增加10.6亿元、30.2亿元、99.0亿元、5.9亿元，比年初增加145.7亿元。短期贷款增量快于中长期贷款，贷款优化特点：一是短期贷款审批比中长期快，有利于第一时间满足客户用款需要。二是

发放短期贷款有助银行和客户实现“双赢”，银行用存款发放短贷，有助提高收益水平，实现了贷款优质化；客户也因短贷利率较中长期贷款低，可减少利息支付，降低了成本，实现利益最大化。

贷款主要投向经济发展重点。贷款主要投向“三农”、项目建设、中小企业、支柱产业、民生等重点领域。一是加大对“三农”信贷支持力度，1—4月份全省涉农贷款比年初新增289.9亿元，同比多增93.1亿元。其中，农业贷款较年初新增72.3亿元，粮食收购贷款新增217.6亿元，有力支持了备耕春耕生产和粮食收储。二是积极支持重大投资项目建设。1季度累计投向铁路、公路、轨道客车、电力等重大基础建设140.5亿元。新增中长期贷款占全省城镇固定资产投资额的79.7%，较上年同期提高14.3百分点。三是加大对支柱产业的信贷投入。1季度，一汽集团、一汽大众、通钢集团、亚泰水泥、吉林燃料乙醇等支柱行业重点企业投放流动资金贷款32.2亿元。四是积极增加对中小企业的信贷力度。1—4月份，对中小企业贷款新增累放591.2亿元，占全部企业贷款累放额的54.5%。票据融资出现历史性大幅度增长。1—4月份票据融资468.3亿元，比年初增加243.6亿元，同比多增197.4亿元。票据融资增量占新增贷款比重为27.9%，比上年同期提高了17.9个百分点。票据融资有效地改善了中小企业的资金状况，拓宽了企业融资的渠道。五是满足民生资金需求。1季度，累放土地储备及整理贷款44亿元，支持棚户区改造和廉租房建设；1—4月份，累计发放小额担保贷款0.97亿元，比上年同期增600万元，支持下岗失业人员、返乡农民工、高校毕业生等就业人员也有所增加。

贷款的大量投放有力地支持了我省经济的发展。1季度我省GDP为1155.2亿元，增长9.1%；4月份地方级财政收入增长11.2.%，分别比1、2、3月份高8.3、1.1、0.6个百分点；1季度，城镇居民人均可支配收入比上年同期增加316.8元，增长9.9%，同比增幅仅减少0.3个百分点；我省经济处于平稳健康发展态势、社会和谐安定。在世界性的金融危机下，我省社会经济能够保持平稳发展，与信贷资金的大力支持是分不开的。信贷资金的支持也大大提升了企业家和企业的信心。企业家对下期信心景气指数为117.8%，比上年同期上升22.8个百分点；企业景气指数为121.6%，比上年同期上升24.7个百分点。

三、银行机构经济运营状况良好

银行业在大力支持我省经济建设的同时，自身也得到发展。近年来，银行机构已逐步建立健全信贷风险控制体系，在大量发放贷款的情况下各家银行能够将控制信贷风险放在首位，银行业经营状况良好。一季度，银行业实现盈利19.3亿元，同比增盈1.8亿元。不良贷款率为12.3%，比年初下降2.1个百分点。

四、存在的问题

（一）信贷风险隐患仍然存在

在本期信贷投放中虽然加强了贷款风险控制，但仍有些银行机构不守规章制度，违规发放贷款，一些地方政府仍有干预信贷的行为。1—4月份贷款投放量之大速度之快，均为历史空前，它虽然及时地解决了企业资金饥渴，有力地支持了我省经济可持续发展，但难免泥沙俱下，贷款的质量很难有效保证，这些都将成为信贷未来的风险隐患，可谓有一利必有一弊。

（二）我省存款大于贷款的现象仍较严重，银行盈利压力加大

2003年以来，我省出现存款大于贷款的现象，存贷差已由2003年的24.5亿元，扩大到2008年的1542.3亿元。1—4月份，我省本外币口径存款与贷款差达1720.9亿元，高于2008年全年的存贷差。实行利率市场化以来，因我省金融机构贷款还是集中在大型企业和重点项目上，贷款利率议价能力不强，利率执行基准利率下浮比重逐步上升。今年一季度，全省金融机构贷款利率执行基准利率下浮比重为66.2%，较2008年上升7.2个百分点。加之存贷差不断扩大，银行机构支付利息增加，收取利息减少，盈利空间缩小压力更大。

（三）个人消费业务发展相对缓慢

1—4月份，我省个人消费贷款发放320.3亿元，比年初增9.0亿元，同比减少4.3亿元。扩大内需是当前国家宏观政策的着力点，是保证经济持续良性发展的关键，我省消费信贷发展乏力，不利于中央扩大内需政策落实，也不利于我省经济可持续发展

（四）银行对企业多头授信情况严重，不利于信贷风险控制

当前，银行间竞争激烈，争抢客户已是普遍现象，如有些商业银行为争抢同一授信客户，不惜竞相降低授信条件与价格，这种现象必将导致金融市场竞争秩序混乱，无序竞争最终将危害金融机构的整体利益。

（五）中小企业票据融资仍较困难

短期票据融资虽然给中小型企业融资带来了方便，但在这一轮国家扩大内需，加大投放中，我省中小企业由于资产规模、信用等级、知名度均欠佳，达不到总行审批门槛，票据融资审批额度与其他省相比很低，我省中小企业加大融资的机会相对减少，其发展必受影响。另外一方面，票据融资是一种金融衍生品，某一环节资金链断裂，就会出现多米诺骨牌效应。今年以来，我省票据融资大量增多，如果融资企业的运营质量不佳，就会形成新一轮的不良经济效应。

当前我省工业行业
和主要产品产量增速变动情况

刘莉

编者按：《当前我省工业行业和主要产品产量增速变动情况》一文于2009年5月19日以《统计分析》第15期（总第518期）印发。

今年以来，我省规模以上工业企业面对国际金融危机带来的冲击和影响，采取有效措施，积极应对，保持了全省工业经济总体上较好的增长态势。4月份，全省规模以上工业实现增加值236.03亿元，同比增长12.0%，分别高于3月份和上年12月份1.1和3个百分点；今年前4个月累计实现工业增加值811.32亿元，同比增长10.6%，高于一季度累计增幅0.5个百分点。年初以来，尽管企业生产呈现逐步恢复的态势，但从行业发展看，风险仍然存在，生产形势依然严峻。

一、行业变动情况

（一）生产增长的行业渐增，增速高于全省平均水平的行业基本稳定

4月份，在统计的39个行业大类中，生产同比增长的行业有31个，比上年12月份多4个行业，其中增长较快的行业是其他采矿业，皮革、毛皮、羽毛(绒)及其制品业，工艺品及其他制造业，农副食品加工业，印刷业和记录媒介的复制和文教体育用品制造业。在生产增长的31个行业中增速高于全省平均水平的有22个行业，与上年12月份持平。总体来看，从上年末到目前，生产保持增长的行业在逐渐增多，增速高于全省平均水平的行业基本稳定，说明我省企业生产正在逐渐恢复。（见表1）

2008年12月份以来生产同比保持增长的行业数

表1

	2008年12月	2009年1月	2月	3月	4月
增长行业数（个）	27	28	32	34	31
增速高于全省行业数（个）	22	24	22	24	22

（二）行业增速变化呈现多样性，发展不均衡

从上年12月份到本年4月份，全省规模以上工业增加值当月增速分别为：9.0%、6.1%、12.1%、10.9%和12.0%，呈现“W”型波动变化，总体保持增长态势。

与全省规模以上工业增加值增速变动趋势一致的行业是：农副食品加工业，其4月份增速为52.6%，比上年12月份提高22.9个百分点。

今年以来工业增速连续加快的行业是：化学纤维制造业，纺织服装、鞋、帽制造业和文教体育用品制造业。今年1至4月份，化学纤维制造业增速分别为-36.9%、-27.7%、10.6%和39.6%；纺织服装、鞋、帽制造业增速分别为-1.6%、1.5%、5.8%和24.0%；文教体育用品制造业增速分别为6.0%、16.2%、31.3%和51.1%。

今年3、4月份连续两个月呈现增速趋缓的行业有11个。其中交通运输设备制造业、饮料制造业和烟草制品业4月份比3月份分别回落0.3、2.5和1.1个百分点，3月份比2月份分别回落5.6、12.8和25.7个百分点。（见表2）

2009年2至4月份增速持续回落的行业

表2

行业名称	增加值增速（%）		
	2月	3月	4月
饮料制造业	36.4	23.6	21.1
烟草制品业	26.3	0.6	-0.5
家具制造业	24.0	19.3	17.9
造纸及纸制品业	21.8	4.6	-0.2
橡胶制品业	40.1	0.7	-15.4
金属制品业	76.8	28.5	13.6
通用设备制造业	35.5	18.4	9.2
交通运输设备制造业	1.2	-4.4	-4.7
仪器仪表及文化、办公用机械制造业	94.5	-10.4	-11.4
燃气生产和供应业	8.7	2.1	-7.5
水的生产和供应业	6.5	2.2	1.3

（三）重点行业增速呈现两极分化

4月份，我省支柱、优势及特色产业增加值同比增长9.5%，低于全省平均水平2.5个百分点，两者差距已呈现逐渐缩小的趋势，该差值在2、3月份分别是3.4和4.3个百分点。

在支柱、优势和特色产业中，交通运输设备制造业、农副食品加工业、石油和天然气开采业、化学原料及化学制品制造业、医药制造业和黑色金属冶炼及压延加工业增加值合计占到全省规模以上工业的58%左右，在国际金融危机的全球背景下，六个行业的增速呈现出两级分化的发展特点。其中交通运输设备制造业和黑色金属冶炼及压延加工业基本处于同比回落状态，而农副食品加工业和医药制造业呈现持续快速增长，石油和天然气开采业以及化学原料及化学制品制造业增长较为平稳。（见表3）

主要行业增加值占全省规模以上工业比重及增速

表3　　单位：%

行业名称	2008年12月		2009年1月		2月		4月		4月	
	占比	增速	占比	增速	占比	增速	占比	增速	占比	增速
交通运输设备制造业	24.9	-1.6	21.3	-14.1	20.6	1.2	25.8	-4.4	26.0	-4.7
农副食品加工业	11.8	29.7	13.6	26.6	13.7	34.2	11.9	20.1	12.2	52.6
石油和天然气开采业	6.1	10.8	7.6	25.5	7.4	10.6	5.8	12.9	5.8	9.6
化学原料及化学制品制造业	5.5	28.0	4.9	2.5	5.2	7.6	5.4	18.0	5.0	10.5
医药制造业	6.1	-11.4	5.9	12.2	6.6	40.7	5.5	13.1	6.2	26.0
黑色金属冶炼及压延加工业	3.2	-23.8	4.0	-13.9	4.6	-10.1	3.2	-19.7	3.6	-8.0
上述六行业合计	57.6		57.4		58.1		57.6		58.8	

二、主要产品产量变化情况

（一）产量同比增长的品种数量不断增加，工业生产回暖信号不断增强

从上年12月份至本年4月份，在全国工业生产月报产品目录内的494种产品品种中，我省规模以上工业企业生产的产品品种不断增多，产量持续保持增长的产品有洗煤、汽车、载货汽车、钢材、发动机和家具等。4月份，产量同比保持增长的有166个品种，占56.3%，分别比上年12月份至今年3月份提高15.0、12.0、9.5和2.3个百分点。（见表4）

我省生产的主要工业产品品种数量

表4

	2008年12月	2009年1月	2月	3月	4月
生产的工业产品品种数	262	258	274	293	295
其中：同比增长的品种数	108	114	128	158	166
占比（%）	41.2	44.2	46.7	53.9	56.2

（二）主要工业产品日产量逐月增多

今年以来，受到国家产业振兴规划和省政府加大投入基础设施建设等政策的刺激，加之季节因素的影响，我省建材、汽车和食品等基础性生产、生活资料和物资产品日均产量逐月增多，生产在逐渐恢复。（见表5）

主要行业产品日均产量及环比增速

表5

产品名称	单位	2008年12月	2009年1月	2月	3月	4月
汽车	万辆	0.16	0.31	0.29	0.45	0.50
环比增长（%）			98.6	-4.4	54.2	10.3
水泥	万吨	4.33	4.59	5.89	12.35	48.80
环比增长（%）			6.1	28.2	109.7	295.0
钢材	万吨	1.99	3.36	2.73	2.76	3.62
环比增长（%）			69.2	-18.9	1.2	31.4
原煤	万吨	11.72	13.37	14.96	20.01	18.82
环比增长（%）			14.0	12.0	33.7	-6.0
天然原油	万吨	2.21	3.48	2.33	2.52	2.86
环比增长（%）			57.3	-33.1	8.0	13.6
发电量	亿千瓦	1.85	2.13	1.81	1.89	1.81
环比增长（%）	小时		15.2	-15.3	4.4	-4.0
化学纤维	万吨	0.08	0.09	0.12	0.11	0.13
环比增长（%）			20.9	25.8	-4.5	15.8
乙烯	万吨	0.29	0.40	0.29	0.29	0.33
环比增长（%）			37.1	-27.6	0.0	13.5
精制食用植物油	吨	1104.35	1029.41	961.90	1181.82	1247.62
环比增长（%）			-6.8	-6.6	22.9	5.6
鲜、冷藏肉	万吨	0.35	0.41	0.40	0.41	0.44
环比增长（%）			17.7	-2.4	1.7	9.0
饲料	万吨	1.40	1.69	1.17	1.69	1.86
环比增长（%）			20.6	-30.9	44.9	10.0
化肥	吨	878.26	947.06	619.05	890.91	938.10
环比增长（%）			7.8	-34.6	43.9	5.3

4月我省房市释放出积极信号

刘燕江　姜文鑫

编者按：《4月我省房市释放出积极信号》一文于2009年5月19日以《统计分析》第16期（总第519期）印发。2009年以来，我省房地产市场发生积极变化，房地产开发投资高速增长、商品房销售面积增长加快、开发投资资金来源逐步宽松、土地开发及购置明显增加，四大指标的积极变化释放出我省房地产市场回暖的信号。为此作者针对当前我省房地产情况做出了具体分析，并撰写《4月我省房市释放出积极信号》一文。5月23日，韩长赋省长对此文做出批示："房地产市场有回暖迹象，应趋势利导，趁热打铁，这对推动经济增长和促进房地产健康发展十分重要。现在的问题主要是市场观望，空置房增加，而另一方面居民储蓄大量增加（前4个月增加了500亿元），同时消费贷款又减少。这几个问题有关联性，应系统研究一下，如能联动解决，将对宏观经济运行产生重要意义。请祖继同志并建设厅研酌。"王祖继副省长批示："请建设厅研究落实韩省长指示的意见，请常明秘书长阅。"

一、四大指标的积极变化释放出房地产市场回暖迹象

今年以来，在国家和我省一系列扩大内需、促进房地产业健康发展政策措施的利好刺激下，我省房地产市场呈现出积极变化，商品房开发投资、商品房销售、到位资金、土地购置与开发四大指标都呈现积极变化，释放出我省房地产市场回暖迹象的积极信号。

（一）房地产开发投资高速增长

1—4月累计全省房地产开发投资完成30.59亿元，比上年同期增长86.6%，增速比上月加快83.3个百分点，同比加快39.1个百分点；高于同期全国平均增幅81.7个百分点，居全国首位。从开发用途看，商品住宅投资完成24.24亿元，同比增长87.1%，增速比1—3月加快83.5个百分点；办公楼、商业营业用房投资分别完成0.25亿元和3.58亿元，分别增长8.7%和72.9%。

房屋施工规模扩大，新开工面积增加。1—4月，我省房屋施工面积1055.28万平方米，比上年同期增长27.9%，增速比1-3月加快48.5个百分点。其中，住宅施工面积882.85万平方米，增长32.7%，增速比1—3月加快52.7个百分点。房屋新开工面积

405.57万平方米，增长86.9%，增速比1-3月加快130.2个百分点。其中，住宅358.25万平方米，增长98.5 %，增速比1—3月加快147.9个百分点。

（二）商品房销售面积增长加快

1—4月全省商品房销售69.24万平方米，较去年同期净增12.65万平方米，增长22.4%，增速比1—3月加快10.9个百分点。其中住宅销售63.14万平方米，增长21.9%，增速比1—3月加快25.7个百分点。别墅、高档公寓销售面积8.85万平方米，较去年同期增长56.4%；办公楼销售面积0.48万平方米，同比增长1倍。

特别是中心城市的中、高档楼盘销售回暖较快。1—4月长春市商品房销售50.06万平方米，占全省销售面积的72.3%，较去年同期增长15.6%。价格在4000元以上的中、高档住宅销售量占34.2%，较去年同期增长21.8%，好于一般住宅。

（三）开发投资资金来源逐步宽松

随着鼓励房地产市场发展的相关政策效应的逐步显现，与2008年全年相比，今年我省房地产投资本年资金来源逐步宽松。1—4月房地产开发投资本年资金来源67.43亿元，比去年同期增长1.9倍。主要是国内贷款增加较多，1—4月国内贷款到位16.2亿元，而上年同期受国家对房地产市场的宏观调控、紧缩银根政策影响贷款仅有0.2亿元，贷款增量占全部资金来源增量的比重高达31%。

（四）土地开发及购置明显增加

截止4月末，全省完成土地开发面积为33.34万平方米，较去年同期增长90.4%；购置土地51.54万平方米，同比增长23.1%。这两个先行指标的高速增长，表明房地产市场逐步回暖。

二、短期调整的压力仍然较大

（一）空置面积增加，大多数消费者近期仍持观望态度

4月底全省商品房空置面积566万平方米，同比增加52万平方米；其中，90平方米以下住宅增加72万平方米，同比增长46.6%。尽管4月商品房销售增长较快，但总量仍较少，而且集中在中、高档楼盘，大多中、低收入的消费者受国内外经济形势影响，自身收入预期不确定因素增多以及政府不断出台扶持政策对后市利好预期等多种因素的影响，观望情绪依然较浓。

（二）企业资金仍然紧张，开发商信心不足

由于连续多个月销售量少，资金回笼困难，大多数开发企业自有资金不足。在1—4月到位开发资金中，企业自筹资金增长44.4%，低于同期到位资金合计增速142.3个百分点，也低于开发投资增速42.2个百分点，新增资金主要依靠银行贷款，

加大了开发成本，影响了企业效益，开发商信心不足。

针对上述情况，当前要进一步落实国家和省有关促进房地产市场健康发展的政策措施，加强对房地产市场的调控和引导，要继续优化住房供应结构，加大城乡居民保障性住房的建设力度，引导和鼓励合理的住房消费，提振市场信心，缩短其调整周期，促进我省房地产市场持续健康发展。

前四个月全省消费品市场运行情况分析

陈刚

编者按：《前四个月全省消费品市场运行情况分析》一文于2009年5月20日以《统计分析》第17期（总第520期）印发。

今年以来，我省积极克服国内外经济下滑的不利因素,认真贯彻落实党中央扩大内需及惠农政策，努力拉动内需,促进消费,商业企业开展各种促销活动,使全省消费品市场持续繁荣活跃。前四个月全省实现社会消费品零售总额874.08亿元，同比增长17.8%，增幅高出全国2.8个百分点。

一、消费品市场运行的基本特点

（一）总量排位保持稳定，名义增速排位有所回落

从消费品零售额总量来看，全省在全国的位次保持基本稳定。1—4月份我省零售额总量排在全国的第16位，和上年同期的位次持平；比全省一季度GDP总量（1151.21亿元）排在全国的第23位靠前7位。和邻省比较，比辽宁的第7位靠后9位，比黑龙江的第15位靠后1位。和有关省份比较，落后于湖南和安徽，比天津、云南、江西、广西、陕西都靠前。

从消费品零售额增幅来看，全省在全国的位次有所回落。1—4月份我省零售额增幅排在全国的第21位，比上年同期的位次（第6位）回落15位，主要是因为上年同期的增幅较高（增长23.5%），基数较大。比全省一季度GDP增幅（第13位）靠后8位。和邻省比较，比辽宁省的第24位靠前3位，比黑龙江的第8位靠后13位。和有关省份比较，只快于辽宁，落后于黑龙江、天津、云南、湖南、安徽、江西、广西、陕西。（见表1）

（二）零售物价持续下行，带动消费品零售额实际增幅有所攀升

今年以来，在国内外经济增速放缓的大背景下，我省消费品市场零售物价延续了上年下行走势，连月出现负增长。1—4月只有1月份是增长0.4%，其他三个月全省零售物价分别下降1.3%、1.9%、1.8%，累计下降1.2%。全省消费品零售额如果扣除物价因素，实际增幅较上年同期有较大幅度的提高。1—4月份我省零售额名义增幅

为17.8%，如果扣除物价因素，实际增幅为19.2%，较上年同期提高4.3个百分点。从这个意义上讲，我省消费品市场发展的步伐还是较快的。（见图1）

前四个月零售额及GDP总量和增幅与有关省份比较表

表1

	1—4月零售额				一季度GDP			
	绝对值（亿元）	排位	增幅（%）	排位	绝对值（亿元）	排位	增幅（%）	排位
吉　林	874.1	16	17.8	21	1151.21	23	9.1	13
辽　宁	1799.1	7	17.5	24	2642.23	9	9.6	12
黑龙江	1008.1	15	18.7	8	1460.00	17	6.0	25
天　津	772.7	21	21.0	2	1416.93	19	16.0	1
云　南	571.6	24	18.7	8	1219.44	22	7.3	19
湖　南	1483.1	12	19.1	4	2409.34	12	13.1	4
安　徽	1081.0	14	18.7	8	1885.31	14	11.6	6
江　西	750.3	23	18.8	5	1281.12	21	10.2	8
广　西	865.0	18	18.2	16	1552.38	15	12.9	5
陕　西	850.7	20	18.1	17	1417.62	18	10.2	8

图1 前四个月我省消费品零售额名义及实际增幅示意图

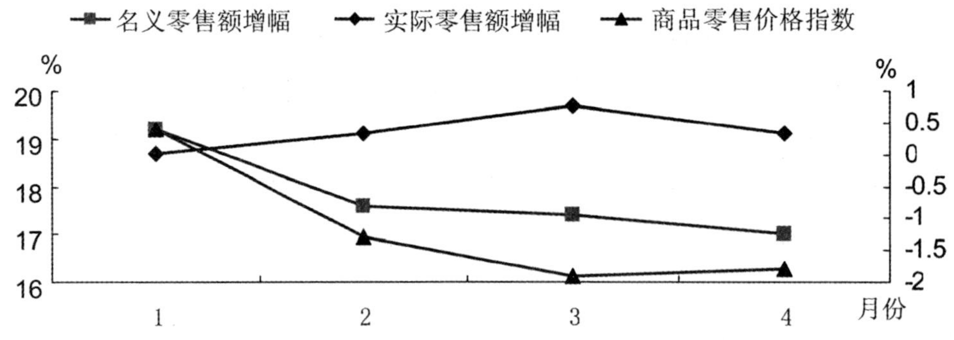

（三）农村市场增速快于城市

拉动农村消费，是扩大内需的重要措施之一。随着我省新农村建设的推进及“汽车下乡”、“家电下乡”等一系列拉动农村消费的政策的贯彻落实，农村市场明显活跃。前4个月全省农村市场增速快于城市，农村共实现社会消费品零售额196.90亿元，同比增长19.6%，比城市增幅高2.3个百分点,占社会消费品零售总额的比重由上年同期的22.2%上升到22.5%.农村市场已经成为拉动全省消费的最大潜在动力。（见图2）

图2 前四个月农村、城市消费品零售额增速示意图

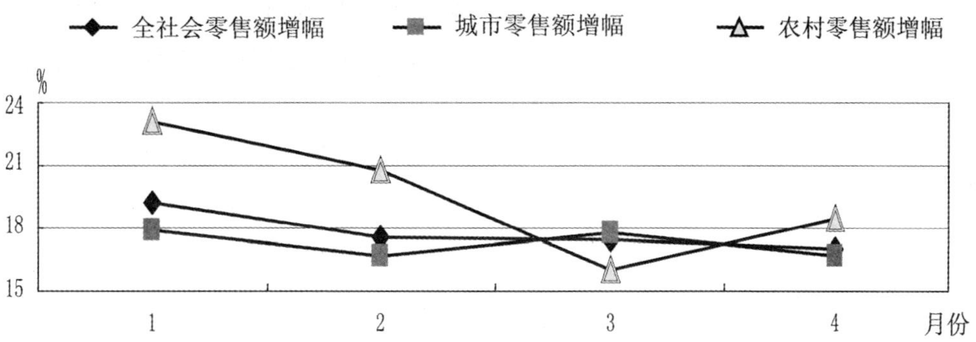

（四） 住宿餐饮业继续领跑消费品市场

近年来,住宿餐饮业在假日经济、旅游业快速发展及居民消费观念不断更新的促进下，全省住宿餐饮业发展速度一直快于批发零售业。1—4月实现零售额122.94亿元，同比增长23.2%，增速高于全省平均水平5.4百分点；高于批发零售业6.2个百分点。住宿餐饮业的快速发展，得益于人民生活水平的提高，生活方式的转变，也得益于我省近年来旅游业的较快发展。随着我国年初经济形势的好转，一季度，我省国内旅游保持了持续稳步发展，据旅游抽样调查统计数据显示：全省共接待观光的国内游客1201.64万人次，同比增长22.7%；旅游收入达121.96亿元，同比增长32.6%；人均花费1014.95元，同比增长8.1 %，国内旅游实现了开门红。我省国内旅游市场主要特点是：冬季旅游火爆，以短途自驾旅游为主，外出旅游逐渐升温。

（五）热点消费热度不减

首先表现在汽车类零售额增速较快，前4个月全省限额以上批发零售企业实现汽车类零售额49.81亿元，同比增长25.9%。虽同比增幅与上年同期相比差距较大，但是考虑到全球经济萎缩、公务车和商务车市场下降、个人收入增长预期下降等问题，能达到这个增幅实属不易。汽车类零售额快速增长的原因主要有两点：一是政策因素。从今年1月起国家调低排量1.6以下汽车消费税税率，使得小排气量汽车的销量猛增；费改税政策的实施，降低了家庭用车的成本，也促进了私家车的增加；省政府又推出“汽车下乡”惠民措施，也促进了农村汽车销售量的增长。二是外部因素。成品油零售价格较上年有了较大幅度的下调，降低了用车成本，也促进了汽

车消费的增长。其次是与住房消费密切相关的商品销售也有了一定幅度的增长。据对限额以上批发零售企业统计，全省实现家具类零售额4.21亿元，同比增长31.6%；实现建筑及装璜材料类零售额4.91亿元，同比增长14.3%。全省前4个月全省商品房销售面积达到69.24万平方米，同比增长22.4%。

二、目前影响消费继续扩大的制约因素

（一）居民收入水平偏低,且收入差距偏大，影响即期消费

收入是消费的基础和保障,消费需求是否旺盛与居民的收入密切相关。近几年来,我省居民收入虽然有所增长,但水平偏低。2008年,我省城镇居民人均可支配收入为12829元,排在全国的23位,比国内（地区）生产总值排在全国的21位错后2位。城镇居民人均可支配收入最低户只为4000元左右，最高的户达3万元左右,最高是最低的7倍多。目前，由于就业、住房、医疗、养老、子女教育等相继转为由居民自己全部承担或部分承担，中、低收入的居民消费更加谨慎。低收入居民有消费欲望，但能力有限。高收入家庭有消费能力，但消费处于饱和。

（二）社会保障体系不尽完善

目前，医疗、养老、住房等保障体系还不十分健全。在城镇，低保人员的收入水平较低，医疗保险的覆盖率偏低，退休人员的养老遗留问题较多等等，使多数消费者消费有后顾之忧。

（三）农村市场所占比重小，农民消费水平偏低

近些年来，虽然农民收入增加较快，农村市场有所活跃，但份额较小。2008年，全省实现社会消费品零售额2484.26亿元，而农村只有544.88亿元，只占21.9%，今年前4个月农村实现社会消费品零售额196.90亿元，只占社会消费品零售总额的22.5%。主要原因还是农民人均收入较低，2008年全省农民人均现金收入为7415.9元，只为城镇居民人均可支配收入的57.8%。

（四）市场秩序有待完善

在一般商品市场，低劣假冒商品普遍存在，特别是食品安全还存在一些问题，使老百姓不敢放心消费。在服务消费领域，还存在价格虚高、服务质量低下的现象，坑蒙拐骗的现象也时有发生。

三、对消费品市场发展的对策建议

（一）不断完善社会保障体系，改善城乡居民支出预期

完善社会保障体系，让消费者对未来有一个稳定的预期，这样才能扩大消费意

愿。这其中特别应该加快建立和完善农村社会保障体系，逐步提高最低生活保障水平，重视越来越多的失地农民的基本生活保障，逐步推进农村免费义务教育、合作医疗。同时，完善城市最低生活保障动态管理机制，健全城乡社会救助体系，使城乡居民弱有所保，老有所养，病有所医，幼有所学。此外，相当一部分城市居民为了购买住房，不得不穷尽一生积蓄。当前房地产价格的偏高，直接导致了这部分人们的消费疲软。各级政府部门应当在加强建设经济适用房、微利房的同时，加大对房地产市场调控力度，将房屋价格控制到与人民收入相近的程度。只有做到上述所说，才能稳定人们收入预期，提高消费信心，促进消费需求的有效增长。

（二）逐步推进社会主义新农村建设，扩大农村消费，推动农村消费结构升级

加大对农村发展政策的倾斜力度，尤其要加大财政对农村基础设施建设和教育、医疗事业的投入力度。改善农村水、气、电、路等基础设施，加强农村公共文化体系建设，扩大农村广播电视覆盖面，为农民扩大消费创造条件。尽早全面实施普及义务教育，搞好新型农村合作医疗试点，扩大试点范围，加大对欠发达和落后地区农村合作医疗的投入力度。完善促进农业增产和农民增收的税收、价格、补贴等政策，严查严处乱收费、乱摊派行为。加强对农民外出就业的技能培训、信息引导和服务。确保农民务工工资按时足额发放，加大对农民工工资拖欠的处罚力度。严格保护耕地面积，合理确定对农民的征地补偿标准，完善农村商品流通体制，鼓励农村商业设施建设。

（三）调整收入分配格局，逐步缩小居民收入的差距

合理调节收入分配制度，控制或扭转收入差距扩大趋势，努力提高中低收入者收入水平。为此，要加快工资制度改革，建立健全职工工资长效增长机制。加大财政工资支出，不断提高职工工资总额占GDP的比重，确保中低收入阶层收入水平不断提高；严格执行最低工资保障制度并逐年提高最低工资保障标准。同时，要进一步完善社会保障制度，加大政府对社保的投入力度。规范城市低保工作，不断提高最低生活保障水平。还要加快垄断行业改革，规范垄断部门收入分配制度，采取有效措施缩小行业间收入分配差距。

（四）大力发展现代流通方式，提高流通现代化水平

加快发展连锁经营、物流配送和电子商务。大力发展直营连锁，积极发展加盟连锁、自愿连锁。积极推进物流配送体系建设和标准化工作。进一步丰富居民消费方式，扩大网上消费比例。改造提升传统商贸服务业。鼓励运用现代经营方式和信息技术改造提升传统商贸服务业，提高商贸服务企业信息化程度和现代化水平。以

规划为导向，着力推进商品交易市场的整合、改造和提升。

（五）改善消费环境，加强市场管理，为扩大消费创造有利条件

加强城市社区商业发展，切实抓好“万村千乡”市场工程；加快消费信贷产品创新，完善消费信贷政策，简化消费信贷流程，扩大消费信贷的规模和品种；整顿和规范市场秩序，坚持不懈地打击制假售假、商业欺诈行为，努力创造安全购物环境。

吉林省文化产业生机勃发
——吉林省文化产业发展状况分析

董灵慧

编者按：《吉林省文化产业生机勃发——吉林省文化产业发展状况分析》一文于2009年5月22日以《统计分析》第18期（总第521期）印发。省委书记王珉批示：“凤栖、晓光同志，目前正是文化产业发展的大好时机，望进一步加快机制体制改革的步伐，加大整合调整的力度，“保、推”并举，推动发展。”省委常委、宣传部长荀凤栖批示：“省统计局关于我省文化产业发展状况的分析全面、系统、准确，送省文化体制改革领导小组成员单位阅读，并在即将召开的全省文化产业发展大会上印发。望充分吸收《分析》的判断和意见，明确提出将文化产业培育发展为我省支柱产业的任务目标。”并在2009年9月举行的吉林省文化产业发展大会上作为参阅件印发。

文化是一个民族生存的土壤，也是一个民族赖以维系的精神纽带。文化不仅是一种精神力量，也是生产力。伴随文化强省战略的稳步实施，文化产业已成为目前我省最活跃、最具竞争力的产业之一。近年来，吉林省文化产业的快速发展，不仅为经济的又好又快发展注入了强大的活力，而且在优化产业结构，推动相关产业发展,促进和谐社会建设等方面产生着越来越大的影响。国际金融危机的影响未能阻止吉林省文化产业发展的步伐。

一、吉林省文化产业发展特点和趋势

从历史上来看，当经济遇到困难、发生萧条时，也正是文化产业的高速发展期。如：美国、韩国、日本在经济不景气时，其文化产业不仅具有了顽强的“抗衰退”能力，而且逆势增长，成为经济的重要增长点。文化产品在精神上更好地支持社会和人民共克时艰，提供强大精神力量，发挥抚慰心灵、舒缓情绪的作用。在经济上可以刺激内需，拉动消费，形成新产业，促使经济尽快走出谷底。是实现我省“保增长、扩内需、调结构、促改革、惠民生”的重要途径。在国际金融危机冲击下，吉林省文化产业逆势上扬，保持增长势头。据初步测算，2008年，全省实现

文化产业增加值318.76亿元；文化产业增加值占GDP的比重为4.96%，比上年增加129.44亿元，增长68.37%。这说明我省文化产业在全省经济发展中占有了一定的份额，具备了加快产业发展的基础。另外，从全省文化产业增加值的行业构成状况看，也呈现出较好的发展势头。（见表1）

2008年吉林省分行业文化产业增加值情况表

表1

层别	行业分类	增加值（亿元）	占全部增加值的比重（%）
	合计	318.76	—
核心层	一、新闻服务	13.22	4.15
	二、出版发行和版权服务	38.17	11.97
	三、广播、电视、电影服务	41.38	12.98
	四、文化艺术服务	42.40	13.30
	核心层小计	135.17	42.40
外围层	五、网络文化服务	30.09	9.44
	六、文化休闲娱乐服务	26.17	8.21
	七、其他文化服务	29.69	9.31
	外围层小计	85.95	26.96
相关层	八、文化用品、设备及相关文化产品的生产	42.16	13.23
	九、文化用品、设备及相关文化产品的销售	55.48	17.41
	相关层小计	97.64	30.64

从2008年全省文化产业发展的核心层、外围层和相关层来开，各层别占全省文化产业增加值也呈现出发展结构相对合理的发展趋势。其中，核心层占全省文化产业增加值的42.40%、外围层占全省文化产业增加值的26.96%、相关层占全省文化产业增加值的30.64%。

首先，从核心层的内部结构发展情况看，核心层中的新闻服务、出版发行和版权服务、广播、电视、电影服务、文化艺术服务分别占全省文化产业增加值的4.15%、11.97%、12.98%、13.30%。另外，核心层中的新闻服务、出版发行和版权服务、广播、电视、电影服务、文化艺术服务占核心层增加值的比重分别为10%、28%、31%、31%。（见图1）

其次，从外围层的内部结构发展情况看，外围层中的网络文化服务、文化休闲娱乐服务、其他文化服务分别占全省文化产业增加值的9.44%、8.21%、9.31%。另外，外围层中的网络文化服务、文化休闲娱乐服务、其他文化服务分别占外围层增加值的比重分别为35%、30%、35%。（见图2）

图1 2008吉林省文化产业核心层中各行业所占比重

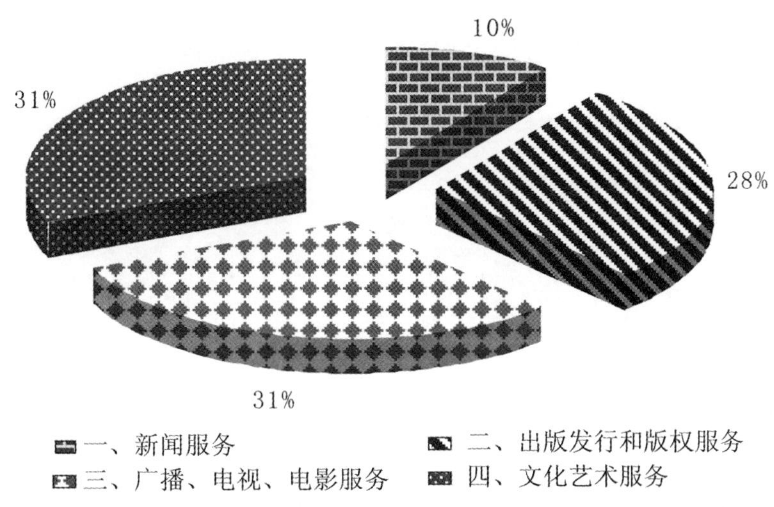

图2 2008吉林省文化产业外围层中各行业所占比重

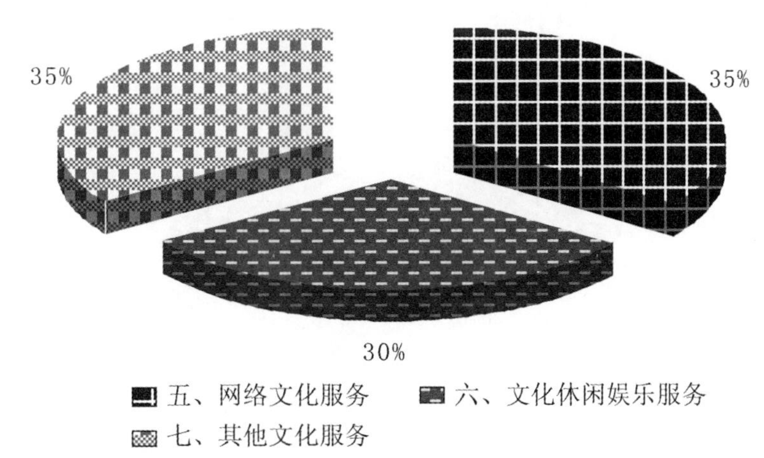

再次，从外围层的内部结构情况看，外围层中的文化用品、设备及相关文化产品的生产和文化用品、设备及相关文化产品的销售分别占全省文化产业增加值的13.23%、17.41%。另外，外围层中的文化用品、设备及相关文化产品的生产和文化用品、设备及相关文化产品的销售分别占外围层增加值的比重分别为43%、57%。(见图3)

图3 2008吉林省文化产业相关层中各行业所占比重

从当前情况看，吉林省文化产业发展呈现以下几个特点和趋势。

（一）经济增长速度较快，贡献不断增大

改革开放以来，吉林省经济始终保持了快速增长势头。1979年至2008年间，吉林省GDP年均增长达到10.2%，经济总量不断迈上新台阶，人均GDP继2004年突破万元大关后，2008年达到23514元。与此相适应，吉林省文化产业进入快速发展时期，在经济增长中的地位和作用不断增强，成为推动吉林经济增长的新亮点。（见图4）

图4 吉林省近年GDP、三产及文化产业增加值对比表

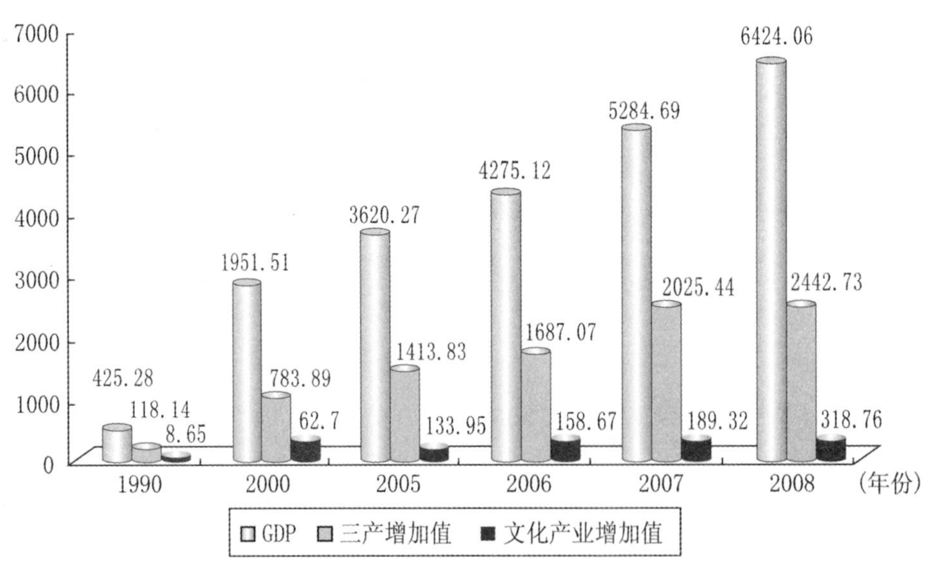

“十一五” 期间，吉林省GDP年均增长15.7%，第三产业年均增长16.8%，而文化产业年均增速达到17.3%，分别比同期GDP和第三产业增速高1.6个和0.5个百分

点；2006年吉林文化产业增速分别高出同期GDP、第三产业增速6.9个和4.5个百分点；2008年吉林文化产业继续高速增长，增速又分别高于同期GDP和第三产业增速4.3个和3.6个百分点。相应地文化产业对经济发展的贡献作用不断加大。以长春市为例，作为全省文化体制改革试点城市之一，其文化产业去年保持高速增长态势，实现总收入42.03亿元，同比增长22%，提出了到2012年，全市文化产业增加值力争达到270亿元、占全市GDP的6%的发展目标，不断为全省文化产业的发展做出新的贡献。

（二）总体经济规模不断扩张，成为新的支柱产业

在90年代初期，吉林省文化产业规模较小。1990年吉林省文化产业增加值仅为8.65亿元。经过10年的发展，文化产业总体规模不断壮大，到2000年，全省文化产业增加值已经达到62.7亿元。“十五”期间，吉林省文化产业的发展速度明显提升，总量规模不断扩大，到2005年，全省文化产业增加值达到133.95亿元。进入“十一五”时期，吉林文化产业发展步伐继续加快，2006年文化产业增加值达到158.67亿元，2007年文化产业增加值达到189.32亿元，2008年全省文化产业增加值分别为2000年的5.08倍和1990年的36倍。随着文化产业经济总量的增加，其占GDP的比重也逐年提升，标志着文化产业即将成为我省经济发展的新的支柱产业之一。如长影集团在最困难的时候得到国家大力支持，使我省文化体制改革的成功范例；我省出版集团、广电网络集团和演艺集团的改革稳步推进。几年来，我省加大文化产业投资力度，对“三馆一院”等文化基础设施投资11亿元，是历史上文化产业投资最大的一次。在推动我省重点文化企业上市、动漫集团建设等方面渴望得到国家的扶持。

（三）经济效益不断提升，促进了产业结构优化

文化产业是新兴产业，具有低投入、高效益的特点。2008年吉林省文化产业的增加值率达到37.2%，高于全省平均增加值率。文化产业不仅在发展速度上超过传统产业，而且在财富创造能力上也日益显示出强劲的增长实力。文化产业的主体为第三产业。而第三产业不仅是连接生产和消费两大环节的重要桥梁，其发展也是衡量一个国家和地区产业高度和发展水平的重要尺度之一。吉林省文化产业的发展，在不断扩充全省第三产业规模的同时，也培育了许多诸如动漫、网络等新兴服务行业，这对于转变吉林经济增长方式，优化升级产业结构，具有极为重要的长远影响。

（四）吸纳劳动就业能力不断增强，促进了吉林和谐社会的建设

文化产业的快速发展对就业的拉动作用十分明显。根据西方学者的相关研究，文化产业与劳动力就业之间存在显著的相关关系，文化产业的发展不仅提供了全社

会就业总量9%以上的就业容量，而且呈现出接近总体就业增速4倍的扩张速度，因而文化产业自形成起，就备受各国政府的重视和扶持。西方国家的发展历程，在吉林省文化产业发展过程中得到了初步印证。据初步测算，2008年吉林文化产业直接提供的就业岗位接近50万个，文化产业从业人员保持了4%左右的增长速度。

吉林省文化产业门类众多,其中文化娱乐、文化旅游、网络服务、广播电视、动漫产业等行业的就业人数增长较快，已成为吉林文化产业发展过程中的优势就业领域。另一方面，吉林文化产业就业不均衡地分布在9个市州和长白山管委会，具备明显的首位分布特征，其中长春、吉林、延边是全省文化产业就业的主要地区,占到全省文化产业就业量的37%。

（五）影响不断扩大，带动了相关产业的发展

在经济活动过程中，各个产业之间存在着复杂而广泛的密切联系。这其中，文化产业具有广泛的关联度，能对其他产业产生更大的拉动作用。

据投入产出表测算，吉林省文化产业部门的社会影响力系数为1.003，高于各行业的社会平均影响力，也就是说吉林省文化产业整体上对其他产业的带动作用超过社会平均水平。与部分第三产业部门相比，文化产业平均影响力系数大于金融业、批发和零售贸易业、住宿业、餐饮业等产业的影响力系数，略低于卫生事业的影响力系数，并且从历次投入产出调查资料动态观察，吉林省文化产业部门的影响力系数有逐渐提高趋势，说明文化产业对其它产业发展的影响带动作用在逐步增强。

（六）鲜明的高技术特征，带动吉林科技进步的步伐

文化产业是为社会公众提供文化、娱乐、服务以及与此相关联的一系列活动的集合，具有电子化、信息化、高技术等行业特征。我省先后整合了歌舞资源，组建了吉林歌舞剧院集团公司；整合了电视剧创作资源，组建了吉林省影视剧制作集团公司；整合了广播电视信息网络资源，组建了吉林省广播电视信息网络集团公司；整合了吉林省的动漫资源，组建了吉林动漫集团，进一步完善产业链条，共同构建和使用动漫平台，共建共享吉林省动漫品牌。在我省产业结构调整和科技进步的过程中，文化产业具有鲜明的产业优势。首先，社会对文化产品和服务的需求不断增长，文化产业具有广阔的发展空间，属于典型的“朝阳产业”。以延边州为例，2008年，文化产业增加值占GDP的比重达到6.0%，高于全省平均水平1.04个百分点，文化产业已成长为延边州重要的支柱产业。可以说，文化产业的快速发展，优化了延边州的经济结构，推动了该州经济总量的迅速发展。其次，文化产业在发展过程中对环境的污染少，对资源的消耗小，属于典型的“绿色产业”。比如，2008年黑色和有色金属冶炼压延以及非金属矿物制品这三个耗能产业规模以上工业产值为例，不仅在改善环境上面临更大的压力，而且其以高于文化产业的总产出，创造

的却是低于文化产业的增加值，文化产业消耗少、污染少、效益好的优势得到了充分体现。最重要是新型文化产业与信息化和高技术领域密切相关，引擎带动全省相关产业的发展和进步，也为我省经济建设和社会发展培养和造就了大量的文化产业和高技术人才。从这个意义上说，发展文化产业是缓解经济发展和资源环境矛盾，更重要的是促进经济增展方式转变。

二、吉林省文化产业发展的制约因素

在我省文化产业迅速发展的同时，也面临一些突出的问题，主要包括全省文化产业投融资体系的建设问题、财税支持的问题、全省文化产业园区的规划和园区的建设问题，和对全省文化产业发展高端人才的培养等。具体制约因素：

（一）总量水平有待在提高

从总体上看，我省文化产业的总量水平近年来有了很大幅度的提高，但占全省国民经济总量的贡献份额仍有较大的发展空间，因为目前占全省整个GDP比重只是接近还没有超过5%，所以我省的文化产业目前还不能划入全省的支柱产业行列。

（二）市场化水平、产业的集中度和集约化程度还有待提高

与我省其他产业相比，文化产业龙头企业、领军人物，或领军企业还比较少，特别是真正能够起到引领示范的骨干企业，相对来讲是比较少的，没有形成强大的产业集群。

（三）目前我省文化产业的创新能力有待强化

如反映东北关东文化的原创作品还应进一步扩大影响力。由于我省整合了全省的动漫资源，组建了吉林动漫集团，我省动漫产业的发展应抓住国家政策扶持的有利时机，积极开拓，提升创新能力，形成吉林动漫的名牌产品，更加有力的占领国内外市场。

（四）我省文化的精英人才还很缺乏，投融资体系相对滞后

将文化作为一项产业来看待，只是近些年的事。长期以来，文化被划入意识形态范畴，而带有较强的政治敏感性，缺少从市场和产业发展来考虑。这期间人才的培养不是一蹴而就的。现在又懂文化、懂经营管理、懂市场的这部分人才还很缺乏，特别是领军人才缺乏。

（五）从发展角度，规划及政策扶持应更加务实

目前我省文化产业发展规划的可操作、针对性、能够引领产业发展等方面还相对滞后。造成原因比较复杂，对我省文化产业的健康发展会产生的负面影响。所以，我省在文化产业发展资金和政策上应针对文化企业发展的难点加以扶持引导。

（六）我省文化产业的传播能力和影响能力尚需进一步提高

我省的影视、图书、音像、动漫等文化产品在国内虽然已有一定的声望，但传播能力和影响力依然十分有限，如互联网上吉林省的文化产品占有率相对较低。网络电视中吉林卫视落户难。除此之外，吉林文化产品的全球传播程度更加有限。例如长白山作为吉林省的独有自然资源，也是珍贵的文化资源，在全球的知名度也不高。

三、提升我省文化产业竞争力的思考

富民强省，取决于经济实力，也取决于文化实力。发展文化产业，核心问题是提高文化产品的竞争力。而文化产品竞争力所体现的是生产要素状况、需求状况、政府行为等多种因素综合作用的结果。当前，我省的文化产业发展应抓住机遇，借鉴经济体制改革30年的成功经验以及国外文化产业的崛起发展之路，大力发展文化产业，使其成为新的经济增长点，从而对我省保增长、保稳定、保民生起到其独特的积极作用。金融危机之时，经济的低增长与高失业，社会消费心理随之发生变化，而积极的文化娱乐则可以给经济震荡中的人们一种精神的安顿、慰藉与希望。借鉴其他国家在经济危机时期的战略调整，不难看出文化产业在经济萧条时期的独特作用，会给我们以有益的启示。因此，要进一步提升吉林省文化产业竞争力，应着重抓好如下五个方面：

（一）进一步制定和完善文化产业发展的扶持政策

作为新兴产业，文化产业的发展必须有政府的支持和推动。“十五”时期以来，吉林省人民政府制定的加快文化产业发展若干政策措施，将深化改革与调整结构结合起来，将完善管理与促进发展结合起来，在土地、税收、分配、人才培养等方面，给文化产业以鼓励和支持，促进了全省文化产业的发展。文化产业今后的发展，仍需要政府制定积极的促进文化产业稳定发展的长期政策，既要培植扶助重点大型文化企业和文化集团，也要积极扶持富有特色，具有竞争力的中小文化企业发展，引导中小文化企业走“专、尖、特、新”的道路，生产具有吉林省特设文化产业“拳头产品”，办出特色来，求得发展。把文化产业发展落到实处。

（二）深化文化体制改革，创造文化产业的良性发展机制

深化文化体制改革一直是吉林省文化产业发展的最大动因。正是因为政企分开、管办分离的体制改革，才使得全省的文化产业焕发了生机和活力，进入了前所未有的发展时期。然而目前制约文化产业发展的体制性障碍依然存在，作为一种产业，从根本上讲，只有依靠市场需求和自身的活力，才能在市场经济环境中生存

和发展。因此，文化产业发展必须坚持正确政治方向的前提下，从需求中觅市场，从市场中添活力，从活力中求发展，进一步深化文化体制改革，为文化产业的可持续发展创造良好的平台，使吉林省的文化产业发展获得新的动力，进入新的发展阶段。

（三）依托优势，准确定位，制定科学的发展战略

吉林省文化产业要想在短期内继续取得突破性进展，就要切实把握我省的特色优势，扬长避短，确定符合自身实际的正确思路和对策。特别是吉林省农村文化市场有着广泛的发展空间，亟待开发，让全省农民享受像城里人一样精神文化生活，用知识改变命运。如目前我省开展的全民阅读工程的主题就是农民阅读。旨在通过读书、学习，引导农民自我教育、自我提高，更好地适应和谐社会建设对农民的新需求。没有特色的文化，将缺乏内在的创造力和拓展空间，更谈不上在市场环境中求得生存和发展，因此有必要结合产业发展的整体要求来把握特色优势，在找准优势、正确定位的基础上，做出前瞻性和战略性的中长期规划安排，才能确保吉林省文化产业的持续发展、跨越发展。

（四）保护、开发和利用好我省文化资源

吉林省文化底蕴深厚，文化资源丰富。如坐落于我省集安市的高句丽王城、王陵及贵族墓葬，在2004年7月1日列入中国第30处《世界遗产名录》；正在走红的“东北二人转”；长影作为中国电影的摇篮等均已成为我省乃至我国的重要文化资源。进一步发展吉林省文化产业，要注意立足我省文化资源优势，用全新的视野和科学的方法去整合和经营我省文化资源，注重对全省文化产业产品的挖掘和产业价值链的延伸，根据现代市场需要，通过对这些资源进行有效的配置，达到进一步拓宽文化产业竞争力的目的。

（五）不断提升全省文化产业的科技含量

科技在文化产业中的含量，直接影响着吉林省文化产业的竞争力。现代文化需求与信息科技相结合产生新的文化形态，也改变着原有的产业方式。随着现代通讯技术、数字印刷技术、网络技术的发展，将改变新闻出版业的创作方式、编校方式、生产方式、发行方式等，现代高新技术在电视领域的广泛运用，带来了广播电视的数字化。凡此种种，说明运用现代科技成果，提升全省文化产业的科技含量，能够推动文化产业的升级和改造，提高我省文化产业的竞争力。因此，要运用高科技手段，改造和提升传统文化产业，积极引进文化资本、先进的管理和服务理念，以及先进的制作技术，吸纳高技术企业进入吉林省文化市场，提高全省文化产业的技术含量、知识含量和附加值，发掘吉林省艺术表演、电影放映、文物展览、动漫制作以外的附加产值，开发各类文化衍生产品，形成新的文化产业链。

对我省工业生产增速的对比分析

刘莉

编者按：《对我省工业生产增速的对比分析》一文于2009年5月26日以《统计分析》第19期（总第522期）印发。

2008年，由美国次贷危机引发的国际金融危机迅速从局部发展到全球，从金融领域扩散到实体经济领域，受此影响，我国工业经济也出现了明显的下滑，工业生产增速出现了多年未见的一位数增长。在这种宏观经济背景下，国际金融危机对我省工业经济的影响也在进入2008年三季度以后逐渐开始显现，企业订单减少，生产能力萎缩，工业品出厂价格回落，市场需求下降。但是随着国家一系列产业调整和振兴规划的实施，以及省委省政府针对我省实际情况、审时度势出台政策的贯彻落实，今年以来，我省工业生产逐渐回暖，工业企业经济效益降幅逐渐趋缓。

一、我省工业生产和效益增速与全国比较

（一）工业增加值增速与全国比较

2008年6月份以来，我省工业受到国际金融危机的影响，增加值增速经历了较大的波动。2008年6月份同比增长20.2%，高出全国平均增速4.2个百分点，位居全国第12位，2008年12月跌至9.0%，高出全国平均增速3.3个百分点，位居全国第16位。进入2009年，工业增加值增速呈现出止跌回暖的趋势，今年4月份，同比增长12.0%，高出全国平均增速4.7个百分点，位居全国第12位。工业增加值是工业企业生产过程中新创造的价值，因此，工业增加值增速的回升意味着工业生产能力的释放，工业经济生产出现回暖迹象。

与全国增速相比，我省工业增加值增速呈现三个特点：

一是波动趋势基本与全国保持一致，但波动幅度更为剧烈。2008年7月份全国工业增加值增速进入回落区间，7月份增速比6月份回落1.3个百分点，同月我省工业增加值增速比2008年6月份回落4.9个百分点，至同年12月份我省工业增加值增速跌至全年最低，为9.0%。2008年下半年，全国增速呈持续下滑趋势，但我省工业增速在2008年9月份和11月份却有小幅上升，这与我省工业经济外向依存度较低有直

接关系。

二是我省增速一直高于全国水平。2008年11月份我省增速高于全国11.0个百分点，为十一个月来二者最大差距；2008年7月份我省增速高于全国0.6个百分点，为十一个月来二者最小差距。

三是今年以来经济回暖信号更强。今年2月份，我省工业增速达到12.1%，并连续三个月保持了10%以上的增速，工业生产回暖的信号较强。（见表1、图1）

2008年6月份以来吉林省

和全国规模以上工业增加值增速及吉林省位次

表1　　单位：%

	2008年							2009年		
	6月	7月	8月	9月	10月	11月	12月	2月	3月	4月
全　国	16.0	14.7	12.8	11.4	8.2	5.4	5.7	11.0	8.3	7.3
吉　林	20.2	15.3	15.2	17.4	13.2	16.4	9.0	12.1	10.9	12.0
吉林省高于全国（百分点）	4.2	0.6	2.4	6.0	5.0	11.0	3.3	1.1	2.6	4.7
吉林省增速位次	12	19	18	14	13	4	16	14	14	12

图1 2008年6月份以来吉林省与全国工业增加值增速趋势对比

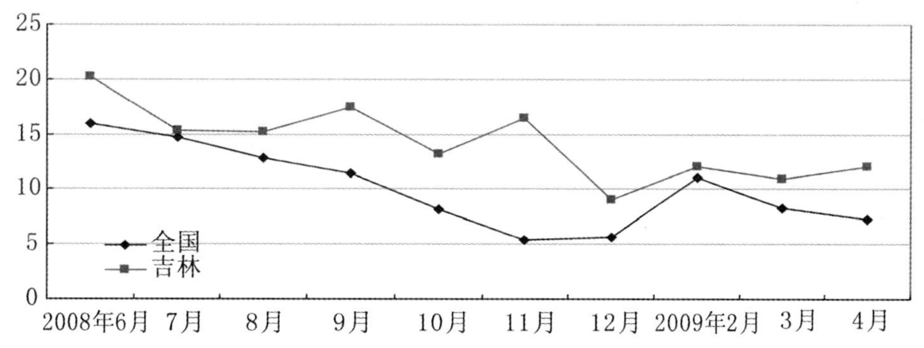

（二）工业效益增速与全国比较

2008年下半年，我省和全国一样工业实现利润增速出现了跳水式下滑。此次国际金融危机的爆发，使得汽车、钢铁和石化工业遭受重创，而上述行业恰是我省的支柱产业，因此，与全国相比，吉林省实现利润同比下降速度更快，幅度更大。直观的表现是实现利润占全国比重和在全国的排位下降。2009年2月份全国和吉林省实现利润分别同比回落37.3%和74.9%，分别低于2008年5月份58.2和127.7个百分点。企业实现利润大幅减少，盈利能力降低，生产经营形势严峻。（见表2、图2）

2008年5月份以来吉林省
与全国规模以上工业实现利润情况及吉林省位次

表2 单位：%

	2008年5月		2008年8月		2008年11月		2009年2月	
	利润	增速	利润	增速	利润	增速	利润	增速
全　　国	10943.99	20.9	18684.95	19.4	24065.98	4.9	2191.31	-37.3
吉　　林	198.79	52.8	292.84	21.4	357.89	-10.2	15.16	-74.9
吉林省占全国比重	1.8		1.6		1.5		0.7	
吉林省位次	19		19		19		23	

图2 2008年5月份以来吉林省与全国规模以上工业实现利润增速趋势对比

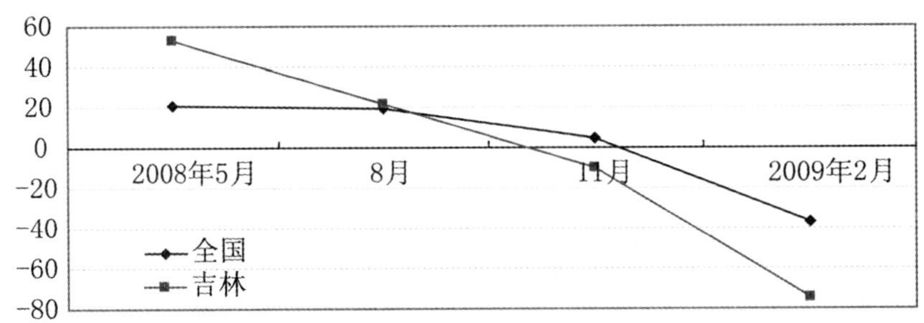

二、我省工业增速与部分省市比较

（一）与辽宁、黑龙江和天津的比较

从与上述三省市的比较中可以看出，吉林省在四省市中增速处于中等水平，东北三省对国际金融危机的反应均出现在2008年7月份，到2008年12月份，辽、吉、黑三省增速分别为9.0%、9.0%和8.9%，这反映出东北三省在产业结构上存在很大相似性。近一年来，天津一直保持较高的增长速度，受到金融危机的影响相对较小，在2008年下半年以来，全国各地工业增加值增速普遍下滑的情况下，天津工业增加值增速仍然保持在20%左右，但实现利润总额在全国位次由2008年5月份的第9位跌至今年2月份第12位。今年2月份以来，吉、辽两省工业经济出现回暖迹象早于黑龙江，但我省增速仍略低于辽宁。（见表3）

2008年6月份以来吉林省与辽、黑、津工业增加值增速对比

表3

单位：%

	2008年							2009年		
	6月	7月	8月	9月	10月	11月	12月	2月	3月	4月
吉　林	20.2	15.3	15.2	17.4	13.2	16.4	9.0	12.1	10.9	12.0
辽　宁	20.2	16.5	17.1	16.9	15.0	9.1	9.0	13.3	14.0	12.0
黑龙江	16.3	14.8	14.6	17.0	9.5	11.2	8.9	2.7	9.1	9.2
天　津	21.7	21.0	20.0	21.3	19.0	20.0	23.0	19.0	23.1	21.1

（二）与江西、广西、山西、陕西、湖南和安徽六省的比较

从与江西、广西、山西和陕西（简称“四西”）的比较中可以看出，我省与“四西”在金融危机的冲击下，工业增加值增速均有所回落，但我省增速波幅相对较小，2008年4月份以来，最高增速与最低增速相差12.9个百分点，江西、广西、山西和陕西最高增速与最低增速分别相差10.9、24.2、44.3和17.6个百分点。当宏观经济形势下滑时，首先受到冲击的是初级产品市场，对以煤炭等矿产资源的生产作为支柱产业的山西省产生严重影响，2009年4月份，山西省工业增加值增速为-26.1%，比2008年6月份低40.3个百分点。

湖南和安徽两省是中部省份中与我省工业经济结构较为相似的省份，汽车、钢铁和能源产业是三省工业经济的支柱产业。通过与湖南和安徽两省的比较可以看

2008年6月份以来吉林省与“四西”、湘、皖工业增加值增速对比

表4

单位：%

	2008年							2009年		
	6月	7月	8月	9月	10月	11月	12月	2月	3月	4月
吉　林	20.2	15.3	15.2	17.4	13.2	16.4	9.0	12.1	10.9	12.0
山　西	14.2	13.9	12.2	4.2	-9.9	-24.5	-19.2	-16.3	-27.7	-26.1
江　西	23.5	22.0	21.0	22.5	20.4	19.8	13.5	16.1	12.9	12.6
广　西	28.7	24.8	19.8	18.5	6.7	10.2	22.9	25.7	19.8	10.9
陕　西	27.5	27.3	24.7	21.6	18.1	9.9	13.2	7.7	13.8	11.3
湖　南	20.2	19.5	19.0	22.1	21.5	19.5	18.5	32.0	17.7	18.0
安　徽	26.3	25.6	19.0	19.1	18.2	14.7	13.9	27.6	16.0	14.5

出，近一年来，我省工业增速基本低于湖南和安徽两省水平。此次金融危机虽然对湖南工业增速影响并不明显，湖南省保持了持续快速增长的态势，2009年2月份更实现了32.0%的高速增长，增速位居全国第二，其“弯道超越”理论显现。金融危机对安徽的影响在2008年末逐渐显露，安徽2008年12月份工业增加值增速为13.9%，低于2008年6月份12.4个百分点。今年以来，湖南、安徽两省工业增加值增速虽然呈现“高开低走”的特点，但速度仍高于吉林省。（见表4）

三、我省工业生产增速与GDP增速比较

一年来，我省工业生产增速始终领先于GDP增速，但两者差距逐渐缩小。规模以上工业增加值占GDP的比重反映了规模以上工业企业在经济中的重要程度。2008年上半年、前三季度和全年，规模以上工业增加值占GDP的比重分别为52.4%、47.1%和38.8%，随着该比重的逐渐回落，说明我省规模以上工业企业对全省经济增长的影响能力有所下滑，金融危机对我省规模以上工业企业的影响较重。今年一季度，规模以上工业增加值占GDP的比重回升至49.8%，虽然仍低于2008年上半年（金融危机到来前）2.6个百分点，但与2008年下半年相比已有明显回升，表明我省规模以上工业企业生产逐渐复苏，工业经济日趋回暖。（见表5）

我省工业增加值与GDP增速对比

表5 单位：亿元，%

	2008年上半年		2008年前三季度		2008年		2009年一季度	
	绝对量	增速	绝对量	增速	绝对量	增速	绝对量	增速
规模以上工业增加值	1248.21	22.0	1889.88	20.4	2491.28	18.6	575.35	10.1
GDP	2384.09	16.5	4008.48	16.0	6424.06	16.0	1155.21	9.1
规模以上工业增加值占GDP的比重	52.4		47.1		38.8		49.8	

底部初显 大企业增速乏力
——当前全省工业经济运行情况分析

张志刚

编者按：《底部初显 大企业增速乏力——当前全省工业经济运行情况分析》一文于2009年6月10日以《统计分析》第20期（总第523期）印发。

据省统计局工业生产月报资料显示，5月份全省规模以上工业实现增加值224.60亿元，按可比价格计算，比上年同期增长11.5%，比上月回落了0.5个百分点，当月增速列全国第14位，比上月回落两位。1—5月份全省工业累计实现增加值1059.25亿元，比上年同期增长11.1%，增速列全国第12位，与1—4月份累计位次相同。

一、5月份全省工业运行情况

国有工业企业生产止住下跌势头。5月份，全省规模以上国有及国有控股工业企业实现增加值98.77亿元，比上年同期增长0.7%，结束了自上年12月份以来连续5个月负增长的情况（其中纯国有企业实现增加值26.99亿元，同比增长8.4%，也是自上年12月份以来首次实现增长）；股份制企业实现增加值135.47亿元，同比增长16.4%；股份合作企业实现增加值0.36亿元，同比增长48.3%；集体企业实现增加值1.75亿元，同比增长14.0%；外商及港澳台商投资企业实现增加值61.98亿元，同比增长0.5%。

支柱产业贡献提高，采矿业整体贡献下降。5月份，全省九大支柱优势行业共实现增加值193.24亿元，比上年同期增长11.2%，拉动全省工业经济增长8.9个百分点，对全省工业生产增长的贡献率为78.0%，比上月提高了13.1个百分点。其中食品工业实现增加值43.48亿元，同比增长19.1%，拉动全省工业经济增长2.9个百分点，对全省工业生产增长的贡献率为25.4%；石化工业实现增加值31.54亿元，同比增长16.9%，拉动全省工业经济增长2.9个百分点，对全省工业生产增长的贡献率为24.9%；交通运输设备制造业本月实现增加值64.46亿元，同比增长7.0%，扭转了连续2个月生产同比下降的状况，拉动全省工业经济增长0.8个百分点，对全省工业生产增长的贡献率为7.0%。5月份采矿业同比增长12.3%，比上月增速下降14.7个百分点，对全省工业生产贡献比上月有较大降幅，由上月的37.7%下降到本月的18.6%，在一定程度上影响了当月速度的提升。

产销衔接水平维持稳定，新产品产值率和出口交货值率降幅仍然较大。5月份，全省规模以上工业企业实现销售产值814.88亿元，同比增长7.7%，工业产品销售率为97.3%，比上年同期增长了2.3个百分点，比上月回落了0.4个百分点，1-5月份累计产销率为96.6%，比上年同期增长了0.5个百分点，产销衔接状况基本稳定。5月份，全省规模以上工业企业实现出口交货值12.06亿元，同比下降39.6%，出口交货值率为1.5%，比上年同期下降了1.2个百分点；实现新产品产值187.87亿元，同比下降0.3 %，新产品产值率为22.4%，比上年同期下降了1.3个百分点。

二、工业增速底部初步形成

工业生产增速趋于稳定。今年2—5月份各月工业生产增速分别为12.1%、10.9%、12.0%和11.5%，增速一直稳定在11%左右。随着国家各项产业振兴规划的陆续实施以及我省各项保增长措施的不断推进，市场消费开始回暖，全省工业企业开工情况趋于稳定，产销衔接状况良好，企业正在按照市场需求变化试探性提升产品产量，在没有新的不利因素影响的情况下，工业生产增速应该不会再有大的降幅，将会以11%为底部开始呈W型振荡回升。（见图1）

图1 08年11月份—09年5月份各月工业生产增速折线图

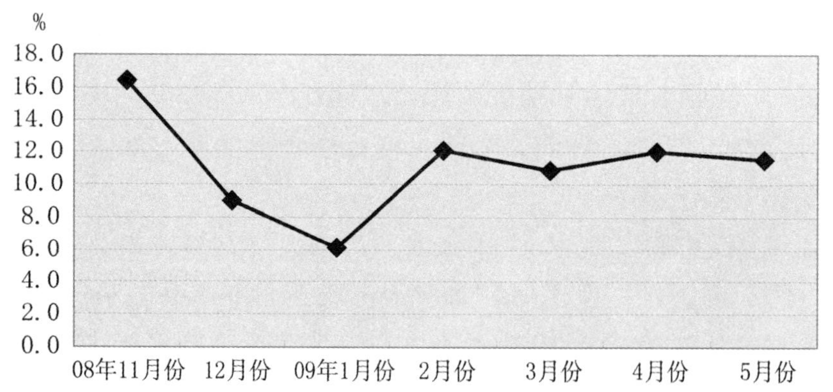

增长的行业不断增多。5月份，在统计的39个大类行业中，生产同比增长的行业有36个，环比增长的有24个。上年11月份至今年5月份，39个大类行业中同比增长的行业个数，各月分别为31个、27个、28个、32个、34个31个和36个，总体来看，从上年末到目前，生产保持增长的行业在逐渐增多。其中增长较快的行业是其他采矿业，皮革、毛皮、羽毛(绒)及其制品业，工艺品及其他制造业，农副食品加工业，印刷业和记录媒介的复制业和文教体育用品制造业。

工业用电量下降幅度收窄。作为工业经济运行重要的先行指标之一，工业用电量的走势是工业经济整体运行状况的直接反映，具有重要的参考价值。今年2月，全省工业用电量同比下降幅度为6.5%，3月份同比下降5.7%，4月份同比下降11.0%，5月份全省工业用电量为27.81亿千瓦时，同比下降4.6%，降幅比4月份缩小6.4个百分点。1—5月份工业用电量的累积降幅缩小至7.1%，工业用电量的回升，表明工业企业开工量和产能正在逐步扩大。

工业利润降幅持续收窄，用工人数不断增加。今年以来，全省规模以上工业利润一直呈同比下降状况，但降幅在逐步缩小，下降幅度由1—2月份累计的74.9%缩小至1—4月份累计的46.8%。1—4月份在统计的39个工业大类行业中，有20个行业实现利润仍比上年同期下降，但有24个行业比一季度时利润增幅回升或降幅减小。同时，工业企业用工人数也在不断增加，2—4月份，全部从业人员平均人数分别增长3.9%、6.8%和4.0%。上述两项指标表明，企业生产的动力在增强。

三、大企业增速依旧乏力

交通运输设备制造业增长缓慢，对全省工业增长贡献仍很低。交通运输设备制造业作为全省工业经济主要支柱，实现增加值在全省工业增加值总量当中的比重一直保持在25%以上，并以其产业链条长、关联度高、拉动作用强等产业特点在全省经济发展当中发挥着至关重要的作用。1—5月份，交通运输设备制造业实现工业增加值257.23亿元，同比下降4.4%，对全省工业的贡献率为-10.4 %，比上年同期下降40.8个百分点，其中汽车制造业实现增加值250.44亿元，同比下降4.4%，对全省工业的贡献率为-10.1%，比上年同期下降38.4个百分点。汽车产业对上游钢铁、塑料、能源以及道路等基础设施建设的拉动和对下游金融、物流、旅游、文化等第三产业带动作用都非常突出，以汽车制造业为主的交通运输设备制造业的增速乏力，使整个工业经济缺少大幅增长的强劲动力。（见表1）

1—5月份交通运输设备制造业增速

表1　　单位：%

	1月	2月	3月	4月	5月
规模以上工业	6.1	12.1	10.9	12.0	11.5
交通运输设备制造业	-14.1	1.2	-4.4	-4.7	3.1
其中：汽车制造业	-14.7	1.9	-4.2	-4.3	3.3

大型企业、国有企业贡献较弱。1—5月份，全省规模以上大型企业生产同比下降1.2%，中型企业同比增长7.8%，小型企业同比增长32.3%；国有控股工业企业生产同比下降4.2%，非公有制企业同比增长29.1%，其中民营工业企业同比增长32.9%。大型企业对全省工业生产的贡献率为-5.3%，比上年同期下降31.6个百分点，而小型企业对全省工业生产贡献率高达91.2%，比上年同期提高了37.2个百分点。国有控股工业企业对全省工业生产的贡献率为-19.1%，比上年同期下降45.7个百分点，而非公有工业企业对全省工业生产贡献率高达119.5%，比上年同期提高29.9个百分点，其中民营工业贡献率为107.0%，比上年同期提高36.7个百分点。在金融危机的冲击下，众多小型企业以及非公有制企业在危急中显示出其经营方式灵活多样以及面对外部环境变化能够快速调整自身生产和销售策略方面的优势，部分大型企业和国有企业则暴露出其受累于自身庞大和复杂的企业结构致使转型和调整较慢的弊端，然而这些大型企业和国有企业在整个工业经济中所占比例很大（大型企业工业增加值总量占全省工业增加值总量的60.5%，国有控股工业企业占全部工业增加值总量的39.8%），这些企业如果不能恢复快速增长，全省工业生产增速难以有大的提升。（见表2）

1—5月份全省工业生产增速

表2　　单位：%

	1月	2月	3月	4月	5月
规模以上工业	6.1	12.1	10.9	12.0	11.5
其中：大型企业	-9.3	-5.2	-4.3	0.5	3.6
中型企业	9.1	15.9	8.3	9.6	5.2
小型企业	31.0	34.3	36.7	29.7	25.6
其中：国有控股企业	-5.8	-1.8	-4.0	-7.4	0.7
非公有制企业	24.7	29.1	27.9	36.2	22.4

新产品产值率和出口交货值率较低。1—5月份，全省规模以上工业实现新产品产值763.70亿元，同比下降6.3%，新产品产值率为21.1%，比上年同期下降2.4个百分点，从行业看，新产品产值率降幅较大的主要行业是造纸及纸制品业、专用设备制造业和仪器仪表及文化、办公用机械制造业。1—5月份全省规模以上工业实现出口交货值59.14亿元，同比下降33.0%，出口交货值率为 1.7%，比上年同期下降0.9个百分点，从行业看，出口交货值率降幅较大的主要行业是皮革、毛皮、羽毛(绒)及其制品业、有色金属冶炼及压延加工业和通信设备、计算机及其他电子设备

制造业。金融危机对产品出口的抑制作用仍然很强，企业对市场发展的信心没有完全恢复，对新产品的投入和生产都较为保守。（见表3）

1—5月份各月全省规模以上工业
新产品产值率和出口交货值率

表3 单位：%

	1月	2月	3月	4月	5月
新产品产值率	21.3	17.6	21.2	22.1	22.4
出口交货值率	1.5	1.6	1.6	2.1	1.5

停产企业户数居高不下。5月份当月停产企业达到613户，比上月增加121户，比上年同期增加298户，停产企业户数占全部规模以上工业企业总数的11.9%，有146户规模以上工业企业年初以来一直没有开工生产。从行业看，电力、热力的生产和供应业停产企业最多，5月份达到82户，其次是交通运输设备制造业71户和食品制造业64户。为了加快全省工业生产增速的恢复，应抓紧了解停产半停产企业当前所面临的困难，加大对这些企业的帮扶力度，助其尽快恢复生产。

1—5月全省经济运行情况分析

综合处

编者按：《1—5月全省经济运行情况分析》一文于2009年6月22日以《统计分析》第21期（总第524期）印发。

1—5月，我省经济继续呈向好发展的势头。主要指标好于全国平均水平，平稳且有所上升是主旋律，反映出“保增长”的各项政策措施逐渐发挥作用；但是，一些相关统计指标与上年同期比较，居全国位次后移的情况似乎说明，面对相同的国内、国际形势，由于我省经济结构、资源条件使然，扭转其态势需要付出更大的努力。

一、基本情况

1—5月份全省经济总体上保持了平稳较快的发展态势，实现规上工业增加值1059.25亿元，同比增长11.1%；实现城镇固定资产投资980.07亿元，增长42.3%；实现社会消费品零售总额1104.42亿元，增长19.0%；实现财政收入177.80亿元，增长11.5%。主要指标的增长速度均快于全国的平均水平。预计今年上半年全省地区生产总值可达到2500亿元左右，增长11%左右。（见表1）

1—5月全省经济发展主要指标完成情况

表1

	吉林省		全国
	完成额	增长	增长
规上工业增加值	1059.25	11.1	6.3
城镇固定资产投资	980.07	42.3	32.9
社会消费品零售总额	104.42	42.3	15.2
地方级财政收入	177.8	11.5	
预计上半年GDP	2500	11	

二、当前全省经济运行的基本特点

（一）工业经济稳步回升

前五个月规模以上工业累计实现增加值1059.25亿元，比上年同期增加21.30亿元，按可比价格计算，同比增长11.1%，为年初以来月份累计增幅最高水平。（见图1）

图1 今年吉林省各月累计规上工业增加值增速

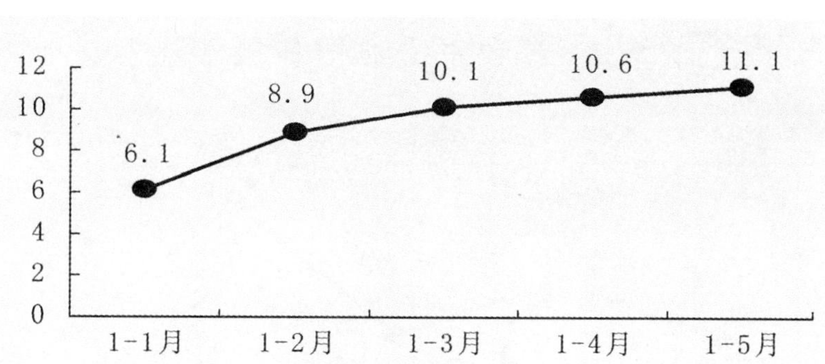

前五个月全省工业经济发展，呈现出四个基本特征：

一是工业生产显露出“U”型回升态势。从去年6月份以来，全省规上工业当月增加值的增速呈下滑态势，从20%以上的速度一直下滑到10%以下，到今年1月份达到最低点，降至6.1%，此后工业生产开始筑底回升，从2月份到五月各月增速分别为12.1%、10.9%、12.0%和11.5%，这表明，全省工业经济在逐步摆脱国际金融危机的冲击和影响的过程中，完成相对高位（两位数增长）的筑底阶段，呈现出“V”型和“U”型的状态，恢复较快增长的势头。（见图2）

图2 近一年吉林省规上工业各月增加值增速

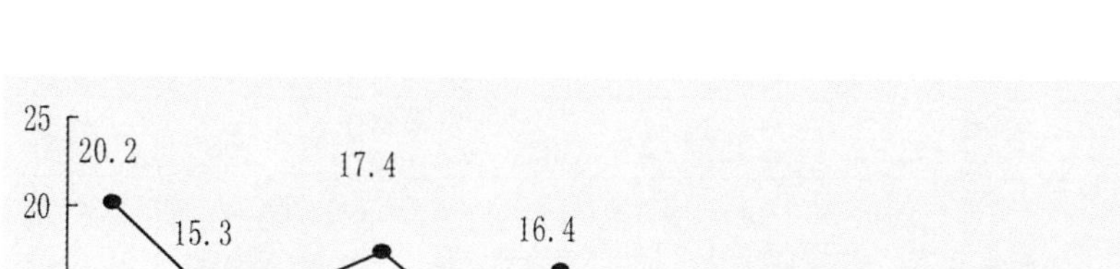

二是重工业回升速度有所加快。5月份全省轻工业生产增速回落，由4月份的31.2%回落到16.1%；重工业生产增速开始加快，由4月份的6.5%提升到9.9%，致使5月份轻工业累计增速与重工业累计增速的差距缩小到15.5个百分点，较4月累计增速差距回落了1.8个百分点，出现了差距缩小的趋势。这种缩小说明，重工业稳步上升的势头显现，由于重工业占我省工业的比重在70%以上，对全省经济后续增长将产生重要影响。（见图3）

图3 前5月各月轻重工业增加值增速对比

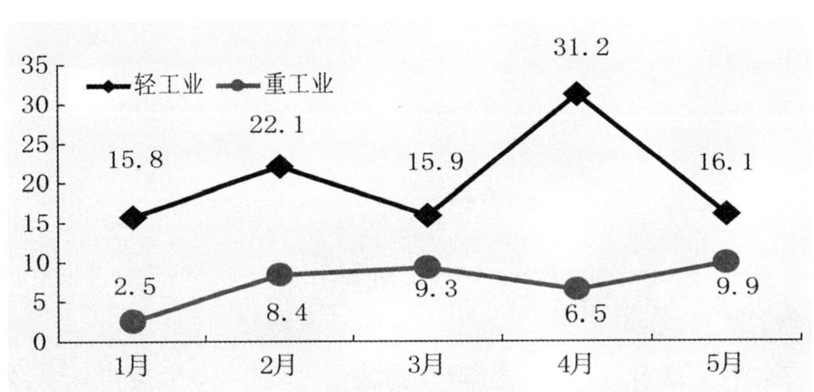

三是小型企业、非公有制企业对全省工业生产贡献突出。1—5月份，全省规模以上大型企业生产同比下降1.2%，中型企业同比增长7.8%，小型企业同比增长32.3%；国有控股工业企业生产同比下降4.2%，非公有制企业同比增长29.1%。小型企业对全省工业生产贡献率高达91.2%，比上年同期提高了37.2个百分点，非公有工业企业对全省工业生产贡献率高达119.5%，比上年同期提高29.9个百分点。（见表2）

1—5月份全省工业生产增速

表2 单位：%

	1月	2月	3月	4月	5月
规模以上工业	6.1	12.1	10.9	12.0	11.5
其中：大型企业	-9.3	-5.2	-4.3	0.5	3.6
中型企业	9.1	15.9	8.3	9.6	5.2
小型企业	31.0	34.3	36.7	29.7	25.6
其中：国有控股企业	-5.8	-1.8	-4.0	-7.4	0.7
非公有制企业	24.7	29.1	27.9	36.2	22.4

四是支柱、优势和特色产业累计增长率逐月加快，贡献水平总体提升。统计数据资料显示，今年1—5月全省工业九大支柱、优势和特色产业累计实现增加值的同比增长率分别为4.8%、6.4%、7.1%、7.7%和8.8%，呈现出逐月加快的基本发展态势，其对全省规模以上工业发展的贡献率分别为66.9%、60.5%、58.7%、59.9%和65.0%，呈现出三月份以后稳定提升的趋势。（见表3）

5月份支柱、优势和特色产业增加值和增长情况

表3

	5月当月		月份累计	
	完成额	增长	完成额	增长
支柱、优势及特色产业合计	193.24	11.2	829.8	8.8
交通运输设备制造业	64.46	3.1	257.23	-4.4
汽车工业	62.57	3.3	250.44	-4.4
石化工业	31.35	16.9	146.69	14.2
食品工业	43.48	19.1	202.66	26.6
医药制造业	13.98	9.1	63.2	19.2
通信设备、计算机及其他电子设备制造业	1.39	32.9	6.85	18.9
冶金工业	13.06	6.5	54.36	-3.4
能源工业（电力生产业）	5.33	-7.6	30.05	-0.5
纺织工业	4.04	19.4	15.31	5.8
建材工业（非金属矿物制品业）	15.98	22.3	53.47	16.3

今年1—5月份，一汽集团汽车产量和产值呈逐月上升趋势。1—5月份，实现产量41.8万辆，完成全年目标44.6%；实现工业总产值760.6亿元，完成全年目标41.6%。按照当前走势预测全年销量可达65.4万辆，比年度目标增加3万辆，并且当前一汽大众库存很低，截至5月末只有5267辆，存在加大产量增加储备的空间，预计全年省属口径产值可实现1905亿元。

在一汽生产好转形势的带动下，我省的汽车产业增长逐步稳定，汽车产量稳定在月均10万辆左右，且增速呈逐月上升的态势。（见表4）

五是工业利润降幅持续收窄。今年以来，全省规模以上工业利润一直呈同比下降状况，但降幅在逐步缩小，下降幅度由1—2月份累计的74.9%缩小至1—5月份累

计的36.8%。1—5月份在统计的39个工业大类行业中，有20个行业实现利润仍比上年同期下降，但有22个行业比1—4月份时利润增幅回升或降幅减小。（见图4）

1—5月份我省各月主要工业品产量情况

表4

	1月		2月		3月		4月		5月	
	产量	增长%	产量	增长%	产量	增长%	产量	增长%	产量	增长%
汽车万辆	5.24	-31.5	6.19	47.5	10.00	0.1	10.53	3	9.95	7.3
钢材万吨	57.16	-6.3	57.24	-4.1	60.67	-17.4	76.1	11.2	83.03	22.2
水泥万吨	78.48	-11.7	123.71	-18.8	271.8	17.5	1024.78	12.7	448.92	45.3

图4 今年各月累计工业利润增长情况

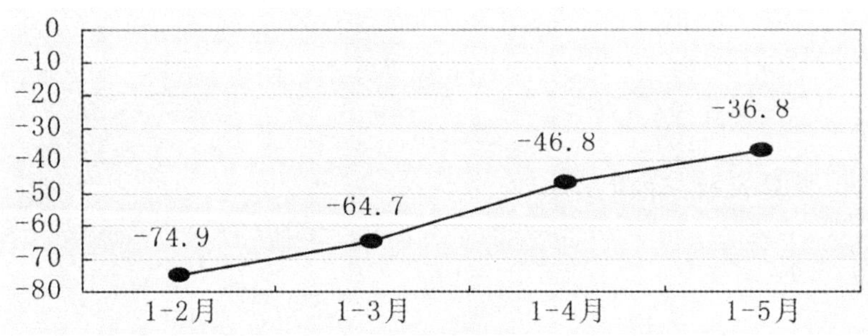

（二）固定资产投资平稳高速增长的势头强劲

1—5月，全省城镇固定资产投资完成980.07亿元，比上年同期增长42.3%，增幅比全国平均水平高9.4个百分点，增速仍在全国排第13位。和临近的黑龙江省比，我省城镇固定资产投资增速虽慢于龙江省8.5个百分点，但投资总量比龙江省多442.03亿元，占全国的比重为1.8%，比黑龙江省高0.8个百分点。和相关省市比，增速高于山西14.9个百分点，高于湖南4.8个百分点，低于天津3.9个百分点、辽宁7.1个百分点、江西2.8个百分点、广西12个百分点、陕西11.2个百分点。自2007年以来，全省投资增速除今年1—2月和1—3月受金融危机的影响为28.0%和34.8%以外，一直保持40%以上的高速增长，且一直高于全国平均水平。在连续四年扩大投资，基数已经比较高的基础上，增速仍能保持在40%以上，足见全省上下为保增长、扩大投资方面所作的努力。

具体来说，当前我省固定资产投资主要表现出如下特点：

1．制造业投资高速增长。1—5月，全省制造业完成投资462.43亿元，增长

59.2%，占全部城镇固定资产的47.2%，占工业投资的76.6%。

2．**港澳台商投资增长2.5倍**。1—5月，全省港澳台商投资13.99亿元，增速高达253.8%。外商投资18.73亿元，增长29.8%。

3．**资金来源保障较好**。1—5月，投资到位资金1157.01亿元，同比增长49.8%。其中：国家预算内资金60.31亿元，增长1.9倍；国内贷款100.29亿元，是去年同期的1.4倍；而自筹资金880.20亿元，虽然仅增长36.2%，但是占全部资金来源的比重达到76.1%。

4．**新开工项目完成投资比重达56.9%，扩大投资后劲增强**。新开工项目完成投资557.67亿元，增长1.29倍。主要集中在制造业，增长1.21倍；电力、燃气及水的生产和供应业，增长2.58倍；交通运输、仓储和邮政业，增长7.26倍；批发和零售业，增长2.04倍；科学研究、技术服务和地质勘查业，增长1.37倍；卫生、社会保障和社会福利业增长1.33倍。

5．**中央扩大内需的项目投资所占比重较小**。扩大内需项目完成投资9.26亿元，其中城镇8.10亿元，投资比重仅为2.2%和2.1%。

6．**房地产市场低位运行**。一是房地产投资增幅不高。1—5月份，完成投资85.71亿元，同比增长8.1%。二是房屋施工面积保持增长，竣工面积下降。1—5月份，全省房屋施工面积1996.75万平方米，同比增长9.14%。其中，新开工面积711.37万平方米，同比增长9.19%。房屋竣工面积49.79万平方米，同比下降24.45%。购置土地面积126.8万平方米，同比增长7.39%。三是商品房交易量持续上涨。根据各地房屋交易管理部门的即时统计，1—5月份，全省商品房销售442.49万平方米，同比增长8.85%。其中，商品住宅销售383万平方米，同比增长12.63%。二手住宅交易277.77万平方米，同比增长14%。四是房屋价格稳中有升。1—5月份，全省商品房销售价格2724元/平方米，同比增长9.66%；其中，商品住宅销售价格2570元/平方米，同比增长15.94%。二手住宅交易价格1281元/平方米，同比增长13.07%。

（四）全省消费热度不减，农村消费品市场持续繁荣活跃

1—5月我省实现社会消费品零售总额1104.42亿元，同比增长18.1%，增幅比全国平均水平高3.1个百分点，扣除价格因素可达到19.7%。今年2月、3月、4月、5月社会消费品零售总额的增幅分别是17.6%、17.4%、17.0%和19.0%，保持了17%以上的高位平稳的运行态势。主要表现在：

一是惠农政策持续拉动农村消费品市场。今年以来全省家电下乡产品销售稳步加快。截止6月15日，我省家电下乡产品销售量已达6万多台（部），销售金额为1.83亿元。

汽车下乡补贴政策收到了良好的成效，农村汽车销售快速增长。截止6月10日，

仅一汽集团汽车下乡产品在我省销售量就达到1.05万台，比上年同期增长90%，其中微型车、轻型车增长4倍，虽卡车销售量有所下降，但远远低于全国平均降幅。我省支出汽车下乡补贴资金近8000万元。

在惠农政策的带动下，前五个月全省县及县以下实现零售额248.26亿元，同比增长20.2%，高出全省平均水平2.1个百分点。2月、3月、4月、5月，全省县及县以下实现零售额同比增长分别为24.5%、23.8%、23.2%和26.2%，累计增速始终保持23%以上的水平，高于全省平均水平7个百分点左右，农村市场持续繁荣活跃。

二是热点消费热度不减。受消费结构升级影响，热点商品继续热销。据对我省限额以上批发零售业企业统计，1—3月、1—4月、1—5月，汽车类零售额同比增长分别为25.2%、25.9%和25.1%，构筑了25%的增长平台；文化办公用品类零售额同比增分别为长88.7%、79.9%和71.5%，实现了70%以上的持续增长；家具类零售额同比增长分别为38.9%、31.6%和26.4%，保持了25%以上的持续增长；建筑及装潢材料类零售额同比增长分别为21.2%、14.3%和17.2%，总体保持较高增长态势；体育、娱乐用品类零售额同比增长分别为30.9%、27.5%和24.1%，维持20%以上的增长幅度。

三是住宿餐饮业继续领跑消费品市场。受假日经济及旅游业快速发展的影响到，住宿餐饮业持续快速发展。1—2月、1—3月、1—4月、1—5月住宿餐饮业零售额同比增长分别是23.8%、24.6%、23.2%和22.6%，累计增速始终保持23%左右的水平，高于全省平均水平5个百分点左右，维系高位平台运行。

（五）利用外资稳定增长

1—5月，我省实际利用外资 12.18亿美元，同比增长10.2%，1月、1—2月、1—3月、1—4月和1—5月实际利用外资同比增长分别为17.4%、12.4%、7.2%、9.2%和10.2%，总体上实现了波动中的稳定增长；其中外商直接投资4.25亿美元，同比增长9.66%。

（六）支撑经济发展的保障能力进一步增强

一是交通货物运输保障能力不断加强。1—5月份，全省完成铁路货物发送量2698万吨，完成铁路货物周转量225.5亿吨公里，铁路货运能力大大提高。完成公路货物发运量8883万吨，完成公路货物周转量202.1亿吨公里。完成民航货物发送量0.65吨，完成民航货物周转量0.16亿吨公里。

1—5月份，全省实现邮电业务总量204.8亿元，比上年同期增长11.0%，其中，实现邮政业务总量8.2亿元，比上年同期增长14.3%；实现电信业务总量196.6亿元，比上年同期增长10.9%。实现互联网接入用户207.2万户；移动电话用户达到1478.8万户，比上年同期增长8.6%。

二是财政收入实现较快增长，民生支出得到进一步保障。伴随着经济的持续稳定发展，我省地方级财政收入也实现了较快增长。据省财政厅提供的数据资料显示，今年1—5月，全省累计实现地方级财政收入177.8亿元，比上年同期增收18.4亿元，增长11.5%，1月、1—2月、1—3月、1—4月和1—5月地方级财政收入增长分别为2.9%、10.1%、10.6%、11.2%和11.5%，增幅逐月提高。其中，实现税收收入130.8亿元，同比增收0.9亿元，增长0.7%；实现非税收入47.0亿元，同比增收17.5亿元，增长59.3%。

1—5月，全省累计完成财政支出450.9亿元，比上年同期增支104.3亿元，增长30.1%。其中，事关民生的项目支出都有较高的增幅，公共安全支出21.5亿元，增长5.9%；教育支出66.7亿元，增长12.4 %；科学技术支出4.2亿元，增长28.3%；文化体育与传媒支出8.6亿元，增长28.6%；社会保障和就业支出 87.1亿元，增长55.5%；医疗卫生支出22.8亿元，增长42.0%；环境保护支出14.0亿元，增长3.2倍；城乡社区事务支出23.9亿元，增长16.7%；农林水事务支出35. 1亿元，增长63.6%；交通运输支出13.3亿元，增长1.9倍。

三是金融信贷规模扩大，支持发展作用增强。据中国人民银行长春中心支行提供的统计数据显示，截至5月末，我省金融机构本外币存款余额达到7684.2亿元，比年初增加1240.9亿元，其中，城乡居民储蓄存款余额4507.2亿元，比年初增加525.6亿元。截至5月末，全省金融机构本外币贷款余额5834.9亿元，比年初增加937.9亿元。其中，短期贷款余额2819.98亿元，比年初增加 521.1亿元；中长期贷款余额2539亿元，比年初增加198.5亿元。

三、主要问题

（一）加快发展的经济结构有待优化

我省是老工业基地，粗放型增长方式还很明显、从产业组织结构看，产业发展

2009年1—5月省内四大城市与四大骨干企业比较

表5 单位：万元、%

地　区	工业增加值		重点企业	企业总产值	
	增　速	占全省比重		增　速	占全省比重
长　春	2.6	2.6	一汽集团（含大众）	-9.4	45.6
吉　林	6.7	6.7	吉化公司	-21.3	23.7
通　化	1.9	1.9	通　　钢	-45.6	22.2
松　原	6.1	6.1	吉林油田	-53.2	16.5

还主要依靠一汽、吉化、通钢和油田等大企业，仅一汽集团产值占全省交通运输设备制造业的比重就达到了72.1%，一两户大企业“感冒”，全省经济跟着“发烧”，产业互补性和抗波动能力相对较弱。从区域结构看，市区经济实力比较强，县域经济发展相对较弱。从所有制结构看，中小企业特别是民营经济总体发展依然较弱。1—5月份，我省规模以上工业私营企业创造产值891.18亿元，同比增长34.2%，占全省工业产值的24.5%。（见表5）

（二）加快发展的外贸依存度依然较低

主要特征在于外贸进出口规模小，结构相对单一，还处在尚不发达的较为落后的状态。1—5月份，累计实现外贸进出口总值38.67亿美元，比上年同期下降27.6%，降幅大于全国平均降幅2.9个百分点。从经济发展的对外关联度看，2008年，我省外贸依存度仅为14.4 %，远远低于全国59.2%的水平，表现出了我省对外经济贸易上的巨大差距。

（三）加快发展的创新能力和产品竞争力不强

从我省的技术结构看，高新技术产品少，企业技术水平不高，80%以上企业没有自主创新能力，新产品竞争力较弱。1—5月份，实现新产品产值187.87亿元，同比下降0.3%。新产品产值率为22.4%，同比下降1.3个百分点。

（四）农产品加工业及畜牧业形势严峻

虽然农产品市场需求和价格稳步回暖，但是作为我省农产品深加工主要行业的淀粉和酒精生产企业仍没有摆脱亏损的经营状态。农产品加工企业资金短缺，特别是中小企业融资难，出口形势严峻等问题短期难以改善，对全省的农产品深加工企业产生很大冲击。此外，自年初以来，生猪价格呈下行态势，加上饲养成本提高，生猪生产形势不容乐观。

四、对策建议

（一）加快八大产业整体跃升

国家为扩大内需，相继出台了新增4万亿元投资、追加银行信贷规模等诸多保增长的政策措施，同时，出台“十大产业调整和振兴规划”，我省重点产业的发展与国家调整结构方向相吻合，我省应紧紧抓住国家实施十大产业调整规划的有利时机，以市场为导向，以加快八大产业发展为重点，加大政策扶持力度，动员各方力量，集中有效资源，加大投入力度，实现“弯道超越”，推动全省八大产业整体跃升。

（二）实施大企业集团发展战略

大力推动优势企业兼并重组，实施低成本扩张，组建跨行业、跨地区的大型企业集团。鼓励企业走出去、引进来，进行资源战略组合，促进企业发展壮大，提高竞争能力。鼓励大型企业集团多元化发展，延伸产业链条，拓宽发展领域，实现产能有序衔接。鼓励大型企业集团围绕研发、设计、制造、管理、品牌、市场等方面，加强核心竞争能力建设。优化资源配置，在政策和要素资源上要向大企业集团倾斜。

（三）增强企业创新能力

加快建立以企业为主体，以市场为导向，产学研相结合的技术创新体系。建立多种形式的产学研合作平台和产业技术联盟。以新产品开发为重点，大力推进企业技术创新。把经济发展方式由投资与资源拉动为主，转变为消费与技术拉动为主，由要素投入拉动为主转变为技术拉动为主，实现由规模速度型发展向速度效益型发展的转变。促进企业增强自主创新能力，在资金、政策上采取更加有力地措施，大力支持自主创新，争取在一些能源、环境、农业、信息等领域实现关键技术或核心技术的突破，取得一批拥有自主知识产权的技术和产品。要通过增加投入，形成一批拥有核心技术的产品和竞争力强的企业群体。

（四）加大对外开放合作力度

扩大对外开放是我省经济社会发展中必须长期坚持的重要战略。当前，要抓住新一轮全球产业结构调整的有利时机，积极参与国际化分工与协作。切实把调整和优化产业结构、产品结构同大力发展外向型经济紧密地结合起来，适应国际市场的需要，加强出口基地建设，引导、鼓励企业加大出口，尽快实现我省由主要以基础原材料产品出口向主要以工业高技术终极产品出口的转变，从根本上改变我省出口产品结构过于单一的现状。进一步加大招商引资力度，在发展高端产业上，要大力引进战略投资者，尤其对引进世界500强投资项目、研发中心和地区总部项目，在政策上要给予重点倾斜。

（五）调整优化畜牧产业结构做大做强农产品加工业

要本着“发挥优势、培育特色、形成规模、提高档次、注重实效”的原则，进一步调整优化畜牧产业结构，重点发展具有市场潜力的优势畜牧产品，发展具有一定规模和效益的畜牧业生产大户，加大对农村养殖户信贷投入。做大做强农产品加工业，涉农金融机构和信用担保机构要开展与农业产业化龙头企业的项目对接活动，在风险可控的前提下，满足龙头企业合理的资金需求，稳步增加对龙头企业的投放规模，促进农业产业化企业和农产品加工业平稳较快发展。

抓住汽车制造业企稳时机
促进全省工业快速发展

张志刚

编者按：《抓住汽车制造业企稳时机 促进全省工业快速发展》一文于2009年6月25日以《统计分析》第22期（总第525期）印发。

汽车制造业做为我省支柱产业之首，以其产业链条长、关联度高、拉动作用强等产业特点在全省经济当中发挥着至关重要的作用，可以说汽车制造业的发展状况直接决定了全省经济的发展态势，全省工业经济何时能够重新回到金融危机前高速发展的水平，很大程度上取决于汽车制造业何时能够重新步上快速增长的轨道。

一、汽车制造业发展企稳回升的主要特征

（一）月产量已经达到上年最好水平

据省统计局生产月报资料显示，3—5月份全省汽车月产量分别为10.00万辆、10.53万辆和9.95万辆，连续3个月产量保持在10万辆左右，已经达到上年最好水平。这3个月实现增加值分别为58.95亿元60.05亿元和62.57亿元，同比增速分别为-4.2%、-4.3%和3.3%，从增速来看，全省汽车业仍增长缓慢，这是由于上年3-6月份是2008年汽车生产最为旺盛的4个月份，从7月份开始汽车产量开始大幅回落，如果汽车生产下半年仍能保持前几个月的势头，那么汽车制造业增速将开始快速回升。(见图1)

（二）汽车制造业的增速提升将带动全省工业增速特别是长春市工业增速的加快回升

汽车制造业增加值在我省规模以上工业增加值当中的比重一直保持在25%以上，2007年和2008年全年汽车制造业生产对全省工业生产增长的贡献率分别达到35.4%和19.6%。经测算，当前汽车制造业每增长1个百分点能够直接拉动全省工业生产增长0.25个百分点，如果考虑到汽车产业对上下游产业的带动作用，这个拉动力量实际还要更大。我省汽车制造业产值90%集中在长春市，汽车制造业在长春市

工业经济中的比重接近60%，汽车制造业的发展速度，对长春市工业生产增长的影响更为突出。经测算，长春市汽车制造业每增长1个百分点，能够直接拉动长春市工业生产增长0.56个百分点，汽车制造业的增速回升将会带动全省工业经济特别是长春市工业经济增长速度的快速提升，使长春市摆脱近半年来工业增速低迷的状况。（见图2）

图1 08年3月—09年5月各月汽车制造业实现增加值及增速

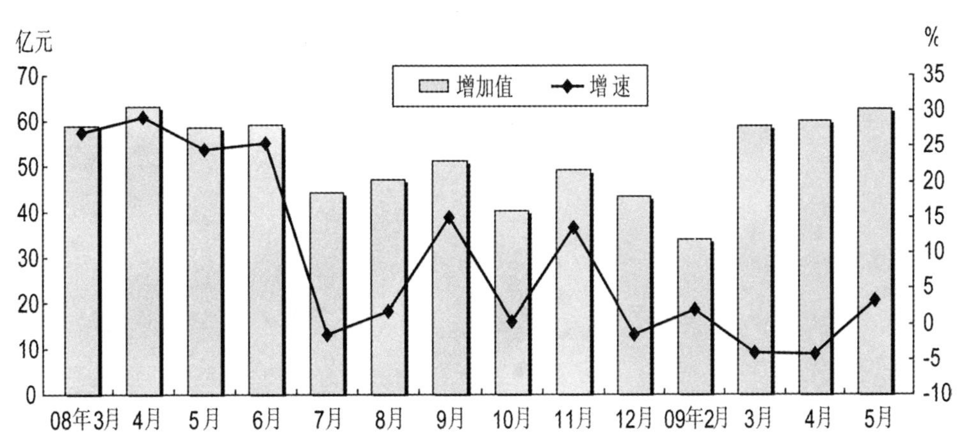

图2 08年6月—09年5月各月份增加值增速折线图

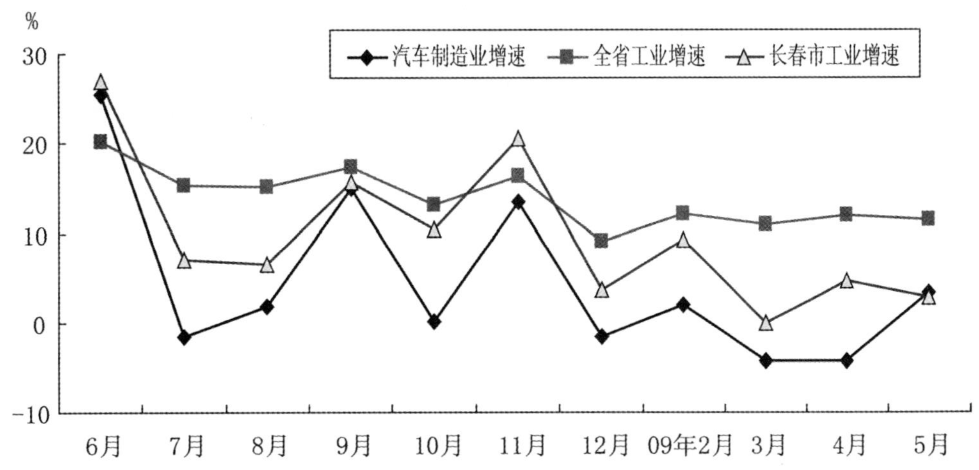

（三）效益下滑趋势得到有效遏制

1—5月份，全省汽车制造业实现销售收入875.85亿元，同比下降4.1%，降幅比1—4月份缩小了20.9个百分点，比1—3月份降幅缩小了13.5个百分点，比1—2月份降幅缩小了17.5个百分点。实现利润总额64.44亿元，同比下降8.3%，比1—4月份降幅缩小了32.6个百分点，比1—3月份降幅缩小了57.4 个百分点，比1—2月份降幅缩小了73.8个百分点，降幅呈逐月收窄的态势。汽车制造业利润下滑的趋势得到了遏制，全省工业利润降幅也开始逐渐缩小，从1—2月份的74.9%，缩小至1—5月份的36.8%。汽车制造业盈利能力的回升，带动了全省工业利润的稳步回升。（见图3）

图3 1—5月份各月累计利润增速折线图

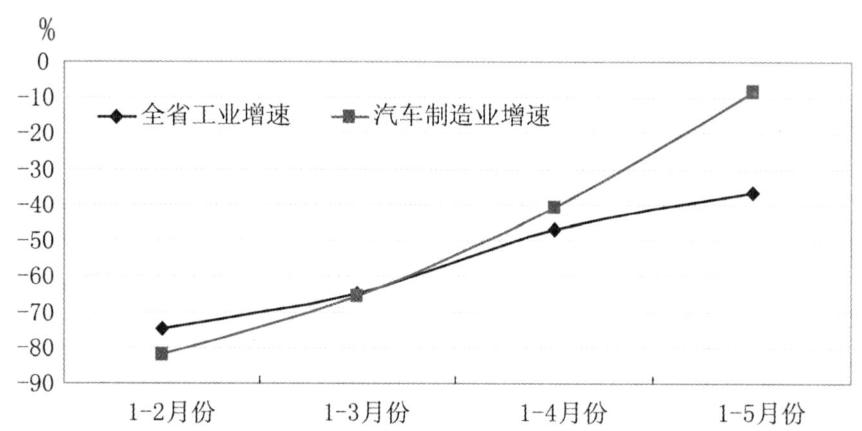

（四）汽车制造业产销衔接维持在较高水平，新产品产值率有所提高

5月份当月汽车制造业产销率为97.8%，1—5月份累计产销率为97.3%，分别比全省规模以上工业平均产销率高0.5 和0.7个百分点。金融危机以来，我省汽车制造业适时调整生产计划，各项应对措施果断有效，使产销衔接一直稳定在比较高的水平，产品没有大量积压，库存量较低，保证了现金流的稳定，使经营风险得到了有效控制。5月份当月汽车制造业新产品产值率为54.8%，比上年同期提高了0.3个百分点，1—5月份累计新产品产值率为55.8%，比上年同期提高了2.9个百分点，新产品产值率的提升，是汽车生产企业信心恢复，对市场进行开拓探索的积极信号。

（五）中小排量轿车产量回升较快

以私家车为主的民用车消费成为拉动汽车产业增长的主要力量，经济实惠、节能环保的小排量车型正在占据汽车销售主力军的位置。5月份，1升—1.6升排量轿车产量已经达到37618辆，比上年同期增长11.3%，比上年全年平均月产量提高54.4%，并且呈逐月上升态势；2.0升—2.5升排量轿车产量为29633辆，比上年同期增长6.0%，比上年全年平均月产量提高23.5%；2.5升—3.0升的大排量车型产量为255辆，比上年同期下降83.2%，比上年全年平均月产量下降83.9%。（见图4）

图4 08年6月—09年5月各月三种排量轿车产量柱状图

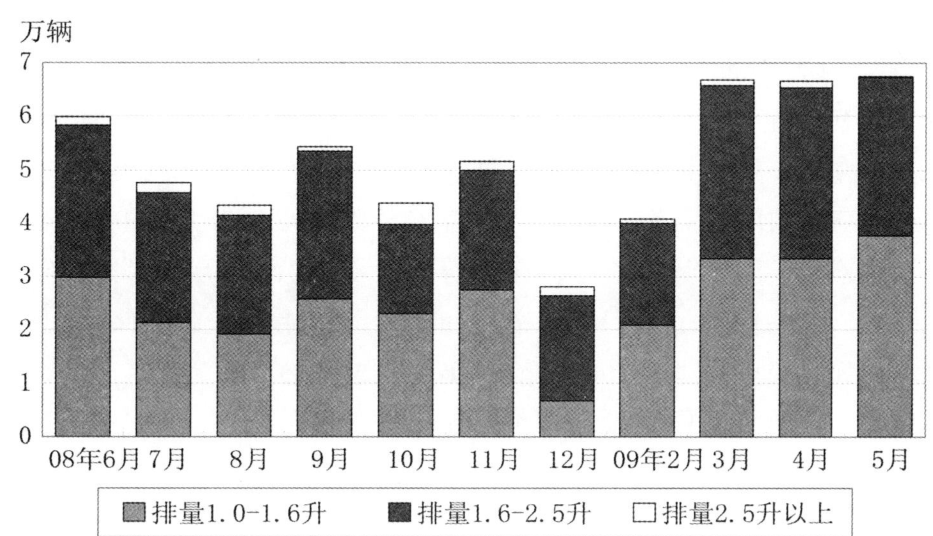

二、当前应重点把握的几个问题

广阔的国内汽车消费市场存在巨大的刚性需求，汽车产业复苏并重新回到快速增长的轨道只是时间的问题，在下一轮高速增长时期到来之前，我省汽车制造业需要把握当前时机，做好多方面的准备。

（一）理性看待国内外风起云涌的兼并重组热潮

国内汽车产业多年来粗放式发展，大大小小的汽车生产企业遍布全国，产能的相对过剩和众多小企业缺乏竞争优势的现实导致汽车制造业进入新一轮兼并、重组时期来淘汰落后的产能，小型汽车生产企业已经无力应对日趋复杂激烈的汽车市场竞争，或退出市场或遭到兼并重组，国家前不久出台的《汽车产业振兴规划》中也明确提出支持建立几个大型汽车企业集团，减少小型汽车企业数量。国外汽车企业由于受到金融危机的冲击非常猛烈，美欧市场急剧萎缩，很多国际车企寄希望予中国市场。很多国内企业意识到这是一个难得的把企业做大的历史机遇，伺机而动，准备逆势起飞。这其中隐藏的陷阱我们不能忽视，兼并重组要背负起被兼并重组企业的历史欠账和诸多遗留问题，国内企业长期积累的技术和管理缺陷，国外企业高昂的经营成本和沉重包袱，这些问题如果不能有把握妥善解决和应对，兼并、重组了这样的企业有可能得不偿失。长春市已经制定了到2010年汽车产能达到200万辆的产业规划，届时长春市单个城市汽车产能将成为世界第一，如何把这项工作做好，把这些产能消化好应当是我们当前首要考虑的问题。一汽集团与德国大众和日本丰田这两家世界顶尖汽车制造企业保持着长期稳定的合作关系，在金融危机的背景下，这两家公司都把战略中心向中国转移，我们应该抓住这个机遇，让他们把先进的技术和管理经验引进来，缩短我们与世界顶尖技术特别是汽车关键零部件核心技术和企业管理方面的差距，加快我们的自主品牌发展速度。

（二）继续提升产业特色优势，着力解决发展瓶颈桎梏

我省汽车制造业经过多年的发展与积累，已经成为国内最大的汽车综合生产基地。国内最大整车生产企业一汽集团总部坐落在长春市，一汽集团先后与大众、丰田、马自达三家国际知名汽车生产企业合资合作，使我省汽车整车无论从产量还是质量方面都领先于国内其他地区，在政府的支持和引导下，我省已经初步形成了汽车产业集群，这些优势是我们长期奋斗和积累的结果，一定要保持和继续提升。但同时也要看到，企业自主设计研发能力仍然较弱，合资品牌和自主品牌的轿车设计都来自国外，核心零部件的设计和生产还是依赖国外厂商，汽车电子技术起步较晚；多数配套企业从事的是一些技术含量低、附加值小的低端产品的生产，并且产品雷同现象较为普遍；产业链条较短，汽车产业对第三产业的带动作用没有充分发挥出来，物流、信贷、金融、保险、租赁、营销等衍生服务行业起步较晚、发展较慢，这些问题严重制约了我省汽车产业的继续发展，要使我省汽车产业发展再上一个台阶，要把这些问题尽快解决好。

（三）注重汽车产业基地“软环境”建设

当前，国内的汽车普及率正在快速提升，汽车已经不仅仅是代步工具，更是懂车和爱车人士交流的媒介，国内汽车俱乐部等汽车组织发展刚刚起步，大都是通过网络组织起来的，有实体的汽车俱乐部还很少；目前国内汽车改装和汽车装饰、汽车彩绘等汽车艺术都处萌芽阶段，缺少有影响力的有组织的改装车和汽车艺术展示会；国内赛车运动也是刚刚兴起，缺少专业的汽车赛事组织、策划机构，包括赛车队（手）和汽车企业对赛车运动的商业运作思路还不清晰、不成熟。汽车赛事作为一种竞技活动，在带来赢胜观的同时，本身所具有的高凝聚力、高关注力、高持久力等特点，其蕴藏着巨大的商业价值，是汽车企业提高自身品牌形象的绝佳机会。吉林省如果能够结合自身特点，及时抓住这些机遇，就会在汽车城市软环境建设方面走在全国前列。此外，建立顺畅有序的公路交通环境、和谐健康的交通执法者与交通参与者的关系，树立一个造车可靠、用车文明的汽车城形象，也会提升汽车产业发展的软实力，提高我省汽车产业的竞争力。

吉林省工资增速放缓 工资差距呈缩小趋势

张丹

编者按：《吉林省工资增速放缓 工资差距呈缩小趋势》一文于2009年6月29日以《统计分析》第23期（总第526期）印发。

工资是劳动者的价值体现，是反映经济发展的重要民生指标。2008年，在全球金融危机的大背景下，吉林省宏观经济仍保持平稳发展，职工工资增速放缓，工资差距呈现缩小趋势。

一、工资增速比上年回落9.2个百分点

2008年，吉林省城镇单位（不含私营单位）在岗职工平均工资为23486元，同比增加2973元，增长14.5%，工资水平居全国第27位，位次比上年下滑了2位。工资增幅比上年回落了9.2个百分点，增速居全国第25位。工资水平低于全国平均水平5743元，增幅低于全国平均水平2.7个百分点，是近四年来增速最低的一年。（见表1、表2）

近年来吉林省工资增长及在全国位次情况

表1

	工资水平（元）	位次	增速（%）
2005年	14409	28	15.9
2006年	16583	27	15.1
2007年	20513	25	23.7
2008年	23486	27	14.5

（一）国有单位工资增速回落12.4%

从不同经济类型单位的职工工资增长情况看，2008年全省国有单位职工平均工资24754元，同比增加3088元，增长14.3%，增幅比上年回落12.4个百分点；城镇集体单位平均工资为12761元，同比增加1626元，增长14.6%，增幅比上年略有上升；

其他经济类型单位22813元，同比增加2823元，增长14.1%，增幅比上年回落1.7个百分点。（见表3）

与八省市工资增速对比情况

表2

地　区	增速				平均增速
	2005年	2006年	2007年	2008年	
辽　宁	16.1	13.2	18.2	19.5	16.7
黑龙江	15.1	14.2	17.5	18.9	16.4
陕　西	13.6	14.3	25.9	21.8	18.8
江　西	15.4	13.9	18	14.1	15.3
广　西	13.9	16.8	21.2	17.2	17.2
山　西	20.9	17	17.6	20	18.9
天　津	16.2	13.5	21.8	19.5	17.7
湖　南	12.4	14	20.6	15.5	15.6
吉　林	15.9	15.1	23.7	14.5	17.2

2008年吉林省不同经济类型单位职工工资及增长情况

表3　　单位：元，%

	在岗职工平均工资	增幅	增幅比上年增减
全部	23486	14.5	-9.2
国有单位	24754	14.3	-12.4
城镇集体单位	12761	14.6	0.8
其他经济类型单位	22813	14.1	-1.7

2008年吉林省国有单位从业人员168.4万人，占城镇单位从业人员的64.3%，其工资增速回落12.4%，直接影响了全省工资水平的增长。

（二）企业、事业、机关工资增幅均有所回落

2008年，吉林省企业单位在岗职工平均工资为23404元，同比增加3232元，增长16.0%，增幅比上年回落3.9个百分点；事业单位在岗职工平均工资为20395元，同比增加2707元，增长13.3%，增幅比上年回落15.6个百分点；机关单位平均工资为25217元，同比增加2123元，增长9.2%，增幅比上年回落22.8个百分点，工资增幅低于企业7.4个百分点，低于事业4.1个百分点。（见表4）

2008年吉林省不同经济类型单位职工工资及增长情况

表4　　单位：元，%

	在岗职工平均工资	增幅	增幅比上年增减
全省	23486	14.5	-9.2
企业	23404	16.6	-3.9
事业	23102	13.3	-15.6
机关	25217	9.2	-22.8

（三）各行业职工工资增速普遍放缓

2008年，吉林省各行业的职工工资增速普遍放缓。在国民经济19个行业门类中，有14个行业的职工工资增幅低于上年。其中：公共管理和社会组织的工资增幅比上年

2008年吉林省分行业职工工资及增长情况

表5　　单位：元，%

	工资水平	增幅	增幅比上年增减
全省	23486	14.5	-9.2
农林牧渔业	12100	28.2	8.4
采矿业	29260	18.1	6.0
制造业	23867	14.2	-10.6
电力、燃气及水的生产和供应业	28901	12.6	-6.6
建筑业	16314	14.0	-2.3
交通运输和仓储邮政业	24158	18.8	5.6
信息传输、计算机服务和软件业	30465	0.1	-13.4
批发和零售业	17743	15.1	-2.9
住宿和餐饮业	14714	17.5	7.3
金融业	32335	14.2	-10.6
房地产业	18657	10.3	-4.3
租赁和商务服务业	23057	11.1	-12.5
科学研究、技术服务和地质勘查业	30381	16.0	-14.7
水利环境和公共设施管理业	15407	16.6	-0.5
居民服务和其他服务业	13858	5.4	5.6
教育	26437	12.9	-17.9
卫生、社会保障和社会福利业	22642	13.2	-16.0
文化、体育和娱乐业	21865	12.2	-11.6
公共管理和社会组织	24765	8.8	-22.3

回落22.3个百分点；教育，科学研究技术服务和地质勘查业，卫生、社会保障和社会福利业，金融业，制造业，文化、体育和娱乐业，租赁和商务服务业，信息传输、计算机服务和软件业等8个行业工资增幅比上年回落10余个百分点。（见表5）

（四）各市州的工资增幅均有所回落

2008年，全省9个市州的工资增幅与上年相比都有不同程度的回落。其中通化市的工资增幅比上年回落19.5个百分点，吉林市的工资增幅比上年回落16.2个百分点，松原市的工资增幅比上年回落了10.9个百分点。（见表6）

2008年各市州职工工资及增长情况

表6　　单位：元，%

	工资水平	增幅	增幅与上年相比
全　省	23486	14.5	-9.2
长春市	26969	11.5	-9.7
吉林市	27116	17.7	-16.2
四平市	18229	17.7	-7.8
辽源市	18785	8.7	-5.9
通化市	18627	7.5	-19.5
白山市	20454	22.0	-5.8
松原市	27095	18.0	-10.9
白城市	16127	16.0	-1.5
延边州	19342	16.8	-2.0

二、工资差距呈现缩小趋势

2008年，在吉林省职工工资增速放缓的同时，不同经济类型单位、不同行业、不同地区的工资差距出现了减小趋势，工资分配更趋于均衡。在此，我们用“高低比”和“变异系数”两个统计指标对职工工资进行差异性分析。

高低比=最高值/最低值

变异系数=标准差/加权平均值

当这两个指标趋小时，表示工资差距缩小，分布更均衡。

（一）不同经济类型单位的工资差距缩小

2008年吉林省不同经济类型单位中，工资最高的是国有单位，工资水平为24754元；工资最低的是城镇集体单位，工资水平为12761元，高低比为1.94，与2007年相比略有降低。不同经济类型单位的变异系数自2005年起不断上升，2007年上升至

0.266344，2008年回落到0.266001。表明2008年全省不同经济类型单位工资差距出现减小趋势。（见表7）

2008年各市州职工工资及增长情况

表7

	2005年	2006年	2007年	2008年
全部	14409	16583	20513	23486
国有单位	14566	17118	21666	24754
城镇集体单位	8735	9787	11135	12761
其他经济类型单位	15868	17190	19990	22813
高低比	1.82	1.76	1.95	1.94
变异系数	0.23483	0.238279	0.266344	0.266001

（二）企业事业机关的工资差距缩小

2005年吉林省不同类型单位中机关的工资最高，为15407元，事业单位的工资最低，为14020元，高低比为1.09，之后呈上升趋势，2006年为1.11，2007年达到1.14，2008年机关的工资最高，为25217元，事业单位的工资最低为23102元，高低比下降为1.09。不同类型单位的工资变异系数也呈现回落的特征，表明2008年不同类型单位工资差距出现明显的缩小趋势。（见表8）

近年来吉林省不同类型单位工资差异情况

表8

	2005年	2006年	2007年	2008年
全省	14409	16583	20513	23486
企业	14454	16831	20172	23404
事业	14020	15824	20395	23102
机关	15407	17490	23094	25217
高低比	1.09	1.11	1.14	1.09
变异系数	0.042957	0.042071	0.07335	0.043634

（三）不同行业职工工资差距缩小

2005年吉林省工资最高的行业是信息传输和计算机软件业，工资水平为25690元，工资最低的行业是农林牧渔业，工资水平为6419元，高低比为4.00。2008年，吉林省工资最高的行业是金融业，工资水平为32335元，工资最低的行业是农林牧渔业，工资水平为12100元，高低比为2.67。不同行业工资的变异系数也由2005年的0.783113下降为0.661442，呈现明显的下降趋势。（见表9）

近年来吉林省不同行业职工工资差异情况

表9

	2005年	2006年	2007年	2008年
全省	14409	16583	20513	23486
农林牧渔业	6419	7878	9441	12100
采矿业	19139	13571	24767	29260
制造业	14503	22091	20895	23867
电力煤气及水的生产和供应业	19581	21536	25661	28901
建筑业	10608	12299	14305	16314
交通运输、仓储和邮政业	15498	17964	20336	24158
信息传输、计算机和软件业	25690	26807	30427	30465
批发和零售业	10123	13061	15412	17743
住宿和餐饮业	10109	11366	12525	14714
金融业	20381	22747	29118	32335
房地产业	13212	14762	16914	18657
租赁和商务服务业	16679	16785	20750	23057
科学研究技术服务和地质勘查业	18252	20046	26200	30381
水利环境和公共设施管理业	9900	11285	13211	15407
居民服务和其他服务业	11396	15777	13144	13858
教育	15684	17901	23408	26437
卫生、社会保障和社会福利业	14109	15483	20001	22642
文化体育和娱乐业	14300	15740	19489	21865
公共管理和社会组织	15456	17364	22759	24765
高低比	4.00	3.40	3.22	2.67
变异系数	0.783113	0.687963	0.709678	0.661442

（四）不同地区工资差距缩小

2005年全省工资最高的地区是长春市，工资水平为17742元，工资最低的地区是白城市，工资水平为98171元，高低比为1.80。2008年全省工资最高的地区是吉林市，工资水平为27116元，工资最低的是地区是白城市，工资水平为16127元，高低比为1.68。不同地区工资的变异系数也由2005年的0.357724，下降为0.330805，呈现下降趋势。（见表10）

近年来各市州职工工资差异情况

表10

	2005年	2006年	2007年	2008年
全省	14409	16583	20513	23486
长春市	17742	19955	24190	26969
吉林市	14902	17209	23037	27116
四平市	10220	12346	15490	18229
辽源市	12378	15079	17273	18785
通化市	12185	13649	17332	18627
白山市	10694	13117	16764	20454
松原市	15580	17824	22973	27095
白城市	98171	11836	13908	16127
延边州	11966	13935	16555	19342
高低比	1.80	1.69	1.73	1.68
变异系数	0.357724	0.318491	0.339077	0.330805

三、对策建议

工资是劳动者贡献的价值体现，是职工生活的重要来源。近年来，吉林省工资水平一直在稳步增长，但与全国平均水平和发达省市的差距在不断加大，在全国的位次比较靠后。较低的工资水平不利于提高消费对经济增长的拉动作用，也不利于吸引人才、留住人才，推动全省经济的可持续发展。

（一）建立职工工资监测体系，对工资水平进行宏观调控

近年来，吉林省经济保持较快的增长速度，有力支撑了全省职工工资的强劲增势，但工资的增长仍落后于全省宏观经济增长。数据显示工资总额的增速低于GDP的增速，工资总额占GDP的比重呈下降趋势。工资水平存在进一步上涨的空间。建立职工工资监测体系有利于适时调整工资政策，使职工工资水平适应我省的经济发展。

（二）努力提高低收入群体的工资水平

低收入群体的工资水平对全省工资水平的提高存在明显的制约因素。在政策上应加大最低工资标准调整力度，促进提高普通劳动者工资水平。同时要加强最低工

2008年各省工资水平及增速

表11

	工资水平	位次	增速	位次
全国	29229		17.2	
北　京	56328	2	21.1	3
天　津	41748	4	19.5	5
河　北	24756	22	24.3	1
山　西	25828	16	20.0	4
内蒙古	26114	14	19.3	7
辽　宁	27729	10	19.5	6
吉　林	23486	27	14.5	25
黑龙江	23046	28	18.9	10
上　海	56565	1	14.7	23
江　苏	31667	7	15.7	18
浙　江	34146	5	9.8	29
安　徽	26363	13	18.9	9
福　建	25702	17	15.3	21
江　西	21000	31	14.1	31
山　东	26404	12	15.6	19
河　南	24816	21	18.5	11
湖　北	22739	29	14.7	24
湖　南	24870	20	15.5	20
广　东	33110	6	12.5	28
广　西	25660	18	17.2	16
海　南	21864	30	13.0	27
重　庆	26985	11	16.8	17
四　川	25038	19	17.5	13
贵　州	24602	24	19.0	8
云　南	24030	25	17.3	14
西　藏	47280	3	2.6	30
陕　西	25942	15	21.8	2
甘　肃	24017	26	14.4	26
青　海	30983	8	18.4	12
宁　夏	30719	9	17.2	15
新　疆	24687	23	15.2	22

资标准执行监督，加大劳动保障监察执法力度，严厉查处企业违反最低工资规定的行为，以提高中等收入群体的比重。

（三）完善企业工资指导线制度，促进企业职工工资增长

充分发挥工会在企业中的作用，积极推进企业工资集体协商制度。使企业的效益能够最大程度的为员工所分享，切实保障劳动者合法权益，提高企业职工特别是一线工人的工资水平。

（四）逐步提高机关人员工资和补贴

根据经济发展状况和社会消费水平，在财力许可的情况下，在执行国家增资政策的同时，出台地方性增资政策。可以考虑在年终发放一次性津贴，保证公务员工资水平能稳定上升，为政府高效运转提供必要保障，同时促进社会消费水平提高和经济增长。（见表11）

从人口结构变化 看社会经济发展

邹亚文

编者按：《从人口结构变化　看社会经济发展》一文于2009年7月9日以《统计分析》第24期（总第527期）印发。

人口结构是指人口中各种组成的结构，包括人口的数量、年龄结构、性别结构、质量结构、城乡结构以及家庭、就业结构等构成。人口结构的状况如何，不仅对人口再生产和人口发展有重要影响，同时对社会经济发展也产生重大作用。

自我国实行计划生育以来，吉林省人口控制工作取得了显著成绩。在生育观念和经济尚不发达的情况下，人口过快增长得到有效控制，用较短的时间实现了人口再生产类型由高出生、高死亡、高增长到低出生、低死亡、低增长的历史性转变。人口出生率由1970年的33.43‰，下降到2008年的6.65‰，下降5倍多，全省累计少生1000万人左右。伴随出生率的迅速下降和社会经济的快速发展，人口结构也发生了巨大变化，本文通过对人口结构变化的分析，研究吉林省人口结构变化对社会经济发展的影响，为党政实施科学决策提供可靠依据和参考。

一、人口发展现状及其结构的变化

2008年人口变动情况抽样调查结果显示，全省人口总量继续保持低速增长，自然增加人口稳定在较低水平，人口受教育程度提高，人口城镇化速度放慢，人口老龄化速度继续加快。

（一）人口发展态势良好

1.**人口继续保持低速增长**。2008年末,吉林省常住人口为2734.21万人。其中，男性1383.24万人，占50.59%；女性1350.97万人，占49.41%，男女性别比为102.4（女=100）。全年净增人口4.40万人，比上年增长0.16%。进入“十一五”时期以来，吉林省人口增长继续放慢，2006—2008年，全省常住人口总量平均每年增加6万人，年均增幅0.22%，与“十五”时期相比，年均增速低0.04个百分点。

2.**人口自然增长稳定在较低水平**。2008年，吉林省出生人口18.18万人，出生率为6.65‰；死亡人口13.78万人，死亡率为5.04‰；自然增长率为1.61‰。与上年相比，人口出生率下降0.9个千分点，死亡率与上年基本持平，自然增长率下降0.89个千分点。从2006年开始，全省人口自然增长率已经下降到3‰以下的较低水平。

3.**育龄妇女保持较低的生育水平**。2008年，吉林省育龄妇女一般生育率为22.54‰，总和生育率为1.05，比上年下降0.05。1983年吉林省育龄妇女总和生育率就降到低于更替水平，以后保持在1.5以下水平波动。2000年育龄妇女总和生育率降至1.3，国际上总和生育率在1.3以下称为超低生育水平，按此规定，吉林省育龄妇女的生育水平已进入超低生育水平阶段。

（二）受教育程度明显提高

2008年，全省常住人口中，接受小学及以上各种教育的人口达2494万人，与2005年1%人口抽样调查相比，增加65万人，增长2.68%，是同期总人口0.67%增长速度的3倍多。受各种教育人口占总人口的比重为91.21%，比2005年上升了1.74个百分点。

在全省总人口中，接受大专及以上教育的人口占7.19%，比2005年上升0.84个百分点；接受高中（含中专）教育的人口占16.95%，比2005年上升2.70个百分点；接受初中教育的人口占42.84%，比2005年上升2.94个百分点；接受小学教育的人口占24.26%，比2005年下降4.70个百分点。其中,接受过小学教育人口比重下降最快，这与少儿人口的减少有着直接的关系。接受高等文化教育的人口逐年增多，表明吉林省教育事业不断发展取得成效。

（三）人口城镇化水平提高，但速度放慢

城镇人口占总人口的比重是反映城镇化水平的重要标志。2008年人口抽样调查数据显示，2008年全省居住在城镇的人口为1454.87万人，占总人口的53.21%；居住在乡村的人口为1279.34万人，占总人口的46.79%。与2005年相比，全省城镇人口增加了25.37万人，增长了1.99%，城镇人口比重上升了0.69个百分点，乡村人口减少了9.66万人，下降了0.75%，乡村人口比重下降0.69个百分点。与“十五”期间相比，每年城镇增加人口减少10.49万人，比重下降0.36个百分点。2000年城镇化水平在全国居第七位，到2008年下降到第九位。可见，吉林省城镇化水平虽然不断提高，但速度有所放慢。（见表1）

2000年—2008年城镇人口变化情况

表1　　单位：人、%

	2000年	2005年	2006年	2007年	2008年
人口数	1331.73	1426.5	1442.4	1451.17	1454.87
占总人口%	49.66	52.52	52.97	53.16	53.21

（四）年龄结构老龄化强度增大

根据联合国标准，65岁及以上老年人口比重超过7%即表明进入人口老龄化社会。吉林省在2003年已经进入人口老龄化阶段。2008年全省常住人口中，0—14岁的人口为334.67万人，占13.44%；15—64岁的人口为2150.18万人，占77.99%；65岁及以上的人口为249.36万人，占8.57%。与2005年相比，0—14岁人口的比重下降了0.88个百分点，65岁及以上人口的比重上升了0.80个百分点。（见表2）

2000年—2008年城镇人口变化情况

表2　　单位：人、%

年龄	2000年	2005年	2008年
0–14	18.96	14.40	13.44
15–64	74.91	77.94	77.99
65+	6.14	7.66	8.57

从表中可看出，吉林省老龄化进程非常快，2000年—2008年8年间老年人口比重上升2.43个百分点。按照国际通用人口年龄结构划分标准测算，2008年吉林省65岁及以上老年人口比重超过国际标准1.57个百分点，全省人口年龄结构老龄化强度增大。在“未富先老”的情况下，人口老龄化进程加快，将加重社会赡养和社会经济负担，加大社会就业压力，对养老保障问题提出挑战。

吉林省人口老龄化进程加快的主要原因：一是计划生育工作成效显著，生育水平下降，少年儿童人口逐年减少。二是随着人们生活水平不断提高，平均预期寿命延长，老年人口群体逐年增多。

（五）户均规模趋小，以两代户为主

随着人口生育水平的下降，每个家庭所拥有的子女数量在减少。与此同时，随着社会的发展和居民生活水平的提高，加之家庭观念、生活方式的变化，家庭户的规模、类型和结构进一步发生变化。2008年，全省家庭户平均户规模为3.03人，比2005年减少0.13人。在户规模缩小的同时，家庭结构也日趋简单化，2—3人小型家庭成为现代家庭的主流，2008年，全省2—3人户占所有家庭户的65.50%。随着家庭结构的变化，世代关系也在发生变化，2008年两代户家庭所占的比重高达54.61%。两代户正日益成为家庭户的主要形式。

家庭人员的组成越来越简单，主要是一对夫妇或一对夫妇与其未婚子女，中国传统的大家庭已瓦解。总之，家庭规模的缩小反映了家庭向小型化、核心化发展的趋势。这将对家庭养老、子女教育、住房需求以及经济发展都产生重大的影响。

二、人口结构变化对社会经济发展的影响

人口是影响社会经济发展的关键因素。促进人口、资源、环境协调发展，是建设文明、和谐社会，实现经济社会又好又快、可持续发展的基础。目前吉林省人口数量和人口结构的变化，在促进社会经济发展的同时，也带来了社会、经济、资源、环境之间的矛盾和压力。

（一）人口增长对资源、环境压力加大

尽管21世纪以来吉林省人口自然增长率一直保持着较低的水平，但由于原来的人口基数比较大，总人口依然在增加，在广大农村地区，群众的生育意愿和生育政策要求之间还存在一定差距，生育水平随时有可能回升，实现人口逐年下降的目标仍然具有一定压力。按照目前生育水平状态，2014年左右全省总人口将达到峰值年，全省总人口可达2757万人。因此，对住房、基础设施、资源供应等方面的社会压力将继续加大，必然加重区域环境容量的负荷。

（二）提高城镇化水平与农村劳动力转移难的矛盾

提高城镇化水平，既是经济社会发展的内在要求，也是缩小城乡差别的必然选择。但城镇化水平的提高绝不是简单的农村人口向城镇迁移，它必须与如何吸纳人口相匹配，是人们生产方式和生活方式的根本转变，实质是就业问题。从人口转移角度看，农村居民要转换为城镇居民将是一个缓慢的过程。根据《中国城市发展报告》“城市—收益”模型分析结果，我国每进入城市一个人，需要个人支付成本1.45万元/人，公共支付成本1.05万元/人，总计需支付社会总成本2.5万元。以此推算，按照到2020年吉林省城镇化水平达到60%计算，12年间大约增加城镇人口180万人，城镇化所需的社会总成本至少需要450亿元，平均每年支付城镇化成本37.5亿元。因此，农村人口的转移不可能一蹴而就，从吸纳人口角度看，短时期内吸纳空间不足。

（三）人口数量与质量变化与就业的矛盾

吉林省劳动力资源十分丰富，2008年吉林省劳动力人口为2150.18万人，占总人口的78.64%。根据人口预测，2010年、2015年和2020年，全省劳动力人口分别为2169.3万人、2106.8万人和1999.4万人，分别占总人口的79.04%、76.45%和72.55%。按劳动参与率70%计算，上述三个时间段需要就业的劳动力人口分别为1518.51万人、1474.76万人和1399.58万人。由此可见，吉林省将在2010年左右需要就业的劳动力人口将进入高峰期，达到1518.51万人，随后的10年，需要就业的人口数量开始下降，2010年—2015年，平均每年约减少9万人，2015—2020年平均每年减少15万人，但需要就业的人口数量至少会维持在1400万人左右，就业压力将十分巨大。

从未来发展趋势看，到2020年把吉林省建设成全面的小康社会，较高的增长速

度需要农业的现代化、工业的高度化和服务业的国际化做支撑。一、二、三次产业将发生重大变化，经济结构将更加优化。特别是随着科技的进步，技术的更新，一些新兴产业将不断兴起，一方面具有一定专业技术的人员和掌握一定技能的工人等高素质劳动力将不足，一方面科技和文化素质较低或技术单一的劳动者不适应经济发展需要，而失业或难以就业。高素质劳动者的不足与低素质劳动力的过剩问题，将成为未来就业的主要矛盾，低技能和无技能者将是失业或不能就业的主体。

（四）老年保障能力不足与老龄化进程加快的矛盾

吉林省是在经济不发达的情况下迎来人口老龄化的，而且速度快、强度大。它将对经济增长方式、资源配置顺序、居民消费行为、储蓄存款消长、家庭代际关系等各个方面产生深远的影响，是我们面临的最严重的长期风险之一，未富先老的人口老龄化对老年保障问题提出挑战。2008年吉林省人口老龄化比重达8.57%，在目前条件下，这种情况，将逐步导致老年保障能力不足与老龄化进程加快的矛盾。

一是需要社会赡养的人口越来越多，用于退休职工养老金迅速上升，加重了社会负担，给财政带来了巨大压力。二是老年人口是医疗卫生资源的主要消费对象，根据卫生部统计，老年人慢性病患病率是全部人口患病率的3.2倍，伤残率是全部人口的3.6倍，老年人消耗的卫生资源是全部人口平均消耗资源的9倍。随着人口老龄化的加剧，他们对医疗保险的需求将会急剧增加。对医疗保险的承受能力提出了严峻挑战。三是由于目前吉林省家庭养老仍然是解决老有所养的主要模式，对于逐步形成的“4—2—1”的家庭结构来说，一对夫妇要供养4个老人，不论是目前的家庭收入，还是夫妇能够用于赡养的时间，都难以满足老年人的养老需求。如何保证“老有所养、老有所乐”也是一个重要的社会问题。

同时，老年人口增多必然动用更多的储蓄，导致储蓄水平下降，投资减少，单纯消费增加，从而影响经济增长的潜力。社会保障负担加重，政府财政压力增大，在职人员税收负担增加。

与“未富先老”相伴随的是“未立先至”，即养老制度尚未全面建立，老龄化就不期而至，给养老、医疗等社会保障带来巨大压力。且现有养老制度仅局限于城镇，只能顾及全省1/2的老年人口。即使如此，养老金也捉襟见肘，筹措困难。今后逐步建立城乡统筹的养老制度，并考虑到退休年龄人口与就业人员之比将从目前的1:6，到本世纪中叶可能变为1:2，养老金存在的巨额隐性缺口，简直让人不敢想象。

（五）人口年龄结构的变化，使劳动力优势悄然弱化

2008年吉林省劳动力人口为2150.18万人，比2005年增加36.82万人。青壮年劳动力（18岁—50岁）为1531.06万人，年轻劳动力（18岁—35岁）为692.3万人，与2005年比较，青壮年劳动力减少19.92万人，年轻劳动力减少75.23万人。这意味着年轻劳

动力减少的趋势已经开始显现，其后10年间，全省青壮年劳动力将累计减少200万左右。 全省年轻劳动力将累计减少160万左右，占同期青壮年劳动力减少总量的80%左右。这意味着吉林省劳动力资源优势将大大削弱，可能导致经济增长乏力，消费需求不振，无疑会直接影响经济与社会的活力，乃至国防的实力。

在青壮年劳动力减少的同时,城镇年轻劳动力减少的速度要快于全省，城镇年轻劳动力减少的数量将占全省同期年轻劳动力人口减少总量的70%左右。这反映年轻劳动力的减少，主要是现有城镇人口。而目前城乡人口教育差距呈扩大趋势，城市年轻人比重骤降，显然不利于未来劳动力整体素质的提高。这释放出一个非常重要的信息，即未来年轻劳动力的主要来源是农村，加强农村年轻一代的教育培训及健康投资，不仅关系新农村建设，同时关系着城市发展的未来，关系着他们能否挑起这样一肩双任的历史重担。

这充分说明吉林省虽有数量庞大的劳动力，但正在发生不可逆的变化，年轻劳动力大幅减少，结构性短缺日益加剧，丰富廉价的劳动力优势将悄然失去，也许这意味着高增长低成本时代将提前结束。

三、统筹解决人口与社会经济发展问题的对策与建议

当前吉林省面临的人口问题错综复杂，既有人口膨胀问题，也有年龄结构老化问题；既有大量劳动力资源没有充分转化问题，也有高素质人才短缺问题；如此等等。解决这些问题，单从任何一个方面去努力，都难以达到良好的效果，必须在科学发展观的指导下，坚持“以人为本”，科学规划，统筹解决，综合治理，才能应对人口发展新挑战，促进社会经济的发展。

（一）以新思路统筹解决人口发展中的问题，促进社会经济健康发展

“十一五”期间我省仍然面临沉重的人口压力。一是低生育水平面临反弹的风险。因为吉林省生育率的转变，是在经济社会发展程度不高，人们的生育观念和生育行为还没有发生根本转变的情况下转变的，不是一个自然的历史过程，其稳定性不强。二是出生缺陷，目前，我省出生缺陷率在13%左右，每年肉眼可见的出生缺陷儿在2000例左右。三是出生性别比偏高问题，2008年4岁以下儿童性别比为118.36（女=100），严重偏离正常范围（103～107）。

因此，要在稳定低生育水平、综合治理出生人口性别比偏高的基础上，结合吉林省情，以新思路统筹解决人口发展中的问题，促进社会经济健康发展。

（二）充分发挥人口结构优势，把握好“人口红利”机遇期

人口结构的变化，大大减轻了人口抚养负担，2008年吉林省人口总负担系数为27.16%，比2005年下降1.31个百分点。人口负担系数的降低，为经济高速增长提

供了重要源泉。随着人口老龄化程度的上升，人口转变对经济增长的贡献将由“人口红利”阶段逐渐转为“人口负债”阶段，将给经济增长带来一定的负面影响，我们要充分挖掘人口转变的潜在贡献，是获得经济崛起的重要手段，也是迎接老龄化社会到来的当务之急。因此，我们要从吉林的实际出发，要在均衡发展和巩固提高基础教育的基础上，大力推进素质教育，面向市场大力发展职业教育，坚持市场需求和劳动就业紧密结合，采取校企合作、工学结合等方式，加快建立和完善结构合理、开放灵活、自主发展的现代职业教育体系。充分利用人口红利的机遇，大力发展中小企业和二、三产业。扩大就业容量，为人口的教育、卫生、社会保障提供财力基础；有效盘活人才存量，充分发挥人才资源和各类人才的作用。

（三）立足现实，积极迎对老龄化的挑战

吉林省的人口老龄化严重超越了经济发展水平，由于未富先老，解决养老问题不可能单纯依靠国家财力，同时，由于我省是农业省份，农村人口仍占47%，现阶段我省绝大多数农民生活并不富裕，单纯依靠自身也不现实。必须从经济和社会发展的实际出发，寻找吉林养老的出路。

1．努力把健康人群带入老年社会

就吉林省现实情况而言，可以说是低水平经济和老龄问题狭路相逢。在这种情况下，努力把健康人群带入老年则具有非常重要的现实意义。目前，多数有劳动能力的老年人都不会放弃劳动，他们仍可以自己获取日常所需，生活上都能够照顾自己，或老年夫妻互相扶助。只有当老年人伤病缠身或失去劳动能力的时候，他们才依靠子女来供养。因此要尽可能地延长健康期，提高老年人的自立能力。要把促进人群健康作为一项系统工程，从人们的日常生活方式和行为方式入手，加强健康教育和健康干预，提高健康意识和老年人的自我保健能力，减少伤残和依赖。延长健康期不仅能够减轻社会和家庭的负担，也关系到未来老年人口的整体形象和精神面貌。

2．加大公共财政对农村的投入

国家在公共财政的分配上一直存在重工业、城市，轻农业、农村的倾向，这也是导致农村发展远远滞后于城市，城乡差距加大的一个重要原因。一要加大对农村基础设施的投入，提高农村经济的总体实力和农民收入，为农民养老提供经济基础；二要加大对农村社会保障制度建设的投入，为广大农民逐步实现社会养老提供可能；三要加大对农村医疗卫生建设的投入，健全农村医疗卫生体系，逐步解决农民看病难、看病贵的问题，全面提高农民的健康素质。

3．建立健全社会养老保险体系

建立和完善城乡社会养老保险体系，保障老有所养。完善城镇职工基本养老保险制度，建立和完善国家、用人单位和劳动者多方共担的筹资机制；加强社会养老保险的法制建设和基金保值、增值的运作与管理；尽快实行基金的全国统筹；扩大覆盖面，让更多的人参加和享受社会养老保险；健全城市居民最低生活保障制度，做到“应保尽保”。

农村社会养老保险是社会保障体系建设的重要内容，属于国家基本社会保险的范畴。它既是政府公平分配、消除贫困、保障农民的基本生存权利，又是维护农村社会稳定，构建和谐社会的基本条件。当前应在有条件的地方，尽快探索和建立农村社会养老保险和最低生活保障制度，保障农村老年人有维持最低生活水平的足够收入。

4．配套老年保障措施

积极应对人口老龄化，加强城乡老年人生活用品和公共活动场所等老年服务体系建设，为老年人提供就近咨询、护理、救助等服务，为老年人的学习、娱乐、交往活动创造条件。鼓励和支持发展老龄产业，开发适合老年人的服务和产品，增强全社会的养老服务功能。

发展社区养老服务，满足老年人对生活照料的需求。在人口老龄化与家庭小型化、核心化以及老年人预期寿命延长的背景下，一方面老年人的生活照料需求增多，另一方面家庭照料老年人的资源在逐渐减少，需要通过发展社区养老服务来弥补家庭养老功能的不足。

（四）加强监测，科学调控

进一步建立全省统计评价体系，动态监测人口发展水平，分析社会发展状况，及时把握人口发展中的热点问题。加强对全省人口发展的宏观调控与指导，为政府相关决策提供科学的依据，从而促进人口与社会经济的协调发展，全面实现吉林经济又好又快发展和富民强省新跨越的宏伟目标。全省各地要以优先投资于人的全面发展，切实加强宏观管理，加快建立和完善人口发展宏观调控体系，推进人口发展问题的综合治理，统筹协调人口发展战略、注重有关经济社会协调发展政策的制定和实施。继续加强人口发展研究，充分发挥规划的指导和约束作用，加强各项规划的衔接和落实，做好规划实施的评估。

汽车工业引领我省工业提速增效显著
——上半年工业经济形势分析

刘莉

编者按：《汽车工业引领我省工业提速增效显著——上半年工业经济形势分析》一文于2009年7月9日以《统计分析》第25期（总第528期）印发。

今年上半年，省委省政府抓住国家实施十大产业调整和振兴规划机遇，紧紧围绕国家有关政策，制定和落实了一系列适应我省当前形势发展的“保增长”措施，积极应对国际金融危机。年初以来，虽然工业生产增速较往年明显放缓，但与上年末相比，工业生产回暖信号不断增强，特别是汽车工业在经历了自2008年12月份以来持续低迷甚至负增长的困境后，终于在6月份走出低谷，实现了当月工业增加值13.0%的生产增速（按可比价格计算）。

一、工业经济运行的总体状况

（一）生产总量逐月递增，增速渐次走高

今年上半年，我省规模以上工业增加值月度递增趋势显著，月均实现增加值

图1 各月份增加值及增速

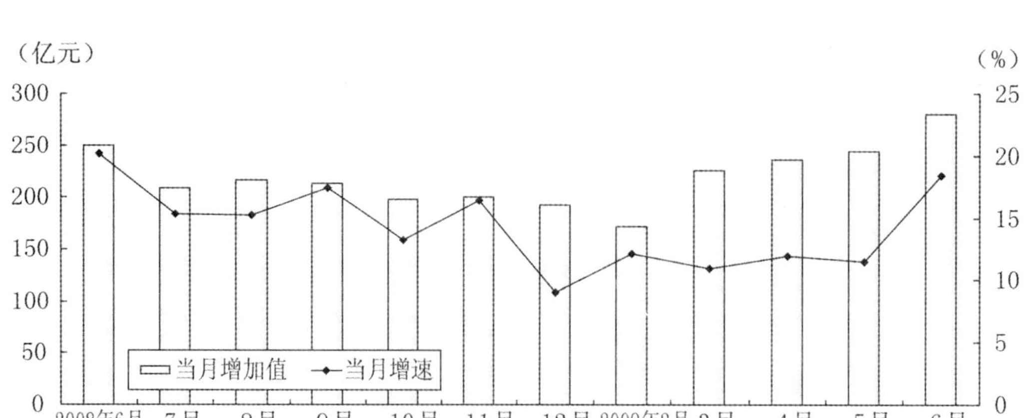

223.69亿元，比2008年下半年月均高出18.55亿元。3月份工业增加值突破200亿元，6月份更是达到280.52亿元，工业经济当月总量已超越国际金融危机爆发前的最高水平。（见图1）

与2008年末相比，今年以来我省工业生产增速呈平稳提高趋势。上半年各月份工业增速分别为：6.1%、12.1%、10.9%、12.0%、11.5%和18.5%，6月份增速比上年12月提高了9.5个百分点，而累计增速则达到13.1%，这一速度使我省增速在全国位次得到前移。6月份增速在全国排第6位，比上年12月前移10位，而累计增速在全国列第9位，比上年末前移2位。

（二）经济效益降幅逐渐收窄，企业减亏能力增强

据工业生产财务月报资料显示，在工业生产总量和增速逐步回升的同时，经济效益降幅逐渐收窄。前五个月，全省规模以上工业企业实现利润126.81亿元，同比下降36.8%，降幅低于前两个月38.0个百分点、低于一季度27.9个百分点、低于前四个月10.0个百分点；亏损企业亏损额为55.35亿元，同比下降3.5%，为本年度的首次回落；实现主营业务收入309.44亿元，同比增长1.2%；主营业务成本为268.56亿元，同比增长4.9%。在成本增速快于收入增速的情况下，我省工业仍然实现了经济效益降幅的收窄和亏损企业亏损额度的降低，说明我省企业减亏增盈的能力有所增强。

二、工业经济运行的主要特点

（一）支柱、优势及特色产业生产向好

今年以来，支柱、优势及特色产业表现出对全省工业经济走势的直接决定作用。上半年，支柱、优势及特色产业实现增加值1049.92亿元，按可比价格计算，同比增长11.0%，高于一季度3.9个百分点，占全省规模以上工业增加值的比重为78.2%；1-5月份，支柱、优势及特色产业实现利润115.84亿元，同比下降33.5%，降幅低于一季度36.1个百分点，占全省规模以上工业利润总额的比重高达91.4%，高于一季度14.8个百分点。

据我省工业生产月报资料显示，我省汽车制造业生产总量占全省规模以上工业总量的20%以上，对全省工业生产的影响作用尤为突出。1月份汽车制造业生产增速出现历史罕见的两位数负增长，同比回落14.7%，将全省工业经济向下拉动3.6个百分点，1月份全省规模以上工业增加值增速仅为6.1%。5月份以来，汽车制造业生产形势逐渐好转，6月份汽车制造业生产同比增长13.0%，汽车产量达到10.53万辆，同比增长18.3%，对全省工业增长的贡献率为16.8%，拉动全省工业增长3.1个百分点，实现利润占全省规模以上工业利润总量的50.8%。（见表1）

上半年支柱、优势及特色产业工业生产效益情况

表1 单位：亿元，%

分组名称	增加值					利润		
	总量	增速	贡献率	拉动全省工业经济增长百分点	占全省比重	总量	增速	占全省比重
规模以上工业总计	1342.13	13.1				126.81	-36.8	
支柱、优势及特色产业合计	1049.92	11.0	68.8	9.0	78.2	115.84	-33.5	91.4
交通运输设备制造业	329.66	-1	-2.1	-0.3	24.6	65.31	-6.8	51.5
汽车制造	320.28	-0.7	-1.4	-0.2	23.9	64.44	-8.3	50.8
石化工业	182.94	17.5	25.7	3.4	13.6	17.49	-64.9	13.8
食品工业	249.29	24.5	28.5	3.7	18.6	18.77	-7.8	14.8
医药制造业	80.46	17.9	7.1	0.9	6.0	13.36	18.2	10.5
通信设备、计算机及其他电子设备制造业	8.47	19.7	0.8	0.1	0.6	0.70	-36.8	0.6
冶金工业	69.14	0.6	0.3	0.0	5.2	-10.87	-183.8	-8.6
能源工业	35.94	-0.6	-0.1	0.0	2.7	3.90	-23.6	3.1
纺织工业	20.31	10.2	1.2	0.2	1.5	0.32	128.9	0.2
建材工业	73.70	22.5	7.4	1.0	5.5	6.86	47.0	5.4

（二）大企业活力恢复，小企业停工停产呈减少趋势

上半年，我省大型企业生产情况持续好转，生产增速不断攀升，每月跃升一个新台阶，尤其进入二季度，生产增速实现了由负转正。6月份，大型企业生产增速达9.9%，虽然仍低于全省平均水平，但持续加快的增长态势，说明大企业活力正在逐渐恢复。

由于小型企业的抗风险能力相对较弱，因此在金融危机到来的时候，停产既是企业生产受到冲击和影响的反映，也是企业为减少支出的一项自我保护措施。在我

各月份大企业生产增速和小企业停产户数

表2

	2月	3月	4月	5月	6月
规模以上工业生产增速（%）	12.1	10.9	12.0	11.5	18.5
大型企业生产增速（%）	-5.2	-4.3	0.5	3.6	9.9
停产企业户数	861	543	493	614	525
其中：小型企业	819	523	475	576	485

省停产企业中，小型企业占90%以上的份额。因此，小型企业停产户数的多少反映了全省停产企业户数水平。今年上半年，停产的小型企业户数虽在5月份有所反弹，但总体来看呈逐渐减少的态势。（见表2）

（三）工业生产基本实现全面复苏

从行业生产情况看，受到国际金融危机的影响，今年前两个月，在统计的39个大类行业中，生产保持增长的行业为32个，而截至6月份，生产保持增长的行业已达到37个。两个生产回落的行业和增速分别是：废弃资源和废旧材料回收加工业，同比回落12.9%；橡胶制品业，同比回落19.4%。由于以上两个行业的增加值合计占全省规模以上工业总量的比重不足0.2%，因此我省工业生产基本实现了全行业复苏。

从主要产品产量看，除2月份受春节影响，生产保持增长的产品品种数较少外，上半年其余各月份，我省生产以及生产同比增长的工业品品种数基本保持稳定。得益于国家和省政府加大投入基础设施建设的一些具体项目的陆续开工建设，我省汽车、钢材、水泥等主要产品产量逐渐恢复和增长。（见表3）

上半年生产的产品品种数和主要产品产量

表3

指标名称	计量单位	2月		3月		4月		5月		6月	
		产量	增速	产量	增速	产量	增速	产量	增速	产量	增速
汽车	万辆	6.19	47.5	10.00	0.1	10.53	3.0	9.95	7.3	10.53	18.3
钢材	万吨	57.24	-4.1	60.67	-17.4	76.10	11.2	83.03	22.2	79.54	13.3
水泥	万吨	123.71	-18.8	271.8	17.5	1024.78	12.7	448.92	45.3	496.16	39.2
原油加工量	万吨	65.96	-7.4	86.06	19.2	67.57	-6.9	68.45	51.5	66.20	15.7
生产的产品品种数		274		293		293		295		294	
生产增长的产品品种数		128		158		166		167		164	

（四）工业用电降幅逐渐收窄

据电力部门统计数据显示，上半年，我省工业用电量为165.56亿千瓦时，同比回落7.0%；回落幅度低于前五个月0.1个百分点。其中6月份工业用电量为29.03亿千瓦时，比5月份多用电1.22亿千瓦时，环比增长4.4%。工业用电量作为反映经济变化的晴雨表之一，用电量降幅收窄说明工业生产在逐渐回暖。

三、值得关注的问题

（一）国际金融危机凸显行业集中度偏高的不利影响

一汽集团、一汽大众、中国石油股份有限公司吉林石化分公司、吉化集团公司和吉林亚泰（集团）股份有限公司是我省重点行业中的重点企业的代表。上述5户企业在3月份实现产值216.55亿元，同比回落11.7%，占全省规模以上工业产值比重的26.9%。3月份，全省产值同比仅增长4.7%，由于上述5户企业产值的回落将全省产值增速向下拉动3.7个百分点。6月份5户企业实现产值252.29亿元，同比增长20.7%，占全省规模以上工业产值比重的26.4%。6月份，全省产值增长14.9%，是今年以来产值的首次两位数增长，而其中的5.2个百分点是由上述5户企业拉动的。由此可见，行业集中度过高，区域内经济的互补性和替代性相对较弱，不利于经济总体提高抗风险能力和抵御危机的能力。

（二）产销衔接低于全国平均水平

今年1—5月份，我省工业产品销售率仅为96.6%，低于全国平均水平0.7个百分点，居全国第20位。其中5月份工业产品销售率为97.3%，与全国持平，居全国第17位。我省产销率位次与生产增速位次差距逐渐扩大，企业生产回暖的同时，销售情况并不乐观。（见表4）

上半年全国和我省产销率情况

表4　　单位：%

	2月		3月		4月		5月	
	累计	当月	累计	当月	累计	当月	累计	当月
全　国	97.2	97.3	97.1	96.9	97.3	97.8	97.3	97.3
吉　林	96.9	98.6	96.1	95.4	96.6	97.7	96.6	97.3

（三）工业生产成本增速快于收入增速

今年以来，我省规模以上工业企业主营业务成本同比增速始终快于主营业务收入增速。今年前两个月主营业务成本增速快于主营业务收入增速1.9个百分点，而且二者差距有逐渐扩大的态势，上半年二者相差3.6个百分点。成本的过快增长一方面降低了企业实现利润的能力，另一方面也会降低企业（尤其是小型企业）的生产经营积极性，对稳定生产带来不利影响。

上半年我省投资运行情况分析

姜文鑫

编者按：《上半年我省投资运行情况分析》一文于2009年7月20日以《统计分析》第26期（总第529期）印发。

今年以来，全省上下紧抓国家扩大内需、保增长机遇，采取积极有效措施，争取国家安排扩大内需项目和资金，落实地方配套资金，加快推进重点项目建设。省委、省政府多次召开项目督查会议，多次组织项目督察，主要领导多次深入各地、重点项目建设工地和重点企业，检查指导工作，帮助解决困难，取得了明显成效，投资总量持续高位运行，结构进一步改善。

一、投资增速逐月加快，位次大幅提升

1—6月全省城镇投资完成2153.72亿元，同比增长42.4%。从2到5月份，我省城镇投资增长速度分别为28.0%、34.8%、43.5%、42.3%，6月又比5月提高0.1个百分

2009年上半年投资增速前10位地区历年投资增速表

表1

累计	2004年上半年	2005年上半年	2006年上半年	2007年上半年	2008年上半年	2009年上半年
广　西	39.6	29.8	38.2	44.2	33.9	54.9
河　北	38.3	34.7	44.4	28.5	34.9	54.5
黑龙江	20.2	20.4	32.0	25.1	29.2	51.0
云　南	44.6	43.8	28.9	20.0	21.2	49.1
辽　宁	31.7	41.3	39.5	37.7	36.3	47.5
天　津	28.7	19.0	30.7	29.4	38.2	46.9
陕　西	46.6	24.4	39.7	39.6	40.8	46.3
江　西	35.9	27.0	37.7	29.8	45.1	45.1
四　川	27.2	34.6	38.8	30.5	26.9	44.0
吉　林	12.4	38.0	55.6	45.1	40.2	42.4

点。与同期全国平均增长速度比较，高出8.8个百分点。在全国的位次由2月的第20位上升到5月第13位，6月居第10位，比5月提升3位，比年初提升10位。（见表1）

二、工业投资力度继续加大，农业投资增长明显加快

今年以来我省紧紧抓住国家扩大内需、实施10大产业调整振兴规划的有利时机，加大汽车、化工、农产品加工、装备制造、冶金建材、医药等支柱优势产业项目建设力度，支柱优势产业投资再创新高。1—6月全省工业完成投资1254.69亿元，同比增长46.7%，增速比1—5月提高4.3个百分点，比上年同期提高11.7百分点。其中，汽车、化工、农产品加工、医药等支柱优势产业等投资增速同比分别增长76.6%、110%、69.9%、116.8%，再创新高。

第一产业投资受国家西部土地开发整理等农田基本建设项目增多、扩大内需政策中农村动物防疫体系建设的拉动影响，农林牧渔服务业投资增长1.3倍，带动第一产业投资增长40.3%。

三、国有投资增势强劲，民间投资作用仍很突出

从投资主体看，国有投资受国家扩大内需、新增中央投资项目带动，增长明显加快，1—6月完成621.04亿元，同比增长73.3%，比上年同期加快51.3个百分点。近年来，我省国有投资的增长一直滞后于民间和外商投资，今年1—6月首次领先增长，表明中央扩大内需效果显著。

1—6月民间投资1460.05亿元，同比增长33.0%，低于城镇投资增速9.4个百分点，但总量占全省城镇投资的67.8%，仍起着主导作用。港澳台、外商投资完成72.63亿元，增长30.7%。

四、新增中央投资项目进展顺利，带动重点领域投资增长

2008年新增1000亿元中央投资共安排我省项目907个，计划总投资53.8亿元，其中中央投资21.8亿元。截至6月底，项目全部开工建设，开工率为100%。2009年新增1300亿元中央投资安排我省37.5亿元，目前我省配套安排36.7亿元。截止6月底，900个项目已开工。2009年第三批扩大内需700亿元中央投资计划中，已安排落实我省中央投资11亿元，目前，我省已转发下达中央投资10亿元。

按照中央扩大内需的投资重点，我省扩大内需项目主要投向了基础设施、生态环保、民生工程等行业，并积极有效地带动这些行业投资快速增长。基础设施投资继续高位提升，1—6月全省基础设施建设完成投资403.87亿元，比上年同期增长65.4%，比城镇固定资产投资高23个百分点，占城镇投资的比重由上年同期的16.2%

上升至18.8%，带动城镇投资增长10.6个百分点。其中，交通运输投资增长1.8倍，公共设施管理业投资增长64.7%。

五、新开工项目增加较多，重点项目进度加快

1—6月，全省施工项目6349个，比上年同期增加1892个，增长42.5%。新开工项目5137个，增加1969个，增长62.2%。全省施工项目计划总投资7070.05亿元，比上年同期增加2157.49亿元，增长43.0%。其中本年新开工项目计划总投资2630.17亿元，增加1409.11亿元，增长1.2倍。建设规模和新开工项目较快增长，表明投资增长后劲增强。全省施工计划总投资超亿元以上建设项目由上年的490个增加到539个，完成投资683.9亿元，占城镇投资的31.7%。纳入全省重点建设超20亿元以上的项目44个，完成投资263.84亿元，对我省投资增长发挥了重要作用。（见表2）

2009年上半年全省计划总投资超40亿元重点项目投资情况表

表2

项目（单位）名称	项目名称	计划总投资(万元)	本年完成投资(万元)
吉林成大弘晟能源有限公司	油页岩综合开发	570000	63000
中国第一汽车集团公司	二厂换型改造项目	567961	97790
中国第一汽车集团公司	一厂换型改造	406921	92727
美国微生物石油开发有限公司	石油开采	482086	4802
华能九台电厂筹备处	华能九台电厂一期项目	522607	82300
长春市政府投资建设项目管理中心	长春市四环路建设工程	555847	27997
长春市政府投资建设项目管理中心	长吉城际铁路	804000	142414
东北电网有限公司松江电站工程建设局	梯级电站	510000	15372
吉林电力股份有限公司	白城热电厂(2*60万千瓦)新建工程	407453	85023
长春大成生物科技开发有限公司	年产100万吨化工醇	500000	103000
长春市政府投资建设项目管理中心	哈大铁路客运专线	2700000	262258

六、房地产开发投资持续增长

1—6月全省房地产开发投资完成258.45亿元，同比增长6.6%，比同期全国平均增长速度低3.3个百分点，在全国各省、市、区中居22位，其增速比上月回落1.5个百分点，比上年同期回落较多。主要原因是今年以来，我省大量的保障性住房由各级主管部门承建，使房地产开发企业开发量增势减缓。受保障性住房建设拉动，全省房地产行业投资则增长13.8%。

七、资金到位情况良好，预算内资金、贷款、利用外资增加较多

从建设资金来源情况看，随着货币政策的松动，企业运用信贷和自主投资能力显著增强，资金到位情况较好，特别是预算内资金、金融机构贷款增加较多。1—6月，全省城镇投资项目到位资金2504.48亿元，同比增长56.4%，资金到位率高达116.1%，为投资快速增长提供了资金保证。在本期资金来源中，国内贷款167.12亿元，增长2.4倍；国家预算内资金132.65亿元，增长82.0%；利用外资22.17亿元，增长1.4倍；自筹资金1904.72亿元，增长43.0%，占全部资金的比重高达76.0%，仍是建设资金的主要来源。

八、各地区投资普遍增长

总量居前三位的长春完成801.72亿元 ，增长45.6%；吉林473.34亿元，增长33.1%；松原187.07亿元，增长7.5%；增长较快的有白山87.70亿元，通化168.23亿元，均增长63.3%，并居第一位；辽源105.47亿元，增长62.5%，居第二位；四平125.27亿元，增长59.8%，居第三位；延边、白城分别完成143.79亿元和60.2亿元，分别增长58.3%、47.5%，分别比上年同期加快15.2个、11.1个百分点。

总体上看，上半年我省固定资产投资发展势头良好，但也存在着一些值得关注和重视的问题，主要是行业、地区间投资发展不平衡，如：受国际大环境影响，石油和天然气开采、黑色金属冶炼及压延加工、电力行业投资持续低迷，其中石油和天然气开采投资同比下降9.4%，黑色金属冶炼及压延加工业投资同比下降40.2%，电力投资下降2.7%。第三产业投资增长放缓，1—6月第三产业投资完成841.74亿元，同比增长38.8%，比上月降9.1个百分点。第三产业中下降较多的行业有金融业、租赁和商务服务业、文化、体育和娱乐业，同比分别下降43.8%、26.9%、30.0%。近几年来，我省民间投资一直领先增长，今年1—6月民间投资增幅比上年同期回落15.9个百分点，比城镇投资增幅低9.4个百分点，表明受金融危机的影响，民间投资行为较为谨慎，招商引资的难度越来越大。

上半年我省招商引资情况分析

姜文鑫

编者按：《上半年我省招商引资情况分析》一文于2009年7月20日以《统计分析》第27期（总第530期）印发。2009年8月12日丛红霞副秘书长批示：统计局对上半年招商引资情况分析数据翔实，分析的比较全面深刻，拟转经合局参考。呈报伟根副省长阅。陈伟根副省长阅后批示：上半年全省招商引资工作取得了很好局面，希望经合局继续努力，一是要抓紧研究创新招商引资模式和方法，以取得更大实效。二是要进一步提升整体的业务水平和工作质量，特别是在策划组织各项活动时一定要注重程序和细节。

今年以来，在省委、省政府的正确领导下，我省克服全球金融危机继续蔓延的不利局面，充分利用中央扩大投资的优惠政策，积极有效地调整引资策略，加大招商引资力度，引进域外资金持续保持高速增长，引资结构进一步优化，质量不断提高。

一、主要呈现六大特点

（一）引资活动取得成效，引资总量再创新高

上半年全省引进域外资金776.15亿元，比上年同期增加239.55亿元，增长44.6%，比同期城镇固定资产投资增幅高2.2个百分点。其中外商直接投资5.42亿美元，同比增长10.8%；引进外省资金739.14亿元，同比增长46.9%，增速比一季度提高7.2个百分点。

今年以来，我省不断调整引资方式、方法，省领导带头招商，王珉书记、韩长赋省长等13位省领导先后分别参加了“吉林省——民营企业座谈会”和“吉林省——中央企业座谈会”、在印尼、泰国开展的经贸合作交流活动、在香港开展的“2009香港——吉林经贸交流合作周”系列活动、吉林省代表团赴苏浙学习考察、经贸交流活动、在韩国、日本开展的经贸交流合作等活动，均取得丰硕成果。出访泰国、印尼期间，签订了泰国三友与长春高新开发区增资4亿元人民币用于长春三友改装车项目等多项合同。出访香港期间，代表团总体对外签约91个。包括：合同项

目55个，投资总额565.8亿元人民币，引进外资537.8亿元人民币；协议项目29个，投资总额399.8亿元人民币，引进外资392.4亿元人民币；框架意向类项目7个，投资总额72.1亿元人民币，引进外资金额58.6亿元人民币。出访苏浙期间，共有60个合作协议和项目进行了集中签约，包括8个友好合作协议，4个采购协议，贸易金额2.11亿元人民币；48个投资合同项目，投资总额为390.15亿元人民币。出访韩国、日本期间，共签约16个项目，签约金额共计32亿元人民币。

（二）振兴东北老工业基地政策吸引力不减，工业项目依旧是引资重点

上半年，第一、第二、第三产业到位外省资金分别为23.81亿元、531.10亿元和184.23亿元，分别增长1.4倍、54.1%、24.0%。在第二产业引入外省资金中，工业项目投资达到509.29亿元，同比增长49.4%，占全部外省实际到位资金的比重为68.9%，对全省招商引资增长贡献率高达71.4%。其中：食品工业引入外省资金63.57亿元，同比增长18.9%；运输设备制造业引入外省资金32.16亿元，同比增长86.9%；石化工业引入外省资金114.41亿元，同比增长84.2%；电力行业引入外省资金87.43亿元，同比增长73.1%。我省工业产业集群效应已显现，为我省引资的持续稳定增长起到了重要的带动作用。

（三）引资质量提高，项目单体规模呈扩大之势

全省各级、各部门致力于打造一流的引资环境，使我省对大项目、大财团越来越具有投资吸引力，各地在招商引资工作中开始有选择地引进上档次、素质高的大项目，引资项目的单体规模呈现扩大之势。上半年我省招商项目达到1424个，签约项目计划总投资2511.22亿元，引资项目的单体规模平均达到1.76亿元，与上年同期的1.33亿元相比，提高32.3个百分点。其中，合同签约资金在亿元以上的项目362个，占签约项目的25.4%；实际到位外省资金471.57亿元，占全省引进资金总额的63.8%。

（四）引资领域拓宽，民营企业仍是引资主体

今年以来，我省招商引资工作全面延伸，在全省投资的省区市已经扩大到28个。从各省的具体投入资金情况看，东部地区11省市（即辽宁、北京、天津、河北、上海、江苏、浙江、福建、山东、广东、海南）对我省的投资达到642.40亿元，同比增长46.8%，占全部外省投资的86.9%；中部地区对我省投资63.12亿元，同比增长73.0%；西部地区对我省投资27.94亿元，同比增长37.6%。其中，北京在我省投资最多，达到309.08亿元，比重为33.6%;其次为辽宁省，在我省投资188.69亿元，比重达到20.5%，可见东部地区依旧是我省引资的主要来源。

上半年全省民营企业共与外省投资者签订引资合同1227项，同比增长26.5%，

占签约合同总数的63.0%；外省实际到位资金579.39亿元，同比增长31.9%，占全部外省到位资金的78.4%。民营企业到位资金中占第一位的是有限责任公司，到位资金435.09亿元，占总投资额的58.8%；第二位的是私营企业，到位资金103.46亿元，占14.0%。

（五）引入资金重点用于固定资产投资，有力地推动了全省投资的高速增长

上半年，从外省投资者对我省投资的渠道来看，用于固定资产投资最多，达到495.49亿元，同比增长31.4%，占全部引资额近七成；投入流动资金134.04亿元，同比增长1.3倍。从以上数据可以看出，引资总额的近七成都用于固定资产投资，在全省扩大内需、保持投资的持续高速增长中发挥了重要作用。

（六）各地区招商热情普遍高涨，任务完成较好

从引资总量上看，长春、吉林、四平和松原居多，分别引入资金127.95亿元、126.32亿元、124.78亿元和100.03亿元，总量全部超过100亿元大关；从引资增幅上看，辽源、松原和四平3个地区增幅最高，分别增长80.7%、79.7%和57.8%。（见下表）

2009年上半年吉林省招商引资分地区对比表

地　区	招商引资额（亿元）	去年同期（亿元）	增幅（%）
全　省	739.14	503.27	46.9
长　春	127.95	104.89	22.0
吉　林	126.32	94.61	33.5
四　平	124.78	79.06	57.8
辽　源	59.89	33.15	80.7
通　化	87.86	56.74	54.8
白　山	60.17	38.80	55.1
松　原	100.03	55.65	79.7
白　城	30.48	19.38	57.3
延　边	21.66	21.00	3.1

二、全年增长趋势分析

总体上看，上半年我省招商引资成效显著，但也存在一些值得注意的问题，主要是地区间发展不平衡，引进项目质量仍需进一步提高，引资环境仍需进一步优化。特别是在当前国际国内经济环境下，招商引资工作面临比以往更大的困难。但

目前我国经济运行中积极因素不断增多，国民经济企稳回升。从上半年我省经济运行来看，总体情况好于全国，预计下半年将进一步好转。下半年我省仍将全面落实应对国际金融危机的一揽子计划，不断加大招商引资力度，创新引资策略和方式，并在招商引资中大力推进产业结构调整，不断提高引资项目质量，全年招商引资工作将会取得有新的突破，初步预计全年引进外省资金比上年增长 50 %左右，将超额完成全年计划目标。

回眸发展奋进的吉林60年

程淑云　潘豫

编者按：《回眸发展奋进的吉林60年》一文于2009年7月22日以《统计分析》第28期（总第531期）印发。

60年，在人类历史的长河中只是短暂的一瞬，但在我们迎来新中国成立60周年的时候，回首60年的发展历程，我们则为发生的历史巨变而感到震撼和自豪。纵观60年发展变化的历史轨迹，是中国共产党领导全国人民从贫穷落后走向繁荣富强的60年，是国民经济和各项社会事业取得辉煌成就的60年，特别是党的十一届三中全会以来改革开放的30年，从经济生活到社会结构，从农村到城镇，中国社会发生了巨大而深刻的变化。吉林省作为祖国大家庭中的一员，同全国一样，60年来也发生了历史性的巨变。吉林人民在改革开放的洪流中，在社会主义市场经济的大潮中，不断创造新的业绩，取得新的辉煌，谱写了中华民族自强不息、顽强奋进的壮丽史诗。60年的建设和发展，中国人的生活大变样，吃得丰盛了，穿得漂亮了，住得宽敞了，我们吉林人也不例外。

一、综合经济实力显著提升

（一）GDP总量迅速扩张

建国初期，全省经济千疮百孔，生产力水平极度低下。1952年，全省地区生产总值只有16.6亿元，到1978年也只增加到82.0亿元。党的十一届三中全会以后，在改革开放路线的指引下，吉林经济总量攀升速度开始持续加快。1988年，我省GDP达到369亿元，与1978年相比，10年增加了287亿元，年均增加近30亿元；到1998年达到1577亿元，比1988年增加1208亿元，年均增加120多亿元；到2008年，全省GDP达到6424亿元，比1998年增加4847亿元，年均增加240多亿元。我省GDP总量由建国初的不到20亿元增加到100亿元，用了29年时间；由100亿元增加到1000亿元用了15年时间；由1000亿元增加到2000亿元用了6年时间；由2000亿元增加到4000亿元用了5年的时间；由4000亿元增加到6000亿元仅用了2年的时间。（见图1）

图1 建国以来吉林省主要年份GDP总量

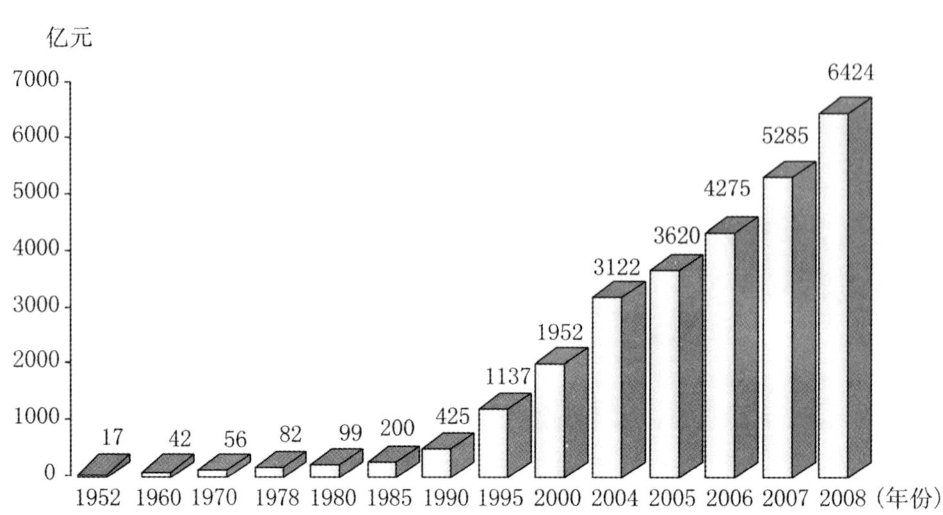

（二）GDP增速在波动中总体呈快速增长态势

从GDP的增长速度变化情况看，“一五”时期，由于我省被列为国家工业建设的重点省份，随着工业化基础建设和农业生产的恢复，国民经济得到较快发展，GDP在波动中呈现快速增长的态势，1956年增长15.8%；1958年增长28.3%；1959年增长18.3%；分别高于全国10.7个、19.5个和18.6个百分点。“二五”时期，受三年自然灾害的影响，经济处于严重困难时期，1961年和1962年GDP增长速度分别比上年下降31.2%和2.9%。此后一个时期，我省经济基本上处于徘徊状态，经济增长速度忽高忽低。直到党的十一届三中全会以后，才真正迎来了发展的春天。

从1979年到1988年，我省GDP年均增长10.9%，高于全国平均增长水平0.7个百

图2 1953年—2008年吉林省GDP增长速度

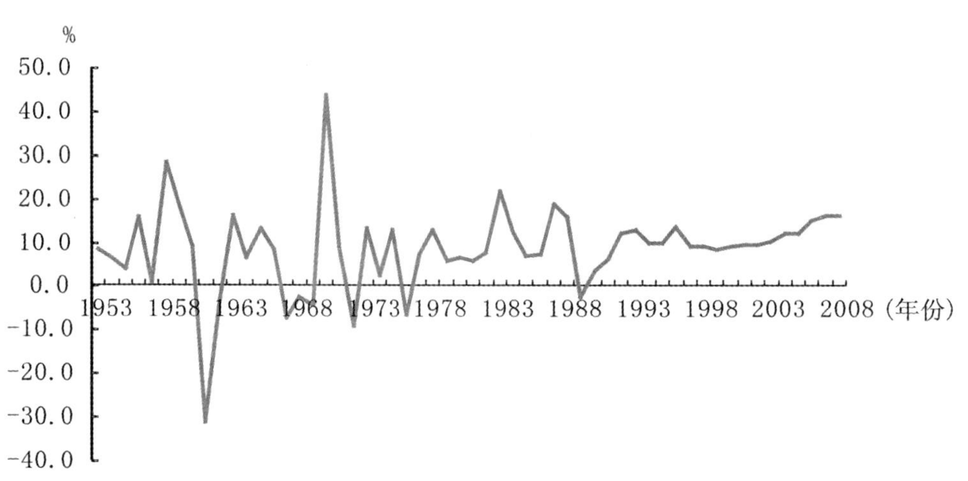

分点；从1989年到1998年，我省GDP年均增长8.9%，低于全国平均增长水平0.8个百分点；从1999年到2008年，我省GDP年均增长11.7%，高于全国平均增长水平1.8个百分点。1978年—2008年，我省GDP年均增速为10.3%，高于全国平均增长水平0.8个百分点。从1998年国家实施扩张的宏观经济政策以来，中国经济进入了新一轮增长周期的上升阶段，我省GDP增长速度也随之呈现出逐年加快的趋势，由1999年增长8.2%到2007年增长速度达到16.1%，2008年受金融危机的影响，我省GDP增长速度仍然达到16.0%，反映出我省经济增长正处在稳定上行的通道中。（见图2）

（三）产业结构不断优化

建国初期，我省产业构成呈明显的“一、二、三”格局，农业占主导地位，种植业产值占农业产值的比重达60-70%，处于产业结构演进的低级阶段。从1957年开始，第二产业比重超过第一产业，产业结构演进为“二、一、三”格局。1988年，我省产业结构又发生了质的演变，第三产业比重首次超过第一产业，形成了“二、三、一”的产业格局，并且这种格局一直延续至今。

特别是改革开放以来，全省经济得到较大的调整并逐步走向成熟，三次产业在调整中都得到了长足发展，农业基础地位更加巩固，工业实现持续快速发展，服务业迅速发展壮大。第一产业增加值占GDP比重由1978年的29.3%下降到2008年的14.3%；第二产业增加值占GDP比重由1978年的52.4%下降到2008年的47.7%；第三产业增加值占GDP比重由1978年的18.3%上升到2008年的38.0%。这说明我省的产业结构基本实现了以工业、服务业为主，向三次产业协调发展的方向转变。（见图3）

图3 1952年三次产业构成% 1978年三次产业构成% 2008年三次产业构成%

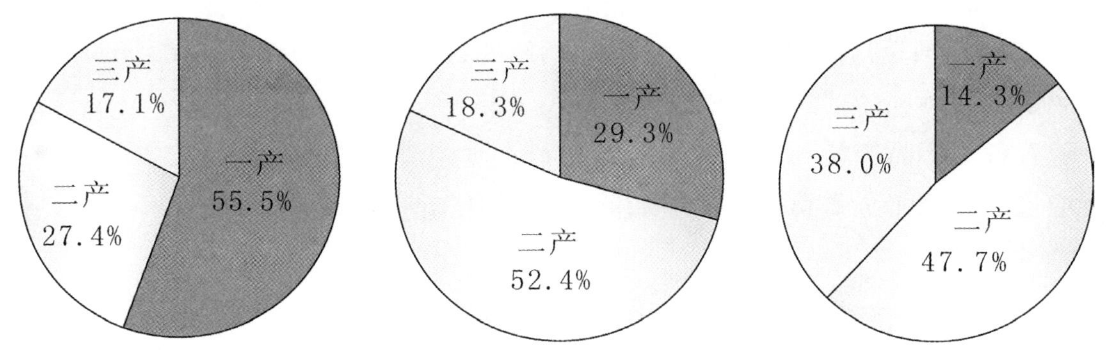

二、供给能力显著增强

（一）农业基础地位更加巩固

吉林省地处松辽平原腹地，有着发展粮食生产的得天独厚的优越条件。建国以来，在较长一段时期内，全省粮食产量一直徘徊在500万吨上下，直到1970年才突破700万吨。党的十一届三中全会以后，农村实行家庭联产承包责任制，极大地调动了广大农民的生产积极性，在党中央国务院一系列支农惠农政策的支持下，我省农业生产结构不断优化，粮食产量实现大幅增长，1982年突破1000万吨大关，2004年以后一直保持在2500万吨的阶段性水平上，2008年达到2840万吨，创历史最高水平，农业经济实力显著增强，基础地位更加巩固。

改革开放以来，吉林省耕地面积占全国的比重基本保持不变，但是粮食产量占全国的比重则由1978年的3.0%上升到2008年的5.4%，为国家的粮食安全做出了突出贡献。（见图4）

图4 1949—2008年粮食产量

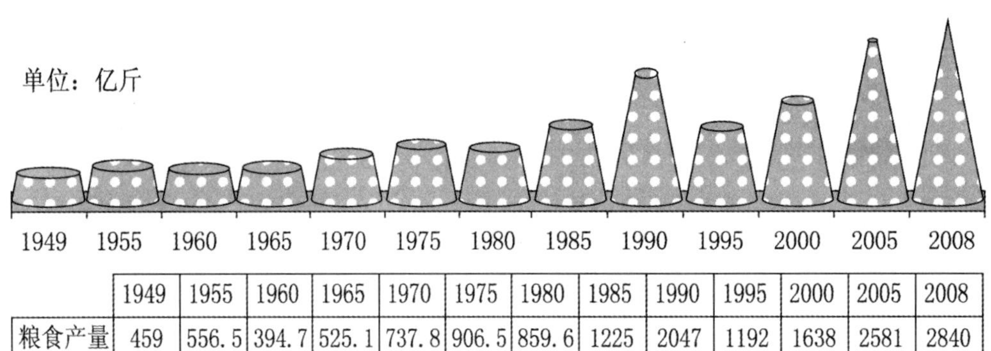

	1949	1955	1960	1965	1970	1975	1980	1985	1990	1995	2000	2005	2008
粮食产量	459	556.5	394.7	525.1	737.8	906.5	859.6	1225	2047	1192	1638	2581	2840

农业经济规模的逐步扩大和粮食产量的不断增加，为畜牧业发展提供了基础和条件，畜产品产量大幅度增长。2008年，我省人均肉类畜产品产量是全国平均水平的1.5倍，居全国第1位。肉类总产量由1978年的16万吨增加到2008年的385万吨；蛋类总产量由4万吨增加到127万吨，分别增长了23.0倍和30.8倍。

随着各类产品产量的大幅增加，吉林省农业经济总量迅速提高，农业经济实力显著增强。2008年全省第一产业增加值达到917亿元，比1978年增加835亿元，年均增长6.9%。

（二）工业经济快速发展

建国初期，吉林省工业基础十分薄弱，只有煤炭、电力、林业、烟草等少数几个行业，技术装备十分落后，毫无优势可言。1949年，全省工业总产值只有3.5亿元，到改革开放之初的1978年也只刚刚过百亿，为113亿元。改革开放以后，经过30年的发展，到2007年工业总产值已突破6千亿元，2008年突破8千亿元，达到8369亿元，比1978年增长了74.1倍。

特别是在实施老工业基地振兴战略以来，吉林省加大了对支柱、优势行业的政策扶持力度，加速培育新的特色产业集群，推动了全省工业经济的持续快速发展，工业经济逐渐释放出自主增长、加快发展的内在动力。主要体现在:一是加快改革的制度动因放大。2008年国有及国有控股工业劳动生产率达到222382元/人，比实施国有企业重大改革的2004年高出167494元/人；二是工业产业竞争力明显增强。1988年，吉林省的交通运输设备制造业和石化工业其销售收入占全部工业的比重分别为13.7%、16.7%；而2008年交通运输设备制造业、石化工业和农副食品加工业占全部工业的比重，分别为29.0%、17.3 %、11.3%，形成了三足鼎立之势；三是工业生产力水平明显提高，工业产品技术含量显著加大，2008年工业新产品更新度达到25.1%，比1998年上升1.7个百分点；工业创新能力提高，2008年，全省大中型工业企业技术开发经费比1990年增长21.3倍，从事技术开发人员增长1.1倍，技术进步极大地推进了全省工业经济增长方式由粗放型向集约型转变的进程，显著提高了工业经济的整体素质和竞争能力。

三、社会需求保持稳定增长态势

（一）扩大投资成效显著

建国以来，特别是改革开放以来，在党中央、国务院的正确领导下，吉林省委、省政府领导全省人民，坚持以中国特色社会主义理论和科学发展观为指导，不断解放思想，深化改革，扩大对外开放，大力招商引资，强化项目建设，随着大规模经济建设和社会事业的迅速发展，固定资产投资领域也获得了空前的大发展，取得了显著成效。全省固定资产投资规模持续扩张，投资结构明显优化，项目建设成效显著，逐步形成了投资主体多元化、资金来源多渠道、投资方式多样性、项目建设市场化的新格局。一大批重大项目建成投产，为经济社会发展注入了新的活力，极大地改善了经济生活环境，促进了经济和各项社会事业的持续、快速、健康发展，提高了人民生活水平。

1979—2008年全省全社会固定资产投资总额累计达21904亿元，是改革开放前29年的105.3倍。特别是2004年以来，吉林省在大力推进老工业基地振兴的进程中，积极实施“投资拉动”战略，投资总量增势强劲，投资规模连续迈上新台阶，到2008年全省投资已达5608亿元，比1978年增长307倍；2008年人均投资达到20513元，比1978年增长240倍，创历史最高水平。

2005—2008年的4年中，吉林省扩大投资的战略举措大见成效，全省投资总额强势增长，迅速打破了长期以来投资低速徘徊的局面。2005年，全省完成投资1802亿元，比上年增加631亿元；2006年完成2804亿元，比上年增加1000亿元；2007年完成4003亿元，比上年增加1200亿元； 2008年完成5608亿元，比上年增加1605亿元。2005—2008年4年全省累计完成投资14218亿元，是1978—2004年27年总和的1.7倍，创历史上投资连续高增长的新记录。（见图5）

图5 1949年—2008年全社会固定资产投资

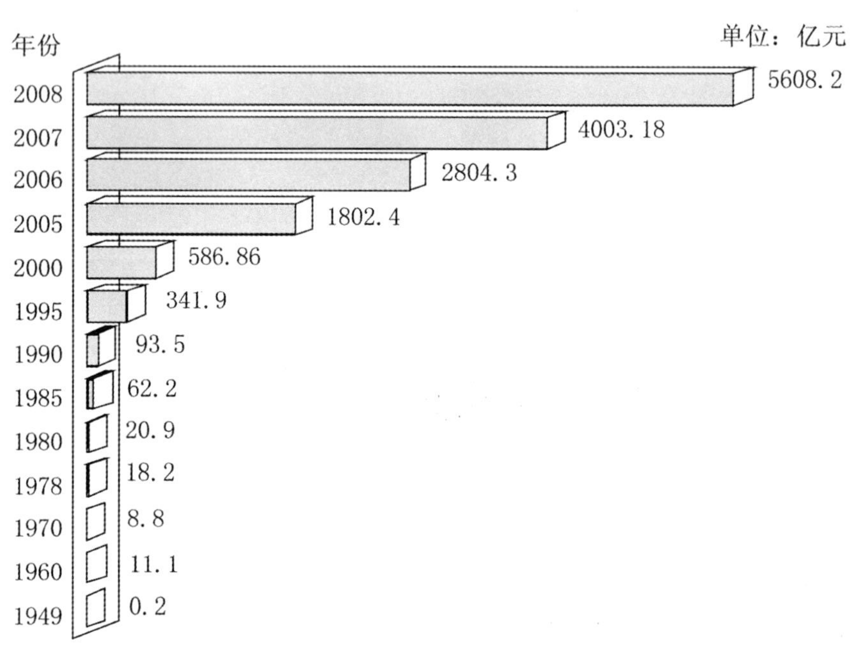

（二）消费需求实现较快增长

改革开放前，吉林省工农业生产水平低下，全社会物资匮乏，居民收入水平极低，购买力严重不足，市场发展徘徊不前，商品供应渠道单一，城乡市场萧条。党的十一届三中全会以后，流通体制伴随着经济体制改革的深入发展而不断完善，市场逐渐成为配置社会资源的重要手段，在整个经济发展中的地位日益突出，消费需求对经济增长的拉动作用明显增强。随着生产的快速发展和市场的开放搞活，商品供应日益充足，告别了凭证、票定量供应的历史，实现了由卖方市场向买方市场的历史性转变。

1949年，全省实现社会消费品零售总额只有2.0亿元，到1954年也刚刚达到10.5亿元，直到1978年也只有38.6亿元。这之后，增长开始逐步加快，1988年增加到180.8亿元； 1998年增加到699亿元； 2008年增加到2484亿元，比1978年增加2446亿元，增长了63.4倍；年均增长14.9%。全省社会消费品零售总额从1954年的10.5亿元扩大到1985年的112亿元，突破百亿元用了31年的时间；从1985年的112元扩大到2002年的1036亿元，突破千亿元用了12年的时间；而从2002年的1036亿元到2008年

的2484亿元，仅用6年的时间就实现了从1千亿元到2千亿元的飞跃。（见图6）

图6 1949—2008年社会消费品零售总额

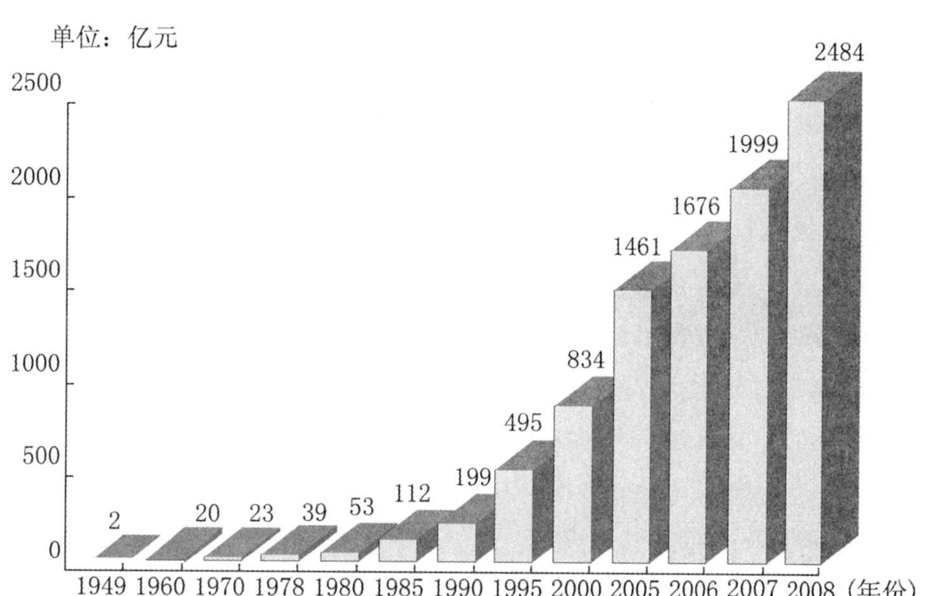

（三）对外贸易长足发展，利用外资规模不断扩大

改革开放以前，吉林省的对外经贸活动，主要是组织收购和调拨业务，虽有少量出口，也只是搞些记帐贸易和试销业务。改革开放以后，1979年吉林省成立了内地省口岸，全省对外开放、利用外资才得以不断发展，对外贸易规模持续扩大，与世界许多国家和地区建立了贸易往来关系，对外开放进入了新的历史阶段。1978—2008年，全省进出口总额累计达到872亿美元，2008年全省进出口总值为133亿美元，比上年增长29.5%，比1978年增长360倍。其中进口85.7亿美元，比1978年增长658倍；出口47.7亿美元，比1978年增长198倍。到2008年底，全省实际利用外资额累计达到164亿美元，利用外资渠道已扩展到欧美、东南亚、日本、韩国、俄罗斯、港澳台等60多个国家和地区。

四、效益水平实现质的飞跃

（一）工业实现利润不断创造历史新水平

建国以来，吉林省工业经济实力迅速增强，效益水平显著提升，创造出了辉煌的业绩。2007年，全省规模以上工业实现利润452亿元，比上年增加246亿元，增长了84.0%，创历史最好水平；2008年，受国际金融危机的冲击和影响，经济效益出现下滑，全省规模以上工业实现利润354亿元，比上年减少98.3亿元，下降21.7%。尽管如此，2008年全省工业实现利润与1999年相比，仍增长了15.2倍。2008年一年实现的工业利润比1998年到2002年工业利润的总和还多出67.5亿元。1978年，全省工业实现利润与工业增加值的比例为6.5%，到2008年，这一比例已上升到14.2 %，提高了7.7个百分点。工业实现利润与工业增加值比较，其强度的提高，这不仅极大地提升了我省工业经济的竞争力，同时也初步显现出低耗用、高产出的端倪，工业经济已经进入了全新的持续向好的发展轨道。

（二）财政收入实现较高增长

建国以来，在经济持续稳定发展的同时，吉林省的财政状况逐年好转，财政收入逐年增加。特别是改革开放以后，快速发展的吉林经济，为财政增收奠定了坚实的基础，促进了全省财力的不断增强。1952年，全省地方财政收入只有3.6亿元；到1985年，全省地方财政收入首次突破20亿元大关后，1987年又上一个新台阶，突破30亿元。到2008年，全省地方财政收入达到423亿元，比1952年增长116.4倍，年均增长8.8%；比1978年增长24.8倍，年均增长12.5 %；比2000年增长3.1倍，年均增长19.6%，其增长速度呈逐步加快之势。

2008年，全省全口径财政收入为845.2亿元，比上年增长30.2%，其占GDP的比重为13.2%，比1995年提高2.9个百分点，比上年提高0.9个百分点。财政收入增长速度的逐步加快，占GDP的比重的不断提高，充分展现了改革开放以来特别是近些年来吉林经济已经步入了持续、稳定、健康、快速发展的轨道。

五、居民收入水平显著提高

新中国成立以后，伴随着工农业生产及国民经济的持续较快发展，全省城乡居民的收入水平也不断地得到了提高，特别是改革开放以来，随着全省经济总量的不断扩大、经济结构的日益优化和经济效益的显著改善，全省居民收入水平更是得到了明显提高。

（一）人均GDP比建国初期增长30多倍

1952年，吉林省人均GDP只有153元，国民经济主要依靠农业，人民生活十分贫困。到1978年改革开放前夕，全省人均GDP也只有381元。改革开放以后，吉林省经济建设进入了新的历史转折时期，1984年，人均GDP达到了760元，比改革开放之初的1978年增加了379元；到了改革开放10年后的1988年，全省人均GDP增加到1559元，比1978年增加了1178元；改革开放20年后的1998年，人均GDP增加到5916元，比1978年增加了5535元；到2008年，全省人均GDP已增加到23514元，突破了20000元大关，比1978年增加了23133元。按可比价格计算，2008年比1978年增长了13.7倍；比1952年增长了30.3倍。（见图7）

图7 1949年—2008年吉林省人均GDP

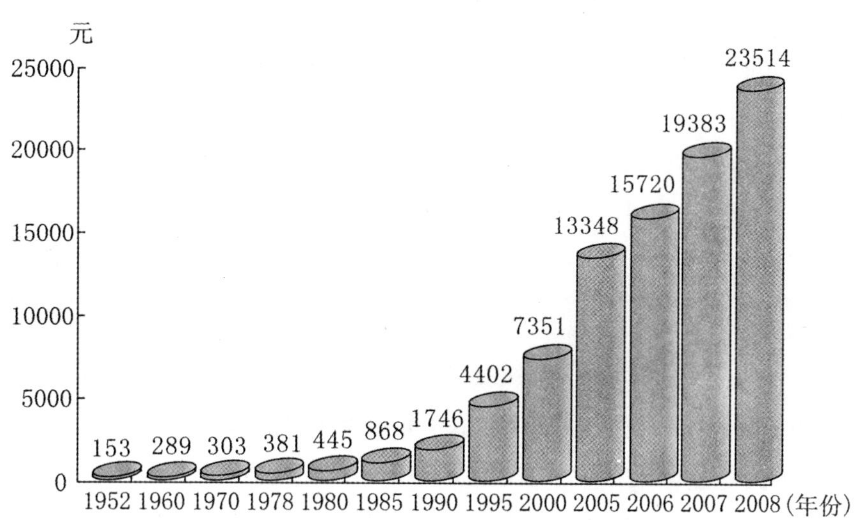

（二）城镇居民人均可支配收入突破万元大关

改革开放以前，由于多方面历史的和现实的原因，吉林省人民生活总体处在很低的水平且基本徘徊不前。改革开放以来，伴随着经济的持续发展和国民收入主体分配更多地向个人倾斜，使城镇居民收入保持了快速增长的发展态势。居民家庭财产从无到有，由少变多，实现了巨大的历史性跨越。

2008年，全省城镇居民人均可支配收入达到12829元，是改革开放以来的最高水平，分别比1952年和1978年人均生活费收入增加12683元、12508元，增长87倍和39倍。抽样调查资料表明，1981年全省城镇居民人均可支配收入仅有365元；1988年增加到987元；1998年又增加到了4207元；2008年已经达到12829元。2008年全省城镇居民人均可支配收入比1981年增加12464元，增长了34倍；年均增长率达到14.1%。（见图8）

图8 1985年—2007年城填居民人均可支配收入

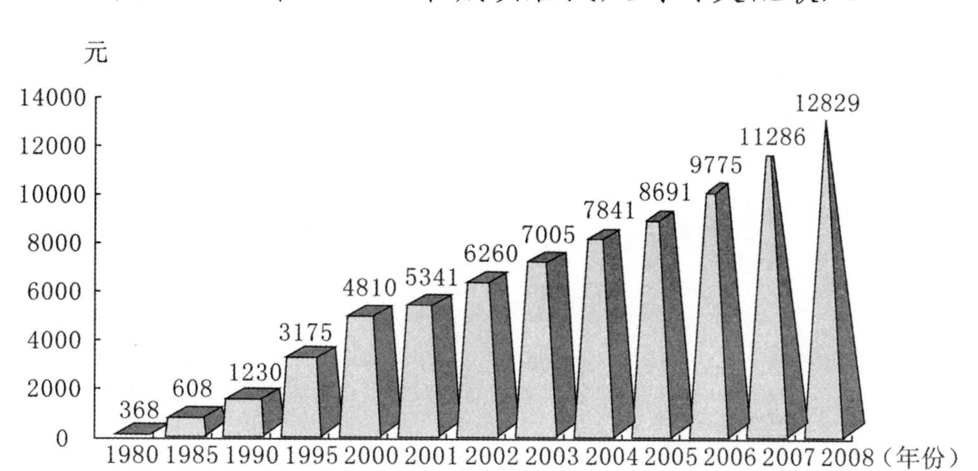

（三）农民人均纯收入比1978年增长26倍

建国以后，由于脱离了农村生产力发展的实际，片面地追求所谓“一大二公”，导致一个时期内农村生产力水平低下，农民收入增长极其缓慢。1978年党的十一届三中全会召开后，在农村率先推行了以家庭联产承包责任制为主要内容的经济体制改革，为农村生产力的解放、农业经济的加速发展和农村居民收入的持续快速增长带来了重大的历史机遇。特别是2000年以后，党中央高度重视“三农”问题，连续制定和出台了多项支农惠农政策，有力地激发了农民的生产热情，带动了农民收入的快速增长，促进农村居民的生活水平有了大幅度提高，生活质量得到显著改善。到2008年，全省农民人均纯收入达到4933元，比1978年的182元增加4751元，增长了26倍，年平均增长11.6%。伴随着农村多种经营的发展，农民的工资性收入、家庭生产经营纯收入、财产性收入和转移性收入均发生了较大变化。工资性收入已经成为农村居民增收的重要来源。2008年全省农村居民人均工资性收入为810元，比1990年的26元增加784元，增长了30倍；应该看到，尽管吉林省农村产业结构有了明显调整，收入来源发生了显著变化，但家庭经营纯收入仍然是农民收入的主体，占总纯收入的比重始终保持在65%以上。2008年全省农村居民人均家庭生产经营纯收入为3345元，比1990年的655元增加2690元，增长了5倍。

2008年，中共吉林省委、省人民政府深入贯彻中央“一号”文件和中央农村工作会议精神，切实加大对“三农”工作的扶持力度，形成了农业增效、农民增收、农村繁荣的良好局面。据抽样调查资料显示，2008年全省农民人均纯收入继上年跃上4000元平台后，距离5000元大关仅有一步之遥，由2007年高于全国平均水平50元增加到2008年高于全国平均水平172元。全省农民人均纯收入自2000年以来已经连续8年实现快速增长。（见图9）

图9 1978年—2008年农民人均纯收入

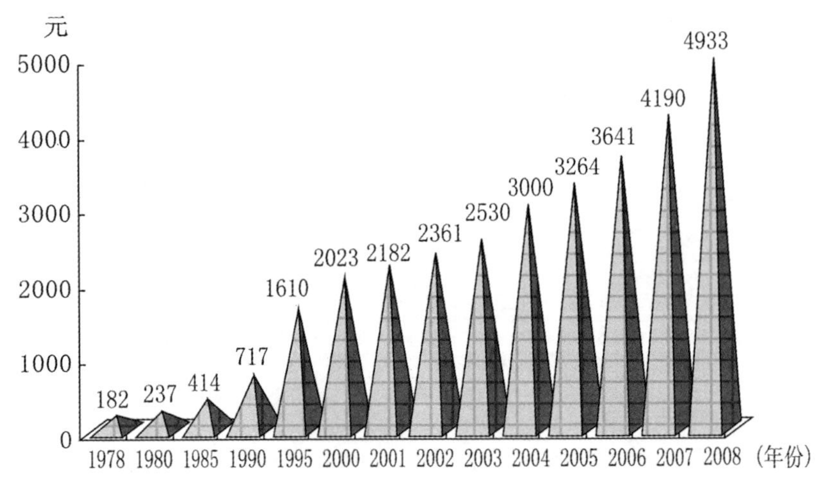

（四）职工平均工资逐年攀升

职工工资收入是我省城镇居民收入的主要来源。改革开放以来，党中央、国务院和省委、省政府坚持以人为本，注重分配领域制度改革，为广大从业人员工资收入的持续稳定增长提供了有力保障。建国初期的1952年，全省职工平均工资仅有480元；1978年全省职工平均工资也只有651元；1988年增加到1630元； 1998年增加到6551元； 2008年增加到23486元。全省职工平均工资2008年比1952年增加23006元，增长48倍，年均增长7.2%；比1978年增加22835元，增长35倍，年均增长12.7%。职工工资水平的提高呈现出与经济发展水平基本相适应的良性互动态势。

改革开放以来的1978年到2008年的30年中，全省职工平均工资有20个年份保持了两位数的增长。1984年—1988年，全省职工年平均工资由927元增加到1630元，年均增长14.6%；1992年—1996年，全省职工年平均工资由2308元增加到5370元，年均增长21.3%；2000年—2008年，全省职工年平均工资由7924元增加到23486元，年均增长14.5%。（见图10）

图10 1952年—2008年职工平均工资

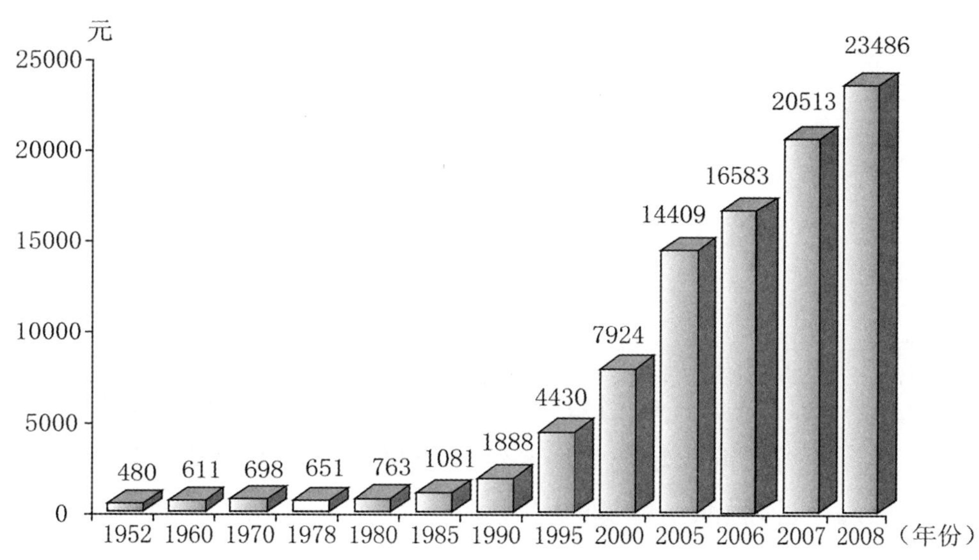

六、居民生活质量不断提升

在收入持续增长的基础上，城乡居民的消费理念也发生了可喜的变化，消费质量明显提升，消费结构渐趋合理，吃开始讲求营养，穿开始讲求档次，行开始讲求方便快捷。居民的居住舒适意识、医疗保健意识明显增强，老百姓兜里的钱也越来越多。

（一）居民储蓄存款大幅度增加

建国之初，由于收入水平极其低下，城乡居民拥有储蓄存款的人是极少数。1949年，全省城乡居民储蓄存款只有4万元，人均不足4分钱。改革开放以后，伴随着经济又好又快地发展，老百姓的钱袋子也越来越鼓。1978年全省城乡居民储蓄存款余额为5.9亿元， 1990年增加到197亿元，1998年达到1212亿元，到2008年又猛增到3976亿元，分别比1978年、1990年和1998年增长了673倍、19倍和2.3倍；人均储蓄存款由1978年的27.3元、1988年的464元、1998年的4584元猛增到2008年的14540元。从1978年到2008年的30年间， 全省城乡居民人均储蓄存款余额平均每年增加484元。也就是说，2008年末全省人均储蓄存款余额是1978年的533倍。（见图11）

图11 1949年—2008年城乡居民储蓄存款余额

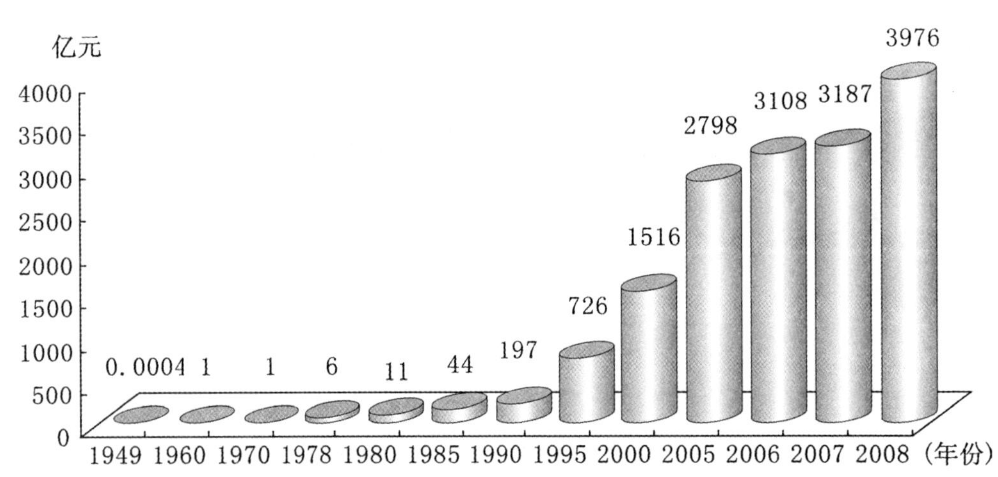

（二）居民生活消费结构优化

建国初期，全省城乡居民的消费仅仅局限在满足日常的基本生存消费，特别是在计划经济时代，居民购买粮油等商品都需要票证。随着改革开放的深入，商品凭票供应早已成为一种曾经存在过的历史现象。改革开放以后，随着收入水平的稳步提高，人们开始改变了多年来以吃、穿等生存资料消费为主的单一消费格局，用于发展和享受支出的比重逐渐提高。2008年，全省城镇居民人均消费性支出达9729元，比1988年增加8828元，增长9.8倍；农民人均生活消费支出达到3443元，比1988年增加2927元，增长5.7倍。

在这期间，城镇居民用于食品的开支占全部消费性支出的比重由1988年的50.5%下降到2008年的34.0%；而文化教育娱乐和居住支出的比重则由1988年的8.3%上升为2008年的24.2%。消费结构明显表现出生存资料比重下降，发展和享受资料比重提高的趋势。2008年城乡居民用于食品方面的支出分别为3307元和1362元，分别是1988年的6.3倍和3.9倍。全省城乡居民用于食品方面的支出虽有较多的增加，但食品消费的主体地位逐渐弱化，恩格尔系数在显著下降。（见表1）

恩格尔系数（%）

表1

	1978	1988	1998	2008
城镇	59.3	50.5	46.0	34.0
农村	67.5(1979年)	53.4	54.0	39.6

七、生存条件有较大改善

（一）居住面积扩大

居住条件是判断生活质量和生存条件的重要标准之一。改革开放以来，吉林省城乡居民的居住条件大为改善。城镇居民人均居住面积由1985年的5.5平方米增加到2008年的27.0平方米；农村居民人均住房面积由1978年的7.8平方米增加到2008年的21.9平方米。城镇居民的人均住房面积在不断增加的同时，住房设施也相应配套完善。多数城镇居民家庭住上了单元配套住房，家庭居室内有厕所浴室，使用着煤气或液化石油气，有可取暖的空调或暖气设备，有全部或部分产权。从上世纪60年代的平房，70年代的筒子楼，80年代的单元楼，90年代的二室一厅、三室一厅到跨入新世纪的小高层、复式住宅、别墅，折射出了居民住房条件的极大改善。

2006年，吉林省委、省政府从解决民生问题和推动经济发展、构建和谐社会的高度，做出了实施城镇棚户区改造的重大决策。截止到2008年底，全省累计改造

图12 1990—2008年城乡居民人均居住面积

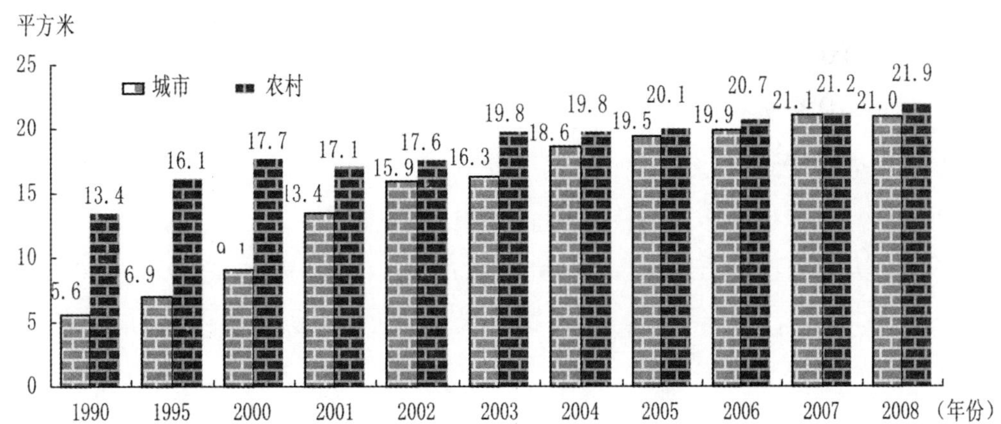

棚户区3900万平方米。自中央提出建设社会主义新农村的战略任务以来，大力改善农民的居住环境成为新农村建设的重要任务之一，农民的住房问题受到了普遍的关注。2007年吉林省全面启动农村泥草房改造工作， 2008年，全省改造农村泥草房14.7万户，农民的住房情况受到政府的重视。（见图12）

（二）就业增加

建国以来，吉林省在努力发展经济的同时，一直推行的是“广就业”的政策。尤其是改革开放以后，伴随着经济的快速发展和劳动用工制度改革的逐步深入，劳动就业形势也发生了较大变化。城镇就业岗位不断增多，农村劳动力向城镇转移速度加快，就业规模不断扩大，就业渠道不断拓宽，就业结构不断改善。全省从业人员由1949年的264万人增加到2008年的1281万人，年均增长2.7%；三次产业从业人员比重由1949年的84.8:7.1:8.1演变到2008年的44.0:19.6:36.3。城镇登记失业率由1978年的7.3%下降到2008年的3.98%。说明我省经济运行在质量提高的同时，吸纳就业的能力在不断增强。

（三）私家车不断增多

改革开放以前，人们出行多数只能依靠两条腿，家庭经济收入相对宽裕的才用自行车代步，路程远的，只能乘坐十分拥挤的公交车。改革开放以后，伴随着经济的快速发展、居民收入水平的稳步提高和日常生活节奏的加快，居民消费结构升级也随之加快，消费结构实现了由传统的以吃、穿为主向住、行侧重的转变，标志之一就是私家汽车从无到有且拥有量大幅度增加。1988年，全省私家车拥有量仅为2.1万辆，到2008年末已发展到88.5 万辆，以年均20.6%的速度在增长。

（四）现代通讯普及率提高

伴随着经济的快速发展和现代科学技术的日新月异，现代化的通信方式迅速融入居民的消费之中。同时，由于农村基础设施的改善及社会经济生活的逐步一体化，农村居民通信支出也大幅增加。2008年我省城镇居民人均通信支出达到439元，占消费支出的比重为4.5%；1988年城镇居民人均通信支出只有0.72元，占消费支出比重的仅有0.7%；截止到2008年末，全省城镇平均每百户居民家庭拥有移动电话185部，比2001年末增加155部；拥有家用电脑45.6台，比2001年末增加37.9台；全省平均每百户农村居民家庭拥有固定电话67.7部，比2001年末增加34.3部；拥有移动电话126部，比2001年末增加121部。“九五”期间，全省移动电话用户数每年都以80%—90%以上的速度在增长，移动电话用户数由1995年的8万户猛增到2008年的1441万户，年均增长49.1%，全省城乡居民生活已经迈入了现代化的信息网络时代。（见图13）

图13 1995年—2008年移动电话用户

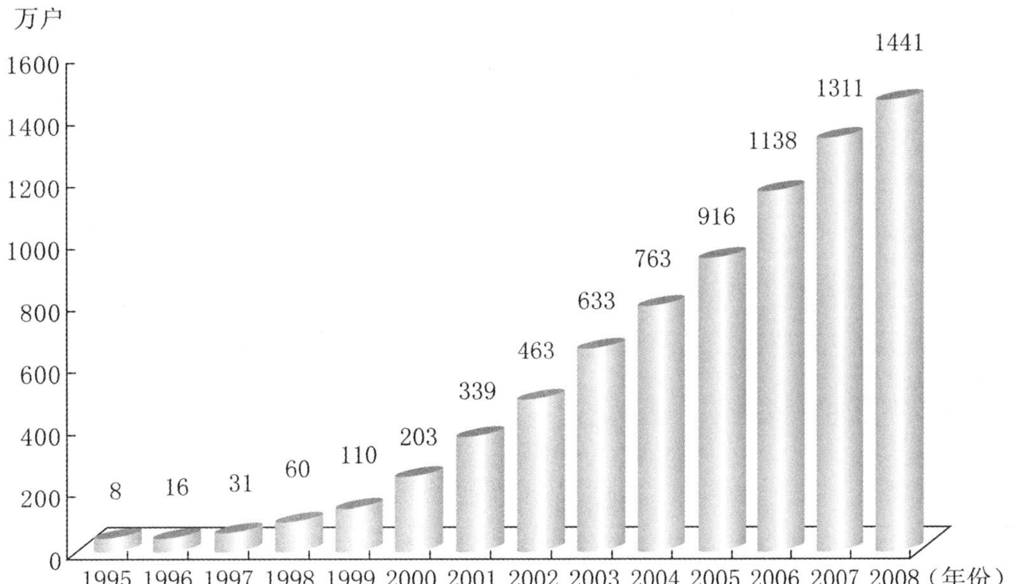

（五）城乡居民高档耐用消费品拥有量增加

建国以来，吉林省居民消费走过了一个由低级到高级、由简单到齐全、由贫困到温饱再到富裕逐步升级的过程。居民家庭现代化耐用消费品，从无到有，由少到多，普及程度迅速提高。居民日常耐用消费品已由“实用型”向“享受型”方向发展。人们的消费需求从70年代的百元级“老四件”（自行车、手表、缝纫机、收音机）、80年代千元级的“新六件”（电视机、洗衣机、录音机、电冰箱、电风扇、照相机）发展到90年代万元级、十万元级的电脑、小汽车、商品房，消费档次大大提高。以数码电子产品、住房、汽车、通讯器材为代表的新的一轮消费热点已经形成。2008年，全省城镇居民和农民人均家庭设备用品及服务支出分别达到511元和125元，比2001年分别增长98.1%和88.5%。到2008年底，全省平均每百户城镇居民家庭拥有彩色电视机118台、电冰箱86.7台、洗衣机91.5台、微波炉42.2台、淋浴热水器44.7台、照相机27.0台；平均每百户农村居民家庭拥有电冰箱29.1台、彩色电视机106台、洗衣机72.4台、摩托车59.8辆、影碟机42.4台。

（六）城乡居民的精神文化生活日益丰富多彩

改革开放前，特别是在“文化大革命”的十年浩劫中，城乡居民的精神文化生活总体相当单调。改革开放以后，随着物质生活水平的不断提高，提升精神文化生活质量已经成为城乡居民共同的选择。如今，影视歌舞、读书看报、琴棋书画、花鸟虫鱼、上网冲浪、旅游远足、运动健身等已步入寻常百姓家。在农村，随着经济社会的逐步繁荣和进步，农民在物质生活不断丰富的同时，享受性的精神生活也日益丰富多彩。与此同时，人们也越发认识到知识的重要性，感受到没有文化知识、不掌握现代科学技术，将很难在未来社会中立足，因此，非常舍得对文化教育的支出。2008年，全省农民人均教育文化娱乐服务支出342元，比2001年增加166元，增长94.6%；城镇居民人均教育文化娱乐服务支出为1072元，比2001年增加543元，增长1.0倍。随着收入的持续提高，特别是农村新型合作医疗体制的建立，更多的农民开始关注自己的身心健康，长期存在的大病小治、小病不治的现象有了根本性的改变。2008年，全省农民人均医疗保健支出达381元，比2001年增加260元，增长了2.2倍；医疗保健支出占消费总支出的比重由2001年的7.3%提高到2008年的11.1%。

60年沧桑，60年巨变，30年改革，30年腾飞。改革开放使吉林省经济蓬勃发展，使人民过上了安居乐业的生活。展望未来，只要我们在中国共产党的领导下，坚定地落实科学发展观，紧紧抓住发展不动摇，吉林经济将会迎来更加光辉灿烂的明天，吉林人的生活将会越来越美好。

经济运行企稳向好 总体形势好于预期

——我省上半年经济形势综述

蔡晓力 潘豫

编者按：《经济运行企稳向好 总体形势好于预期——我省上半年经济形势综述》一文于2009年7月23日以《统计分析》第29期（总第532期）印发。

今年上半年，在国际金融危机的强力冲击影响下，我省经济运行中虽然出现了增速减缓、效益下滑等方面的情况，面临着巨大的下行压力，但在省委、省政府的正确领导下，全省认真贯彻中央和国务院应对国际金融危机的各项重大战略部署，特别是认真落实扩大内需、促进增长的各项政策措施，始终把"保增长、保民生、保稳定"作为推动全省经济社会加快发展的中心任务，充分调动方方面面的积极性和创造性，做了大量卓有成效的工作，全省经济在克服困难中企稳向好，主要经济指标增幅高于全国平均水平，整体经济运行好于预期。

一、全省经济运行的基本特征

（一）经济规模持续扩张，增长速度逐季加快

据初步核算，并经国家统计局审核认定，上半年全省累计实现地区生产总值2572.32亿元，比上年同期增加188.23亿元，按可比价格计算，同比增长11.7%。增速

2009年一季度和上半年全省地区生产总值增长率

表1

	单位	一季度		上半年	
		绝对值	增长率%	绝对值	增长率%
全省地区生产总值	亿元	1155.21	9.1	2572.32	11.7
其中：第一产业增加值	亿元	74.01	3.7	176.78	5.2
第二产业增加值	亿元	603.79	10.2	1418.05	13.2
其中：工业增加值	亿元	589.58	10.0		
第三产业增加值	亿元	477.41	8.5	977.49	10.5

虽低于上年同期4.8个百分点，但高于今年一季度2.6个百分点，且高于当期全国平均增长水平4.6个百分点，居全国第8位。上半年全省三次产业实现增加值依次为176.78亿元、1418.05亿元和977.49亿元，按可比价格计算，分别比上年同期增长5.2%、13.2%和10.5%，增长率分别高于今年一季度1.5、3.0和2.0个百分点，分别高于当期全国平均增速1.4、6.6和2.2个百分点。（见表1）

（二）工业产出逐月放大，利润降幅渐趋收窄

上半年，全省规模以上工业企业累计实现增加值1342.13亿元，按可比价格计算，比上年同期增长13.1%，增幅比一季度高出3.0个百分点，高于当期全国平均水平6.1个百分点，居全国各省、区、市的位次由一季度的第12位提升到了第9位。

从上半年全省工业经济运行的基本特点来看：

一是工业产出规模逐月放大，累计增长速度逐月加快。1—6月份，全省规模以上工业月份实现增加值分别为163.90、172.08、232.67、236.03、244.60和280.52亿元，呈现出产出规模逐月放大的基本发展态势。此间，月份实现工业增加值的同比增速虽有起伏波动，分别为6.1%、12.1%、10.9%、12.0%、11.5%和18.5%，但二月份以后始终保持在两位数的较高增长水平。工业增加值的月份累计同比增长率分别为6.1%、8.9%、10.1%、10.6%、11.1%和13.1%，呈现出累计增速逐月加快的基本走势。这些数据表明，我省工业经济正在逐步摆脱国际金融危机的羁绊，重新步入持续、稳定、较快发展的轨道。（见表2）

2009年上半年各月份全省规模以上工业增加值及增速

表2　　单位：亿元

月　份	本月		累计	
	绝对值	增长率%	绝对值	增长率%
1月	163.90	6.1	163.90	6.1
2月	172.08	12.1	333.88	8.9
3月	232.67	10.9	575.35	10.1
4月	236.03	12.0	811.32	10.6
5月	244.60	11.5	1059.25	11.1
6月	280.52	18.5	1342.13	13.1

二是大型企业逐步扭转生产被动局面，开始对全省工业经济增长发挥积极拉动作用。大型企业一直是我省工业经济发展的主导力量。从上半年的情况看，一季度我省大型工业企业受国际金融危机的冲击和影响较大，生产曾连续三个月出

现负增长，各月份实现增加值的同比增长率分别为-9.3%、-5.2%和-4.3%，一季度大型企业生产对全省工业经济增长的贡献率为-16.6%。进入二季度以后，全省大型工业企业开始逐步摆脱国际金融危机冲击和影响，生产增速逐月有所加快，实现了增长率由负转正的趋势性转变。4—6月，全省大型工业企业月实现增加值的同比增速分别为0.5%、3.6%和9.9%，上半年其对全省工业经济增长的贡献率已恢复性达到5.0%，开始对全省工业经济发展产生正向拉动作用。（见表3）

2009年上半年各月份全省规模以上

大、中、小型企业工业增加值同比增长率

表3　　单位：%

	1月	2月	3月	4月	5月	6月
规模以上工业	6.1	12.1	10.9	12.0	11.5	18.5
其中：大型企业	-9.3	-5.2	-4.3	0.5	3.6	9.9
中型企业	9.1	15.9	8.3	9.6	5.2	9.3
小型企业	31.0	34.3	36.7	29.7	25.6	33.9

三是实现增加值同比增长的大类行业数量逐月增多。在国际金融危机的冲击影响下，今年一月份，在纳入全省规模以上工业统计的39个行业大类中，实现增加值同比增长的只有28个，只占全部大类行业数的71.8%。其后，实现增加值同比增长的大类行业数量逐月有所增加，截至6月末，实现增加值同比增长的大类行业数已经增至37个，占全部大类行业数的比重达到了94.9%，在全省工业经济的稳定发展中发挥了重要的支撑作用。（见表4）

2009年上半年各月份

全省实现工业增加值同比增长的大类行业情况

表4　　单位：种

	1月	2月	3月	4月	5月	6月
实现增加值同比增长的大类行业	28	32	34	31	34	37
实现增加值同比降低的大类行业	11	7	5	8	5	2

四是生产量同比增长的工业产品数呈逐月增多的趋势。在国际金融危机的冲击影响下，今年一月份，在纳入全省工业产品产量统计的主要工业产品中，实现生产量同比增长的只有114种，只占全部统计品种数的46.3%，而实现生产量同比降

低的却有132种，占到全部统计品种数的53.7%。在其后几个月的时间里，生产量同比增长的产品数量持续增多，所占比重不断扩大。到6月份，实现生产量同比增长的主要工业产品品种已有163种，在全部统计品种数中的比重已经达到60.0%，比一月份扩大了13.7个百分点，而生产量继续下降的产品品种降至109种，所占比重也降至40.0%，企业的发展预期明显看好。（见表5）

2009年上半年各月份
全省生产量同比增长的工业产品品种数量情况

表5 单位：种

	1月	2月	3月	4月	5月	6月
生产量同比增长的工业产品品种数	114	128	158	166	167	163
生产量同比降低的工业产品品种数	132	120	107	102	102	109

今年上半年，全省规模以上工业盈利企业盈利额223.61亿元，同比减盈103.47亿元，降低31.6%；亏损企业亏损额57.74亿元，同比减亏19.00亿元，降低24.8%，规模以上工业企业盈亏相抵累计实现净利润165.87亿元，同比减利84.47亿元，降低33.7%，其降低幅度比1—2月份收窄了41.2个百分点。上半年，全省规模以上工业经济效益综合指数为253.76%，同比回落了16.22个百分点。（见表6）

2009年上半年各月份
全省规模以上工业累计实现利润及增长率

表6

	1−2月	1−3月	1−4月	1−5月	1−6月
实现利润（亿元）	15.16	37.91	78.44	126.81	165.87
同比增长（%）	-74.9	-64.7	-46.8	-36.8	-33.7

2009年上半年各月份全省城镇固定资产投资
累计完成额、增长率及居全国位次

表7

	单 位	1−3月	1−4月	1−5月	1−6月
城镇固定资投资	亿 元	175.30	410.15	970.07	2153.72
同比增长率	%	34.8	43.5	42.3	42.4
增长率居全国位次	位	20	13	13	10

（三）投资规模持续扩大，所居位次明显前移

上半年，在投资拉动战略的促动下，全省累计完成城镇固定资产投资2153.72亿元，比上年同期增长42.4%，增幅高于当期全国平均水平8.9个百分点，增长率居全国各省、区、市的第10位，较一季度前移了10位。（见表7）

从上半年全省的投资特点来看：

一是投资项目，特别是新开工项目明显增多。统计数据资料显示，截至6月末，全省城镇固定资产投资项目有6349个，比上年同一时点增加1892个，项目数同比增长42.5%。其中，本年新开工项目有5137个，比上年同一时点增加1969个，新开工项目数同比增长62.2%。（见表8）

2009年上半年各月份

全省城镇固定资产投资项目及新开工项目个数

表8

	1–3月	1–4月	1–5月	1–6月
投资项目个数（个）	667	1640	3505	6349
同比增长（%）	8.1	15.3	29.5	42.5
其中新开工投资项目个数（个）	381	1097	2690	5137
同比增长（%）	115.3	52.6	59.9	62.2

二是工业投资增速逐月加快，在城镇投资中仍占有绝大比重。在上半年全省城镇固定资产投资中，累计完成工业项目投资1254.69亿元，比上年同期增加855.28亿元，增长46.7%，增速快于全省平均增长水平4.2个百分点，占全部城镇投资的比重仍高达58.3%。从上半年各个月份工业投资的增长水平来看，1—3月、1—4月、1—5月和1—6月工业投资同比分别增长34.8%、37.2%、42.4%和46.7%，增长速度呈现出逐月加快的基本态势。（见表9）

2009年上半年各月份

全省累计完成工业投资及其增长率和比重

表9

	1–3月	1–4月	1–5月	1–6月
工业投资项目完成额（亿元）	136.07	273.37	603.59	1254.69
工业投资完成额同比增长率（%）	34.8	37.2	42.4	46.7
工业投资在全部城镇投资中的比重（%）	77.6	66.7	62.2	58.3

三是地方项目依然是投资主体。上半年，全省累计完成城镇地方项目投资1911.08亿元，同比增长42.9%，增幅高于全省投资平均增速0.5个百分点，其在全部城镇投资中所占比重由上年同期的88.0%扩大到88.7%，提升了0.7个百分点，在全省城镇固定资产投资中始终占据主导地位。（见表10）

2009年上半年各月份

全省地方项目投资及其增长率和比重

表10

	1–3月	1–4月	1–5月	1–6月
地方投资项目完成额（亿元）	137.14	329.66	853.74	1911.08
地方投资项目完成额同比增长率（%）	47.3	51.1	44.0	42.9
地方投资项目完成额的比重（%）	78.2	80.4	87.1	88.7

四是中央投资增速逐月加快。上半年，全省累计完成中央项目投资242.64亿元，同比增长39.0%，增幅低于全省投资平均增速3.5个百分点。从各个月份中央投资的累计增长水平来看，1—3月、1—4月、1—5月和1—6月中央投资同比分别增长3.2%、19.0%、31.8%和39.0%，呈现出增长速度逐月加快的基本走势。（见表11）

2009年上半年各月份

全省中央项目投资及其增长率和比重

表11

	1–3月	1–4月	1–5月	1–6月
中央项目投资完成额（亿元）	38.16	80.49	126.33	242.64
中央项目投资完成额同比增长率（%）	3.2	19.0	31.8	39.0
中央项目投资完成额的比重（%）	21.8	19.6	12.9	11.3

（四）社会消费增长较快，农村增速快于城市

上半年，在扩大内需、促进消费和改善民生重大战略的促动下，全省累计实现社会消费品零售总额1347.74亿元，比上年同期增长18.4%，高于当期全国平均增幅3.4个百分点，居全国第17位。剔除价格变动的影响，全省社会消费品零售总额实际增长20.1%。

从按销售单位所在地分组的情况来看，上半年全省城市累计实现社会消费品零售额1042.00亿元，同比增长17.5%；农村实现零售额305.74亿元，同比增长21.4%，

农村销售额增幅快于城市3.9个百分点。（见表12）

2009年上半年各月份全省按销售单位所在地分组的
累计社会消费品零售额及同比增长率

表12

	1—2月	1—3月	1—4月	1—5月	1—6月
市级社会消费品零售额（亿元）	333.66	502.50	677.17	856.17	1042.00
同比增长率（%）	17.3	17.5	17.3	17.5	17.5
县级社会消费品零售额（亿元）	40.30	58.80	76.31	95.31	116.14
同比增长率（%）	18.0	20.5	20.6	19.6	20.1
县以下社会消费品零售额（亿元）	60.75	90.31	120.60	152.95	189.60
同比增长率（%）	24.9	19.8	19.1	20.5	22.2

从构成社会消费品零售总额的具体行业来看，上半年全省批发零售贸易业累计实现社会消费品零售额1154.97亿元，同比增长17.5%，增速比一季度加快0.4个百分点；住宿和餐饮业实现社会消费品零售额191.92亿元，同比增长24.2%，增速比一季度放缓0.4个百分点。（见表13）

2009年上半年各月份全省按行业分组的
累计社会消费品零售额及同比增长率

表13

	1—2月	1—3月	1—4月	1—5月	1—6月
批发和零售贸易业零售额（亿元）	373.39	559.37	750.57	948.16	1154.97
同比增长率（%）	17.6	17.10	17.00	17.40	17.50
住宿和餐饮业零售额（亿元）	61.02	91.78	122.94	155.59	191.92
同比增长率（%）	23.8	24.60	23.20	22.60	24.20
其他行业零售额（亿元）	0.30	0.45	0.56	0.68	0.84
同比增长率（%）	-34.6	-23.00	-21.10	-15.5	-15.10

（五）招商引资成效显著，利用外资稳步增长

据省商务厅提供的数据资料显示，上半年全省实际利用外资17.35亿美元，比上年同期增长20.1%，增幅比一季度扩大了12.9个百分点。其中外商直接投资5.42亿美元，同比增长10.8%，增幅比一季度扩大了4.0个百分点。另据统计，上半年全

省实际利用外省资金739.14亿元，比上年同期增长46.9%，增幅也比一季度明显扩大。（见表14）

2009年上半年各月份
全省累计实际利用外资及同比增长率

表14

	1月	1—2月	1—3月	1—4月	1—5月	1—6月
实际利用外资（万美元）	12014	31687	66503	88210	121796	173484
同比增长(%)	17.4	12.4	7.2	9.2	10.2	20.1
其中：外商直接投资（万美元）	7060	13148	25293	36049	42451	54174
同比增长(%)	13.2	26.6	6.8	20.7	9.7	10.8

（六）财政收入稳定增长，民生支出显著增加

上半年，在全省经济的较快发展中，财政收入实现稳定增长，累计实现一般预算全口径财政收入478.93亿元，比上年同期增长7.1%，增长幅度比一季度加快了3.0个百分点。其中，实现地方级财政收入231.36亿元，比上年同期增收25.78亿元，增长12.5%，增长幅度比一季度加快了1.9个百分点。，增速呈现加快之势。在上半年全省实现地方财政收入中，累计完成各项税收收入170.76亿元，同比增长6.4%；完成非税收入60.60亿元，同比增长34.3%。（见表15）

2009年上半年各月份
全省财政收入及同比增长率

表15

	1月	1—2月	1—3月	1—4月	1—5月	1—6月
一般预算全口径财政收入（亿元）	87.75	147.25	212.24	301.42	378.13	478.93
同比增长(%)	2.5	0.4	4.1	3.2	5.6	7.1
其中：地方财政收入（亿元）	40.62	71.17	100.23	142.89	177.80	231.36
同比增长(%)	2.9	10.1	10.6	11.2	11.5	12.5

上半年，全省财政支出550.92亿元，比上年同期增支118.17亿元，增长27.3%。其中事关民生的公共安全支出28.52亿元，同比增长8.0%；教育支出84.09亿元，同比增长12.2%；社会保障和就业支出100.94亿元，增长42.0%；医疗卫生支出29.71亿元，增长46.3%；环境保护支出17.07亿元，增长1.4倍；城乡社区事务支出35.15亿

元，增长21.1%；交通运输支出16.32亿元，增长2.0倍。（见表16）

2009年上半年各月份
全省财政支出及同比增长率

表16

	1月	1−2月	1−3月	1−4月	1−5月	1−6月
财政支出（亿元）	77.00	194.40	268.75	371.15	450.87	550.92
其中:公共安全支出（亿元）	4.57	7.88	11.52	17.41	21.51	28.52
同比增长(%)	15.0	17.6	21.9	11.8	5.9	8.0
教育支出（亿元）	16.63	26343	39.93	54.95	66.68	84.09
同比增长(%)	10.3	33.9	41.9	16.0	12.4	12.2
社会保障和就业支出（亿元）	19.24	28.97	44.63	69.08	87.12	100.94
同比增长(%)	70.0	57.2	79.0	93.3	55.5	42.0
医疗卫生支出（亿元）	3.57	6.80	12.20	18.46	22.79	29.71
同比增长(%)	5.6	53.3	49.1	58.4	42.0	46.3
环境保护支出（亿元）	2.10	2.47	3.93	8.15	14.87	17.07
同比增长(%)	166.3	160.1	180.7	298.2	323.0	139.2
城乡社会事务支出（亿元）	6.38	10.66	14.35	19.39	23.87	35.15
同比增长(%)	34.5	43.8	36.0	24.8	16.7	21.1
交通运输支出（亿元）	2.27	4.86	7.71	10.01	13.31	16.32
同比增长(%)	125.9	231.9	248.3	185.9	192.6	200.2

2009年上半年各月末
全省金融机构本外币存、贷款余额及存贷比

表17

	1月	2月	3月	4月	5月	6月
本外币存款余额（亿元）	6660.02	6920.29	7272.71	7490.03	7684.16	7820.54
其中：储蓄存款（亿元）	4250.40	4313.98	4470.89	4488.95	4507.20	4542.71
本外币贷款余额（亿元）	5168.75	5387.41	5680.43	5769.14	5834.88	5970.41
其中：短期贷款（亿元）	2462.15	2593.40	2704.42	2791.59	2819.98	2848.01
中长期贷款（亿元）	2351.09	2381.34	2480.31	2486.20	2539.00	2633.36
存贷比(%)	77.60	77.80	78.10	77.00	75.90	76.30

（七）金融信贷规模扩大，支持发展作用增强

据中国人民银行长春中心支行提供的数据显示，截至6月末，全省金融机构本外币存款余额达到7820.54亿元，比年初增加1377.27亿元，增量同比增加717.32亿元。其中，城乡居民储蓄存款余额4542.71亿元，比年初增加561.16亿元，增量同比增加142.32亿元。6月末，全省金融机构本外币贷款余额5970.41亿元，比年初增加1073.48亿元，增量同比增加616.94亿元。其中，短期贷款余额2848.01亿元，比年初增加549.14亿元，增量同比增加254.39亿元；中长期贷款余额2633.36亿元，比年初增加292.85亿元，增量同比增加154.05亿元。截至6月末，全省金融机构本外币存贷比为76.3%，比年初扩大了0.3个百分点。（见表17）

（八）居民收入持续增加，消费价格继续回落

据国家统计局吉林调查总队提供的数据资料显示，上半年全省城镇居民人均可支配收入6941.77元，比上年同期增加649.40元，增长10.3%；农村居民人均现金收入4514.77元，比上年同期增加518.35元，增长13.0%。在全省城乡居民收入持续增加的同时，消费支出也呈现稳定增长态势。上半年全省城镇居民人均消费性支出5283.61元，同比增加692.09元，增长15.1%；农村居民人均生活消费性支出1741.02元，同比增加232.66元，增长15.4%。（见表18）

2009年上半年全省城乡居民收入、消费支出及增长率

表18

	一季度	上半年
城镇居民人均可支配收入（元）	3504.68	6941.77
同比增长率（%）	9.9	10.3
城镇居民人均消费性支出（元）	2696.13	5283.61
同比增长率（%）	16.4	15.0
农村居民人均现金收入（元）	2433.73	4514.77
同比增长率（%）	17.1	13.0
农村居民人均生活消费性支出（元）	902.75	1741.02
同比增长率（%）	8.5	15.4

单位从业人员人均劳动报酬继续实现较快增长。6月末全省单位从业人员为261.44万人，比上年同一时点减少0.57万人，下降0.2%。上半年全省单位从业人员劳动报酬总额304.75亿元，同比增长9.8%，单位从业人员人均劳动报酬为11816元，同比增加1219元，增长11.5%。（见表19）

2009年上半年全省单位从业人员、劳动报酬总额及增长率

表19

	一季度	上半年
单位从业人员（万人）	259.56	261.44
同比增长率（%）	-0.6	-0.2
单位从业人员劳动报酬总额（亿元）	152.98	304.75
同比增长率（%）	11.6	9.8

上半年，全省居民消费价格总指数为99.3（以上年为100，下同），比一季度下降0.4个点，居民消费价格总水平继续呈现回落的趋势。从不同类别商品的价格变动情况来看，食品类价格指数为98.5；衣着类价格指数为98.9；交通和通信类价格指数为97.6；娱乐教育文化用品及服务类价格指数为99.7；居住类价格指数为99.4，其价格水平都比上年同期都有一定幅度回落。而烟酒及用品类价格指数为101.1；家庭设备用品及维修服务类价格指数为103.4；医疗保健和个人用品类价格指数为101.5，较上年同期价格水平略有上升。（见表20）

2009年上半年各月份
累计全省居民消费品价格总指数

表20

	1月	1—2月	1—3月	1—4月	1—5月	1—6月
居民消费价格总指数（上年同期＝100）	100.8	100.0	99.7	99.5	99.4	99.3
其中：食品类	101.7	99.6	98.9	98.6	98.6	98.5
烟酒及用品类	101.4	101.4	101.2	101.1	101.1	101.1
衣着类	99.8	99.5	99.2	99.1	99.0	98.9
家庭设备及维修服务类	103.8	104.1	103.9	103.7	103.5	103.4
医疗保健和个人用品类	102.2	102.0	101.9	101.8	101.7	101.5
交通和通讯类	97.7	97.8	97.6	97.6	97.5	97.6
娱乐教育文化用品及服务类	100.4	100.1	100.0	99.9	99.8	99.7
居住类	100.2	100.3	100.1	99.8	99.6	99.4

二、当前全省经济运行中值得关注的几个问题

（一）外贸出口总值降幅高于全国平均降幅近20个百分点

与全国的总趋势基本相同，今年以来，在国际金融危机的强力冲击和影响下，

我省对外贸易工作也面临着较大的困难。上半年全省累计完成外贸进出口总值48.37亿美元，比上年同期减少18.03亿美元，降低27.3%，其降低幅度大于当期全国平均降幅3.8个百分点。其中，上半年我省累计完成外贸出口总值12.63亿美元，同比减少8.98亿美元，降低41.6%，降低幅度大于当期全国平均降幅19.8个百分点；累计完成外贸进口总值35.74亿美元，同比减少9.05亿美元，降低20.4%，降低幅度小于当期全国平均降幅5.0个百分点。我省外贸进出口总值在当期全国同一指标中的比重，由上年同期的0.54%萎缩到0.51%，回落了0.03个百分点。其中，外贸出口总值在全国的比重由上年同期的0.32%缩小到0.24%，回落了0.08个百分点；外贸进口总值在全国的比重由上年同期的0.79%扩大到0.84%，提升了0.05个百分点。在当前国际金融危机的冲击和影响仍在继续的背景下，如何进一步利用好国际市场，为促进吉林经济发展服务，仍然是我们面临的一个重大课题。（见表21）

2009年上半年各月份累计
全省外贸进出口总值及增长率和占全国比重

表21

	1月	1–2月	1–3月	1–4月	1–5月	1–6月
外贸进出口总值（亿美元）	8.43	14.69	21.61	29.38	38.67	48.37
同比增长率（%）	-4.1	-18.5	-22.3	-24.9	-27.6	-27.3
占当期全国比重（%）	0.59	0.55	0.50	0.49	0.51	0.51
其中：外贸出口总值（亿美元）	2.14	3.89	5.76	7.57	9.99	12.63
同比增长率（%）	-31.8	-37.7	-42.9	-44.8	-42.7	-41.6
占当期全国比重（%）	0.24	0.25	0.23	0.22	0.23	0.24
外贸进口总值（亿美元）	6.29	10.80	15.85	21.81	28.68	35.74
同比增长率（%）	11.3	-8.4	-10.6	-14.3	-20.3	-20.4
占当期全国比重（%）	1.23	0.97	0.87	0.83	0.85	0.84

2009年上半年各月份累计
全省新签利用外资合同、合同利用外资金额及同比增长率

表22

	1月	1–2月	1–3月	1–4月	1–5月	1–6月
新签利用外资合同（个）	11	17	37	54	74	99
同比增长率（%）	-54.2	-41.4	-19.6	-10.0	-3.9	-7.5
合同利用外资金额（亿美元）	0.46	0.52	1.54	3.22	3.72	5.25
同比增长率（%）	-63.7	-58.2	65.3	145.4	3.9	-15.0

（二）新签利用外资合同和合同利用外资金额同比减少

统计数据资料显示，今年上半年我省累计新签利用外资合同99个，比上年同期减少8个，下降7.5%；合同利用外资5.25亿美元，同比减少0.92亿美元，下降15.0%。新签利用外资合同和合同利用外资金额同比同时减少，将会对我省扩大固定资产投资规模及其保持较快的投资增长速度产生一定程度的影响。（见表22）

（三）工业利润降幅高于全国平均降幅

数据对比资料显示，今年前五个月，我省规模以上工业企业盈亏相抵累计实现净利润总额126.81亿元，比上年同期减少73.94亿元，下降36.8%，其降低幅度大于当期全国工业利润平均降幅13.9个百分点。上半年，全省规模以上工业净利润降幅为33.7%，虽比前五个月降幅缩小了3.1个百分点，但工业经济效益的总体水平仍不乐观。计算结果表明，上半年全省工业经济效益综合指数为253.8%，比上年同期回落16.2个百分点。在构成工业经济效益综合指数的7项具体指标中，同比回落的有5项，其中总资产贡献率为11.7%，同比回落了6.5个百分点；资本保值增值率为114.1%，同比回落了1.7个百分点；资产负债率（逆指标）为57.8%，同比提升了1.8

2009年上半年全省工业经济效益及增减水平

表23

	1—2月	1—3月	1—4月	1—5月	1—6月
工业经济效益综合指数（%）	213.2	226.1	237.0	245.7	253.8
同比增减百分点	-23.4	-26.1	-20.7	-12.9	-16.2
总资产贡献率（%）	7.9	9.4	10.4	11.0	11.7
同比增减百分点	-8.4	-8.8	-7.5	-6.9	-6.5
资本保值增值率（%）	148.6	133.1	130.8	121.4	114.1
同比增减百分点	43.0	27.8	1.2	10.0	-1.7
资产负债率（%）	51.9	54.3	55.4	57.6	57.8
同比增减百分点	-7.0	-3.8	-4.1	-1.1	1.8
流动资产周转率（次）	2.63	2.90	2.66	2.66	2.76
同比加快（减缓）次	-0.16	-0.05	-0.34	-0.20	-0.27
成本费用利润率（%）	1.5	2.2	3.6	4.3	4.6
同比增减百分点	-4.6	-4.4	-3.1	-2.9	-2.4
全员劳动生产率（元/人）	200873	212381	223007	233357	242487
同比增长率（%）	4.8	3.1	6.4	8.8	5.5
产品销售率（%）	96.9	96.1	96.6	96.6	97.0
同比增减百分点	-1.8	-1.8	-0.4	0.5	0.4

个百分点；流动资产周转率为2.8次，同比减缓了0.3次；成本费用利润率为4.6%，同比回落了2.4个百分点。通过大力加强企业生产经营管理，进一步提高和改善企业经济效益水平，是当前企业应对国际金融危机影响的一项带有根本意义的重要任务。（见表23）

上半年我省规模以上工业节能306万吨

苏艳春

编者按：《上半年我省规模以上工业节能306万吨》一文于2009年7月23日以《统计分析》第30期（总第533期）印发。

今年以来，随着扩内需、保增长等一系列政策措施的实施，我省工业企业生产逐步回升，万元工业增加值能耗持续下降，能源经济效益继续得到改善和提高。据对全省规模以上工业企业统计，上半年共完成增加值1455.42亿元，按可比价格计算，比上年同期增长13.06%；综合能源消费量2295.08万吨（折标准煤，下同），万元工业增加值能耗为1.58吨，比上年同期减少0.21吨，下降11.9%，共节约能源306万吨。

一、四个特点

（一）全省9个市（州）万元工业增加值能耗均有不同程度的下降

从大类行业看，在全省规模以上工业所分布的39个行业大类中，有15个行业万元增加值能耗同比有所上升，其余24个行业万元增加值能耗同比不同程度地下降，占行业大类总数的62%。

从全省各市（州）看，9个市（州）万元工业增加值能耗均不同程度地下降。(见表1)

（二）多数高耗能行业单位增加值能耗下降

从石油加工、炼焦及核燃料制造业，化学原料及化学制品制造业，非金属矿物制品业，黑色金属冶炼及压延加工业，有色金属冶炼及压延加工业和电力、热力的生产和供应业等6大高耗能行业看：1—6月这6大高耗能行业共累计完成工业增加值336.23亿元，按可比价格计算，比上年同期增长10.1%，比全省规模以上工业增加值增幅低3.0个百分点，而综合能源消费量为1571.77万吨，比上年同期减少24.17万吨，下降1.5%，万元工业增加值能耗为4.67吨，比上年同期下降10.5%。其中,化学原料及化学制品制造业综合能源消费386.40万吨，万元工业增加值能耗为4.95吨，比上年同期下降10.3%；非金属矿物制品业综合能源消费269.70万吨，万元工业增加值能耗为3.98吨，比上年同期下降11.1%；有色金属冶炼及压延加工业综合能源消费

14.68万吨，万元工业增加值能耗为0.5吨，比上年同期下降48.01%；电力、热力的生产和供应业综合能源消费578.64万吨，万元工业增加值能耗为8.51吨，比上年同期下降8.7%；黑色金属冶炼及压延加工业综合能源消费278.55万吨，万元工业增加值能耗为4.47吨，比上年同期下降4.7%;石油加工、炼焦及核燃料制造业综合能源消费43.80万吨，万元工业增加值能耗为1.4吨，比上年同期上升2.3%。

全省各市（州）万元工业增加值能耗情况

表1

	综合能源消费量(万吨标煤)		综合能源消费量增长率(%)	万元工业增加值能耗降低率(%)
	2009年1—6月	2008年1—6月		
全　省	2295	2305	-0.44	11.97
长　春	453	462	-1.92	6.59
吉　林	629	656	-4.09	14.44
四　平	248	232	7.18	21.19
辽　源	106	95	11.53	15.31
通　化	299	350	-14.80	16.96
白　山	269	229	17.48	2.99
松　原	216	218	-0.76	6.46
白　城	29	25	18.87	1.76
延　边	112	119	-5.97	24.47

（三）重点耗能企业综合能耗同比持续回落

上半年，纳入全省年综合能耗在1万吨标准煤及以上定期统计范围重点耗能的工业企业有291户，年综合能源消费量占全部规模以上工业企业能源消费总量的88%，主导着全省工业能源消费的走势。据统计，上半年，全省重点耗能企业累计实现工业总产值1730.03亿元，比上年同期下降了9.0%；综合能源消费量2010.62万吨，同比下降了3.5%，比全省规模以上工业综合能源消费量增幅低3.06个百分点,重点耗能企业万元工业总产值能耗1.16吨，比上年同期下降了6.0%，直接带动了全省规模以上工业能耗的总体下降。

（四）重点耗能企业主要工业产品的单耗水平明显下降

据统计，上半年，我省重点耗能企业的53种主要工业产品中，单位产品能耗比上年同期下降的有32种，占60.4%。单位工业产品能耗出现明显的下降趋势。

二、两点原因

（一）工业生产逐步回升，能源消费持续走低

上半年，我省规模以上工业增加值同比增长13.1%，虽然工业生产逐步回升，但增速是属近年来的较低水平，因此，能源消费也相应减少。此外，高耗能行业生产增速明显低于全省平均增速，由于高耗能行业能源消费占工业能耗的比重偏高，从而带来的结构性影响较大。

（二）重点节能项目和节能管理措施的有效推动

近年来，我省着重强化工业企业的节能降耗工作，特别是组织实施的100项重点节能项目的陆续建成开工，使部分产品产出增加单位产品能耗明显下降。

另一方面，各级节能主管部门进一步加强对企业节能管理工作，采取合同能源管理、能源审计、清洁生产等措施，使能源的管理工作明显改善，从而也一定程度地降低了能源消耗，提高了能源利用效率。

三、三点建议

（一）工业经济逐步回升，节能形势依然严峻

从宏观经济上看，随着工业生产回暖信号的不断增强，增速的渐次走高，能源消费需求必定会刚性增长，尽管上半年全省工业节能降耗工作取得较好进展，实实在在地讲，我省节能降耗工作依然面临着诸多挑战。我省工业经济增长还没有摆脱高投入、高消耗、高排放的粗放经济增长方式，能耗趋势有所反复的可能，节能降耗的形势仍不容盲目乐观。

因此，我们必须进一步树立科学发展意识，增强能源供需的危机感，正确处理保增长与节能降耗的关系，在保持经济增长的同时，使能源消耗不断有所降低。

（二）优化能源消费结构，为节能开辟新出路

在我省能源消费中，煤炭占相当大的比重，能源消费强度较大。水电、天然气所占比重很小，核电、风能、太阳能等新能源和可再生能源开发不足。从中长期看，这种能源生产和消费结构使我省节能降耗工作面临着较大的压力。为此，优化能源消费结构，不断降低单位产品能源消耗水平，加速太阳能、风能、生物质能等新能源的开发利用，不断为我省节能工作开辟新出路。

（三）进一步加节能基础能力建设

随着国家和各级政府对节能工作的高度重视和各项节能措施的实施，多数企业对节能降耗工作的重大意义有了较深刻的理解和认识，能源管理基础工作得到了一定的加强，但仍然满足不了企业现代化管理模式和节能降耗工作的需要。因此，我

们必须进一步强化工业企业的能源计量、能源统计监测等能源基础能力建设，建立相应的规章制度，大力加强能源管理工作，使我省工业节能降耗工作稳步发展。

上半年全省消费品市场保持较快发展态势

陈刚

编者按：《上半年全省消费品市场保持较快发展态势》一文于2009年7月28日以《统计分析》第31期（总第534期）印发。

今年以来，为积极消除全球金融危机影响，国家和省委、省政府出台多项措施拉动内需，积极实施扩大内需战略，大力开拓城乡消费市场，使全省消费品市场保持稳定增长。上半年全省实现社会消费品零售额1347.74亿元，同比增长18.4%，增幅排在全国第17位。扣除物价因素我省社会消费品零售总额实际同比增长20.1%。

一、上半年消费品市场运行特点

（一）零售额增幅呈走高之势，全国排位不断上升

我省上半年社会消费品零售额增幅从一月的19.2%至六月的19.9%,排名从一月份的全国第24位至六月份的第17位，无论是增幅还是排位都在不断攀升。扣除物价因素，上半年我省社会消费品零售额实际增幅达到20.1%，增幅比上年同期提高4.6个百分点，显示我省消费品市场已逐步走出全球金融危机的阴影。上半年批发零售、

图1 全省各月社会消费品零售额完成情况

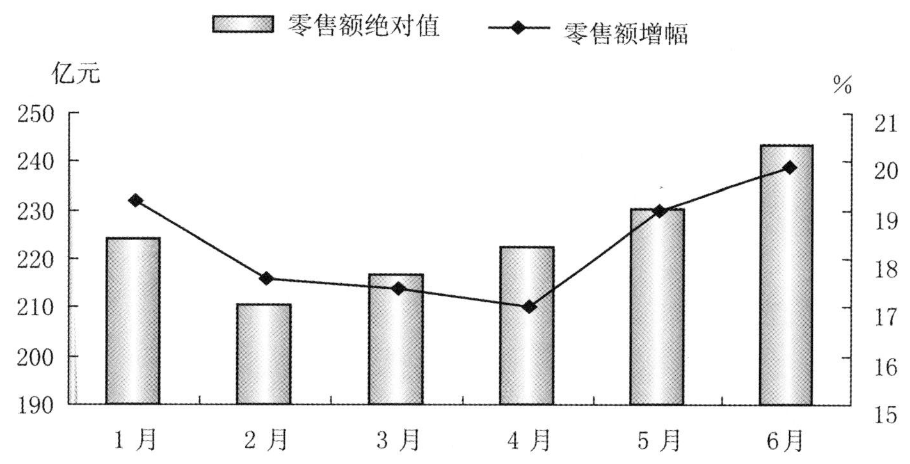

住宿餐饮业实现增加值326.3亿元，占GDP的比重由上年的11.9%上升到12.7%，对GDP增长的贡献率由上年同期的8.2%提高到16.8%，提高了8.6个百分点，充分显示了在当前经济环境下消费对于经济增长的重要作用。（见图1）

（二）城乡市场协调发展，农村增幅高于城市

随着“家电下乡”、“汽车下乡”等一系列惠农政策的贯彻落实，扩大了农村的消费需求，城乡市场呈现协调发展态势。上半年，全省城市实现社会消费品零售额1042.00亿元，同比增长17.5%，占全省总额的77.3%；县及县以下实现社会消费品零售额为305.74亿元，同比增长21.4%，高于全省平均水平3.0个百分点，高于城市增幅3.9个百分点，占全省总额的22.7%。截止6月15日，我省家电下乡产品销售量已达60340台（部），销售金额为18250万元。截止6月10日，仅一汽集团汽车下乡产品全省销售量就达到10500台，比上年同期增长90%，其中微型车、轻型车增长4倍，虽卡车销售量有所下降，但远远低于全国平均降幅。全省支出汽车下乡补贴资金近8000万元。

（三）旅游及会展经济拉动了住宿餐饮业持续增长

进入6月以来，长白山景区已进入旅游旺季，大量国内外游客来到长白山消暑度假，带动了长白山景区及延边州、白山市消费品市场特别是住宿餐饮业的增长。上半年我省展会活动丰富多彩，第三届长春消夏节于6月21日在长春开幕。节日期间举办了长春净月潭利丁国际森林徒步赛、文化广场狂欢夜、贯穿长春主要街路的彩车巡游等多项活动，吸引了大量中外宾客参加。上半年全省住宿餐饮业实现零售额191.92亿元，同比增长24.2%，比批发零售业高出6.7个百分点，比全省平均水平高出5.8个百分点。

（四）限额以下企业及个体户零售额增速较快

上半年我省消费品市场增长主要是限额以下企业及个体户增长较快拉动所致。上半年全省限额以上企业实现零售额359.99亿元，同比上涨8.2%；限额以下企业及个体户实现零售额986.91亿元，同比增长22.7%。限额以下企业及个体户零售额增长较快，主要原因是全省促进民营经济发展的力度加大，而批发零售、住宿餐饮业民营经济主体多数集中在限额以下企业及个体户，而且多是从事日用品类等日常消费品的销售或经营中、低档的餐饮业，消费的人群较稳定，因而零售额保持较快增长。

（五）传统消费热度不减，新兴热点方兴未艾

吃穿等传统消费上半年有了较快的增长，限额以上批发零售企业实现粮油食品饮料烟酒类零售额38.36亿元，同比增长23.1%，其中粮油类实现零售额5.78亿元，同比增长了41.1%；实现服装、鞋帽、针纺织品类零售额49.82亿元，同比增长14.5%。

与此同时受消费结构升级影响，新兴热点商品消费也继续保持着较快增长。上半年限额以上批发零售企业汽车类零售额、文化办公用品类零售额、建筑及装潢材料类零售额、家俱类零售额、体育娱乐用品类零售额分别同比增长了29.1%、67.4%、17.3%、23.6%和25.4%。

二、制约消费品市场发展的不利因素

（一）农村市场虽然增速较快，但所占比重仍然较小

虽然上半年农村消费品市场实现了21.4%的快速增长，但是农村零售额占全社会消费品零售额的比重仍然较小，只有22.7%，不及城市消费品零售额的三分之一。另外，农村居民的收入也远远低于城镇居民，也抑制了农村消费需求的增长。2009年上半年农村人均现金收入只有4514.77元，为城镇居民人均可支配收入的65.0%。城乡居民收入差距的加大，也阻碍了农村消费品市场的更快增长。

（二）限额以上企业增速缓慢，拉动作用减弱

今年以来，限额以上企业受全球金融危机影响，零售额增幅明显放缓。上半年限额以上批发零售业企业零售额仅同比增长8.0%，比限额以下批发零售业企业及个体户增幅低14.1个百分点，比上年同期回落了31.1个百分点；限额以上住宿餐饮业企业也仅同比增长了13.7%，比限额以下住宿餐饮业企业及个体户的增幅低11.3个百分点，比上年同期下降了4.2个百分点。

（三）居民储蓄继续增长，未来支出预期增加

对未来支出的预期也是影响消费意愿的重要因素。近年来虽然恩格尔系数保持相对稳定，但是教育、就医、住房等方面的支出明显上升，这不仅消耗了居民的原有储蓄，而且又强化了新的储蓄意愿，制约了即期消费的增长。上半年全省储蓄存款余额4542.7亿元，同比增长了23.9%，高于GDP增幅12.2个百分点，也高于城镇居民人均可支配收入增幅13.6个百分点。

三、进一步促进消费品市场发展的建议

（一）采取有效手段提振居民消费热情

1．提高城乡居民收入，是扩大内需，增强消费最直接、最有效的办法。要通过政府调控措施不断增加城乡居民的收入，特别是提高城乡弱势群体和农民的收入，通过扩大就业面，使城乡中低收入居民的收入水平有明显提高，有效增强城乡居民的即期消费能力。

2．借鉴南方部分省市发放消费券、旅游优惠券等做法，进一些步提振城乡居民

消费热情，以保持内需对经济的持续拉动力。

3．积极推进教育、医疗改革，有力控制房价过快上扬，减少居民的支出预期，增加即期消费。

（二）继续大力开拓农村消费市场

开拓农村市场必须采取与城镇市场完全不同的分销策略。农村居民居住分散，分布范围广，交通不便，农村经销终端多，但规模较小。各级政府可采取以下措施扶持商业企业在农村铺设营销网络，一是减少中间渠道环节。以县城为主要批发地和立足点，形成“企业——县级批发商——村级零售商”的通路。二是与中间商联合。农村市场较为分散，企业完全靠自建网络是不现实、也不经济的。三是联合农村供销社网点。供销社长期服务于农村市场，积累了丰富的经验，网点多，分布广，形成了独特的优势。把产品通过供销社分销到农民手中，企业只要配合销售并在一定集中区设立维修站进行售后服务即可。这样就节省了大量重新布点的成本，争取了主动。同时要继续加大“家电下乡”、“汽车下乡”补贴力度，扩大网点，简化程序，并做为一项长期措施坚持下去。

（三）加快小城镇商业建设步伐，推进城乡市场的一体化

一是围绕小城镇建设，加大商业流通设施的开发力度，积极培育多元化的商品经营主体和多样化的商品经营形式。二是采取多种政策措施，鼓励和吸引国内外流通主体向小城镇延伸经营网络，以促进小城镇商业网点建设及市场的繁华。三是健全完善小城镇商业服务功能，面向农村市场拓展辐射商圈，延长服务半径，逐步以组织化、网络化的市场形式和业态，替代农村传统的定期或不定期的集贸市场形式。四是充分利用小城镇商业设施，兴建、改造农产品交易市场，地方工业品产品批发市场，增强商业对县域工业、农业和城镇建设的带动作用。五是依托乡村风情、土特产品、地方风味和传统风格打造特色餐饮服务业，发展“农家乐”，推动农村旅游业的发展。

进出口持续双降 外贸形势不乐观
——上半年我省进出口情况分析

王晓辉

编者按：《进出口持续双降 外贸形势不乐观——上半年我省进出口情况分析》一文于2009年7月28日以《统计分析》第32期（总第535期）印发。

今年以来，金融危机的阴霾一直影响着我省进出口贸易。国家虽然已采取了多项促进对外贸易的措施，但面临外需严重萎缩的情况下，我省出口、进口继续双双下降，外贸形势不容乐观。

据海关统计，上半年，全省海关进出口实现总值48.37亿美元，同比下降27.3%，比全国下降23.5%的降幅高3.8个百分点。其中，出口实现总值12.63亿美元，同比下降41.6%，比全国下降21.8%的降幅高19.8个百分点；进口实现总值35.74亿美元，同比下降20.4%，比全国下降25.4%的降幅低5.0个百分点。（见图1）

图1 海关进出口总值增幅（累计数）

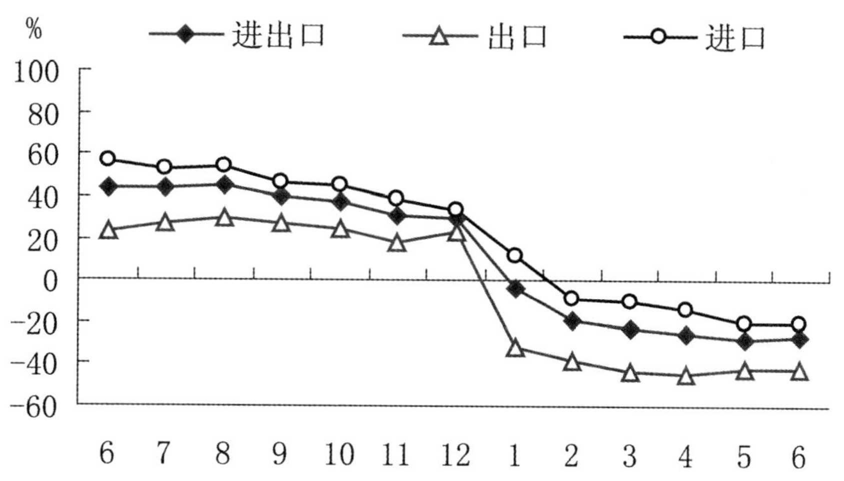

一、我省对外贸易运行的主要特点

（一）一般贸易、加工贸易双双下降

上半年，一般贸易进出口下降幅度较大，出口总值同比下降44.6%，进口总值同比下降20.6%；加工贸易出口总值同比下降25.6%，进口总值同比下降22.8%。

（二）各种经济类型企业进出口总值均呈现下降

上半年，国有企业进出口总值18.66亿美元，同比下降32.8%，占全省进出口总值的38.6%，其中出口3.52亿美元，下降58.7%；进口15.14亿美元，下降21.3%；外商投资企业进出口总值23.10亿美元，同比下降23.4%，占全省进出口总值的47.8%，其中出口4.80亿美元，下降27.2%；进口18.30亿美元，下降22.3%；私营企业进出口总值6.32亿美元，同比下降22.9%，占全省进出口总值的13.1%，其中出口4.11亿美元，下降33.9%；进口2.22亿美元，增长11.3%；集体企业进出口总值0.18亿美元，同比下降40.2%，其中出口0.12亿美元，下降43.7%；进口0.05亿美元，增长29.7%。

（三）主要双边贸易国家进出口总值普遍下降

上半年，德国、日本、美国、韩国和匈牙利为我省前五位贸易国，贸易总值普遍下降。德国进出口总值14.72亿美元，下降26.2%；日本9.52亿美元，下降12.1%；美国4.34亿美元，下降3.8%；韩国2.81亿美元，下降20.2%；匈牙利2.22亿美元，下降22.4%。另外，对俄罗斯的进出口0.96亿美元，下降65.6%；朝鲜1.61亿美元，下降33.5%。（见表1）

2009年上半年吉林省与主要贸易国进出口情况

表1

国家和地区	进出口（万美元）	增减（%）	出口（万美元）	增减（%）	进口（万美元）	增减（%）
合计	483700	-27.3	126259	-41.6	357440	-20.4
#德 国	147160	-26.2	6113	-23.4	141047	-26.3
日 本	95204	-12.1	17790	-32.0	77414	-5.7
美 国	43386	-3.8	11143	-52.7	32243	49.8
韩 国	28076	-20.2	20016	-23.5	8060	-10.6
匈牙利	22190	-22.4	70	-70.8	22120	-22.0
朝 鲜	16057	-33.5	11253	-9.2	4804	-59.1
巴 西	10398	-42.5	820	-28.1	9577	-43.4
俄罗斯	9569	-65.6	6641	-71.9	2928	-30.8
意大利	7800	-4.2	2592	-45.0	5209	51.5
澳大利亚	6881	-45.3	979	-34.3	5901	-46.8

（四）主要进出口商品增少减多

上半年，我省出口主要商品中，出口总值超过一亿美元的仅有2种（上年同期有5种），有粮食1.60亿美元，增长8.6%；服装及衣着附件1.04亿美元，下降29.7%；出口总值超过一千万美元的有15种，其中同比增长的仅有5种，其它均为下降。（见表2）

2009年上半年吉林省出口主要商品情况表

（出口总值超过一千万美元）

表2

指标名称	指标值(万美元)	增减(%)	比重(%)
出口贸易总值	126259	-41.6	100.0
前15种主要商品合计	72405	-27.3	57.3
粮食	16005	8.6	12.7
服装及衣着附件	10449	-29.7	8.3
胶合板及类似多层板	9134	-34.0	7.2
食用油籽	7146	8.2	5.7
汽车(包括整套散件)	4940	-73.7	3.9
鲜、干水果及坚果	4602	67.0	3.6
纺织纱线、织物及制品	3838	-13.2	3.0
汽车零件	2813	-65.7	2.2
新的充气橡胶轮胎	2657	3.3	2.1
家具及其零件	2485	-16.3	2.0
水海产品	2288	-14.8	1.8
肉及杂碎	2207	17.0	1.7
蔬菜	1718	-36.9	1.4
医药品	1071	-22.2	0.8
药材	1052	-16.4	0.8

上半年，我省进口主要商品中，超三千万美元的有11种，有5种同比增长，其它均为下降。（见表3）

2009年上半年吉林省进口主要商品情况表
(进口总值超过三千万美元)

表3

指标名称	指标值(万美元)	增减(%)	比重(%)
进口贸易总值	357440	-20.4	100.0
前11种主要商品合计	222787	-24.1	62.3
汽车零件	87635	-22.1	24.5
汽车(包括整套散件)	36173	-49.5	10.1
粮食	25266	20.1	7.1
计量检测分析自控仪器及器具	22241	14.8	6.2
铁矿砂及其精矿	12380	-55.2	3.5
钢材	9646	1.1	2.7
金属加工机床	9318	426.4	2.6
通断保护电路装置及零件	7077	-28.2	2.0
活塞式内燃机的零件	5598	-58.2	1.6
钢铁制标准坚固件	3903	-24.9	1.1
纸浆	3550	103.6	1.0

二、影响我省下半年对外贸易发展的主要因素

(一）全球经济企稳有利于稳定我省外需

2009年下半年，外需形势的变化是影响我省出口的最重要因素。目前，全球经济已经出现了阶段性的回暖迹象。世界主要经济体的降幅有望小于上半年。受此影响，我省出口的外部环境也将转好。如果外需恢复时间较迟或出现反复波动，我省出口仍将面临较大的外部压力。

(二）全球出口结构变化将有利于稳定我省出口

金融危机爆发后，全球贸易产品结构出现了一些调整。在收入减少的情况下，消费者对价格较低产品的需求普遍增加，反映在贸易上就是对劳动密集型产品需求增加、价格稳定甚至上升。预计国际市场上这种趋势还将持续一段时间。现阶段，我省出口结构仍以劳动密集型产品为主，国际市场对我省物美价廉出口产品需求下降幅度相对较小。

(三）国内出口商品生产成本低，有利于我省出口的价格竞争力

上半年，受全球经济陷入衰退和国内出口下降、经济增速明显放慢等因素的同时影响，不但国内劳动力、原材料等成本下降，进口原材料成本下降更为显著，这

都有利于企业降低出口产品的生产成本。出口企业生产成本降低导致价格竞争力有所提高，对出口改善将起到一定的支撑作用。

（四）国内政策连续调整将对出口起到进一步支撑作用

国家在近两年连续提高部分产品出口退税率、保持人民币兑美元汇率基本稳定、对出口企业加大信贷支持力度、重新调整加工贸易限制禁止类目录等政策，对于防止出口急速下行起到了积极作用。下半年，这些政策在稳定出口方面会发挥更大的作用。

三、几点建议

下半年，面对我省进出口出现双双下降的情况下，应积极转变进出口结构。应重点抓：

（一）我省出口农产品的同时，加大科技含量，增强产品在市场上的竞争能力；要增加汽车出口和高新技术的出口能力，注重技术的创新和产品的升级换代，不断提高产品的价值量，延伸产业价值链，以获取更大的国际竞争优势和分工效益。

（二）充分利用国家稳定外需，提高出口商品退税率等政策，根据国际市场的需求，对进出口企业和进出口产品，可以逐户企业、逐个产品进行分析，有针对性地实行诸如出口信贷贴息、信用保险补贴等扶持措施，千方百计扩大出口，努力扭转出口下降的局面，确保我省进出口在全国份额不下降，并争取有所提高。

对当前我省工业生产运行的基本判断

刘莉

编者按：《对当前我省工业生产运行的基本判断》一文于2009年7月28日以《统计分析》第33期（总第536期）印发。

2008年下半年，国际金融危机引发世界经济深度衰退，我国工业生产增速明显放缓。在宏观经济环境下行的背景下，我省工业经济不可避免地受到冲击。为积极应对国际金融危机带来的不利影响，省政府采取了一系列“保增长、保民生、保稳定”的政策措施，随着这些政策措施的初见成效，今年上半年我省工业生产在波动中底部基本筑稳，工业生产止跌回暖迹象逐渐增强。

一、2008年6月至今工业生产总体走势

在国际金融危机到来前，我省工业生产保持了持续快速增长态势，2008年上半年全省规模以上工业同比增长22.0%。进入2008年下半年，由于金融危机对我省汽车、石化、钢铁等支柱产业影响较重，全省规模以上工业生产增速经历了多年未见的持续下滑和低速增长，月度工业增加值增速在全国排位也由2008年6月的第12位跌至2008年12月的第16位。今年以来，随着我省工业生产形势逐渐好转，工业生产逐

图1 工业增加值月度增速

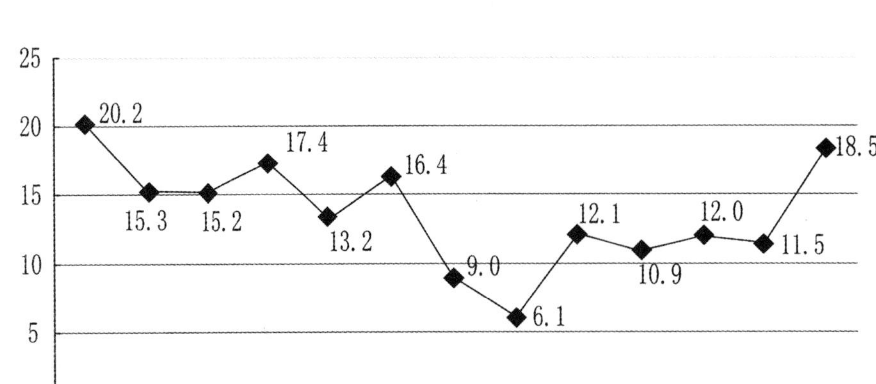

步企稳回升，6月份全省规模以上工业增加值同比增长18.5%，增速居全国第6位。纵观2008年6月至2009年6月这12个月我省工业生产运行情况，不难看出全省工业生产增长呈现V型波动的特点。（见图1）

二、对一年来工业生产运行的基本判断

这12个月，我省工业生产经历了波动下滑、低位徘徊、向上波动拉升和平稳增长初显四个阶段，截至今年6月份，基本达到波动尾端，工业生产平稳上升趋势初显。

（一）波动下滑期（2008年6月—2008年11月）

从我省工业增加值增速的起伏变化来看，2008年下半年我省工业生产在波动中呈现下滑趋势。2008年6月，我省规模以上工业在实现当月20.2%的增速后开始波动性回落，7月为15.3%，8月为15.2%，9月恢复到17.4%，10月降至13.2%，11月恢复到16.4%。由于我省产业结构偏重，省内大中型企业多为汽车、石化、钢铁、煤炭、建材等重工业企业，而在金融危机中上述行业恰为受到冲击较重的几大行业。进入2008年四季度，我省支柱行业主要产品产量占全国产量的比重持续下滑，这反映出我省受金融危机影响的经济波动比全国相对滞后一段时间，但对我省支柱行业的影响更为严重。2008年10月，我省产值前30户企业产值合计出现负增长，同比回落0.4%，低于2008年9月21.3个百分点。大中型企业工业生产形势的下滑是导致全省工业生产滑落的直接原因。（见表1）

2008年6月—12月工业总产值增速

表1　　单位：%

行业名称	2008年						
	6月	7月	8月	9月	10月	11月	12月
全省规模以上工业	27.9	34.1	28.8	26.8	17.1	15.2	4.2
产值前30户企业	16.5	26.0	20.3	20.9	-0.4	0.4	-18.0

2009年上半年工业总产值增速

表1　　单位：%

行业名称	2009年					
	1月	2月	3月	4月	5月	6月
全省规模以上工业	-4.7	6.4	4.7	5.4	5.2	14.9
产值前30户企业	-21.1	-7.4	-14.3	-12.2	-5.4	4.1

（二）低位徘徊期（2008年12月—2009年1月）

2008年12月，全省规模以上工业生产增速跌破两位数，加之受到春节假日的影响，今年1月份全省规模以上工业增加值增速仅为6.1%。分经济类型看，2008年12月，大中型企业生产同比回落1.8%，将全省工业生产增速向下拉动1.2个百分点。今年1月份，大中型企业生产同比回落3.7%，将全省工业生产增速向下拉动2.5个百分点。分行业看，在全省工业生产进入低位徘徊期时，受居民对食品需求的刚性影响，食品工业对全省工业增长的拉动和支撑作用明显。2008年12月，食品工业同比增长27.7%，对全省工业增长的贡献率为42.7%，拉动全省工业增长3.9个百分点。2009年1月，食品工业同比增长20.6%，对全省工业增长的贡献率为59.4%，拉动全省工业增长3.6个百分点，占全省工业增加值的比重首次超越交通运输设备制造业，达22.6%。

（三）向上波动拉升期（2009年2月—2009年5月）

从全省工业生产形势来看，在这一时期，随着国家产业振兴规划政策的实施、省内固定资产投资项目的陆续开工建设以及钢材、铁矿石、原油价格逐渐回升，全省工业生产逐渐向上拉升，市场回暖信号不断增强。主要表现在：第一，我省汽车、钢铁、建材等主要产品产能逐渐恢复，占全国比重逐渐增加。今年2月份至5月份，我省汽车产量分别同比增长47.5%、0.1%、3.0%和7.3%，钢铁产量同比增长-4.1%、-17.4%、11.2%和19.5%，水泥产量同比增长-18.8%、17.5%、12.7%和45.3%；第二，电力部门统计的工业用电量降幅收窄。5月份全省工业用电量为27.81亿千瓦时，同比下降4.6%，低于1月份3.0个百分点；第三，产值前30户企业实现工业总产值增速加快，大企业支撑作用逐渐增强。2月份至5月份，30户企业累计实现产值分别为254.63亿元、338.61亿元、348.94亿元和366.25亿元，增速分别为-7.4%、-14.3%、-12.2%和-5.4%。（见表2）

我省主要产品产量占全国比重

表2　　单位：%

产品名称	2008年							2009年				
	6月	7月	8月	9月	10月	11月	12月	2月	3月	4月	5月	6月
天然原油	3.8	3.4	3.5	3.6	3.7	3.7	3.2	3.4	3.5	3.9	3.6	3.5
原油加工量	1.9	2.5	2.6	2.5	2.5	2.7	2.6	2.6	2.9	2.3	2.2	2.1
水泥	2.2	2.1	2.3	2.5	2.1	1.2	0.8	1.5	2.2	7.0	3.0	3.1
钢材	1.3	1.3	1.5	1.2	1.1	0.8	0.9	1.2	1.1	1.4	1.4	1.3
汽车	9.9	8.5	9.6	9.2	8.2	8.3	5.2	7.3	8.6	8.9	8.7	8.7

（四）工业生产平稳增长初显（2009年6月）

今年6月份，全省规模以上工业在经历了数月的波动调整后，阶段性筑底走稳趋势更加明显，主要经济指标好于全国。同时，由于今年下半年与去年同期相比宏观经济环境有所好转，因此，可以大致判断我省工业经济实现平稳增长的初端已基本显现。

6月份全省规模以上工业实现增加值280.52亿元，同比增长18.5%。支柱、优势及特色产业实现增加值217.22亿元，同比增长16.3%。交通运输设备制造业实现增加值72.56亿元，同比增长11.4%，对全省经济增长的贡献率为15.5%，拉动全省工业增长2.9个百分点。其中汽车制造业实现增加值70.01亿元，同比增长13.0%，对全省经济增长的贡献率为16.8%，拉动全省工业增长3.1个百分点。汽车产量达10.53万辆，同比增长18.3%；石化工业实现增加值33.98亿元，同比增长12.8%，对全省经济增长的贡献率为12.4%，拉动全省工业增长2.3个百分点。产值前30户企业合计实现产值384.39亿元，同比增长4.1%，为今年来的首次正增长。6月份，高耗能行业的快速增长是全省工业中的一大亮点。六大高耗能行业合计实现增加值63.59亿元，同比增长27.7%，增速高于全省平均水平9.2个百分点、高于5月份14.2个百分点，对全省经济增长的贡献率为31.9%，拉动全省工业增长5.9个百分点。值得注意的是，六大高耗能行业的高增长，与上半年工业能耗降幅创新高相呼应。这至少说明两种情况：一是我省工业整体上节能降耗的功能增强，化解了高耗能企业能耗水平，其最主要的例证是上半年全省工业用电仍下降7.02%。二是很有可能预示着下半年降耗压力在高耗能行业的带动下，有走强之势，必须高度关注。（见表3）

工业增加值增速

表3 单位：%

产品名称	2008年							2009年					
	6月	7月	8月	9月	10月	11月	12月	1月	2月	3月	4月	5月	6月
规模以上工业总计	20.2	15.3	15.2	17.4	13.2	16.4	9.0	6.1	12.1	10.9	12.0	11.5	18.5
大中型企业	13.9	7.6	8.9	12.5	5.2	9.3	-1.8	-3.7	1.9	-0.6	3.1	4.1	9.7
六大高耗能行业合计	8.5	14.6	19.8	13.1	7.0	1.3	9.0	2.2	1.1	9.5	6.8	13.5	27.7
支柱、优势及特色产业	18.3	13.1	13.3	15.9	12.3	16.6	6.4	4.8	8.7	6.6	9.5	11.2	16.3

三、对全省工业生产下一步走势的初步预测

从国际形势来看，国际金融危机对实体经济的负面影响仍在。从国内看，国家实施的进一步扩大内需、保增长的各项政策措施已发挥作用，工业生产逐步企稳。

从省内看，适应我省重点产业发展的产业跃升计划已开始实施，工业经济发展环境不断向好。因此，综合考虑内、外部因素，我们认为，目前我省工业生产基本步入了平稳增长通道。下半年，我省工业生产发展预计好于去年同期水平。同时，我们也应客观认识到，6月份工业生产实现同比增长18.5%的增速是建立在汽车制造业和石化工业生产形势大好、产能得以有效利用基础之上的，这也充分反映出我省产业集中度偏高，全省工业生产受上述两个行业生产形势影响较大。因此，下半年，若我省汽车制造业和石化工业产能利用率不能达到6月份的最好水平，全省工业生产保持快速增长的动力将会受到一定程度的影响。

四、当前工业经济运行应抓住的几个关键环节

从我省实际情况看，当前我省工业生产发展的利好因素在进一步累积，但工业生产运行仍然面临严峻的局面，上行支撑和下行压力并存，因此，若要保持工业生产的平稳发展，应着力抓好以下几个关键环节。

一是尽量减小季节性因素的影响。对于冬季漫长的我省来说，每年4至10月份，是基建项目开工建设的黄金季节。今年二季度以来，钢材、水泥等建材类产品产量逐月增多的事实同样证明了这一点。冶金行业和建材行业是我省工业经济的主要力量，占全省规模以上工业增加值的10%左右。因此，加快基建项目的建设进度，保证省内冶金和建材企业在年内10月份以前，充分利用各种资源，抓紧生产，使产能利用达到最优。

二是用足用好国务院出台的十大产业振兴规划，与我省的八大产业跃升计划很好地结合起来。一年来，国家出台一系列保增长的措施，对以汽车、钢铁、石化等行业为支柱产业的我省来说，是促回暖的重要政策机遇，今年以来，我省汽车制造业出现止跌回暖的发展态势，验证了政策的效应。但是随着政策效应在逐级递减，汽车产量有下降的可能。因此，出台有效鼓励和刺激消费者优先选购本省产品的政策，努力提高产销率，对保持工业生产稳定增长具有重要意义。同时要紧紧地抓住机会，适时进升、结构优化，调整淘汰陈旧的产能，及时升级工业结构。

三是紧紧抓住目前国务院正在加紧研究的“加大投资、扩大消费、稳定出口、财政金融、稳定农业、产业振兴、改善民生”等七个方面的新一轮支持政策措施机遇。如6月1日起国家又在10个月内第7次上调了部分产品出口退税率。面对国家不断推出的产业发展支持政策，如何制定适应我省发展的本土政策，实现与国家政策的对接（如制定提高我省工业产品出口销售率，借机扩大国外市场份额的政策措施）是实现超常规发展的重要环节。

上半年我省气象情况及对农作物的影响

刘权蔚

编者按：《上半年年我省气象情况及对农作物的影响》一文于2009年7月30日以《统计分析》第34期（总第537期）印发。

今年进入7月以来我省气温仍然持续偏低，低温寡照对今年粮食丰收带来威胁。有关情况如下：

一、春播以来农业气象条件

（一）玉米播种以来农业气象条件

根据气象部门的数据分析，玉米播种以来（4月21日—7月5日）我省气温有两个特点：

一是气温阶段性变化明显

全省平均气温为17.3度，与常年同期持平；全省平均活动积温为1578.5度，比常年同期多6.6度。气温阶段性变化明显，其中4月28日—5月29日全省平均气温为16.9度，比常年同期高3.0度，位居历史同期高温的第1位；4月21—27日和5月30日—7月20日出现了明显的低温段，全省平均气温分别为6.4度和19.1度，分别比常年同期低3.4度和1.3度，分别居历史同期低温的第8位和第5位。

二是降水稍少，阶段差异大

此期间全省平均降水量为243.9毫米，比常年同期少7%。降水空间分布不均，其中白山比常年同期多3%，四平、辽源比常年同期少24%—26%，其它市州少1%—10%。其中五月降水少49%，6月降水多24%，7月1~20日降水少14%。

（二）水稻返青分蘖以来的农业气象条件

水稻返青分蘖以来（5月29日—7月20日）气候异常。

一是气温低、积温少

全省平均气温为19.1度，比常年同期低1.2度，居历史同期低温的第5位。

持续低温段主要是5月30日—6月25日，其间全省日平均气温低于作物生长适宜温度下限（17度）的天数达到了14天，居历史同期低温天数的第2位。其中白山和延边分别达20天和22天；辽源、吉林和通化为12—15天。5月29日—7月20日全省平均积温为1009.7度，比常年同期少66.1度日。其中白城、松原、长春、吉林、延边比常年同期少63.7—82.9度日；白山少48.3度日；其它地区少54.6～57.8度日。

二是降水稍多

水稻返青分蘖以来（5月29日—7月20日）全省平均降水量为212.1毫米，比常年同期多4%。表现为西部少，东部多的特点，其中白城、四平、辽源少4%—26%，白山、延边多14% —24%，其它地市多3%—7%。

三是日照偏少

5月30日—7月20日累计日照时数，中西部地区平均为374小时，比常年同期少55小时；东南部地区平均为282小时，比常年同期少77小时。

二、气象条件对农作物影响

（一）春季播种出苗期气象条件总体有利，大田作物苗情偏好

2009年我省大田播种期由于气温低，降水多，使玉米等大田作物播种期较常年晚5天左右。尽管播种期偏晚，但是由于中西部主要产粮区5月份气温高，土壤水分条件好，种子生根发芽快，旱田作物出苗期反而较常年早5天左右，作物幼苗整齐，多数县市玉米保苗率高达95%以上，苗情明显好于常年。东部多数县市出苗期和苗情接近常年，仅延边州部分县市由于5月少雨干旱，玉米和大豆苗情偏差。

（二）入夏以来持续低温阴雨，玉米生长受到抑制，水稻发生低温冷害

五月末以来，受冷涡天气影响，我省各地出现持续低温多雨天气过程，对农业生产等方面的影响利弊参半。有利方面主要是持续降水缓解和解除了5月旱情，有利于玉米、大豆等旱田作物的生长。此后，到目前为止，全省各地都没有发生农业干旱，西部多数县市玉米长势好于常年。

低温多雨的不利方面主要是持续低温寡照对作物生长有明显的抑制作用。玉米等旱田作物尽管苗情好，出苗早，但是由于持续低温影响，目前主要产粮区生长进程由6月初较常年早一周左右转变为变为较常年晚3～5天。持续低温和寡照对水稻返青和分蘖的抑制作用更大，各地水稻生长缓慢，有效分蘖数明显偏少，多数稻区目前水稻刚刚进入孕穗期，水稻生长发育进程较

常年晚一周以上，积温较常年少70度左右，发生了水稻延迟型低温冷害，其中北部和东部部分县市发生了严重冷害，将导致明显减产，南部地区多为轻度冷害，其它地区为中度冷害，也将造成一定减产。

三、近期农业生产建议

（一）加强田间管理，减轻低温对作物生长的影响

由于持续低温延迟了作物生长进程，并发生了大范围水稻低温冷害，因此建议广大农民加强水田管理，及时防治病虫害，中后期减少氮肥用量，增加磷钾肥，控制无效分蘖，有条件的可以喷施作物生长素，促进水稻生长发育。

（二）搞好水库安全防汛工作

前期明显降水天气已经使东南部山区形成比较明显的地表径流，当地江河和水库水位将明显上涨，建议当地有关部门注意天气和水清变化，在搞好水库蓄水的同时，切实做好水库防汛工作，确保水库安全度汛。

（三）防御局部地区气象灾害

由于东部南部山区前期降水偏多，目前多数地区土壤已经达到饱和状态，再有较强降水天气，很可能形成小流域洪涝和农田内涝灾害，因此提醒相关部门和当地农民群众积极预防洪涝和农田内涝灾害。

2009年上半年我省畜牧业经济形势分析

刘权蔚

编者按：《2009上半年我省畜牧业经济形势分析》一文于2009年7月30日以《统计分析》第35期（总第538期）印发。

上半年，在各项惠牧强牧政策的推动和市场的强力拉动下，全省畜牧业经济继续呈现出良好的发展态势，但也存在一些问题，需要引起重视。

一、当前畜牧业生产情况

（一）畜禽产量增长较快

据全面调查，今年上半年我省生猪生产延续了去年下半年强劲的发展势头，继续保持较好的发展态势，生猪存、出栏增多，市场供应充足。肉牛、羊、禽生产相对平稳。截至二季度末，全省生猪饲养量达到2526.32万头，同比增长11.5%；其中存栏1345.69万头，同比增长12.4%；出栏1180.63万头，同比增长10.4%，销往省外430.69万头，同比增长9.8%。能繁母猪存栏159.56万头，同比增长12.9%。牛饲养量859.91万头，同比增长4.9%；牛存栏619.53万头，同比增长5.1%；出栏240.38万头，同比增长4.7%；奶牛存栏29.89万头，同比增长22.9%。羊存栏678.12万只，同比增长3.4%；出栏234.63万只，同比增长4.5%。肉鸡存栏0.6989亿只，同比增长6.1%；出栏1.2788亿只，同比增长6.6%；蛋鸡存栏0.8286亿只，同比增长3.6%。

全省肉蛋奶产量保持了稳步增长势头。上半年全省肉类总产量达到162.88万吨，同比增长7.1%。其中，猪肉产量93.27万吨，同比增长8.8%；牛肉产量31.15万吨，同比增长3.0%；羊肉产量2.82万吨，同比增长4.0%；禽肉产量33.30万吨，同比增长6.6%。禽蛋产量45.22万吨，同比增长12.7%。奶类产量43.04万吨，同比增长34.8%。其中牛奶产量41.80万吨，同比增长38.0%。（见表1）

2009年上半年畜牧业生产情况比较表

表1

指　　标		2009年二季度	2008年二季度	同比增减%
生猪（万头）	饲养量	2526.32	2266.38	11.5
	存栏合计	1345.69	1197.26	12.4
	其中：能繁殖母猪	159.56	141.32	12.9
	出栏	1180.63	1069.12	10.4
	其中：销往省外	430.69	392.22	9.8
禽（亿只）	鸡存栏	1.5275	1.4587	4.7
	其中：蛋鸡存栏	0.8286	0.7999	3.6
	其中：肉鸡存栏	0.6989	0.6588	6.1
	肉鸡出栏	1.2788	1.2002	6.6
	其中：销往省外	0.2209	0.2099	5.2
牛（万头）	牛饲养量	859.91	819.21	4.9
	牛存栏	619.53	589.67	5.1
	其中：黄牛存栏	589.63	565.36	4.3
	其中：奶牛存栏	29.89	24.31	22.9
	牛出栏	240.38	229.54	4.7
	其中：销往省外	61.23	58.68	4.3
羊（万只）	饲养量	912.76	880.50	3.7
	存栏合计	678.12	655.96	3.4
	累计出栏肉用羊	234.63	224.54	4.5
	其中：销往省外	36.21	35.12	3.1
鹿（万只）	饲养量	69.59	47.64	46.1
	存栏	62.52	41.26	51.5
	出栏	7.07	6.39	10.8
	其中：销往省外			
林蛙（亿只）	收获量	0.68	3.02	-77.7
	蛙油产量（吨）	13.42	32.56	-58.8
生猪（万头）	肉类合计	162.88	152.16	7.1
	猪肉	93.27	85.69	8.8
	牛肉	31.15	30.25	3.0
	羊肉	2.82	2.71	4.0
	禽肉	33.30	31.25	6.6
	禽蛋产量	45.22	40.12	12.7
	鸡蛋	40.69	35.31	15.3
	奶类产量	43.04	31.93	34.8
	其中：牛奶	41.80	30.30	38.0

（二）主要畜禽产品经营价格

1．生猪生产

4月下旬到5月上旬，“猪流感”暴发的消息报道以后，对我省生猪生产和消费带来了短时的影响，受“猪流感”这个错误命名的影响，猪肉消费量有所下降，活猪价格曾短期加速下跌，据省畜牧业管理局监测调查，4月和5月，肉猪价格下跌幅度最大，是今年以来猪价下跌幅度最大的两个月。随着“猪流感”这个命名更正为“甲型H1N1流感”，流感所造成的影响才逐渐消除，尽管猪价还在继续回落，但主要原因不是因为“猪流感”，而是生猪生产和消费运行周期（出栏高峰期和消费淡季的到来）所固有的特点造成的。目前，仔猪的价格一路飙升，由年初的每公斤19.09元上升到每公斤24.98元；待宰活猪和带皮猪肉也由4月末的每公斤8.49元和每公斤15元分别上涨至目前的每公斤10.9元和每公斤16.31元。（见图1）

图1 2009年仔猪、生猪、猪肉价格走势图

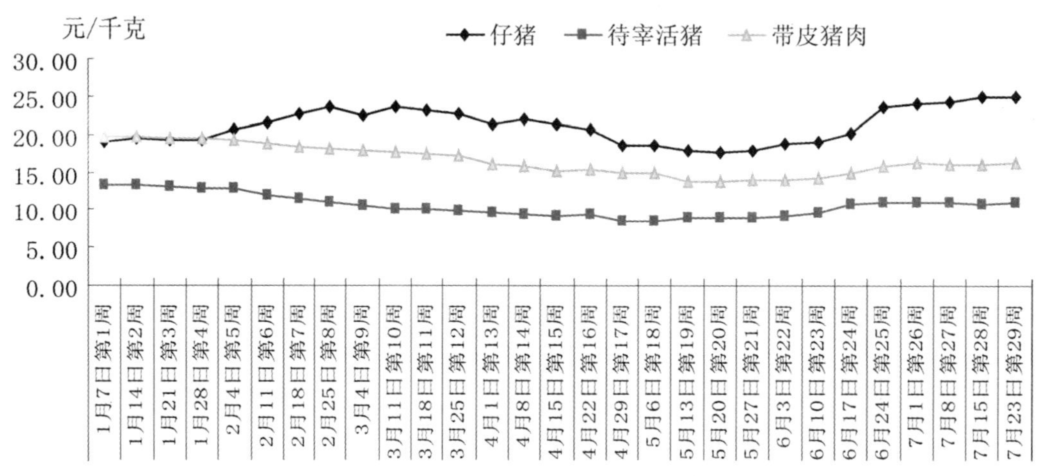

从目前看，农户补栏积极性有所上升，猪肉市场供应趋于平衡。

2．肉牛、肉养生产

今年以来，我省肉牛、肉羊生产形势比较平稳，存栏数量稳中有升。虽然在3月有小幅下降，但从总体价格趋势上看，牛及活羊价格呈平稳走势。当前牛肉平均价格为每公斤30.50元、羊肉平均价格为每公斤35.13元。从养殖效益上看，受饲料价格走高影响，育肥牛、活羊价格上涨并没有拉动养殖效益的明显提高。按当前市场价格计算，出栏一头育肥牛（100天）盈利在550元左右，出栏一只肉羊盈利在110元左右。考虑到当前全国性牛源紧缺及封山禁

牧政策的实施等因素，预计今后一个时期，我省牛、羊肉价格将呈逐步上升趋势。（见图2）

图2 2009年牛肉、羊肉价格走势图

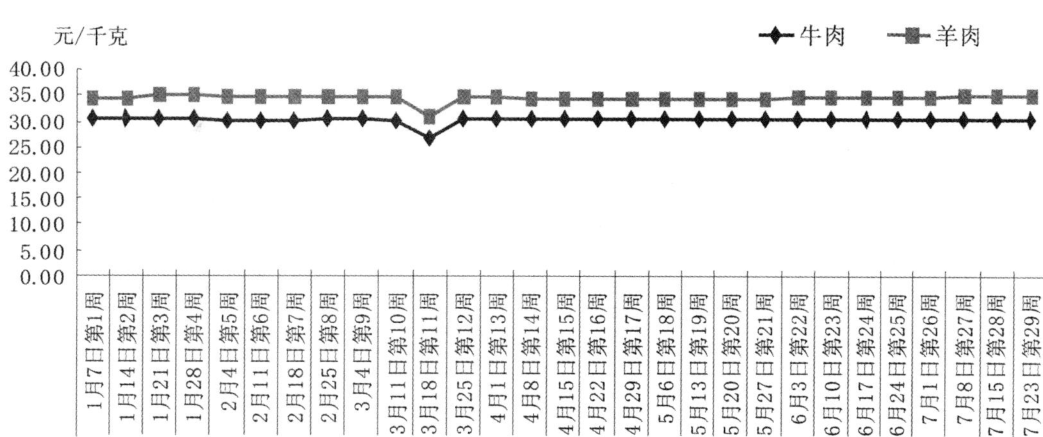

3．**肉鸡生产**

从今年度价格走势上看，我省肉鸡仍呈现小幅上涨之势，尤其是肉鸡雏由年初的每公斤0.87元上涨至目前的每公斤1.35元。受今年禽肉市场价格高，需求量大等因素影响，预计下半年价格仍将稳中有升。（见图3）

图3 2009年鸡及其产品价格走势图

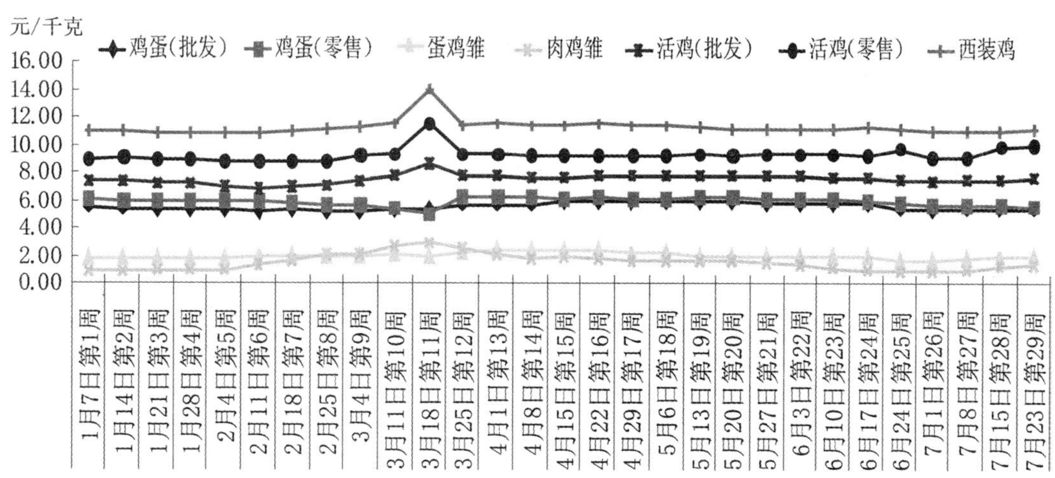

4．蛋鸡生产

由于今年上半年全国鸡蛋市场行情看好，鸡蛋价格止跌回升，农户蛋鸡养殖积极性逐步恢复，蛋鸡补栏势头强劲。从目前情况看，随着国家对鸡蛋消费引导力度的加大和大众消费信心的逐步恢复，蛋鸡生产形势开始明显好转，预计蛋鸡养殖会很快恢复到正常盈利水平，不会出现大的波动。但也不排除因全国蛋鸡饲养量增加导致今后一段时期鸡蛋价格在较低价位徘徊的可能。

二、畜牧业发展中存在的问题

（一）污染问题较为严重

养殖业所带来的污染问题日益显现，有的地方还相当严重。据我们调研了解，近年来生猪发展十分迅猛，为当地经济发展做出了巨大的贡献。但由于环保措施不力、环保设施不全等多种原因，对猪的粪便处理不到位、不彻底，造成附近主要的河道和小溪、许多地方的饮用水源受到污染。目前，养猪造成的污染问题比较普遍，这种问题应引起政府及有关部门的高度重视，如不及时治理，今后将会为此付出重大的治理代价。

（二）贷款难，用地难，扩大再生产难

目前，养殖业普遍存在“贷款难”和“用地难”等现象，主要原因是由于养猪场多为农业用地，大多数猪场建设时没有经过报批，没有营业执照，猪舍没有房产证，因此没有贷款抵押，无法办理银行贷款；同时，许多养猪户（企业）内部财务制度不健全，因此想从银行贷款也比较难。目前，许多规模户想扩大生产规模，但由于很难找到合适的生产用地，无法扩大养殖规模。

三、一些建议

（一）取消母猪补贴政策

在调研过程中，大多数规模养殖户反映：目前国家出台的能繁母猪补贴政策属“遍地开花”政策，对发展规模养猪不利，一些养殖户特别是散养户和小规模户盲目跟风，一哄而上，使得全社会生产供过于求，造成猪价持续下滑。许多规模户都建议取消能繁母猪补贴政策，将这部分资金用于治理污染、防治疫病和鼓励标准化生产等方面；同时，设立养猪门坎，让有能力、会养猪、具备条件的人和企业从事养猪业，引导生猪生产科学、持续、可协调发展。

（二）整合“涉猪”部门的力量，研制“治污”方案，解决污染问题

鉴于目前养猪业带来的污染问题比较严重，建议由政府牵头，组织发改、环保、畜牧、工商、土地、税务、技术监督、商贸等“涉猪”部门，对生猪生产、屠宰、销售、加工和消费等各环节做好总体规划，拿出一套切实可行的“治污”方案，整合部门力量，切实解决养猪带来的污染问题。

（三）加强对疫病的研究和投入力度

养殖业始终要面对疫病和价格双重风险，疫病防治工作做得不好，会给养殖户带来灭顶之灾，这是养猪业最大的风险。各级政府应加大力度，加强对疫病的研究和投入，提前做好疫病的防疫工作，不要等到猪病发生后才去研究，避免疫病造成的重大损失。

（四）改革生猪屠宰销售政策

当前广大消费者普遍有这样一种感觉，市场活猪价格下跌速度很快，但猪肉价格下跌幅度却不大，“养猪的不如贩猪的，贩猪的不如卖猪肉的”，有的养殖户甚至认为“养一年猪不如卖一天猪”挣钱；据调查，销售商一天卖一头猪肉大约能赚300元左右，但养一头猪至少要花5—6个月的时间，出栏时还不一定有利润，有可能还要承担亏损的风险；造成这种状况的主要原因是猪肉市场被卖猪肉的商人垄断了。因此应加快生猪屠宰和销售的改革，允许有条件的企业自产、自宰、自销，打破垄断，形成竞争，使生猪生产、屠宰、销售等环节利润分配趋于合理化，让市场猪肉价格在该降的时候降下来，让广大消费者充分享受生猪产业发展的成果。

吉林省建筑业发展状况及竞争力水平研究

林梅

编者按：《吉林省建筑业发展状况及竞争力水平研究》一文于2009年8月5日以《统计分析》第36期（总第68期）印发。

建筑行业是国民经济的物质生产部门。随着市场经济的不断深入和与国际市场的进一步接轨，目前建筑业已涵盖了建筑产品的生产，以及从规划、勘察、设计、建筑材料成品半成品的采购、生产、施工、安装、监理及建成环境的运营、维护和管理到相关的咨询和中介服务等与建筑生产有关的所有服务内容。

建筑业日渐突出的经济地位和作用，已引起了经济社会的高度关注。省政府亦于五月份出台《关于加快全省建筑业发展的若干意见》，明确制定了近五年我省建筑业发展的指导思想和目标。这是省政府在当前应对金融危机，进一步扩大内需，促进经济增长，实现我省经济快速增长的重大战略决策。那么如何正确认识我省建筑业的发展状况和竞争力水平，积极贯彻省政府新的战略决策，是摆在我们面前的重要课题。

本文采用定性和定量的分析方法，在构建建筑业竞争力评价模型基础上，客观地描述了我省建筑业发展状况和竞争力水平，为省政府制定的全省建筑业发展战略提供理论支持，并针对我省建筑业存在的问题提出建议。

一、我省建筑业发展状况

党的十一届三中全会以后，我省建筑业进入了一个全面发展的良好时期。

（一）生产增长，效益提高，规模扩大

改革开放三十年来，我省建筑业承担了大量的工程建设任务，累计完成房屋建筑竣工面积59390.7万平方米。这些工程项目的建成投产或交付使用，为全省国民经济发展提供了重要的物质基础，对改变我省经济落后状况和促进经济繁荣起到了积极的作用。

从1980年起，全省完成建筑业总产值年均增长10.4%。2008年9月发生的金融危机，也未对我省建筑业造成明显的负面影响，外界担心的房地产市场波动可能带来的投资下滑现象并未立刻出现，我省建筑业仍保持了稳定的增长。2008年全省完成建筑业总产值994.65亿元，已接近千亿元大关，比上年增长34.7%（见表1）；完成建筑业增加值377.65亿元，同比增长23.9%；完成签订合同额1453.19亿元，同比增长30.3%；完成房屋建筑竣工面积3378.08万平

1980—2008我省建筑业主要经济指标

表1

年　份	GDP（亿元）	增长速度(%)	建筑业增加值(亿元)	增长速度(%)	建筑业增加值占GDP比重(%)	建筑业总产值(亿元)	增长速度(%)
1980	98.59	6.5	4.82	3.0	4.9	9.01	
1990	425.28	3.4	18.33	40.0	4.3	39.72	
1991	463.47	5.9	21.31	43.7	4.6	50.84	28.0
1992	558.06	12.2	29.84	-1.6	5.3	74.09	45.7
1993	718.58	12.7	42.89	45.4	6.0	108.80	47.8
1994	937.73	9.7	42.21	7.1	4.5	116.27	6.2
1995	1137.23	9.7	61.37	9.4	5.4	128.00	10.1
1996	1346.79	13.5	65.71	13.4	4.9	135.90	9.1
1997	1464.34	9.0	71.87	25.3	4.9	136.99	-2.1
1998	1577.05	9.1	81.53	10.8	5.2	146.04	6.8
1999	1682.07	8.2	102.18	12.9	6.1	171.35	17.3
2000	1951.51	9.2	113.21	9.5	5.8	239.18	39.6
2001	2120.35	9.3	127.78	19.8	6.0	274.07	14.6
2002	2348.54	10.2	139.96	10.8	6.0	292.60	6.8
2003	2662.08	10.2	167.63	16.8	6.3	347.01	18.6
2004	3122.01	12.2	185.73	18.0	5.9	411.50	18.6
2005	3620.27	12.1	216.89	19.0	6.0	485.58	18.0
2006	4275.12	15.0	256.00	23.9	6.0	607.69	25.1
2007	5284.69	18.8	304.71	19.0	5.8	738.34	21.5
2008	6424.06	15.9	377.65	23.9	5.9	994.65	34.7

注：1.本文数据均为具有资质等级的总承包和专业承包建筑业企业数据，不含劳务分包

2.本文数据均来自1981-2008年《中国统计年鉴》、1987-2009年《吉林统计年鉴》和《2009中国统计摘要》，下同。

方米，其中住宅2542.23万平方米。同时，市场范围不断扩大，在外省完成产值从2004年的83.70亿元到2008年的159.9亿元，比上年增长91%。

截至2008年，全省具有建筑业资质等级建筑业企业自有机械设备总台数已由2003年的10.15万台发展到19.93万台；总功率达到267.91万千瓦，比2003年增加51.41万千瓦；自有机械设备净值达到39.49亿元，是2003年的9.6倍。到2008年，全省建筑业实现利润已达41.07亿元，上缴利税37.15亿元，比2003年分别增长16.5倍和1.4倍；按建筑业增加值计算的劳动生产率为239596.55元/人，比2003年增长了17.2倍。

截至2008年末，我省具有资质等级的建筑业施工总承包和专业承包企业已由1980年287家增加到1266家，增长3.4倍；从业人数也由1980年的20.6万人增加到38.7万人，增长87.9%，年均增长2.3%，高于同期全省全部从业人员年均2.1%的增长速度。我省建筑业在扩大就业、吸纳社会劳动力，特别是为解决农村剩余劳动力转移、促进农村产业结构调整、加快城镇化建设和保持社会稳定方面做出了重要贡献。

（二）在扩大内需中发挥了重要作用

扩大内需是当前严峻经济形势下，我省实现较快发展的根本之策。扩大内需包括扩大投资需求和扩大消费需求两个方面。建筑业正是在上述两个方面都发挥着重要作用。

首先，从投资需求来说，固定资产投资对国民经济的拉动作用不言而喻。而固定资产投资对建筑业的依存度正日益加大。2008年我省固定资产投

图1 建筑业与固定资产投资、GDP高度依存关系

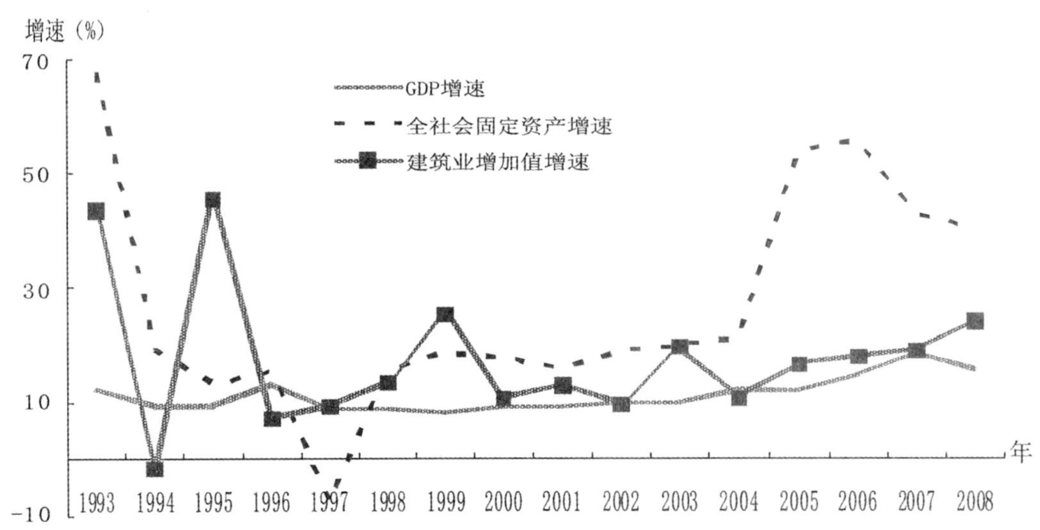

资构成中，建筑安装工程费用投资、设备工器具购置投资及其他费用投资三者比例是57：31：12，可以看出我省固定资产投资将近六成是通过建筑业来完成的，建筑业是我省投资建设的实施主体，是社会固定资产形成的主要动力之一。以固定资产投资对建筑业的高度依存关系，可以反映出建筑业对投资需求的重要作用。（见图1）

从图1中可以看出，我省建筑业发展与投资增长及经济发展增长的变化高度拟合。1993年以来，我省GDP平均增速是15.7%，全社会固定资产投资平均增速为22.9%，建筑业增加值也以15.6%的平均增速增长。

其次，从消费需求来说，建筑业在直接为全省国民经济创造基础物质产品的同时，因环节多、链条长，产业关联度高，以其本身的消费需求间接带动和促进了50多个与其联动的建材、化工、冶金、纺工、运输车辆等传统行业以及其他新兴产业环节的发展。我们来看建筑业的影响力系数。

影响力系数公式为：$F_j=\dfrac{\sum\limits_{i=1}^{n}\overline{b_{ij}}}{\dfrac{1}{n}\sum\limits_{i=1}^{n}\sum\limits_{j=1}^{n}\overline{b_{ij}}}$（j=1,2…,n）

它表示当第j个部门增加一个单位最终消费时，对国民经济各部门的生产需求波及程度。影响力系数大于1的部门在最终需求中所占份额的上升将促进国民经济的更快发展，同时也会对相关行业产生连锁波及，属于创造需求的行业。影响力系数Fj越大，表明第j个部门对其它部门的拉动作用越大，对社会生产有很强的辐射作用。在我省近十年的投入产出表中，建筑业的影响力系数始终大于1，在1—3之间，在33个行业中一直排在第十位左右，属于对其他行业影响带动程度较大的部门。因此，我省建筑业的大力发展将为众多相关行业的发展注入活力，对于保持经济持续增长具有其他行业不可替代的作用。

（三）对经济增长贡献率增大

2008年，全省建筑业增加值占GDP比重由1980年的4.9%提高到5.9%，在全部国民经济各产业部门中居第4位（列工业、农业、批发零售业之后，交通运输仓储和邮政业之前）。建筑业增加值占第二产业的比重也持续上升，由1980年的6.1%，提高到2008年的12.3%。2008年全省建筑业对经济增长的贡献率为6.4%，拉动全省经济增长1.4个百分点，而1980年贡献率仅为2.1%，拉动GDP增长0.2个百分点（见表2）。由以上几个指标可以看出我省建筑业对国民经济增长的贡献率明显上升。

1980—2008年全省GDP、建筑业增加值与贡献率

表2

年　份	GDP（亿元）	建筑业	建筑业增加值占GDP比重（%）	建筑业贡献率（%）	拉动经济增长百分点(%)
1979	91.12	4.66	5.1		
1980	98.59	4.82	4.9	2.1	0.2
1985	200.44	11.92	5.9	13.7	2.0
1990	425.28	18.33	4.3	4.2	0.4
1991	463.47	21.31	4.6	7.8	0.7
1992	558.06	29.84	5.3	9.0	1.8
1993	718.58	42.89	6.0	8.1	2.3
1994	937.73	42.21	4.5	-0.3	-0.1
1995	1137.23	61.37	5.4	9.6	2.0
1996	1346.79	65.71	4.9	2.1	0.4
1997	1464.34	71.87	4.9	5.2	0.5
1998	1577.05	81.53	5.2	8.6	0.7
1999	1682.07	102.18	6.1	19.7	1.3
2000	1951.51	113.21	5.8	4.1	0.7
2001	2120.35	127.78	6.0	8.6	0.7
2002	2348.54	139.96	6.0	5.3	0.6
2003	2662.08	167.63	6.3	8.8	1.2
2004	3122.01	185.73	5.9	3.9	0.7
2005	3620.27	216.89	6.0	6.3	1.0
2006	4275.12	256.00	6.0	6.0	1.1
2007	5284.69	304.71	5.8	4.8	1.1
2008	6424.06	377.65	5.9	6.4	1.4

二、我省建筑业竞争力评价

建筑业竞争力是指在市场经济竞争的环境中，由包括建筑业本身以及相关要素关系和行为多个方面组合而成的占领市场、获得长期利润，比其他竞争者更有持久生存与发展的综合能力。一个地区的建筑业竞争力是该地区建筑业整体能力的体现。本文运用SPSS统计软件中的因子分析法，根据2008年

建筑业统计快报数据及历史年份数据，构建竞争力评价模型，对我省建筑业综合竞争力进行分析和评价，从而找到竞争力提升的方向和途径。

（一）选取指标

从现行建筑业统计指标中选取以下13个指标作为分析计算因子来构建建筑业竞争力评价模型。（见表3）

建筑业竞争力评价指标体系

表3

指　标	指标名称	单位
X1	建筑业总产值	亿元
X2	建筑业增加值	亿元
X3	建筑业本年度签订合同总额	亿元
X4	从业人员	万人
X5	计算劳动生产率的平均人数	万人
X6	房屋施工面积	万平方米
X7	人均竣工产值	元/人
X8	企业技术装备率	元/人
X9	企业动力装备率	千瓦/人
X10	产值利润率	%
X11	按总产值计算的劳动生产率	元/人
X12	国内市场占有率	%
X13	在外省完成产值	亿元

（二）因子分析

1. 确定进行因子分析的可能性

运行SPSS17.0统计软件进行KMO 和 Bartlett 的检验。（见表4）

KMO 和 Bartlett 的检验

表4

取样足够度的 Kaiser-Meyer-Olkin 度量。		.760
Bartlett 的球形度检验	近似卡方	924.381
	df	78
	Sig.	.000

KMO检验值大于0.5代表可以做因子分析。表5 中的KMO值已达到0.760，证明这13个指标不是相互独立的,彼此间存在较强的相关性,可以进行因子分析。Bartlett’s球形检验的值为924.381，自由度为78，达到显著程度，证实相关矩阵间确有共同因素存在。运行SPSS17.0采用主成份分析法对原始数据（见附录：2008年各省市区建筑业主要指标）进行计算，显示指标间的共同性结果。（见表5 ）

公因子方差

表5

	初始	提取
建筑业总产值	1.000	.986
建筑业增加值	1.000	.730
建筑业本年度签订合同总额	1.000	.969
从业人员	1.000	.948
计算劳动生产率的平均人数	1.000	.967
房屋施工面积	1.000	.969
人均竣工产值	1.000	.701
企业技术装备率	1.000	.778
企业动力装备率	1.000	.799
产值利润率	1.000	.565
按总产值计算的劳动生产率	1.000	.955
国内市场占有率	1.000	.986
在外省完成产值	1.000	.884

提取方法：主成份分析。共同性结果的最右边一栏为题项的共同性。

2．由样本方差得到因子的累计贡献率以确定公共因子个数

通常要选取的主因子数所反映的信息量要占到原数据总信息量的85%以上，即选取f个主因子使累计方差贡献率达到85%。按照特征值大于1的原则，找出前3个因子为公共因子,这3个公共因子的累计方差贡献率已经达到86.4%，说明这3个公共因子包括所列13个指标的绝大多数信息，能够反映原来数据的基本结构具有显著代表性。因此可以用这3个因子来评价建筑业竞争力。（见表6)

3．计算因子载荷矩阵和矩阵旋转

运行SPSS17.0 求得初始因子载荷矩阵（见表7）。因为因子联系较为密切，相关系数相差并不明显，对初始因子载荷矩阵进行方差最大法正交旋转，最大迭代次数为25次，以达到一个变量尽可能仅与某一个因子相关。得到公共因子旋转载荷矩阵（见表8）。表8反映了公共因子与各指标变量之间的关系。

解释的总方差

表6

成 份	初始特征值			提取平方和载入			旋转平方和载入		
	合计	方差的%	累积%	合计	方差的%	累积%	合计	方差的%	累积%
建筑业总产值	7.051	54.236	54.236	7.051	54.236	54.236	6.752	51.935	51.935
建筑业增加值	2.901	22.314	76.550	2.901	22.314	76.550	2.892	22.247	74.182
建筑业本年度签订合同总额	1.286	9.895	86.445	1.286	9.895	86.445	1.594	12.263	86.445
从业人员	.934	7.185	93.630						
计算劳动生产率的平均人数	.393	3.026	96.655						
房屋施工面积	.194	1.491	98.146						
人均竣工产值	.110	.847	98.993						
企业技术装备率	.061	.466	99.458						
企业动力装备率	.041	.314	99.772						
产值利润率	.014	.106	99.878						
按总产值计算的劳动生产率	.010	.078	99.957						
国内市场占有率	.006	.043	100.000						
在外省完成产值	1.692E-7	1.302E-6	100.000						

提取方法：主成份分析。

根据各因子的特征值和方差，得出3个公共因子：

F1在从业人员、房屋施工面积、建筑业总产值、国内市场占有率、建筑业本年度签订合同总额、在外省完成产值、建筑业增加值有较高的载荷量,这7个指标都反映了建筑业的生产经营情况。因此，称F1为生产因子,它综合了全部指标体系51.9%的信息。

F2集中了计算劳动生产率的平均人数、按总产值计算的劳动生产率、人均竣工产值3个指标的主要特征，反映了建筑业企业的经济效益情况。因此，称F2为效益因子。它综合了全部指标体系22.2%的信息。

F3集中了产值利润率、企业动力装备率、企业技术装备率3个指标，反映了建筑业的市场发展潜力。因此，称F3为市场因子。它综合了全部指标体系12.3%的信息。

成份矩阵a

表7

	成份		
	F1	F2	F3
建筑业总产值	.990	-.041	.073
建筑业增加值	.835	-.180	.036
建筑业本年度签订合同总额	.981	.059	.042
从业人员	.929	-.268	.117
计算劳动生产率的平均人数	.330	.844	-.382
房屋施工面积	.963	-.169	.111
人均竣工产值	.553	.629	.015
企业技术装备率	-.207	.803	.301
企业动力装备率	-.419	.518	.595
产值利润率	.102	.165	.726
按总产值计算的劳动生产率	.344	.843	-.355
国内市场占有率	.990	-.041	.073
在外省完成产值	.938	.038	.050

提取方法:主成分分析法。a. 已提取了 3 个成份。

旋转成份矩阵a

表8

	成份		
	F1	F2	F3
建筑业总产值	.979	.163	-.038
建筑业增加值	.847	.016	-.113
建筑业本年度签订合同总额	.948	.263	-.025
从业人员	.968	-.072	-.084
计算劳动生产率的平均人数	.105	.977	-.037
房屋施工面积	.983	.028	-.053
人均竣工产值	.428	.686	.218
企业技术装备率	-.290	.561	.616
企业动力装备率	-.395	.146	.789
产值利润率	.195	-.100	.719
按总产值计算的劳动生产率	.124	.969	-.014
国内市场占有率	.979	.163	-.038
在外省完成产值	.911	.231	-.022

提取方法:主成分分析法。

旋转法 :具有 Kaiser 标准化的正交旋转法。

4. 公共因子得分系数矩阵计算总得分和总排名

运行SPSS17.0得出成份得分系数矩阵（见表9）

成份得分系数矩阵

表9

	成份		
	F1	F2	F3
建筑业总产值	.148	-.002	.033
建筑业增加值	.130	-.039	-.010
建筑业本年度签订合同总额	.137	.038	.025
从业人员	.160	-.087	.034
计算劳动生产率的平均人数	-.057	.383	-.157
房屋施工面积	.158	-.053	.043
人均竣工产值	.040	.208	.091
企业技术装备率	-.037	.154	.327
企业动力装备率	-.009	-.027	.499
产值利润率	.101	-.157	.536
按总产值计算的劳动生产率	-.051	.376	-.138
国内市场占有率	.148	-.002	.033
在外省完成产值	.133	.028	.029

提取方法：主成分分析法。
旋转法：具有 Kaiser 标准化的正交旋转法。
构成得分。

计算F1、F2、F3因子得分wf1、wf2、wf3；以每个公共因子的方差贡献率为权数进行线性加权求和，计算公式为：

$$F=\sum_{f=1}^{3} w_f y_f$$（yf为方差贡献率、wf为因子得分），得出总分和总名次，即竞争力水平。（见表10）

得分数值越大，代表竞争力越强；正值表示其竞争力高于全国平均水平之，负值则表示低于全国平均水平。

2008年建筑业竞争力评价体系得分情况

表10

	F1生产因子		F2效益因子		F3技术因子		总分F	总名次
	得分w_{f1}	排名	得分w_{f2}	排名	得分w_{f3}	排名		
北　京	0.34643	7	0.97104	3	0.70421	8	6.269854	5
天　津	-0.75891	26	3.51573	1	0.72845	6	6.20448	6
河　北	0.0312	13	-0.00456	14	-0.01361	15	0.175781	12
山　西	-0.34137	18	0.2162	8	-0.3161	17	-2.18354	18
内蒙古	-0.27724	16	-1.20819	30	0.99381	3	-3.78188	19
辽　宁	0.18287	9	0.14296	9	0.92443	4	3.12172	8
吉　林	-0.58398	24	0.05778	12	-1.40506	31	-6.0156	26
黑龙江	-0.70568	25	0.12891	10	-0.01128	14	-4.40992	23
上　海	0.03521	12	2.80259	2	-0.56217	22	7.446729	4
江　苏	3.20933	1	-0.14912	16	0.31576	11	21.74146	2
浙　江	3.18604	2	0.32475	6	-0.36735	18	21.86576	1
安　徽	0.05426	11	-0.39101	23	-0.62252	23	-1.75673	16
福　建	-0.03544	14	0.02896	13	-0.6646	24	-1.21491	14
江　西	-0.3216	17	-0.33124	19	-1.06636	28	-4.82917	25
山　东	0.90236	4	-1.14362	29	0.19005	12	3.088325	9
河　南	0.44737	6	-0.15463	17	-0.37386	19	1.977519	10
湖　北	0.17	10	0.64176	4	0.74741	5	4.195181	7
湖　南	0.26029	8	-0.38215	22	-0.26812	16	0.224917	11
广　东	0.91664	3	0.3068	7	0.61491	9	8.056585	3
广　西	-0.57437	23	0.06386	11	-0.51238	21	-4.5102	24
海　南	-0.92256	29	-0.55123	26	-1.3808	30	-10.0243	31
重　庆	-0.1928	15	-0.48916	25	-0.76642	26	-3.93811	21
四　川	0.47909	5	-1.14092	28	-0.75996	25	-1.2761	15
贵　州	-0.82208	27	-0.4798	24	-1.27127	29	-8.96467	30
云　南	-0.42795	20	-0.37444	21	0.09118	13	-3.82706	20
西　藏	-0.48253	21	-0.80823	27	3.2016	1	-0.49209	13
陕　西	-0.36075	19	0.40024	5	-0.41387	20	-1.938	17
甘　肃	-0.55641	22	-1.29501	31	0.36056	10	-6.92732	27
青　海	-1.04681	31	-0.35723	20	0.72184	7	-6.95056	22
宁　夏	-0.98359	30	-0.28188	18	2.11164	2	-4.09044	28
新　疆	-0.82701	28	-0.05915	15	-0.93012	27	-7.23764	29

5. **因子分析结果**

以上评价模型是从生产、效益、市场三个方面对建筑业竞争力做出综合得分，并由此得出的最后排名。 2008年，全国建筑业发展综合得分前十位的有浙江、江苏、广东、上海、北京、天津、湖北、辽宁、山东和河南。其中，浙江和江苏始终占据前两位。排在第二梯队的是广东、上海、北京、天津。排在第三梯队的是湖北、辽宁、山东、河南、湖南和河北。我省与其他余下的地区属于第四梯队，竞争力水平低于全国平均水平。

在F1（生产因子）上，浙江、江苏两个省建筑业总产值超过8000亿元，两省建筑业总产值占全国建筑业总产值的26.7%，超过全国建筑业总产值的1/4，是我省建筑业总产值的8倍以上。山东、广东、上海、北京四个地区建筑业总产值超过3000亿元，河南、湖北、四川、辽宁、湖南五个省超过2200亿元。浙江、江苏、广东、上海、北京、天津这六个地区建筑业总产值已占全国建筑业总产值的50.8%。浙江、江苏、山东、广东在第一主因子上得分最高，分别高于我省4.2、3.7、2.9和1.6分，这与这些南方和沿海地区改革开放领先于全国,为建筑业的发展提供了良好的体制和环境有关。我省在 F1（生产因子）上的得分为负值，处于全国平均水平之下。由于第一主因子的权重即贡献率最大,所以对最后的排名影响最大，第一主因子的排序与最后的总排名基本一致。

在F2（效益因子）上，我省因子得分排名第12，比2006年提升1位，只有在这个因子上与全国平均水平相当。但与遥遥领先的天津、上海相比，仍低3.5和2.7分。

在F3（市场）因子上，西藏、宁夏、内蒙古和辽宁这样的西部和东北地区凭借历史遗留具有得天独厚的优势，为当地建筑业发展提供了成长潜力。2008年我省位列最后，低于全国平均水平1.4分。

从近几年的竞争力排名来看，我省建筑业竞争力排名一直落后。而且在2008年在31个省、市（区）中从2006年的24位降到了2008年的26位，其中，除效益因子从2006年的13位提高到2008的第12位，与全国平均水平基本持平外，生产因子从2006年的22位降到了2008年的24位；市场因子从2006年的24位降到了2008年的最后一位，下降6位，生产和市场两个因子均为负值，竞争力水平低于全国平均水平。

三、从评价模型看我省建筑业竞争力缺失原因

（一）总量规模偏小，市场占有率低

截至2008年，我省建筑业企业也仅有特级5家，一级43家。全省劳务分包企业只有72家，从业人员仅6101人。在专业结构上存在总承包企业不强、专业承包企业不精、劳务分包企业偏少的状况。

尽管2008年与2003年相比，我省建筑业总产值增长1.9倍，但市场占有率却由2003年的1.71%下降到1.57%；与2008年市场占有率居全国第1位的湖北相比，我省低12.02个百分点。2008年当年建筑业总产值也只相当于浙江的十分之一多，在全国排位由2003年20位下降到2008年的21位。

（二）资金严重不足，资产负债率偏高

近年来，我省工程项目均实行最低价招标，施工企业净资产中非经营性资产的比例很高，工程结算成本居高不下。2008年，全省建筑业企业工程结算成本达到787.57亿元，占工程结算收入的89.0%。建筑业企业面临的资金困难日益显现。

垫资承揽工程又致使拖欠工程款的现象比较严重。2008年，全省建筑业企业被拖欠工程款达到170.42亿元，比上年增加21.15亿元，增长14.2%，增速比上年提高了13.9个百分点，是当期建筑业企业利税总额的3.2倍。巨额工程款拖欠加大了企业生产经营的困难，影响到企业的生存和发展。很多大型项目被资金雄厚的外省大建筑商抢占。

企业赢利空间不断缩小，影响了企业经济效益的进一步提高。2008年当年，全省建筑业企业资产负债率为61.6%，比国际通行资产负债率的最佳值（50%）高11.6个百分点。

（三）技术装备水平低，对外扩张能力弱

2008年，我省建筑业自有机械装备年末总台数占全国的比重仅为2.9%，居全国第21位。建筑业从业人员比天津多7.9万人，建筑业总产值却只有天津的68.5%，劳动生产率只有天津的51.4%。我省建筑业在机械化水平、技术进步、科技成果转化、施工技术含量等方面，与国内建筑业强省相比有明显不足，严重影响了对外扩张能力。

2008年我省建筑业企业在省外完成建筑业总产值62.98亿元，占全省建筑业总产值的16.6%，仅占全国各省、市（区）跨省完成建筑业总产值的0.01%。相反，省外建筑业企业纷纷来吉承接工程，他们凭借较高的资质等级，先进的技术装备优势，经营理念、管理体系、竞争规则及丰富的经验等方面优势，在我省建筑市场上取得了较大的份额。2008年全省建筑业增加值

377.65亿元，而省内具有资质等级的建筑业完成增加值仅占不到两成，即使包括资质等级以外的省内企业的产出，我省建筑业市场的绝大部分也还是由省境外企业所占有。

（四）经济效益仍然偏低

虽然在竞争力评价指标体系中效益公共因子得分与排名较好，但利润指标仍然偏低。2008年，全省建筑业实现利润仅占全国利润总额的0.01%，居全国24位。与全国建筑业利润大省相比，差距较大，如位居第1的江苏利润总额已占全国总量的15.2%。2008年我省建筑企业的产值利润率只有1.4%，其利润水平远低于3.3%的全国平均利润水平。企业的效益不高，导致了全省部分建筑业企业举步维艰。2008年全省总承包和专业承包建筑业亏损企业294个，亏损面23.2%。

四、提升我省建筑业竞争力对策建议

（一）我省建筑业发展面临机遇

1. **我省国民经济进入良好发展阶段**。国民经济的持续快速增长，为建筑业的进一步发展提供了较大发展空间。近5年来，我省GDP连年创出新高。虽然在2008年GDP增速略有低头，但建筑业作为国民经济的基础和先导行业，GDP增长曲线要相对滞后于建筑业增加值和投资增长曲线。目前建筑业增加值和投资的增速曲线均呈上升态势，有理由认为未来几年我省GDP增速也将处于上升通道中（见图2）。

2. **固定资产投资仍然高速增长**。在当前经济增速放缓的背景下，2008年我省固定资产投资仍能保持较高水平，完成城镇固定资产投资总额4592.5亿元，同比增长37.5%，表明我省投资持续增长的潜力仍然很大。固定资产投资的规模及增速直接决定着建筑业的需求水平。

3. 振兴东北老工业基地发展战略实施优势。随着振兴东北老工业基地发展战略的实施，我省在国企改革、财税、金融、重点项目建设、科技创新、基础设施等11个方面得到了优惠政策。这些优惠政策的实施，除了在免除企业债务包袱、优化资本结构，加快工业化等方面发挥积极作用外，还为我省建筑业发展开拓了更广阔的领域。尤其在2008年末，国家全面加大基础设施建设投资，东北老工业基地基础设施和设备改造工程、产业开发的广泛拓展，都将使我省未来基建规模大幅超过预期。

4. **全球金融危机为我省建筑业带来生机**。2008年以来，尽管国际经济形势发生了重大变化，但是总的来看，没有改变我省经济发展的基本面，国民经济继续朝着宏观调控预期方向发展。随着全球经济增长放缓，能源与初级产品价格连续回落。根据在建筑业工程结算成本中，一般原材料约占55%，人工成本占35%，其他费用占比不超过10%；建材成本中，水泥约占45%，钢铁约占40%，玻璃和木材等材料约占15%这样的分配比例推算，未来几年我省的建安成本将有15%—18%的下降空间。

（二）提升我省建筑业竞争力的对策建议

省政府于日前出台的《关于加快全省建筑业发展的若干意见》，为我省建筑业指出了明确的发展方向。笔者认为还应从以下几方面来进一步提升我省的建筑业竞争力。

1．**以集约经营创造竞争力**。建立“大建筑业”管理的思想模式和统一的建筑市场管理体制。目前我省的建筑业产业集中度过低，一方面极难达成规模经济效应，另一方面造成大量企业为同一工程过度竞争，过度的竞争阻碍了价格机制的正常作用，导致企业利润率过低，造成无效工作和隐形失业增加。因此要努力提高建筑业集中度，造就行业的有效竞争，以项目集约经营确保企业的竞争实力。

2．**以低成本提升竞争力**。要充分利用我省文化大省的优势，加强与省内科研机构及大专院校的横向联合，主要围绕提高工程质量，降低项目成本，重点开发和推广应用关键技术，建立有效的科研转化体系，将现有高校及科研单位的技术成果迅速转化为生产力，用技术保持低成本的竞争力。

3．**以企业航母领先竞争力**。通过强强联合、优化重组等方式组建特大型企业集团，增强企业资本运营能力，培育上市公司，创立具有国内甚至国际竞争力的大型企业集团，成为我省建筑业企业航母，起到行业领军作用。尽快从承包方式，融资渠道、管理制度、竞争规则等方面向其他建筑强省学习，大胆“走出去”，积极开拓外部市场，树立吉林建筑业名企品牌。把吉林品牌做成市场信誉度高、影响力大、产品生命周期长的代名词。通过品牌效应扩大吉林建筑企业影响，扩大市场份额，使我省建筑业竞争力创下历史新水平，建筑业发展跃上历史新台阶。

上半年我省经济发展明显回暖
展望全年仍需努力

张维宇

编者按：《上半年我省经济发展明显回暖　展望全年仍需努力》一文于2009年8月5日以《统计参考》第11期（总第11期）印发。

年初以来，在省委、省政府的正确领导下，全省各级各部门全面贯彻党中央、国务院一系列宏观调控政策，面对国际金融危机持续蔓延、经济下行压力较大等不利形势，以保增长、保民生、保稳定为目标，全力扩大内需，大力加强生产调度，积极挖掘经济增长潜力，收到了积极效果，全省经济运行呈现企稳回升、平稳向好的发展态势。

一、主要经济指标快速回升，总体经济走出谷底

经济增长速度明显加快。据国家统计局反馈资料显示，上半年我省GDP总量达到2572.32亿元，比去年同期增加188.23亿元，位居全国第22位，按可比价格计算，增长11.7%，比一季度增速高2.6个百分点，比全国平均水平高4.6个百分点。增速位居全国第8位，比一季度提升5位，明显高于沿海等发达地区，其中，比广东高4.6个百分点，比山东高1.8个百分点，比上海高6.1个百分点，比浙江高5.4个百分点，也高于临近的黑龙江2.8个百分点，高于辽宁0.2个百分点。

分产业看，各产业增加值增速都有不同程度的提升。第一产业实现增加值176.78亿元，同比增长5.2%，比一季度提高1.5个百分点，位居全国第7位，对GDP贡献率为2.8%；第二产业实现增加值1418.05亿元，同比增长13.2%，比一季度提高3.0个百分点，位居全国第8位，对GDP贡献率为62.4%；第三产业实现增加值977.49亿元，同比增长10.5%，比一季度提高2.0个百分点，位居全国第23位，对GDP贡献率为34.8%。

财税收入稳步提升。上半年，全省一般预算全口径财政收入478.93亿元，比上年同期增长7.1%，增速比一季度加快了3.0个百分点，占GDP比重达到18.6%。其中，地方级财政收入231.36亿元，比上年同期增收25.78亿元，增长12.5%，增速比

一季度加快了1.9个百分点。全省各级税务部门组织各项税收425.12亿元，同比增长1.9%，较一季度高出4.9个百分点，占GDP比重达到16.5%。

居民收入持续增加，上半年全省城镇居民人均可支配收入6941.77元，增长10.3%，较一季度高出0.4个百分点；农村居民人均现金收入4514.77元，增长13.0%。

对比一季度，与整体经济密切相关的重要指标大都出现明显回升的迹象，表明我省宏观调控政策实施有力，效果明显，整体经济已走出谷底。

二、需要重点关注的几个问题

从总体上看，我省GDP加速上行，主要指标增幅加大，整体经济已实现触底反弹，但经济运行中仍存在很多不确定因素，展望全年，需要重点关注以下几方面问题。

（一） GDP增幅仍未恢复到理想水平

上半年我省GDP增速达到11.7%，比一季度高出2.6个百分点，分季度看，二季度当季增速更是达到13.8%，高出一季度4.7个百分点，但与前期历史数据相比，仍有较大差距。我省自2006年4季度以来，GDP增速一直占据全国前三的位置，在各省、市、自治区中稳居增长速度第一军团。受金融危机影响，今年一季度我省 GDP增速大幅回落，跌出第一军团。上半年GDP增速虽有较快回升，但与增速位居全国前三位的内蒙古、天津、四川比较，分别低4.5、4.5、1.8个百分点，表明我省GDP增速明显没有恢复到理想水平，尚未回到第一集团位置。

（二）第三产业继续上行压力重重

上半年我省第三产业实现了10.5%的增长速度，高出一季度2.0个百分点，但低于去年同期增速2.4个百分点，低于当期GDP增速1.2个百分点，第三产业增加值增速位居全国第23位，比GDP增速位次低15位，拖累了整体经济的进一步提升。从第三产业内部看，各项指标有喜有忧，批发和零售业、住宿和餐饮业、金融业保持了较好的增长态势，增加值增速分别达到16.6%、16.3%、28.5%，而第三产业中其它行业仍显低迷，增速都在个位数运行。尤其是用来核算第三产业增加值的一些主要部门指标，二季度仍然没有太大起色，铁路客货运周转量、公路客货运周转量继续表现为负增长，租赁和商务服务业、居民服务和其他服务业、文化、体育和娱乐业三个行业营业税增长速度明显慢于其他行业的增速。

（三）银行信贷资金使用去向及实际效率

为应对突如其来的金融危机，确保货币信贷稳定增长及金融体系流动性充足，我国自去年年底实施了适度宽松的货币政策，加大了金融对经济增长的支持力度，并一度收到成效。但从我省情况看，信贷资金使用去向存在疑虑。截至6月末，全省金融机构本外币贷款余额达到5970.41亿元，比年初增加1073.48亿元，同比增长29.0%，远远高出同期GDP增幅，也高出同期工业增速16.2个百分点。银行信贷规模的巨幅扩大和企业效益的未明显改观形成对比，上半年，全省规上工业流动资产平均余额同比仅增长6.7%，实现利润下降33.7%。如果这部分资金没有被企业完全投入到生产经营中去，那资金的效率就会大大降低，反过来流动性过剩则会推动股票、房地产等资产价值重估，进而造成股市、楼市价格的虚高。

（四）CPI和PPI降幅不断扩大

上半年，我省居民消费价格指数（CPI）和工业品出厂价格指数（PPI）继续下行，分别为99.0和94.5，与去年同期相比，分别回落8.4个和11.8个百分点，降幅比一季度分别扩大了0.7和0.4个百分点。CPI降幅扩大表明三驾马车中的消费隐含潜在问题，市场对消费资料的需求不足，这使得刚刚度过2008年的通胀考验后，马上又要经历通缩的风险；CPI降幅扩大则表明企业对生产资料的需求在缩减，企业还没有完全走出经济危机的影子，对经营的不确定性在增加。

（五）GDP总量位次仍有后退可能

2008年，我省GDP总量为6424.06亿元，位居全国第21位，排在我省前面一位的是江西，其GDP总量为6480.33亿元，比我省多56.27亿元；排在我省后面一位的是天津，其GDP总量为6354.38亿元，比我省少69.68亿元。从上半年情况看，江西GDP增速为10.6%，仅比我省低1.1个百分点，如两省上半年速度差距保持到全年，我省GDP总量仍会低于江西；我们后面的天津市上半年GDP增速为16.2%，比我省高出4.5个百分点，照此速度简单计算，全年天津市GDP总量将超出我省100亿元以上。因此，我省全年经济总量在全国的排位仍有可能后退1位。

高技术产业引领我省经济又好又快发展

王晓东

编者按：《高技术产业引领我省经济又好又快发展》一文于2009年8月6日以《统计分析》第37期（总第540期）印发。被国家局社科司网站及省局网站采用。

高技术产业是推动产业结构调整、促进经济增长的重要力量。近年来，高技术产业在我省经济又好又快发展中发挥着至关重要的作用。2008年，全省高技术产业步入加速发展期，以电子信息、生物医药技术、先进制造业为重点发展领域，以培育高技术产业集群为主线，以高技术园区、高技术特色产业基地为载体，以高技术企业为主体，全面纵深推进高技术产业发展的格局已基本形成。

一、发展优势

（一）产业结构优化升级，经济增长推动有力

2008年，我省高技术产业发展迅猛，全省共完成高技术总产值1798.74亿元，比上年增长26.5%，是自1996年有统计数据以来增长速度最快的一年，仅用三年时间完成从1000亿元到1500亿元的跨越。共完成高技术增加值376.81亿元，增长32.1%；占规模以上工业增加值的15.1%，占全省地区生产总值的5.9%，分别提高2.9个和1.3个百分点。

（二）整体效益稳步增长，出口总量逐年扩大

2008年我省高技术产业实现利税388.24亿元，增长30.6%。产销率达91.6%，每万元销售收人实现利税2335.8元，提高14.9%；每万元销售收人实现利润2052.8元，提高32.1%。全省高技术产业实现出口交货值28.32亿美元，增长36.3%，占全部销售收人的13.2%；全部企业中有147家有出口，占15.6%。（见图1）

（三）区域布局日趋完善，聚集效应威力彰显

2008年，作为全省高技术产业“增长极”的长春、吉林、通化三市集中

七成以上省科技厅认定的高技术企业，聚集效应明显。三市共实现高技术产业产值、增加值、销售收入和利税分别为1496.55亿元、294.70亿元、1312.72亿元和307.29亿元，占全省高技术产业的比重均在8成左右，为83.20%、78.21%、79.67%和79.15%，增长速度分别达到25.4%、29.7%、26.6%和14.6%。高技术产业发展相对落后的其他地区增速加快，共完成高技术产业产值302.19亿元，增长32.2%，高于全省增速5.7个百分点，较上年提高14个百分点。

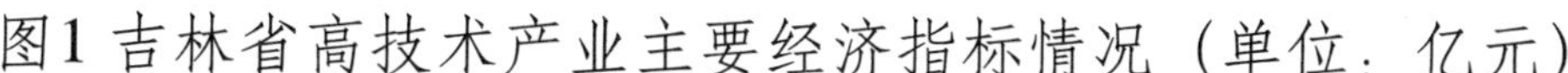
图1 吉林省高技术产业主要经济指标情况（单位：亿元）

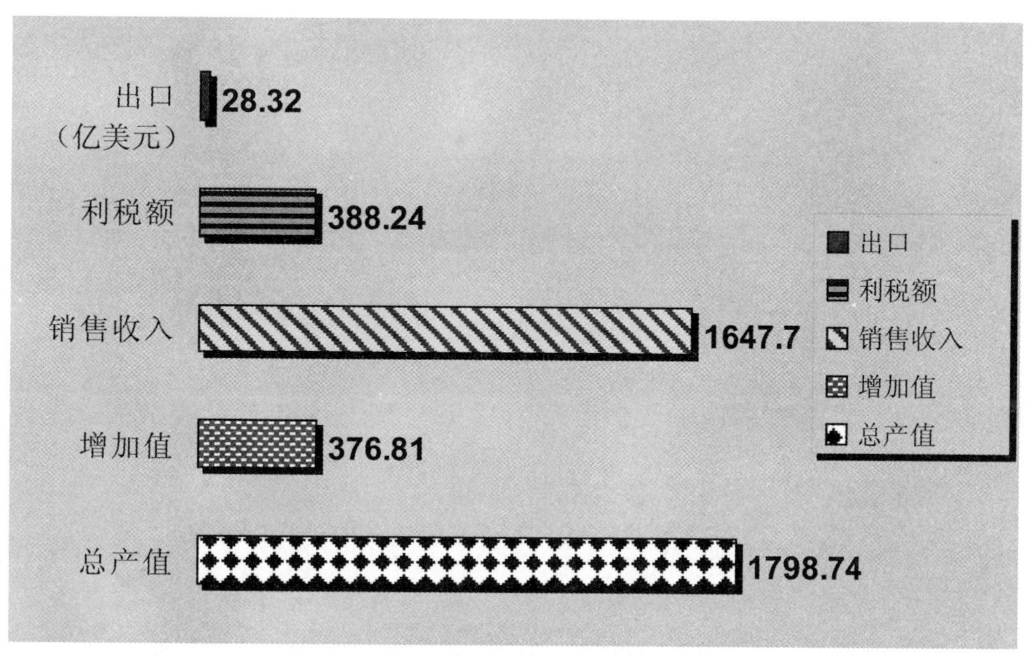

（四）企业规模扩张迅速，骨干企业不断涌现

2008年，全省高技术产业产值过5000万元的企业369家，比上年增加74家，实现产值1609.87亿元，占全省高技术产业产值的89.5%；过亿元企业233家，增加49家，实现产值1497.23亿元，占全省的83.24%；过10亿元的企业达到26家，增加3家，实现产值607.13亿元，占全省的33.75%；产值过5000万元的骨干企业对我省高技术产业支撑作用明显，产品增加值、销售收入、利税额和出口都占到全省九成以上，分别为92.1%、92.6%、91.8%和96.4%。

（五）重点领域集群发展，优势产业增势强劲

医药制造领域已初步形成生物、生化制品制造、中成药制造及化学药品

制造等三大特色产业集群，龙头产业带动效果明显，实现产值642.46亿元，增长28.4%；电子信息领域以通信业，信息工程、光电子、汽车电子等为优势产业集群，高增长趋势继续保持，完成产值267.32亿元，同比增长27.1%；先进制造领域以医疗设备制造业、通信设备制造业、电子计算机及办公设备制造业、汽车动力学研究为优势产业集群，增长稳定，实现产值493.67亿元，增长25.5%。（见图2）

图2 吉林省高技术产业各领域产值情况（单位：%）

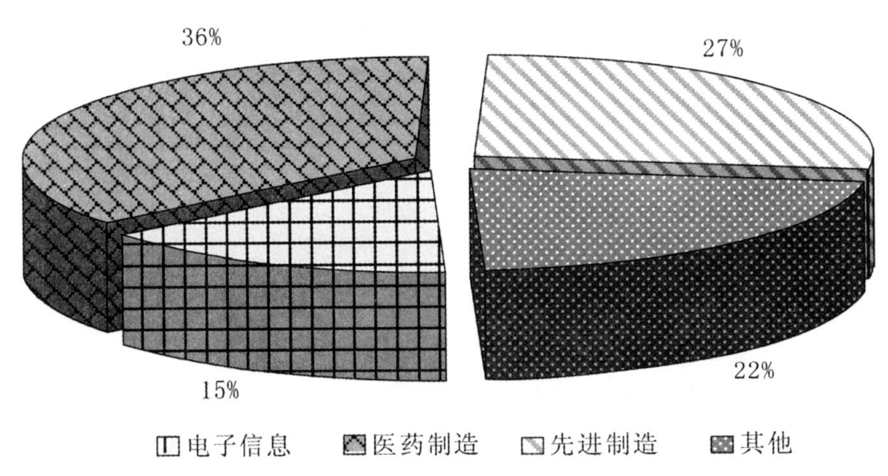

（六）高技术开发区势头不减，拉动作用日益提高

长春、吉林高技术产业开发区共实现产值1038.64亿元，实现高技术增加值207.39亿元，分别增长28.4%和27.6%，高技术产业开发区产值和增加值占全省的比重分别为57.74%和55.04%。我省这2个主要高技术产业基地发展势头良好，对全省高技术产业起到积极的带头作用，拉动了我省高技术产业的日益发展。

二、制约因素

（一）行业分布过于集中

我省高技术产业行业主要集中在医药制造业、医疗器械制造业、光电子信息业、通信设备制造业等几大支柱产业，形成了较好的规模效益，但是行业分布过于集中不利于高技术产业发展过程中风险分散和产业结构优化。高技术产业发展的趋势和标志是信息技术和生物技术，在我省信息技术和生物技术所占份额并不高，而其他行业的产品附加值不高、产业层次较低、经济效益不高。这说明我省高技术产业的技术层次偏低，信息化对工业化的带动作用还不强，不利于经济的结构调整。

（二）资本构成相对单一

内源型经济是指投资主体在国内，市场依赖国内，技术来自国内，经济的出口依存度相对较低。从我省高技术企业资本构成来看，以内资企业为主，内源型经济特征明显。2008年，全省共有内资高技术企业963家，占全部高技术企业的91.89%，产值和增加值分别占全部高技术企业的90.1%和90.7%；而港、澳、台商和外商投资高新技术企业85家，占全部高技术企业的8.11%，产值和增加值分别占全部高技术企业的9.9%和9.3%。外源型经济可以解决工业化资本原始积累问题，可以给一个地区带来先进技术和先进的管理模式、发展理念。我省外源型经济比重偏低，从一个侧面说明我省高技术产业资本原始积累方式单一。而目前我省高技术产业的资金有限，民间资本缺乏，要较好的完成高技术产业资金的原始积累，光靠省内是远远不够的，必须利用好国内、国外的资源。

（三）创新结构有待调整

高技术产业的发展从产品技术创新的层面来看，需要经历研究与实验发展、工程化开发、商业化和技术扩散四个环节。我省的创新人才储备，基本集中在第一个环节，高等院校、科研院所是容纳技术创新人才的主要场所，而技术成果的工程化开发、商品化和技术扩散环节的人才储备却相对薄弱，直接导致我省高技术产业发展停滞在工程化开发阶段。

（四）创新高端人才匮乏

长久以来，我省人才总数多、科技成果丰富，但科技成果转化率低、企业吸纳科技成果和主动开发技术能力不强，高端技术人才及科技成果流失比重居高不下。更为重要的是我省缺少能够整体把握高技术产业发展特点，适应市场环境变化的高级管理人才和企业家群体，极大地限制了我省高技术企业的发展速度，从而导致高技术产业竞争力难以跨越性提升。

（五）企业发展不够协调

2008年，我省有高技术小型企业825家，占全部高技术企业数的78.72%，但增加值、销售收人、利税和利润分别仅占全部高技术产业的53.8%，56.4%、47.1%和43.6%，62家大中型企业却创造了33.4%的增加值、36.9%的销售收人、44.3%的利税和48.7%的利润。从增长幅度来看，中小企业也明显低于大型企业，各项经济效益指标都低于产业平均水平。高技术产业并不是每个行业都存在规模经济，其发展的基本模式是分散经营，国内外高技术产业中，中小企业是最普遍的企业形态。高技术产业的发展不仅要有大型企业的带动，也需要“铺天盖地”的小企业来推动。小型企业为大中型企业提供零部件以及相关服务，是大中型企业拓展上下游产品的加工链条和产业配套的必要条件。我省高技术产业中，小型企业发展明显滞后于大中型企业，这不利于大中型企业进一步发展，也抑制了部分优秀中型企业向大型龙头企业的跨越，阻碍了我省高技术产业做大做强的步伐。

三、对策建议

（一）加大政府对高技术产业的扶持力度

加大对我省高技术产业的扶持力度，在产业政策和融资渠道两方面给予倾斜。在产业优惠政策方面，对高技术企业提供良好的发展条件。鼓励企业与高校、科研院所等在技术、资源、人才、信息的多方合作，促进“产学研”一体化建设，让一批高技术企业尽快做大做强，稳步发展。在融资渠道方面，制定适合我省高技术产业发展的资金政策，建立多元化投融资体系，建立健全风险投资机制，加大政府资金的引导和扶持作用。

（二）促进高技术开发区的孵化效应

建立与高技术产业开发区配套的创业中心，用于扶持高技术创业。将资金更多地投向公共服务平台建设，促进公共技术研发平台和高技术项目孵化平台的形成，切实为全省中小高新技术企业提供创业和发展服务，促进高技术产业的发展，并将创业中心发展成为高技术成果转化为商品的重要基地和培育高技术企业家的学校。

（三）有效推进高技术产业协调发展

鼓励高技术企业强强联合，通过重组并购，推动形成一批具有较强研发能力、竞争力和影响力的龙头高技术企业。初步形成以大企业为龙头、中小型企业为基础，大中小高技术企业相互依存，协调发展的格局。加大对全省高技术产业进行技术升级改造、结构调整的力度，强化自主创新、淘汰落后生产手段、推动产品和产业结构升级，提高企业的科技含金量、提升经济效益、降低能源消耗和污染排放、增强国内外市场竞争力，构建以先进核心技术为支撑的全省高技术产业体系。

上半年我省单位GDP能耗下降5.9%

宋雅丽

编者按：《上半年我省单位GDP能耗下降5.9%》一文于2009年8月14日以《统计分析》第38期（总第541期）印发。

今年上半年，在省委、省政府的正确领导下，全省上下深入贯彻落实科学发展观，积极应对国际金融危机的强力 冲击和影响，在加快经济发展的同时，采取措施大力降低能源消耗，使全社会能源利用效率得到进一步改善和提高。

一、能源消费总量低速增长，单位GDP能耗大幅下降

据初步核算，上半年，全省全社会能源消费总量为4212.19万吨标准煤（等价值，下同），同比增长5.1%，增速低于上年同期7.5个百分点，为“十一五”以来同期的最低水平，而当期全省累计实现地区生产总值为2572.32亿元，按可比价格计算，同比增长11.7%，实现每万元GDP综合能耗为 1.78吨标准煤，同比下降5.9%，降低幅度不仅高于一季度0.8个百分点，也高于上年同期降低幅度2.5个百分点，为“十一五”以来的最好降耗水平。

从三次产业和城乡居民用能情况看，上半年，全省第一产业能源消费量为101.95万吨标准煤，同比下降2.0%，实现增加值176.78亿元，按可比价格计算，同比增长5.2%，一产业每万元增加值综合能耗为 0.72吨标准煤， 同比下降6.8%，降低幅度虽低于一季度3.8个百分点，但高于上年同期4个百分点；第二产业是能源消费主体，同时也是拉动单位GDP能耗下降的主导力量，上半年，能源消费量为2975.04万吨标准煤，同比增长3.7%，实现增加值为1418.05亿元，按可比价格计算，同比增长13.2%，二产业每万元增加值综合能耗为 2.25吨标准煤，同比下降8.4%，降低幅度既高于一季度0.1个百分点，也高于上年同期3个百分点；第三产业能源消费量为610.15万吨标准煤，同比增长7.8%，实现增加值为977.49亿元，按可比价格计算，同比增长10.5%，三产业每万元增加值综合能耗为 0.68吨标准煤，同比下降2.5%，降低幅度低于一季度3.4个百分点，低于上年同期0.8个百分点；城乡居民生活用能为525.05万吨标准煤，同比增长12.6%，其中：城市居民生活用能352.67

万吨标准煤，同比增长10.6%，农村居民生活用能172.38万吨标准煤，同比增长17.0%。

二、能源利用效率提升的主要成因

（一）工业领域节能贡献显著

工业作为我省节能降耗的重点领域，上半年，能源消费量为2913.14万吨标准煤，同比增长3.2%，实现增加值为1310.90亿元，按可比价格计算，同比增长12.8%，每万元工业增加值综合能耗为2.37吨标准煤，同比下降8.5%，对单位GDP能耗降低率的贡献率达91.7%。工业领域节能贡献显著主要来自两个原因：一是开工不足和停产企业生产大幅滑坡，使工业内部直接节能效果明显，客观上成为促进全省节能降耗的主动力。受国际金融危机影响，今年上半年，在纳入全省规模以上工业企业统计的5140户企业中，开工不足和停产企业有1415户，占全部规模以上工业企业总户数的27.5%，这些企业累计完成工业总产值1481.09亿元，同比下降28%，占规模以上工业总产值的比重由上年同期的48%降至32%，综合能源消费量为1121.75万吨标准煤，同比下降17%，占规模以上工业综合能源消费量的比重由上年同期的59%降至49%，开工不足和停产企业经济总量和综合能源消费量这种结构的变化，引发节能313.71万吨标准煤，是全省规模以上工业节能量的1.02倍，成为全省节能的主要因素。二是政府推动和企业自主节能的结果。省政府“百十节减”行动的落实和“ECCDNN”节能减排措施的实施，无疑为工业企业节能降耗雪中送炭，极大地激发了工业企业自主节能的积极性，从而使多数工业企业节能降耗由被动变主动，深挖内部潜力，提高能源利用效率。今年上半年，正常生产企业实现每万元工业总产值综合能耗为0.38吨标准煤，同比下降10.6%，助推了全省节能降耗工作的深入推进。

（二）电力消费下降或低速增长，拉动了一、三产业和城乡居民节能降耗

按照国家季度核算制度原理推算，一、三产业和城乡居民用电量越少，其耗能量也就越小。省电力公司用电量月报数据显示，今年上半年，全省全社会用电量为246.36亿千瓦时，同比下降2.4%，低于上年同期增幅15个百分点。从一、三产业和城乡居民用电量情况看，上半年，全省第一产业用电量为4.03亿千瓦时，同比下降1.8%，低于上年同期增幅1.9个百分点；第三产业用电量为30.76亿千瓦时，同比增长7.3%，增幅低于上年同期0.5个百分点；城乡居民生活用电量为43.97亿千瓦时，同比增长9.8%，增幅也低于上年同期4个百分点，其中：城市居民生活用电量为25.78亿千瓦时，同比增长8.4%，增幅低于上年同期6.5个百分点，农村居民生活用电量为18.19亿千瓦时，同比增长11.8%，增幅低于上年同期0.3个百分点。由于一、

三产业和城乡居民用电量增速普遍低于上年同期，对全省能源消耗的低位增长和节能降耗工作的顺利推进发挥了重要的支撑作用。

三、下半年应重点关注和抓好的三项工作

下半年，随着全省经济的企稳回暖，全省单位GDP能耗降低率有望完成5.5%的全年计划目标，有可能达到降低6%的较高幅度，因此，各级政府在做好当前节能工作的基础上，要重点关注和抓好以下三项工作：

（一）防止全年全省能耗走势出现大的反复

要着重关注开工不足和停产企业，特别是耗能万吨及以上企业中的开工不足和停产企业用能情况，采取贴身式服务，适时掌握能耗动向，防止其全年能耗大起大落而引发全省能耗走势出现大的反复。今年上半年，耗能万吨及以上企业中开工不足和停产企业的节能量为277.44万吨标准煤，占全省规模以上工业节能量的90.7%，左右了全省工业节能形势。

（二）要继续落实绿照工程

没有完成高效节能照明产品推广工作的地区，要想方设法克服困难完成任务，为全民节能营造良好氛围。

（三）尽快出台节能奖惩办法

对在节能工作中做出突出贡献的集体和个人要给予表彰和奖励，要在全社会大力树立“节约光荣，浪费可耻”的风尚。

7月份吉林省经济运行情况分析

潘豫

编者按：《7月份吉林省经济运行情况分析》一文于2009年8月20日以《统计分析》第39期（总第542期）印发。

伴随着全国经济的逐步企稳回暖，我省经济也继续呈现向好发展的势头。7月份吉林省经济发展的各项主要指标从累积数据和当期数据看大多好于全国平均水平，平稳回升是当前阶段我省经济发展的主旋律。

一、全省经济运行的主要特点：

（一）工业增速进一步加快，增速位次明显前移

前七个月全省规模以上工业累计实现增加值1590.29亿元，按可比价格计算，比上年同期增长13.4%，增速较上半年加快0.3个百分点，仍居全国第9位。其中，7月份实现工业增加值249.62亿元，同比增速超过20%，达到20.4%，为今年以来月份实现工业增加值的最高增速，分别比1、2、3、4、5、6月份加快14.3、8.3、9.5、8.4、8.9和1.9个百分点，其月份增加值增速在全国的位次，由6月份的第6位前移到了第2位。主要特点：

一是多种经济类型企业生产均呈较快增长态势。7月份全省国有及国有控股企业实现增加值102.83亿元，同比增长10.7%，其中纯国有企业实现增加值26.93亿元，增长21.4%；股份制企业实现增加值142.47亿元，增长20.2%；外商及港澳台商投资企业实现增加值60.00亿元，增长16.3%；股份合作企业实现增加值0.43亿元，增长11.4%；其他经济类型企业实现增加值18.31亿元，增长39.3%。7月份全省规模以上民营工业企业实现增加值114.47亿元，同比增长34.0%，其增速高于全省平均水平13.6个百分点。

二是轻工业生产增速继续快于重工业。7月份全省规模以上轻工企业实现增加值66.34亿元，同比增长22.7%，增速比6月份加快3.3个百分点；重工企业实现增加值183.28亿元，同比增长19.7%，增速比6月份加快1.6个百分点，轻工业生产增速快于重工业3.0个百分点。

三是支柱、优势和特色产业对全省工业经济增长的整体贡献水平有所增强。7月份，全省九大支柱、优势和特色行业规模以上企业实现增加值193.35亿元，按可比价格计算，同比增长18.3%，其增幅比6月份扩大2.0个百分点，对全省工业经济增长贡献率为71.7%，比6月份扩大了1.2个百分点，拉动全省工业增长14.6%，比6月份扩大了1.6个百分点。其中交通运输设备制造业实现增加值61.50亿元，同比增长22.7%，增幅比6月份扩大11.3个百分点，对全省工业经济增长的贡献率为24.1%，比6月份提高8.6个百分点。

四是工业利润和总体经济效益水平降幅继续收窄。1—7月，全省规模以上工业企业累计实现利润总额220.06亿元，同比下降20.2%，降幅比上半年收窄11.4个百分点。全省规模以上工业经济效益综合指数为258.0%，同比回落了5.5个百分点，回落幅度比上半年低10.7个百分点。

（二）固定资产投资依然保持高速增长

前七个月完成城镇固定资产2964.20亿元，同比增长40.3%，增速比1-6月低2.4个百分点，比同期全国平均增速高7.9个百分点，增速居全国第11位，比上半年回落1位。主要特点：

一是三次产业投资全面提速，第二产业投资领先增长。

前七个月，第一、二、三产业分别完成投资55.36亿元、1766.04亿元和1142.8亿元，同比分别增长32.4%、44.2%和35.1%。第二产业投资增速领先，其中工业完成投资1736.29亿元，同比增长45.02%。第三产业投资中，交通运输、仓储和邮政业完成投资202.45亿元，同比增长1.2倍。

二是民间投资增长较快，支撑全省投资快速增长。前七个月，民间投资完成1813.22亿元，同比增长45.2%，占城镇投资的比重由上年同期的59.1%提高到61.2%，对全省投资增长的贡献率高达66.2%，仍是推动我省投资快速发展的第一“功臣”。

三是资金到位情况良好，自筹资金仍是投资资金来源的主体。前七个月，城镇固定资产投资到位资金3415.92亿元，同比增长56.7%。其中，自筹资金2627.59亿元，增长46.5%，占全部资金来源的76.9%。

（三）社会消费继续加快，会展经济作用明显

前七个月全省累计实现社会消费品零售总额1591.10亿元，同比增长18.6%，比上半年加快0.2个百分点。其中7月份全省实现社会消费品零售总额243.36亿元，同比增长19.9%，高于当期全国增速7.4个百分点，增速居全国第4位。主要特点：

一是长春汽博会带动了消费品市场的活跃。本届汽博会共销售汽车5028台，比上届增长39.3%。总成交额达到8亿元人民币，比上届增长31.4%。7月份，全

省限额以上汽车销售企业零售额大幅增长，当月实现零售额15.73亿元，同比增长48.0%，比上半年加快18.9个百分点。同时,也拉动了我省住宿餐饮业的快速增长，7月份全省住宿餐饮业实现零售额35.45亿元，同比增长21.2%。

二是家电下乡、汽车下乡等惠农政策拉动农村消费品市场的快速增长。7月份全省农村消费品市场实现零售额52.98亿元，同比增长23.7%，比上半年加快2.3个百分点。

（四）外贸经济降幅有所回落，利用外资稳定增长

前七个月全省累计完成外贸进出口总值58.49亿美元，同比下降26.7%。其中，累计完成进口总值43.29亿美元，同比下降19.4%；累计完成出口总值15.19亿美元，同比下降41.7%，外贸进出口的降幅与上半年接近。从7月当月的情况看，完成进出口总值10.11亿美元，同比下降23.8%，降幅比6月份缩小3.5个百分点。其中，完成进口总值7.54亿美元，下降14.4%，降幅缩小8.1个百分点；完成出口总值2.57亿美元，下降42.5%，降幅扩大5.2个百分点。进口的降幅显著缩小，出口的降幅呈现扩大的趋势。

前七个月，全省实际利用外资18.88亿美元，增长16.9%，其中外商直接投资6.21亿美元，同比增长10.5%。7月当月，实际利用外资1.53亿美元，同比下降10.1%，其中外商直接投资0.79亿美元，同比增长8.3%。

（五）财政收支比6月份有所下降

今年前七个月，全省累计实现地方级财政收入273.94亿元，增长12.3%，其中实现税收收入201.61亿元，增长5.8%；实现非税收入72.33亿元，增长35.5%。从七月当月的数据看，全省完成地方级财政收入42.58亿元，比6月份下降20.5%，其中税收收入30.85亿元，比6月下降22.8；非税收入11.73亿元，比6月下降13.6%。

前七个月，全省累计完成财政支出638.29亿元，增长25.5%。7月当月完成财政支出87.39亿元，比6月下降12.9%。

（六）金融运行平稳，存贷均有较大幅度增长

截至7月末，全省金融机构本外币存款余额达到7887.20亿元，比上月末增加66.66亿元，其中，企事业单位存款余额2142.68亿元，比上月末增加58.42亿元；城乡居民储蓄存款余额4535.09亿元，比上月末减少7.62亿元。

截至7月末，全省金融机构本外币贷款余额5941.57亿元，比上月末减少28.84亿元。其中，短期贷款余额2853.22亿元，比上月末增加5.21亿元；中长期贷款余额2706.10亿元，比上月末增加72.74亿元。7月末，全省金融机构本外币存贷比为75.3%，比上月末下降了1.0个百分点。

（七）CPI、PPI呈持续回落势头

1—7月，居民消费价格同比下降0.7%。7月当月下降1.0%，从消费用途分类看，7月份交通和通讯类价格下降2.6%、衣着类价格下降2.3%、居住类价格下降2.0%、食品类价格下降0.9%、娱乐教育文化用品及服务类价格下降0.8%、医疗保健和个人用品类价格上涨0.5%、烟酒及用品类价格上涨1.3%、家庭设备及维修服务类价格上涨2.3%。

1—7月，全省工业品出厂价格同比下降5.6%，7月当月下降5.7%；原材料、燃料、动力购进价格同比下降5.6%，7月当月下降7.2%。

二、 支撑经济发展的保障能力得到增强

（一）金融支持水平进一步提高

截止7月末，全省金融机构本外币贷款余额达到5941.57亿元，比年初增加488.23亿元。特别是中长期贷款余额7月有较大幅度增长，截止7月末，中长期贷款余额为2706.10亿元，比上月末增加72.74亿元，比年初增加365.59亿元。中长期贷款的增加表明我省金融机构对企业项目的资金支持明显增强。

（二）主要原材料加工保障能力持续加大

7月份，全省主要原材料产品产量有较大幅度的增长。规模以上工业企业生产原煤463.77万吨，同比增长36.6%，增幅比上月提高47.7个百分点；钢材76.36万吨，增长14.1%，增幅比上月提高0.8个百分点；原油57.69万吨，增长1.3%，增幅比上月提高12.5个百分点；生产化学纤维2.84万吨，增长90.1%，增幅比上月提高53.6个百分点；生产水泥482.57万吨，增长58.0%，增幅比上月提高18.8个百分点。原材料产品产量的较大幅度增长，进一步体现我省工业经济回暖的迹象。

（三）财力重点支出保障能力继续提升

1—7月份，全省财政支出达到638.29亿元，同比增长25.5%，其中，农林水事务支出达到100.81亿元，同比增长2.12倍；交通运输方面支出达到19.88亿元，同比增长1.15倍；环境保护支出20.83亿元，增长1.57倍；医疗卫生支出36.86亿元，增长53.8%；社会保障和就业支出117.34亿元，增长37.2%。事关民生的各项支出均有较大幅度的增长，保障社会稳定和全省经济的能力不断增强。

（四）货物发送量和货物周转量回升

1—7月份，全省完成铁路货物发送量3936万吨，比上年同期下降7.9%，降幅比1-6月份缩小1.8个百分点；完成铁路货物周转量316.64亿吨公里，比上年同期下降9.5%，降幅比1-6月份缩小1.1个百分点，铁路货运有所回升。完成公路货物发运量

13269万吨，比上年同期增长0.6%，增幅比1-6月份提高0.6个百分点，转为正增长；完成公路货物周转量296.86亿吨公里，同比下降4.9%，降幅比上月扩大0.8个百分点，公路运输保持相对稳定。

（五）邮电通信保障能力不断加强

1—7月份，全省实现邮电业务总量298.39亿元，比上年同期增长13.9%，其中，实现邮政业务总量11.59亿元，比上年同期增长14.1%；实现电信业务总量286.80亿元，比上年同期增长13.9%。实现宽带接入用户204.1万户，同比增长22.1；移动电话用户达到1534.7万户，增长12.4%。

关于积极发展低碳经济
进一步促进节能降耗工作的思考

高跃珊　梅桂

编者按：《关于积极发展低碳经济　进一步促进节能降耗工作的思考》一文于2009年9月14日以《统计分析》第41期（总第544期）印发。

近年来，在省委、省政府的高度重视和正确领导下，我省节能降耗工作取得了重大进展。今年上半年单位GDP能耗为1.78吨标准煤，同比下降了5.9%，单位GDP能耗的连年下降，为全面完成我省“十一五”节能规划目标任务奠定了较为坚实的基础。但我们同时也应该清醒地看到，能源问题始终是制约我省经济发展的瓶颈之一，节能降耗是一项长期、系统、必须长抓不懈的工作，它不仅涉及能源安全，而且涉及环保、应对气候变化等一系列可持续发展问题。从中长期来看，为实现吉林经济的可持续发展，必须不断创新和延伸节能降耗工作，引入低碳经济理念，积极向着低碳经济增长模式转变和发展。

一、低碳经济的内涵及发展状况

（一）低碳经济的内涵

低碳经济是以低能耗、低排放、低污染为特征的一种经济模式，是人类社会经历了农业文明、工业文明之后的又一次重大历史进步。低碳经济的实质是应对全球气候变化，提高能源利用效率、开发利用清洁能源，从而在经济持续发展的同时保护人类赖以生存的资源及生态环境。发展低碳经济的核心是技术创新、制度创新和发展观的转变，是一场涉及生产模式、生活方式、价值观念和国家利益的全球性革命。

低碳经济有两个基本特征：一是在社会再生产全过程的经济活动中低碳化，实现二氧化碳排放最小化或零排放，获得最大的生态经济效益。二是倡导能源经济革命，形成低碳能源和无碳能源的国民经济体系，真正实现生态经济社会的清洁发展、绿化发展和可持续发展。

（二）低碳经济的提出和发展

低碳经济的概念最早见于美国著名学者莱斯特•布朗的《生态经济革命》（1999年）一书。英国作为第一次工业革命的先驱，曾经创造了人类经济发展史上的辉煌，但也饱尝了高碳经济发展带来的苦果。进入新世纪之后，基于上百年工业革命的经验教训，英国政府在2003年发表的能源白皮书《我们未来的能源：创建低碳经济》一书中首次提出发展低碳经济，成为全球低碳经济的倡导者和先行者。低碳经济提出的背景是全球气候变暖对人类生存和发展提出了严峻挑战。目前，欧美一些发达国家正在掀起以高能效、低排放为核心的“新工业革命”，大力发展低碳经济，意在占领新时期产业的制高点，为自身经济发展寻找新的增长动力。

我国高层领导对发展低碳经济也给予高度重视。2007年，国家主席胡锦涛在出席亚太经合组织（APEC）会议时就明确提出了“发展低碳经济，研发低碳能源技术，促进碳回收技术发展”的战略主张。从制定和实现“十一五”规划开始，发展低碳经济就已经成为我国可持续发展战略的重要组成部分。发展低碳经济是一种科学发展模式的选择，它意味着能源结构的调整、产业结构的调整以及技术的革新，是我国走可持续发展道路的重要途径。有资料表明，低碳经济问题的研究在广东、深圳、上海等经济发达地区已开始启动，且发展势头良好。低碳经济时代正向我们走来，日益激烈的低碳经济市场争夺战已悄然打响。

二、吉林发展低碳经济的必要性和紧迫性

从吉林省情来看，经济尚欠发达，加快发展是吉林迫切的要求和最现实的选择。由于我省能源资源相对贫乏，且环境容量有限，加快发展面临着能源供需和环境改善的双重压力。因此，吉林当前及未来的发展，必须按照“资源节约型、环境友好型”社会建设的要求，高度重视发展低碳经济，积极探索、研究发展低碳经济的有效途径，以抢占先机和产业制高点，力争在低碳经济的发展上有所作为并走在全国前列。

（一）能源资源和消费结构，决定吉林必须选择低碳经济发展的道路

1. **能源资源相对贫乏，后续不足**。我省能源资源种类虽然较多，但从已探明的储量看，仍属于能源资源欠丰富的地区，常规能源总量占全国的比重不足0.3%。从我省现有能源生产和供给情况看，一次能源自给率只有50%左右，每年都需要从省外调入大量能源产品，才能满足经济发展的需求，且能源外调难度越来越大。从不同的能源品种来看，煤炭供需矛盾尤为突出，自给率不足40%，且地产煤炭的质量较差，热值较低。2008年，吉林省煤炭生产量为3940万吨，净调入量达5200 万吨，

是煤炭产量的1.3倍。煤炭供需紧张的矛盾在未来时期不可能有根本性改变。石油和天然气储量也较为有限，油气大幅增产的空间不大。水电建设经过几十年的发展，装机总容量已占到可开发建设容量的80%左右，进一步开发的潜力已经不大，且开发的难度较大。

2．**以煤炭为主的能源消费结构，具有明显的高碳经济特征**。我省仍属以煤炭为主要能源消费品种的省份，在能源消费结构中，煤炭消费量占全省能源消费总量的70%左右。从能源终端消费情况看，2008年全省煤炭直接消费2868.28万吨(标准煤,下同)，占全省能源终端消费的 35.8 %，而天然气、煤气和石油液化气等清洁能源的消费量为 488.22 万吨，仅占全省终端能源消费量的6.1 %。煤炭的大量直接消费，不仅造成能源利用效率的低下，而且由于煤炭燃烧过程中产生大量的CO2，对生态环境造成了严重的破坏，致使经济发展的“高碳”特征非常明显。

3．**历史形成了高能耗产业结构**。2008年，全省规模以上工业企业完成增加值2491.28亿元。其中，重工业完成1852.69亿元，比重高达74.4%，约比全国平均水平高出4.4个百分点。从单位工业增加值的综合能源消耗水平看，重工业是轻工业的1.7倍。轻工业偏轻，重工业偏重，轻重工业比重不相协调是我省工业能耗水平较高的一个重要原因。从工业经济内部结构看，全省年综合耗能在1万吨标准煤以上的企业虽然只有291户，仅占5140户规模以上工业企业的5.6%，但其年综合能源消费量却占全部规模以上工业企业的90%左右。今年1—6月份，全省石油加工业、化学原料及化学制品制造业、非金属矿物制品业、黑色金属冶炼及压延加工业、有色金属冶炼及压延加工业和电力热力的生产供应业等6大高耗能行业共完成工业增加值336.23亿元，占全部规模以上工业增加值的23.1%，而综合能源消费量为1571.77万吨，却高达68.5%。

近年来，我省节能降耗工作取得了显著成效，但能耗强度仍然偏高。2008年，我省单位GDP能耗为1.44吨标准煤，虽比上年下降了5.0%，但仍比全国平均能耗水平高30%，是广东省（为能耗强度最低的省份）的一倍。造成这一差距除地理位置、气候条件等因素外，我省高能耗的产业结构是一个重要因素。因此，从吉林经济发展的现实和中长期规划目标看，吉林必须走低碳经济发展的道路。发展低碳经济是进一步节能降耗，减少CO2等温室气体排放和应对全球气候变化的有效途径。

（二）应对环境、气候变化的必然选择

据有关资料，2007年我国碳基燃料燃烧共排放CO2达到54.3亿吨，已成为世界第二大温室气体排放国。因此，在未来一段时期，我国在解决环境污染和应对气候变化方面的形势非常严峻，任务也十分艰巨。目前，减少温室气体排放，应对全球气候变化，保护人类赖以生存的环境已日益受到越来越多国家的关注，我们理应给予更充分的重视。我省和全国大多数省份一样是以煤炭为主要能源消费品种的省份。煤炭的大量直接消费，不仅造成了能源利用效率低下，而且也造成了对生态环境的严重破坏。据有关部门测算，每消耗100吨煤炭就将排放3.5吨烟尘、3吨二氧化硫、15吨废渣。其中，排放烟尘中又含有40%左右的CO2。目前，排放在大气中的二氧化硫和烟尘总量中分别有90%和70%来自燃煤。我国是世界上大气污染较为严重的国家之一，大气污染不仅造成了土壤酸化、粮食减产和植被破坏，而且严重恶化人类的生存环境，引发大量呼吸道疾病，直接威胁人民群众的身体健康。据统计，2008年，我省燃料燃烧过程中的废气排放量达到4153.19亿标立方米，工业二氧化硫排放量31.32万吨,工业烟尘排放量25.58 万吨，环境污染问题依然突出。随着我省经济的持续快速发展，呈现出“高碳化”的趋势进一步加剧，而高碳化必然导致温室气体的高排放，经济发展与环境容量的矛盾在未来时期将显得更加突出。

（三）国际金融危机为吉林低碳经济发展提供了机遇

综观世界经济发展的历程，我们可发现这样一个规律：即每一次危机的发生都孕育着以此为新起点的产业革命和技术革命。低碳经济有较长的产业链，产出效应明显，发展潜力较大。从世界经济发展的现状和趋势看，通过核心的低碳技术研发与应用，着力发展低碳经济，实现经济发展模式的调整和产业结构的转型，就是目前经济发展的一个战略重点。为此，我们一定要紧紧抓住当今世界开始重视低碳经济发展的机遇，着手研究和积极发展低碳经济。

党中央、国务院高瞻远瞩，积极应对国际金融危机带来的冲击和影响，果断实施积极的财政政策和适度宽松的货币政策，加大了投资力度，特别是用于调整经济结构、节约资源、保护环境等方面的投资力度明显加大。近年来，我省全社会固定资产投资规模显著扩大，进而进一步优化了能源结构，推进了产业优化升级，积极研发和推广了一批节能技术、环保技术和低碳能源技术，加快了太阳能、风能、生物质能等新能源的技术开发利用，一定程度地减少了煤炭和石油等碳基能源的消费，初步实现了低能耗、低污染、低排放的经济发展，这些都为吉林低碳经济的发展奠定了坚实的基础。

三、发展低碳经济面临的困难和挑战

发展低碳经济是一项复杂的系统工程。从我国国情和我省省情看，实现由高碳经济向低碳经济的转型将是一个缓慢而长期的过程，短期内发展低碳经济还面临诸多困难和挑战。

一是伴随着经济的持续加快发展，能源消费需求将不断增长，以煤炭为主的能源消费结构难以在短期内迅速得以改变。当前，我省正处在工业化和城市化加速发展的重要时期，工业化的持续推进和城乡基础设施建设的发展以及居民消费结构的不断升级，都对重化工业产品形成了巨大的需求，进而转化为对能源消费的旺盛需求。

此外，从能源消费结构看，煤炭是我国能源产品中产出量最大的品种，以煤炭为主的消费结构短期内很难改变，在未来的发展中仍将维持较高的比重，从而带来CO2的较高排放强度，我省在解决环境污染和应对气候变化等方面所面临的形势仍然十分严峻。

二是产业结构调整的滞后影响。近年来，我省产业结构虽得到一定程度的调整和改善，但产业结构不尽合理的状况仍较为突出。经济增长过多地依赖第二产业，特别是依赖工业中的重化工业，而具有低能耗特征的第三产业和高技术产业发展明显滞后，比重偏低，致使全社会能耗强度偏高。历史形成的我省现实产业结构，要在短期内得到有效地调整和改变，难度也相当大。

三是缺乏有效的激励机制，致使节能、低碳技术发展还面临诸多困难。技术创新是发展低碳经济的核心和关键。目前，我省低碳技术研发和推广能力还不能适应形势发展的需要，低碳技术的研发和技术推广资金更显不足。近年来，尽管国家和我省相继出台了一些鼓励节能和低碳技术研发的优惠政策，解决了一批配套资金，但仍难以满足需要。节能、低碳、环保技术的研发和推广仍需政府、金融机构和社会各界的逐渐认同和广泛支持。

四、发展低碳经济的途径和建议

机遇与挑战并存，尽管我省在发展低碳经济方面还面临诸多困难，但我们必须充分认识其重要意义，切实把推行低碳经济模式提升到全省中长期发展战略层面上加以思考，认真研究，逐步推进。

（一）树立和落实科学发展观，弘扬全社会的低碳文化意识

我国在“十一五”规划中明确提出了到2010年单位GDP能源消耗降低20%左右、主要污染物（包括二氧化碳）排放总量减少10%的目标，可以说萌生和启动了低碳经济的发展。低碳经济已经成为全国各个领域上下学习和实践科学发展观而普遍认知的新的经济形态。我们必须有经济社会发展的超前意识，充分认识发展低碳经济的迫切性和重要性。要认真研究并抓紧制定我省低碳经济的发展规划和战略目标，同时要在全社会大力宣传发展低碳经济的重大现实意义和深远历史意义，使我们各级政府、企业和每一个公民都逐渐认识到发展低碳经济，保护我们人类赖以生存环境的重要性和紧迫性。要从生产环节上逐步以低碳或无碳能源产品替代碳基能源，消费环节上降低对碳基能源的过度依赖，从科学发展观的战略高度，把节约能

源、降低碳的排放和依赖作为社会生产和生活的一件大事来抓，采取建设低碳工业园区、低碳城市等措施，倡导全社会低碳消费，进一步节能降耗，逐步创建和形成全社会以节能环保为重的低碳意识和文化氛围。

（二）优化工业结构，着力发展低能耗和高技术产业

工业是能源消费和碳排放的主体，其综合能源消费量约占全社会能源消费总量的70%。我省工业经济结构的一个突出特征是轻重工业比重有失协调，重工业比重偏高，轻工业比重偏低，且高耗能行业比重相对较高，而高技术产业发展相对不足，且所占比重偏低。面对这样一个基本省情和工业结构，我们必须下大的决心，花大的气力加快工业经济内部结构的调整与优化升级。一是要紧紧抓住国家实施振兴东北老工业基地战略的重大契机，通过大力招商引资，积极引进战略投资者，加快对传统高耗能、低产出产业的技术改造，积极发展和壮大轻工业，使轻重工业的结构比例尽快趋于协调。二是要继续大力发展汽车、电子信息等低能耗和高技术产业。汽车工业是能源消耗低、产出效率高、辐射范围广、带动能力强的产业，其单位增加值能耗仅相当于全部工业平均能耗水平的20%左右，同时又是我省第一支柱产业，今后还应继续大力扶持，进一步做强做大。同时要采取有效措施，大力推进节能环保、新能源动力汽车等新产品的研发和生产，实现汽车产业领域新的技术革命。高技术产业具有附加值高、能源消耗低、碳排放少等显著特点，是低碳经济发展模式中潜力巨大、前景广阔的产业。我省发展高技术产业具有人才、技术等方面相对优势，应该成为我省经济发展的一个重点。在未来的经济发展中，我们要积极创造条件，在政策、资金等方面对高技术产业的发展给予更大的支持，特别是要鼓励和支持民营资本投资于高技术产业，使高技术产业的比重逐年稳步得到提高，有一个较快的发展。三是要严格限制高耗能工业项目的投资建设。要正确处理经济发展与节能降耗、发展低碳经济的关系，切实转变经济发展方式，绝不能以牺牲能源等资源、恶化生态环境为代价来换取经济发展。四是要继续认真按照国务院节能减排工作方案的要求，加快落后产能的淘汰力度。要采取科学审慎的态度，有计划地关、停、并、转一批高耗能、高排放、高污染企业，并积极引导这部分企业向服务业、低耗能、低排放产业和高技术产业转移。

（三）积极发展新能源产业，逐步降低碳基能源消费比重

低碳经济的内涵既包含了低碳生产，也包含了低碳消费。低碳生产的一个重要特征是大力发展可再生能源产业，从而逐步降低消费领域中碳基能源（煤、油等传统能源）的消费比重，以达到改善环境和抑制气候变化的目的。

风能、水能、太阳能和核能是典型的非碳基能源，且多数具备可再生性。风能、太阳能的开发利用，核能项目的建设应是当前发展我省新能源产业的首选。我

省风能资源较为丰富，有效蕴藏量为6920亿千瓦时/年，风能密度在60—70瓦/平方米间，在全国居中上等水平。近年来我省风能发电进展较快，但规模仍小。我们要充分利用国家大力发展新能源产业的有关政策，积极争取国家有关部门在投资等方面的支持，尽快扩大规模，在保证国家电网安全的前提下加快发展，力争到2012年达到280万千瓦的生产能力。太阳能的开发利用领域较为广泛，太阳能发电、太阳能照明、太阳能供热等已广泛应用于国民经济和人民生活。我省在太阳能利用方面潜力也较大，要调动社会各方面力量，积极研究开发利用太阳能技术，积极推广应用太阳能设备。从长远看，解决我省能源资源不足问题，进而降低碳基能源消费比重，必须加快核电建设。当前，要抓紧做好核电项目的各项前期准备工作，确保近期至少有一个核电项目能够开工建设，尽早结束我省没有核电的历史。

此外，围绕风能、太阳能和核能的开发利用还可以延长产业链。如光电、风电、节电、输变电等新能源设备的研发制造业都很有潜力可挖，大有可为。走在低碳经济发展之路上的“中国电谷”——河北省保定市，近年来围绕发展低碳经济，新能源产业迅速发展，太阳能光伏电池、风电设备、大容量节电电机等新能源产品已基本形成规模和主导产业，且增速迅猛，发展态势良好，已经引起了社会各界的广泛关注。河北省保定市选择低碳经济的发展道路，很值得我们学习和借鉴，应该成为我们效法的榜样。

（四）大力推广节能、低碳技术，全面促进节能减排工作

技术创新是发展低碳经济，实现节能减排目标的关键因素。目前，节能、低碳技术的推广应用已开始受到世界各国的高度关注。节能、低碳技术涉及电力、交通、建筑、冶金和石油化工以及新能源等产业。应用新能源交通工具、节能型建筑、节能家电、环保农业等领域的节能、低碳技术具有广泛的应用前景和发展空间，其技术转让、设备制造、产品生产和相关服务业都将成为未来新的经济增长点。能否利用后发优势在工业化进程中增强自主创新能力，大力开发低碳技术和低碳产品，促进低碳经济发展，很大程度上取决于创新、超前发展的意识。我们必须高度重视节能、低碳技术的研发和推广工作，重点着眼于中长期战略技术储备，融合市场现有的节能、低碳技术，并迅速加以推广和应用。各级政府要站在战略的高度，建立节能专项资金，对企业节能、低碳技术改造方面给予更有力的支持，鼓励节能技术、设备和工艺的开发和推广应用，全面推进我省节能降耗工作，进而促进我省经济社会向资源节约型、环境友好型和低碳化发展。

注：

1. 终端消费：是指能源不用于中间加工转换，而是直接投入到各种加热、动力等设备，用于生产和非生产活动的消费，即直接消费。

2. 碳基能源：是以碳为基础的能源，如：煤炭、石油、天然气等传统能源。

老工业基地战略实施以来
吉林省经济增长质量分析

程淑云　潘豫

编者按：《老工业基地战略实施以来吉林省经济增长质量分析》一文于2009年9月15日以《统计分析》第42期（总第545期）印发。

经济增长质量体现了经济资源及增长要素是否有效、协调及均衡，是经济增长速度、结构和效益三者共同推动的结果。党的“十六”大做出了全面实施振兴东北地区等老工业基地战略决策已经过去了5年的时间，作为东北老工业基地重要组成部分的吉林省，有必要认真对老工业基地战略实施以来经济增长质量的状况做出分析，认清经济运行中存在的问题和不足，找出今后一定时期我省提高经济增长质量的对策，有利于加快我省经济发展的步伐，为努力构建和谐社会提供强有力的经济基础。

一、老工业基地战略实施以来我省经济增长质量状况分析

（一）经济规模扩大

1．GDP年均增量达750亿元

2004年以来，我省紧紧把握国家实施振兴东北地区等老工业基地战略的契机，从解决经济社会发展中面临的主要矛盾入手，突出抓好国企改革、扩大投资、招商引资、发展民营经济、节能降耗、环境保护等项重点工作，取得了显著的成效，推动了吉林经济社会的持续快速发展。2008年，全省实现地区生产总值6424.06亿元，比振兴对比基期的2003年增加3751.98亿元，年均增加750.40亿元，相当于“十五”时期前三年年均增量的3.17倍。

2．工业经济快速发展

实施老工业基地振兴战略以来，我省坚持以市场需求为导向，以增强企业的自主发展能力和提升工业经济的竞争力为核心，以实现工业经济内部结构调整为重点，加大了对支柱、优势行业的政策扶持力度，加速培育新的特色产业集群，推动

了全省工业经济的持续快速发展。截止2008年末，全省规模以上工业企业资产总额达到7114.01亿元，比2003年末增加了3439.06亿元，增长93.6%，年均增长14.1%。2008年，全省规模以上工业企业累计实现主营业务收入7703.81亿元，比2003年增加了5064.90亿元，增长1.9倍，年均增长23.9%；实现增加值2491.28亿元，比2003年增加了1676.45亿元。

3．国企改革取得突破，民营经济迅速发展

国有经济比重过高，民营经济发育不足，是吉林省经济在长期计划经济体制束缚下所形成的基本结构特征，也是改革开放以来我省经济发展优势逐渐丧失，与东部地区省份发展水平差距拉大的重要原因之一。实施老工业基地振兴战略以来，特别是进入2005年以后，在省委、省政府正确决策的指导下，我省国有企业改革力度明显加大，国有企业改制实现了重大突破。2005年，列入全省改革攻坚计划的816户国有企业全面完成了改制任务,大量国有企业的退出，为民营经济实力的扩充和加快发展开辟了广阔的市场空间。截止2008年末，全省规模以上工业企业中，民营企业已经达到3340户，比2003年增加2437户，增长2.7倍；民营企业实现工业增加值919.04亿元，比2003年增加794.37亿元，增长6.37倍；民营工业企业增加值所占比重由2003年的15.3%提高到21.6%，提高了6.3个百分点，民营经济发展已经呈现出勃勃生机。

4．财政收入逐年增加

在经济持续稳定发展的同时，我省的财政收入逐年增加。2003年，全省地方财政收入为154.0亿元，到2008年，全省地方财政收入达到422.8亿元,比2003年增长1.7倍,年均增长22.4%;比“十五”时期前三年年均增长14.1%的增速提高了8.3个百分点，其增长速度呈现出逐步加快之势。

（二）增长效率提高

1．GDP连续保持两位数的增长速度

2004年实施老工业基地振兴战略以来，我省经济增长速度呈现出逐步加快的发展态势， GDP连续保持了两位数的增长速度，并且一直高于全国平均水平。（见表1）

按可比价格计算，5年间全省地区生产总值年均增长14.3%，增幅高于“十五”前3年年均增速4.6个百分点，高于同期全国平均增速3.2个百分点，呈现出国民经济总量扩大、发展步伐加快的良好态势。

2．人均GDP增长率一直高于全国平均水平

伴随着经济增长速度的加快，全省经济总量的不断扩大，人均GDP明显增加。2008年，全省人均 GDP由2003年的9854元提高到23514元，增加了13660元。由于人均GDP增加，人均GDP增长率也不断增长，从2003年的9.9%提高到2008年的15.7%，增速提高了6.8个百分点。而且我省人均GDP增长率一直高于全国平均水平，标志着我省经济进入增长加速的新时期。（见表2）

GDP增长率（%）

表1

年 份	全国	吉林	吉林高于全国百分点
2004	10.1	12.2	2.1
2005	10.4	12.1	1.7
2006	11.6	15.0	3.4
2007	11.9	16.1	4.2
2008	9.0	16.0	7.0

人均GDP增长率（%）

表2

年 份	全国	吉林	吉林高于全国百分点
2004	9.4	12.0	2.6
2005	9.8	11.9	2.1
2006	11.0	14.7	3.7
2007	11.4	15.8	4.4
2008	8.4	15.7	7.3

3．全社会劳动生产率稳步提高

我省全社会劳动生产率从2003年的22137元/人，提高到2008年的50133元/人，5年时间增加27996元，增长了1.3倍。这一方面说明老工业基地振兴战略实施以来,我省劳动力的素质和水平有了明显的提高和改善,同时也证明了平均每个劳动者创造财富的能力有了显著的提升。（见表3）

（三）增长的协调性改善

1．经济增长的稳定性较好

GDP增长波动率是反映一定时期内一个国家或地区经济增长的相对波动幅度，稳定的经济增长是经济高质量增长的重要内容，因为过度的经济波动一是破坏了经济长期稳定增长的内在机制，造成社会资源的巨大浪费，从而影响经济增长的持续性；二是加大了宏观经济运行的潜在风险，经济过热往往导致通货膨胀，经济过冷又会造成高失业率。从一个时期来看，GDP增长波动水平过大，表明经济增长的稳定性差。经济增长波动率＝（本年经济增长率－上年经济增长率）÷上年经济增长率。从2004年到2008年，我省在实施老工业基地振兴战略以来，呈现出经济总量扩大、发展步伐加快的良好态势，GDP增速最高为16.1%，最低为12.1%，级差为4.0%。通过对GDP增长波动率计算，我省与全国的波动幅度均为0.25，经济增长仍属于稳定型增长。（见表4）

全社会劳动生产率元/人

表3

年 份	全社会劳动生产率（元/人）
2003	22137
2004	25548
2005	29221
2006	34187
2007	41739
2008	50133

GDP增长波动率（%）

表4

年 份	全国	吉林
2004	0.01	0.20
2005	0.03	-0.01
2006	0.12	0.24
2007	0.26	0.07
2008	0.24	-0.01

2．财政收入与经济同步增长

实施老工业基地振兴战略以来，我省财政收入逐年增加，占GDP的比重稳步提高。2008年，我省全口径财政收入为845.2亿元，比上年增长30.2%，其占GDP的比重为13.2%，比2003年提高2.3个百分点，比上年提高0.9个百分点。财政收入增长速度的逐步加快，占GDP的比重不断提高，充分证明老工业基地振兴战略实施以来，我省的经济发展保持了速度、效益、质量共同较快增长的又好又快的基本态势，实现了财政收入与经济的同步增长。

3．产业结构进一步优化

在经济总量不断扩大、发展速度进一步加快的同时，我省的产业结构进一步优化，其结构比例由2003年的18.3：41.3：40.4调整到2008年的14.3：47.7：38.0。第一产业比重的降低和第二产业比重的提升，标志着我省第二产业，特别是工业经济的主导作用进一步加强，这说明我省的产业结构基本实现了以工业、服务业为主，向三次产业协调发展的方向转变，体现了现阶段经济结构优化的总趋势。

4．城乡居民收入差距呈逐步缩小趋势

老工业基地振兴战略实施以来，伴随着经济的持续较快增长，我省城乡居民收入水平都有了较大提高，城乡居民收入虽然总量上的差距扩大，但二者比率已呈现出逐步缩小的趋势。2003年，我省城镇居民人均可支配收入为7005.1元，农民人均纯收入为2530.4元，两者比率为2.77:1;2008年，我省城镇居民人均可支配收入为12829.5元，农民人均纯收入为4932.7元，两者比率为2.60:1，城镇收入的比率下降了0.17个点，说明城乡居民收入差距呈逐步缩小趋势。从城乡居民收入的增长速度来看，也反映出同样的趋势。2008年与2003年比较，城镇居民人均可支配收入增长83.1%，农民人均纯收入增长94.9%，农村快于城镇11.8个百分点。

（四）经济自主发展能力增强

1．工业投资在全部投资中的比重不断提高

5年来，在全省固定资产投资实现快速增长的同时，工业投资力度明显加大。2008年，工业完成投资2519.70亿元，比2003年增长了6.2倍，工业固定资产投资比重已由2003年的39.9%提高到54.9%，成为拉动全省固定资产投资增长的主动力，为增强吉林经济发展的后劲创造了有利的条件。

2．科技投入增加R&D经费支出占GDP比重稳定

我省注重充分发挥科技作为第一生产力对经济发展的促进作用。截止2008年末，全省已拥有科技活动机构733个，从事科技活动的人员达到36504人，分别比2003年增长了13.5%和32.3%；有科技活动的单位数达到909个，从事科技活动的人员10.02万人，其中科学家和工程师有7.34万人，分别比2003年增长了5.1%、54.8%和46.9%。2008年全省共筹集科技活动经费129.5亿元，比2003年增长1.1倍，年均增长率达到16.4%。2008年，全省科技活动经费支出129.7亿元，比2003年增长135.4%，年均增长18.7%。

R&D经费支出占GDP的比重保持稳定。2008年，全省科学研究和实验发展（R&D）经费支出已达到68.5亿元，比2003年增加39.2亿元，增长1.3倍，其占当年

GDP的比重保持在1.2%左右水平。

3．专利拥有量增加

2008年，全省拥有发明专利4031项，比2003年增加3054项，增长3.1倍；科技专利申请受理数达到2279项，比2003年增加1204项，增长1.1倍；其中发明专利申请受理数1218项，比2003年增加649项，增长1.1倍。

二、老工业基地战略实施以来我省经济增长的主要特点

通过以上分析可以看出，近年来由于我省经济增长质量在增长效率、协调性方面的提高，保持了快速、稳定的增长态势。经济增长主要表现出以下几个方面的特点:

（一）工业是拉动全省经济增长的主导力量

在实现全省工业经济快速增长的同时，工业经济效益水平也得到了迅速提高，2008年全省规模以上工业劳动生产率达到193003元/人，比2003年增加了112706元，增长了1.4倍，年均增长19.2%。2008年全省规模以上工业综合经济效益指数为230.47%，比2003年水平扩大了88.07个百分点。2008年，工业经济对全省经济增长的贡献率达45.8%，比2003年提高0.9个百分点；拉动GDP增长7.3个百分点，比2003年提高2.7个百分点，工业经济的快速增长有力地促进了全省经济的发展，成为全省经济增长的主导力量。

（二）高技术产业对全省经济增长的贡献逐步提高

实施老工业基地振兴战略以来，我省高技术产业发展势头良好。高技术产业生产经营效益显著，特别是医药制造业发展已经跻身全国前列。2008年，全省高技术产业实现增加值376.81亿元，比2003年增加320.25亿元，增长5.7倍。高技术产业在总量逐年增加的同时，经济效益也逐年提高，利税总额持续增长，对全省国民经济发展的贡献越来越大。2008年，全省高新技术产业实现利税388.24亿元，比2003年增加372.10亿元，增长23.1倍； 高技术产业增加值占GDP的比重也呈显著提高之势，由2003年的2.1%提高到2008年的5.9%。

（三）连续四年的扩大投资为我省经济持续较快增长积蓄了发展能量

投资规模小、投资增长率低，是长时期以来吉林省经济发展过程中始终存在的突出问题。2004年实施老工业基地振兴战略以来，省委、省政府确定了把加大固定资产投资力度作为我省加快经济发展必须长期坚持的重要战略思路。在这一战略思路的指导下，我省进一步扩大开放，通过大力招商引资等项措施，有效地实现了固定资产投资规模的迅速扩张。2005—2008年的4年里，我省扩大投资的战略举措大

见成效，全省投资总额强势增长，迅速打破了长期以来投资低速徘徊的局面。2008年，全省完成全社会固定资产投资5608.15亿元，比2003年增加了4638.22亿元，增长4.8倍。其投资规模在全国各省、自治区、直辖市中的位次由2003年的第24位提升到2008年的第13位，其增幅在全国的位次则由2003年的第27位跃升到2008年的第4位。5年间，我省全社会固定资产投资年均增长42.1%，高于当期全国平均增长速度17.1个百分点。2005—2008年4年全省累计完成投资14218.1亿元，是1978—2004年27年总和的1.7倍，创历史上投资连续高增长的新记录。

（四）消费需求的快速增长有力地推动了经济增长

2008年，全省职工平均工资为23486元，比2003年增加12405元，增长1.1倍，年均增长率达到14.0%，高于“十五”时期前三年年均增长水平4.4个百分点。抽样调查资料显示，2008年全省城镇居民人均可支配收入达到12829.45元，比2003年增加5824.33元，增长83.1%，年均增长12.9%，高于“十五”时期前三年年均增长水平1.9个百分点；农村居民人均纯收入达到4932.74元，比2003年增加2402.34元，增长94.9%，年均增长14.3%，高于“十五”时期前三年年均增长水平6.5个百分点。

城乡居民收入的不断增加，有效地带动了生活性消费水平的稳步提高和全省消费品市场的繁荣活跃。抽样调查资料同时显示，2008年全省城镇居民人均生活性消费支出达到9729.05元，比2003年增加4237.01元，增长77.1%，年均增长12.1%，高于“十五”时期前三年年均增长水平1.1个百分点；农村居民人均生活消费支出达到3443.24元，比2003年增加1627.67元，增长89.7%，年均增长13.7%，高于“十五”时期前三年年均增长水平8.4个百分点。在全省城乡居民消费增长的促动下，2008年全省累计实现社会消费品零售总额2484.26亿元，比2003年增加1343.36亿元，增长1.2倍，年均增长16.8%，高于“十五”时期前三年年均增长率5.8个百分点，消费需求的快速增长有力地促进了全省经济的快速发展。

三、全省经济增长质量面临的问题及原因

（一）总量扩大主要靠投入增加

在老工业基地振兴的过程中，我省的经济总量扩张了1.4倍。投资规模的迅速扩大，是经济总量增大的主要因素。2003年，我省的投资在GDP增量中的贡献率为76.1%，到2008年则上升到78.1%。其资本形成率则达到69.3%，比2003年的41.4%提高27.9个百分点。2008年我省工业经济的成本及费用占销售收入的比重为96.0%，比全国平均水平高1.5个百分点。这说明，我省经济总量的扩张，还没有从根本上摆脱粗放经营的状态，其高成本、高消耗的状况没有得到较快扭转。

（二）非公经济份量不足，结构优化难以加速

优化结构是东北老工业基地振兴的重要问题，从5年的结构调整优化程度来看，我省仍没有摆脱滞后的状况，第二、三产业增加值占GDP的比重仍比全国平均水平低3.0个百分点。传统产业大，改造力度小，且新兴产业少是我省结构优化相对不快的主要原因。而这种情况产生的一个体制性因素是民营经济在振兴老工业基地的过程中，占有的资源及产出结果，没有达到应有的水平。2008年，我省工业非国有资产比重为37.6%，比全国水平低18.0个百分点，比浙江和江苏分别低49.3个和44.0个百分点。2008年，我省规模以上非国有工业从业人员所占的比重为49.3%，比全国水平低28.7个百分点。我省工业中的私营企业资产利润率比全部工业高出5.5个百分点，如果私营企业能增大其在工业经济中的比重，对我省工业经济的发展将起到很大的促进作用。

（三）市场占有率下降，核心竞争力难以形成

衡量市场占有情况有两个指标值得关注，一是制造业增加值占全国比重，代表新创造的价值情况；二是产品销售收入占全国的比重，说明工业企业总体的收入状态。这两项指标在我省振兴的过程中呈现出逐年走低的状态，2007年制造业增加值占全国的比重为1.7%，比2003年2.0%的比重下降0.3个百分点；产品销售收入占全国的比重2003年为1.8%， 2007年下降到1.5%。我省市场占有率的持续走低，说明产品竞争力呈现弱化的趋势，导致我省的制造业份额由2003年的83.4%下降到2007年的77.2%，下降了6.2个百分点。这同时也说明在我省的制造业中，影响力大、辐射力强，具有核心竞争力的产品或品牌还很欠缺。

（四）对外开放水平依然较低

改革开放以来，我省经济发展与沿海地区已经形成了巨大的差距，一个重要的原因就在于我省经济的对外开放程度低，融入国际市场的步伐慢。从对外经济贸易的发展水平来看，2008年，我省在对外经济贸易中累计实现进出口总值133.41亿美元，比上年同期增长了29.5%，占全国的比重则由2003年的0.73%回落到0.52%，下降了0.21个百分点。在对外经济贸易中，无论是进口还是出口，我省所占比重都非常低的现实状况，深刻反映出我省经济对外开放水平低下的程度。再从实际利用外资水平来看，近几年来，虽然我省在招商引资方面取得了突破性进展，2008年全省实际利用外商直接投资达到9.93亿美元，比上年同期增长了12.2%，占全国的比重由2003年的0.59%提高到1.07%，但在全国也仍处于较低的水平。特别应该看到的是，我省进口总值远远大于出口总值的状况已经持续了11年之久，与全国出口大于进口的趋势形成了强烈的反差，对全省经济发展起着负向的拉动作用。

（五）地区间经济发展水平的差距进一步扩大

行业集中度高和企业集中度高，从而导致了地区集中度高，这是我省经济在长期发展过程中所形成的一个典型的地区结构特征。2008年，我省经济发展水平最高的长春市实现地区生产总值2588.08亿元，占全省经济总量的40.3%。而经济发展水平相对落后的辽源市实现地区生产总值275.06亿元，仅为长春市经济总量的10.6%，其占全省经济总量的比重也只有4.3%。从全省9个市州的人均GDP水平来看，2008年长春市达到34193元，而白城市仅为14327元，尚不足长春市的二分之一。实现吉林经济的跨越发展和振兴老工业基地，其目的都是要推动地区间经济的协调发展，以使吉林经济在全国经济的发展中有更大的作为，而长时期地区经济的失衡发展，就不能不对这一历史进程产生着掣肘作用。

四、提高经济增长质量的对策建议

从上述分析中可以得出明确的结论，实施老工业基地振兴战略以来，纵向上比较，我省经济实现了持续、稳定、健康、快速的发展，使这一时期成为吉林历史上经济发展最好、最快的时期。然而从横向上进行比较，站在全国的高度比较,就会发现，我省发展的力度、速度和水平都尚存在一定的差距。为了实现吉林经济更好更快地发展，我们必须积极谋划新的发展思路，以转变经济发展方式和提高经济增长质量为中心，努力实现新的突破。为此提出如下对策建议：

（一）充分利用金融信贷资金，为促进全省经济加快发展服务

我省总体上是属于经济欠发达省份，经济发展的资金支撑能力相对较弱，是我们面临的严峻现实。近些年来，在积极争取各方面的资金支持上我们做了大量的工作，并且取得了显著的成果。2008年全省实际利用外资达到30.08亿美元，比2003年增加了25.02亿美元，增长4.9倍，其中外商直接投资达到9.93亿美元，比2003年增加了6.75亿美元，增长2.1倍,有力地支持了全省经济的加快发展。但是,我省金融资金利用率偏低的矛盾仍表现的较为突出，2008年末,全国全部金融机构本外币存款余额同比增长19.3%，贷款余额同比增长17.9%，存贷款增幅相差1.4个百分点。而同一时点我省金融机构本外币存款余额同比增长19.2%，贷款余额增长17.6%，存贷款增幅相差1.6个百分点，高于全国平均水平0.2个百分点。2009年上半年我省金融机构本外币存款余额同比增长27.7%，同期全国平均增长15.7%，我省高于全国平均水平12.0个百分点；而同期我省金融机构本外币贷款余额同比增长22.8%，全国平均增长31.8%，我省低于全国平均水平9.0个百分点。我省金融机构对经济的支持程度明显低于全国平均水平，要改变这种状况，一方面要大力加强全省经济领域的诚信建

设，进一步改善金融信贷环境；另一方面可以考虑建立地方民营性质的金融机构或非银行金融机构，广泛吸纳民间资本,有效缓解经济发展中的资金短缺矛盾，为促进全省经济加快发展服务。

（二）加快发展第三产业，确保经济持续增长

经济的良性发展需要发达的服务业作支撑，因而加速第三产业的发展对于提升全省经济增长质量尤为重要。我省第三产业的发展相对慢一些，这已经形成了共识，如何加快第三产业发展，需要进一步清理思路。首先，要推进城市化进程，改善第三产业发展环境。2008年我省工业比重为41.8%，比全国平均水平低1.1个百分点；第三产业比重为38.0%，比全国平均水平低2.1个百分点；我省城镇人口比重为53.2%，全国为45.7%，我省高出全国7.5个百分点，这说明加快发展我省第三产业有一个很好的基础，可以用加快工业发展与较高的城市化水平来支撑。通过工业经济的技术进步和产业升级来促进第三产业发展，特别是做大做强生产性服务业；其次，要拓宽资金来源渠道，加大对第三产业的投入力度。要坚持以政府投入为导向、社会投入为主体、金融信贷为支撑的原则，支持鼓励国家、集体、个体、外商等各方面以资金、设备、技术、信息、劳务等形式投入第三产业；再次，要进一步挖掘旅游业潜力，充分发挥旅游对我省第三产业的拉动作用。

（三）加快科技创新，转变经济发展方式

以新产品开发为重点，大力推进工业技术创新。工业是拉动经济增长的引擎，我省要进一步做大做强工业，一是要以信息化带动工业化，不断转变工业经济发展方式，把工业经济发展方式由投资与资源拉动为主，转变为消费与技术拉动为主，由要素投入拉动为主转变为技术拉动为主，实现由规模速度型发展向速度效益型发展的转变。二是促进企业增强自主创新能力，在资金、政策上采取更加有力地措施，大力支持自主创新，争取在一些能源、环境、农业、信息等领域实现关键技术或核心技术的突破，取得一批拥有自主知识产权的技术和产品。要通过增加投入，形成一批拥有核心技术的产品和竞争力强的企业群体。三是要加快运用高技术和先进适用技术改造提升传统产业，推动工业结构升级。四是培育一批具有核心竞争力的大型企业或企业集团，加快非公有制和中小企业发展，为繁荣地方经济，增加就业提供支撑。五是有选择地引进国内外先进技术和设备，提高工业技术装备水平，大力提高产品技术附加值和市场竞争力，促进产业结构战略性调整和优化升级。

提高科技持续创新能力，紧紧围绕经济结构战略性调整和可持续发展这一主线，重点围绕推进汽车、石化、电子、医药、农产品深加工行业的产业发展，开展电子信息技术、生物技术、新材料、先进制造、高效生态农业、中药现代化、生态

环保等领域原创性科技攻关研究，为我省社会可持续发展提供强大的科技动力，实现以科技促进经济社会的跨越式发展。

（四）紧紧抓住战略资源，为壮大吉林经济奠定坚实的基础

从现实情况看，我省总体上是属于资源缺乏省份，伴随着经济的持续发展，经济规模的不断扩大，资源短缺的矛盾将会越来越成为制约我省经济发展的突出因素。因此，大力发展吉林经济，必须有丰富的资源作为基础保证。在制定和实施经济长期发展战略的过程中，需要我们立足吉林现实的资源条件，采取有效措施，确保资源占有量，并在此基础上具体研究工业经济发展的布局问题。要实现吉林经济的跨越式发展，我省就必须更充分地占有各种经济资源，特别是占有关系全省经济命脉的各种经济战略资源，而且还要形成必要的战略资源储备，这是支撑我省经济持续快速发展的必要条件。

（五）抓住机遇，努力开发国际市场

扩大对外开放是我省经济社会发展中必须长期坚持的重要战略。多年以来，对外经济贸易，特别是对外出口贸易一直是我省经济发展中的一大薄弱环节。2008年，我省进出口依存度为14.4%，低于全国平均水平44.7个百分点，低于上海148.9个百分点，低于广东118.5个百分点，低于北京165.5个百分点，低于同为东北老工业基地的辽宁23.0个百分点，表现出我省对外经济贸易工作比较落后的状况。特别是1998年以后，我省对外经济贸易又始终处在进口大于出口的状态，对外经济贸易在国民经济发展中一直发挥着负向拉动的作用。

长时期以来，我省外贸出口是以玉米和非金属矿物为主，进口是以汽车零部件为主，进出口产品结构的过于单一化，是造成我省对外经济贸易水平较低的根本症结所在。在加快吉林经济发展的过程中，我们必须把进一步扩大开放，努力扩大产品出口作为一个重大的战略问题去认真加以研究，切实把调整和优化产业结构、产品结构同大力发展外向型经济紧密地结合起来，适应国际市场的需要，在大力增加工业产品品种、提高工业产品科学技术含量和提升工业产品质量的基础上努力扩大出口规模，尽快实现我省由主要以基础原材料产品出口向主要以工业高技术终极产品出口的转变，从根本上改变我省出口产品结构过于单一的现状，促进对外贸易在全省国民经济加快发展中发挥积极的推动作用。

（六）化“危机”为“生机”

进入2008年以来，由美国次贷危机衍生的金融危机在全球范围内迅速蔓延，在给世界各国虚拟经济带来强力冲击的同时，也给各国的实体经济造成了巨大的破坏。特别是进入2008年下半年以后，这一场危机对中国经济的冲击和影响已经开始

显露。尽管我们目前正在采取一系列果断措施积极加以应对，力求把其对中国经济的影响降低到最小程度，但由于这场危机对世界经济的破坏其波及范围之广、冲击强度之大、影响程度之深，都为上个世纪30年代以来所罕见，因此对我们来说绝不可以掉以轻心。虽然由于我省经济的对外依存水平较低，因而目前这一影响表现得还不是十分剧烈。但国际金融危机对我省经济实体带来的影响已经有所显露，全省整体经济增长速度开始放缓，如何化“危机”为“生机”，实现吉林经济的持续、稳定、健康、快速发展，是当前我们面临的重大课题。对此，一定要增强忧患意识，审时度势，积极应对挑战，抓住机遇进行战略性结构调整，落实好保增长、保民生、保稳定的各项政策措施，切实防止经济出现大的回落。

吉林农业60年

宫俭

编者按：《吉林农业60年》一文于2009年9月22日以《统计分析》第43期（总第546期）印发。10月14日，时任省委书记王珉对该文做出批示："此文润色后请考虑在我省的媒体上予以宣传。"11月7日该文以《走向新的辉煌》——吉林农业60年回眸为题，以吉林省统计局的名义在《吉林日报》第一版摘要刊发。

建国60年来，吉林农业走出了一条在曲折中前进、在改革中腾飞的发展之路。前30年，以传统农业为主要发展模式，发展水平呈现稳步发展的特点。党的十一届三中全会后，中国如火如荼的改革在广大的农村拉开了序幕，30年间，农村经济体制和生产方式发生了深刻的变革，传统农业发展模式逐渐被突破，现代农业发展迅速。吉林省作为中国的农业大省，在改革的浪潮下，始终坚持发展农业现代化、农业产业化方向不动摇，充分依靠党在各个时期的利农惠农政策，以农民增收和产业化经营为核心，不断调整和优化农业产业结构，努力提高农业生产能力和效益水平，农林牧渔业全面发展，农民生活水平显著提高。经过60年的努力，吉林农业在改革中实现了伟大的跨越，在党的领导下逐步走向辉煌。

一、发展历程

（一）在曲折中前进阶段

1．**建国初期的恢复与起步阶段**。1949年吉林省农村经济同全国一样，也是千疮百孔，濒临崩溃的边缘。全省粮食产量仅有459万吨，单产1094公斤，人均农林牧渔产值不到100元。1950年，土地改革运动完成后，以恢复农业生产为主的政策，促进了农业的恢复与发展。到1952年，农林牧渔产值已达到12.4亿元，比1949年增长53%；粮食产量613.2万吨，比1949年增长33.6%；畜牧业也有一定发展。1955年全省广大农村在党的号召下，又掀起了生产高潮，使农业生产再次得到发展。农林牧渔产值已达到13.3亿元，比1949年增长46.6%；粮食产量556.6万吨，比1949年增长21.2%。这一时期是吉林省农业发展较快的时期。

2.**“大跃进”倒退到国民经济调整阶段**。1958年以高指标，浮夸风和“共产风”为主要标志的“左”的错误严重地泛滥，使农业生产力受到极大破坏，同时，又连续遭到严重的自然灾害，农业生产出现了大回落，粮食产量和整个农业生产倒退到了建国初期的水平。针对严重困难，1960年冬中央开始对国民经济实行“调整、巩固、充实、提高”的方针。吉林省以农、轻、重为序调整了国民经济的各种比例关系，加强了对农业的支援，使农业生产得到了恢复和发展。到1965年粮食产量回升到525.1万吨，比1962年增长20.1%；农林牧渔业总产值17.8亿元，比1962年增长21.5%。终于在较短时间内，摆脱了困境，整个农业生产又回到了历史较好水平。

3.**“文化大革命”期间“以粮为纲”的单一化生产阶段**。这一阶段，在大搞“以粮为纲”的思想指导下，农民家庭副业、经营的自留地、集市贸易等当作“资本主义”，予以割掉，使农民不能放开手脚去发展农村经济。但是，农民的生产劳动始终没有中断，加上在此期间农业科技的进步，农业生产有一定的发展。1976年与1965年相比，全省农林牧渔业总产值增长40.6%，粮食总产量增长43.9%。而其它经济作物和畜牧业发展缓慢，与社会需求矛盾日益突出。

（二）在改革中腾飞阶段

1．**1978年—1984年，农村改革的突破阶段**。这一阶段，确立了以联产承包责任制为主体的农业生产基本经营制度。全省思想解放出现飞跃，农业经营体制改革实现了从“大锅饭”、“平均主义”到拥有独立经营权的质的突破。到1983年，全省90%以上的生产大队实行了联产承包责任制。期间，政府大幅度提高了农产品价格，压减了粮食征购基数，缩小了农产品统购统派的品种范围，恢复了农产品议购议销，实行了政社分设。各项改革政策的实施，使农民真正得到实惠，生产积极性空前高涨，极大地推动了农业生产的迅猛发展，农村经济出现了超常规增长。经过6年的改革发展，全省农林牧渔业总产值比1978年增长62.4%，年均增长8.4%。

2．**1985年—1991年，农村改革迈向市场化阶段**。这一阶段，在稳定和完善农业生产家庭经济承包责任制的基础上，农村改革进入了全面探索市场化改革的阶段，取消了农产品统购统派制度，全面放开农产品价格，大力发展非农企业。这些措施极大地促进了乡镇企业在20世纪80年代中期的异军突起，进而拉动了农村经济和农民收入的快速增长。期间，全省农林牧渔业总产值年均增长5.8%；1991年农民人均纯收入是1985年的1.8倍，年均增长10.4%。

3．**1992年—1998年，农村改革进入全面向社会主义市场经济体制转轨的时期**。1992年初邓小平同志南巡发表重要讲话和同年10月党的十四大召开，在明确了建立社会主义市场经济体制的改革目标之后，农村改革进入了一个全面向社会主义市场经济体制转轨的时期。这一阶段，农村市场经济体制进一步完善，粮食流通体制改革有序推进，第二轮土地承包延期工作顺利完成，农业产业化经营和县域特色产业崛起，农村经济加速推进。期间，全省农林牧渔业总产值年均增长9.6 %，高于前一时期 3.8个百分点。

4．1999**年以来，农村综合改革和社会主义新农村建设时期**。这一时期，党把“三农”问题摆在了更加突出和重要的位置上。党的十六大、十七大相继胜利召开，中央连续6年出台指导“三农”工作的“一号文件”，引领全省农业和农村经济发展进入全面建设社会主义新农村的崭新阶段:以保持农业农村经济平稳较快发展为首要任务，围绕稳粮、增收、强基础、重民生，进一步落实惠农政策，增强科技支撑，加大投入力度，优化产业结构，推进改革创新，千方百计保证粮食安全和主要有效供给，千方百计促进农民收入持续增长，为经济社会又好又快发展继续提供有力保障。这一阶段，在中央的统一部署下，2000年，吉林启动农村税费改革试点，2004，全面取消农业税，免增农业税负14.78亿元，取消农业特产税1.86亿元，农民人均减负110元。2004年以来，省财政厅累计发放粮种补贴13亿元，农机具购置补贴5.1亿元。强农惠农政策体系基本形成，极大地调动了农民生产积极性，粮食单产连年创历史最好水平。期间，全省农林牧渔业总产值年均增长7.8%；农民人均纯收入跨上4000元台阶，2008年达到4932.74元，年均增长13.9%。

二、辉煌成就

（一）农业产业结构不断优化，农业经济实力显著增强

建国后，在较长的一段时间里，由于片面强调“以粮为纲”，农村经济结构极不合理，农业产业结构主要是以粮为主的单一生产结构。至1978年，粮食作物播种面积占农作物总播种面积的比重仍达88.9 %，农业产值占农林牧渔的比重达85.3 %。党的十一届三中全会以后，吉林省从实际出发，把调整优化农村产业结构，作为加快农村经济发展的着力点。坚决贯彻决不放松粮食生产，积极发展多种经营的方针，大力发展多种经营和农村非农产业，着力培育优势农产品和优势产业带，不仅保持了粮食生产能力的提高，农业和农村经济结构也不断优化，农业区域化布局、专业化生产、规模化经营新格局逐步形成。农业生产结构由以种植业为主向农林牧渔业全面发展转变。2008年，农林牧渔业产值结构由1978年的85.3：2.3 ：12.2 ：0.2 调整为46.4 ：3.4 ：47.7：1.4 ，农业比重减少了38.9个百分点，林业、牧业和渔业分别增加了1.1个、35.5个和1.2个百分点。其中牧业比重上升幅度最为明显，已经占据总产值的半壁江山。

伴随着结构调整，吉林农业经济实力不断增强。特别是改革后的30年，发展速度比改革前30年明显加快。1978年，全省农林牧渔业总产值达到37.79亿元，按可比

价格计算，比1949年增长1.9倍，年均递增3.7%；2008年，全省农林牧渔业总产值达到1614.8 亿元，按可比价格计算，比1978年增长6.5倍，年均递增6.9%，比1949年增长20.6倍，年均递增5.3 %。

（二）粮食生产不断实现历史突破，特色农业发展迅速

建国初期，吉林粮食供应短缺，粮食产量徘徊在500万吨左右，直到党的十一届三中全会前，粮食产量仍未突破1000万吨。改革开放后，吉林始终把增加粮食供给作为全省的战略任务来抓，实行了家庭联产承包责任制，改革了粮食购销体制，提高了粮食收购价格，极大地调动了农民的生产积极性，使粮食生产得到快速发展。从1982年起，粮食产量先后跃上了200亿斤、300亿斤、400亿斤和500亿斤四个台阶。2008年，全省粮食产量达到568亿斤，比1978年增加了385亿斤，增长了2.1倍，比1949年增加了476亿斤，增长了5.2倍。近年来，吉林省粮食人均占有量、人均商品量、人均调出量和人均出口量，均居全国首位。2008年，全省农业产值达到749.2亿元，比1978年增长3.4倍，年均递增5.1 %，比1949年增长12.1倍，年均递增4.5%。

经过改革开放30年的培育和发展，吉林省初步形成了具有比较优势的农村主导产业区域，特色农业发展迅速。2008年，全省优质玉米产量达到949万吨，比2000年增长273.6 %；优质水稻达到 1495万吨，比2000年增长184.5%；油料产量达到51.84万吨，比1978年增长321.8%；烟叶产量达到6.53万吨，比1978年增长163.3%；水果产量达到66.29万吨，比1978年增长1073.3%；蔬菜产量达到857.60万吨，比1978年增长144.3%。

（三）林业生产快速发展，生态建设成效显著

吉林省的森林资源非常丰富，全省林业用地面积占全省土地面积的52%。建国以来，吉林省始终坚持生态建设和产业发展并重的指导思想，紧紧围绕林业经济强省建设总目标，大力发展林业生产，积极推进林业生态建设，经过60年的努力，吉林省林业进入了健康快速发展的新时期。2008年，在全省农林牧渔总产值中，林业产值达到54.97亿元，比1978年增长5.7倍，年均递增6.5 %，比1949年增长280.5倍，年均递增10.0%。

生态建设扎实推进，重点工程建设成效显著。50年代，在中西部开展了以治理风沙水旱灾害，增加粮食生产的“西满”防护林工程建设。改革开放后，吉林省开展了十年绿化吉林大地群众性生态工程建设、三北防护林体系工程建设、野生动植物保护及自然保护区建设工程建设等，开创了吉林生态建设的新时期。2008年，吉林省的森林覆盖率由1949年的27.9%提高到43.4%。全省的活立木总蓄积量由建国时的6亿立方米增加到9.14亿立方米。截至2008年底，全省林业系统建立和管理的自然保护区达到29个，总面积225.68万公顷，占全省幅员面积的12.1%。其中有长白山、

向海、莫莫格、龙湾、珲春、天佛指山和雁鸣湖7个国家级自然保护区，面积达70.1万公顷。拥有国际重要湿地1处，面积10.5万公顷，野生动植物种源繁育基地4个，野生动植物保护管理站76个。

（四）畜牧业强势发展，养殖方式发生积极变化

建国60年来，吉林省畜牧业不断发展壮大，逐步发展为全省农业的主导产业。特别是改革开放后，吉林省坚持把畜牧业作为农民增收的主导产业来抓，积极转变畜牧业生产方式，大力引进和繁育优良畜禽品种，加快畜禽养殖示范区建设，养殖方式由传统的农户庭院分散养殖向规模化、小区化、区域化和产业化经营转变，确保了畜牧业在全省农业发展中的支柱地位。2008年，在全省农林牧渔总产值中，牧业产值达到770.20亿元，比1978年增长20.7倍，年均递增10.8%，比1949年增长 40.4倍，年均递增6.5%。

截止到2008年末，全省主要畜禽规模养殖厂发展到227.4万户，建成标准化牧业小区3602个。2008年末，全省生猪存栏1550万头，比1978年增长1.7倍，比1949年增长6.8倍；牛存栏722.5万头，比1978年增长5.6倍，比1949年增长10.1倍；羊存栏520万头，比1978年增长3.2倍，比1949年增长60.9倍。肉类总产量达到384.5万吨，比1978年增长23.6倍；奶类总产量达到65万吨，比1978年增长31.2倍；禽蛋总产量达到127万吨，比1978年增长30.8倍。畜牧业的快速发展，极大地丰富了畜产品市场，改善了全省人民的膳食结构，拓宽了农民增收的途径，对促进农业产业化和外向型经济的发展起到了积极的作用。

（五）渔业生产长足发展，水产品产量明显提高

改革开放以后，吉林省委、省政府把发展渔业生产作为调整农村产业结构、振兴农村经济的突破口，十分重视水面的开发利用，大力开发渔业资源，吉林渔业得到了迅速发展。2008年，在全省农林牧渔业总产值中，渔业产值达到22.52亿元，比1978年增长39.8倍，年均递增13.2%，比1949年增长116.6倍，年均递增8.4%。2008年，全省水产养殖面积达到 22.62万公顷。全省水产品产量达到15.5万吨，比1949年增长12倍。吉林水产业的快速发展，不仅增加了农民的收入，同时也丰富了城乡居民的“菜篮子”，为改善居民生活水平做出了贡献。

（六）农业生产方式日益进步，产业化经营不断发展

改革开放以来，吉林省全面推进以集约化、规模化、专业化为特征的农业产业化发展。农业产业化发展规模不断壮大，区域特色经济日渐成熟。各地因地制宜、发挥优势，加强产业基地建设，形成了一定的区域经济特色。龙头企业规模不断壮大，辐射带动作用明显增强。德大、皓月等一大批以农产品加工为主的龙头企业成

长迅速。截止2008年末，全省较大规模的的农业产业化经营组织达到3510个，省级重点农业产业化龙头企业发展到320户，完成固定资产投资 286亿元，龙头企业销售收入超亿元的达到98个。全省农业产业化经营辐射带动农户达253万户，占全省农户总数的 63.4%，龙头企业安置转移农村劳动力41.5万人，带动基地农户增收41.3亿元，户均收入1632元。农村合作制、股份合作制、个体私营经济从无到有，从小到大，迅速发展；农民专业合作经济组织、农村专业大户、农村经济人队伍不断壮大，农村市场经济主体日益多元化。农产品市场交易方式由集市贸易扩大到专业批发、跨区域贸易、“订单”和期货交易，逐步形成了以城乡农贸市场为基础、以批发市场为中心、以直销配送和超市经营为补充的农产品市场体系。农业社会化服务体系已包含农技、林业、畜牧、水利、农机等涉及为农民科技服务的诸多领域，成为开展技术推广和为民服务的主渠道。

（七）农业机械化快速发展，农业现代化水平大幅提高

1978年以来，伴随着农村改革开放的深入，吉林省的农业机械化水平发生了翻天覆地的变化，逐步实现了农业机械对传统农业依靠人力、畜力从事劳动的替代，实现了由发展单纯种植业到面向农林牧渔、加工、运输全方位机械化的转变，极大地促进了农村劳动生产力的解放。尤其是2004年实行农机购置补贴以来，更加有力地促进了全省农业机械化的发展。全省农机拥有量快速增长。到2008年底，吉林省农机总动力1800万千瓦，比1957年增长691倍；大中小型拖拉机拥有量达到76.81万台，比1957年增长1599倍；联合收割机5598台，比1957年增长372倍；农用汽车16万辆，比1957年增长7618倍。全省机械化耕作水平明显提高。2008年，全省机耕面积达到5722.5万亩，占全省耕地总面积的比重达到75.5 %，农业机械有效灌溉面积达到2518.40万亩，占耕地面积的比重达到33.2 %，分别比1978年提高42.7个和18.4个百分点。全省设施农业取得长足发展。2008年，全省大棚温室面积达到75万亩。到2008年底，吉林省农用塑料薄膜使用量达到5.01万吨，地膜覆盖面积达到223.67万亩。

（八）农民收入大幅增长，生活水平显著提高

建国初期，吉林农民生活贫困。改革开放30年来，随着新的农村经济发展政策的逐步落实，农民生活进入快速发展阶段，逐步摆脱贫困，跨步迈向小康。特别是进入新世纪以后，党中央、国务院先后出台了逐步减免农业税、实行粮食直补等一系列前所未有的惠农举措，吉林省各级政府和有关部门认真贯彻落实对农民“多予、少取、放活”的方针，大大地提高了农民的生产积极性，使农民真正得到了实惠。同时，扶贫工作力度的加大和新农村建设的推进，进一步促进了农民收入的增加和生活质量的提高。2008年，全省农民人均纯收入达到4932.74元，比1978年增长26.2倍，年均增长111.6%。全省农民人均消费性支出3443.24元，比1980年增长14.9

倍，年均增长110.4 %。农村居民恩格尔系数由1979年的67.5%下降到2008年的39.6 %，下降了27.9个百分点。农村人均住房面积由1980年的9.1平方米提高到2008年的21.94平方米，增加了12.84 平方米。到2008年底，全省每百户农民家庭拥有电话机达到67.69部，移动电话125.69部，拥有摩托车59.81辆，拥有自行车68.56辆。

三、前景展望

60年来，吉林农业和农村经济取得了辉煌的成就，为全省国民经济和社会发展打下了坚实的经济基础和工作基础。展望未来，吉林农业、农村、农民面临着许多重大发展机遇。“十七大”对继续推进改革开放和社会主义现代化、实现全面建设小康社会的宏伟目标做了全面部署，要求今后要继续加强农业基础地位，走中国特色农业现代化道路，建立以工促农、以城带乡的长效机制，形成城乡经济社会发展一体化新格局。2009年中央“一号”文件再次聚焦“三农”，要求切实加强农业基础建设，进一步促进农业发展和农民增收。在宏观政策的指导下，吉林要抓住机遇，坚持走科学发展、和谐发展之路，坚持以发展为第一要务，贯彻落实科学发展观，加快体制转轨、社会转型、结构调整和经济增长方式的转变，切实形成农民增收的长效机制，全省农业和农村经济将会继续保持又好又快的发展态势。2009年，吉林农业和农村经济继续展现出良好的发展势头，农民收入继续保持快速增长，农业生产继续保持稳定发展，农村社会继续保持和谐稳定。我们相信，在党的指引下，在省委、省政府的正确领导下，吉林农业和农村发展一定会取得更加辉煌的成就。

吉林省消费品市场成就辉煌
——建国六十年吉林省消费品市场发展历程

冀群英　陈刚

编者按：《吉林省消费品市场成就辉煌——建国六十年吉林省消费品市场发展历程》一文于2009年9月23日以《统计分析》第40期（总第543期）印发。

市场是连接生产与消费的桥梁和纽带。每一个历史发展的不同时期，市场都有其不同的历史特征，反映着当时的经济发展水平和人民生活的实际状况。建国60年来，我省消费品市场经历了逐步发展壮大和翻天覆地的历史变化过程。特别是改革开放的30年,是吉林省经济社会迅速发展的30年,也是吉林省流通领域发生历史性巨变的30年。全省消费品市场蓬勃发展，市场内涵、供求格局和流通主体发生了重大转变；市场规模扩大、消费水平提高、组织结构优化、市场建设成果显著；消费品市场发展对全省国民经济增长的拉动作用日益增强。

一、消费品市场经历了三大转变的发展历程

（一）市场体制的转变

半封建、半殖民地的旧中国给中国人民留下的是一个混乱不堪、生产力低下、贸易极不发达、商品极度匮乏的市场。新中国成立伊始，党和政府就着手对资本主义工商业进行社会主义改造。就是把私营工商业逐步改造成国有工商业，变生产资料私有制为公有制，消灭资本主义剥削。对资本主义工商业采取利用、限制与改造的政策，较好地利用了资本主义工商业对恢复时期经济发展的积极作用，限制了其消极作用。第一个五年计划开始后，在党的过渡时期总路线的指引下，我省对资本主义工商业进行了全面的社会主义改造。经过几年的努力，到1956年,对私营商业的改造基本完成,建立了以国营商业为主导、合作商业为助手、个体商业（包括集市贸易）为补充的商品流通体系。1957年，全省国营经济零售额占社会消费品零售额的51.2%；集体经济从小到大，其零售额比重也达到29.8%；合营经济零售额比重达19.0%；个体经济零售额由1952年的 26.6%下降 到1.3%，这种市场结构对当时的经

济发展、市场的繁荣、物价的稳定起了很好的作用。

1958年“大跃进”开始后，由于“左”倾错误思想的影响，各地仓促把一部分集体、合作商业过渡为国营商业，关闭集市贸易，造成流通渠道单一化，妨碍了商品流通的顺利进行。“大跃进”后，纠正了“左”倾错误，对流通领域进行了调整，集体和个体商业又有了一定的恢复和发展。1965年，全省国营经济零售额占社会消费品零售额的比重为62.9%；集体经济零售额比重为38.2%；个体经济零售额的比重为0.5%。

“文化大革命”开始后，又一次取消了调整时期恢复起来的个体经济，关闭了集市贸易，把集体商业又过渡为国营商业，市场结构再次发生变化。这个时期集体商业所占比重减少，国营商业比重上升，个体商业荡然无存。这种封闭式渠道单一、多环节、低效益的流通格局，已经成为商品经济发展的阻力，给工农业生产和人民生活带来诸多不便。

1978年召开的党的十一届三中全会是全国经济发展的重要转折点。为了充分发挥市场促进生产、保证供应、繁荣经济的作用，从1979年起，国家和省里开始对流通体制进行全面改革。在继续加强国营商业的同时，积极发展集体商业，恢复和发展个体商业，开放集市贸易，扩大工业自销，从而使各种经济类型、多条流通渠道的流通体制再次形成。这一时期还是以计划经济为主，在不破坏计划经济体制的前提下搞活，在商业企业经营方式等方面尝试了多种形式的改革。一是改革商品购销政策，缩小计划商品范围。在商品购销方式上，由过去的统购统销变为计划收购、合同定购、协商收购、代销和自由成交等多种方式；国家逐步对工业消费品和部分农副产品价格放开，实行市场调节。1983年末取消棉布凭票、絮棉定量销售办法；随后又取消生猪派购和猪肉定量供应办法。二是改革批发体制，减少流通环节，将二、三级批发站合并，并将一、二级批发站下放到中心城市管理，减少了流通环节。另外允许社会其它经济兴办批发企业，改变了国有批发企业独家经营、封闭式的批发体制，形成了适合新型流通体制的批发体系。三是政府下放对企业的部分管理权，企业的自主权扩大。对小型商业企业人、财、物、产、供、销等方面扩大企业自主权，对大型饮服企业全面推行经营责任制，小型饮服企业实行集体承包或职工自找场地离店经营等形式的经营承包责任制。这一时期的一系列的放权搞活改革，使市场商品日益丰富，居民消费水平也有了一定提高。

1884—1992年，这一时期是改革流通体制，培育和发展各类市场阶段。1984年省委制定的《关于城市改革若干问题的决定》指出，搞活企业、搞活城市、搞活流通是当前城市改革的重点。从此，拉开了流通体制改革的序幕。1986年，省体改委提出把搞活流通作为经济体制改革的重要环节，重点是完善和扩大商品市场，解决城乡流通渠道不畅的问题，放开搞活小型商业企业。采取了“改、转、租”三种形式，把小型商业企业进一步放开搞活。1987年为了大力疏通流通渠道，开放市场，除国家和省规定的计划商品外，全部放开。企业在核准的经营范围基础上，可以跨行业经营。放开商品价格，在商业企业推行多种形式的承包经营责任制。到1987年，全省480户大中型国营商业企业全部实行了承包经营责任制。1988年,全省国营零售商业、饮食业、服务业零售网点中实行国家所有、集体经营的1688个，直接转为集体所有制的160个，租赁给经营者经营的696个。1991年，全省有143户国有商业企业实行“经营、价格、用工、分配”为主的“四放开”经营试点。

这一时期，是粮食流通体制双轨制时期。粮食流通实行了统一领导与分级管理相结合的管理体制。减少了粮食合同定购数量，扩大了市场调节的比重，对合同定购粮食实行了“三挂钩”政策。1990年，根据国务院要求，全省建立了粮食专储制度。同时，全省又建立了粮食批发市场，逐步形成了省、市、县三级粮食批发市场。这一阶段的改革，强化了商业企业自主经营的能力，同时个体私营经济得到了高速发展，成为商业的一支重要力量。

1993年至今，这一时期在流通体制改革、市场建设方面取得新突破。邓小平南巡讲话和十四大以后，我国提出建立社会主义市场经济体制，我省开始真正由计划经济走向市场经济。1993年，全省商业企业“国有民营”全面铺开。“国有民营”即国家所有，职工自营，在保证上缴税金，上缴费用后，自主经营、自筹资金、自担风险。1993年底，全省有3143户商业企业实行了“国有民营”。十五大之后，我省国有商业企业改革转向以企业产权关系为核心、股份合作制为主要形式的改革，在商业企业中实行现代企业制度，构造出一种全新的经营机制，并使其人格化，创建了全新的法人制度。这一时期的改革，使流通企业更加适应市场经济发展的要求，使市场运行机制更加灵活多样，为搞活大市场、大流通起到了促进作用，为市场的繁荣兴旺做出了积极贡献。

（二）市场供求格局的转变

建国初期满目疮痍，混乱不堪，经济落后，生产力低下，商品极度匮乏。在计划经济时期，经济发展缺乏活力，商品生产的能力不能满足市场的需求，同时流通渠道单一，运行僵滞，大众日用商品严重短缺，吃、穿、用的消费品全部凭票供应。自80年代到90年代初，作为供求格局变化的第一阶段，市场在努力增加商品供应的同时，逐步取消票证，结束商品供应的匮乏状态。改革初期政府实施优先发展农业、轻工业的政策，使全国在农产品、轻工产品的供给能力迅速改善，鲜鱼、蔬菜、烟酒、单车、手表、缝纫机及家用电器等的供应票证首先取消。1983年，取消了30年之久的布匹定量供应，布票进入“历史博物馆”。紧接着食油、粮食的定量供应也于1985年后取消，粮、棉、油定量供应的废除和这类票证的取消，意味着中国居民的基本生活品供应已告别了短缺。

到了上世纪90年代中期，随着社会主义计划经济向市场经济体制转变，被长期窒息的生产力充分释放出来，经济持续快速稳定发展，经济总量大幅度增长，商品生产能力空前提高，社会供给能力增强，消费品品种琳琅满目，吃、穿、用商品应有尽有，品种品牌不断更新换代，质量档次显著提高，供不应求的商品迅速减少，大部分商品生产能力出现过剩，绝大部分商品敞开供应，开始出现第二阶段的变化，即由卖方市场开始向买方市场转化，据原国内贸易部商业信息中心统计，1997年613种主要商品中，供求平衡的408种，占66.6%，供大于求的195种，占31.8%，而供不应求的仅占1.6%；到1998年上半年统计，供不应求的为零，许多商品和生产资料的资源供给增长都超过同期的需求增长。为了降低市场经济对国民经济和社会经济实体带来的冲击，构筑稳定健康的社会主义市场经济新体制，国家又建立了一套以间接手段为主的宏观调控体系。对粮棉油等重要商品的购销体制进行改革，各级地方政府基本上建立了重要生活、生产资料的储备制度，提高驾驭市场经济的能力。我省在1993年建立了粮食风险基金制度。通过建立储备制度、粮食风险基金、副食品价格调节基金，以及对价格、财政、金融、利率、税收、收入等经济杠杆的有效运用，适度微调，对市场进行调控的手段由行政干预为主转变到以经济杠杆间接调控为主的轨道上来。

（三）市场流通主体的转变

建国初期我省商品市场网点稀少，行业不全，私营企业和小商小贩占据主导地位，其店铺门面狭窄，设备简陋，规模极小。改革开放前，城乡市场国营商业一统天下，集体和个体商业被看做是资本主义的尾巴，时而被取缔，时而被控制，商品供应渠道单一。党的十一届三中全会以后，允许多种经济成分共同参与市场流通，非公有制经济获得良好的发展机遇，成为公有制经济的“有益补充”。1983年，国家确立了集体所有制商业与国营商业在政治、经济上平等的地位，有力地促进了集体和个体商业的蓬勃发展，改变了过去国营商业独家经营垄断消费品市场的局面。从不承认市场到积极发展市场，从只允许适度的市场调节到明确计划经济与市场调节共生共荣，共同发展。党的十五大又在总结历史经验的基础上明确指出，非公有制经济是社会主义市场经济的“重要组成部分”，在思想认识上有了质的飞跃，非公有制经济在流通这个竞争性的领域中得到迅猛发展。尤其是1992年邓小平南巡重要讲话发表后，国家打破外资不准进入商业零售领域的限制。全省长春市率先引进世界著名商业企业，合资或独资经营零售商业和饮食业，使流通市场主体构成出现新的历史性变化。在鼓励发展非公有制经济的同时，国家加大了对国有大中小型商贸企业的“国有民营”改革力度。根据所有权与经营权分离的原则，在全面推行经营、价格、用工、分配“四放开”改革的基础上，积极推行以“资产国有、设备租赁、自筹资金、自负盈亏、集体或个人经营”为主要内容的“国有民营”改革，有计划、有步骤地使国有经济有序退出商贸领域。目前，全省商品市场已形成了国有经济、集体经济、个体经济、私营经济、股份经济、混合经济、外商投资经济、港澳台投资经济互相并存、共同发展的局面；多种经济成分、多种流通渠道、多种经营方式、多种经营业态并存的商品市场格局和遍布城乡的流通网络开始形成；商业网点设施建设进入新的阶段，新的商品市场体系和新的流通格局迅速发展壮大。2008年,全省限额以上批发、零售、住宿、餐饮业民营经济类型企业已占近80%。改革开放30年来，消费品市场经营主体的迅速扩充，经营主体所有制性质的多元化，形成了多种经济成分并存发展，竞争有序、互为补充的经济结构。

二、消费品市场的发展取得了令人瞩目的成就

（一）市场规模不断扩大，商品零售市场由平稳转为旺盛

经济恢复时期，由于经济落后，城乡居民收入和生活水平十分低下，消费规模非常小。1949年全省的社会商品零售额只有2.07亿元，人均零售额仅仅有20.55元。改革开放以前,由于计划经济的束缚,经济发展缓慢,人民收入水平没有提高,全省社会商品零售总额一直在20亿元—40亿元左右徘徊,到1977年全省商品零售总额也只有43.07亿元,人均零售额只有203.37元。1978年改革开放以来，经济持续快速增长，国家实施了一系列提高人民生活、增加人民收入的措施，居民收入和支出大幅度提高，同时，市场建设步伐加快，商业网点迅速增加，促进了全省消费规模迅速扩大。2008年全省社会消费品零售总额达到2484.26亿元，是1949年的1200.13倍，年均增长12.5%；是1978年的55.93倍，年均增长13.9%。2008年全省人均零售额已达9085.84元，是1949年的442.13倍;年 均 增长10.7%;是1978年的43.96倍，年均增长13.4%。从行业结构看，批发和零售业零售额由1978年的34.60亿元增加到2008年的2127.91亿元，年均增长14.2%；住宿和餐饮业零售额由1.59亿元增加到354.67亿元，年均增长19.1%。（见图1）

改革开放30年来，全省城市化进程不断推进，城市居民消费结构稳步升级，在长春市、吉林市两个中心城市的有力带动下，全省城市消费品市场快速发展。2008年全省城市消费品市场实现消费品零售额1939.38亿元，是1978年的 66.53倍，年均增长15.0%，比全省社会消费品零售总额年均增幅快1.1个百分点，占全省消费品零售总额的比重由1978年的65.6%提高到78.1%。与此同时，随着城乡统筹、以工补农、以城促乡等一系列新农村建设政策措施的出台，农村经济迅速发展，特别是

“万村千乡市场工程”的实施，极大地改善了农村流通状况，为农村消费品市场发展创造了良好的外部条件。2008年全省农村实现零售额544.88亿元，是1978年的35.7倍，年均增长12.7%。呈现出城乡市场共同发展，共同繁荣的可喜局面。

图1: 全省全社会消费品零售额变化示意图

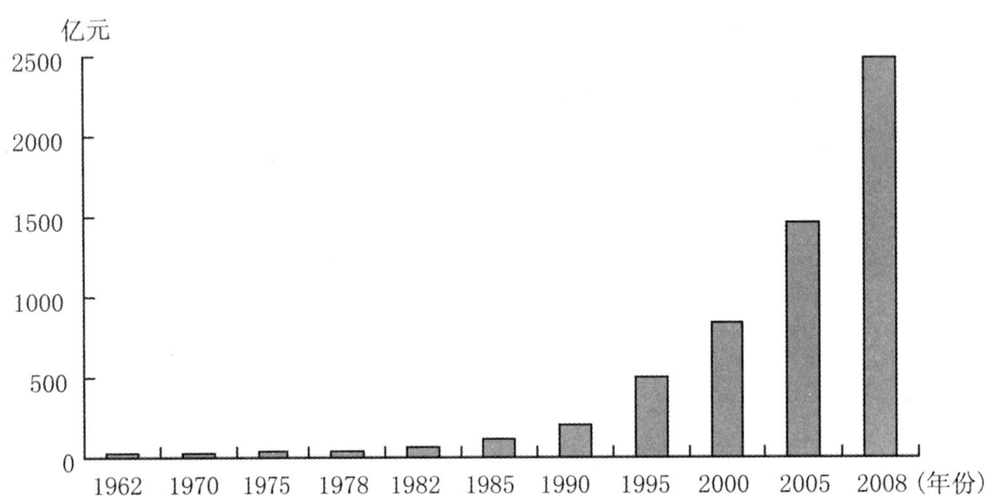

（二）消费品结构不断升级，热点商品不断涌现

建国60年以来，居民的消费水平和消费结构发生了翻天覆地的巨变。消费结构经历了从贫困型向温饱型和小康型消费的转变。总体上看，改革开放之前,居民消费是从贫困型向温饱型过渡。 改革开放之后, 居民消费是从温饱型向小康型过渡,30年来居民消费经历了三次大的消费结构升级。

第一次是改革开放初期，基本特征是恩格尔系数迅速下降，轻、纺工业产品消费量迅速增长。城镇居民家庭恩格尔系数从1978年的59.3%降至1985年的54.7%；农村居民家庭恩格尔系数从1979年的67.5% 降至1985年的56.5%。以衣着为代表的纺织品和以“老三件”（自行车、手表、收音机）为代表的轻工产品消费量迅速增长，在城乡居民消费中占居重要地位。城镇居民百户拥有自行 车从1981年的135.90辆增加到1985的152.27辆;手表由240.76只增加到274.76只;录音机由12.97架增加到41.16架；农村居民百户拥有自行车从1980年的37.2辆增加到1985的88.6辆;手表由75.3只增加到140.6只;收音机由68.9架增加到71.9架。

第二次是80年代末90年代初，基本特征是恩格尔系数变化不大，以“新三件”（洗衣机、电冰箱、电视机）为代表的家庭耐用品迅速进入城乡居民家庭，居民生活开始步入小康。1992年，全省城镇居民恩格尔系数为50.2%，较1985年下降4.5

个百分点；农村居民恩格尔系数为59.3%，较1985年上升2.8个百分点。城镇居民百户拥有洗衣机由1985年 的57.62台增加到1992年的87.26台；电冰箱由0.71台增加到29.82台；彩色电视机由12.55台增加到68.04台。农村居民百户拥有洗衣机、电冰箱、电视机数量从1986年的14.69台、0.06台、42.44台增至1992年的28.81台、0.38台、79.69台。

第三次是进入新世纪以来，以“住”“行”等为主要消费特征的消费结构升级阶段，主要特点是恩格尔系数开始稳步下降，以私家车和商品住房为代表的万元、十万元级的大件商品开始步入居民家庭，城乡居民的教育文化、交通通讯、旅游支出迅速增加。这次消费结构升级波及范围广、层次高、持续时间长，标志着我省城乡居民生活开始向全面小康社会迈进。

经过三次消费升级，全省恩格尔系数持续下降，到2008年，城镇居民恩格尔系数下降至34.0%，农村居民下降至39.6%，城乡居民生活由温饱走向小康，消费热点主要集中在消费升级产品上。2008年，与消费升级密切相关的住、行、娱消费升级商品全面旺销，限额以上批发零售企业汽车类实现零售额125.92亿元；建筑及装潢材料类实现零售额12.05亿元，家具类实现10.22亿元，体育、娱乐用品类实现4.61亿元，通讯器材类实现12.16亿元，与2002年相比，分别增长3倍至20倍以上。（见图2）

图2：全省城镇、农村居民家庭恩格尔系数

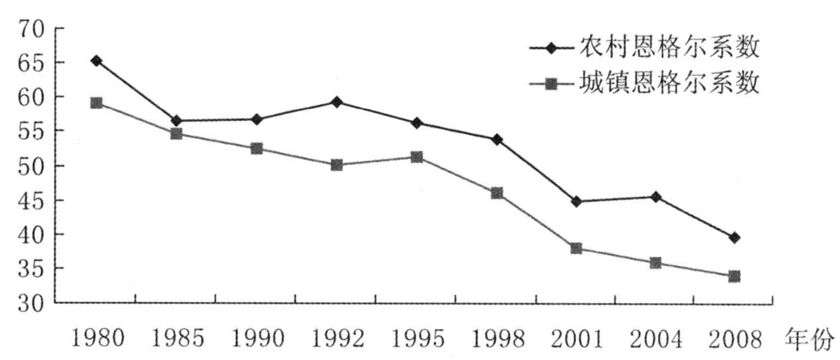

（三）现代商品市场体系基本建立并逐步完善，新型业态蓬勃发展

1978年以前，我国商品批发体制按行政层次一、二、三级设立批发站，零售企业由地方的专业国营零售公司设立，环节多，流转慢，效益差。改革开放后取消了各级商业专业公司，取消了批发零售业封闭式的经营。1992年以后，全省大力发展大宗工农业生产资料、农副产品、日用消费品、文化音像等商品批发和零售市场。

商业企业改变了过去陈旧落后单一的经营方式，逐步向现代化经营方式迈进。商业经营形式发生巨大变革，多种零售业态共同发展，如超级市场、便民店、专卖店、购物中心、仓储式商场、无店铺销售、集购物休闲娱乐餐饮及文化功能于一体的大型摩尔（MALL）等，显示了强大的生命力。原有的百货店等业态，逐渐摆脱旧的模式，焕发出新的生机。在城市，一座座具有时代气息和多种服务功能的大型综合商厦不断涌现，精美的装潢，一流的设施，丰富的商品，优质的服务，使广大顾客在购物的同时，享受着现代生活的时尚。仅用30年便走过了西方国家零售业态的百年发展历程。长春市的欧亚商都是全省商贸的骄傲,以市场定位准确，发展稳健，引导和适应了广大消费者的需求，有效拉动了全省消费品市场发展。目前，欧亚商都的营业面积已达90万平方米以上，经营品牌达50万种以上,年销售额达100亿元以上,在全国商贸集团中排在前十名。

被称为现代商业“第二次革命”的连锁经营，更是体现了社会化大生产的现代流通方式。我省连锁商业从无到有、从少到多、从小到大，逐步发展壮大起来。到2008年末，全省已有批发零售及餐饮业连锁总公司36 家，门店总数达864个，其中直营店702个，加盟店162个。目前，大型连锁超市已成为城市居民购买食品和其他日常生活用品的主要场所，极大地方便了居民生活，对拉动全省消费、扩大内需、构筑商品流通方式现代化发挥了重要作用，有力地支撑了全省社会经济平稳较快发展。同时，流通现代化水平迅速提高，以现代信息技术为主要内容的各种先进流通经营管理手段得到广泛应用。

市场规模壮大，质量不断提升。随着对外开放步伐的不断加快和国内市场经济环境的日趋改善，我省商品交易市场在扩大规模、整合资源、提升品牌形象、创新营销模式等方面又有较大突破，其服务经济发展、方便群众生活、加快商品流通方面的功能作用得到进一步增强。到2008年末，全省共建成消费品市场687个,其中,消费品综合市场260个;农副产品市场281个;工业消费品市场122个,其它消费品市场24个。全省亿元以上商品交易市场达70 个，年成交额达486.62 亿元,市场摊位 数达77095 个。其中，成交额在10亿元以上的商品交易市场有12个。在规模壮大的同时，市场专业化程度进一步提高。在全省亿元市场中，综合市场有21个，占30.0%；专业市场有49个，占70.0%。

（四）消费品市场对经济发展的贡献作用日益凸现

消费市场发展促进了全省国民经济持续快速健康发展。改革开放前，我省工农业生产水平低下，全社会物资匮乏，居民购买力增长不快，市场发展徘徊不前，商品供应渠道单一，城乡市场萧条。党的十一届三中全会拉开了我国改革开放的序幕，流通体制改革伴随着经济体制改革的深入发展不断完善，市场逐渐成为配置社会资源的重要手段，并在整个经济发展中地位日益突出，消费需求对经济的拉动作用明显增强。1978年，全省批发、零售、住宿、餐饮业创造增加值仅有2.69亿元，占当年全省地区生产总值的比重仅为3.3%；2008年，全省批发、零售、住宿、餐饮业创造的增加值已达733.70亿元，占当年全省地区生产总值的11.4%，比1978年提高8.1个百分点。全省批发零售和住宿餐饮业的增加值占第三产业增加值的比重由1978年的17.9%提高到2008年的30.0%，第三产业对GDP的贡献率也由1978年的18.3%提高到38.0%，提高了19.7个百分点。同时，随着市场的发展，流通产业特别是劳动密集型的批发零售贸易业和餐饮业以及各种居民生活服务行业成为吸纳社会劳动力的重要领域，为缓解全省就业压力做出了较大的贡献。2008年，全省批发零售贸易业、餐饮业从业人员达130万人以上，占全省全部从业人员总数的10%以上，占第三产业从业人员总数的27%以上。从事商贸业，已成为解决城镇失业下岗和农村富余劳动力转移的重要而有效的途径。

建国60年来，特别是改革开放30年以来，我省消费品市场发生了翻天覆地的变化，实现了量的扩张和质的突破，达到空前水平。但从整体来讲，我省的消费率仍然偏低，有效需求相对不足，居民消费增长相对较慢，农村消费市场还有很大发展空间。展望未来，随着改革开放的不断深入和各项事业的发展，特别是贯彻落实党中央关于扩大内需、科学发展、和谐发展的战略，我们期待,我省的经济发展会沿着又好又快的轨迹加速前行，而消费品市场的壮大在全省经济社会发展中将发挥更大更有力的推动作用。可以相信，在全面建设小康社会、构建和谐社会的新时期，我省消费市场的环境会更加优化，秩序将更加规范，现代化水平将更加提高。消费市场一定会更加繁荣昌盛，欣欣向荣。

建国六十年吉林省三次产业结构变化

张维宇

编者按：《建国六十年吉林省三次产业结构变化》一文于2009年10月9日以《统计分析》第44期（总第547期）印发。

建国60年，中国社会实现了由封闭、贫穷、落后和缺乏生机到开放、富强、文明和充满活力的历史巨变，特别是从1978年十一届三中全会以来的30年，我国整体经济显著增强，人民生活发生了翻天覆地的变化。60年来，我省紧跟全国的步伐，在省委、省政府的正确领导下，经过几代人的共同努力，使我省经济建设取得了巨大的成就。1952年我省生产总值仅有16.55亿元，到2008年，全省生产总值达到6424.06亿元，按可比价格计算，60年年均增长率为8.1%，人均GDP也由1952年的153元增加到2008年的23514元。伴随着经济总量的迅速扩大，产业结构也发生了显著的变化，不断向着优化和高级阶段的方向演进。

一、三次产业在调整中不断发展

经济增长与产业结构的变动互相联系、互相依存，二者之间存在着比较稳定的内在联系。建国以来，我省产业结构的演化过程表明，随着经济总量的扩张和人均收入的提高，第一产业增加值占GDP的比重呈现持续下降的趋势；第二产业特别是工业的比重在工业化进程中不断提高，但进入后工业化时期后，则会逐步下降；第三产业的比重会缓慢而持续地上升。根据数据分析，60年来我省产业结构的变动基本符合这一规律，目前整体经济正处在工业化的中级阶段。

三次产业增加值各自增长速度的不同，直接导致了产业结构状况的不断变化。按可比价计算，60年间我省第一产业增加值增长了7.6倍，占GDP的比重由1952年的55.5%下降到2008年的14.3%，回落了41.2个百分点；第二产业增加值增长了275.7倍，比重由1952年的27.4%上升到2008年的47.7%，提升了20.3个百分点；第三产业增加值增长了170.8倍，比重由1952年的17.0%上升到2008年的38.0%，提升了21.0个百分点。

在我省产业结构不断发展过程中，有两个年份值得特别关注。建国前，我省经济落后，产业结构一直维持着“一、二、三”的原始格局，建国后我省第二产业，尤其是工业得到了迅猛的发展，使得第二产业比重在1957年首次超过第一产业，产业结构“二、一、三”的格局基本形成。另一个标志性的年份是1988年，在这一年我省产业结构又发生了积极的变化。此前我省三次产业的结构长期保持着“二、一、三”的格局，产业结构以第二产业为主导，第一产业次之，第三产业比重最小。1988年以后，伴随着我省第三产业的加快发展，其增加值比重开始超过第一产业，跃居重要地位，产业结构调整为“二、三、一”的基本格局，这种格局一直延续至今。

（一）第一产业发展过程

建国60年来，我省农业经济快速发展，按可比价格计算的增加值比1952年增长7.6倍，年均增长3.9%。总体上看，农业占GDP比重呈现逐步下降的趋势，但中间发展过程较为曲折，大体可以分为以下几个阶段。

1952年至1960年，农业比重大幅下降，二产比重大幅上升，但这并不是产业结构优化的良好表现。建国后不久，出现了一系列的重大的政策性失误，加上伴随的一些过激的政治运动和政治斗争（其影响最大的为大跃进时的“浮夸风”和“大炼钢铁”），从而导致我省大部分的生产资料遭受毁灭性的破坏。在此期间，农业增加值年均增速为-3.7%，短短8年间，有4年出现负增长，在三年困难时期的1960年，一产比重下降到历史最低点，占同期GDP比重为19.7%，比1952年低35.8个百分点。

1961年至1977年，农业发展相对稳定，但增速缓慢。这一阶段发生的“文化大革命”严重冲击着我省经济和社会发展，粮食工作也同样受到严重干扰，潜在的粮食危机随时都有可能发生。为了尽量减少粮食损失，我省多方采取措施，基本稳定了粮食局势，使我省在农业问题上没有酿成大的危机和混乱。1961—1977年，我省农业年均增长2.9%，增速缓慢主要有两方面原因，一是农民对土地没有自主权，生产积极性没有被调动起来；二是农业生产技术落后，受自然因素的影响仍然较大。

1978年至1984年，伴随着农业生产力的解放，我省农业经济迅猛发展。这期间全省农业增加值的年均增长率高达11.5%，使得农业在GDP中的比重由1978年的29.3%迅速提升到1984年的34.4%，上升了5.1个百分点。家庭联产承包责任制的实行，极大地调动了农民的生产积极性，农业生产尤其是粮食生产得到了迅速的发展。1984年，我省粮食产量达到1634.46万吨，是1978年的1.8倍。1984年，我省种植业产值占农业总产值的比重达到了81.8%。在农业经济中占居绝对主导地位。

1985年—1997年，与改革开放初期的农业高速发展相比，这期间农业增速逐步放缓，但仍保持平稳增长态势，增幅与同期GDP几乎相符，因此占GDP比重变化不大。在此期间，农业结构调整优化成为重点，农林牧渔业得到了全面发展。根据

1985年中央1号文件精神，我省取消了农产品统派购制度，适时以市场需求为导向，积极发展农业多种经营，对农业产业结构进行了全面调整。从1985到1997年，全省种植业产值在农业总产值中的比重由74.4%降至55.8%，下降了18.6个百分点，农业经济逐步从单纯的抓粮食生产向农林牧渔业全面发展转变。

1998年—2007年，我省经济逐步进入快速发展轨道，第二产业、第三产业持续快速增长，致使农业比重大幅度下降。1998年，我省农业比重还保持在27%左右，到2008年，农业比重已经下降到14.3%，标志着我省产业结构调整进入了新的历史阶段。这一时期，农业产业化进程加快，现代农业初具雏形，农业产业和主导产品向优势区域集聚的趋势更加明显，农业经济逐步从量的扩张进入质的稳步调优阶段，种植业在农业经济中的比重继续下降，产值低于牧业，占农业的比重由1998年的59.2%降至2008年的46.4%，下降了12.8个百分点。

（二）第二产业发展过程

建国60年来，按可比价格计算的我省第二产业增加值增长了275.7倍，年均增长10.6%，其中工业增加值累计增长了248.8倍，年均增长10.4%；建筑业增加值增长了158.0倍，年均增长9.5%。

建国初期，我省工业基础薄弱，为了振兴经济,根据国家发展的布局及需要,我省大力发展重工业，一些大型重工业企业在建国初期相继落户我省，如一汽1953年奠基兴建，1956年建成并投产，重工业逐步从建国初期的薄弱到后来成为我省工业乃至整个吉林省经济的支柱。工业企业的顺利生产使得建国初期我省工业实现了快速的增长，1952—1960年，我省工业年均增长23.7%，工业的大规模投资也极大的带动了建筑业的发展，同期建筑业增加值年均增长更是达到了29.9%，因此可以说我省工业发展历程是吉林省经济发展历程中一个核心组成部分。工业和建筑业的快速增长使得我省第二产业在建国初期得到了全面的发展，到1960年，我省第二产业实现增加值24.64亿元，按可比价格计算，比1952年增长4.7倍，年均增长24.3%，占GDP比重达到58.9%，短短几年间，比重提高了31.5个百分点。此后直至改革开放前，我省第二产业除个别年份受政策性影响，增速有所起伏外，其他多数年份总体表现较为平稳，占GDP比重也波动不大。

改革开放以后，我省第二产业的发展过程大体可以分为两个阶段。

第一阶段，比重下降阶段（1978—1998年）。我省属于东北老工业基地，第二产业，尤其是工业比重较大，第二产业比重曾一度保持在50%以上。改革开放以后，由于土地经营方式的转变，促使农业迅猛发展，市场经济体制的逐步试探摸索，则为服务业发展提供了广阔的空间，而第二产业较之以往并没有呈现出较大的变化，致使其比重逐步下降，由1978年的52.4%下降到1998年的37.1%，回落了15.3

个百分点。其中1994—1998年尤为突出，通胀的压力和国有企业的各种弊端使得我省工业发展举步为艰，工业增速放缓，而建筑业也由于投资不足，使其增幅下降，甚至出现负增长（1994年增长-5.5%，1997年增长-7.0%），工业和建筑业的不景气使得第二产业占GDP比重迅速下降，5年下降了11.8个百分点。

第二阶段，比重上升阶段（1999—2008年）。这一期间，我省深入贯彻国务院关于实施国有企业体制改革的方针政策，积极推进国有企业改革，使得我省工业经济重新焕发了活力，1999-2008年的10年间，我省工业增加值累计增长2.8倍，年均增速达到14.4%，超过当期GDP增速2.7个百分点。支柱产业逐渐形成并不断发展壮大，2008年三大支柱及六大优势、特色产业共实现增加值2009.14亿元，同比增长16.8%，占全部工业增加值的比重达到80.6%，成为我省工业增长的主动力。同时工业内部结构也得到了进一步的优化，传统工业比重有所下降，资金、技术密集型工业发展加快，高新技术产业逐渐形成。这一时期我省的建筑业也维持了较快的增长速度，10年来增加值增长了2.5倍，年均增速达到13.3%，超过当期GDP增速1.6个百分点，与工业经济共同推动了第二产业比重的提升，使得全省第二产业比重由1998年的37.1%提高到2008年的47.7%，上升了10.6个百分点。

（三）第三产业发展过程

建国以来，我省第三产业也得到了长足的发展，运行质量不断提高。1952年，我省第三产业增加值只有2.82亿元，到2008年，第三产业增加值达到2442.73亿元，增长170.8倍，年均增长9.6%。总体上看，我省第三产业的发展过程大体可以分为两个阶段。

第一阶段，低速增长阶段（1952—1978年）。在改革开放以前，和全国同样，我省基本上所有的服务行业都由国企或机构垄断经营。政府既是政策的制定者，又是具体业务的实际经营者，这种垄断是一种典型的行政性垄断。在行政性垄断状况下，不存在外部竞争压力，企业内部没有追求成本最小化的刺激，从而存在严重的低效率，进而造成第三产业的低速增长。这一时期，我省第三产业年均增速为6.1%，低于同期二产增速3.5个百分点，1978年我省第三产业增加值15.04亿元，占GDP比重为18.3%，仅仅比1952年提高了1.3个百分点。

第二阶段，比重上升阶段（1979—2008年）。在此阶段，我省第三产业在GDP中所占的份额呈现不断上升的趋势，第三产业年均增速为12.7%，高于同期GDP增速2.5个百分点，2008年第三产业占GDP比重达到38.0%，比1978年提高了19.7个百分点。特别是1983年-1989年的7年间，是我省第三产业飞速发展时期，年增速始终保持在13%以上，年均增长率达到19.4%，使得第三产业比重由18.7%迅速提高到33.2%，提高了14.5个百分点。与此类似的年份还有2005年—2008年，4年年均增速达到16.0%，再一次掀起了第三产业快速发展的高潮。但是，在全省经济的快速发展中，第三产业的比重却有所下降，主要原因在于第二产业，尤其是工业的增长更为迅猛。

我省第三产业在总量规模不断扩大的同时，内部结构也在不断得到优化，初步形成了传统服务业和现代服务业共同发展的格局，已经成为拉动经济增长的重要力量。

建国初期，我省第三产业主要是以批发零售贸易餐饮业和交通运输仓储邮电业为主，1952年，上述行业的增加值占第三产业增加值的64.2%，金融、保险、房地产、通讯等行业发展则相当薄弱。随着社会的发展，城乡居民收入增加，生活水平提高，对各类服务的需求日益多样化，新兴服务业不断涌现和壮大，在第三产业中的比重不断提高，逐渐成为第三产业新的增长点，商贸流通、交通运输等传统服务业运用现代经营方式逐步得到改造。

第三产业内部结构的这种变化在改革开放以后最为明显。1978年，我省金融保险业增加值仅有1.41亿元，到2008年，金融保险业实现增加值达到147.20亿元，比1978年增加145.79亿元，占第三产业比重达到6.0%。自1994年国务院下发《关于深化城镇住房制度改革的决定》之后，我省住房制度改革不断深化，居民住房从过去的福利性分房到单位集资建房，再到住房市场化，促使房地产业进入了发展的全盛时期。2008年全省房地产业实现增加值181.35亿元，占第三产业比重达到7.4%。同时，商贸流通、交通运输等传统行业稳定发展，但比重下降。

二、发展中呈现出的结构性矛盾

建国以来，我省产业结构调整取得了显著的成就，但从经济发展的阶段性要求以及与国际和国内发达地区的比较情况看，当前我省产业结构仍然存在不少问题。

（一）农业比重偏大，就业结构与增加值结构不相协调

长时期以来，我省一直以农业大省自居，这其实是个误区。以2008年为例，我省第一产业实现增加值916.70亿元，位居全国的第17位，还算不上真正意义上的农业大省。我省农业的优势仅仅在于土地资源相对于人口来讲较为丰富，以及粮食产品向外输出较多。一方面我省的农业总量并不是很大，另一方面农业的比重仍然很高。尽管近年来随着第二、三产业的快速发展，使得第一产业比重大幅度下降，但对比经济发达省份，我省农业比重仍然偏高。2008年，我省农业增加值占GDP比重达到14.3%，排在全国的第14位。

从历史数据的比较中可以发现，我省就业结构的演变速度严重滞后于增加值结构的演变速度，劳动力大量滞留在第一产业。2008年，我省三次产业就业人数比

例为44.0：19.6：36.4，与三次产业增加值比例相比较，第一产业就业人数比重高出增加值比重29.7个百分点。就业结构的不合理造成了第一产业劳动生产率的严重低下。我省第一产业的劳动生产率为1.63万元/人，不仅大大低于第二产业12.18万元/人的水平，而且也明显低于第三产业5.25万元/人的水平，与总体经济实力不相匹配。多年来我省第二、第三产业虽有较快发展，但对第一产业富余劳动力的吸纳能力还很有限。由于受户籍制度、土地流转制度、政府对农业的投入力度、农民素质提高不快等诸多因素的制约，造成我省就业结构演进速度相对较慢。

（二）企业的粗放型增长方式和高技术产业发展不足问题比较突出

长期以来，我省企业，尤其是工业企业发展大都是以量的扩张为主，走的是粗放型的发展路子，其发展方式尚未得到根本转变。主要依靠低廉的土地价格、劳动力成本和牺牲环境代价参与市场竞争，并逐渐形成了一种依赖，缺少对产品创新和技术升级的积极性。在经济发展到一定阶段，经济总量达到一定规模时，这种发展方式带来了一系列的矛盾与问题，如造成土地、电力等资源要素严重紧缺，环境污染严重等突出问题。2008年，我省工业企业废气排放总量高达6154.8亿标立方米，比上年增长7.4%。

企业自主创新能力不足。科学技术是第一生产力，高技术产业往往具有自主创新能力强，产品附加值高等特点，易于形成产业规模效益，对经济发展的速度和质量都有很强的影响力。而我省高技术产业总量不足，较强的人才资源和科研优势未能完全转化为生产力。

（三）第三产业比重偏低，经济内部结构不够合理

近年来，我省第三产业发展迅速，其中2006—2008年的增长速度均位居全国前列。2008年我省第三产业实现增加值2442.73亿元，比上年增加417.29亿元，是增量最多的一年，对经济增长贡献率达到41.8%。但通过比较，我省第三产业总量仍然偏小，占GDP比重仍然偏低，其总量仅相当于广东的15.9%、辽宁的52.6%。2008年我省第三产业占GDP比重为38.0%，低于全国平均水平2.1个百分点。

我省以批发零售贸易和餐饮业为主体的传统服务业所占比重仍然较高。2008年，交通运输、仓储和邮政业增加值为318.84亿元，批发和零售业增加值为591.41亿元，这两大传统服务业增加值合计占第三产业比重达到了37.3%。

生产性服务业发展后劲不足。生产性服务业的发展一靠自身科技含量提高，二靠加大资金投入。从对生产性服务业的投入来看，规模明显偏小，2008年全省五大生产性服务业完成固定资产投资额395.21亿元，增长22.9%，低于全社会固定资产投资增速17.2个百分点，占第三产业投资额的比重为29.7%，低于生产性服务业占第三产业增加值比重。这说明我省生产企业中间服务需求相对不足，与产品制造相关的

金融服务、市场销售服务、信息技术服务等支出比重偏小。

三、加快发展，促进产业结构优化升级

从经济发展阶段和趋势看，我省还不能跨越工业发展阶段，必须加快发展机械装备、石油化工等重点行业，但一定要结合能源等生产要素条件，构建生态文明的产业结构。我省产业结构优化的基本战略选择是：将工业化进程由以工业资本的形成、产业规模的扩张为主要特征的工业化中期阶段，推进到以产业生态文明的建设、产业技术的提升、产业结构的优化为主要特征的工业化高级阶段。加快发展高新技术产业，加快发展现代服务业，加强区域合作，使产业竞争力得到增强，最终实现产业结构的优化升级。

（一）加快发展高技术产业，推动产业结构升级

鼓励制造业发展，将传统的粗放型经济增长方式转变为高效率集约化的经济发展方式，以高新技术产业为驱动力，利用技术进步推动传统制造业和传统服务业结构的升级。

积极发展对全省经济社会发展有突破性重大带动作用的高技术产业，超前部署战略性新兴产业发展，进一步提升产业层次，实现从制造向创造的转变。把传统的优势工业做强做大，用现代技术改造这些传统产业，依托重点项目，强化政策支持，特别是要提高关键设备研发设计、核心元器件配套、加工制造和系统集成的整体水平，大力振兴装备制造业。根据资源优势和研发优势，立足于自主创新，筹划高起点的发展项目，大力发展新的战略性产业，使其成为新的经济增长点。延长产业链，形成产业集群网络，淘汰落后工艺技术和设备，尽可能采用先进工艺技术和设备，将技术进步贯穿于产业结构调整的始终，提高科技贡献率，依靠技术进步促进产业结构优化升级。

（二）加快第三产业发展，促进内部结构优化

完善加快第三产业发展的政策措施，建立公开、平等、规范的行业准入制度，重点扶持大型服务业优势企业发展壮大，加强行业和地区服务业发展考评工作，以促进第三产业更好更快发展。关注第三产业投资的比重及结构，实现投资主体多元化。积极推进国有服务业企业改革，建立完善的现代企业制度，促使其成为真正的市场竞争主体。

调整和优化第三产业内部结构，提高第三产业水平和层次。大力发展面向生产的服务业，促进现代制造业与现代服务业的有机融合、互动发展，着力发展面向民生的服务业，积极拓展新型服务领域，不断培育形成第三产业新的增长点。加强服务业市场主体监管，优化服务业组织结构，鼓励服务业企业增强自主创新能力，通

过技术进步提高整体素质和竞争力，运用现代经营方式和信息技术改造提升传统服务业，促进第三产业的升级换代。

（三）加强区域间的合作，推进产业布局的区域协调

注重省内各市州协调发展，逐步解决产业结构低水平、同构化问题。市州在经济发展的同时要考虑到周边地区的产业结构，按照发展循环经济的要求来调整产业布局。要合理调整三次产业的结构比例，通盘考虑区域内各产业数量比例和结构协调关系，实现生产与消费的有机联系和产业间产供销的合理搭配，按照产业发展的次序和产业链条，发展优势产业和主导产业，力求实现全省各产业的有序增长和协调发展。以长春、吉林等城市为核心，搭建若干区域性高地，加强其现代服务业的发展，并以服务为联结，更好地为其他城市提供更为全面的生产及生活服务，拉动区域经济发展，并不断向外部辐射和拓展。

提高与周边省市及周边国家、地区的合作水平，强化经济的开放性，把沿海发达地区和国外的资金、市场、管理优势引进来，积极参与世界经济循环。在加快区域合作的同时，创造出互补互助互利、共同发展的和谐局面。

（四）充分发挥经济杠杆调节作用，实现资源环境和产业结构互动与协调发展

针对土地资源相对紧缺和资源环境承载能力开始减弱的不利因素，我们要认真落实科学发展观，更加注重节约利用土地、能源等重要战略性资源，加强环境保护，协调产业布局，以减少结构污染。深化环境和资源有偿使用制度改革，构建生产要素投入的约束机制。采取措施搞好节能减排，并以节能减排的倒逼机制促进结构调整；通过制定严格的产业投资的环境标准推动经济结构优化；通过财政政策等引导投资方向和投资结构优化。

以企业为主体，主动调整产品结构，着力开发节能型、污染少的新产品，挖掘内部潜力，搞好节能降耗和污染治理，大力建设绿色企业。鼓励各产业高效使用能源，节约用水、节约用地。鼓励和支持产业内部各企业进行业务流程再造，改变传统的粗放式生产结构模式。依靠科技进步，加快改造传统产业内部的绿色资源替代技术、废弃物再资源化技术以及污染处理技术，实现产业内部结构层次的升级。

三季度我省规模以上工业能耗下降11.4%
——1—9月我省工业企业能源消费情况浅析

高跃珊

编者按：《三季度我省规模以上工业能耗下降11.4%——1—9月我省工业企业能源消费情况浅析》一文于2009年10月16日以《统计分析》第45期（总第548期）印发。

今年以来，我省工业企业积极应对国际金融危机对我省经济的波及影响，扎实推进节能降耗工作，在保持工业经济逐步起稳并稳步回升的前提下，能源经济效益得到进一步的改善和提高。

一、基本情况和主要特点

据对全省规模以上工业统计，今年1—9月份，共完成工业增加值2254.2亿元，按可比价格计算，比上年同期增长15.3%，综合能源消费3420.12万吨标准煤，比上年同期增加72.6万吨标煤，增长2.1%；其中，原煤消费5330.16万吨，同比增加300万吨；原油消费649.25万吨，增加6.6万吨；电力消费266.29亿千瓦时，增加6.7亿千瓦时；单位工业增加值能耗为1.52吨标煤，比上年同期下降11.4%，节约能源428万吨标煤。

（一）能耗下降的面较广

从工业大类行业看，在全省规模以上工业企业所分布的39个工业行业中，有煤炭开采和洗选业、有色金属矿采选业、烟草制品业、纺织服装鞋帽制造业、家具制造业、文教卫生用品制造业、石油加工炼焦及核燃料制造业、金属制品业、专用设备制造业、电气机械及器材制造业、仪器仪表及文化办公用设备制造业和废弃资源和废物材料回收业等12个行业单位增加值能耗有所上升，其余的27个行业单位增加值能耗与上年同期相比均有不同程度地降低，占69.2%。

从全省9个市（州）情况看，单位工业增加值能耗均呈下降趋势。（见表1）

（二）高能耗行业生产低速运行，能源消费增幅相对较低

从石油加工、炼焦及核燃料制造业、化学原料及化学制品制造业、非金属矿

物制品业、黑色金属冶炼及压延加工业、有色金属冶炼及压延加工业和电力、热力的生产和供应业等6大高耗能行业看，三季度这6大高耗能产业共完成工业增加值532.24亿元，按可比价格计算，比上年同期增长11.7%，综合能源消费为2365.48万吨，比上年同期增加50.35万吨，增长2.2%，与全部规模以上工业综合能源消费增长幅度持平,单位工业增加值能耗为4.44吨，比上年同期下降8.5%,低于全部规模以上工业降低率2.9个百分点。其中，石油加工、炼焦及核燃料制造业综合能源消费60.96万吨，单位工业增加值能耗为1.24吨，比上年同期上升7.8%；化学原料及化学制品制造业综合能源消费566.88万吨，单位工业增加值能耗为4.74吨，比上年同期下降12.9%；非金属矿物制品业综合能源消费419.84万吨，单位工业增加值能耗为3.58吨，比上年同期下降1.9%；黑色金属冶炼及压延加工业综合能源消费447.75万吨，单位工业增加值能耗为4.37吨，比上年同期下降3.9%；有色金属冶炼及压延加工业综合能源消费21.32万吨，单位工业增加值能耗为0.49吨，比上年同期下降43.9%；电力、热力的生产和供应业综合能源消费848.74万吨，单位工业增加值能耗为8.42吨，比上年同期下降5.1%。

全省各地区工业能耗情况

表1

	综合能源消费量(万吨标煤)		综合能源消费量增长率(%)	单位工业增加值能耗降低率(%)
	2009年1—9月	2008年1—9月		
全 省	3420.12	3347.52	2.17	11.39
长 春	649.48	624.87	3.94	5.77
吉 林	940.88	959.13	-1.9	12.57
四 平	388.43	355.54	9.25	21.35
辽 源	162.95	136.94	18.99	9.44
通 化	458.13	513.91	-10.85	17.23
白 山	426.87	348.32	22.55	4.03
松 原	291.29	318.78	-8.62	13.30
白 城	38.76	33.82	14.61	6.82
延 边	159.16	163.20	-2.48	22.72

我省6大高耗能行业能源消费约占全部工业消费量的70%,而工业增加值仅占25%左右。今年以来,由于高能耗行业生产的低位运行，增加值增长幅度低于全省平均水平,综合能源消费量增长幅度相对较低，从而对全省工业节能降耗的拉动作用较为明显。

（三）能源利用效率进一步提高，单位产品能耗持续下降

单位产品能源消费是反映能源利用水平的重要指标。近年来，我省工业企业采取加强节能技术改造，采用先进节能工艺和技术等措施，使单位产品能耗持续下降。据对全省重点能耗企业的53种主要产品单位产品能耗统计，1—9月份，单位产品能耗同比下降的就达41种，占77.4%，而同比上升的仅有12种，比今年1季度减少了14种，比2季度减少了9种，单耗下降的面逐步扩大，能源利用效率稳步提高。其中，有18种产品单耗好于全国平均水平。（见表2）

主要产品单位产品能耗对比表

表2

指标名称	计量单位	全国值	我省值	比全国低(%)
吨原煤生产综合能耗	千克标煤/吨	11.03	9.36	15.1
选煤电力单耗	千瓦时	6.88	5.86	14.8
铁矿采矿工序单位能耗	千克标煤/吨	2.62	1.81	30.9
铁矿选矿工序单位能耗	千克标煤/吨	4.74	3.02	36.3
原油加工单位耗电	千瓦时/吨	60.34	48.06	20.4
原油加工单位综合能耗	千克标准油/吨	74.38	68.88	7.4
单位烧碱生产综合能耗(离子法)	千克标煤/吨	422.65	273.89	35.2
单位烧碱生产耗交流电(离子法)	千瓦时/吨	2273.48	2064.18	9.2
单位合成氨耗电	千瓦时/吨	1183.78	946.08	20.1
吨水泥熟料综合电耗	千瓦时/吨	91.26	78.11	14.5
吨水泥综合能耗	千克标煤/吨	110.12	109.58	0.51
吨钢综合能耗	千克标煤/吨	610.7	548.4	10.2
吨钢耗电	千瓦时/吨	444.97	424.07	4.7
吨钢可比能耗	千克标煤/吨	0.72	0.65	9.7
电炉钢综合工序单位能耗	千克标煤/吨	84.62	43.19	48.7
电炉钢综合电力消耗	千瓦时/吨	413.45	344.19	16.8
硅锰合金单位电耗	千瓦时/吨标煤	4559.11	4351.02	4.6
轧钢工序单位能耗	千瓦时/吨	109.64	76.29	30.4

二、能耗持续下降的主要原因

（一）工业生产稳步回升，结构性影响明显

今年以来，全省规模以上工业企业进一步深化产品结构的调整，竭力摆脱和弱

化金融危机的波及影响，进一步加大节能技术改造力度，工业生产呈现逐步起稳，稳步回升态势。

从增长的行业结构看，汽车、电子和医药等低能耗产业生产相对起稳早、增速快。而能源消费量占规模以上工业近70%的非金属矿物制品业、化学原料及化学制品制造业、黑色金属冶炼及压延业、有色金属冶炼及压延业和电力热水的生产和供应业等6大高耗能行业产出明显减少，前9个月实现工业增加值532.2亿元，按可比价格计算，同比增长11.7%，比全部工业增速低3.6个百分点,由此带来的结构性影响较大。

（二）宏观节能政策推动效应明显，企业节能意识有所增强

近年来，随着节能降耗工作的不断深入，各级政府都相继制定和采取了一些节能政策措施，淘汰落后生产能力工作取得较大进展，有步骤地关停了一些高能耗、高污染企业及生产线，同时由于政府宏观节能考评等节能工作的进一步开展，使我省地方政府和工业企业节能意识普遍得到了增强。许多工业企业都将节能降耗工作作为企业提高竞争力的自觉行动，把节能降耗工作纳入重要的议事日程，不断树立科学发展意识，通过采取不断推进企业经营机制转变，加大节能技术改造投入、推广节能技术和工艺、采用优质能源和加强能源管理工作等措施，提高了能源利用效率，在保持工业生产较快增长的同时，能源消费增长幅度远低于工业产出的增长幅度。从前9个月，我省53种主要工业产品单位产品能耗中，有41种，占77.4%的产品单耗同比下降可看出，近年来我省及工业企业节能措施的逐步实施所带来的能源利用效率有所提高等一些可喜变化。

三、几点建议

近年来，我省工业节能降耗工作取得了一定成效。今年前3季度，单位工业增加值能耗出现了近年来少有的较大幅度下降，但节能降耗工作仍存在一些结构性问题，基础还不牢靠，切不可盲目乐观。

（一）居安思危，进一步强化全民节能意识

近年来，我省工业经济增长较快，但从根本上看，工业经济增长还没有完全摆脱高投入、高消耗、高排放的粗放经济增长方式。由于经济增长方式的较为粗放，尽管经济实现了较快增长，但能源消费增长的代价仍然较大。当前，工业经济增长稳步回升，但对能源消费增长的刚性拉动也相应较大，特别是进入4季度，随着取暖用能的大幅增加，工业能耗将比前9个月明显增加，单耗水平有可能出现反弹，节能降耗的压力不容忽视。因此，我们必须进一步树立科学发展意识，增强能源供需的危机感，要一方面要协调、调度好能源供应，确保工业稳定增长；另一方面还

要进一步抓好节能工作。要切实把节能降耗工作作为一项重大的、长远的战略任务来抓，保持清醒头脑，创新思维，长抓不懈。要正确处理工业增长与节能降耗的关系，在保持工业增长的同时，不断降低能源消耗，特别是要提高单位产品能耗，提高能源经济效益，进而提高产品竞争力。要加大节能宣传力度，进一步增强全民节能意识，杜绝能源使用上的人为损失浪费现象。

（二）积极调整结构，降低能源消耗

我省工业中重工业比重偏高，轻工业比重较低，工业内部高能耗行业比重也偏高，这些都对我省节能降耗工作产生不利的影响。因此，我们要继续加大结构调整力度，大力发展交通运输设备制造业、医药制造业和电子技术等低能耗产业，用先进技术和装备逐步改造石化、冶金和建材等高能耗行业，降低单位产品能源消耗，逐步提高高技术产业占工业的比重。要按国家产业政策进一步淘汰落后产能，坚决关停不符合国家产业政策的高能耗、高污染企业。要正确处理好调整高能耗行业结构与促进支柱行业发展的关系，大力开发和生产低能耗、高附加值产品，逐步降低高能耗产品的比重。要通过结构的不断调整逐步把我省工业的耗能密集型结构调整成为技术密集、节能型的工业结构。

（三）加快技术改造步伐，进一步提高能源利用效率

工业企业技术装备落后，是当前制约我省工业节能的一个重要因素。有计划地开展节能技术改造，把能耗较高的陈旧设备更新替换下来，不仅可以有效地降低能源消耗、减少成本，而且还可以大大提高我省工业企业的技术装备水平，提高企业的综合竞争能力。我们要紧紧抓住当前国务院和各级政府高度重视节能降耗工作这一历史契机，多方筹集资金，加大节能技术改造步伐。在企业技术改造中要始终把节能降耗作为技术改造的重点来抓，把有限的资金真正用在节能技术改造项目上。要制定政策支持和鼓励节能技术进步、节能产品的推广和应用，逐步提高优质、清洁和高效能源的使用率，要通过节能技术改造不断提高我省的能源利用水平，提升能源经济效益。

（四）加强工业节能基础能力建设，提高能源管理水平

近年来，随着国家和各级政府对节能工作的高度重视和一些节能措施的实施，多数企业对节能降耗工作的重大意义有了较深刻的认识，能源管理基础工作得到了改善，节能监测能力得到了提高，但仍有一部分企业节能意识淡薄，特别是一些中小型企业能源管理基础工作极为薄弱，更谈不上对能源使用的有效监测。我们要进一步加强对工业企业的能源计量、能源统计监测等能源基础工作，建立相应的规章制度，强化能源管理基础能力建设，杜绝能源使用上的人为损失和浪费现象，使我省的工业节能降耗工作进一步深入，确保完成全年节能计划，乃至“十一五”规划目标。

1—9月份我省引资能力不断加强 招商引资总量再创历史同期最高

林梅

编者按：《1—9月份我省引资能力不断加强　招商引资总量再创历史同期最高》一文于2009年10月19日以《统计分析》第46期（总第549期）印发。丛红霞副秘书长于1月30日批示："统计局在招商引资统计及分析中做了大量的工作。希望更加规范统计标准，把真正投入到我省形成固定资产，扩大吉林经济总量的国内外资金的数字搞准、搞实。呈报伟根副省长审示。"陈伟根副省长于11月4日对此文做出批示："统计分析做的很好。我每期都看，给予我的工作很大支持，也了解了许多非分管领域的情况。感谢统计局同专们的努力工作。关于引进内资总额这几年大幅增长，但其覆盖面较广。我们更关注的是真正用于注册资本和固定资产投资的资金究竟列入了多少？我知道统计局从去年开始已经改革了对内资的分类统计项目，请将目前的内资统计模式报一个情况说明给我。"

今年以来，全省上下克服各种困难和不利因素，招商引资工作按照"主攻重点区域、重点企业和重点活动"的原则，积极组织"走出去、请进来"活动。截至9月末，全省招商引资签约项目累计达到2098个，同比增长20.4%；签约项目计划总投资达到4105.40亿元，同比增长1倍多。通过政策支持和规划引导，对我省扩大投资的重点领域和重大项目，狠抓引资项目的跟踪落实。前9个月域外资金实际到位1333.74亿元，同比增长41.7%，其中，引入外省资金1313.77亿元，同比增长42.8%。招商引资总量再创历史同期最高，为前三季度我省城镇固定资产投资39.8%的增速做出了重要的贡献。

一、全省招商引资情况

（一）签约项目增多

今年以来，省委、省政府主要领导多次率团赴英法意、北欧、俄罗斯、美加、日韩、东南亚等国家和地区，以及国内长三角、珠三角等地，充分利用领导高层带动效应，开展一系列层次高、影响大的招商引资活动，全面推介我省投资环境和引资项目。

如在香港开展的“2009香港-吉林经贸交流合作周”系列活动中，对外签约91个，包括合同项目55个，投资总额565.8亿元人民币，引进外资537.8亿元人民币。作为招商引资重要平台的第五届中国吉林东北亚投资贸易博览会的成功举办，也为我省招商引资工作增添了绚烂的一笔。本届博览会，共签订投资合同项目252个，比上届增加81个，增长47.4%。其中，超亿元项目236个，占项目总数的93.7%；超10亿元项目46个，占项目总数的18.3%。

截至9月末，全省招商引资签约项目累计达到2098个，比上年同期增加355个，同比增长20.4%；签约项目计划总投资达到4105.40亿元，比上年同期增加2026.04亿元，同比增长1倍多。

（二）引进域外资金数额加大

今年以来，全省充分利用“吉林省重大招商引资项目网络调度系统”，做好已签约项目的跟踪落实工作，指定专人进行跟踪检查和定期调度，推动项目资金尽快到位。

1—9月份，全省累计引进域外资金1333.74亿元，比上年同期增加392.41亿元，同比增长41.7%；占全省固定资产投资的比重达到29.1%，比上年同期扩大了0.4个百分点。其中引进外省资金1313.77亿元，比上年同期增加393.46亿元，同比增长42.8%。全省招商引资在建项目9001项，比上年同期增加5403个，同比增长1.5倍。1—9月，我省实际利用外资230360万美元，同比增长13%。其中外商直接投资77002万美元，同比增长8.4%。

从引进外省资金的使用方向上看，投入资本金126.59亿元，比重占9.6%；用于固定资产投资的资金985.64亿元，比重占75.0%；投入流动资产的资金204.01亿元，比重占15.5%。

（三）以大项目为抓手，比较优势提升

今年以来，依托我省在加工制造业、农业、人才和科教、生态与自然资源的比较优势，共组织策划和推出了150个全省经济合作重点项目，努力做到“谋划一批、包装一批、储备一批”。项目共涉及10大行业，总投资为745.59亿元人民币，单个项目投资额范围为2722万元至80亿元。其中，超50亿元的特大项目有4个。

这些项目中有属世界一流技术的，能体现我省在技术和产品方面研发优势的吉林太和激光技术有限公司年产100台（套）激光毛化、强化及熔覆设备项目；打破发达国家的技术垄断的长春希达电子技术有限公司年产全色LED大屏幕显示器项目；对发展新能源，特别是推动中国新能源汽车产业的崛起具有重要意义的辽源雷天新公司高性能锂离子动力电池产业化建设项目。

有创新产业发展模式、形成新的经济增长极具有重要作用的一汽客车项目、长春双龙专用车项目；对我省石化产品的升级换代，形成规模效益有明显的带动作用的吉林康乃尔化学工业有限公司年产30万吨MDI项目及30万吨苯胺二期工程；有进一步提高我省的装备制造业水平的吉林东风机械装备有限公司收割机械项目、吉林重工集团采煤机和掘进机项目、长春巨龙风电科技园项目。

还有投资规模大，能够有效带动新能源产业的发展的吉林省北方工业硅集团300MW/年太阳能电池生产线项目总投资77.8亿元，达产后年利润总额可达44亿元的项目、总投资8亿元人民币，达产后年利润可达4亿元人民币的吉林振东饲料实业有限公司年产20万吨纤维浆粕项目等等。

这些项目通过招商引资不仅为地方经济发展带来良好的效益，还能促进产业结构的优化和提升，带动自主创新推进技术的升级换代。

(四) 产业集群项目投资旺盛

1—9月份，全省引进外省资金第二产业列第一位，占引入外省资金的比重达到69.9%，到位资金917.99亿元，同比增长40.1%，增速亦比上年同期提高18.5个百分点。其中，工业项目投资达到882.78亿元，比上年同期增加234.05亿元，同比增长36.1%，占引入外省资金总额的67.2%。第三产业项目到位资金列第二位，到位资金356.48亿元，同比增长27.1%，占引入外省资金的27.1%；排在第三位的是第一产业，到位资金39.30亿元，同比增长82.8%，占引入外省资金的3.0%。(见图1)

图1 2009年1—9月全省引进项目到位资金产业结构

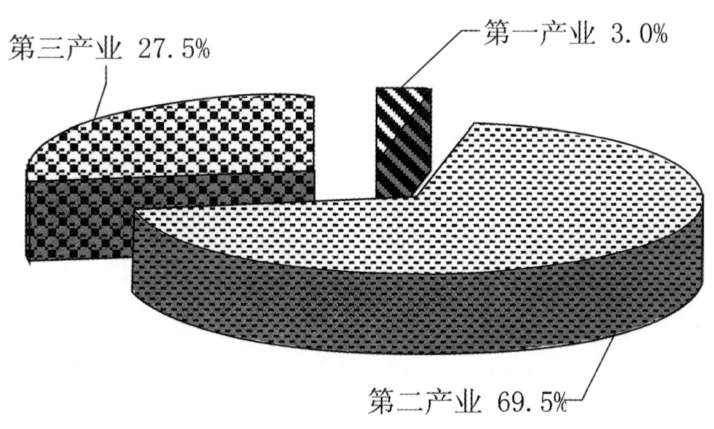

项目带动产业聚集。制造业依然是我省引入外省资金的主力，引入外省资金达到570.55亿元，占引入外省资金总额的43.4%。其中，交通运输设备制造业引入外省资金56.98亿元，同比增长69.3%。其他如电力燃气及水的生产供应业、采矿业、房地产业、交通运输仓储邮政业、农林牧渔业、建筑业等基础设施、支柱特色等产业均成为1—9月份引入外省资金的主要行业。（见图2）

图2 2009年1—9月分行业引入外省资金比重

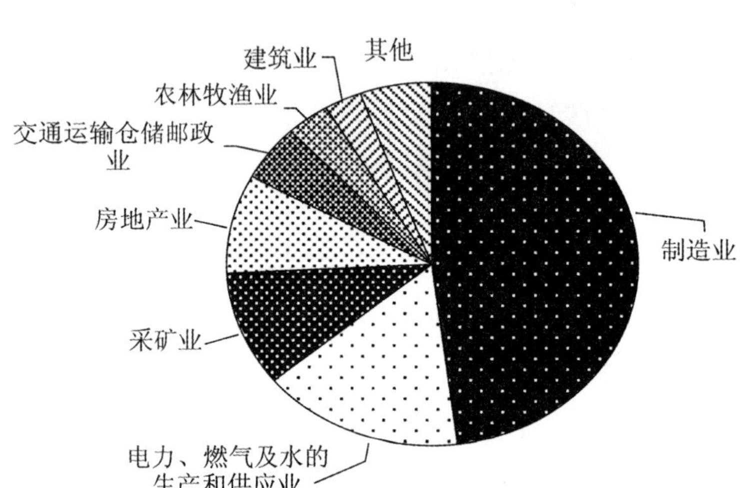

（五）引进外省资金区域扩大

今年以来，我省引进外省资金区域不断扩大。在我省投资的省区市已经达28个，比上年同期增加两个省份。北京仍居首位，在我省投资405.67亿元，占全部外省资金的30.9%；其次为辽宁，在我省投资296.75亿元，占全部到位资金的22.6%；排在第三位的是浙江，在我省投资78.35亿元，占全部到位资金的6.0%。（见图3）

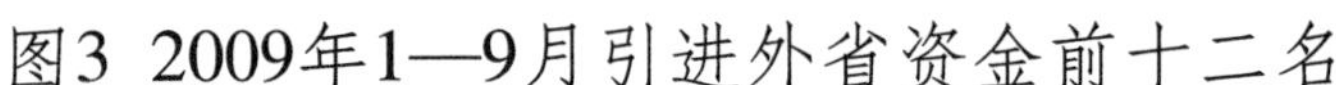
图3 2009年1—9月引进外省资金前十二名

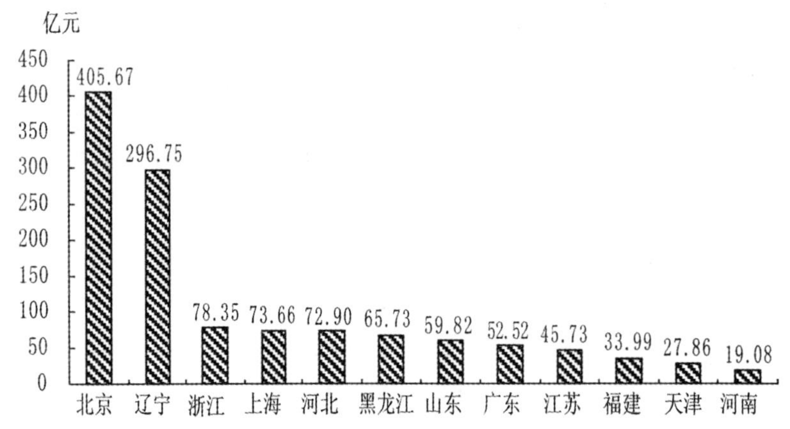

（六）各市（州）引入外省资金普遍增速较

1—9月份，全省招商引资签约项目共有2098个，九市、州中签约项目个数超过100个的共有8个地区。其中，通化市签约项目最多，达到468个，占签约总量的22.3%；其次为四平市，签约项目345个，占16.4%；吉林位列第三，签约项目311个，占14.8%。

从外省实际到位资金看，实际到位外省资金超过100亿元的共有6个地区，其中，长春市的实际到位资金最多，达到205.6亿元，占全省的比重达到15.6%；其次为吉林市达到202.29亿元，比重为15.4%；四平排在第三，达到200.73亿元，比重为15.3%。实际到位外省资金增速以通化市为最高，达到53.8%；其次为四平市47.7%，松原47.6%紧随其后。（见表1）

1—9月份全省各地区招商引资完成情况

表1

指标名称	签约合同（个）	比重（%）	引入外省资金（亿元）	比重（%）	引入外省资金增速（%）
全　省	2098	100.0	13137670	100.0	42.8
长春市	102	4.9	2055961	15.6	37.6
吉林市	311	14.8	2022883	15.4	30.9
四平市	345	16.4	2007282	15.3	47.7
辽源市	284	13.5	1072430	8.2	47.1
通化市	468	22.3	1575608	12.0	53.8
白山市	194	9.2	997231	7.6	47.3
松原市	173	8.2	1997447	15.2	47.6
白城市	59	2.8	841674	6.4	44.9
延边州	162	7.7	567154	4.3	29.2

（七）招商引资激活民资

1—9月份，外省民营企业在我省签订投资项目合同1678个，比上年同期增加174个，增长10.4%，占全部项目的79.9%；投资额达到2135.93亿元，同比增长1.9倍，占全部外省投资的53.0%。民间资本中的有限责任公司是我省引资的主力军，项目达到900个，占全省项目总数的42.9%；实际到位资金1479.98亿元，同比增长1.4倍，占全部外省实际到位资金的36.7%。

二、存在的主要问题

（一）我省目前招商引资的主体仍然以政府为主

虽然政府主导型招商有其自身的特点：一是支持力度大；二是信息范围广；三是办理速度快，使招商成功的可能性增大。在一些重点的项目或产业领域的招商过程中，实施领导招商的办法确实收到了事半功倍的效果。但是如果长期以往成为招商引资的主体，从项目的选择、资金的流动到土地的供给、能源的供应、产品的销售这些原本应由市场调控的环节上，政府都介入较深，就会成为市场经济中的经济人。

这种政府主导型招商容易造成，一是政府为招商引资要付出极大的财政支出；二是当政府成为经济人时，有可能使政府成为经济规律的违背者，甚至经济秩序的破坏者。作为诚实守信、依法经营的投资者，更愿意与中介机构打交道，因为由中介穿针引线的招商引资行为，是在市场机制下运作从而更规范严密，能实现利润最大化。

（二）项目源不足，单体项目多，增长后劲不足

虽然项目依托资源和产业优势也开发了一批大项目，但多为单体项目，各项目间关联度较小，没有形成招商引资项目的完整“产业链”，能带动区域经济快速发展的战略投资项目更是严重不足。在生产经营过程中，也很难做大做强。1—9月，我省新批144户外商投资企业，比上年同期下降20.4%；合同外资金额也比上年同期下降17.8%。这种趋势应引起我们的重视。

（三）资金到位率不理想

今年以来，虽然纳入统计的重点招商项目和重大活动签约项目履约情况进展良好，但由于项目前期工作不到位，整体工作力度还不够等原因，资金到位率还不很理想。1—9月份，全省域外资金实际到位率仅为32.5%，比上年同期降低12.8个百分点；外省资金实际到位率也仅为32.6%，比上年同期降低了15.4个百分点。还需在提高项目资金到位率上下功夫，加大项目跟进服务力度，敦促投资各方的资金足额到位。

三、几点建议

（一）努力实现招商引资主体的多样化

招商引资的主体应该是那些能够为招商引资结果承担责任，而且深谙市场法则和客观经济规律的中介咨询机构或企业。在招商引资中，由专业中介咨询公司对投资公司的特点、产业布局、战略意图，乃至主事者的个性、风格做深入的了解，并

认真做好项目的筛选与确立、宣传与促进、实施与管理，可以提高招商引资项目合作的成功率。要积极引进先进技术、管理方法和所需人才，采取各种激励措施，将各类企业都推向招商引资的主战场。单纯的招商引资远远比不上“以商招商”的连锁效应，企业的健康发展是最好的广告。应进一步明确政府、企业和中介组织在招商活动中的不同定位，通过整合各类招商资源，建立起协调、有序、规范、竞争的市场化招商引资机制。市场化才是解决问题之根本。

(二）加大项目包装与推介力度

项目是招商之本．只有投资回报良好的项目，才能吸引商家投资。面对错综复杂的经济形势和日益激烈的招商竞争，光靠单个项目的散兵游勇，单打独斗已经很难在招商大潮中脱颖而出，唯一的办法就是认真筛选、编制、准备一批建设条件成熟、市场前景广阔、预期效果理想的新项目，从三个方面注重项目的包装：一是市场的可持续性，即该项目是否具备可持续占领市场的能力以及国内外同行业发展状况：二是技术的可持续性．即该项目的技术支撑力：三是赢利的持续性，这是最能打动投资者的内容；四是投资的可持续性．即该项目未来发展潜力以及国家产业政策导向。同时加大推介力度，全方位、宽领域、多形式的招商引资。通过努力争取、精心运作，多方寻求支持，抓住一些大项目、好项目来支撑我省经济更好更快发展。

(三）注重引资质量，提高产业聚集度

在招商引资过程中，一方面要力争在项目投资上、开工数量上、建成投产上实现新的突破；另一方面在扩大总量的同时，注重提高引资的质量，发展集群经济。产业集群是地方产业发展的基本目标，也是地方政府招商引资的有效形式。一个地方的产业集中度越高，对将要进入该产业的新投资的吸引力就越大。要从我省的特色支柱产业出发，明确我省的集群经济发展战略。我们应通过吸引上游龙头企业进入我省投资，从而带动中下游企业来投资，搞好配套协作生产，加粗延长产业链条，形成联动效应，最后形成我省自己的重点产业集群，带动产业的优化提升，培育我省产业长久竞争优势。

(四）要把招商引资作为一项系统工程长期来抓

应对我省的产业定位、配套设施、综合效益等进行统筹规划，对招商引资工作进行整体的宏观和微观的战略谋划，把招商引资作为一项系统工程来抓。要把构建科学和谐的招商引资环境和产业作为基础目标，从资金、土地、招商人员和市场等方面入手，强化招商引资的投入，强化载体建设、强化产业方向、强化人员队伍建设、强化招商引资方式、建立招商引资工作奖惩制度等等，使我省的招商引资工作形成一套系统的、科学的体系。同时，要把营造良好的投资环境作为招商引资的相关基础工程。从某种意义上讲，环境就是投资、就是项目。要把招商引资的重点放在营造最优的服务环境上。要在项目和资金引入以后，把接下来的工作作为重中之重，切实克服“重优惠、轻服务”、“重项目签约、轻后续管理”的倾向。政府各职能部门要主动为投资者提供优质高效服务，为各类投资者在审批、用电、用水、用地等方面提供了高质量的服务。牢固树立服务水平就是生产力的新理念，不断推出优化服务质量的新举措，从“硬件不足软件补”、“政策不足服务补”到“人人都是软环境”，寓招商于服务之中，进一步加强软环境建设。

前三季度，我省招商活动硕果累累，项目落实扎实进行。距年末还有两个多月的时间，我们要增强信心，乘势而上，继续扩大招商引资，深化项目建设，奋力决战第四季度，确保全年目标任务完成。

法国理性农业对我省农业发展的启示

李悦　郑江　刘鑫

编者按：《法国理性农业对我省农业发展的启示》一文于2009年10月26日以《统计分析》第47期（总第550期）印发。

农业是国民经济的基础产业，对于促进经济发展和社会和谐稳定具有其它领域无法取代的重要作用。构建良性循环的高产、优质、高效农业，形成合理利用资源、保护生态环境的农业产业结构，增长方式及消费方式是今后农业发展的方向，也是当前社会主义新农村建设的重要内容。研究法国理性农业发展的模式和经验，对于我省加快新农村建设和农业的可持续发展具有重要意义。

一、法国理性农业发展的概况

法国是世界农业大国，也是欧洲最发达的农业强国。法国的国土面积55.2万平方公里，耕地面积1851万公顷，相当于我省耕地面积的3.11倍，人均耕地面积0.31公顷，高于我省人均0.219公顷的水平。法国气候温和，年降雨量700—800毫米，境内多为平原和丘陵地势，平原占60%，丘陵和500米以上的山地各占20%左右，农业自然条件与我省很相似。法国人口6171万，其中农业从业人员88万人，占全国总人口的1.2%，平均每个农业经济活动人口耕地面积高达21.1公顷。

法国过去也曾是一个农业落后的国家，从上世纪50—70年代经历了农产品实行配给制到自给自足的发展阶段。到80年代末完成了由小农经济占主导的传统农业向机械化、电气化、化学化、良种化为主要特征的农业现代化的转变，成为继美国之后世界上农产品和食品出口量最大的几个国家之一。但随之而来的也出现了过多施用化肥、农药等造成的土壤板结、地力下降、水土流失、生物链和生物多样性遭破坏、生态环境退化以及农产品质量降低、口味欠佳和国际市场竞争力下降等一系列的问题。这种只重视产量而忽视质量和环境的农业发展模式引起了农业科技工作者和有识之士的反思，也使法国农民和消费者越来越认识到食品质量、食品安全以及农业生态环境保护的重要性。对此，法国相继制定了一系列保护农业生态环境和生物多样性的法律法规，在此基础上，又把发展生态农业的内涵进一步深化，提出了保护农民利益，满足消费者对农产品产量、品质需求，加强土质、水质、空气等农业生态环境和原生态文化的保护，保障生物多样性，有利于可持续发展的理性农业新目标。经过十多年的实践检验，理性农业已被认为是一种全新的更科学的农业发展模式，是最可靠的具有生命力的可持续发展的农业开发战略。

近十多年来，在理性农业的旗帜下，法国农业健康持续稳定发展，在世界农业中已占有举足轻重的地位。2007年法国的甜菜产量3233.8万吨，居世界第一位，葡萄和葡萄酒产量居世界第二位，牛奶产量达2370.5万吨，居世界第三位，肉类产量506.4万吨，仅次于美国、中国、巴西居世界第四位，粮食产量5870.7万吨，其中小麦产量3321.9万吨，居世界第四位。水果、马铃薯产量居世界第八位，鸡蛋产量76.5万吨，居世界第八位。

法国是农业劳动生产率和集约化程度很高的国家，农业劳动者仅占社会劳动力的7.8%。2000年人均粮食占有量就达1115公斤，平均每个农业劳动者生产粮食达6551公斤，超过我省目前人均粮食占有量910公斤和农业劳动者人均生产粮食3990公斤的水平。2008年法国的农业总产值达658亿欧元，法国农产品出口份额已占据欧盟的50%，法国的农产品开发、制作和销售过程被国际上广泛认可，在欧洲和国际市场上大量出口长期热销，甚至法国的农村也以空气清新、环境和自然风光迷人每年都吸引国外大量游客。

法国农业的持续迅速发展包括多种原因，如制定长期的一系列农业发展的倾斜政策，工业化对农业科技的强力推动和欧盟农业政策的实施保障了法国农业市场的健康运行。更重要的是，理性农业成为了法国政策长期主导的农业发展方向，使法国农业长期保持了持续稳定的发展。目前，理性农业已被纳入欧盟共同的农业政策，欧洲越来越多的国家都把理性农业作为本国农业发展的方向，理性农业必将成为今后世界农业发展的总趋势。

法国的理性农业和我们提倡的生态农业、农业可持续发展战略以及新农村建设，在本质和内涵上有很多一致和相类似的地方，对于我省加快现代农业发展和社会主义新农村建设具有可参鉴性，很多方面值得认真思考和学习借鉴。

二、法国发展理性农业的经验

（一）政府高度重视，积极推进理性农业发展

法国农业经营是高度市场化的，但政府对农业的投入、扶持、监管、服务力度是发展中国家所不具备的。早在1992年法国就制订了土地休耕制度，1997年法国农业部颁布了全国生态农业规划，1999年又颁布了新的《农业指导法》，提出要建设一个兼顾经济、环保和社会效益，可持续发展的“多功能农业”的新目标，2000年

法国又修改制定了新的全国农业发展规划。根据立法和规划，法国政府长期不断地致力于建设环保型农业和加大兴农扶农的力度。

一是增加对农业环保的财政拨款，为创办多功能农业和“绿色农业”项目的经营者提供优惠贷款和资金援助。国家向每位创办多功能农业并跟地方政府签订《国土经营契约》的农业经营者提供最高金额可达10万法郎（约1.45万美元）的一次性启动补贴和分年度提供总额为24万法郎（约3.48万美元）的环保补贴，并鼓励有能力担当经营责任者的年轻人从事农业开发，设立青年务农者立业补贴，从资金上予以扶持，并提供长期优惠信贷，减免所得税和社会保障摊派款。

二是有条不紊地推进绿色农业产品计划。建立农业环保实验区和土地休耕机制，减少农业经营活动所造成的环境污染和破坏。

三是改进传统的农业生产技术。除明令禁止种植业使用剧毒农药和减少化肥农药的用量外，还研究解决化学除草剂和杀虫剂等农药残留，积极开发生物防治技术与培育植物抗病品种以及改善家（畜）禽类粪便的贮存方法和开发鸡粪处理再利用等。

四是许多地方政府相继成立了理性农业开发委员会，他们与农民签订合同，对修建防止水土流失和土地侵蚀的水利工程给予资金上的支持，帮助农民充分考虑地理环境因素来确定建筑土地和其它设施的位置，指导饲养者建造符合规定的牲畜饲养棚，以保障水源、自然风光不受污染和破坏，保护生物的多样性。

由于法国政府顺应市场需求变化和环境保护的要求，不断加强对农业的宏观调控，加强对发展理性农业的引导，形成了一套比较适应生产力要求的管理体制和运行机制，保证了农业内部不同行业的有序运作，促进了理性农业协调、有序、健康的发展。

（二）充分发挥各级民间合作组织的作用

法国政府对农业的管理主要在宏观政策上着力，具体则管的不多。政府机构主要负责包括兴建农业基础设施、开展农业科研与教育推广事业、解决农业信贷资金以及组织与协调全国性的农业公共服务的活动，农民的生产经营活动主要都是依靠民间农业合作社和农业协会等民间合作组织发挥作用。法国的农业合作社包括生产性合作社、流通领域合作社和农业信贷合作社、技术指导服务合作社四大类。生产性合作社主要提供技术支持和共同使用农业生产设备等，流通领域的合作社主要从事农产品收购、贮运、加工、销售活动。农业信贷合作社和技术指导服务性合作社分别承担农业信贷、病虫害防治、新技术推广应用、培训指导等。

此外，法国还有各类农业协会，如粮食协会、农产品协会、农业机械协调协会、奶产品协会、渔业协会、葡萄协会等等，既有综合性的，也有专业协会，有些协会还是由政府职能部门转变而来。各种协会的职能主要是服务，属于非盈利性机构，主要是向会员提供服务，而且服务是多方面的，包括法律、税务、环保、土地等方面的培训咨询。协会的经费主要来自会员缴纳的会费，政府没有拨款，要靠自己养活，因此各类协会都把维护会员的利益放在第一位，十分注重为会员的服务。如1988年就成立的法国理性农业协会，吸收全国的农民、农场、供应商、农业公司、农业消费者、其它农业协会等与农业有关的个体和农业组织参加。协会专门办有刊物进行宣传，告诉农民理性农业的涵义、意义、要求、标准等扩大影响，使农民知道已做了什么，该做些什么，并有专门的组织机构进行指导与完善。协会在成员中经常开展信息交流，对好的经验和作法进行推进示范，而且还实现了产品标识统一化，并获得了全社会的认可。理性农业协会对会员有98条条款严格约束，并请全法有资质的13家检测机构对会员的生产过程及其产品进行检测，合格的发给有效期为5年的合格证，对检测合格的农产品协会准许其使用“理性农业”名称。

法国农民和农业组织加入协会等民间组织极为普遍，几乎达到100%，因为入会确实能得到不少实在的帮助和服务。目前，法国的农业协会和民间农业组织机构都相当完善，通过全国性组织、地区性组织和基层组织三级管理，对整个合作组织的活动加以协调，这样就把分散的个体农业产前、产中、产后各项经营活动有机地联系起来，几乎使所有农场主都参与了产、供、销经营活动，从而促进了农工商一体化的理性农业迅速发展，为提高生产水平、技术水平和经营水平创造了条件。

（三）推行土地规模经营和农业机械化，注重发展农产品加工技术

法国在农业现代化和推进理性农业发展的过程中，面临的突出问题是各个家庭农场经营规模小和土地分散。为此，政府出台了一系列措施推动土地集中，促进规模经营，为农业机械化和农业生态建设提供条件，法国采取的主要措施是：

一是鼓励土地集中和联合经营。为防止农场规模越来越小，政府规定农场继承权只能给农场主的配偶或其中一个子女，其它继承人只能从农场继承者那里得到继承金。同时，推出税收优惠政策，鼓励以土地入股，联合经营，对农民自发的土地合并减免税费，使农场规模不断扩大。

二是对耕地进行整合出售。政府组建“土地整治与农村安置公司”，拥有土地的优先购买权，通过贷款从私人手中购买土地，把买进的低产田以及小块分散土地集中连片，整治成标准农场后低价出售给有经营能力的中型农场的农场主。

三是通过提供优惠信贷，鼓励土地适度集中。法国政府还通过为符合条件的农户购买土地提供低息贷款等方式，加速土地集中和农场规模的扩大，鼓励建立适度规模的中型家庭农场及其组合。

四是在土地集中的基础上，大力推广农业机械，注重发展加工技术。法国凭

借发达的工业基础，积极研制和生产各类农机具，以促进农业机械化、自动化过程。目前，法国农民使用农业机械品种齐全、自动化程度高，大大提高了农业生产效率。法国仅农用拖拉机就达115.2万台，平均每千公顷耕地上拖拉机使用量是63.6台，我国是每千公顷7.1台，法国每千公顷收割机使用量是4.3台，我省是1.12台，可见差距很大。农产品加工是法国主要的出口产品产业，不仅刺激了农村基础设施建设的发展，还成为了农村工业化的带头产业。目前，法国畜产品的80%、农产品的30%由农业食品加工部门加工。在法国农产品加工业中，最重要的是奶和肉类加工，其次是粮食加工和葡萄加工等。

（四）广泛运用现代科技成果，实行规范化、标准化生产

法国是现代科技发达的国家，农业上广泛吸收和运用现代最新科技成果。法国现代农业科技发展有三个主要特点；一是有强大的科研力量。各种大型的涉农组织都设有农业科研机构，拥有专业的科研队伍和技术人员，而且这些科研机构以大专院校和专业研究所为依托开展科研合作，进一步增强了农业科研的力量。二是有良好的工作机制。这些农业科研机构多数设在农业组织内部，跟农业产业距离近，能及时掌握现实的产业需求或农场的需求，注重实用，而且这些科研机构都是民间私营的，其成果要经受科技应用市场的选择，市场淘汰压力大，更注重效益。三是有出色的工作成果。目前，法国农业生产已处于从高度机械化向信息化过渡的阶段，从育种、耕作、播种、灌溉、施肥、除草、除虫、收获到运输等环节，全程都采用机械化，大型农机具应用极为普遍，农场的生产经营通过电脑等实现信息化操作。在种子工程上，法国的基因技术、生物杂交技术等取得了突飞猛进的发展，其小麦、大麦种子的改良成效显著。小麦每公顷的产量已达到7075公斤，目前又推出了绿色种子，在病虫害防治技术上，大力开发生物农药；在农业肥料方面，大力使用有机肥，减少化肥的使用。法国化肥施用量目前是每公顷191.1公斤，我国是每公顷328.9公斤，而我省每公顷化肥施用量却达到了663.48公斤。法国在动物饲料方面还注重开发和使用混合饲料、矿物饲料。

法国农业广泛运用科技成果的目的不仅是提高农业劳动生产率和农业效率，更重要的是促进绿色现代农业的发展。过去因忽视环境带来的教训和环保生态建设带来的效益，已使环保和生态意识深入人心，并成为全社会的共识。

为了推行标准化、规范化生产与加工，法国政府在《农业手册》中对农业生产主要环节的操作都做出了具体的规定，细化为99条。使农业生产严格按标准和规范进行。如农药、兽药、肥料、种子等的存放与使用均有严格的标准。存放要求是规范上墙，实行分类、专用、封闭式，防止泄露与污染，使用要按指导进行。化肥、农药如果超标就要自行消毒或请专门的清污公司进行无害化处理，兽药的使用必须

有兽医的处方。为了保证食品的安全和质量，法国的农产品都具有可追溯性。在批发市场出售的农产品都要先经过市场负责质量的部门抽样检验，然后才能分送到相应的摊位，入市的产品都有标签，标明产地、生产商和产品的各种必需数据，甚至牛羊是哪家农场饲养的、出生日期、性别、屠宰时间、分割部位都详细准确地标明。

法国推行标准化生产与加工，不仅控制了农业面源污染，保护环境，使农业提供安全优质的农产品和食品，而且绿化、净化、美化环境，改善了人类的生存条件。

（五）重视培养懂科技、会管理、善经营的高素质农村技术人才和现代新型农民

为了适应理性农业发展的需要，法国注重培养懂科技、会管理、善经营的高素质农村技术人才和现代新型农民，通过各种措施推动农业教育，提高农民素质。

一是建立以中等农业职业技术教育、高等农业教育和农民成人教育为主要内容的农业教育体系，培养农林牧等各个领域、各个层次的人才。除了正规农业院校教育外，法国每年都有10多万农民接受职业教育或培训。对推动农业发展起到了十分重要的作用。农民培训经费来源稳定，既有政府的提供又有协会的支持。农业高等教育、技术教育分工明确，从研究人员、高级管理人员、技术员及农业技术工人的培养都有相应的教育机构承担。此外，一些协会如农业公会，也承担对青年农场主的培训。安排青年农场主到其它国家实习1—2年，以学习先进的农业生产管理和技术。

二是对从事农业经营者提出一定资格要求。法国政府规定：农民必须接受职业教育取得合格证书，才能享受国家补贴和优惠贷款，取得经营农业的资格。相当于高中一年或二年的“农业职业能力证书”和“农业职业文凭”持有者，只能在农场或农业企业中当雇工。具有高中二年以上学历的“农业技师证书”持有者，或通过农业职业和技术会考的学生，才有资格独立经营农场。法国有的农场继承人在接受基础教育之后，还要再上5年农校，再经过3年学徒期，考试合格并取得绿色证书才有从事农业经营的资格。

三是实行农业教育、科研与生产相结合。法国的农业和农村教育、科研都归农业部管理，所以产、学、研结合的很好。法国农业教育的特点是国家和私人齐办学，不拘形式并讲求实效，职业培训和成人教育可以深入到农场和企业，落实到农民家庭，深入到田间地头。学校根据每个农场和食品加工企业的发展目标和每个学员的具体情况制定培训目标，尽可能接近实际，又具有可操作性，而且理性教育从中学教育入手，使学生密切与生产实践的联系，参与日常的农牧业劳动。法国政

府在重视发展农业教育和职业教育的同时，也加大农业技术的开发和推广工作，并逐年增加对农业的智力性投资，建立农业联合体和农业科研集团，使农业教育、科研、生产紧密结合，使农业技术人才和现代新型农民不断成长，在地区农业一体化中起主导作用。

三、对我省农业发展的启示

（一）转换管理职能，加强宏观管理，不断增加资金投入

法国是西方发达的农业强国，农业在国民经济中占有重要地位。但是，政府对农业的管理重点在宏观上，具体工作基本上由社会组织去完成。政府主管部门很少直接干预，这很值得我们借鉴。尽管目前农业的发展和新农村建设是全党工作的“重中之重”，但是，重视并不等于统包统揽，农业行政部门要顺应现代农业管理的趋势和政府职能转变的要求，加快职能转变，尽快从行政管理过多中解脱出来，努力实现从微观管理向宏观管理，从管项目、管资金向管产业方向、产业政策转变。农业部门的职能转变要主动进行，不断推进，以适应形势发展的要求。这样，随着农业现代化的不断推进，即使将来基层农业行政部门要变为社会化服务机构时也能从容应对。

同时，要不断增加对农业的投入，保证每年投入农业资金的增长不低于财政收入的增长比例，并把资金投入的重点用于农业基础设施建设、农民培训、农业标准化的推行、新品种和新技术的推广、农产品流通体系建设、扩大土地规模经营等项目，要进一步抓好税费减免、信贷优惠等政策的落实，鼓励土地集中和规模经营，可借鉴法国的经验组建“土地整治公司”，将低产和荒芜的土地集中成片，整治成标准农场后出租给有经营能力和一定经营规模的农民，为传统农业向现代化农业的转型创造条件。

（二）注重农业环境的保护，推进生态农业的发展

发展生态农业是符合科学发展观的战略决策，也与世界先进的农业发展理念相吻合。法国当前大力推行的理性农业与我们倡导的生态农业、绿色农业可谓是异曲同工，实质和内涵基本相似。因此，我们今后要把生态农业作为新农村建设的工作重点来大力推进，这既有利于实现农业、人与环境的协调和谐，推进农业的循环良性发展，也有利于我省的农业与世界接轨，方便农产品进入国际市场。借鉴法国的经验，我们在工作中一要大力宣传，使生态农业的观念深入人心，使之成为农业工作者和广大农民的自觉行动；二要建立规范，实行标准化生产、加工。生态农业是一个系统工程，要具体细化才能取得实效。我们可以借鉴法国出台《农业手册》

（99条）的做法，制订我们的《生态农业手册》，将推行绿色农产品计划，禁止使用剧毒农药，减少化肥和农药的用量，研究解决化学除草剂和除虫剂等农药残留，开发生物防治技术，解决畜牧业的污染问题，大力发展无公害、绿色、有机农产品等方面的要求具体化和量化，手册的内容不可能一次完成，可按先重点后一般、先近后远、先生产后加工的次序逐步补充完善。三要增加资金的投入。农业本身是一个弱质产业，而生态农业又是惠及全社会的产业，因此，需引起政府的高度重视，制定相应的产业政策并给予足够的资金支持。政府的资金应主要用于基础性、公益性的生态农业项目上，并加大对先进典型的奖励，以引导全社会的共同参与。

（三）加强农业协会等中介组织的培养，健全农业社会化服务体系

法国的经验表明，农业协会和农民合作经济组织在农村经济发展中发挥着重要作用，在解决农民生产经营活动中的各种问题和提高劳动生产率方面具有不可替代的作用。农民问题说到底是组织问题。近几年，我省在推进农业产业化过程中，很重视农民的组织化工作，由政府牵头逐步建立了许多产业协会，各地也纷纷建立了各种类型的农民经济合作组织。但是，比较法国的各种农业协会等中介组织，我们的这些民间组织自我运转能力还较弱，其作用还普遍很有限，因此，今后我们要借鉴法国的一些好经验。第一，要加快体制创新，大力引导、扶持、培育和完善“自我管理、自我服务”的各类农民专业合作组织，如专业农民协会、商品协会、“公司+农户”经营组织、互助组、家庭农场，以资金、技术、土地、机械入股的民营农场等。在增强协会和各类经营组织的自我运转能力上下功夫，以充分发挥其作用。要研究农业专业合作组织的注册、登记、管理新办法，制订在税收、信贷、信息和技术服务等方面的优惠配套政策，为发展农业专业合作组织创造良好的环境。第二，要把规范放到与建立同等重视的地位，并在建立一定数量后更重规范。要克服重建立轻效用的倾向，要真正按照市场化、社会化和中介组织的性质要求，推行市场化运作机制，推进工作制度的建设和工作机制的健全，提高自我管理能力，在条件成熟时要早松绑、早放手，使它们独立运行，并在实践中成长，为一些农业管理职能的社会化创造条件。第三，要加强典型引路。对已建立的各种中介组织要加强指导和帮助，培育一批先进典型，引导整体上档次，使农业中介组织真正成为农民利益的代表者，成为政府和农民之间利益协调的桥梁，成为推进农业产业化和现代农业发展的重要生力军。

（四）要重视农业研究和农业技术的推广，深化科技兴农工作

科学技术是第一生产力，是世界农业发展进步的主要决定力量。法国在科技兴农方面，许多做法值得我们学习。法国农业是高度科技化的农业，法国的农业科研及其推广工作大部分由协会完成，而协会则与农户在各方面紧密联系，直接满足农

户的需要。法国建立了数量众多的不同类型的农业研究机构，拥有大批的农业科技人员，为法国农业现代化提供基础研究和应用研究，其内容涉及广泛，从国土调查到各种高科技在农业中的应用等。这些做法对我省提升农业研究，实现科技兴农有重要的启示作用。今后我们应在充分发挥农科院、农研所等科技龙头作用的同时，进一步理顺农业科研体制，重点充实和加强基层科研力量，创新农业科技推广体系，尽快建立可行的农业科技推广长效机制，强化农业科技推广应用工作，并加强对农业生态保护、农产品加工、保鲜、储运技术的研究。积极推行教育、科研、推广三位一体的体制，促进农业教育、科研与生产的结合。

（五）加强农村职业教育，尽快提高农民整体素质，培养新型农民

人力资本的提高对经济增长的贡献远比物质资本、劳动力数量的增加更为重要。现代农业劳动生产率的提高重要的是培养具有现代技能的农民。法国为了适应农业现代化发展的需要，建立了以高等、中等农业教育和农民业余教育和培训为主要内容的农业教育体系，培养了一批有文化、善经营、懂科学的新型农民，他们对本国农业的发展起到了决定性的作用。我省在这方面也取得了很大的成效，特别是加强农民职业技能教育方面取得了很大进展，一村一个大学生的“农村优秀青年素质提升项目”已实施五年，职业院校也逐年扩大面向农村招生，在“全国农村劳动力转移培训阳光工程”中，我省已完成对40.2万农村劳动力的培训，同时还有“三教统筹”、“农科教结合”、农民绿色证书教育、科教兴村教育等富有创意的设计和运行平台。但农村居民特别是农村劳动力的科技文化素质、农业科技水平和从业技能普遍低的状况还没有改变，竞争意识、自我提高意识、团队精神等还很薄弱，对新技术、新成果、新信息的吸收、消化、接受能力还远远不能适应新农村建设的需要。据调查，目前我省711.5万农村劳动力中，不识字的占3.6%、小学及以下文化程度占30.8%、初中文化占55.2%、高中文化占8.1%、中专以上文化程度仅占2.3%，在现有劳动力中，受过技能培训的仅占14.8%、想接受培训的占51.7%，在提高农民文化素质和农业科技水平、职业技能方面，我们与法国等农业发达国家的差距还很大，还有很多工作要做。我们要借鉴法国在农民职教方面的好经验，整合现有涉农部门和农村各类教育资源，改革和创新农村教育体制，加快建立各层次职业教育相互衔接、注重理论联系实际的机制。要根据农民的接受能力和理解水平，充分利用农校、农广校以及广播、电视、远程教学、专家下乡、田间演示等多种形式开展经常性的培训，使农民尽快接受新观念、新文化、新知识，提高农民的文化素质和职业技能，为农业现代化和社会主义新农村建设尽快培养更多的有文化、懂技术、会经营的新型农民。

建国60年来吉林省 交通运输 邮电业发生了巨大变化

李辉

编者按：《建国60年来吉林省交通运输 邮电业发生了巨大变化》一文于2009年10月22日以《统计分析》第48期（总第551期）印发。

伴随着新中国60华诞的光辉历程，吉林交通运输、邮电业发生了翻天覆地的变化。交通运输发展迅猛，多层次、多渠道、多形式的运输体系基本形成；邮电通信业取得飞跃发展，综合通信能力迅速提高，已构建起全方位、多层次、多方式的服务体系，服务水平大大提高，服务内容更丰富多彩。

一、交通运输业

建国60年来,吉林省交通运输业取得了辉煌的成就,交通基础设施建设发生了翻天覆地的变化。从无到有,从弱到强，交通运输业在恢复、改造、建设中取得了前所未有的巨大成就。1948年10月，吉林省全境解放时，全省25个市、县（旗）通车的公路只有2176公里，经过整修和恢复工作，到建国初期，公路里程也仅达到6875公里。而到2008年末，吉林省公路里程达到87099公里，特别是1998年后，我省交通运输业在国家拉动内需这一政策指引下，抓住机遇，创造性开展工作。加大了交通投入，使全省交通运输业得到长足发展。高速公路、等级公路网结构发生了质的飞跃，农村公路建设蓬勃发展。

(一) 交通运输网得到了持续发展

建国初期，吉林交通运输基础十分薄弱，设施落后，运输结构不合理。经过60年的发展变化，特别是改革开放以来，吉林省加快了经济建设的步伐，开始有计划地对全省交通运输网络进行改造。交通运输业有了很大发展，基本形成了以铁路、公路和航空三种运输方式共同组成的综合运输网。

1．运输线路不断延伸

建国60年来，吉林省公路运输线路长度飞速增长，道路质量也显著提高。吉林省公路总里程也从建国初期的6875公里增长到2008年末的87099公里，增长11.7倍，年均增加1360公里。等级公路达到74531公里，占总里程的85.6%，等外公路达到12568公里，占总里程的14.4%。等级公路中，高速公路924公里，一级公路1899公里，二级公路8715公里，三级公路10254公里,四级公路52739公里。

吉林省内铁路营运里程至2008年末已达到3749公里，比建国初期的2095公里增加了1654公里。电气化铁路达到285.4公里。同时，还特别注重加强了地方铁路建设，营业里程已达160公里。

吉林省民航机场集团公司现下辖长春龙嘉国际机场、延吉朝阳川机场、长白山机场。至2008年末已有13家航空公司在省内各机场运营，航空线路长度达到25.1万公里，开通航线81条，与北京、上海、香港和日本的东京、仙台、名古屋、福冈以及韩国的首尔、釜山等46个国内国际城市通航，其中法兰克福、洛杉矶、莫斯科、新加坡、曼谷、河内等10个城市为经北京和广州中转的国际联程航线。而1992年，全省航线仅有25条，通往国内21个城市。

2. 交通运输网布局大为改观

建国初期，吉林省的交通运输网络主要以铁路和公路为主。经过60年的投资与建设，吉林省的交通运输网络正发生着翻天覆地的变化。

铁路方面，建国初期吉林省的铁路网主要由京哈线等几条铁路干线构成。经过60年来的发展建设，吉林省铁路网络建设进入了加快实施阶段。截至2008年末，全省铁路线路为3749公里。其中，修建了图们至长岭子、辉南至靖宇、东春至西善等160公里的地方铁路网，实现了全省各主要县域铁路网的互通。

公路方面，自1996年我省第一条长春至四平高速公路建成通车，标志着吉林省交通事业进入了一个崭新的历史阶段。截至2008年末，相继建成了长春至吉林、长春至营城子、吉林至江密峰、长春绕城、延吉至图们、长春至拉林河、江密峰至延吉、通化至沈阳、肇源至松原等一批高速公路，使我省高速公路里程达到924公里。目前在建和启动的高速公路项目8个，预计到2009年底达到969公里。到“十一五”末，高速公路里程将达到1670公里，到2011年底高速公路里程将超过2000公里。对我省的政治、经济、文化等方面必将产生深远的影响。

航空方面，吉林民航最早可以追溯到1932年由满洲航空株式会社开辟的奉天（沈阳）—新京（长春）航线，新中国建立后，民航吉林省管理处使用运5型飞机于1960年开辟了长春—白城地方航线，也是吉林省的第一条航线。从1992年民航吉林省局实施体制改革，组建北航吉林分公司、中航油吉林分公司，到2003年吉林民航所属长春、延吉、吉林三个机场由民航总局移交吉林省政府管理，成立吉林省民航机场集团公司。2008年末，民航集团共保障运输起降航班3.6万架次，完成旅客吞吐量384.5万人次，分别是1992年起降航班5707架次和旅客吞吐量48万人次的6.3倍和8倍，实现飞行安全50周年，空防安全15周年。从长春龙嘉、延吉机场及长白山机场起飞的航班已通达国内46个城市及韩国、日本等国家。

建国60年来的发展变化，吉林省交通运输业由过去铁路、公路等传统交通方式向现代公路、铁路、航空等立体交通方式变化，真正形成了多元化的、多方位、立体化的交通方式。

3．交通运输网质量显著提高

在运输线路不断延伸的同时，线路质量也得到极大改善。公路建设投入由建国初期的每年仅几万元发展到1984年过千万元，至1987年过亿元，到2004年交通基础设施建设投资过百亿元，2008年完成全省交通发展总投入340.4亿元，达到交通发展历史阶段的最高水平。截至2008年末，吉林省公路总里程达到87099公里。其中，国省干线12376公里、县道6221公里、乡道27323公里、村道37065公里（2005年被正式纳入公路里程）、专用公路4115公里。在全省717个乡（镇、农林场、街道）中，通水泥路的乡（镇、农林场、街道）131个，通沥青路的乡（镇、农林场、街道）580个，通畅达到99.2%。这些都标志着吉林省公路基础设施的服务功能以不断增强，服务范围不断加大。

铁路方面，在运输线路不断延伸的同时，线路质量也得到了改善。截至2008年末，全省营运里程达到3749公里，其中，电气化里程285.4公里，占总里程的7.6%；双线铁路长度644.5公里,占总里程的17.2%。铁路已基本实现了自动闭塞和半自动闭塞，大部分铁路车站安装了道岔的电气集中装置，改变了建国初期落后的分散人式操作方式。

民航方面，经过60年的发展，特别是从改革开放30年来，吉林机场集团得到了长足的发展。吉林机场集团秉承首都集团“创造、创新、创业”的宗旨，弘扬“诚、效、知、行、和”的企业精神，围绕“满意服务、永续经营”的理念，积极构建吉林航空枢纽，打造临空经济，规范运行标准，提升综合保障能力，推进机场由经营型向管理型转变。“十一五”期间，吉林机场集团将立足机场主业，大力发展非航空性产业，依托长春空港经济开发区的建设，推进机场物流和综合服务业的发展。加快机场资源补充步伐，构建以长春龙嘉国际机场为枢纽，延吉机场、长白山、白城和通化机场为辅助的“一主四辅”现代化机场网络格局，形成辐射东北、连接全国、通达世界的航线网络，实现吉林机场业在东北地区“中部崛起”的奋斗目标。

（二）运量稳步增长，运输结构逐步改善

建国60年来，随着吉林省社会和经济的不断发展，人民生活的逐步改善，对交通运输的需求也日益旺盛，导致各种运输方式完成的客货运输量成倍增长。2008年，全省共完成客运量总计56225万人次，是建国初期601万人次的94倍，年平均增长8.0%；货运量总计34373万吨，是建国初期627万吨的55倍，年平均增长7.0%；完成旅客周转量1264.25亿人公里，是建国初期近2亿人公里的632倍，年平均增长11.6%；货物周转量432.32亿吨公里，是建国初期近4亿吨公里的108倍，年平均增长8.3%；

在运输量稳步增长的同时，运输结构也在逐步改善。铁路运输仍保持着大通路、主干道的重要作用，承担着中长距离旅客和大宗货物的运输任务，但在各种运输方式中所占的比重已经开始下降。铁路完成的客运周转量占总量的比重由建国初期的70.8%下降到2008年的46.8%，货运周转量所占比重也由建国初期的83.7%下降到2008年的44.2%。其他运输方式的运输能力得到快速提高，减轻了长期以来铁路运输的压力。公路和民航的潜力开始得到发挥，所占比重不断上升。旅客周转量方面，公路所占比重由建国初期的28.7%上升到2008年的44.6%，民航所占比重发展到现在的2.2%；货运周转量方面，公路所占比重由建国初期的16.0 %上升到2008年的49.2%；全省交通运输呈现出多元化发展的格局，运输能力和运输规模显著提高，运输结构得到不断优化。

二、邮电通信业

建国后，吉林省对邮电通信业进行了大量的投资建设，特别是改革开放以来，吉林省邮电通信业在公平有效的市场竞争格局基础上得到很大程度提升并逐渐走向成熟，保持了健康、快速发展的态势，为创建公平的信息社会，促进吉林省其他产业发展、吸收投资以及和谐社会的构建起到了积极的作用。从新中国成立到1978年的30年间，吉林省用于邮电通信的投资是8167万元，2008年全省邮电通信业的投资达到57亿元，是改革开放前投入总和的70倍。邮电通信业实现业务总量455.9亿元，是1978年业务总量1.2亿元的380倍。

（一）邮电通信基础设施建设飞速发展

建国初期，吉林省邮电通信建设部门坚持自力更生，修旧利废的原则，克服了重重困难，初步建立起以长春为中心的省内邮电通信网。但基础设施建设落后，邮电通信网络覆盖面十分有限，基础差、网点稀少、设备陈旧，服务能力及水平提高受到硬件设施的极大制约，而这又进一步制约了全省经济和社会快速发展的步伐。第一个五年计划期间，根据国家经济建设需要，对省内邮电通信网进行了整顿和改造，邮电系统自办局（所）有所增加。建国初期，全省邮电局（所）481个，长话交换机545门，市话交换机容量2.1万门，农话交换机容量0.5万门。到1957年全省邮电局（所）发展到575个，电报电路167条，长话电路达到250条。市话交换机总容量达到2.1万门，农话交换机容量1.3万门。改革开放之初，吉林省邮电部门认真贯彻党和国家关于改革开放加强基础设施建设的方针政策，加大了对邮电通信的投资力度。吉林省拥有邮政局所数发展到1246个，邮路总长度为21058公里，长话电路716路，农话交换机容量为8.8万门，这些硬件设施绝大部分都设在城市之中，广大农村通邮通信较为困难。加强邮电通信基础设施建设，同步提高城市与农村的通邮通信水平成为迫切需要解决的问题。经过改革开放30年来资金的持续投入，基础设施的建设和发展，邮电通信网络规模迅速扩大，技术层次显著提高。至2008年末，全省拥有邮政局所数1324个，长途光缆线路长度1.6万公里，本地网中继光缆线路长度8万公里,局用交换机容量571万门, 固定长途电话交换机容量为26.5万路端，与建国初期相比数量上发生了质的变化，布局合理、服务功能已今非昔比。截至2008年末全省邮路总长度已增加到46769公里，比建国初期3947公里增长了11.8倍；从邮路结构看，汽车邮路长度25479公里，是建国初期1240公里的20.5倍，铁路邮路长度7157公里，是建国初期1058公里的6.8倍，航空邮路长度从无到有发展到现在的12554公里。

1．快速突破电信网瓶颈，通信能力迅速提高

从建国到现在的60年间，我省综合通信能力迅速增强，网络规模容量、技术层次、服务水平都实现了跨越式发展。已建成包括光纤、数字微波、卫星、程控交换、移动通信、数据通信等覆盖全国、通达世界的公用电信网。

电信投入不断增加。建国初期，我省电信网络规模小、技术层次低、通信质量差。 全省只有电话交换机2.7万门，其中自动交换机1.1万门，电话普及率仅0.11部/百人。而截至2008年末，全省局用交换机容量达571万门，是建国初期2.2万门的260倍；固定长途电话交换机容量达到26.5万端，固定长途电话业务电路达到4450个2M，移动交换机容量达到2253万户，移动电话普及率50部/百人，固定电话普及率达到23部/百人。电信业务投入也发展到2008年的57亿元是建国初期3665万元的143倍。

移动通信继续保持快速发展态势。从2001年到2008年的八年间，我省经历了移动通信发展的高峰期，移动交换机容量从505万户猛增到2253万户，8年间增长4.5倍；移动电话用户从336万户猛增到1441万户，8年间增长了4.3倍；移动长途业务电路达到33123个2M。

通信基础设施建设成效显著。到2008年底，全省光缆线路总长度达到13.3万公里，其中长途光缆线路长度达到2万公里，接入网光缆线路长度2.8万公里。互联网宽带接入端口达到210万个。

2．电信业务快速发展，新兴业务不断涌现

60年来，电信业务向各领域迅速拓展，普及程度快速提高。电信部门在发展固定电话业务的同时，以移动通信、数据通信、国际通信为重点，大力发展各类电信新业务，积极培育新的业务增长点，新业务不断涌现。

电信业务总量持续快速增长。60年来，电信业总体上处于规模扩张阶段，固定、移动和数据用户的迅速拓展，拉动了电信业务量快速增长。2008年全年电信业务总量已达到438亿元，业务收入达到134亿元。

通话总量增势迅猛。随着电话用户的不断增长和电信业务服务资费水平的下降，通话总量呈持续增长态势。2008年固定本地电话通话量达到123亿次，固定传统长途电话通话时长达到9亿分钟，移动电话通话时长达到673亿分钟，移动短信业务量达到134亿条。

3. 网络规模不断壮大，信息化进程明显加快

互联网实现了跨越式发展。在大力发展基础电信业务的同时，为适应国家信息化建设的需要，电信部门加快数据通信、信息服务等新业务的发展，开办了电子信箱、电子数据交换、会议电视、电话信息服务和互联网等新业务。1994年中国正式加入国际互联网，1995年中国公众互联网的建成标志着中国互联网进入社会化应用阶段。经过十几年的快速发展，到2008年末，全省网络覆盖到了全省所有地区和大部分乡镇，互联网用户已达到257.9万户。其中：拨号接入用户达79.4万户，宽带接入用户达175.9万户,互联网普及率达到9.5%。

（二）邮电通信业务能力快速发展，服务规模与层次显著提高

至2008年，电信业务总量已经达到438.2亿元，电信业务收入134亿元。这种高速增长的内在动力，主要是原于60年来国民经济快速发展的外在要求和联动效应，邮电通信业关系国民经济的方方面面，吉林省经济连续6年保持两位数增长，要求邮电通信业发挥强有力的先导和纽带作用，体现在业务量上，就是连续7年保持20%以上的增长；同时，现代通信技术不断完善，社会经济发展对现代通信的依赖更强，移动通信、互联网络等在社会、经济生活中发挥越来越重要的作用，电信业务发展必将占据越来越多的市场份额，加上邮电通信市场竞争因素的影响，这些都为业务量增长提供了新了契机。

1. 传统邮政业务稳步快速增长，新业务快速崛起

面对激烈的市场竞争，传统邮政积极推进业务创新、体制创新、管理创新、技术创新和服务创新，推动了邮政事业的稳步发展。2008年，全省完成邮政业务总量17.7亿元，实现邮政业务收入14.6亿元。

函件业务积极创新。伴随着经济的快速增长，在积极发展传统函件业务的基础上，邮政企业强力推出商函、账单、邮政贺卡3项重点函件产品，2008年全省完成函

件业务量0.7亿件，完成包裹业务118万件、汇票447万笔和订销报刊累计数2.6亿份，而建国初期当时的包裹业务仅76件、汇票仅5.8万笔和订销报刊1.3万份。

集邮业务迅速发展。作为古老而又崭新的业务，集邮业务在建国60年里持续快速发展，既满足了邮政业的发展需要，又丰富了人民群众的业余文化生活内容，2008年完成集邮业务1715万枚。

国际邮政业务如雨后春笋。建国初期，我国邮政业务主要在国内，与国际往来业务微乎其微，从上世纪80年代初开始，随着国际交往的增加和旅游事业的快速发展，邮政国际业务也随之快速发展起来。2008年，全省完成国际及港澳台函件业务量14.9万件；完成国际及港澳台包裹业务量4.9万件；完成国际及港澳台汇票业务0.5万笔。

邮政储蓄获得长足发展。1986年，经国务院批准，邮政部门恢复办理邮政储蓄业务，经过20年来的发展已成为邮政的支柱业务，2008年末，邮政储蓄期末余额由1986年末的1265万元增加到444亿元，邮政储蓄业务收入7.1亿元，占邮政业务收入的比重达到48.6%。

邮政物流业务成为后起之秀。21世纪初，邮政企业依托邮政网络开办了环节物流、一体化物流等“精益物流”业务，邮政物流业务和特快专递一起，成为邮政业务构成中三大板块之一。

2．电信业务发展快速上扬，移动及网络用户发展迅猛

建国初期，电信业务发展规模小，种类少、电话用户量低。当时全省电话用户仅1.1万户,电报业务仅30.4份，发展到1978年吉林省电报业务是446万份，包件业务是272万件，城市电话用户仅4.9万户，农村电话用户仅2.5户。经改革开放30年的快速发展，2008年末全省电信业务总量完成438.2亿元，电信收入完成134亿元；本地电话用户622万户，其中，城市电话用户447万户，农村电话用户175万户，分别比改革开放之初增长了91倍和70倍，同时城市住宅电话增加到326万户，农村住宅电话用户增加到166万户。2008年末自然村通电话率已达到90%以上，农村住宅电话用户量稳步上升。

进入90年代以来，全省加强构建信息社会进程，经济的高速发展对移动电话、移动办公业务提出了更高的要求并保持了旺盛的业务需求，人们在经济活动、信息获取、情感沟通等方面赋予移动电话和网络更多的内在实质，同时，近几年移动手机、电脑等电子产品的竞争更加激烈，价格战下的普及化程度不断提高，为用户量提升提供了硬件保证，随着移动网络通信基础设施建设的加速，使得用户量提升有了通信水平和能力方面的硬件基础，到2008年末，全省移动电话达到1441万户，移动电话普及率达到50部/百人，互联网络用户量达257.9万户，其中，宽带用户量已达

175.9万户。电信部门还加快了数据通信、信息服务等新业务的发展，开办了电子信箱、电子数据交换、会议电视、电话信息服务和互联网等新业务。

从比较中看我省服务业发展的成就
存在的不足 寻求发展潜力
——与辽、黑、粤、沪、赣、津等六省市对比分析

王宏阳　马艳松　兰乔

编者按：《从比较中看我省服务业发展的成就 存在的不足 寻求发展潜力》一文于2009年10月26日以《统计分析》第49期（总第552期）印发。11月6日，省长韩长赋批示：这篇报告分析的很好。其中我省服务业占比（GDP）低于全国平均而从业人员高于全国平均，说明我们现代服务业和生产服务业发展相对滞后；今年以来，服务业增速明显降低，有发展问题，也有统计问题；城市化率较高，城市化质量偏低（林区、矿区），也是影响服务业发展和城市居民收入水平的一个因素。这些都需要我们深入研究并努力解决之。此件请延风同志并发改委参阅。11月22日，竺延风常务副省长批示：加快服务业发展，发改委已有专题研究，吸收意见，改进我们的工作。

服务业是市场经济的基础产业和经济国际化的先导产业，其发展水平是衡量一个国家或地区经济发展水平高低和现代化程度的重要标志。党的十七大报告提出了“要依靠第二产业带动向三次产业协同带动转变，发展现代服务业，提高我们的服务业比重和水平”。在我省，省委、省政府一直将服务业工作放在十分重要的战略地位，将发展服务业作为产业结构升级和经济发展方式转变的重要推动力量。2007年，通过了推进吉林省服务业跨越发展的决定，并制定了《吉林省服务业跨越发展计划》。这为我省服务业发展带来了难得的机遇，本文为了更好地说明我省服务业主要指标的发展现状，其参照省份分别选取东北三省的辽宁、黑龙江；发达省份选取广东、上海；GDP总量接近的省份选取江西、天津共六省市；以便在与省情相近的省份对比基础上，找到与发达省份的差距，找准我省在东北老工业基地振兴过程中的位置。扬长避短，发挥优势，挖掘发展潜力，实现我省服务业又好又快健康发展。

一、我省服务业纵向发展成果显著，横向比较优势不明显

改革开放以来，我省将大力发展服务业作为推进经济持续增长和结构优化的主要着力方向，采取多种政策举措促进服务业发展水平和层次的提升。总体上看，我省服务业产业规模逐年扩大，增长速度高位运行，产业结构向合理化演进，发展领域不断扩展，吸纳就业作用增强，服务业的影响力和对经济发展的拉动作用不断增强。

（一）产业规模逐年扩大，对GDP增长的贡献加大

2008年全省服务业实现增加值2442.73亿元，比上年增加 417.29亿元，是有史以来增量最多的一年。2009年上半年，全省服务业增加值977.49 亿元，同比增加87.97亿元。在服务业总量不断扩张的同时，服务业对GDP的拉动作用明显增强，对经济增长的贡献加大。按可比价格计算，2008年我省服务业对GDP增长的贡献率为41.8%， 2005—2008年，服务业对经济增长的贡献率均在40%以上。表明长期以来我省主要依靠第二产业为主带动经济增长的局面正在逐步改变，成为以第二产业、服务业为主共同带动经济增长的新格局。(见表1)

吉林服务业发展情况

表1

年 份	2005	2006	2007	2008	2009（1—6）
服务业增加值（亿元）	1413.83	1687.07	2025.44	2442.73	977.49
服务业增加值增量（亿元）	183.90	273.24	338.37	417.29	87.97
对经济增长的贡献率（%）	44.1	45.5	40.5	41.8	34.7

（二）从总量比较中看，我省服务业发展的规模优势不明显

2005—2008年4年间，在全国31个省（市、自治区）的服务业总量的排位中，我省一直处在18位—20位之间。与东北三省的辽宁、黑龙江相比，2008年我省服务业的经济总量为辽宁的52.6%，为龙江的85.6%；与服务业发达省份广东、上海相比较，为广东的15.9%、上海的33.2%；与GDP总量接近的省份江西、天津相比，比江西多437.66亿元，比天津多32亿元。2009年上半年，我省服务业增加值977.49亿元，总量位居全国第23位，比江西少50.87亿元，比天津少282.91亿元，总量有下滑势头。(见表2)

（三）服务业增长速度高位运行，年度增速均高于GDP增速

2005—2008年我省服务业增加值年均增速16.0%，高于同期GDP增幅1.2个百分

点。2009年上半年，我省服务业增加值增速10.5%，GDP增速11.7%，出现近年来首次服务业增幅低于GDP增幅1.2个百分点。(见表3)

2005—2009年上半年七省市服务业增加值总量变化情况

表2

	服务业增加值（亿元）									
	2005	位次	2006	位次	2007	位次	2008	位次	2009（1—6）	位次
辽　宁	3145.17	9	3545.28	9	4036.99	9	4647.46	9	1995.94	12
吉　林	**1413.83**	**20**	**1687.07**	**20**	**2025.44**	**19**	**2442.73**	**18**	**977.49**	**23**
黑龙江	1855.22	15	2086.00	15	2454.04	15	2855.00	15	1341.26	15
广　东	9598.34	1	11195.53	1	13449.73	1	15323.59	1	7310.89	1
上　海	4620.92	6	5244.20	6	6408.50	6	7350.43	6	3816.82	6
江　西	1411.92	21	1563.65	23	1753.56	23	2005.07	24	1028.36	22
天　津	1534.07	18	1752.63	18	2047.68	18	2410.73	19	1260.40	19

吉林服务业发展速度比较

表3

	2005	2006	2007	2008	2009（1—6）
服务业增加值增速（%）	13.6	17.4	16.4	16.7	10.5
GDP增速（%）	12.1	15.0	16.1	16.0	11.7
服务业增加值增速高(低)于GDP增速（百分点）	+1.5	+2.4	+0.3	+0.7	-1.2

（四）从增长速度比较中看，我省服务业发展的速度可观

2005—2008年我省的服务业发展速度处在一个较高的运行平台上，服务业增加值增速一直高于全国平均水平。服务业的高速持续增长是一个积极信号，给我省的产业发展和能效优化带来新的机遇。但2009年上半年我省服务业增加值的增速仅为10.5%，位居全国第23位，为近年来最低速度，最差排位。(见表4)

（五）产业结构向合理化演进

随着服务业规模的迅速扩大，服务业占国民经济的比重发生了积极的变化，我省的三次产业结构呈现“生产向服务”转移的大趋势。1978年我省地区生产总值中三次产业构成比为29.3:52.4:18.3；1988年调整为25.1:47.1:27.8，实现了产业结构由

“一二三”向“二三一”的转变；2008年变化为14.3:47.7:38.0。产业结构逐步向优化的方向发展。30年间第一产业比重下降15.0个百分点，第二产业比重下降4.7个百分点，服务业比重上升19.7个百分点。(见表5)

2005—2009年上半年七省市服务业增加值增速变化情况

表4

	服务业增加值增速（%）									
	2005	位次	2006	位次	2007	位次	2008	位次	2009（1—6）	位次
全　国	10.5		12.1		13.8		9.5		8.3	
辽　宁	8.2	31	10.0	27	10.3	31	11.2	21	12.5	9
吉　林	13.6	7	17.4	1	16.4	4	16.7	1	10.5	23
黑龙江	10.8	21	12.4	14	14.8	10	12.4	11	9.9	27
广　东	13.7	6	13.4	12	13.4	21	9.1	30	11.0	16
上　海	11.1	20	12.0	19	17.1	3	11.3	20	14.2	4
江　西	10.8	21	9.9	28	11.1	28	10.1	27	10.6	21
天　津	11.7	16	11.1	22	14.3	13	14.7	3	14.9	3

主要年份吉林产业结构变化情况

表5　单位：%

年份	本地生产总值构成	第一产业	第二产业	服务业
1978	100.0	29.3	52.4	18.3
1988	100.0	25.1	47.1	27.8
2005	100.0	17.3	37.7	39.1
2006	100.0	15.7	38.8	39.5
2007	100.0	14.8	41.1	38.3
2008	100.0	14.3	47.7	38.0

（六）服务业增加值占GDP比重下降趋势得到缓解

服务业比重随经济发展水平不断上升，被认为是产业结构演进的普遍规律。近几年来，我省服务业在整个国民经济综合实力显著增强时出现比重下滑，由2005年的39.1%下降至2008年38.0%，低于全国平均水平。分别低于服务业发达的广东、上海4.9、15.7个百分点。服务业比重下降，看似有悖常规的发展，其实揭示了在当前的经济发展阶段、市场体制环境、经济增长方式、国际资本流动以及全球制造产业分工的背景下，我省服务业发展尚未进入以知识型、效益型、生产配套型为核心，以产业化、规模化、城市化为依托的内生扩张期。(见表6)

2005—2009年上半年七省市服务业增加值占GDP比重的变化情况

表6

	服务业增加值占GDP比重（%）									
	2005	位次	2006	位次	2007	位次	2008	位次	2009（1—6）	位次
全　国	40.1		40.0		40.4		40.1		41.3	
辽　宁	40.0	14	38.5	19	36.6	20	34.5	21	33.7	30
吉　林	**39.1**	**20**	**39.5**	**15**	**38.3**	**17**	**38.0**	**14**	**38.0**	**22**
黑龙江	33.7	28	33.6	28	34.7	27	34.4	22	41.5	10
广　东	42.9	5	42.8	5	43.3	4	42.9	4	44.2	5
上　海	50.4	3	50.6	3	52.6	3	53.7	3	57.7	3
江　西	34.8	27	33.5	29	31.9	30	30.9	30	35.4	26
天　津	41.5	8	40.3	9	40.5	10	37.9	15	40.0	17

需要说明的是，由于我省处在工业化快速推进阶段，工业呈现加速发展的良好态势。2005—2008年我省工业增加值年均增长20.2%，比同期服务业增加值年均增幅高4.2个百分点。不同产业间阶段性不平衡发展，导致了三次产业的此消彼长，服务业比重下降，是我省工业化进程中的正常现象，从长远看，服务业所占比重必然是上升趋势。

（七）服务业投资总量跃上新台阶

国际经验证明，在完成工业化阶段之前及向城市化推进的过程中，为了保持

吉林服务业投资情况

表7

年份	2005	2006	2007	2008	2009（1—6）
服务业投资额（亿元）	776.98	1123.98	1540.06	1971.86	841.74
服务业投资增速（%）	42.8	44.7	37.0	28.0	38.8
占城镇投资比重（%）	47.3	47.5	46.1	42.9	39.1

经济的快速增长必须保持较高的投资率，因为投资是这一阶段经济较快增长的主动力。2005—2008年，全省城镇固定资产投资中，完成服务业投资5412.88亿元，4年平均增长36.4%。其中，2008年达到1971.86亿元，比2005年增长2.5倍，占全部城镇投资的比重为42.9%。(见表7)

（八）服务业投资率高位运行

2005—2008年，我省固定资产投资率（一定时期内资本形成总额占地区生产总额使用额的比例）均在49%以上，且呈现梯级递升之势。2005—2007年度服务业投资率一直高于同期固定资产投资率，仅2008年服务业投资率低于同期固定资产投资率6.2个百分点。长期的投资积淀，正是我省经济迅速腾飞的主要原因。江西服务业的连续四年90%以上的高投资率值得我们关注。加大投资，尤其是服务业投资力度，仍是未来几年促进服务业跨越发展的必然选择。(见表8)

2005—2008年七省市服务业投资率的变动情况

表8

	固定资产投资率（%）				服务业投资率（%）			
	2005	2006	2007	2008	2005	2006	2007	2008
全　国	42.6	42.5	42.3	57.3	64.8	69.4	72.7	67.1
辽　宁	50.0	54.1	57.5	74.4	66.9	81.9	90.9	104.6
吉　林	**49.2**	**57.9**	**69.3**	**87.3**	**56.2**	**71.5**	**81.4**	**81.1**
黑龙江	35.5	37.7	43.0	44.2	47.7	56.4	60.1	59.5
广　东	37.5	36.7	35.9	31.3	39.9	41.3	42.6	46.6
上　海	45.7	45.9	45.7	35.3	53.1	51.0	47.0	46.3
江　西	48.8	50.4	50.3	73.1	91.8	99.2	98.1	94.9
天　津	53.2	54.2	57.9	53.6	56.5	57.9	62.8	74.1

（九）吸纳就业作用增强

服务业行业劳动密集型居多，可以广泛提供各种就业机会，特别是吸纳从一、二产业转移出来的大批富余劳动力。服务业在自身蓬勃发展的同时，也为社会提供了大量的就业岗位，对解决就业问题、促进社会稳定和提高人民生活水平发挥了重要作用。2008年末，全省服务业从业人员465.7万人，比2005年增加24.3万人，占全省从业人员的36.4%，比2005年提高0.8个百分点。（见表9）

（十）服务业从业人员比重高于全国平均水平

从服务业从业人员的构成看，我省服务业从业人员比重2005—2008年分别比全国平均水平高 4.2、3.6、3.8 和3.2 个百分点。2008年与其他六省、市相比，我省服务业从业人员比重比上海低18.8个百分点，比广东低1.8 个百分点，比辽宁低4.2个百分点，比天津低 7.6个百分点。（见表10）

吉林三次产业就业人员及结构变化情况

表9

年份	就业人员（万人）			就业人员构成（%）		
	第一产业	第二产业	第三产业（服务业）	第一产业	第二产业	第三产业（服务业）
2005	565.8	231.7	441.4	45.7	18.7	35.6
2006	565.2	237.6	447.7	45.2	19.0	35.8
2007	564.6	243.2	458.3	44.6	19.2	36.2
2008	564.0	251.7	465.7	44.0	19.6	36.4

2005—2008年七省市服务业从业人员及比重的变化情况

表10

	服务业从业人员（万人）				服务业从业人员比重（%）			
	2005	2006	2007	2008	2005	2006	2007	2008
全　国	23771.0	24614.0	24917.0	25717.0	31.4	32.2	32.4	33.2
辽　宁	755.2	821.7	843.6	892.5	38.2	38.6	40.7	40.6
吉　林	**441.4**	**447.7**	**458.3**	**465.7**	**35.6**	**35.8**	**36.2**	**36.4**
黑龙江	498.4	603.1	527.0	663.5	30.7	34.4	31.8	33.0
广　东	1710.3	1618.3	1969.5	1791.0	36.4	30.8	37.2	38.2
上　海	463.5	468.7	474.3	494.5	54.2	54.8	54.1	55.2
江　西	675.8	774.2	702.9	829.4	32.1	33.4	32.0	31.9
天　津	173.1	247.0	173.6	299.1	40.5	42.1	40.1	44.0

二、制约我省服务业发展的因素

近年来，虽然我省服务业有了较快发展，服务层次也有了明显提升，但服务业仍是国民经济与社会发展的薄弱环节。我省服务业发展与全国平均水平和辽宁、黑龙江两省及经济总量接近省份相比优势还不明显；与经济发达省份相比，还存在较大差距。从全国角度看，制约服务业发展有许多共性原因，如政策性的因素、现行管理体制的限制、市场发育不成熟、竞争不充分等，但我省服务业发展的相对滞后，与以下方面的因素关系密切。

（一）对服务业发展的认识不足，导致服务业发展与工业化进程不协调

近年来，我省紧紧抓住工业发展前所未有的历史机遇，大力实施“工业强省”战略，积极主动承接沿海地区产业转移，工业生产保持持续稳定快速增长的态势。2005—2008年，我省工业增加值连续三年增幅保持在18%以上，其中2008年增幅高达21.7%。工业投资具有规模大、见效快的特点，对经济增长贡献率高，而服务业创造的是无形价值，在传统认识上往往把服务业看作是其他产业的附属和补充，因而，对服务业在经济社会发展中的重要地位认识不足，没有把服务业摆上应有的位置，在一定程度上忽视了服务业的产业化发展进程。经济发达省份的发展经验证明，工业的高增长不可能长时间维持下去，经济的发展促使产业的主导作用发生演变，服务业的持续增长在经济发展中将会起到更大的作用。在今后更长的时间中，服务业增长速度不仅要高于GDP的增长速度，还要接近工业的增长速度，服务业发展水平才能提高，这也是建设现代化城市的必然要求。

（二）城乡居民收入水平不高，制约服务业的消费需求

收入是消费的基础，一切服务消费的需求，均决定于消费者的收入水平。党的十七大以来，各级政府都十分重视提高城乡居民的收入水平，把增加城乡居民收入，提高居民生活水平作为各项工作的出发点和落脚点，惠民政策连续出台，民生工程逐年扩展，使我省城乡居民享受到的实惠逐年增多，收入明显增长，生活质量明显提高。但总体上我省城乡居民收入水平仍不高，2008年，我省城镇居民人均可支配收入为12829元，与全国平均值相差2952 元，居31个省（市、自治区）第23

2008年七省市城乡居民人均收入比较

表11

地　区	城镇居民人均可支配收入		农民人均纯收入	
	元	位次	元	位次
辽　宁	14393	10	5576	9
吉　林	**12829**	**23**	**4933**	**10**
黑龙江	11581	29	4856	11
广　东	19733	4	6400	6
上　海	26675	1	11443	1
江　西	12866	21	4697	13
天　津	19423	5	7911	4

位；农民人均纯收入4933元，居第10位，在七省市比较中仍靠后；居民的收入水平低，城乡居民家庭开销以食品、衣物等生活用品为主，对服务业的消费需求有限。同时，占总人口较大的农村居民由于生活方式和收入水平的限制，对服务业需求潜能不足，制约服务业的消费需求。（见表11）

（三）较高的城市化水平，较低的城市化质量制约服务业发展

统计资料显示，在我国668个城市中，服务业从业人员占城市全部从业人员的37.3%，比全国平均的服务业就业比重高4.1个百分点，其中超大城市比重是45.8%，特大城市是41.6%，大城市是35.8%，中小城市是30.8%，这说明服务业的就业规模与城市的发展规模密切相关。从世界各国看，“世界发展模型”综合世界128个主要国家经济发展水平和城市化比较研究，得出以下结论：当人均国内生产总值分别为500美元、1000美元、1000美元以上时，城市化水平相应为52.2%、63.4%、65.8%。表明服务业水平与城市化水平呈高度的正相关关系。2008年，我省城镇人口为1454.87万人，占常住人口 2734.21万人的比重为53.21%，比全国45.68 %的比重高7.53 个百分点，城市化率居全国第9位，但从我省就业人口水平、城镇人均可支配收入和职工平均工资均低于全国水平的不争事实看，我省的城市化质量还比较低，同时也表明我省城镇居民的生活及生存质量与较高的城市化水平不相匹配。消费支出水平较低，是就业水平与收入水平低的最终表现，表明我省的城镇居民还没有能力或实力享受更高质量的服务消费，或者说没有分享到与城市化水平相当的生活消费。

（四）市场经济机制不够健全，服务业产业化进展缓慢

长期以来，服务业处于政企不分、政事不分、营利机构与非营利机构不分的状态。许多服务领域行政管理色彩浓，行业准入限制多，特别是一些发展潜力较大的新型产业，本应产业化经营、商业化运作，却被当作公益性、福利性的社会事业来办，人为地抑制了服务业的发展，使一部分潜在的服务需求不能得到实现。比如，科学研究、文化体育等行业，过于看重其社会公益性的一面；金融业、交通运输、电信、新闻出版、广播电视等，过于看重其作为国家调节经济社会活动工具的一面，还基本处于垄断经营、管制经营、限制经营的状态，由此形成的服务供给不能满足日益丰富的社会需求，从而影响这些行业的发展。当前中小企业融资难，保险种类较少、服务不够完善，电讯和运输价格相对较高，非义务教育限制多等众多不合理现象就是供给不适应需求的集中反映。城镇住房制度改革的实施，使得房地产业从一个增加值可以忽略不计的福利事业成为目前增加值达181.35亿元，并在相当程度上推动国民经济增长的主要产业。这一事实说明，只有我们把一些可以当作产业办的服务领域真正按产业来对待，许多服务行业或服务项目就会从无到有、发展

壮大，服务业产业化进程就会加快，服务业创造的增加值就会大幅度增加。

（五）服务业投资见效慢，有效投入不足影响服务业发展

有效投入是服务业发展的基础和前提条件，投入不足必然影响服务业发展。2008年，我省全社会服务业投资比重为40.1%，比2005年降低 5.9 个百分点，比全国平均水平低12.3 个百分点。今年上半年城镇投资中，服务业比重为 39.1%，比全国平均水平低15.6 个百分点。从增长速度看，今年上半年服务业投资比去年同期增长38.8 %，比城镇投资增幅低3.6个百分点，增长相对缓慢，与国务院关于加快服务业发展的决策相悖，不利于加快服务业发展。（见表12）

2005—2009年上半年七省市全社会服务业投资比重的比较情况

表12　　单位：%

省　份	2005年	2006年	2007年	2008年	2009（1—6）
全　国	53.6	53.4	53.0	52.4	54.7
辽　宁	50.1	51.0	49.4	48.5	46.0
吉　林	**46.0**	**44.4**	**43.7**	**40.1**	**39.1**
黑龙江	50.9	52.7	52.1	50.1	47.3
广　东	54.8	58.1	61.6	62.8	65.2
上　海	69.9	68.5	68.2	70.4	74.4
江　西	57.6	57.8	52.1	38.3	41.8
天　津	57.9	55.7	54.7	52.5	52.7

三、找准突破口，促进服务业跨越式发展

当前，我国经济快速发展正面临着越来越大的资源和环境压力，资源供给不足已成为经济社会发展和实现全面建设小康社会目标的重要制约因素。我省作为一个资源型产业比重偏高的省份，第二产业产能的进一步扩大势必受到节能减排约束性指标的限制。相对第二产业而言，服务业附加值高、消耗低、污染少、就业容量大，能直接促进消费和投资需求。因此，加快发展服务业既是经济社会发展的必然趋势，也是加快转变经济发展方式、促进产业结构调整优化、推进节能减排工作的重要抓手。

（一）正确处理工业化和服务业发展之间的关系

实际上，工业化是一个向现代工业社会转变的动态过程。在这一变革过程中，工业与服务业的发展并不是对立的，在工业快速发展的同时，也必然要求服务业加快发展，特别是加快发展与现代加工制造业相配套的生产性服务业，才能推动制

造业进一步走向集约化和高端化。这是工业化发展进程中的必然要求。新一轮经济加速增长期及今后经济发展阶段，工业和服务业将成为引领经济快速增长的主导力量，二者相辅相成，互为动力和保障，特别是进入工业化中期以后，工业化的加快发展更加需要服务业提供更高、更充足的保障，离开服务业，工业化就无法深入下去，同时依托工业结构的调整和产业升级，与之相匹配的交通、通信、信息、物流、金融、研发等服务行业必将获得大力发展的契机，从而使服务业与工业形成良性发展的互助机制。

（二）以生产性服务业为重点，找准服务业发展的突破口

生产性服务业是指直接或间接为生产过程提供中间服务的产业，主要包括现代物流、现代金融、信息服务、商务服务、科技服务等。生产性服务业是现代服务业的重中之重，对制造业具有强大的支撑和引领作用。当前我省制造业的快速发展，为生产性服务业提供了广阔的发展空间。要把发展生产性服务业与现代加工制造业基地建设放在同样重要的位置，在物流、金融、信息、商务、研发等重点领域主动承接生产性服务业转移，不断提升我省生产性服务业对先进制造业的综合服务功能，推动产业集群发展，增强企业自主创新能力。着力推进跨区域、跨部门、集聚功能强、辐射作用大的现代服务业项目，促进现代制造业与服务业的有机融合，互动发展；加快传统服务业改造步伐，提高服务业质量和水平。大力发展金融服务业、信息和科技服务业、现代物流业和商务服务业，以实现从工业经济向服务经济的转型升级。

（三）关注民生，加强消费升级引导，培育和扩大市场消费需求

从源头上讲，消费才是经济保持良性循环最根本的因素，因为消费率的高低表明了投资转化为有效供给的程度，反映了劳动成果直接转化为消费享用的程度。服务业发达国家的消费率平均保持在75%以上，关注本地消费市场的培育和发展，促进经济增长与地区消费之间的良性互动，这不仅是经济增长方式转变的需要，更是保持可持续发展的需要。从“富民”角度看，要使广大人民群众的消费性服务意愿转变为有效消费需求，提高收入水平是基础，同时合理控制收入水平差距也是关键。改革分配制度、打破垄断行业的超额利润，建立收入增长的长效机制等，是服务业发展和促进经济持续、稳定、协调发展的应有之举。从“强省”角度看，要使我省从农业大省转变为经济强省，必须采取切实有效的举措，促使我省科教力量、文化底蕴、信息技术、旅游资源等“软实力”转化为经济发展水平的“硬实力”，这些方面本身就是发展服务业的重要内容，这将使发展服务业与经济强省相得益彰，在实现富民强省的进程中铸就服务业发展动力机制，形成互动互进的良性动力机制。

（四）改善农村消费环境，加快农村服务业发展

农村人口占我省总人口的四成以上，加快农村服务业发展对促进我省服务业上台阶具有重要意义。近年来，随着农村居民家庭收入水平的提高、农业补贴等多项支农惠农政策的实施以及农村社会保障体系的逐步完善，农村居民生活水平明显提高，购买力显著增强，消费结构不断升级。加快农村服务业发展，一要积极采取措施促进农林牧渔服务业发展，引导其为农业发展提供各种支持性服务，推动农业产业化发展，提高农产品竞争力和农业效益，进一步促进农民增收；二要着力改善当前落后的农村消费环境，鼓励城市商业企业通过分店、连锁等形式向农村地区蔓延，支持农民根据当地经济发展状况创办合适规模和档次的超市、商场、专卖店等消费场所，满足农村居民对传统服务业的需求；三要加大财政投入、积极发展农村旅游业、金融业、文化、体育、娱乐业等新兴服务业，积极促进城镇现代服务体系向农村延伸，满足农村居民消费结构升级需求。

（五）加大现代服务业项目建设，鼓励民间资本投资服务业，形成多元化投资体系

加大现代服务业项目建设，推动服务业跨越发展，尤其是生产性服务业的发展。加快综合运输体系建设，使铁路、公路、水运、航空、管道等多种运输方式优势互补，形成若干条通过能力强的大通道。进一步完善现代物流体系，建设东北物流中心。进一步加大旅游基础设施建设，打造以长白山为主体的具有吉林特色的旅游品牌，全面提升旅游业的产业效益和综合竞争力。扶持发展金融、保险、证券，创新金融产品和服务。加快发展信息服务业，特别是网络、信息技术应用咨询和数据库服务业，全面推进经济和社会信息化；运用现代经营方式和服务手段提升传统服务业，加快商贸流通业的战略性调整和重组，培育和建设一批辐射东北面向全国的专业商贸市场和大型流通企业集团。服务业是一个适合民间资本参与发展的领域，民营经济在服务业发展中应发挥着主体作用。近几年，我省服务业投资增速明显低于全社会固定资产投资，并且主要集中在房地产业、交通运输仓储邮政业以及水利环境和公共设施管理业三个行业，其他行业投资规模较小，投入相对不足，影响了服务业的协调发展和结构优化。服务业投入的相对不足，也说明政府对服务业的投资引导还不到位。要进一步放宽市场准入，凡是国家法律法规没有明确禁入的领域，凡是能够实行多元化投资的领域，都应该鼓励和引导民间资本加快进入；要制定服务业鼓励民间投资的具体实施办法，明确民间资本可以进入的行业范围，定期发布服务业投资和产业发展信息，引导民间资本向服务业重点领域分流。

（六）加强组织领导，优化服务业的发展环境

加强对服务业工作的组织领导，建立分工协作、统筹协调的政府部门工作机

制，建立科学、规范的服务业统计调查体系和分析研究制度。加大对服务业的投入，调整政府投资结构，继续安排服务业引导资金，并逐步扩大规模，引导社会资本加大对服务业的投入。增强政策扶持力度，建立财税、信贷、土地和价格等方面支持促进服务业加快发展的政策体系，如对列入国家鼓励类的服务业产品，逐步实现与工业用水、用电、用气、用热基本同价，在用地安排上予以倾斜等。加快推进服务业集聚区建设，重点建设中央商务区、总部基地、软件与服务外包基地、科技创业园、创意产业区、物流园区等集聚区和新型专业市场。搞好发展规划，防止盲目投资和低水平重复建设。提高认识，加强管理，加快发展第三产业，必须转变思想，更新观念。首先要把服务业提高到国民经济主导产业的位置来认识，从产业的高度出发，制定合理的发展规划，在安排资金、立项、贷款等方面，把服务业摆上合理的位置。二是要增强发展服务业紧迫感，高度重视服务业的发展速度，在发展一、二产业的同时要加快服务业的发展力度，一、二、三产业一齐抓，形成“一、二、三产业比翼齐飞”协调发展的局面。三是加大宣传力度，形成全社会重视支持发展服务业的良好氛围。

全省装备制造业发展状况分析研究

李传平　梅桂

编者按：《全省装备制造业发展状况分析研究》一文于2009年10月26日以《统计分析》第50期（总第553期）印发。

我省装备制造业起步早，基础好，上世纪50年代初期，与辽宁省、黑龙江省并称为“共和国的装备部”。经过半个世纪的发展，我省装备制造业已成为继汽车、石化、食品之后的我省第四大产业，2008年装备制造业实现增加值达180.99亿元，占全省规模以上工业增加值比重的7.3%。特别是借助2003年国家实施振兴东北老工业基地政策和“十一五”以来的产业优惠政策，我省装备制造业经过产业和组织结构调整，实现了持续、稳定的良好发展态势。

一、发展的现状和特点

（一）经济总量增长显著

装备制造业是我省的重要产业，企业数量多，规模大，盈利能力较强，特别是近几年发展尤为突出。2008年，全省规模以上装备制造业企业达690户，占全省规模以上企业户数的15.7%，比十一五初期的2006年多206户，比2002年多248户，年均增长率为7.7%；实现工业增加值180.99亿元，是2002年的4.8倍，对全省工业生产的贡献率为9.9%，拉动全省工业生产增长1.9个百分点；主营业务收入达463.56亿元，比2002年多出354.55亿元，年均增长27.3%；资产总计达478.94亿元，比2002年多130.91亿元；2002年盈亏相抵后净亏损1.67亿元，而2008年实现净利润21.77亿元。(见表1)

（二）生产效益平稳增长

虽然2008年下半年爆发的国际金融危机对我省装备制造业的生产效益情况带来一定的冲击和影响，但是凭借几十年来的发展奠定的良好基础，装备制造业企业紧紧抓住国家和我省出台实施产业调整和振兴规划的有利时机，变挑战为机遇，较为平稳度过危机时期。

装备制造业主要总量指标

表1

	单位	2002年	2003年	2006年	2008年	△增量=（2008年−2002年）	年平均增长率（%）
企业数	户	442	373	484	690	248	7.7
增加值	亿元	37.95	35.48	76.99	180.99	143.04	29.7
资产	亿元	348.03	304.56	307.58	478.94	130.91	5.5
主营业务收入	亿元	109.01	120.18	240.88	463.56	354.55	27.3
利润	亿元	-1.67	-3.54	7.59	21.77	23.44	

2003年以来，我省装备制造业生产效益实现平稳增长，占全省规模以上工业的比重逐年提高。2003年、2006年和2008年装备制造业增加值占全省规模以上工业的比重分别为4.4%、5.1%和7.3%，2006年和2008年实现利润占全省的比重分别为3.7%和6.2%。

从生产情况看，2006年装备制造业实现增加值76.99亿元，比2003年翻一番，2008年装备制造业实现增加值比2006年再翻一番，达到180.99亿元。其中增长最快并且总量最大的行业是专用设备制造业，2008年专用设备制造业实现增加值50.46亿元，是2002年的11.7倍。

从效益情况看，2006年装备制造业实现利润7.59亿元，比2003年多实现利润11.13亿元，2008年装备制造业实现利润总额是2006年的2.9倍。其中增长最快的行业是通用设备制造业，2008年实现利润3.08亿元，是2002年的20倍；总量最大的行业是专用设备制造业，2008年实现利润6.01亿元。

从上述分析和下表数据中可以看出，2006年是我省装备制造业发展的关键年，生产和效益水平得到了长足发展，装备制造业取得了“十一五”的开门红。

2008年在历经了国际金融危机冲击后，我省装备制造业仍能保持高于全省平均水平的发展速度，成绩来之不易。进入2009年，装备制造业仍然保持了平稳的增长态势。今年前7个月，实现增加值137.37亿元，同比增长27.5%，实现利润15.89亿元，同比增长17.7%。(见表2)

（三）抵御风险能力较强

2008年下半年，随着国际金融危机的爆发和蔓延，我省工业生产增速逐渐回落，经济效益不断下滑。在经济下滑周期中，受到冲击最大的是初级产品市场，如

装备制造业生产和效益主要指标

表2 单位：亿元

	2002年		2003年		2006年		2008年	
	增加值	利润	增加值	利润	增加值	利润	增加值	利润
规模以上工业合计	663.48	95.72	814.83	159.75	1514.36	206.42	2491.28	353.80
装备制造业	37.95	-1.67	35.48	-3.54	76.99	7.59	180.99	21.77
金属制品业	3.25	0.08	3.10	0.21	8.31	0.75	27.83	3.68
通用设备制造业	7.96	0.15	6.54	0.27	17.86	1.17	43.28	3.08
专用设备制造业	4.30	0.34	5.81	0.47	22.59	2.19	50.46	6.01
交通运输设备制造业	6.59	-3.38	7.44	-0.44	12.54	0.84	23.20	0.50
电气机械及器材制造业	5.55	0.71	3.63	-0.98	7.23	0.99	21.65	2.97
通信设备、计算机及其他电子设备制造业	8.51	0.37	8.45	-3.38	7.06	1.20	10.71	5.22
仪器仪表及文化、办公用机械制造业	1.78	0.05	0.50	0.31	1.41	0.45	3.85	0.32

钢铁、煤炭、原油加工等。而装备制造业是与此类初级产品市场有高度相关性的行业，因此在危机中受到冲击不可避免。为积极应对金融危机，国家在今年及时出台了装备制造业振兴规划，依托十大领域重点工程，振兴装备制造业。在这种国内宏观利好政策的带动影响下，我省装备制造业化危机为机遇，在危机中实现了平稳发展，对全省规模以上工业生产的贡献逐渐加大。

2008年下半年，装备制造业工业生产增速不仅没有随着全省工业生产增速的下滑而下滑，反而实现了小幅增长，并将这种增长趋势保持到2009年。今年前7个月，装备制造业工业增加值同比增长27.5%，高于全省规模以上工业平均水平14.1个百分点，同时分别高于2008年上半年和2008年全年装备制造业生产增速1.1和0.7个百分点。同时，装备制造业占全省规模以上工业生产的份额逐渐加大，贡献愈加重要。今年前7个月，装备制造业实现增加值占全省规模以上工业的10.7%，比2008年上半年和2008年分别提高2.2和0.8个百分点。(见表3)

分行业看，装备制造业中多数行业发展较快。今年前7个月,金属制品业增加值同比增长35.3%，利润增长70.0%;专用设备制造业增加值同比增长32.0%，利润增长64.4%;电气机械及器材制造业增加值同比增长27.7%，利润增长10.0%;仪器仪表及文化、办公用机械制造业增加值同比增长21.5%，利润增长112.4%。同时，我们也应客观的看到，这些行业的快速增长与其基数相对较小有很大关系。

（四）部分产品在全国占重要地位

装备制造业作为我省的支柱产业，在全国也有着重要的地位。我省装备制造业通用设备类装备主要以发动机、起重机等为代表；专用设备类装备主要以采矿专用设备为代表；交通运输设备制造业类装备主要是以铁路客车为代表；电气机械及器材类装备主要以输变电设备、锂离子电池为代表；还有半导体分立器件、电工仪器仪表、汽车仪器仪表等为代表的电子和仪表类装备。部分装备制造业产品产量在全国占重要地位。在全国装备制造业主要产品产量中，我省铁路客车、发动机产量占有一定的比例。今年前7个月，我省生产铁路客车1018辆，占全国的23.7%；

生产发动机3562.66万千瓦，占全国的9.4%。(见表4)

装备制造业在金融危机发生前和发生后在
全省工业生产中的作用变化情况

表3　　单位：亿元，%

	2008年上半年		2008年		2009年1—7月	
	规模以上工业	装备制造业	规模以上工业	装备制造业	规模以上工业	装备制造业
增加值	1248.21	87.74	2491.28	180.99	1590.29	137.37
增速	22.0	26.4	18.6	26.8	13.4	27.5
占比		7.0		7.3		8.6
贡献率		8.5		9.9		10.7
拉动作用		1.9		1.9		1.4

我省装备制造业主要产品产量及占全国比重

表4

产品名称	计量单位	2002年		2003年		2006年		2008年	
		产量	占全国比重	产量	占全国比重	产量	占全国比重	产量	占全国比重
铁路客车	辆	1051	36.8	770	50.5	1121	52.3	869	29.7
变压器	万千伏	191.59	0.6	134.02	0.4	438.12	0.6	708.93	
电工仪器仪表	安	89.15	1.5	79.47	1.6	68.42	1.5	137.67	2.3
汽车仪器仪表	万台	6.42	0.5	86.28	4.5	152.24		137.65	
	万台								

（五）地域分布集中

我省装备制造业企业虽然分布在全省九个市州，但其中五分之三强的企业集中在长春、吉林、四平三市，同时这部分企业拥有全省装备制造业86.2%的资产，并创造了69.2%的产值和74.2%的利润。长春市是我省政治经济文化教育的中心，各项发展走在全省前列，拥有长春轨道客车股份有限公司、一汽丰田（长春）发动机有限公司等大型重点企业。截至2009年7月份，长春市装备制造业拥有资产339.14亿元，分别是吉林市和四平市的3倍和7.4倍；实现利润6.32亿元，分别是吉林市和四平市的1.9倍和2.9倍。虽然长春市装备制造业拥有企业数量和资产最多，但是其产值增速和资产收益率在三个城市中最低，企业盈利能力较低。今年前7个月，长春市装备制造业产值增速为15.2%，远低于吉林市和四平市32.8%和26.5%的增长水平，资产收益率为1.9%，分别低于吉林市和四平市1.1和2.8个百分点。(见表5)

2009年1—7月份分地区装备制造业主要指标

表5

地区	户数（个）	产值（亿元）	资产（亿元）	主营业务收入（亿元）	利润（亿元）	产值增速（%）	资产收益率（%）
规模以上工业合计	862	423.19	578.15	335.01	15.99	30.3	2.8
长春	324	146.00	339.14	81.87	6.32	15.2	1.9
吉林	172	104.41	113.00	99.75	3.39	32.8	3.0
四平	101	42.37	45.94	37.16	2.15	26.5	4.7
三市合计占全省比重	69.3	69.2	86.2	65.3	74.2		

二、存在的问题

尽管建国以来我省装备制造业发展成绩显著，但在产业发展过程中，还存在很多不足和制约因素。

（一）占全国份额小

虽然我省装备制造业起步较早，基础较好。但是在作为国家老工业基地的东北三省中，还处于发展相对较弱的位置，尚不能称之为装备制造业大省，我省装备制造业总量占全国装备制造业的份额仍然很低。2006年，我省装备制造业企业数量、资产、实现工业总产值、增加值、主营业务收入、利润等总量指标占全国装备制造业的比重均不足1%。(见表6)

我省装备制造业占全国份额小还体现在全省投资额与投资品生产的不匹配。近

2006年全国和我省装备制造业部分总量指标

表6　　单位：个、亿元

	企业数	总产值	增加值	资产	主营业务收入	利润
全国	85144	90391.25	22359.59	67905.44	88822.34	4135.23
吉林省	484	241.97	76.99	307.58	240.08	7.59
吉林省占全国比重（%）	0.6	0.3	0.3	0.5	0.3	0.2

注：2008年全国数据尚未公布，故采用2006年数据进行比较。

年来，通过进一步改善投资环境，采取多种积极有效的措施，我省固定资产投资力度不断加大。2004年全省全社会固定资产投资已突破千亿元大关，今年前7个月，全省投资完成2964.20亿元，其中设备购置989.41亿元，占投资额的33.4%。而同时期，我省装备制造业实现总产值423.19亿元，占全省规模以上工业总产值的7.8%。简单比较，即将我省生产的423.19亿元设备全部用于本省投资品投资，那么还有566.22亿元的投资额需要出省、出国采购。

（二）劳动生产率有待提高

在发达国家和我国的发达省份和地区，装备制造业属于技术密集型和资金密集型产业，而我省装备制造业仍处于劳动密集型产业阶段。一直以来，我省装备制造业劳动生产率不仅达不到发达地区的水平，甚至低于全省规模以上工业平均水平。2008年，全省装备制造业劳动生产率为14.21万元/人，比全省规模以上工业低7万元

装备制造业劳动生产率

表7　　单位：万元/人

	2002年	2003年	2006年	2008年
规模以上工业总计	6.03	8.03	14.39	21.21
装备制造业	2.69	3.11	7.28	14.21
金属制品业	3.22	3.80	10.26	23.62
通用设备制造业	2.46	2.67	5.93	13.44
专用设备制造业	1.19	1.88	10.65	16.85
交通运输设备制造业	2.28	3.25	5.40	9.33
电气机械及器材制造业	5.36	3.39	5.03	12.71
通信设备、计算机及其他电子设备制造业	5.60	8.05	10.01	11.25
仪器仪表及文化、办公用机械制造业	2.15	0.78	8.19	18.68

/人。从装备制造业的子行业看，从2002年到2008年，交通运输设备制造业劳动生产率增长最为缓慢，人均增长7.05万元。(见表7)

（三）小型企业多，生产不稳定

截至今年7月末，我省装备制造业小型企业数为804户，占装备制造业企业总数的93.3%。今年7月份，全省停产装备制造业企业为96户，占装备制造业企业数的11.1%，占全省停产企业户数的14.1%，比2008年12月上升1.7个百分点。从企业规模看，其中停产的小型企业为91户；从企业控股情况看，停产的私人控股企业为69户。7月份，由于装备制造业小型企业的停产影响全省产值增长回落0.3个百分点。装备制造业中的小型私人企业多从事简单的配套加工工作，技术含量低，生产附加值小，当其为之提供配套服务的大中型企业减少或取消产品需求时，小型企业关停的可能性和可操作性极大。而且政府帮助企业应对金融危机的政策和资金扶持往往更倾向于大中型企业，小型企业争取到的机会相对小一些。

（四）研发投入少，创新能力不足

多年来，在振兴老工业基地战略中，我省装备制造业面向国内外市场，采用新技术改造传统产业，大力发展高新技术，为国民经济建设做出了贡献。随着研究开发费用投入的增多，新产品产值率也有了显著提高。尽管我省装备制造业新产品产值率在今年与全省规模以上工业新产品产值率的差距明显缩小，但其始终低于全省

装备制造业新产品产值率和研发费用投入情况

表8　　　　单位：%，亿元

	2002年		2003年		2006年		2008年	
	新产品产值率	研究开发费	新产品产值率	研究开发费	新产品产值率	研究开发费	新产品产值率	研究开发费
规模以上工业合计	16.3	23.7	22.8	7.7	27.8	23.0	25.1	15.6
装备制造业	9.3	0.4	9.1	0.6	22.5	2.0	21.5	3.0
金属制品业	2.1	0.0	3.8	0.0	15.2	0.0	6.7	0.4
通用设备制造业	5.4	0.0	5.9	0.0	6.3	0.2	11.9	0.2
专用设备制造业	6.8	0.1	10.7	0.1	16.5	0.4	17.2	0.2
交通运输设备制造业	8.3	0.1	2.1	0.1	52.0	0.9	65.0	1.6
电气机械及器材制造业	6.0	0.1	4.9	0.0	8.7	0.1	9.0	0.3
通信设备、计算机及其他电子设备	16.5	0.1	20.6	0.1	22.8	0.4	14.0	0.2
仪器仪表及文化、办公用机械制造	29.3	0.0	40.3	0.2	45.5	0.1	32.5	0.1

平均水平。同时，虽然装备制造业投入的研发费用有了显著提高，2008年达到3亿元，但是从总量看仍然较小。

2008年我省装备制造业新产品产值率为21.5%，低于全省3.6个百分点。其中金属制品业、通用设备制造业、专用设备制造业、电气机械及器材制造业和通信设备、计算机及其他电子设备分别低于全省18.4、13.2、7.9、16.1和11.1个百分点。(见表8)

（五）两项资金占比过高

随着工业生产和销售的增长，两项资金呈现刚性增加的态势。但是两项资金占用过多，增长过快，造成企业资金沉淀过多,生产经营成本加大，流动资金不足,甚至严重影响正常生产和经营。近年来，我省装备制造业（包括其子行业）两项资金占用额及其占流动资产年平均余额的比例一直居高不下，分流和降低了企业经济效益，加大了企业生产运营风险。

从2002年到2008年，我省装备制造业两项资金占比一路攀升，2008年底已达到50.9%，高于全省规模以上工业14.6个百分点，其中电气机械及器材制造业和仪器仪表及文化、办公用机械制造业的两项资金占比分别高达64.5%和60.3%。两项资金占据了企业流动资金的一多半，这样即使产品有市场,生产有能力,而由于资金短缺，也会使企业举步维艰,从而限制企业的发展。(见表9)

装备制造业两项资金占用情况

表9 单位：亿元，%

	2002年		2003年		2006年		2008年	
	两项资金	两项资金占比	两项资金	两项资金占比	两项资金	两项资金占比	两项资金	两项资金占比
规模以上工业合计	448.81	33.8	466.84	31.9	651.35	34.6	956.70	36.3
装备制造业	64.46	37.3	61.03	38.6	79.45	48.5	114.63	50.9
金属制品业	5.38	47.7	6.17	57.5	6.90	60.5	9.99	47.5
通用设备制造业	15.39	42.0	10.25	35.3	11.88	49.2	17.87	51.3
专用设备制造业	9.74	42.0	10.03	45.4	19.53	54.9	27.57	51.2
交通运输设备制造业	10.06	26.7	14.98	30.5	17.99	39.6	18.03	41.9
电气机械及器材制造业	7.18	42.4	7.58	48.1	13.12	61.9	21.64	64.5
通信设备、计算机及其他电子设备	14.28	33.8	8.25	34.9	8.59	36.8	16.97	49.1
仪器仪表及文化、办公用机械制造	2.42	48.0	3.77	48.5	1.44	51.1	2.57	60.3

（六）名牌产品匮乏

名牌产品代表着过硬的产品质量，更体现良好的企业形象，同时名牌产品拥有较强的市场竞争性和占有率。目前，虽然我省能够生产的装备制造业产品种类已达70余种，但是中国名牌产品屈指可数。据中国名牌战略推进委员会网站公布的2007年中国名牌产品名单（2008年和2009年名单尚未公布），我省装备制造业名牌产品只有三种，分别是长春禹衡光学有限公司生产的“禹衡”光电编码器、延吉插秧机制造有限公司生产的“春苗”插秧机和长春轨道客车股份有限公司生产的“CRC”轨道客车。

三、发展我省装备制造业的建议

（一）紧抓机遇，适时调整。当前为积极应对国际金融危机，帮助企业平稳度过困难时期，国务院陆续出台了十大产业调整和振兴规划，其中包括装备制造业调整和振兴规划，对我省装备制造业来说是一次难得的发展机遇。利用此次调整时机，达到鼓励龙头企业发展、实行优胜劣汰、加快结构调整、促进产业升级、调整劳动密集型、技术密集型和资金密集型企业比例结构、提高劳动生产率的最终目的。对装备制造业重点企业和重点建设项目，加大政府政策和资金支持，大力培育装备制造知名品牌。

（二）增加研发投入，鼓励科技创新。建立健全创新激励体系，要深化科技体制改革，加快建立以保护知识产权为核心的激励体制框架，把增强自主创新能力作为科学技术发展的战略基点和调整产业结构、转变增长方式的中心环节。增强税收制度对创新的激励作用，努力吸引集聚高层次创新领军人才，为提高自主创新能力提供强大的动力来源和智力支持。

（三）加强两项资金管理，防范财务风险。引导企业把压缩“两项资金”作为生产经营管理的重要内容，把调整产品结构、扩大市场销售作为压缩“两项资金”的根本措施，以提高资金使用效率和企业经济效益为中心，以营销管理和资金管理为重点，全面加强各项基础管理和专业管理，努力把“两项资金”占用控制在合理适度的范围，加速流动资金周转，确保企业生产经营正常运行。

建议相关职能部门要切实为企业压缩“两项资金”提供有效服务，建立“两项资金”监测预警工作机制。加强对“两项资金”占用情况的动态监控和调查分析。重点关注装备制造业中“两项资金”增长过快、占比过高的子行业和企业，根据不同行业和企业的实际情况，确定“两项资金”占用的警戒线，对超过警戒线的主要行业和重点企业进行研究并提出相应的对策和措施。

（四）落实优惠政策，优化信息与管理服务，助力小型企业发展壮大。在发展装备制造业小型企业上，一方面政府有关职能部门及时做好信息服务工作，建立健全开放的信息服务体系，构筑社会化信息服务平台和网络，使小型企业可以及时获取政策，了解发展动态和方向。另一方面抓好落实国家和省政府已出台的有关政策，消除“中间梗塞”。尤其是小型企业融资难一直是制约其发展的一个关键问题。由于我国传统的金融体制的差别待遇，小型企业一般过分依赖自筹资金而导致融资渠道单一，资信状况差，信用等级低，这极端不利于小型企业的发展壮大，因此，除了积极转变金融部门旧式观念，调整信贷政策导向，确立支持小企业发展的思路外，加快落实有利于小企业发展的财税、金融政策更为重要。

注1：本文中的装备制造业是指为满足国民经济各部门发展和国家安全需要而制造各种技术装备的产业总称。按照国民经济行业分类，其产品范围包括金属制品业、通用装备制造业、专用设备制造业、交通运输设备制造业（不包括汽车制造，行业代码372）、电气机械及器材制造业、通信设备、计算机及其他电子设备制造业、仪器仪表及文化、办公用机械制造业7个大类行业。

注2：2003年国家提出振兴东北老工业基地、2006年是“十一五”的开局之年、2008年国际金融危机席卷全球，因此本文选用了2002年、2003年、2006年和2008年的历史年份数据进行对比分析。其中2002年度、2003年度和2006年度使用的是年报数据，2008年度和2009年1-7月份使用的是快报数据。

经济总量稳步上升 企稳回暖更加显著

——前三季度吉林省经济运行情况分析

潘豫

编者按：《经济总量稳步上升 企稳回暖更加显著——前三季度吉林省经济运行情况分析》一文于2009年10月22日以《统计分析》第51期（总第554期）印发。

去年底全球金融危机波及范围不断扩大，我国和我省的经济也受到了很大程度的冲击，年初以来全省经济各行业都不同程度地受到影响。在严峻的经济形势下，省委省政府正确地贯彻落实中央关于应对国际金融危机的一揽子计划，坚持以“保增长、保稳定、保民生”为重心，采取有效措施积极克服国际金融危机的影响，全省经济运行呈现企稳回升的良好发展态势。前三季度，全省经济基本实现了平稳较快的发展，企稳回暖的态势更加巩固，全年经济目标有望较好的实现。

一 、经济运行总体上保持了平稳发展

（一）经济增速保持了持续加快的态势

前三季度，我省完成地区生产总值4347.45亿元，增速达到12.1%，比全国平均水平高出4.4个百分点，比上半年增速高0.4个百分点，比一季度增速高3.0个百分点，经济总量增速在全国各省区市中居第11位，速度呈现出显著的持续加快态势。分产业看，第一产业增加值达到391.85亿元，增长5.0%，比全国平均增速高1.0个百分点；第二产业增加值达到2323.94亿元，增长15.3%，比全国平均增速高7.8个百分点；第三产业增加值达到1631.66亿元，增长9.3%，比全国平均增速高0.5个百分点（见表1）

全国和我省GDP增长速度比较

表1

年 份	2009年1季度	2009年1–2季度	2009年1–3季度
全 国	6.1	7.1	7.7
吉林省	9.1	11.7	12.1

（二）工业经济摆脱危机稳步回升

从去年底，国际金融危机对我省工业经济造成了强力冲击，工业生产增速大幅度回落，工业经济效益水平大幅度下滑。随着我省多项“保增长”措施的贯彻落实，今年初全省工业经济逐步企稳回升，到下半年随着危机冲击的逐渐削弱，我省工业经济已基本恢复到危机前的发展水平。今年前三季度，规模以上工业累计实现增加值2122.06亿元，按可比价格计算，同比增长15.3%，为年初以来月份累计增幅的最高水平，增速在全国各省区市中居第9位，比全国平均增长水平高出6.6个百分点。

1．从生产看我省工业经济近一年来呈“V”型发展态势

去年下半年以来，吉林省规模以上工业当月实现增加值的同比增速一度呈现出波动中下滑的态势，从20%以上的速度一直下滑到10%以下，到今年1月份降至6.1%，达到最低点，此后工业生产开始筑底回升，特别是进入下半年以后，工业经济呈现出强劲反弹势头，7月、8月和9月的增速分别达到20.4%、19.9%和23.0%。这表明，吉林省工业经济在逐步摆脱国际金融危机的冲击和影响的过程中，基本完成相对高位（两位数增长）的筑底阶段，呈现出“V”型的状态，到今年9月份生产的增速已经超过了危机前的水平。（见图1）

图1 近一年吉林省规上工业增加值增速

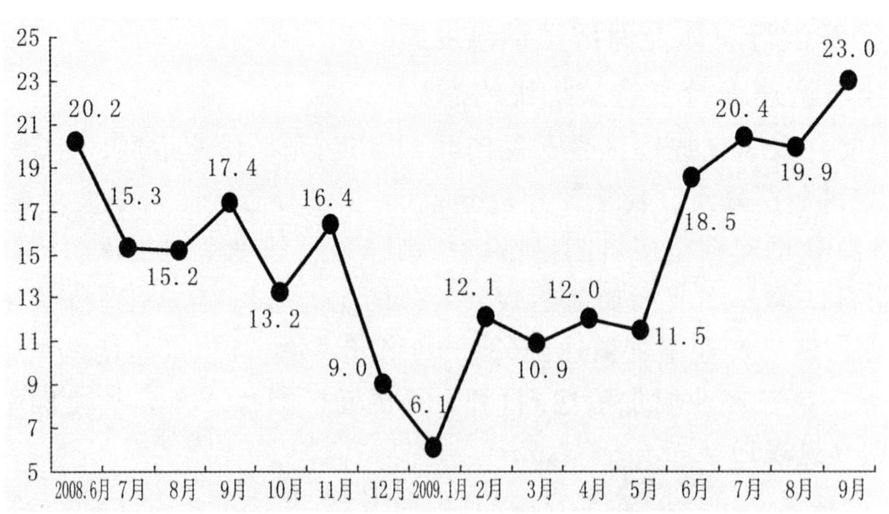

2．从效益看工业利润降幅持续收窄，已经超过去年同期水平

全省规模以上工业盈亏相抵后实现的净利润的同比增速从去年初开始呈现回落的势头，去年1—10月份累计利润变为负增长。今年1—2月份累计利润同比下降

74.9%，降幅达到最大值。此后随着工业生产的逐步企稳回暖和金融危机影响的逐渐减小，工业利润的降幅逐步收窄，1—9月份累计利润总额达到335.56亿元，增长3.4%，今年以来，累计利润首次实现正增长。（见图2）

图2 今年我省规上工业利润增速情况

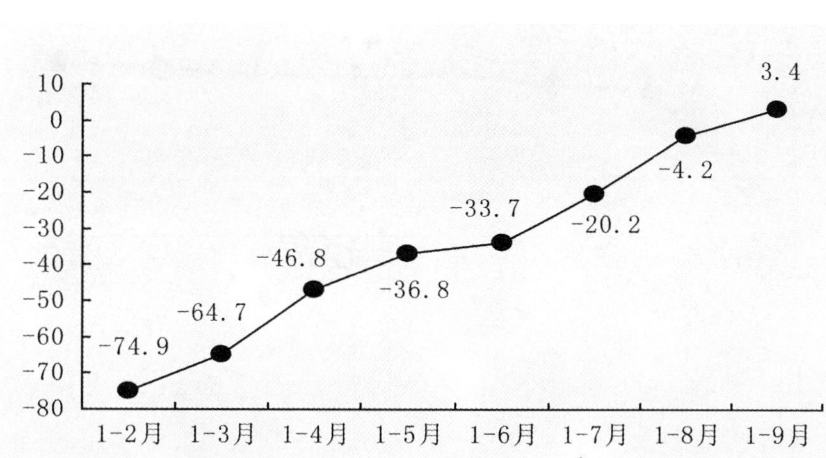

（三）消费品市场平稳增长，特别是农村消费品市场持续繁荣活跃

在国家各项刺激消费政策措施的拉动下，在“汽车下乡”、“家电下乡”等惠农政策的带动下，在多项“会展经济”的推动下，我省消费品市场始终保持了繁荣活跃的势头，消费的高位增长有效地化解了金融危机对需求不足的影响。今年前三季度吉林省实现社会消费品零售总额2111.64亿元，同比增长18.7%，比全国平均增速高3.6个百分点，在全国各省区市中居第14位，比上半年的位次前进3位。

1．我省各月零售额增长速度均显著高于全国平均水平

去年底以来，我省消费品市场受到金融危机的影响，增长速度开始回落，这种回落的态势一直持续到今年4月份，4月增速达到最低点，但依然保持了17.0%的较高增速。从5月份开始增速有所回升，特别是下半年以来始终保持接近20%的增速，并且，我省零售额的增长速度始终保持高于全国平均增速3—4个百分点的水平。（见图3）

2．农村消费品市场始终保持了较高的增长速度

前三季度我省农村消费品零售总额达到474.12亿元，同比增长22.4%，增幅高于全省水平3.7个百分点，高于城市水平4.7个百分点。农村消费品零售额不仅增速明显高于全省水平，并且其总量所占比重也明显扩大，由去年1-9月份的21.5%提高到今年同期的22.5%，提升了1个百分点。（见图4）

图3 全国和我省全社会消费品零售总额增速比较

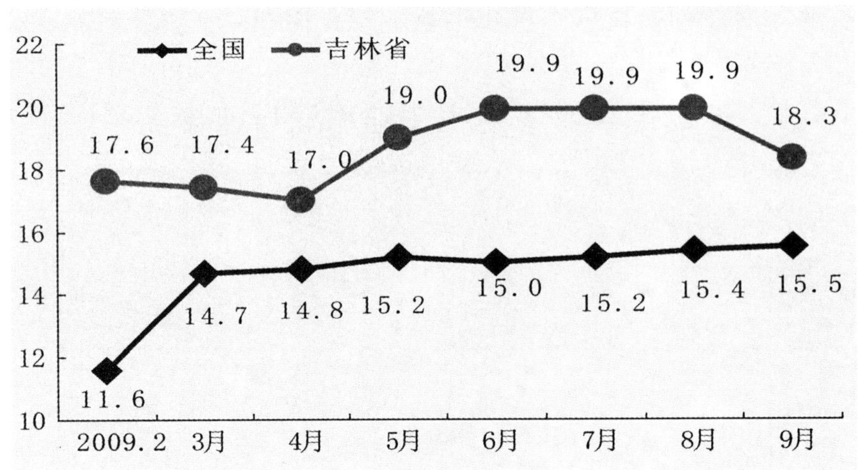

图4 我省城市和农村社会消费品零售总额增速比较

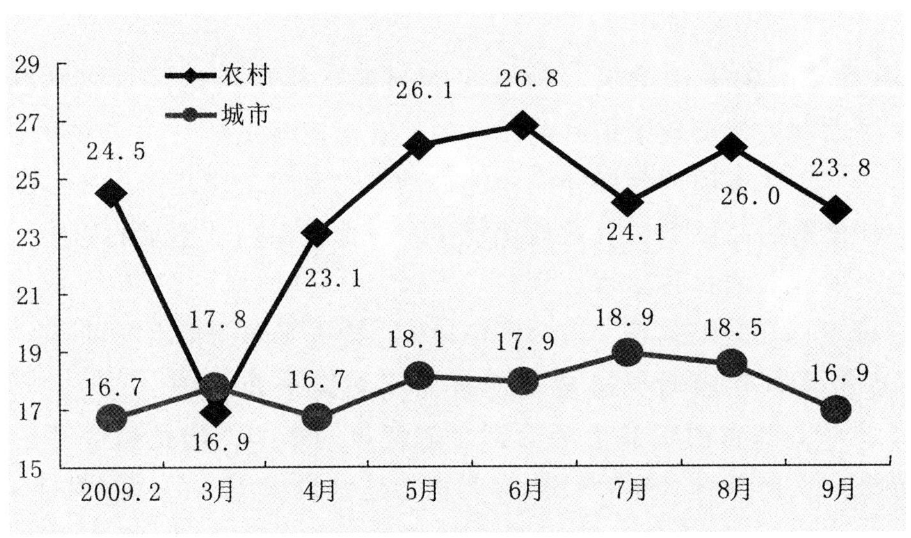

今年以来在国家多项惠农政策的拉动下，我省的农村消费品市场呈现出了强劲的增长势头，特别是4月份以后，农村社会消费品零售总额的增长速度始终高于城市6-8个百分点。

（四）固定资产投资经受住了危机的冲击，持续了高位增长态势

2004年我省实施扩大投资战略以来，我省的固定资产投资连续五年实现高速增长。虽然去年四季度以后经受了金融危机的冲击，但是国家刺激经济增长措施的逐步落实，促进了我省招商引资力度不断加大、引资成果不断显现，我省固定资产投

资继续保持在高位增长。今年前三季度，全省累计完成城镇固定资产投资4585.19亿元，同比增长39.8%，增幅高于当期全国平均增长水平6.5个百分点，增速在全国各省区市中居第12位。其中，第一产业完成投资86.92亿元，同比增长19.6%；第二产业完成投资2620.39亿元，增长42.1%；第三产业完成投资1877.88亿元，增长37.1%。（见图5）

图5 全国和我省城镇固定资产投资增速比较

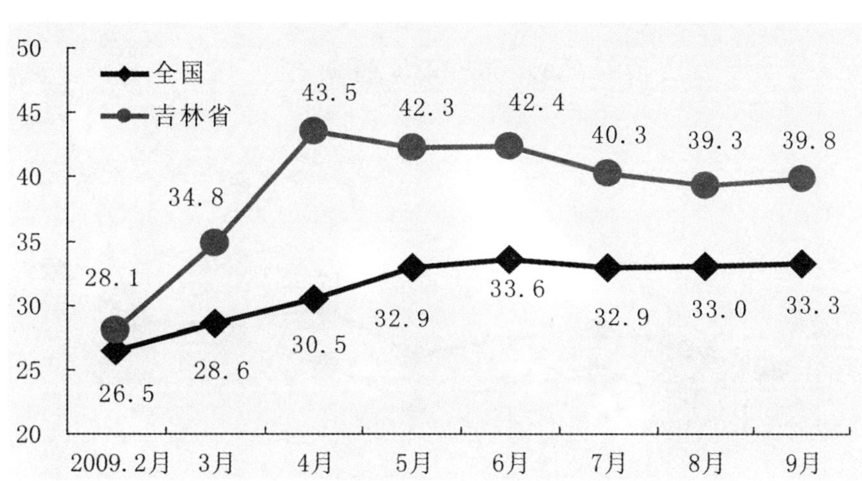

1．各月固定资产投资均保持高位增长

从图中可以看出近一年来，我省的城镇固定资产投资除了受季节性影响较大的一季度外，其他时点上的累计增速都保持在40%左右的水平上。今年以来在国家刺激经济增长实施4万亿项目投资计划的带动下，全国的固定资产投资都有较大幅度的增长，但我省各月累计投资的增长率始终都能高出国家平均水平6个百分点以上。

2．新开工项目的大量增加和工业项目投资保持强势增长是我省城镇固定资产投资保持高位高速增长的重要原因

一是新开工项目大量增加，今年截至9月末全省城镇固定资产投资中的建设施工项目有9835个。其中新开工项目有8387个，同比增长49.9%，占比高达85.3%。在新开工项目中，亿元以上项目有302个，同比增长98.6%。充分展示出我省持续几年的扩大招商引资活动已经大见成效。二是工业投资增势不减。今年前三季度，全省城镇工业投资2551.33亿元，占全部投资的55.6%，同比提高了8.9个百分点。特别是制造业完成投资2036.74亿元，同比增长52.8%，充分展示出振兴老工业基地的政策效应和市场效应正在同时显现。

（五）对外贸易受金融危机冲击的影响最大

多年以来对外贸易一直是我省经济发展中的薄弱环节，进出口商品品种较为集中，抗风险能力比较弱，今年以来在金融危机中受到很大的冲击。前三季度，全省仅累计完成进出口总额79.85亿美元，同比下降21.7%，降幅高于当期全国平均降幅0.8个百分点。其中，出口总值仅完成20.70亿元，同比下降38.6%，降幅高于当期全国平均降幅17.3个百分点；进口总值也仅完成59.15亿元，同比下降13.3%，比全国平均降幅小7.1个百分点，略好于全国平均水平。（见图6）

图6 全国和我省进出口总额增速比较

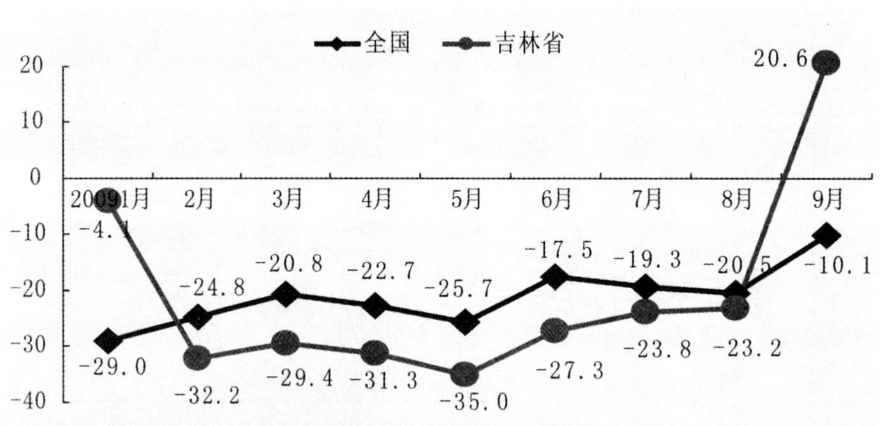

从各月份的情况看，我省外贸进出口年初以来持续低迷，但本月出现强劲反弹。2月以来我省各月份进出口总额的同比增速始终处在负增长的状态之中，虽然近几个月降幅有明显缩小的趋势，但降幅始终高于全国平均水平。9月份我省的进出口总值达到11.85亿美元，同比增速达到20.6%，增速高出全国平均水平30.7个百分点，今年以来首次实现正增长，这主要是由进口总值拉动，9月份全省进口总值8.90亿美元，增长40.6%，比8月份的增速高出51个百分点。9月进口贸易的活跃，大幅度的带动了对外贸易的增长。

（六）财政收入保持两位数增长

今年前三季度，全省累计实现地方级财政收入348.33亿元，增长13.2%。特别是从2月份以来，财政收入的累计增长速度始终保持在10%以上，且基本上呈逐月上升的趋势。（见图7）

前三季度，全省累计完成财政支出830.29亿元，增长27.7%。涉及民生和公共事业的各项支出均有较大幅度的增长，其中，科学技术支出10.46亿元，增长52.7%；社会保障和就业支出148.58亿元，增长34.7%；医疗卫生支出46.03亿元，增长41.5%；环境保护支出30.43亿元，增长1.8倍；农林水事务支出120.71亿元，增长1.5

倍；交通运输支出30.45亿元，增长1.7倍；采掘电力信息等事务支出40.96亿元，增长33.8%。

图7 各月累计财政收入增长速度

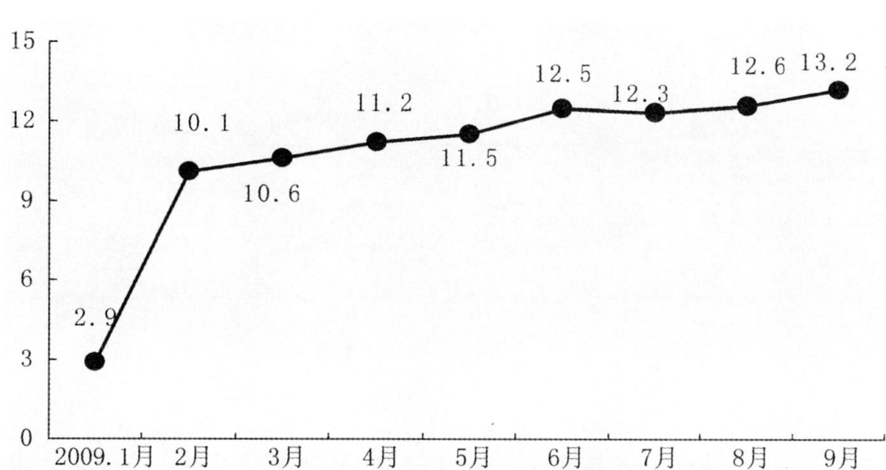

（七）金融存贷稳定增长，中长期贷款余额增加较多

今年初，受金融危机影响我省金融存贷比持续下降，进入下半年随着经济形势的明显回暖，金融支持力度不断回升。截至9月末，全省金融机构本外币存款余额达到8194.17亿元，比年初增加1750.89亿元，其中，企事业单位存款余额2278.82亿元，比年初增加725.33亿元；城乡居民储蓄存款余额4560.94亿元，比年初增加579.39亿元。

截至9月末，全省金融机构本外币贷款余额6190.65亿元，比年初增加1293.71亿元。其中，短期贷款余额2839.84亿元，比年初增加540.96亿元；中长期贷款余额2997.38亿元，比年初增加656.87亿元。中长期贷款余额的大量增加说明金融机构对我省大型建设项目的金融支持力度大幅增加，对我省经济发展保持良好势头充满信心。截至9月末，全省金融机构本外币存贷比为75.5%。

（八）CPI、PPI回稳

1—9月，居民消费价格同比下降0.6%；9月当月与上年同期水平持平。其中，食品类价格1-9月下降0.8%；9月当月比上年同期增长2.3%。居民消费价格水平稳步回升，已接近去年同期水平，特别是食品类价格9月份水平已超过去年同期。（见图8）

1—9月，全省工业品出厂价格同比下降5.3%，9月当月下降3.9%；原材料、燃料、动力购进价格同比下降5.9%，9月当月下降6.1%。工业品出厂价格和原材料、燃料、动力购进价格自年初以来始终低于去年同期水平，但降幅并未扩大基本保持

图8 各月当月居民消费品价格指数（上年同期为100）

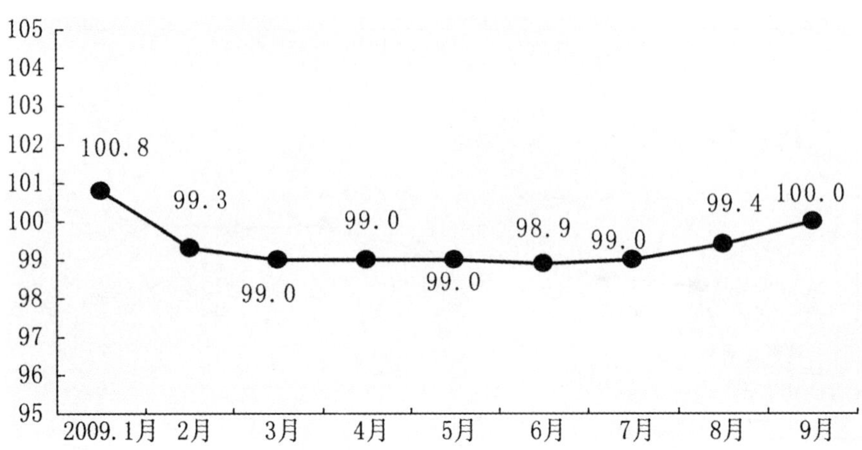

了相对平稳。

（九）主要工业原材料产量和工业用电量大幅度回升，企稳回暖的势头更加强劲

1．主要原材料加工保障能力持续加大（见图9）

图9 我省主要原材料产量增速情况

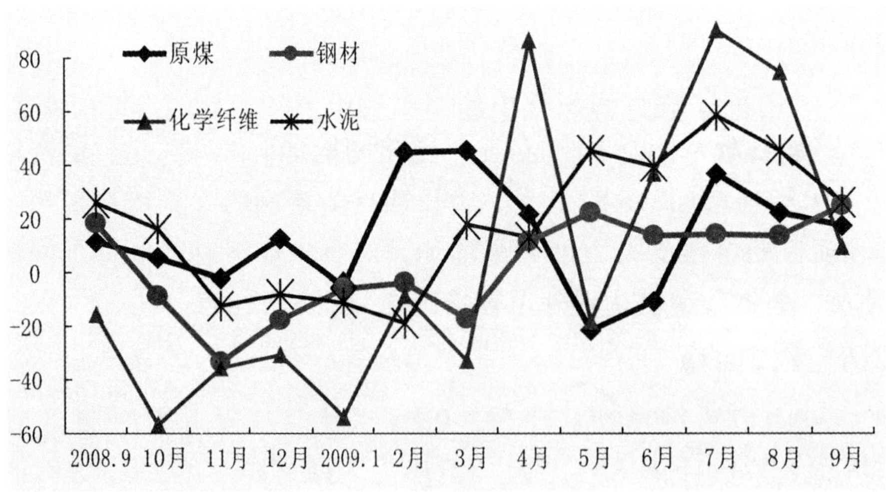

今年前三季度，我省原煤产量达到3161.78万吨，同比增长10.2%，增速接近去年同期水平；天然原油产量达到507.21万吨，产量接近去年同期水平；化学纤维产量达到21.73万吨，同比增长3.7%，保持了平稳增长；钢材产量达到639.28万吨，同比增长8.0%；水泥产量达到3428.21万吨，同比增长31.4%，增速同比提高23.6个百

分点。原材料产品产量的较大幅度增长，进一步体现我省工业经济回暖的势头。

2．伴随经济企稳回升和金融危机影响的减弱，我省工业用电量呈现稳步回升的态势（见图10）

图10 我省全社会用电量和工业用电量增速情况

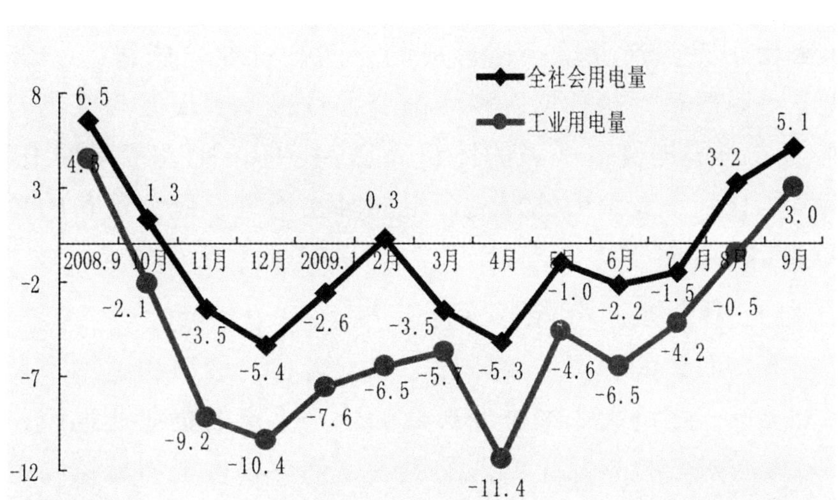

由于受到金融危机的影响，我省工业生产增速出现了大幅度回落，导致用电量，特别是工业用电量出现大幅萎缩，并且从去年10月份开始出现了较长时间的负增长。去年12月份，全社会用电量下降5.4%，其中，工业用电量下降10.4%。此后，随着工业生产的企稳回暖，用电量逐月回升。虽然在4月份出现过短暂的下滑，但其他月份都呈现出逐月上升的势头。到今年8月份，全省全社会用电量实现正增长，增速达到3.2%，9月份工业用电量也实现正增长，增速达到3.0%。工业用电量的回升，说明我省工业企业生产运转处于良好状态，到三季度末开工情况已恢复甚至好于危机前的水平。

二、当前经济运行中存在的主要问题

尽管今年以来我省经济和社会发展经受住了金融危机的考验和洗礼，形势良好，特点鲜明，但经济和社会生活中所显现出来的矛盾和问题仍然不容忽视，实现全年经济增长目标压力增大。主要表现在：

（一）服务业增速有所回落

前三季度，全省服务业增长9.3%，而同期经济总量增长12.1%，高于服务业增速2.8个百分点；工业经济增长14.9%，高于服务业增速5.6个百分点。我省服务业的增长不但慢于经济总量的增长，而且还呈下滑趋势，较上半年速度慢1.2个百分点。

出现这样的趋势主要是生产型服务业和现代服务业在金融危机的影响下出现明显滞缓。这说明我省的服务业整体上发展是以传统服务业为主，没有伴随着老工业基地振兴而形成具有现代产业气息的新生服务业。据相关资料测算，近几年我省的生产性服务业增长了78.6%，比工业慢14.2个百分点。

（二）工业中支柱产业单一，行业风险增大

我省多年来由于重点产业单一所形成的一两户企业“感冒”、全省经济跟着“发烧”的状况比较严重，这种情况在当前金融危机中表现尤为突出。前三季度，全省汽车工业创造的增加值占全省的比重高达24.7%，比去年同期上升0.8个百分点。这种结构虽然有利于竞争力的提高，但同时也增大了经济运行的风险，产生了对单一产业的过度依赖。

（三）产品结构不合理，市场有待开发

从产业结构看，我省的发展主要依托一汽、吉化、油田和通钢等大企业，但在我省的配套率却很低，围绕大中型企业形成的分工生产的企业还很少，产业聚集链还没有形成。从投资额与投资品生产匹配上看，前三季度全省城镇固定资产投资完成4589.19亿元，其中设备购置1471.22亿元，占投资额的32.1%。而同时期，我省工业生产设备制造业实现的总产值为408.02亿元，占全部工业总产值的5.6%。简单比较，如果将我省生产的408亿元设备全部用于本省投资品投资，那么还有1000多亿元的投资额需要出省、出国采购。由于我省工业产品结构使然，扩大的投资额有很多没有产生直接的省内GDP。

（四）外贸负拉动作用增大，对GDP拉动作用进一步弱化

外贸进出口规模小，结构相对单一，还处在尚不发达的较为落后的状态。前三季度，累计实现外贸进出口总值79.85亿美元，比上年同期下降27.6%。从经济发展的对外关联度看，前三季度，我省外贸依存度仅为15%左右，表现出了我省对外经济贸易与发达省份的巨大差距。

三、对进一步应对当前国际金融危机的几点思考

（一）正确把握当前我省产业结构特征，加快推进产业结构调整升级步伐

第一产业比重较发达省份明显偏高和第二、三产业发育的相对不足，既深刻反映出我省产业结构与全国平均水平，特别是与经济发达地区的明显差距，同时也为我省调整产业结构，进而推动经济结构的优化升级指明了方向。尽管当前世界范围内爆发的金融危机给我省经济发展带来了巨大的负面影响，但同时也为我省加快产业结构调整带来了重大的历史机遇。进一步做大做强工业经济，加快发展以现代服

务业为核心的社会服务业，就成为我省调整产业结构的根本方向。应加快制定和实施更高目标的工业经济和社会服务业跃升规划，在扩大招商引资中更加注重工业和社会服务业投资，在促进农业发展中推动工业和社会服务业更快发展。

（二）以提升企业核心竞争力为根本，全面提高全省经济发展水平

要实现吉林经济的跨越式发展和老工业基地振兴，必须始终把提升企业的核心竞争力作为根本，并以此提高全省经济发展的综合水平。为此，一是应切实加大对企业现有生产设备的更新改造力度，以最先进的装备技术创造最高的劳动生产效率。二是应立足市场,切实提高企业的新产品开发能力，特别是对高技术性新产品的开发能力，不断提高企业产品在国际、国内同类产品中的声誉和市场占有份额。三是应全面实施人才兴业战略，大力开展全员培训教育，努力造就一支能够与企业发展完全相适应的高素质的职工队伍。四是应积极推进名牌发展战略，始终以“高人一等”的名牌产品牢牢占领市场、主导市场。五是应大力强化企业的经营管理，从严格的质量管理中求效益，图发展。

（三）要下决心打破现有的工业经济结构格局，建立新的支柱产业集群体系

从我省三大支柱产业形成的历史背景来看，交通运输设备制造和石油化工两大产业都是早在“一五”时期伴随着汽车、铁路客车制造和化肥、电石、染料三大化工产品制造等重大工业引进项目的落户就已经奠定了其在我省的支柱产业地位的，并在其后的发展壮大中不断巩固其主导地位，这种产业结构特征半个多世纪以来始终未曾发生过改变。而农产品加工制造业能够成为新的支柱产业，则完全是依托我省丰富的农业产品资源。站在有效抵御国际经济危机侵害，保证全省经济持续、稳定、健康、快速发展的高度，必须要更有效地把招商引资、扩大投资同加快工业经济内部的结构调整有机地结合起来，下决心逐步打破现有的工业经济结构格局，在千方百计继续做大做强现有支柱产业的基础上，加速培育和形成若干个新的支柱产业，形成新的支柱产业集群，把经济发展真正建立在更加稳固的支柱产业集群的支撑之上，从根本上预防和避免行业风险给全省经济带来的损害。

国际金融危机周年
吉林省经济发展回顾

综合处

编者按：《国际金融危机周年 吉林省经济发展回顾》一文于2009年10月30日以《统计分析》第12期（总第12期）印发。11月12日，王珉书记阅后批示："实事求是，客观公正，应统尽统，做好分析预测，请统计局同志继续努力，为吉林省科学发展做好参谋和经济基础工作。"

自2008年4季度以来，由美国次贷危机衍生的金融危机在全球迅速蔓延，给我国、我省经济发展都造成了巨大的冲击影响。在国际金融危机爆发周年之际，回首我省经济发展历程，我们看到，一年来在省委、省政府的正确领导下，由于正确地贯彻落实了中央关于应对国际金融危机的一揽子计划，坚持以"保增长、保稳定、保民生"为重心，采取有效的措施积极克服国际金融危机的影响，全省经济运行企稳回升的良好发展态势更加明显。

一、经济运行总体上保持了平稳发展

（一）经济增速在克服危机影响中保持了持续加快的态势

去年1—3季度全国GDP的增速为9.9%，而我省的增速为16.0%，高出全国平均水平6.1个百分点。到去年底，国际金融危机的影响已经开始显现，全年全国GDP增速降为9.0%，较前三季度回落近1个百分点；而我省GDP的增速则保持在16.0%的较高水平，比全国增长水平高出了整整7个百分点。到了今年初，随着金融危机影响程度的逐步加深、波及范围的扩大，我省的众多产业也受到了波及影响，1季度全国GDP增速回落到6.1%，我省的增速也滑落到9.1%，增速同比回落7.4个百分点。此后，随着国家应对国际金融危机一揽子计划和省委省政府"三保"政策的制定和实施，金融危机的各种影响逐步被化解或减弱，经济总量实现了平稳的回升。上半年，全国GDP的增速回升到7.1%，我省GDP的增速回升到11.7%，比全国平均水平高出4.6个百分点。1—3季度我省的GDP增速达到12.1%，高于全国平均水平4.4个百

分点。(见表1)

全国和我省GDP增长速度比较

表1

	2008年 1—3季度	2008年 1—4季度	2009年 1季度	2009年 1—2季度	2009年 1—3季度
全　国	9.9	9.0	6.1	7.1	7.7
吉林省	16.0	16.0	9.1	11.7	12.1

（二）工业经济摆脱危机稳步回升

去年4季度以来，国际金融危机对我省工业经济造成了强力冲击，工业生产增速大幅度回落，工业经济效益水平大幅度下滑。随着我省多项“保增长”措施的贯彻落实，今年初全省工业经济逐步企稳回升，到下半年随着危机冲击的逐渐削弱，我省工业经济已基本恢复到危机前的发展水平。今年1—3季度，规模以上工业累计实现增加值2122.06亿元，按可比价格计算，同比增长15.3%，为年初以来月份累计增幅的最高水平，增速在全国各省市区中居第9位，比全国平均增长水平高出6.6个百分点。

1．从生产看我省工业经济在金融危机中呈现“V”型发展态势

2008年6月以来，吉林省规模以上工业当月实现增加值的同比增速一度呈现出波动中下滑的态势，从20%以上的速度一直下滑到10%以下，到今年1月份降至6.1%，达到最低点，此后工业生产开始筑底回升，特别是进入下半年以后，工业经济呈现

图1 近一年吉林省规上工业增加值增速

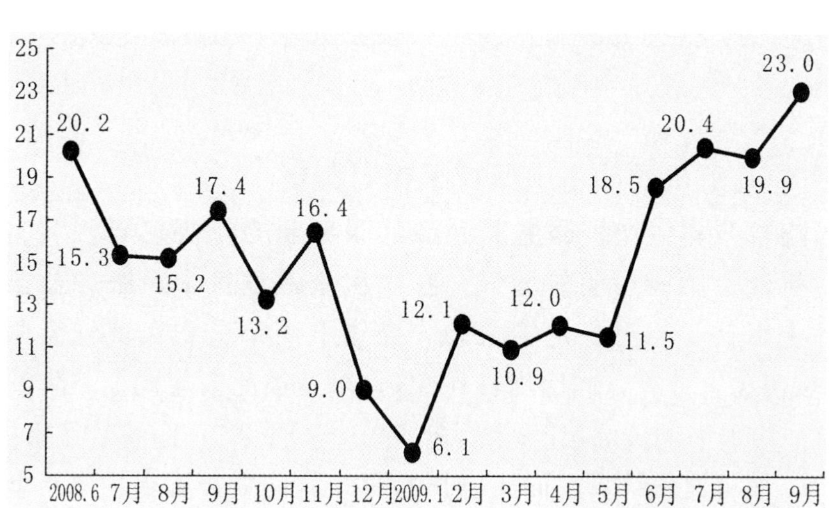

出强劲反弹势头，7月、8月和9月的增速分别达到20.4%、19.9%和23.0%。这表明，吉林省工业经济在逐步摆脱国际金融危机的冲击和影响的过程中，基本完成相对高位（两位数增长）的筑底阶段，呈现出“V”型的状态，到今年9月份生产的增速已经超过了危机前的水平。（见图1）

2．效益看工业利润降幅持续收窄，已经恢复到接近去年同期水平

全省规模以上工业盈亏相抵后实现的净利润的同比增速从2008年初开始呈现回落的势头，在金融危机的冲击下，到去年10月份累计利润的同比增速变为负值。今年1—2月份累计利润同比下降74.9%，降幅达到最大值。此后随着工业生产的逐步企稳回暖和金融危机影响的逐渐减小，工业利润的降幅逐步收窄，到今年8月份累计利润的降幅减到4.2%，利润总额达到280.0亿元，已经接近去年同期水平。9月份累计利润达到335.56亿元，实现了正增长，增速达到3.4%。（见图2）

图2 今年我省规上工业利润增速情况

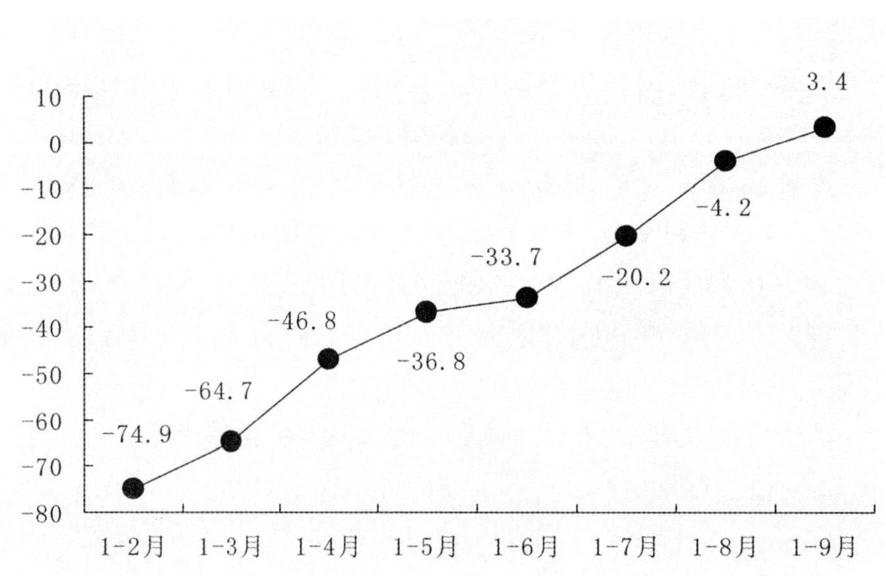

（三）服务业在危机的冲击中保持了相对稳定

近年来，随着我省生产性服务业和现代服务业的较快发展，我省服务业的实力明显加强，抗冲击的能力明显增强。在本次金融危机中，服务业虽受到一定的冲击，但总体上保持了相对稳定的状态。今年上半年全省实现社会服务业增加值977.49亿元，按可比价计算，同比增长10.5%，增速虽比去年同期下降2.4个百分点，但比同期全国平均水平增长高出2.2个百分点。1—3季度，全省实现社会服务业增加值1631.66亿元，按可比价计算，同比增长9.3%，比同期全国平均水平增长高出0.5个

百分点。(见表2)

我省服务业主要行业增速情况

表2

	2008年1—3季度	2008年全年	2009年1季度	2009年上半年	2009年1—3季度
地区生产总值	16.0	16.0	9.1	11.7	12.1
服务业	14.7	16.7	8.5	10.5	9.3
交通运输、仓储及邮政业	12.8	13.4	5.2	-2.5	-6.8
批发和零售业	13.3	14.6	15.8	16.6	17.4
住宿和餐饮业	9.7	11.5	15.7	16.3	16.8
金融保险业	4.1	9.8	25.5	28.5	32.3
房地产业	11.1	8.6	8.3	8.3	10.8
其他服务业	19.3	21.9	0.3	7.8	5.2

从服务业内部的构成要素来看，本次危机中交通运输、仓储及邮政业受到的影响最大，今年年初以来持续呈现增速大幅回落的态势，1季度增速降至5.2%，到上半年增速降为-2.5%，前三季度增速降为-6.8%。房地产业增速保持了相对平稳的态势，去年底以来，累计增速始终保持在8—10%。批发和零售贸易业、住宿和餐饮业在我省大力开展 “会展经济”的推动下，保持了较高的增长速度，特别是今年以来批发和零售贸易业、住宿和餐饮业始终保持15%以上的增长速度，并且增速呈现逐季加快的势头。金融保险业去年受到金融危机的冲击呈现低迷的状态，2008年前三季度增速只有4.1%，今年在工业经济企稳回暖、消费市场保持旺盛增长势头的带动下，金融保险企业对我省经济稳定增长的信心增强，行业增加值实现高幅度增长，1季度增速达到25.5%，上半年增速又提高到28.5%，前三季度增速更是达到32.3。

(四) 消费品市场受金融危机影响较小，特别是农村消费品市场持续繁荣活跃

在国家各项刺激消费政策措施的拉动下，在“汽车下乡”、“家电下乡”等惠农政策的带动下，在多项“会展经济”的推动下，我省消费品市场始终保持了繁荣活跃的势头，消费的高位增长有效地化解了金融危机对需求不足的影响。今年前三季度吉林省实现社会消费品零售总额2111.64亿元，同比增长18.7%。去年9月份以后，我省消费品市场受到金融危机的影响，增长速度开始回落，这种回落的态势一直持续到今年4月份，4月增速达到最低点，但依然保持了17.0%的较高增速。从5月份开始增速有所回升，特别是下半年以来始终保持接近20%的增速，并且，我省零

售额的增长速度始终保持高于全国平均增速3—4个百分点的水平。（见图3）

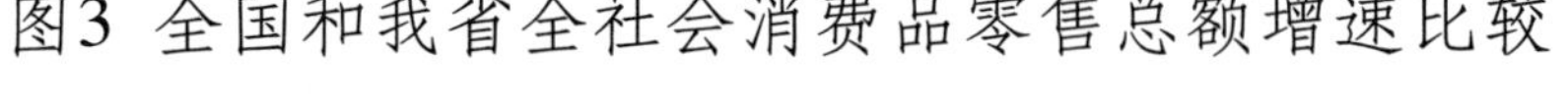
图3 全国和我省全社会消费品零售总额增速比较

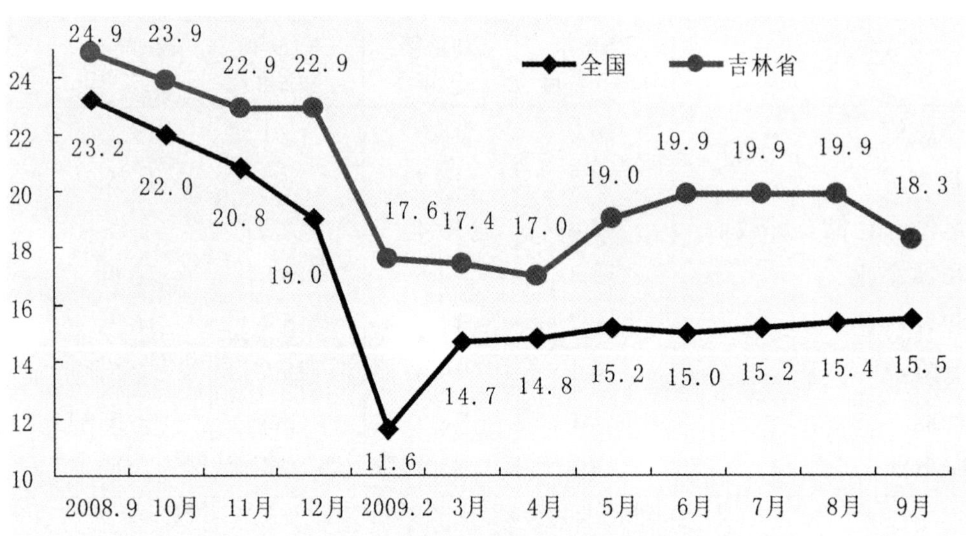

农村消费品市场基本未受到本次危机的影响，始终保持了较高的增长速度，农村消费品零售额的增速明显高于全社会消费品零售额，并且所占比重明显扩大，由去年1—9月份的21.5%提高到今年同期的22.5%，提升了1个百分点。（见图4）

图4 我省城市和农村社会消费品零售总额增速比较

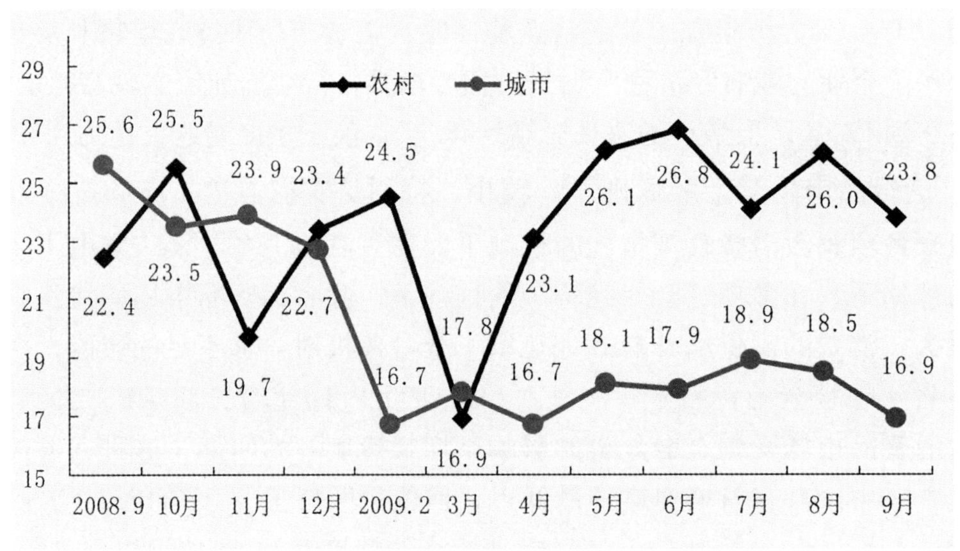

今年以来在国家多项惠农政策的拉动下，我省的农村消费品市场呈现出了强劲的增长势头，特别是4月份以后，农村社会消费品零售总额的增长速度始终高于城市6-8个百分点。

（五）固定资产投资经受住了危机的冲击，持续保持高位增长

2004年我省实施扩大投资战略以来，我省的固定资产投资连续五年实现高速增长。虽然去年四季度以后经受了金融危机的冲击，但是国家刺激经济增长措施的逐步落实，促进了我省招商引资力度不断加大、引资成果不断显现，我省固定资产投资继续保持在高位增长。今年前三季度，全省累计完成城镇固定资产投资4585.19亿元，同比增长39.8%，增幅高于当期全国平均增长水平6.5个百分点。(见图5)

图5 全国和我省城镇固定资产投资增速比较

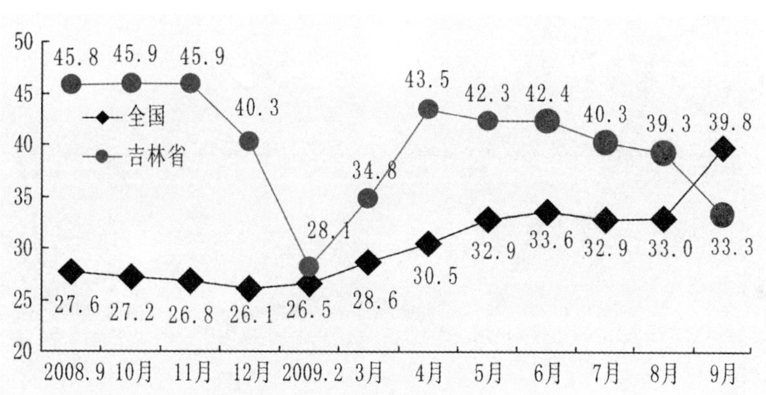

从图中可以看出近一年来，我省的城镇固定资产投资除了受季节性影响较大的一季度外，其他时点上的累计增速都保持在40%左右的水平上。今年以来在国家刺激经济增长实施4万亿项目投资计划的带动下，全国的固定资产投资都有较大幅度的增长，但我省各月累计投资的增长率始终都能高出国家平均水平7—10个百分点。

新开工项目的大量增加和工业项目投资保持强势增长是我省城镇固定资产投资保持高位高速增长的重要原因。一是新开工项目大量增加，今年截至9月末全省城镇固定资产投资中的建设施工项目有9835个。其中新开工项目有8387个，同比增长49.9%，占比高达85.3%。在新开工项目中，亿元以上项目有302个，同比增长98.6%。充分展示出我省持续几年的扩大招商引资活动已经大见成效。二是工业投资增势不减。今年前三季度，全省城镇工业投资2551.33亿元，占全部投资的55.6%，同比提高了8.9个百分点。特别是制造业完成投资2036.74亿元，同比增长52.8%，充分展示出振兴老工业基地的政策效应和市场效应正在同时显现。

（六）对外贸易受金融危机冲击的影响最大

多年以来对外贸易一直是我省经济发展中的薄软环节，进出口商品品种较为集中，抗风险能力比较弱，在这次金融危机中受到的冲击也最大。今年前三季度，全省仅累计完成进出口总额79.85亿美元，同比下降21.7%，降幅高于当期全国平均降幅0.8个百分点。(见图6)

从各月份的外贸进出口情况看，今年2月以来我省各月份进出口总额的同比增速始终处在负增长的状态之中，虽然近几个月降幅有明显缩小的趋势，但降幅始终高于全国平均水平。

图6 全国和我省进出口总额增速比较

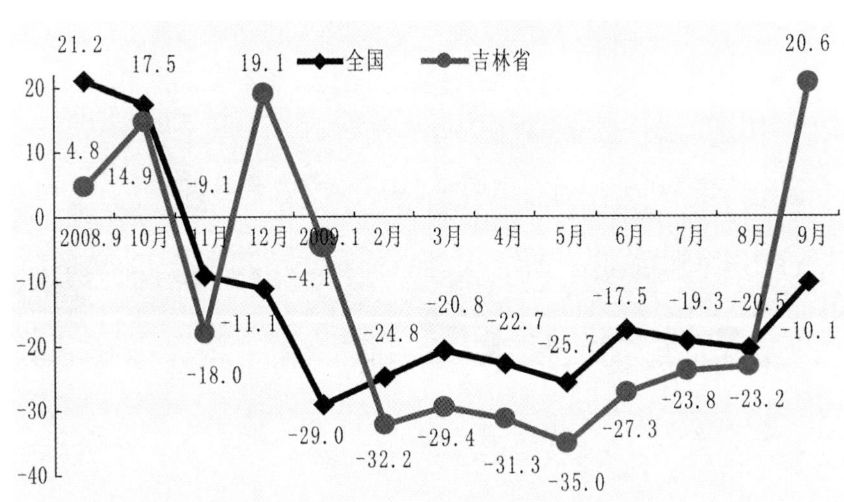

二、国际金融危机对我省经济影响的几个特点

（一）金融危机对我省影响起始相对滞后，回暖相对较早

2008年在国际金融危机加剧，美国和欧洲经济面临萧条的情况下，中国经济开始稳中趋降。2008年前三个季度，GDP增长9.9%，工业增加值增长15.2%，消费物价上涨7%，均比上半年有所回落。特别是9月份的物价上涨4.6%，已经低于政府全年的控制目标。从2008年全年看，GDP增长9.0%，工业增加值增长9.5%，消费物价上涨5.9%，回落较大。

从吉林省看，2008年前三个季度，GDP增长16.0%，工业增加值增长19.7%，消费物价上涨6.3%，虽不同程度均比上半年有所回落，但是，城镇固定资产投资和社会消费品零售总额均比上半年分别提高5.6和0.6个百分点，表明投资需求和消费需求仍持续旺盛的状况。从2008年全年看，GDP增长仍维持16.0%未变，工业增加值增长18.0%，消费物价上涨5.1%，有所回落，但幅度比全国小得多。说明金融危机对我省的影响来得晚些，强度相对小些，深度浅些。

反观恢复状况，全国2009年一季度GDP增长6.1%，工业增加值增长5.3%，消费物价下降0.6%。二季度GDP增长7.1%，工业增加值增长7.0%，消费物价下降1.1%，三季度GDP增长7.7%，工业增加值增长8.7%，消费物价下降1.1%，企稳回升较慢。而从我省看，2009年一季度GDP增长9.1%，工业增加值增长10.0%，消费物价下降0.3%。二季度GDP增长11.7%，工业增加值增长12.8%，消费物价下降0.7%，三季度GDP增长12.1%，工业增加值增长15.3%，消费物价下降0.6%，企稳回升相对较快。从规模以上工业企业增长状况看，从2009年二月份以来，全国各月增幅分别为3.8%、5.1%、5.5%、6.3%、7.0%、7.5%、12.3%、13.9%，可见从8月份开始全国工业生产才较大幅度恢复。而从我省看， 2009年二月份以来，各月增幅分别为12.1%、10.9%、12.0%、11.5%、18.5%、20.4%、19.9%、23.0%，可见从6月份开始我省工业生产就较大幅度实现了恢复，明显早于全国2个月。也就是说金融危机对我省的影响时间较全国为短。

（二）支柱、优势产业在金融危机的困难中发挥了重要作用

汽车、石化、冶金、医药和食品作为我省的多年来的支柱及优势产业，为我省经济的发展和增长做出极大的贡献，对我省经济有着举足轻重的作用和地位。美国次贷危机的爆发和金融危机的发生，对我省处于适应全球经济发展和自我转型期的重点产业的影响是不言而喻的。但是，在这次金融危机中这五大行业对全省经济的整体竞争力和稳定发挥了良好的积极效应。2008年1—9月份，五大行业增加值和利润分别占全省规模以上工业的73.3%和78.6%，2008年全年五大行业增加值和利润占比分别为72.4和75.5%，2009年1—3月份五大行业增加值和利润占比分别为69.0%和64.9%，2009年1—6月五大行业增加值和利润占比分别为67.9%和80.0%，2009年1—9月份五大行业增加值和利润占比为67.5%和78.1%，可见，无论是在金融危机的起点、金融危机影响的经济底谷、还是目前的回升点等重要节点，我省的五大经济份额均占到全省70%左右的水平，正是由于五大行业这一龙头支柱作用，使我省经济克服和避免了发展过程中的许多不确定因素，为缓解金融危机在扩大内需中起到了举足轻重的作用，持续稳定了全省经济增长，为维护全省经济初步走上又好又快发展的轨道发挥了决定作用。

（三）坚持投资拉动，顺应了国家的政策措施，产生较强的正效应

为了应对金融危机的冲击，促进我国经济平稳较快发展，2008年11月5日国务院常务会议确定了当前进一步促进经济增长的十项措施，并以4万亿元资金力撬国内需求。掀起了庞大的基础设施建设工程，给各省及相关企业带来了难得的发展契机。

我省一系列支持、扶持政策措施随之付诸实施。自去年11月以来,也出台了一系列政策措施，拉动经济增长。其中包括18条扩大内需的措施，27条促进工业经济健康发展的措施，17条支持房地产业发展的措施和8条加强进出口贸易的措施。这些政策，特别是投资拉动政策与国家政策方向和目标一致，产生了明显的良性效果。

我省的系列政策措施的从2008年底实际效用就已经逐步显现。统计数据显示，自2008年底，长春市住房和钢铁等产业已经走出低谷，长春市2008年12月份前半月环比住房消费增长18%，通钢等一些面临困难的工业企业的生产和销售也开始回升。截止到今年9月底，我省主要经济指标均高于全国3个百分点以上，GDP增幅高于全国4.4个百分点，规模以上工业增幅高于全国平均水平6.6个百分点，城镇固定资产投资高于全国平均水平6.5个百分点，社会消费品零售总额增幅高于全国3.6个百分点，我省这些推动经济发展的政策对促进全省经济形势好转起到了良好的基础性保障作用。

（四）我省积极把促进经济发展和做好民生工作相结合，有效缓解了金融危机的影响

我省在积极做好经济工作的同时，努力办好重点8件民生实事，同时出台了针对金融危机的相关利民措施。其中包括促进高校毕业生就业工作的29条政策，以及确保城市低保对象月人均补助水平提高到150元，农村低保对象年人均补助水平提高到700元的低保政策。此外，今明两年我省将实施1200万平方米城市棚户区改造，360万平方米城市及地方农林场廉租住房，8万户煤矿棚户区改造、40万户农村泥草房改造。解决农村200万人饮水，启动实施1000个农村文化大院建设、400个贫困村整村脱贫等惠民实事。还有，免除城市义务教育学杂费，给学生家庭负担“做减法”：今年我省将制定城市义务教育学生生均公用经费标准定额，积极争取纳入城市义务教育经费保障机制国家试点，使这项惠及几十万城市中小学生的民心政策进一步制度化。通过一手抓经济发展，一手办民生实事，并有机结合起来，起到了维持经济发展，改善民生，保证社会稳定，维护社会和谐局面的作用，有效缓解了金融危机的影响。

三、当前经济企稳回暖的基础逐步增强

（一）主要工业产品市场需求持续增大(见图7)

今年前三季度，我省原煤产量达到3161.78万吨，同比增长10.2%，增速接近去年同期水平；天然原油产量达到507.21万吨，产量接近去年同期水平；化学纤维产量达到21.73万吨，同比增长3.7%，保持了平稳增长；钢材产量达到639.28万吨，同

比增长8.0%；水泥产量达到3428.21万吨，同比增长31.4%，增速同比提高23.6个百分点。主要工业产品产量的较大幅度增长，进一步体现我省工业经济回暖的势头。

图7 我省主要原材料产量增速情况

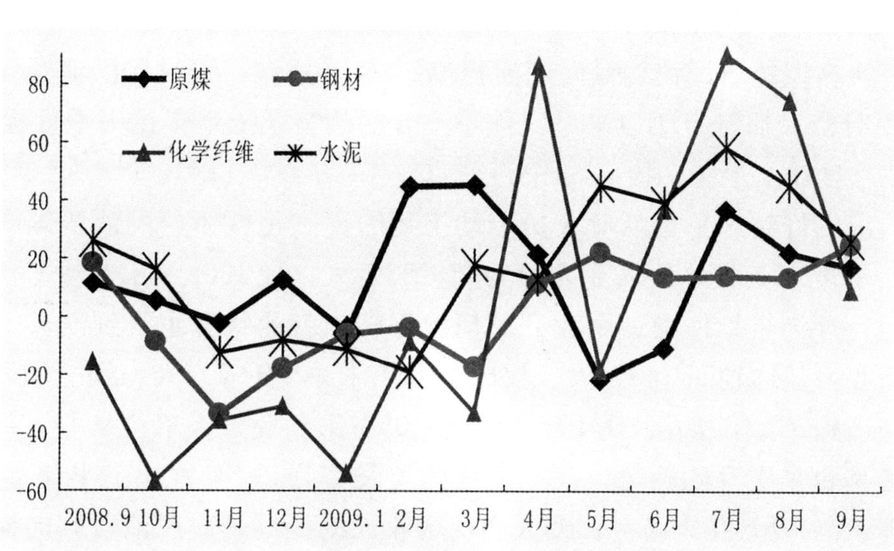

（二）我省工业用电量呈现稳步回升的态势（见图8）

去年9月以后，由于受到金融危机的影响，我省工业生产增速出现了大幅度回落，导致用电量，特别是工业用电量出现大幅萎缩，并且从去年10月份开始出现了较长时间的负增长。去年12月份，全社会用电量下降5.4%，其中，工业用电量下降10.4%。此后，随着工业生产的企稳回暖，用电量逐月回升。虽然在4月份出现过短

图8 我省全社会用电量和工业用电量增速情况

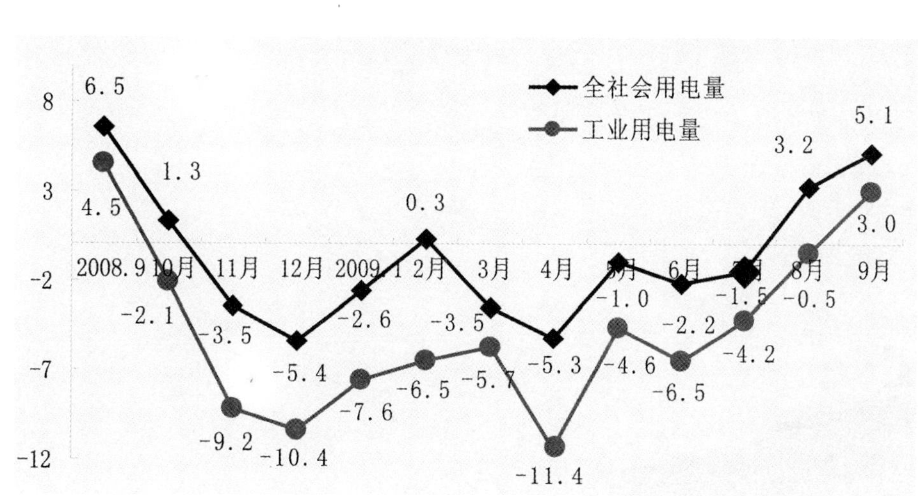

暂的下滑，但其他月份都呈现出逐月上升的势头。到今年8月份，全省全社会用电量实现正增长，增速达到3.2%， 9月份工业用电量也实现正增长，增速达到3.0%。工业用电量的回升，说明我省工业企业生产运转处于良好状态，开工情况恢复到甚至好于金融危机前的水平。

（三）城乡居民消费倾向提高

1—9月我省城镇居民消费倾向同比提高2.0个百分点；农村居民消费倾向同比也提高0.3个百分点，而且今年以来呈现逐季上升的趋势，上半年比一季度提高1.5个百分点，前三季度比上半年又提高7.4个百分点。

就业情况的好转和单位从业人员劳动报酬的提高是城镇居民消费倾向提高的主要原因。一季度末我省单位从业人员为259.56万人，比2008年末减少2.46万人。此后，经济运行逐渐企稳回暖，企业开工情况好转，就业状况也得到改善，上半年末我省单位从业人员达到261.40万人，仅比2008年末减少0.62万人；到三季度末单位从业人员已经达到262.10万人，比上年末增加0.08万人。此外，单位从业人员劳动报酬总额的增长率也呈上升的趋势，前三季度的增长率为13.5%，比上半年高3.8个百分点，比一季度高1.9个百分点。农民人均现金收入的提高是农民消费倾向提升的主要原因。前三季度全省农民人均现金收入达到5831.33元，同比增长12.6%。同时“家电、汽车下乡”等惠农政策的实施也推动了农民消费倾向的提高。

城乡居民消费倾向的提升带动了消费结构的升级，前三季度全省体育、娱乐用品类、文化办公类、中西药品类、建筑及装潢材料类、汽车类零售额增幅均在30%以上的水平。另一方面使农村消费品市场繁荣活跃，前三季度农村消费品零售总额达到474.12亿元，增长22.4%。城乡居民消费倾向的提升，为全省经济增长提供了有效的需求保障，同时也说明全省人民生活没有受到金融危机影响，对全省经济的稳定发展有足够信心。

用数理统计的方法
揭示影响我省农民工返乡因素

樊立庄

编者按：《用数理统计的方法揭示影响我省农民工返乡因素》一文依据我省返乡农民工调查微观数据，应用STATA统计分析软件对probit数学模型进行回归分析，科学、客观地反映影响农民工分析的内在因素。此文于2009年11月25日以《统计分析》第52期（总第555期）印发。

随着我国经济体制改革的不断深化，农村大量剩余劳动力向城市转移。然而，近年来受国际金融危机的影响，我国一些出口外向型企业经营困难，迫使其裁减员工，导致大规模的农民工陆续返乡。

2008年我国出现大规模的农民工返乡现象。为及时了解掌握我省农民工返乡情况，2009年初，吉林省统计局组织开展了外出农民工返乡情况快速调查，我们应用微观计量方法对农民工回流的影响因素进行分析。

一、数据的统计描述

我省外出农民工返乡情况快速调查，全省调查了22个县，210个行政村，共调查了4200人。调查内容分为两部分：调查村基本情况，包括总人口、劳动力人数、外出务工人数和返乡农民工人数；外出务工人员基本情况，包括年龄、性别、返乡原因、务工时间和从事职业等。表1给出了返乡农民工和未返乡农民工基本情况的统计描述，可以发现男性农民工返乡比例高于女性；农民工受教育程度越高，返乡的概率越低；具有技术等级的农民工返乡概率略低于不具有技术等级的农民工返乡概率。农民工在城镇务工的主要行业为建筑业、制造业和服务业，在这些行业务工的农民工返乡比例高于其他行业。返乡农民工的平均年龄略高于未返乡农民工的平均年龄，而返乡农民工的平均收入和平均务工年限明显低于未返乡农民工的平均收入和平均务工年限。（见表1）

农民工基本情况

表1 单位：人

	返　乡	未返乡
男　性	2174	792
女　性	781	453
小学及以下	323	103
初　中	2269	844
高　中	363	298
有技术等级	775	334
本　省	1468	513
外　省	1133	508
国　外	354	224
建筑业	919	186
制造业	535	169
运输业	105	74
服务业	862	490
其他行业	534	326
年　龄	34.85	34.17
务工收入	1835.05	2358.94
务工年限	1.74	2.38

二、模型设计

由于返乡农民工和未返乡农民工存在明显的个体特征差异，必须应用回归模型对个体差异进行控制。考虑到宏观经济环境、家庭特征和个体特征等均会对农民工是否返乡产生影响，本文应用如下Probit模型分析农民工回流影响因素：

$$p_i^* = z_i'\alpha + u_i$$

$$p_i = \begin{cases} 1 & if\ p_i^* > 0 \\ 0 & if\ p_i^* \le 0 \end{cases} \qquad (1)$$

其中， 表示不可观测的决定个体 是否返乡的变量， 表示个体是否返乡（1表示返乡，0表示未返乡）， 表示解释变量向量，包括：个体性别、年龄、受教育程度（以小学为参照组）、技术等级（以无技术等级为参照组）、务工收入、务工地点（以本省为参照组）、务工时间、务工行业（以其他行业为参照组）和金融危机因素（以没有受到金融危机影响为参照组）。 表示解释变量系数， ~ 表示随机扰动项。个体返乡概率表示为：

$\Pr(p_i = 1) = \Phi(z_i'\alpha)$　　(2)

其中， 表示服从标准正态分布的分布函数。返乡概率对 （ 表示第 个解释变量）偏导数表示 对返乡概率的边际影响，即：

$\partial \Pr ob(p=1)/\partial z_k = \phi(z_i'\alpha)\alpha_k$

其中， 是标准正态分布的概率密度函数。

三、结果分析

依据微观数据，应用STATA统计分析软件对Probit模型进行回归，分析农民工返乡的影响因素。（见表2）

农民工返乡影响因素Probit模型估计结果

表2　　单位：人

解释变量	回归系数	边际效应
截　距	0.657416***	-
男　性	-0.016319	-0.003011
年　龄	0.007994***	0.001481
务工时间	-0.402346***	-0.074538
务工收入	-0.000102***	-0.000019
外　省	0.162030***	0.029380
国　外	0.649261***	0.089178
初　中	0.129008	0.024835
高　中	-0.214600**	-0.043459
技术等级	-0.010445	-0.001941
建筑业	0.305280***	0.051717
制造业	0.187907**	0.032190
运输业	-0.201076	-0.041591
服务业	-0.055756	-0.010458
金融危机	3.026031***	0.404615
McFadden R2	0.324873	
LR statistic	1658.6670	
Probability	0.000000	
样本量	4200	

表2给出了Probit模型的估计结果，可以发现拟然比统计量为1658.6670，P值为

0.0000，R2为0.3249，说明模型整体上统计显著，拟合优度较高，模型具有较高的解释力。

（一）男性农民工和女性农民工同样受返乡因素影响。从模型的系数估计值中可以发现，由于男性变量未通过显著性检验，说明男性农民工和女性农民工返乡的概率之间没有显著性差异。

（二）年龄大返乡概率高。年龄变量系数显著为正，说明随着农民工年龄的增加，其返乡概率增加，即年龄每增加1岁，农民工回流的概率增加0.15%。

（三）外出务工时间短返乡概率高。

务工时间变量系数显著为负，说明外出务工时间长短对农民工返乡具有负向影响，即外出务工时间每增加1年，回流的概率降低7.45%，这源于农村劳动力在城市中生活时间越长，适应性越强，越不容易返乡。

（四）收入高返乡概率低。务工收入变量系数显著为负，说明农民工务工收入对其返乡意愿具有负向影响，即农民工在城市中务工收入每增加1元，回流的概率降低0.002%。

（五）省外国外农民返乡概率较大。务工地点在外省和国外的农民工回流的概率相对于本省农民工的回流概率来说比较大，与其域外受金融危机影响程度有关。同时，由于务工地点离家乡比较远，造成心理成本和物质成本比较高，所以农村外出劳动力比较容易回流。

（六）受教育程度高返乡概率较小。初中受教育程度对农民工的回流没有显著影响，而具有高中受教育程度的农民工回流的概率降低4.35%，表明文化程度越高，对生活期望越高，越不愿意回到收入较低的农村居住，同时文化程度相对较高的劳动力学习和适应能力较强，容易在城市生存。技术等级变量系数不显著，说明对农民工回流没有明显的影响。

上述实证分析结果均与劳动力流动理论预期一致。从事建筑业和制造业的农民工相对于其他行业的农民工来说，更容易回流，返乡的概率分别增加5.17%和3.22%，这可能是由于建筑业和制造业首先受到金融危机的冲击；而从事运输业和服务业的农民工回流的概率与其他行业比较而言，没有显著的差异，这与劳动需求和供给理论预期一致。

此外，从模型的估计结果中可以发现，金融危机因素显著为正，说明金融危机对农民工返乡具有重要影响，金融危机使农民工回流概率增加40.46%。因此，可以认为农民工大规模返乡主要是由本次金融危机造成的。

四、结论与建议

在发展中国家中，农村剩余劳动力向城市中的合理有序流动，能够提高劳动力市场的资源配置效率，有助于缩小城乡之间的收入差距。然而，受国际金融危机的冲击，我国2008年出现了农民工大规模回流的现象。依据2009年吉林省农民工的返乡快速调查数据，研究结果表明，年龄和流动距离对农民工回流具有正向影响，说明年龄越大和流动距离越远，农民工越倾向于回流；务工时间、务工收入和受教育程度对农民工回流具有负向影响，说明作为人力资本主要组成部分的知识（受教育程度）和技能（务工时间）水平越高，其在城市的收入越高且生存能力越强，导致其回流倾向越低；金融危机使农民工回流的概率增加了40.46%，说明本次大规模农民工回流主要是由金融危机造成的。建筑业和制造业中的农民工回流概率较高，说明这两个行业受金融危机影响较大。

促进农民工合理有序地向城市流动是我国未来社会发展的必然。农民工回流的深层次原因是农民工人力资本水平较低、分割城乡劳动力市场的户籍制度、劳动与社会保障制度的不健全和受宏观经济冲击影响的劳动需求下降。因此，只有保持我国经济持续稳定增长，通过教育和培训提高农村劳动力人力资本水平，取消分割城乡二元的户籍制度，不断健全劳动与社会保障制度，才能从根本上避免农民工大规模回流现象的发生，促进农村剩余劳动力合理有序地向城市流动。

前三季度经济回暖加速
实现全年预期目标需继续努力

杨毓雯

编者按：《前三季度经济回暖加速 实现全年预期目标需继续努力》一文于2009年11月2日以《统计参数》第13期（总第13期）印发。省政府副秘书长刘长龙受竺延风副省长的委托两次召开相关部门会议，就分析中提出的问题研究具体解决办法。

前三季度，全省上下紧紧围绕保增长、保民生、保稳定目标，突出工作重点，合力攻坚克难，着力克服国际金融危机带来的不利影响，整体经济出现了企稳回升速度加快的可喜局面。但因所剩时间不多，受多种因素的共同作用，实现全年预期目标："GDP总量7500亿元；增长速度12%；总量在全国排位保持上年水平（21位）"仍有较大困难。

一、经济总体回暖加速 第二产业作用明显

前三季度，全省实现GDP总量4347.54亿元，比上年同期增长12.1%，总量居全国第22位，与上年同期相同，增速居全国第11位，比上年同期后移7位。

前三季度经济运行的突出特点是，增长速度逐季加快。全省GDP增长速度一季度累计为9.1%，比全国平均水平高3.0个百分点；二季度累计为11.7%，比全国平均水平高4.6个百分点；三季度累计为12.1%，比全国平均水平高4.4个百分点，经济回暖加速态势明显。

我省经济的企稳回升主要得益于工业和建筑业的支撑作用。前三季度，第二产业增加值增长速度不断加快，走出了一条持续上升的完美曲线，季度间的净增长速度均高出2个百分点以上，分别由一季度的10.2%、二季度的13.2%提高到三季度的15.3%，这样的速度虽比上年同期略显逊色，但在国际金融危机的情况下已是难能可贵，对促进全省经济的回暖加速功不可没。三季度，第二产业对经济增长的贡献率达到了66.9%，高于上年同期5.8个百分点。

相比之下，第一、第三产业则表现平平，呈现出增速迟缓和起伏不定。第一产

业增速一直在5%以内，蔬菜、水果和畜牧业生产尚未起到应有的拉动作用。第三产业的增长速度未达两位数，除金融、批发零售、住宿餐饮业有上佳表现外，其他各业增长速度均在全省平均水平之下，交通和营利性服务业还出现了负增长，在很大程度上抑制了全省经济的快速提升。

二、速度和价格双重制约 实现预期目标难度增大

就目前完成情况分析，要实现全年预期目标困难较大。

一是经济总量达到7500亿的预期较难。在GDP核算中，其经济总量的增减即受速度影响，也受价格影响。

毋庸置疑，经济增长速度快，经济总量的增量就多，反之则少。但在基数一致的条件下，相同的速度并不一定有相等的增量，还要取决于价格指数的变动幅度。因为GDP核算，经济总量使用的是现价，增长速度使用的是不变价，即要扣除价格因素的变动。

今年以来，受国际金融危机的影响，我省各季度GDP增长速度一直比上年同期低，一季度低7.4个百分点；二季度低4.8个百分点；三季度低3.9个百分点。仅增长速度低这一影响因素，我省GDP总量就比上年各季分别少增加100到200亿。加之价格指数持续走低，例如，农产品生产价格指数、工业品出厂价格指数、固定资产投资价格指数、建筑工程安装价格指数、商品零售价格指数、居民消费价格指数等均比上年同期低7-20个百分点，这些都是GDP核算中需要用到的价格指数。价格指数持续走低，相对来讲对提高GDP增长速度有一定作用，但对GDP总量的增加影响较大，在同等速度的条件下，今年的价格指数大约影响各季经济总量少增200-300亿。(见表1)

我省季度GDP情况

表1

	2009年			2008年		
	GDP（亿元）	增 速（%）	增加额（亿元）	GDP（亿元）	增 速（%）	增加额（亿元）
1 季 度	1155.21	9.1	90.87	1064.34	16.5	209.43
1-2季度	2572.32	11.7	188.23	2384.09	16.5	503.08
1-3季度	4347.45	12.1	338.97	4008.48	16.0	868.57
1-4季度	7500（目标）	12.0（目标）	3152.55（目标）	6424.06	16.0	1197.98

假若以今年的速度，上年的价格指数匡算，到三季度末，我省GDP总量应在4900亿元左右，如果按去年的速度计算则更多。

2008年，我省GDP总量为6426亿元，在此基础上只要再增加1074亿即可达到7500亿，况且2008年第四季度比上年同期净增加了1197亿元，应该说7500亿的目标是不难实现的。但今年的情况与上年大相径庭，让人始料不及，多种因素影响，截止到三季度末，全省GDP总量不仅比上年同期少增加530亿元，而且把需要增加的1074亿任务留给了四季度，如果第四季度不能创造出3152亿元的GDP，7500亿元的目标就会落空，这么大的一个缺口，在我省历史上是从未有过的，从目前情况看实现这一目标面临严峻挑战。

二是总量保位压力增大。2008年我省GDP总量为6424.06亿元，位居全国第21位，比排在第20位的江西少56.27亿元；比排在第22位的天津多69.68亿，三省市之间旗鼓相当，不相上下，谁发展快一些都可能超越对方。

今年的情形有所变化。自年初以来，天津的经济发展十分迅速，借助滨海新区的助推力，GDP的增长速度一直保持在16%以上，居全国前2位。我省与天津在总量上的差距已由上年同季度的615亿元扩大到649亿元。到三季度末，天津居全国的位次已由上年同期的19位前移至18位，我省位次与上年同期持平，仍居第22位。

相比天津，我省是农业大省，受农作物季节性影响，四季度农业增加值会增加较多，但今年的收成受到严重自然灾害影响，会有一定减产，因此天津超越我省几乎没有悬念。

要保住21位，唯一的希望寄托在与江西的拼搏上。三季度，江西GDP总量为4800.88亿元，比我省多453亿元，其中，第一产多232亿元；第二产业多224亿元；第三产业少3亿元，排在我省前面，位居全国第21位。

要追赶江西，其有利条件是我省二、三季度GDP增长速度比江西快。今年以来，我省除一季度GDP增速比江西慢1.1个百分点外，二、三季度均比江西快1.1个百分点。（见表2）

前三季度吉林、江西经济总量情况

表2 单位：亿元

	吉林省				江西省			
	GDP	一产	二产	三产	GDP	一产	二产	三产
08年1-4季度	6424.06	916.70	3064.63	2442.73	6480.33	1060.38	3414.88	2005.07
09年 1 季度	1155.21	74.01	603.79	477.41	1281.12	168.36	634.04	478.72
09年1-2季度	2572.32	176.78	1418.05	977.49	2907.81	340.06	1539.39	1028.36
09年1-3季度	4347.45	391.85	2323.94	1631.66	4800.88	624.49	2548.07	1628.32

然而，仅靠高出1.1个百分点的速度在总量上超越江西也是很难办到的，在其他条件不变的情况下，年底GDP增速至少要高出江西2个百分点以上。江西也是农业比重较高的省份，第四季度农业增加值的增量与我省相差不多，这一点看起来潜力不大。第二产业也很难有较大变数，追赶的目标应放在第三产业上。从2008年的情况看，我省第三产业增加值比江西多437亿元，今年前三季度，两省基本打成平手，但困难的是江西今年各季第三产业增加值增速均高于我省。三季度，江西第三产业增加值增速为10.6%，比我省高1.3个百分点，年底如果我省第三产业的增速能够加快，总量超越还存有希望。

三是四季度农业比重大，速度低，实现GDP更快增长留有压力。四季度是我省粮食的收获季节，农业增加值近六成是在这个季度计入的。单纯从农业对GDP的贡献来讲可以说是把双刃剑，GDP总量的扩大依赖于农业增加值的大幅增加，而农业增加值的比重越大对GDP速度的影响也就越大。今年三季度，农业增加值占GDP的比重为9%，速度为5%，四季度农业增加值的比重会增加到14%以上，其速度也不会上升多少，这一块的差距需要第二、第三产业来补，如果四季度第二、第三产业没有比三季度更快的速度，全省12%的目标就不能实现。

三、上下同心 挖掘潜力 力争实现全年目标

通过上述分析，实现全年预期压力巨大。但路是人走的，条件是人创造的，在困难面前我们不能低头，要敢于面对，敢于攻坚克难。只要全省上下团结一致，密切配合，超越也可能发生。

困难就是潜力，潜力就是动力。动力之一，期望于第二产业的继续回升。随着国际金融危机影响的逐步减弱，国际、国内经济环境的逐渐好转，四季度第二产业增速有可能还会加快，这是保证预期目标实现的最坚实基础。

动力二，交通运输业存在潜力。交通运输业在GDP核算中包括，公路运输、铁路运输、航空运输、水上运输等。今年以来，我省公路、运输客货运周转量二、三季度均呈负增长。(见表3)

2009年前三季度公路、铁路运输总周转量增速情况

表3

单位：%

	1季度	1−2季度	1−3季度
铁路运输总周转量	-8.1	-7.6	-4.4
公路运输总周转量	13	-3.9	-7.9

据向有关部门了解，公路客货运周转量下降的主要原因是由于国家部委调查方案改变，导致去年运距基数过大所致，四季度数据能否恢复可比需要部门的沟通协调。铁路客货运周转量是由沈阳铁路局负责统计，然后根据情况在所属辖区内进行省际间分劈，分劈的数据是否符合我省实际，需要省有关部门出面协调。如果四季度公路、铁路客货运周转量都能由负变正，并能实现较快增长，对第三产业将是一个较大拉动。

动力三，营业税增长仍有潜力。根据国家季度GDP核算方案，其他服务业增加值的核算需要分成两部分，一部分是营利性服务业，另一部分是非营利性服务业。营利性服务业增加值的计算需要依据税务部门所征营业税中“租赁和商务服务业、居民和其他服务业、文化、体育和娱乐业等”的营业税增长速度。非营利性服务业则依据财政部门用于“一般公共服务支出的增长速度。(见表4)

2009年前三季度公路、铁路运输总周转量增速情况

表4　　单位：%

	1季度	1-2季度	1-3季度
全行业	4.8	15.3	21.5
租赁和商务服务业	-22.9	-12.3	-2.5
居民服务和其他服务业	-36.8	-27.5	-22.7

前三季度，我省营业税的增长速度一直很快，但用于GDP核算的“租赁和商务服务业、居民和其他服务业”的营业税增长速度却是负的，影响了的全省第三产业的增长速度。分析原因，有政府政策性减免税的因素，但有没有行业划分的因素？需要税务部门认真地核查。如果四季度，GDP核算所涉及的行业营业税的增长速度能与其他部门营业税增长速度同步，那么，我省第三产业增加值在总量和速度上都会有一个提高。

我们有理由相信，只要全省上下同舟共济，把握机遇，迎接挑战，定会克难制胜，取得经济发展的新飞跃。

对我省社会集团消费状况的分析

冀群英 陈刚 朱洁

编者按：《对我省社会集团消费状况的分析》一文于2009年12月8日以《统计分析》第53期（总第556期）印发。

消费、投资、出口是拉动经济增长的三驾马车，其中消费是最主要的马车，是GDP增长的主导因素。最终消费对GDP的贡献率在我国通常接近50%，其中居民消费为35%左右；国外发达国家消费对GDP的贡献率一般为60%--70%左右，美国、英国甚至更高。我省最终消费对GDP的贡献率也达46%以上。可见，消费对经济增长的作用举足轻重。一提到消费，人们往往考虑到的只是城乡居民的消费，而忽视了社会集团的消费。在我国现行的统计制度中，反映消费的主要指标是社会消费品零售额。它是通过各种消费品流通渠道对城乡居民和社会集团销售的统计，但是，它无法界定城乡居民和社会集团消费所占的比重及其发展变化。本文拟通过相关的统计资料，估计、推算出全省社会集团消费的规模、发展速度、消费结构等，分析社会集团消费增长是否适度、结构是否合理，预测发展趋势，为各级政府有效调控、把握和积极引导社会集团消费，使之与社会经济建设相适应提供参考依据。

一、我省社会集团消费的现状

（一）社会集团消费的内涵

社会集团消费的经济内容概括起来，主要包括：

1．行政事业单位、社会团体用于办公和其他公共消费的商品；

2．各类企业和个体工商户在商店零星购买的非生产经营用的商品；

3．各级行政事业单位、社会团体的公务活动（包括出差和会议的费用），以及用于应酬的礼品和餐饮；

4．在各类企业和个体工商户所开展的商业洽谈、会议、会展和其他商务活动中发生的公关、应酬性礼品和餐饮；

5．以“社会集团”名义购买用于职工福利的商品等。

（二）对社会集团消费的估计测算

目前，我国现行统计制度中，反映城乡居民和社会集团消费的统计指标是社会消费品零售额，是判断社会集团消费的最基础数据。从理论上说，按销售对象应该分为城乡居民零售额和社会集团零售额。但在实际统计工作中，企业及个体户无法分清哪些商品售给城乡居民，哪些商品售给社会集团。测算社会集团消费只能用倒挤推算法来估算，既利用相关统计指标，测算出城乡居民、外来人口、旅游者的消费品零售额，然后，用社会消费品零售额总量扣除这些零售额，余下的即是社会集团消费的零售额。

1．城乡居民零售额的测算

城乡居民零售额的测算采用的基础资料是人口普查统计数据和国家调查队入户调查的城乡居民人均商品性消费支出数据。

本省城镇居民零售额的测算

城镇居民零售额＝本省城镇居民人口数×城镇居民人均商品性支出

本省农村居民零售额的测算

农村居民零售额＝本省农村居民人口数×农村居民人均商品性支出

外来人口零售额的测算

外来人口零售额＝外来人口数×（城镇居民人均商品性支出＋农村居民人均商品性支出）／2

2．旅游者零售额的测算

入境旅游者的零售额

入境旅游者的零售额＝入境旅游外汇收入×（入境旅游者在本省餐饮花费比例+入境旅游者在本省购物花费比例）

外省市旅游者的零售额

外省市旅游者的零售额＝（国内旅游收入×外省市旅游者人数比例）×（旅游者在本省餐饮花费比例+旅游者在本省购物花费比例）

根据以上方法测算我省近几年社会集团消费如下：（见表1）

二、社会集团消费增长的特点及因素分析

(一）社会集团消费增长的特点

近些年来，随着经济迅猛发展以及国家扩大内需促进经济发展各项措施的实施，城乡居民消费水平不断提高，全省社会消费品零售额总量不断扩大。同时，社会集团消费也在悄然增长，主要呈现以下特点：

1．社会集团消费增长速度快于经济总量发展速度

2002年至2008年，我省社会集团消费的增长速度要远远快于经济发展的速度。六年间我省经济总量年均增速为13.6%，而社会集团消费则年均增长了22.5%，高出

经济总量年均增速8.9个百分点。

2002-2008年吉林省社会集团消费(零售额)的测算数

表1 单位：亿元

	2002	2003	2004	2005	2006	2007	2008
社会消费品零售额	1036.25	1140.91	1286.94	1460.81	1675.84	1999.20	2484.26
本省居民	771.19	856.76	943.71	1072.19	1171.50	1371.85	1560.71
城镇居民	585.82	656.52	729.74	819.65	888.79	1040.85	1191.61
农村居民	185.37	200.24	213.97	252.54	282.71	331.00	369.10
外来人口	9.50	10.49	11.53	13.08	14.29	16.74	19.04
旅游者	16.23	18.76	25.29	35.67	40.91	75.53	95.68
入境旅游者	1.98	1.53	2.59	2.75	2.97	4.78	5.20
外省旅游者	14.25	17.23	22.7	32.92	37.94	70.75	90.48
社会集团	239.33	254.90	306.41	339.88	449.14	535.08	808.83

2．社会集团消费的增长速度快于城乡居民消费的增长速度

我们对2002年至2008年的城乡居民消费情况进行了测算，六年来全省城乡居民零售额年均增长12.5%，其中城镇居民消费年均增长了12.6%;农村居民消费年均增长了12.2%，分别低于社会集团消费年均增速9.9个和10.3个百分点。（见图1）

图1 2002-2008年全省社会集团零售额年均增速

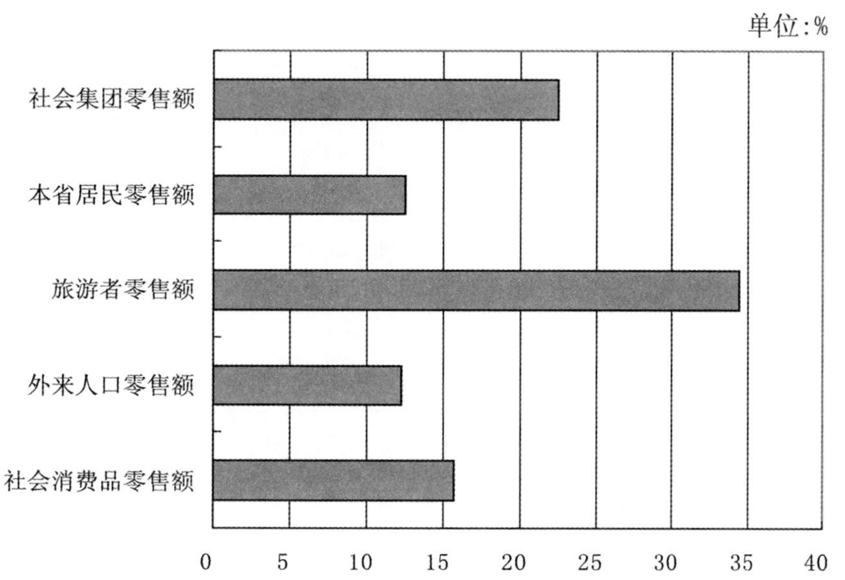

3．社会集团消费增长速度快于财政收入的增长速度

社会集团消费的增长速度也略快于全省地方财政收入的增长速度。六年来全省地方财政收入从2002年的131.49亿元上升到2008年的422.80亿元，年均增长了21.5%，但是仍然低于社会集团消费年均增速1.0个百分点。

4．社会集团消费占全省社会消费品零售总额的比重不断上升

2002年，社会集团消费仅占全省社会消费品零售总额的23.1%，而到了2008年，比重已经上升到了32.6%，六年来这一比重提高了9.5个百分点。而城乡居民的零售额比重有所下降，由2002年的 74.4%下降到2008年的 62.8%。（见表2、图2）

2002-2008年全省社会集团消费占全部零售额的比重

表2　　单位：%

	2002	2003	2004	2005	2006	2007	2008
社会集团零售额	23.1	22.3	23.8	23.2	26.8	26.8	32.6
本省居民零售额	74.4	75.1	73.3	73.4	69.9	68.6	62.8
旅游者零售额	1.6	1.7	2.0	2.4	2.4	3.8	3.8
外来人口零售额	0.9	0.9	0.9	1.0	0.9	0.8	0.8

图2 2002-2008年全省社会集团消费占全部零售额的比重

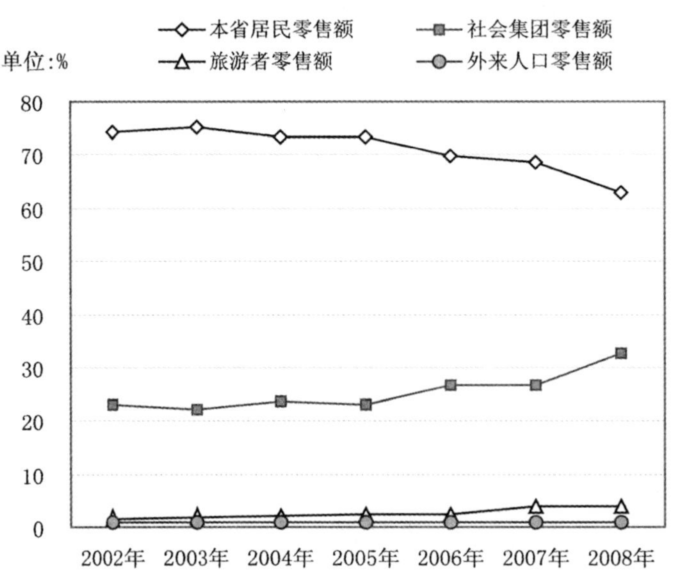

5．社会集团消费的档次不断提升

据对全省130户大型批发、零售业法人企业2008年对社会集团零售情况一次调查

结果显示，石油制品类、汽车类、中西药品类零售额在对社会集团零售额中占有较大比重，其中石油制品类占到全部的52.4%；汽车类零售额也占到11.4%；中西药品类零售额占5.3%；粮油、食品、饮料、烟酒类零售额占2.9%；服装、鞋帽、针纺织品类零售额占1.9%。

另对全省部分市(州)、县（市、区）财政控办掌握的2008年机构采购情况一次调查数据显示，在市、县级财政机关采购中，货物类占据较大比重。其中办公自动化类占采购总额的12.5%；汽车类占采购总额的17.7%；专用设备类占采购总额的10.1%；电器设备类占采购总额的5.4%；专用设备类占采购总额的10.1%；燃料类占采购总额的4.4%；建筑物占采购总额的6.7%。

（二）影响社会集团消费较快增长的因素分析

影响社会集团消费的快速扩张，有积极的方面，同时也有消极的方面。主要有：

1．行政、事业单位和企业及个体办公现代化和信息自动化，提高了工作效率，也促进了经济的发展。

近十年来，各种类型的单位办公逐步实行现代化和信息自动化，电脑已经普及，汽车、通讯、影视音响设备等不断更新换代，使各级公共管理部门提高了行政服务水平和工作效率。同时，促进了相关的工业及商业等行业的迅速发展。

2．行政机关、事业单位人员总量增长较快，占从业人员的比重较高，是社会集团消费不断扩大的重要因素

现在各级行政机关、事业单位的办公经费往往都是按人头拨款。我省事业、机关从业人员数从2002年底的101.66万人增加到2008年底的108.43万人，占单位从业人员的比重由33.6%提高到41.4%。2008年底我省事业、机关在岗职工人数占全省在岗职工人数的比重为41.5%, 比全国的34.1%高7.4个百分点；比辽宁省的31.0%高10.5个百分点；比黑龙江省的29.0%高12.5个百分点。可见,我省吃财政饭的人数多，比例大，财政的负担过重。

3．社会集团消费一部分转化为个人消费

在现实的社会集团消费中有很大一部分是巧立名目，最终转化为个人消费。如有些单位在商场将购买办公用品费用转变成个人消费卡；有些单位在宾馆将会议费转变成个人购物及用餐消费等。

三、社会集团消费的现实意义

（一）社会集团消费的积极作用

不可否认，无论从经济意义还是社会意义上集团消费都有其积极的一面。

1．集团消费是社会经济活动的重要环节

现阶段，随着我国与国际社会交往日益密切，国与国、企业与企业之间公务、商务活动越来越频繁，一定的公关、应酬是很必要的，由此产生的各种集团消费对于促进经济增长有着重要作用。2003年，在“非典”突发事件的影响下，大量公务、商务活动被取消，我国经济也因此受到严重影响。因此，保证合理、适度的集团消费非常必要。

2．集团消费是支撑消费品市场的重要力量

在现实经济生活中，社会集团消费逐步提高。据北京市统计局通过相关数据测算和一次性调查数据显示，全国零售市场中，社会集团零售额每年达万亿元，占全部零售额的三分之一。社会集团消费的发展成为促进汽车、计算机、办公用品等相关行业以及食品、服装等日常生活用品行业快速增长的重要因素。

3．对社会消费具有示范带动效应

人们的消费行为通常取决于自身收入和商品价格，同时还要受周围人的影响，在这方面，社会集团特别是党政机关能够以其特殊身份对人们的消费产生示范效应。以计算机为例，十几年来，政府机构、企事业单位每年对计算机等办公设备进行大量投入，计算机不断更新换代。在集团消费的带动下，计算机、汽车逐步走入家庭。据省调查总队对住户抽样调查数据显示，2008年，我省城镇居民家庭每百户拥有家用电脑45.55台；家用汽车3.89辆。

（二）社会集团消费的消极作用

提到集团消费人们通常会从感情上有一种敌视心理，的确，集团消费中存在很多不合理因素。

1．集团消费会带来巨大的资源浪费

从一次性调查和政府采购中可以看出轿车在集团零售额中占有相当大的比重，除了购车本身费用以外，每辆车还伴随着其他的开支，包括购买车位、油费、交纳各种税费等等（不计作社会集团零售额，但应包括在集团消费范畴），这些费用远远超出了买车本身的费用。另外，公款旅游、吃喝、送礼、会议等不仅增加了财政支出，而且造成了资源的浪费。

2．不合理的集团消费将加剧社会矛盾

公款消费受益者是一少部分人或某些小团体，通过集团消费方式实际是增加了这部分人的收入，加剧了社会财富分配不均问题，因此严重损害了党和政府的威信，增加了社会不安定因素。

3．过度的集团消费将加重财政负担

目前，各级财政支出增幅较快，特别是有些市、县财政开支都很困难，其中集团消费占有一定的比重。集团消费增长过快，必然挤占财政用于其他公共事业的支出。

五、对适度控制社会集团消费的建议

综上所述，社会集团消费即有助于消费品市场和整体经济的增长的积极一面，同时也有浪费资源、败坏社会风气的一面，因此应加强对集团消费的研究和监管，使其合理健康有序发展。

（一）加大社会集团消费的改革力度，适度控制财政支出，特别是控制行政、事业单位的办公经费的支出

近些年来，我省社会集团消费增长已经超过居民消费的增长速度，且也超过财政收入的增长速度，因此，有关部门要严格控制行政开支，特别是控制社会集团购买汽车、微机、办公用品及各种会议费等，纠正铺张浪费现象，树立党政机关的良好形象。应加大集团消费的改革力度，向外国及外省学习，使集团消费更加透明和公开，如实行公务卡、公车改革等。

（二）严格管理财会制度，严防社会集团消费转化成居民个人消费，造成收入差距拉大

目前，由社会集团消费转化为个人消费的现象比较严重，有关部门应采取措施堵塞漏洞，严控集团消费的额度。同时对各大商场加大审计、财会、税收等的检查力度，防止公款转变为个人消费。

（三）严控行政机关、事业单位人员编制，逐步降低其占从业人员的比重

我省行政机关、事业单位人员占从业人员的比重一直高于全国及邻省的比重，使我省财政负担过重。各级人事、编制部门要严控扩大行政机关、事业单位人员编制，应逐步实行自然减员，逐步减轻财政负担，同时也适当控制了社会集团的消费。

保民平安服务社会　推进平安吉林建设
——2009年吉林省群众安全感调查报告

张柏艳

编者按：《保民平安服务社会　推进平安吉林建设》一文于2009年12月22日以《统计分析》第54期（总第557期）印发。12月23日省委常委、省政法委书记李申学作出批示："衷心感谢统计系统对平安吉林建设的关心，对公安、政法工作的大力支持。祝冯巍局长和全局同志新春快乐、虎年吉祥，万事如意"！23日和26日李申学分别批示省政法委、省公安厅，并将此文签发省政法委各部门、省公安厅部门及各市（州）、县（市区）局。

按照国家统计局的统一部署，吉林省统计局于11月组织开展了全省2009年群众安全感抽样调查。调查主要项目分为群众的安全感受、对社会治安状况的评价、对于社会热点问题的关注情况，以及增强群众安全感最急需解决的问题和群众对政法工作及其队伍建设的满意程度等19个调查项目。

本次调查采取问卷调查的形式，由调查员入户发放《群众安全感调查问卷》。在全省9个市州中，抽取56个县（市、区）的102个乡、镇（街道），200个村（居）委会，408个调查小区，共调查6489个家庭。被调查者身份涵盖工人、农民、干部、职员、在校学生、个体工商业者、离退休及无业（失业）人员等多层面人群；调查对象为每个家庭随机抽取一名16岁及以上的人员；调查方法由被调查人自己填写，填写完毕，由调查员负责收回。对于年龄较大或不识字的被调查人采用调查员入户访问的方法进行登记。

调查结果显示，2009年我省群众的安全感及对社会治安状况的满意率保持较好水平，客观地反映了全省群众在当前社会治安环境下的真实感受，以及对政法工作和队伍建设的真实评价。

一、群众安全感调查的基本内容及样本代表性

（一）调查基本内容

群众安全感调查内容是由国家综治部门确定，统计部门负责调查，调查问卷分

为“个人情况”和“问题与答案”两大部分。“个人情况”分为性别、年龄、受教育程度、调查对象的职业或身份等指标；“问题与答案”部分分为群众对当前治安状况的真实感受、影响群众安全感的主要因素、群众对平安创建活动的知晓率以及群众对政法工作和队伍建设的满意程度等方面。

（二）样本代表性

在全省被调查人的基本情况中，调查样本分布广泛、代表性强。从地区构成看：长春市占28.28%、吉林市占14.81%、四平市占13.82%、辽源市占4.93%、通化市占7.89%、白山市占4.92%、松原市占9.68%、白城市占6.84%、延边州占8.83%。从城乡构成看，城镇占54.15%，乡村占45.85%。从性别构成看，男性占73.28%、女性占26.72%。从受教育程度构成看：小学及以下的占26.02%，初中的占48.42%，高中的占16.9%，大专及以上的占8.66%；从被调查人的职业或身份构成看：干部、职员占7.36 %；文教科卫体人员占1.76%；个体、私营业主占4.71%；工人、司售人员、服务业人员占11.83%；务工、经商农民占3.25%；离退休人员占8.37%；无业或失业人员占7.37%；在校学生占0.32%；务农农民占51.09%；其他占3.94%。调查所反映出的客观信息，对我们分析和判断问题具有重要的参考价值。

二、群众对社会安全感的总体评价

（一）总体安全感满意率达到92.9%

增强群众安全感，是维护社会和谐的基础。调查结果显示，2009年在当前社会环境下，被调查者感觉“很安全”、“安全”和“基本安全”的比重分别为23.8%、40.1%和29.0%，总体安全感比重占全部被调查者的92.9%。说明全省有92.9%的群众认为在当前的社会环境下具有安全感。与去年相比，减少了0.2个百分点，群众安全感略有下降。主要原因是感觉“安全”的人数上升了3.7个百分点；同时感觉“不太安全”的人数也下降了0.6个百分点（见表1）。社会治安秩序总体良好，社会治安大局基本稳定。

2006--2009年群众对安全感总体评价数据

表1　　　　单位：%

年 份	安全感合计	很安全	安全	基本安全	不太安全	不安全
2009年	92.9	23.8	40.1	29.0	5.1	2.0
2008年	93.1	23.9	36.4	32.8	5.7	1.2
2007年	92.4	19.3	37.8	35.3	5.9	1.7
2006年	89.9	15.2	39.5	35.2	8.0	2.1

随着人们生活水平的提高，公众的社会安全感也在不断的发生改变，不论社会发展的多么繁荣，它其中仍存有不安全的因素，仍有需要改进的地方。因此，进一步分析导致不同安全感的主、客体因素，寻求提高人民社会安全感的途径和策略。

1、**分城乡看：**乡村居民的安全感高于城镇。在城镇的居民中感觉“很安全”、“安全”和“基本安全”的占90.8%；在乡村的居民中感觉“很安全”“安全”和“基本安全”的占95.3%；乡村总体安全感比城镇高4.5百分点。与去年相比，城镇居民总体安全感下降2.0个百分点，乡村总体安全感上升1.5个百分点。

2、**分性别看：**男性安全感高于女性。性别不同对安全的感觉也不同，被调查者中，男性感觉“很安全”、“安全”和“基本安全”的比重合计为93.0%，感觉不太安全和不安全的占7.0%；而女性感觉“很安全”、“安全”和“基本安全”的比重合计为92.3%，感觉不太安全和不安全的占7.7%。男性比女性的安全感高0.7个百分点，不安全感低0.7个百分点。与去年相比，女性总体安全感上升0.2个百分点，不安全感下降0.2百分点，而男性总体安全感下降0.3个百分点，不安全感上升0.4个百分点。

3、**分教育程度看：**受教育程度越高安全感越低。文盲人口安全感比重最高，感觉“安全”的比重为95.9%，“不安全”感觉最低为1.7。受高中及以上教育的人口安全感觉较低，其中，受高中教育程度人口感觉“安全”的比重为89.1%，其次是受大学本科及以上教育的人口安全感觉为89.7%。在“不太安全”和“不安全”感觉中，受教育程度越高的人口，对社会治安环境安全的要求也越高。

4、**从被调查者的职业看：**文教科卫体人员安全感最高为95.6%，其次是务农农民为95.2%，第三是其他人员为94.5%，第四是干部为92.9%；调查结果显示：文教科卫体人员的安全感排序取代了去年务农农民第一的位置。反映出我省在文化、教育、科技、卫生、体育等系统范围内的社会治安状况良好，反映出基层公安机关、特别是农村派出所的工作正在发挥着越来越重要的作用。在被调查者中，“安全”感觉最低的是私营业主为85.3%，其次务工农民和职员，分别为85.4%和87.1%。说明以往针对这类人群的犯罪现象较多，从事这些行业的群众对社会治安环境的安全感要求也就更高。同时，在校学生的安全感觉由去年的89.1%，上升为90.5%，上升了1.4个百分点。说明我省在创建“平安校园”等系列活动中，整治有效、取得了一定的成绩。

5、从各地区情况看：在当前社会环境下，群众总体安全感最高的是白城市为96.4%，其次是辽源市95.9%、吉林市95.5%、延边州94.6%、通化市94.1%，白山市92.5%、松原市92.2%、长春市91.7%、四平市88.1%（见表2）。

2009年群众对各地区安全感评价数据

表2 单位：%

地　区	安全感合计	很安全	安全	基本安全	不太安全	不安全
长春市	91.7	19.1	37.5	35.1	6.1	2.2
吉林市	95.5	20.3	44.6	30.6	3.7	0.8
四平市	88.1	24.9	36.8	26.4	6.9	5.0
辽源市	95.9	19.7	45.9	30.3	2.5	1.6
通化市	94.1	30.5	36.3	27.3	5.5	0.4
白山市	92.5	20.1	44.8	27.6	7.2	0.3
松原市	92.2	29.5	37.7	25.0	5.9	1.9
白城市	96.4	45.5	28.6	22.3	2.7	0.9
延边州	94.6	18.7	54.3	21.6	3.0	2.4

（二）群众对社会治安秩序的基本评价

1、社会治安状况明显好转

调查结果还显示，2009年社会治安状况与去年相比，认为有明显好转的占23.5%，认为有好转的占44.6%，比去年增长1.6个百分点；认为和以前一样的占28.0%，比去年减少1.8个百分点；认为比以前差的占2.9%；认为比以前差很多的仅占1%（见图1）。

图1 2009年群众对各地区安全感评价数据

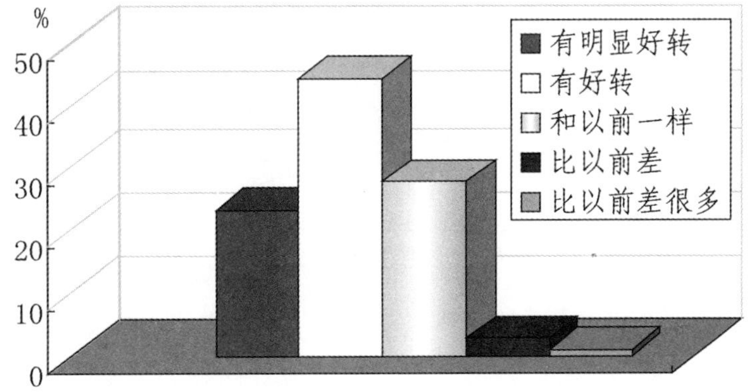

在回答是否在居住地经常见到民警、巡逻队员或保安巡逻时，经常见到的占32%、偶尔见到的占51.5%、从未见到的占16.5%。说明群众切身感受到了，并且也

认同我省社会治安总体状况进一步好转，说明了群众对所在地的社会治安状况还是满意的。

2、群众对平安创建活动认识有待进一步加强

在被调查的群众中:了解和参与了平安创建活动的占36.8%，没有参与平安创建活动的占28.6%，不了解的占34.6%。在回答对群众出现的矛盾纠纷或突发治安问题能否得到排查调处或有效整治时，能及时得到有效调处或整治的占54.4%，虽反映了但得不到有效调处或整治的占11.7%，虽得到有效处理单反复性强的占7.7%，无人处理的占4.3%，不了解的占21.9%。因此，平安创建活动需要全社会的共同努力，同时也要加大对各阶层的宣传力度，切实把平安创建落到实处。

3、影响社会安全感的犯罪现象得到有效遏制

在被调查的群众中，人身或财产遭受过不法侵害的占被调查总数的6.4%，比去年降低3.6个百分点，大多数被调查者（93.6%）未遭受过不法侵害。但从遭受不法侵害的种类来看，目前受侵害比较严重的是：自行车被盗的比重最大，占35.0%，比去年上升2.1个百分点；入室盗窃和被扒窃等犯罪现象各占20.5%，分别比去年下降2.7和0.6个百分点。

三、群众最关注的社会热点问题

“平安吉林”建设是一项长期而艰巨的任务，必将会遇到社会结构和利益结构调整所带来的一些矛盾和问题。随着人们生活水平的提高，公众的社会安全感也在不断的发生改变，不论社会发展的多么繁荣，它其中仍存有不安全的因素，仍有需要改进的地方。

群众最关注的社会热点问题

表3　　　单位：%

问　题	2007年	2008年	2009年	问　题	2007年	2008年	2009年
社会风气	13.8	13.2	10.5	住房问题	4.1	4.4	4.3
就业失业问题	13.7	12.1	11.3	环保问题	3.8	4.7	2.4
教育问题	12.6	10.3	8.7	安全生产问题	0.9	0.8	1.6
腐败问题	12.0	10.8	8.1	其他	0.9	1.6	0.5
社会治安问题	11.7	9.1	9.7	征地搬迁问题	0.8	1.4	1.2
医疗问题	11.1	13.5	14.2	物价问题			10.0
工资待遇问题	10.2	10.7	7.6	贫富差距问题			6.2
食品安全问题	4.4	7.4	3.7				

调查结果显示：当前社会环境中群众关注的“医疗问题”、“就业失业问题”、“社会风气问题”和“物价问题”仍然是近几年的热点问题。此次调查中“医疗问题”成为最受关注问题，比重也最高，占14.2%，比去年上升0.7个百分点；其次是“就业失业问题”占11.3% ，“社会风气问题” 排第三位占10.5%，关注度分别比去年下降0.8和2.7个百分点。与去年相比，“社会治安问题”和“安全生产问题”的社会关注度上升，分别占9.75和1.6%，比去年上升0.6和0.8个百分点。值得关注的是今年新增加的“物价问题”、“贫富差距问题”等项目所占比重较高，分别为10%和6.2%（见表3）。

随着经济社会的快速转型和利益格局的不断调整，一些深层次的矛盾和问题将不断显现。从就业到就医、从住房、环保到安全生产，无一不与民生息息相关。面对已经出现和即将出现的问题，要树立和增强忧患意识，努力化解社会矛盾，促进社会和谐。

四、群众对政法工作和队伍建设的基本评价

（一）对政法队伍满意率有所变化

在群众安全感调查中，群众对当地公安机关（派出所）的工作给予充分肯定，满意和基本满意的比重占83.9%，不满意率由去年的12.9%下降到9.0%,下降3.9个百分点，群众满意率进一步提升。对人民法院（法庭）、人民检察院、司法行政机关（司法所、法律服务中心）满意和基本满意率，由去年的69.9%、67.7%和70.1%，上升为72.2%、70.1%和73.31%；分别上升2.3、2.4和3.2个百分点。对这些部门的不满意率分别由去年的8.6%、7.3%和6.8%下降为6.4%、4.3%和2.6%，满意率大幅度提升。与去年相比群众对公安机关和社会治安综治办的满意率上升1个百分点，（见表4）。

群众对政法机关工作的满意程度

表4　　单位：%

部　门	满意和基本满意			不满意			不了解		
	2007年	2008年	2009年	2007年	2008年	2009年	2007年	2008年	2009年
公安机关(派出所)	85.3	82.9	83.9	9.8	12.9	9.0	4.9	4.2	7.1
人民法院(法庭)	71.1	69.9	72.2	6.7	8.6	6.4	22.2	21.5	21.4
人民检察院	65.9	67.7	70.1	4.9	7.3	4.3	29.2	25.0	25.6
司法行政机关	67.6	70.1	73.3	4.7	6.8	3.6	27.7	23.1	23.1
社会治安综治办		73.4	74.4		6.5	2.6		20.1	23.0

（二）群众法律意识需增强，公安机关的工作态度和效率有待进一步提高

调查结果显示：在遭受不法侵害时，群众报案率占57.7%，比去年增加2.5个百分点；而其余42.3%的受侵害群众选择未报案，比去年下降了2.5个百分点。尽管如此，还有近半数的群众在受到不法侵害时不报案，说明一些群众的法制意识还很淡漠，同时也变相的放纵了违法犯罪分子。

群众在报案后，公安机关受理登记并立案的占51.0%，仅比去年提高0.8个百分点；已破案的占15.6%，比去年提高0.9个百分点；已调查了解或查处的占15.9%，比去年提高4.6个百分点；未采取任何措施或行动的占14.29%，比去年增加1.3个百分点。从破案率较低和未采取任何措施或行动的比重来看，公安机关的工作态度和工作效率有待进一步改进和提高。

五、响安全感的主要因素

从被调查者对所在地违法犯罪现象的评价看，认为犯罪现象“严重”的依次是：赌博（19.2%）、制假贩假现象（8.6%）、未成年人违法犯罪（8.0%）（见表5）。部分群众对某些违法犯罪现象较为严重的评价，也在某种程度上反映了当前治安状况的不足，特别是群众认为违法犯罪比较严重的现象，还需要进一步加大治安工作力度。

群众对几种犯罪现象的评价

表5 单位：%

犯罪类型	不严重 不太严重		一般		比较严重 很严重		不了解	
	2008年	2009年	2008年	2009年	2008年	2009年	2008年	2009年
入室抢窃	69.4	77.6	15	14.3	7.1	5.7	8.4	2.4
拦路抢劫	71.9	76.1	11.3	10.8	6.1	5	10.7	8.1
未成年人违法犯罪	62	71.4	16.2	13.5	11.2	8	10.6	7.1
外来人员违法犯罪	60.8	67.8	14.4	12	7.6	7.9	17.2	12.3
吸毒贩毒现象	51.8	56.9	7.5	7.5	2.9	4.3	37.9	31.3
流氓黑恶势力	51.8	58.9	12.8	10.3	7.2	6.6	28.1	24.2
赌博现象	48.1	54.2	23	22.4	18.7	19.2	10.2	4.2
制黄贩黄、卖淫嫖娼	48.1	54.2	11.7	9	9.9	8.6	30.3	28.2
制假贩假现象	49.5	55.6	10.3	18.1	10.5	12	29.6	14.3
强买强卖、欺行霸市	60.9	73.1	10.6	8.9	3.5	4	25	14

六、增强群众安全亟需解决的问题

调查结果显示：在被调查的群众中，选择“加强巡逻 ”、“公正执法”和“加强青少年教育”的人数较多，已成为当今社会中急需解决的三大问题。“加强巡逻 ”、“公正执法”和“加强青少年教育”在亟需解决的这11个问题中分别占20.9%、16.7%和13.2%。其中：“加强巡逻 ”比去年增加4个百分点，加强外来人口管理比去年增加1.7个百分点，鼓励见义勇为增加0.4个百分点。而其它问题与去年相比，均有不同程度的下降（见表6）。

增强群众安全感亟需解决的问题

表6 单位：%

问　题	2007年	2008年	2009年
增强街面警力	9.9	9.5	8.2
改进警察装备	1.8	1.2	1.3
加强巡逻	19.7	16.9	20.9
迅速破案	11.0	9.8	10.0
加强外来人口管理	5.1	5.0	6.7
公正执法	18.6	18.2	16.7
加强青少年教育	14.1	13.9	13.2
鼓励见义勇为	5.3	7.1	7.5
提高警察素质	10.2	9.2	7.6
改善警民关系	3.1	3.6	3.5
其他	1.2	5.5	4.4

本次调查结果表明，随着群众对安全保障要求的与日俱增，各级政府对群众安全感的重视程度也在逐渐提高。对于群众提出的一些亟需解决的问题，公检法机关应采取积极的应对措施，同时，要树立良好的执法形象。司法机关和公安人员的形象和地位是影响公众安全感水平的重要因素。因此，提高司法机关和公安人员的执法、服务质量，维护社会公平正义，维护社会主义法制的尊严和权威；不断提高群众对平安吉林建设的知晓率、参与率、满意率，形成平安建设人人有责、和谐社会人人共享的生动局面。这正是我们建设和谐社会、推进平安吉林建设所追求的共同目标。

我省投资率变化与改善投资宏观调控分析

焦淑云 刘燕江

编者按：《我省投资率变化与改善投资宏观调控分析》一文紧扣我省加快投资发展的主题，以投资率为出发点，科学地分析了我省固定资产投资运行的现状，对改善投资宏观调控，实现吉林科学发展具有重要参考意义。该文于2009年12月22日以《统计参考》第14期（总第14期）印发。

从社会产品的最终需求看，投资、消费、出口是拉动经济增长的三架马车。投资也称资本形成总量，包括固定资产投资和库存增加。投资增长与经济增长相互制约，相互促进。一方面，经济增长水平及其速度决定投资的总量水平，因为特定时期投资总量的大小由以前国民收入的多少以及积累率的高低所决定。另一方面，在资源数量以及技术水平既定前提条件下，一个国家或地区经济增长的快慢在很大程度上取决于投资总量的大小以及投资的增长速度。

投资率即是资本形成总量占地区生产总值的比重，也称资本形成率，是反映社会再生产能否快速稳定运行的最基本、最综合的比例关系，是监测国民经济是否协调可持续发展的核心指标。改革开放以来，我国经济经历了几轮投资高增长、高投资率和经济高增长，通过中央政府的宏观调控，国民经济保持了持续快速发展，投资率也就一直广受关注与争议。2003年以前，我省投资率的波动与全国大体相同。2004年以来，随着省委省政府关于投资拉动战略以及国家振兴东北老工业基地战略的实施，我省固定资产投资规模急剧扩张，带动投资率大幅走高，2008年高达79.8%。2009年随着国家应对国际金融危机、扩大内需政策的落实，初步测算全省投资率将达到90 %左右，再次成为有关方面关注的焦点。本文通过2004年以来我省投资率变化及纵、横向比较分析认为，近几年我省扩大投资的成效是显著的，促进了经济和各项社会事业持续快速发展。当前我省经济仍欠发达、尚未摆脱粗放经营，坚持扩大投资，加快项目建设，保持高投资率，仍然是现阶段应对金融危机、推动我省经济发展的必然选择。但从科学发展角度看，目前我省投资率过高是值得商榷的。因此要重塑投资理念，将保持适度投资率作为宏观调控目标，重在坚持扩大质量效益型投资规模，优化调整投资结构，提高投资效益。

一、近几年我省投资率变化的基本特征及其对经济增长的影响分析

（一）投资率变化情况及特点

2004年以来，我省紧抓国家扩大内需和振兴东北老工业基地的有利时机，实施扩大投资、加快项目建设、促进经济增长的战略决策，取得了显著成效，全省投资规模迅速扩大，2005年当年全省固定资产投资总量达到1802.4亿元，比2004年增长53.8%；此后逐年高速增长，2008年攀上了5608亿元新台阶，比2004年增长3.8倍，相当于我省1949—2000年间五十二年投资总和的1.3倍；年平均增长48.1%，比同期全国平均增长速度高23个百分点，增速连续四年居全国前四位，其中2005、2006年都居全国第一。随着固定资产投资的快速增长，投资率逐年上升，从1978年的40%提高到2004年的44.7%，2008年高达79.8%，为历史最高；2009年初步预计达到90%左右，再创新高。（见下图）

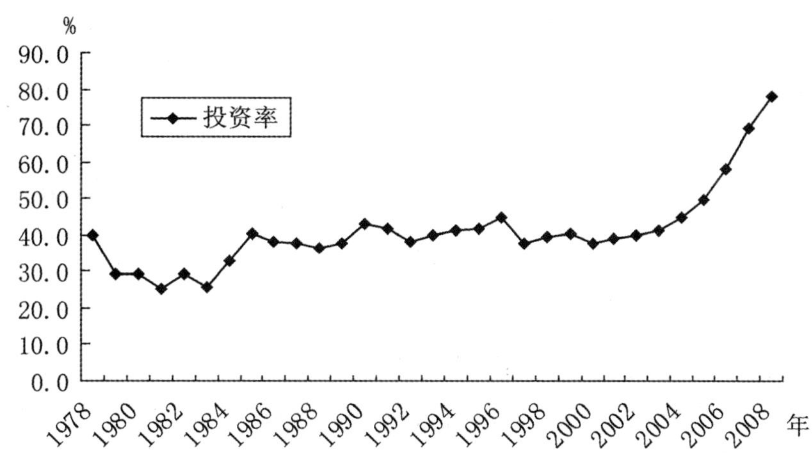

从上图可以看出，我省投资率的变化大致可以划分为三个阶段。一是1979-1984年，投资率在低区间波动，年均为28.2%，这期间主要是偿还多年的“消费欠账”。二是1985-2003年，投资率上升为年均40%。三是2004--2008年，年均投资率高达59.9%，比前九年提高19.9个百分点。

（二）投资率变化对经济增长的影响

1979-1984年，GDP年均增长9.9%，投资对经济增长的贡献率为19.3%，消费贡献率为87.4%。1985年以后、特别是进入20世纪90年代后，随着80年代的偿还“消费欠账”结束，我省经济增长的“消费主导型”已开始向“投资主导型”转变，投资率明显提高，对经济增长的贡献加大。1992—2004年GDP年均增长10.3%，投资对

GDP增长的贡献率上升到41.3%，消费贡献率降为55.9%。特别是2005年以来，投资率大幅上升，促进了经济的持续高速增长。2005—2008年全省GDP年均增长14.8%，投资贡献率高达68.2%。其中，2008年GDP增长16%，创近20年来第二个最高增速，投资的贡献率高达129.9%。（见表1）

各时期投资对经济增长的贡献

表1

时　期	GDP 增长率（%）	投资率 （%）	贡献率 （%）
1979−1984	9.9	28.6	19.3
1985−1991	7.9	38.9	52.8
1992−2004	10.3	40.5	41.3
2005	12.1	49.8	69.9
2006	15.0	57.9	83.3
2007	16.1	69.3	158.1
2008	16.0	79.8	129.9
2009（预计）	14	90	

上表显示出两点：一是随着投资率的提高，我省投资对经济增长的拉动作用不断增强，呈现明显的投资主导型经济增长特征。二是近两年投资率持续大幅提高，投资对后续经济增长的关联性却逐步减弱。

（三）我省投资率与经济发展的国内外比较

比较一：近三年我省投资率在全国位次逐年前移，经济增长率位次2008年却有所下滑。(见表2)

表2

年　份	投资率（%）	全国位次	GDP增长率（%）	全国位次
2004	44.7	24	12.2	17
2005	49.8	14	12.1	16
2006	57.9	5	15.0	2
2007	69.3	3	16.1	2
2008	79.8	1	16	3

比较二：近几年我省投资率与经济增长的相关关系与全国存在较大的差异。（见下图）

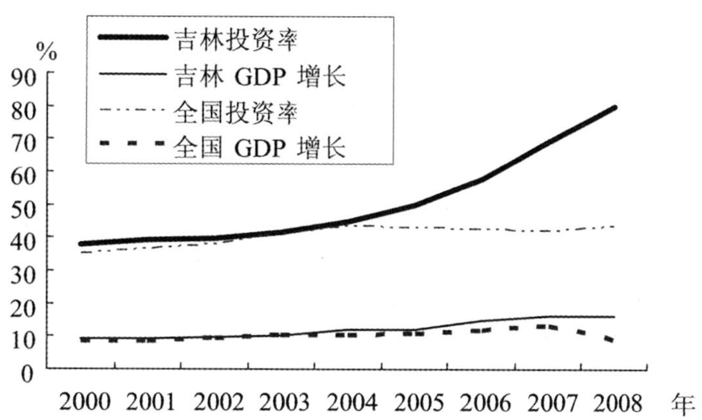

从该图可以看出，2003年以前我省投资率低于全国平均水平；以2004年为拐点，投资率差距急速缩小，两条曲线在2004年附近出现交叉，2005年曲线反向分离，高于全国平均水平，此后这一趋势急速扩大，直至2008年我省固定资产投资增长速度高于全国14.2个百分点，带动投资率高于全国36.3个百分点。再从经济增长速度看，2004年以前我省略高于全国平均水平，2004年以后有所扩大，但远低于投资率高于全国的倍数。表明我省持续大幅攀高的投资率并没有带来经济的持续加速增长。

比较三：与经济较发达省份比较。选择广东、江苏两省为例。（见表3）

表3

广东			江苏			吉林		
经济发展最快时期	GDP增长(%)	投资率(%)	经济发展最快时期	GDP增长(%)	投资率(%)	经济发展最快时期	GDP增长(%)	投资率(%)
1991	17.7	33.0	1992	25.6	50.1	2004	12.2	44.7
1992	22.1	40.5	1993	19.8	53.0	2005	12.1	49.8
1993	23.0	44.9	1994	16.5	49.8	2006	15.0	57.9
1994	19.7	41.8	1995	15.4	48.1	2007	16.1	69.3
1995	15.3	40.4	1996	12.2	46.6	2008	16.0	79.8

以广东、江苏为参考，选择改革开放以来经济增长最快时期比较，广东经济增长最快时期为二十世纪九十年代1992—1995年，GDP年均增速为20%，投资率为42%；江苏经济增长最快的时期为1992—1995年，GDP年均增长19.2%，投资率

为50%。我省经济发展最快的2006—2008年，GDP年均增长15.7%，投资率高达近70%；投资率比江苏、广东高出20、28个百分点；经济增长速度则低3.5、4.3个百分点。（见表4、5）

不同收入类型国家的平均投资率和消费率

表4

按收入分类	平均投资率（%）	平均消费率（%）
低 收 入 国 家	24.1	86.9
中下等收入国家	24.7	80.9
中上等收入国家	23.5	74.4
高 收 入 国 家	20.8	76.7

不同增长区的平均投资率

表5

经济增长区间	平均投资率（%）	经济增长区间	平均投资率（%）
6%以上	29.8	3%-4%	23.4
5%–6%	22.7	2%-3%	20.8
4%–5%	22.4	2%以下	22.0

表中数据显示，投资率的高低与经济发展水平有关，中低收入国家、发展中国家投资率较高，经济增长率则高，并随着经济发展水平的提高而提高；但经济发展到一定程度后投资率趋于稳定，如美国、英国多年来投资率一直稳定在20%左右。当前，我国经济处在加速工业化、城镇化、全面建设小康社会的重要历史时期，近几年投资率在40%以上，比一些国家历史上处于类似发展阶段时还高一些，如日本在经济起飞阶段的投资率大体在30%—35%之间，韩国基本在37%以内。我省经济也正处在这一阶段，但投资率远高于其他国家和地区。

通过上述分析我们得出初步结论，投资率越高，经济增长越快，近几年我省经济的发展在很大程度上是依赖固定资产投资规模的迅速扩大。但“高投资，高增长”并不是永恒不变的，当投资率达到一定水平时，高投资率与高增长的关联度降低。从投入产出效益看，保持适度合理的投资率是促进国民经济又快又好发展的关键。

二、高投资率背后的"隐忧"

近几年我省高投资率有其合理性，主要是经济发展阶段、国家振兴东北老工业基地以及应对国际金融危机保增长的客观要求，国家扩大内需政策、高储蓄率的文化传统、人口城市化进一步加快、城镇居民消费结构升级和住房制度改革带动房地产业投资大幅增长的影响，以及低成本等竞争优势对外国、省外资本保持较高的吸引力、近几年我省招商引资力度不断加大较多域外投资支撑，还有弥补我省投资中多年来欠账因素等等。偏高的成份，主要是因为政府主导投资以及投资体制不合理等深层次原因，以及个别地方政府片面追求政绩、统计数据虚高等因素影响，导致投资运行中一些新的矛盾和问题显现出来。

（一）投资效益呈下降趋势

高投资率往往与低下的投资效率相联系。因为投资效率低下，要取得一定的投资效果，必然要求投入更多的资本，从而导致高投资率。投资的效率在宏观上表现为对经济增长的拉动，用资本边际生产率来表示，即从投资宏观效益的主要指标投资弹性系数（是国内生产总值增长速度与投资需求增长速度之比）来看，近几年我省投资弹性系数整体上呈下滑趋势，2000年我省投资弹性系数为0.91，高于同期全国平均水平；随后弹性系数整体上逐年下降，到2008年降到0.54，低于全国平均水平0.11个系数值。

生产能力利用率下降。增加投资意味着扩大生产能力。在买方市场条件下，当生产能力持续超过有效需求规模时，生产能力利用率必然下降。目前我省工业生产能力利用率普遍不高，甚至有的品种存在过低问题。这一问题的背后实际上是投资增长过快，生产能力大大超过了有效需求，造成原本紧张的资金损失浪费。

投资效率低下的后果是多方面的，较为突出的有三点：一是经济关系不协调，高投资必然对消费产生明显的"挤压效应"，制约消费水平的提高，最终使得靠高投资维持的高增长难以维持，经济增长的稳定性就会受到影响。二是长期的高投资可能导致银行呆坏账大量积累，危及国家金融安全，这方面东南亚金融危机是我们的前车之鉴；三是陷入所谓的凯恩斯陷阱，通过大规模投资来刺激经济，而投资的边际产出下降，过剩的投资会引发新一轮萧条，为刺激经济又需要更多的投资，从而形成循环往复：膨胀－萧条－再膨胀－再萧条，难以走出一条均衡发展之路。

（二）投资结构亟待进一步调整

一是投资外延性扩张明显。近几年我省社会总投资中主要是固定资产投资，库存是减少的。从固定资产投资结构看，2008年改建和技术改造投资占城镇固定资产投资的比重仅为23.1%，而新建扩建项目投资占45.1%。二是技术水平不高，2008年全社会固定资产投资构成中，体现技术进步的设备工器具购置投资比重仅为30.8%，而用于土建的建安工程投资比重却高达57.1%。三是高技术、高附加值工业投资增长却仍显乏力，产业结构水平仍然较低，影响高端产业发展后劲，制约了经济结构的进一步优化，使经济难以尽快摆脱高投入、低产出的粗放经营的格局。四是缺少具有较强带动作用的超大型项目，以今年1—11月为例，全省城镇总投资50亿以上的大项目仅有10个，其中制造业项目仅有三个，而且都是前二年开工的续建项目。由于各地政府仍在主导投资行为，因而盲目投资、低水平、重复建设现象仍较突出，钢铁、水泥等产能过剩的传统产业仍在扩张，资源型项目较多，有的高污染项目仍在建设，进而导致经济增长质量不高。这些释放出主要依靠投资拉动的经济增长会带来的许多不可持续的问题。

（三）我省高投资拉动了省外的ＧＤＰ

从社会产品的最终使用（也称最终需求）角度看，社会产品生产出来以后，首先要用于消费、然后用于投资、储蓄和出口。2009年全省GDP初步预计可达7200亿元左右，用于消费的至少要在3500亿元上下，可用于投资的只有3700亿元左右，与实际完成7200投资的缺口为3500多亿元，这么大的缺口主要依靠社会产品的净进口（对于地区经济包括省外产品的净流入），形成了对外省、国外的最终需求。我省费了很大劲扩大投资，却拉动了外省、国外的GDP，没有达到对本省GDP拉动的初衷。

（四）投资持续高速增长的难度加大

1、“两高”制约投资的持续快速增长

初步预计，2009年全省完成固定资产投资7200亿元左右。7200亿元投资的概念：一是投资率要达到90%左右，目前国内还没有一个省投资率这么高，既使是产出少、主要依靠全国支援、2008年GDP总量不足400亿元的西藏，投资率也只是79.2%，低于我省。我省的投资率已引起国家统计局的高度关注。二是当年投资总量相当于建国以来全省投资建设形成的、到2008年底全省国民财产总量中固定资产总量的50%多，相当于2008年底规模以上工业企业固定资产原值5051亿元的1.4倍。三是2010年投资每增长一个百分点，就需要增加总量72亿元，是我省实施扩大投资战略初期2004年10亿元的7倍。在过大的基数、过高的投资率“两高”的作用下，投资内生的、持续加速增长的力量还没有形成。

预计明年固定资产投资增长速度将明显回落，如果保持在增长20%左右，全年完成投资8600亿元，比2009年增加1440亿元，仅增量就为2004年投资总量的1.2倍，持续高速增长的难度很大。另一方面，如果明年GDP名义增速能达到18%、总量8500亿元左右，投资总量可能要超过GDP。投资总量超GDP，这从理论上讲是成立的，因为地区经济不是封闭型经济，存在社会产品的流入流出。但现实情况是不支持的。社会再生产是通过实物和资金两种循环过程实现的，从实物形态看，如果GDP达到8500亿元左右，首先要用于消费的至少要在4000亿元以上，可用于投资的只有4500亿元左右，在没有一定数量超大的国家投资项目情况下，4000多亿元缺口完全靠国家支援和招商引资是很难达到的。再从资金形态（即收入分配）情况分析，8500亿元的社会可支配收入，首先要用于支付劳动者报酬和行政事业单位支出3500亿左右，国家财政拨款、国内贷款和招商引资总量如达到3100亿，还有1900亿元缺口（具体见下部分）。对于我省投资中购买省外机械设备和建筑材料部分，由于属于实物交易，需要我省的可支配收入购买，资金与实物运动相反，不能单纯的记入社会产品净流入。而国家财政拨款、省外机构部门、个人的直接无偿援助和省外对我省的直接投资，资金与实物运动相同，为社会产品净流入。

2、**资金约束作用增大**。从近几年我省建设资金的来源情况看，国家预算内资金占3%，国内贷款占5%，利用外资（包括国内省外）占23%，企事业自筹资金占60%。2009年受国家应对金融危机实施积极的财政货币政策影响，投资资金来源中，国家预算内资金比重提高到3.5%，国内贷款比重提高到7.0%。刚闭幕的中央经济工作会议确定2010年仍将实施积极的财政政策和适度的货币政策，预算内资金、国内贷款仍将保持一定增长。以前面预计的明年投资增长20%、总量完成8600亿元测算资金的筹集，国家预算内资金、国内贷款保持今年的比重，分别筹集300亿元、600亿元。对国际资本、外省市资本来说，受金融危机和地区间竞争等影响，引资难度将越来越大，按20%增幅计算，引入内、外资达到2200亿元左右。三路资金计3100亿元，还有5500亿元资金完全靠企业自筹，而目前我省所有统计部门统计的规上企业利润总额只有500亿元左右。虽然有4500亿元多储蓄存款，但受我国高储蓄率的文化传统、储蓄结构以及金融市场发展滞后、企业融资难影响，能用于固定资产投资的很少，因此难以支撑投资的持续高速增长。

3、**对统计数据造成了很大冲击**。由于近几年全省固定资产投资增长目标高，地方政府追逐高投资、高增长，使投资统计数据倍受关注，一些地方弄虚作假、浮夸风又有所抬头，统计数据质量受到了空前的挑战。

三、几点建议

（一）处理好投资与消费的比例关系，保持合理投资率

投资和消费比例关系是经济发展最重要比例关系之一，投资规模关系到经济发展后劲；而消费不足，也同样影响经济的持续健康发展，在当前国际金融危机导致外需大幅下滑的严峻形势下，更应处理好投资与消费的关系，防止偏重于扩大投资，而对扩大消费着力不够的倾向。因此，要重塑投资理念，将保持适度投资率作

为宏观调控目标，坚持扩大质量效益型投资规模。投资的增长，必须与经济增长、消费增长相适应。要重点采取有效措施增加居民收入，扩大消费需求，特别是扩大农村居民消费，促进投资和消费的协调发展。

（二）处理好扩大投资总量与结构调整的关系，重在优化结构、提高质量效益

目前我省经济增长还远未步入良性循环周期，一方面经济增长越来越依赖固定资产投资的增长；另一方面固定资产投资的增长并未带来有效的经济增长，总量不大、结构不优、质量不高、发展水平仍较落后，面临着加快发展和转变增长方式的双重压力。加快发展是实现全面振兴吉林的根本出路，为克服金融危机影响，保持经济持续快速增长，目前仍要保持较快的投资增长速度。由于目前城乡居民收入低，消费水平不高，消费层次仍处于较低阶段，消费带动经济增长有较大的局限性，投资依然是拉动经济增长的主要动力，保持适度的投资规模是十分必要的。中央经济工作会议提出明年国家继续实施积极的财政政策和适度宽松的货币政策，近日国务院正式批复的“长、吉、图开发开放先导区规划纲要”，为我省扩大投资提供了新的机遇和空间。因此，明年甚至在今后一段时期内，应继续坚持投资拉动，同时要更加注重推进投资结构调整，提高投资效益。

调整投资结构重点要突出四方面：一是优化产业资金投向，围绕做大做强我省汽车、石化、农产品加工等支柱产业和医药、光电子信息等优势产业及能源、新型建材、旅游等特色产业加大投入，加快产业结构升级，提升竞争力。要坚决抑制产能过剩行业投入和重复建设，这是确保投资率与消费率的合理与稳定，提高投资效益的核心。二是强化重点项目建设，谋划、引进和建设一批具有全局性、战略性的大项目、好项目，增强重点项目对全省投资和经济发展的带动作用。三是转变低水平重复建设、粗放经营的增长方式，加大技术改造和技术创新领域投入，提升项目技术含量，培育新的经济增长点。四是积极争取国家支持的民生、社会服务业和城乡协调发展、基础设施项目，加大对有利于保护生态环境和改善民生的项目建设，促进经济社会持续和谐发展。

（三）处理好政府主导投资与企业自主投资的关系，进一步确立企业的投资主体地位。

要变由地方政府抓项目为企业主动上项目，真正实行谁投资、谁决策、谁收益、谁承担风险，从体制上保证投资效率，抑制盲目投资、重复建设，提高发展质量。

（四）以科学发展观为统领，切实改变政绩考核方式。

在制定发展目标上，要注意科学和留有余地，防止盲目追求高指标、高速度。

要从完善统计方法制度和严肃统计执法入手，提高统计数据质量，提供科学、真实可靠的宏观决策依据。要抓好对地方政府官员科学发展观的教育，从建立和完善经济社会发展综合评价体系和干部政绩考核评价体系入手，充分体现科学发展观和建立和谐社会的要求，全面考核官员的政绩。

金融危机以来我省工业经济运行基本情况

刘莉

编者按：《金融危机以来我省工业经济运行基本情况》一文于2009年12月22日以《统计分析》第55期（总第558期）印发。

国际金融危机全面爆发已一年有余，一年来我国经济遭受了改革开放以来最严重的外部经济冲击，工业生产增长速度明显回落，期间我省工业生产持续低于同期水平。进入2009年，随着一系列“保增长”的宏观经济政策的逐渐到位，我省工业经济呈现出见底回升、平稳增长的态势。

今年前11个月，我省规模以上工业累计实现增加值2656.79亿元，同比增长16.8%，高于今年最低点10.7个百分点，较今年一季度、上半年和三季度分别加快6.7、3.7和1.5个百分点，累计增速居全国第10位。今年前11个月，我省规模以上工业累计实现利润455.54亿元，同比增长24.7%。随着国内外和省内外宏观经济形势持续向好，从长期趋势上看，虽然我省工业生产增速会有波动调整，但基本可以判断当前我省工业生产已走出低位，步入平稳较快增长阶段。

一、金融危机发生以来我省工业生产运行基本经历了四个显著阶段

（一）波动下滑阶段（2008年7月—2008年11月）

从规模以上工业月度实现增加值和实现利润增长变化情况看，2008年下半年，我省工业生产增速明显放缓，实现利润总额同比出现多年未见的负增长。2008年7月份，我省工业生产增速骤降到15.3 %，低于2008年6月份4.9个百分点，明显低于2008年上半年20%以上的平均水平；实现利润同比增长37.7%，低于2008年6月份9.6个百分点。由此金融危机对我省规模以上工业经济的影响逐渐加深，生产增速开始出现波动性回落，利润同比增速由正变负。

2008年8-11月，我省规模以上工业增加值增速分别为15.2%、17.4%、13.2%和16.4%；利润同比增速分别为21.4%、5.4%、-7.2%和-10.2%。在这一阶段，汽车制造业对工业增长的影响最大，而食品工业始终保持了对经济增长的较高贡献率。2008年6月份，全省规模以上工业增长20.2%，汽车制造业对工业经济增长的贡献率

高达30.9%，食品工业对工业经济增长的贡献率为23.4%，而2008年7月份，规模以上工业增速下滑到15.3%时，汽车制造业对工业经济增长的贡献率为-3.0%，食品工业对工业经济增长的贡献率仍保持在27.7%。可以看出，虽然食品工业对全省工业经济保持两位数增长做出强力支撑，但汽车制造业仍然对我省工业经济具有绝对影响力。（见表1）

2008年7—11月我省规模以上工业经济主要指标

表1 单位：%

	2008年7月	2008年8月	2008年9月	2008年10月	2008年11月
增加值增速	15.3	15.2	17.4	13.2	16.4
利润增速	37.7	21.4	5.4	-7.2	-10.2
汽车制造业贡献率	-3.0	3.2	22.4	0.3	20.3
食品工业贡献率	27.7	23.9	23.7	34.7	35.9

（二）筑底阶段（2008年12月—2009年1月）

2008年12月，全省规模以上工业生产跌破两位数增长，为9.0%，实现利润总额同比回落17.9%，回落幅度进一步扩大。受春节假日因素的影响，今年1月份，全省规模以上工业增加值增速更是跌落至6.1%。从行业情况看，在此阶段汽车制造业的加速回落是导致全省工业生产低速增长的直接原因，而食品工业发挥了对全省工业增长的支撑作用。2008年12月，食品工业对全省工业增长的贡献率为42.7%，拉动全省工业增长3.9个百分点；汽车制造业对全省工业增长的贡献率为-4.0%，将全省工业向下拉动0.4个百分点。2009年1月，食品工业对全省工业增长的贡献率为59.4%，拉动全省工业增长3.6个百分点，占全省工业增加值的比重首次超越交通运输设备制造业，达22.6%；汽车制造业对全省工业增长的贡献率为-58.8%，将全省工业向下拉动3.6个百分点。（见表2）

2008年12月—2009年1月我省规模以上工业经济主要指标

表2 单位：%

	2008年12月	2009年1月
增加值增速	9.0	6.1
利润增速	-17.9	-
汽车制造业贡献率	-4.0	58.8
食品工业贡献率	42.7	59.4

（三）企稳回升阶段（2009年2月—2009年6月）

从全省工业生产形势来看，在此阶段，随着国家宏观调控政策效应的逐渐显现和工业季节性生产的逐渐恢复，全省工业生产逐渐企稳回升，效益降幅明显收窄。2月份以来工业生产保持在10%以上的增长速度，6月份达到18.5%，与去年同期20.2%的增速相差不足两个百分点，当增速与同期水平接近时，我们基本可以判定市场回暖、经济复苏信号已比较明显。今年以来，我国汽车工业在经济寒冬的环境下创造了产销两旺的市场奇迹，这对以汽车制造业为第一大支柱行业的我省工业来说无疑是重大利好。

在工业经济企稳回升阶段，汽车制造业对全省工业生产增长的贡献作用超越食品工业，重新站到第一的位置。今年6月份，汽车制造业对全省工业经济增长的贡献率达16.8%，高于食品工业1.1个百分点。（见表3）

2009年2—6月我省规模以上工业经济主要指标

表3　　单位：%

	2009年2月	2009年3月	2009年4月	2009年5月	2009年6月
增加值增速	12.1	10.9	12.0	11.5	18.5
利润增速	-74.9	-64.7	-46.8	-36.8	-33.7
汽车制造业贡献率	3.2	-10.6	-10.1	7.2	16.8
食品工业贡献率	31.7	25.0	41.3	25.4	15.7

（四）平稳增长阶段（2009年7月—2009年11月）

经过近半年的波动调整，今年下半年以来，我省规模以上工业筑底走稳趋势更加明显，工业生产增速重新站到20%以上的台阶，在全国的位次重回前10，实现利润总额同比增速实现由负转正，电力部门统计的工业用电量大幅回升。在此阶段，汽车制造业表现出对工业经济增长的强力拉动作用，2009年11月份全省规模以上

2009年7—11月我省规模以上工业经济主要指标

表4　　单位：%

	2009年7月	2009年8月	2009年9月	2009年10月	2009年11月
增加值增速	20.4	19.9	23.0	23.1	23.6
利润增速	-20.2	-4.2	3.4	19.7	
汽车制造业贡献率	24.4	37.6	33.8	44.1	31.1
食品工业贡献率	13.2	12.5	9.7	14.1	6.3

工业增长23.6%，其中汽车制造业增长达31.3%，对全省工业经济增长的贡献率高达31.1%，高出第二大产业—食品工业24.8个百分点，说明当汽车制造业复苏基础进一步打牢，复苏步伐进一步加快的时候，必将带来我省工业生产的新一轮快速增长。（见表4）

二、金融危机下我省与全国及辽、黑工业生产情况之比较

(一) 与全国的比较

2008年下半年以来，受到国际金融危机的影响，我省规模以上工业增加值增速出现了较大波动。2008年6月份同比增长20.2%，位居全国第12位，2008年7月份跌落至15.3%，在全国排名跌至第19位，2009年10月份同比增长23.1%，位居全国第10位。

与全国相比，我省增加值增速呈现三个特点：一是波动幅度更大。2008年7月至今，我省规模以上工业增加值增速的波峰与波谷值相差14.6个百分点，而全国的差值是13.8个百分点。二是我省增速一直高于全国水平。即使在我省工业生产最低谷时期的2008年12月份仍高于全国4.7个百分点。三是今年以来我省工业经济复苏步伐更快。今年2月份以来，我省规模以上工业增加值始终保持两位数增长，特别是在今年7月份达到20.4%，首次超过去年同期水平，而全国这一信号的到来比我省晚了两个月。（见表5、6）

2008年下半年全国和吉林省工业生产增速

表5　　单位：%

	6月	7月	8月	9月	10月	11月	12月
全　国	16.0	14.7	12.8	11.4	8.2	5.4	5.7
吉　林	20.2	15.3	15.2	17.4	13.2	16.4	9.0
吉林位次	12	19	18	14	13	4	16

2009年全国和吉林省工业生产增速

表6　　单位：%

	2月	3月	4月	5月	6月	7月	8月	9月	10月	11月
全　国	11.0	8.3	7.3	8.9	10.7	10.8	12.3	13.9	16.1	19.2
吉　林	12.1	10.9	12.0	11.5	18.5	20.4	19.9	23.0	23.1	23.6
吉林位次	14	14	12	14	6	2	9	5	10	20

（二）与辽宁和黑龙江的比较

东北三省工业经济结构较为相似，均以重工业为主，金融危机对三省的影响进程也较为接近。2008年7月份，三省增速均出现明显回落，与2008年6月份相比，吉、辽、黑三省分别回落4.9、3.7和1.5个百分点。今年上半年，我省和辽宁、黑龙江同步进入生产恢复调整期，与其他两省相比，我省在调整期内工业生产上升走势较为明晰和平稳。今年下半年以来，我省工业生产平稳快速增长，上升力度更为强劲，增速位于三省前列。这说明金融危机爆发后，我省采取的产业调控措施和投资拉动政策为工业经济企稳回升奠定的坚实基础发挥了重要作用。（见表7、8）

2008年下半年东三省工业生产增速及位次

表7 单位：%

	6月	7月	8月	9月	10月	11月	12月
辽　宁	20.2	16.5	17.7	16.9	15.0	9.1	9.0
位　次	12	16	17	16	11	20	16
黑龙江	16.3	14.8	14.6	17.0	9.5	11.2	8.9
位　次	19	21	19	15	21	9	18
吉　林	20.2	15.3	15.2	17.4	13.2	16.4	9.0
位　次	12	19	18	14	13	4	16

2009年东三省工业生产增速及位次

表8 单位：%

	2月	3月	4月	5月	6月	7月	8月	9月	10月	11月
辽　宁	13.3	14.0	12.0	14.5	14.1	15.0	15.6	16.6	20.4	21.0
位　次	13	10	12	11	15	13	16	19	15	24
黑龙江	2.7	9.1	9.2	10.3	13.0	6.5	9.7	14.5	16.8	20.3
位　次	24	17	16	15	16	26	26	23	24	25
吉　林	12.1	10.9	12.0	11.5	18.5	20.4	19.9	23.0	23.1	23.6
位　次	14	14	12	14	6	2	9	5	10	20

三、金融危机下我省主要产品产量变动情况

2008年支撑我省工业发展的石化、建材和交通运输设备制造业的主要产品产量均明显减少。而今年以来，随着政府产业振兴规划政策能量的逐渐释放，工业生产逐渐恢复，今年11月我省上述产业的主要产品产量已经接近甚至超过金融危机到来

前的水平。同时，从我省主要产品产量占全国的比重来看，从2008年6月至今，我省主要产品在全国的市场占有率基本维持在同一水平，没有明显的提升或下滑。因此，上述对比分析可以说明：第一，金融危机爆发以来，我省主要产业的产品产量增减变动趋势基本与全国保持一致，金融危机对我省主要产业的影响与全国基本同步。第二，去年下半年以来，在其他省份工业生产进入下滑区间阶段，我省主要产业并未适时扩大全国市场占有份额。（见表9、10）

吉林省部分主要产品产量

表9

	计量单位	2008年			2009年		
		6月	9月	12月	3月	6月	11月
天然原油	万吨	60.1	55.9	50.9	55.4	54.3	52.5
原油加工量	万吨	57.4	71.5	70.7	86.1	66.2	64.0
水泥	万吨	286.4	310.0	99.6	271.8	496.2	220.9
钢材	万吨	70.0	54.6	45.7	60.7	79.5	74.9
汽车	万辆	8.6	7.3	3.6	10.0	10.5	12.6

我省主要产品产量占全国比重

表10　　单位：%

产品名称	2008年							2009年									
	6月	7月	8月	9月	10月	11月	12月	2月	3月	4月	5月	6月	7月	8月	9月	10月	11月
天然原油	3.8	3.4	3.5	3.6	3.7	3.7	3.2	3.4	3.5	3.9	3.6	3.5	3.6	3.3	3.3	3.6	3.4
原油加工量	1.9	2.5	2.6	2.5	2.5	2.7	2.6	2.6	2.9	2.3	2.2	2.1	2.1	2.0	2.1	2.1	1.9
水泥	2.2	2.1	2.3	2.5	2.1	1.2	0.8	1.5	2.2	7.0	3.0	3.1	3.3	3.1	3.0	2.4	1.5
钢材	1.3	1.3	1.5	1.2	1.1	0.8	0.9	1.2	1.1	1.4	1.4	1.3	1.3	1.3	1.1	1.2	1.2
汽车	9.9	8.5	9.6	9.2	8.2	8.3	5.2	7.3	8.6	8.9	8.7	8.7	8.4	9.8	8.7	9.2	8.8

四、金融危机暴露我省工业经济发展短板

（一）轻、重工业发展不均衡

近年来，我省工业经济结构有所改善，轻工业比重有所提高，轻工业生产增速也基本快于全省及重工业生产增速，但是，由于轻工业占整体工业经济的比重仍不足30%，因此在金融危机发生时期，即使食品工业等轻工业行业表现出较快的增长

态势，对全省工业经济增长的贡献率达50%以上，由于占比较小，仍不能阻止全省工业经济的下滑趋势。例如今年1月份，食品工业同比增长20.6%，对全省工业经济增长的贡献率高达59.4%，拉动全省工业经济增长3.6个百分点，但是全省规模以上工业经济同比仅增长6.1%。

2008年下半年我省轻、重工业增加值增速

表11 单位：%

	6月	7月	8月	9月	10月	11月	12月
轻工业	25.4	26.7	19.5	14.8	24.7	28.8	11.9
重工业	18.4	11.8	13.9	18.3	9.5	12.6	8.1

2009年我省轻、重工业增加值增速

表12 单位：%

	2月	3月	4月	5月	6月	7月	8月	9月	10月	11月
轻工业	22.1	15.9	31.2	16.1	19.4	22.7	21.3	23.7	25.0	21.4
重工业	8.4	9.3	6.5	9.9	18.1	19.7	19.5	22.8	22.5	24.4

（二）一业独大，依赖性强

交通运输设备制造业是我省的第一大产业，对全省工业经济的发展做出了巨大贡献。截至2009年11月，我省交通运输设备制造业拥有资产1972.07亿元，占全省的23.8%，实现主营业务收入2438.13亿元，占全省的30.4%，实现利润231.77亿元，占全省的50.9%，创造增加值670.27亿元，占全省的25.2%。但也正是因为交通运输设备制造业的一业独大，而使得我省工业经济高度依赖于它的发展情况。2007年7月至2008年6月，全省规模以上工业平均增长22.6%，期间交通运输设备制造业平均增长27.5%，对全省工业经济增长的贡献率也基本保持在30%左右。而在2008年7月份，金融危机爆发之时，交通运输设备制造业当月实现增加值同比回落0.01%，对全省工业经济增长的贡献率为0，当月全省工业经济仅同比增长15.3%,与同年上月相比回落4.9个百分点。因此，为有效降低金融危机等外部经济冲击对我省工业经济的影响，增强工业经济抵御风险的能力，避免危机下工业经济产生大幅震荡波动，必须充分利用我省独特的资源优势，大力发展食品工业和医药工业特色产业，改一业独大为多业并举的工业产业结构，确保我省工业经济在复杂的市场经济环境中保持平稳发展。

对我省大型工业企业产品市场竞争力的思考

谭英 李崇光

编者按：《对我省大型工业企业产品市场竞争力的思考》一文于2009年12月23日以《统计分析》第56期（总第559期）印发。

目前，我省大型工业企业（从业人数在2000人以上，销售收入和资产总额分别在3亿元和4亿元以上的工业企业）单位数占规模以上全部工业企业单位数的比重仅为1%左右，但其创造的增加值却占规模以上工业增加值的40%以上（2008年受国际金融危机影响为43.3%，其余年份均在50%以上），其上缴的税收占规模以上工业税收的60 %以上。因此，大型工业企业产品市场竞争力如何，直接影响到我省经济的综合实力。

一、我省大型工业企业产品市场竞争力的现状

产品市场竞争力是指企业在竞争的市场环境中，通过配置或创造资源，在占有市场、创造价值、持续发展等方面与其他竞争者在市场竞争中的比较能力。产品市场竞争力是企业竞争力的主要表现形式。

（一）大型工业企业流入流出额呈顺差，对我省经济增长的贡献率较高。

产品流入流出状况是反映产品市场竞争力的重要指标。“流入”是指本省企业为了从事生产或提供服务，向外省或国外购买的或无偿获得的各种货物或服务的价值；“流出”则是指本省企业生产的最终产品，向省外调出和向国际出口的价值。（注：这里的“流出”仅指企业产品的初次分配去向。）流入可以弥补本省资源的短缺和市场商品供应的不足，流出则可以扩大本省产品的市场占有率，有利于拉动本省经济的发展。

2007年，我省大型工业企业流出额为1368.95亿元，占全省工业流出总额的52.8%；流入额为1065.51亿元，占全省工业流入总额的71.7%；流入流出顺差达303.44亿元。大型工业企业的外向联系成为我省经济发展的重要组成部分。2002年至2007年，大型工业企业的净流出额对我省GDP增长的贡献率为9.9%，超出全省净

流出额的贡献率11.3个百分点。

（二）大型工业企业进出口呈逆差，产品的国际竞争能力有待进一步提高。

2007年，我省大型工业企业的出口额为60.66亿元，占全省工业出口总额的47.4%;进口额为117.52亿元，占全省工业进口总额的66.5%。大型工业企业的进出口额均占有较高的份额，对我省的外贸经济具有较大的影响力。但大型工业企业的进出口逆差达56.86亿元，显示其国际竞争力尚待进一步提高。

(三)大型工业企业的国内调入调出额为顺差，产品的国内竞争力具有优势。

我省大型工业企业的国内调出大于国内调入。2007年，我省大型工业企业的国内调出额为1308.29亿元，国内调入额为947.99亿元，净调出额为360.30亿元，表明我省大型工业企业在国内市场上具有较强的比较优势或竞争优势。国内的较大需求，弥补了进出口的逆差，使得2007年我省大型工业企业的流入流出额呈现为顺差。

（四）大型工业企业大宗流出产品以传统的支柱工业产品为主。

根据2007年投入产出调查数据，我省大型工业企业大宗流出产品，按流出金额排序，依次为：汽车整车，547.7亿元；石化产品，416.17亿元；化学纤维，59.98 亿元；钢材和粗钢，56.97亿元；铁路机车车辆及动车组，49.09亿元；铁合金，37.41亿元；医药，29.67亿元等等。从行业看，交通运输设备制造业、化学工业、食品加工业流出额分别为632.04亿元、416.17亿元和49.06亿元，三者合计占我省大型工业企业产品流出额的80.2%。可见，我省大型工业企业产品的竞争优势仍建立在传统的支柱产业之上,新兴产业的市场份额仍然较小，竞争力较弱，尚未形成优势。

（五）大型工业企业流入产品以资源相对短缺和高加工度、核心技术的工业产品为主。

投入产出调查数据显示，2007年，我省大型工业企业从省外购进的大宗产品，按金额排序，依次为：汽车制造业，381.71亿元；石油和天然气开采业，173.23亿元；化学纤维制造业，55.37亿元；锅炉及原动机制造业，53.51亿元；钢压延加工业，47.7亿元；石油及核燃料加工业，40.32亿元；煤炭开采和洗选业，25.95亿元等等，上述7个行业产品的流入总金额占大型工业企业全部省外购进产品的82.0%。我省大型工业企业从国外进口的大宗产品，按金额排序，依次为：石油和天然气开采业，72.76亿元；黑色金属矿采选业，28.91亿元；汽车制造业，8.81亿元；电机制造业，3.87亿元；化学纤维制造业、3.28亿元；钢压延加工业，3.28亿元等等，上述6

个行业的产品进口额，占我省大型工业企业全部进口金额的98.2%。

上述数据，一方面反映了我省石油和天然气开采业、煤炭开采和洗选业、黑色金属矿采选业等资源相对短缺的状况，另一方面则突出反映了我省高加工度行业，尤其是关键零部件、核心技术，如汽车制造业、锅炉及原动机制造业、电机制造业、钢压延加工业等的产品市场竞争力较弱，必须依赖从外省调入及从国外进口的现状。目前，我省进口产品的主要来源是德国、日本和美国，而有些进口的零部件在国内根本无法找到相应的替代品。一旦上述国家因某些原因无法正常供应这些关键零部件，我省相关的大型工业企业就不得不面临停产的危机。

二、我省大型工业企业发展的薄弱环节

（一）企业数量少，规模较大的更少，高新、高端、低耗能的企业极为匮乏。

2008年，我省大型工业企业共有43家，分别比天津、陕西、内蒙古、黑龙江、辽宁少8、39、12、26、84家，在绝对数量上明显处于劣势。其中，规模较大的企业更少。2008年，资产在500亿元以上的仅有1 家，占全省大型工业企业的2.3 %；营业收入在100亿元以上的仅有 7家，占全省大型工业企业的16.3 %。

目前，国家鼓励优先发展、给予政策扶持的新能源、新材料以及符合低碳经济、环保概念的企业在我省大型工业企业中尚无一家。

（二）上市公司运营质量偏低，融资能力较弱。

目前，我省大型工业企业中，境内外上市的公司共有11家，占全部大型工业企业的25.6%。其中，以总部名义在A股上市的公司有2家，即中国石油和北车集团；省内独立上市的公司有8家，总股本为43.54亿股。2008年，省内独立上市的8家公司，平均每股收益为0.35元，与A股市场上市公司的平均水平大体相当。但是，在8家公司中，今年前三季度有4家经营亏损，亏损面达50%，另有2家每股收益仅为0.6分和0.1元，只有吉林敖东和一汽轿车两大蓝筹股效益较好。在这8家公司中，有5家不具备增发配股资格，丧失了再融资的能力。

（三）销售、投融资、高技能三类人才稀缺。

当今社会，人才越来越成为企业竞争成败的关键。我省大型工业企业三类人才稀缺：

一是销售人才。现代企业的市场竞争从一定角度来说也是销售人才的竞争。在商品经济相对发达的南方省份，各个企业已经建立起了比较成熟的高素质营销人才群体，建立起了较为系统的营销模式，新产品一旦出厂，便能迅速在国内外铺开，

短期内占领市场。相比之下，受长期计划经济影响，我省大型工业企业优秀营销人才却处于断档阶段，导致我省许多在质量、价格等方面同南方相比优势明显的产品，知名度低，销售不旺，甚至经常无人问津。

二是投融资管理人才。随着我国资本市场的逐步完善，越来越多的企业将资本运营列为企业经营活动的一项重要内容。对于那些具有规模经济特点的企业，资本市场的胜利往往会导致产品市场的胜利。我省的困惑在于，有些企业虽然能够拿到合同，但是由于没有合适的投融资策划人才，使企业囊中羞涩，生产能力受到限制。此类企业如果能够从证券市场成功募集资金，许多难题便可迎刃而解。中国南车股份有限公司之所以能够在轨道客车领域异军突起，成为我省轨道客车制造业强有力的竞争对手，与其成功的资本运作有着直接关系。

三是高技能人才。企业的竞争最终归结为高技能人才的竞争。高技能人才是企业提高自主创新能力以及提升产业层次不可或缺的资源。目前，我省大型工业企业亟需工艺、工装设计和专用设备、关键零部件开发设计等方面的高技能人才。

（四）多元化、国际化经营意识不强。

多元化投资或经营可以拓展企业的经营范围、降低竞争风险，有助于将企业做大、做强。海尔集团除生产家电产品外,还参股了多家金融企业；中国石化集团涉足的领域更广，从餐饮服务到物流，从石化产品到电子信息产业。然而我省除吉林敖东药业集团股份有限公司多元化经营表现比较出色外,其它企业在多元化经营方面都显得比较谨慎。

国际化经营意识不强，企业产品的技术质量、环保质量，达不到国际同行企业的先进水平，企业就难以成为一个具有国际竞争力的优秀企业。目前，我省大型工业企业中仅有少数几家实施了国际化市场战略，大部分尚未将国际化经营列为议事日程。继今年10 月初俄罗斯总理普京访华之后，美国总统奥巴马也启动了访华行程。普京和奥巴马在访华过程中，对中国的高速铁路及轨道建设都颇为关注。普京访华签署了中俄发展高速铁路备忘录，奥巴马则表示美国可以在快轨方面向中国学习。这对我省轨道交通制造企业来说无疑是最大的利好。可目前我省在这方面却还没有出台相应的政策，采取相应的措施。市场商机转瞬即逝。省委省政府对此应高度重视，抓紧研究对策，积极开拓欧美市场，努力实现铁路车辆向发达国家出口的愿望。

三、提高我省大型工业企业产品市场竞争力的对策和建议

国际金融危机给我省经济发展带来了前所未有的机遇和挑战。实现弯道超越，必须把提升大型工业企业产品市场竞争力、推动大型工业企业快速发展，作为一个

重要的战略突破口，充分发挥大型工业企业的辐射、带动作用，努力使其成为全省经济又好又快发展的“领头羊”。

(一)政企携手，共同拓展国内国际市场。

各级政府应牢固树立服务意识，与大型工业企业构建良好的政企关系，通过各种途径和手段，为大型工业企业拓展国内、国际市场营造良好的政策环境。积极引导企业实施多元化战略，帮助企业及时调整营销战略，以国际化的视野和思维，引领和扶持大型工业企业参与国内、国际竞争。创造良好的外部环境，加快培育更多的中型工业企业跻身于大型工业企业行列。

（二）着力提高自主创新能力，推动高新技术产业化。

着力提高大型工业企业的自主创新能力，力争在关键零部件、关键环节和核心技术方面取得新突破，尽早改变受制于人的被动局面。鼓励企业将投资重点转为科技创新投资，设立专项资金，奖励企业产业、产品优化升级。不失时机地推动新能源汽车、轨道交通装备等行业的快速发展，努力抢占行业发展先机，在保持技术水平与国际发展同步的基础上，增强产业发展后劲。强化产业基地和园区的集聚效应，推动形成围绕重点龙头企业、面向国际竞争的集团军，提升产业的集群竞争力。

（三）推动上市公司开展实质性、战略性并购重组，促进资源优化组合。

政府应积极鼓励和扶持更多的大型工业企业上市融资。有关部门要出台相关地方性政策，鼓励和引导已经上市的公司在现有条件下，谋求自我更新改造或合并重组。对后劲不足，发展前景暗淡的上市公司，要进行主业置换，腾壳给符合产业结构调整方向、市场前景好和资源消耗低、带动系数大的企业。对资产质量差、盈利水平低甚至亏损的上市公司，要支持其资源整体转让给有实力、有产业优势的企业，通过资产置换迅速恢复其再融资能力。

(四）加大政府指导扶持力度，创造让广大人才脱颖而出的良好环境

得人才者得天下。目前，我省经济社会发展水平还不高，气候条件相对恶劣，具体到票子、房子、车子等“硬件”更是不能与南方发达省市相比。但在人才问题上，绝对是大投入才有大产出。政府要下决心加大政策、资金的扶持力度，给待遇、给荣誉、给地位，创造引才、留才的良好环境，让人才得到物质实惠的同时，切实感受到自己倍受重视，在吉林工作更有用武之地，更有发展前途。

经济增长步入常态

——前11个月吉林省经济运行情况分析

综合处

编者按：《经济增长步入常态——前11个月吉林省经济运行情况分析》一文于2009年12月29日以《统计分析》第57期（总第560期）印发。

2009年全省人民在省委、省政府领导下，继续实施扩大投资、不断加大招商引资力度、有效推进国有企业改革，在金融危机状态下，总体经济很快扭转了增长速度大幅度下滑的局面，不仅实现了年初提出的“保增长”的主要目标，而且能够以较高的质量实现全省经济的增长，全省经济发展正在从“企稳回升”逐渐步入“常态较快增长”。

一、主要指标快速恢复增长

（一）地区生产总值

前三季度，我省完成地区生产总值4347.45亿元，增速达到12.1%，比全国平均水平高出4.4个百分点，增速在全国各省区市中居第11位。分产业看，第一产业增加

图1 今年各季度全省地区生产总值及增速

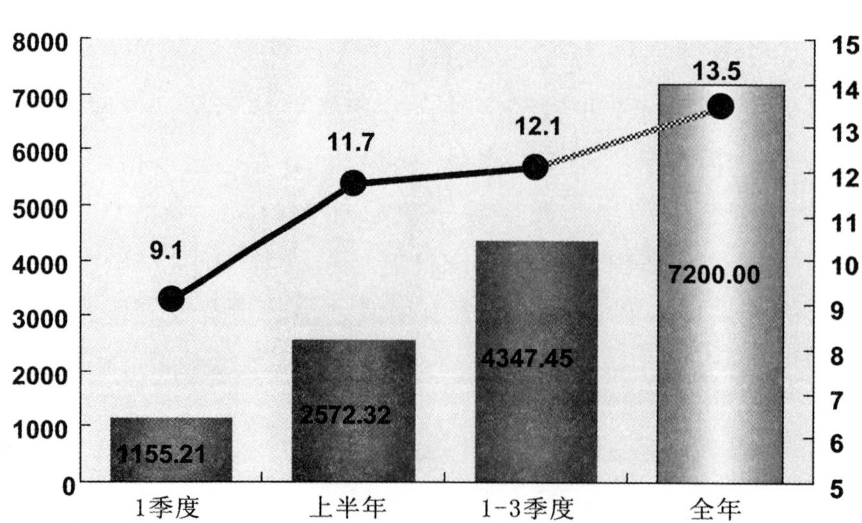

值达到391.85亿元，增长5.0%，比全国平均增速高1.0个百分点；第二产业增加值达到2323.94亿元，增长15.3%，比全国平均增速高7.8个百分点；第三产业增加值达到1631.66亿元，增长9.3%，比全国平均增速高0.5个百分点。根据当前的经济形势预测，全年可完成地区生产总值7200亿元左右，按可比价格计算，预计将比上年增长13.5%左右。(见图1)

纵向比较，一是今年我省地区生产总值增长速度逐季加快，一季度地区生产总值增速为9.1%，上半年增速为11.7%，前三季度增速扩大到12.1%,全年增速可达到13.5%。二是同比增幅差距逐季缩小，一季度增幅同比回落7.4个百分点，上半年增幅同比回落4.8个百分点，到前三季度回落3.9个百分点，全年增幅同比仅回落2.5个百分点。三是13.5%的增幅依然是近几年一个较高的增长水平，2002年-2008年是我省经济的快速增长期，此时期我省地区生产总值的平均增速为13.0%，可见今年的增速比这个快速增长期的平均增速还要高0.5个百分点。

横向比较，一是和临近的同为振兴中的黑龙江省比较，我省前三季度的地区生产总值增速为12.1%，比黑龙江省高3.3个百分点。二是和总量相近的津、赣、晋三省比较，我省的增速比天津低4.2个百分点，比江西高1.1个百分点，比山西高11.6个百分点；增幅同比回落的幅度比天津高3.8个百分点，比江西高1.9个百分点，但比山西低7.2个百分点。

（二）工业经济

前11个月，全省规模以上工业累计实现增加值2656.79亿元，同比增长16.8%，比全国平均增速快6.5个百分点，增速居全国第10位。预计，全年可实现规上工业增加值2900亿元左右，增长17%以上，超出年初规划目标2个百分点以上。

一是各种经济类型企业生产均保持增长态势。（见表1）

分经济类型工业增加值

表1

分 组 名 称	1-11月完成额（亿元）	1-11月增长（%）
规模以上工业总计	2656.79	16.8
其中：国有企业	281.76	9.9
集体企业	16.94	16.4
股份合作企业	4.80	58.3
股份制企业	1480.65	17.8
外商及港澳台商投资企业	680.51	12.6
其他经济类型企业	192.13	37.6
其中：国有控股企业	1079.77	5.0

各经济类型企业增加值均保持了较快的增长势头，特别是各类民营经济保持了较高的增长速度。前11个月，全省规模以上民营工业企业实现增加值1223.58亿元，同比增长33.2%，增幅高于全省平均水平16.4个百分点。

二是轻工业生产增速快于重工业。前11个月，全省规模以上轻工业企业实现增加值738.22亿元，同比增长22.8%；重工业企业实现增加值1918.56亿元，增长14.9%，轻工业生产增速快于重工业7.9个百分点，轻重工业增加值的比重达到27.8：72.2，轻工业比重同比提高1.4个百分点。

三是支柱产业特别是交通运输设备制造业生产增速持续加快，对全省工业经济增长的拉动作用继续增强。前11个月，全省九大支柱、优势和特色行业共实现增加值2063.60亿元，按可比价格计算，同比增长14.9%，对全省工业生产增长的贡献率为71.0%。其中，交通运输设备制造业实现增加值670.27亿元，同比增长11.9%，对全省工业增长的贡献率达到17.3%，拉动全省工业生产增长2.9个百分点；食品工业实现增加值456.19亿元，同比增长21.2%，对全省工业增长的贡献率为19.3%，拉动全省工业增长3.2个百分点；石化工业实现增加值362.32亿元，同比增长10.6%，对全省工业增长的贡献率为12.2%，拉动全省工业增长2.0个百分点；医药制造业实现增加值158.20亿元，同比增长24.3%；冶金行业实现增加值139.81亿元，同比增长13.0%；建材行业实现增加值158.30亿元，同比增长23.1%。

四是工业经济带动全省经济企稳回暖。去年下半年以来，我省工业生产受金融危机影响，增长放缓，工业增加值同比增速一度呈现出波动中下滑的态势，到今年1月份降至6.1%，达到最低点，此后工业生产开始筑底回升，增速逐月加快，特别是今年下半年以来，工业经济呈现出强劲反弹势头， 7月、8月、9月、10月和11月的增速分别达到20.4%、19.9%、23.0%、23.1%和23.6%。（见图2）

图2 各月规模以上工业增加值增速情况

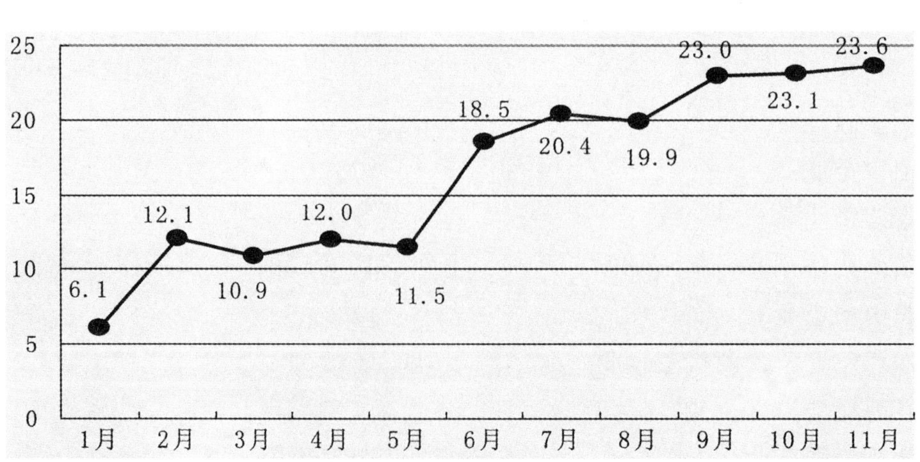

这表明，我省工业经济逐步摆脱国际金融危机的冲击和影响，当前工业生产的增长水平已经超过了危机前。工业经济在我省经济总量中占有重要比重，工业经济的快速回升，带动了全省经济的企稳回暖。

（三）固定资产投资

前11个月，全省累计完成城镇固定资产投资5887.03亿元，同比增长34.9%，增速比全国同期水平高2.8个百分点，投资额总量居全国第13位，增速居全国第16位；占全国比重达到3.5%，比去年同期提高0.1个百分点。预计，全年可完成全社会固定资产投资7200亿元左右，增长30%左右。（见图3）

图3 2004年—2009年全社会固定资产投资额及增速

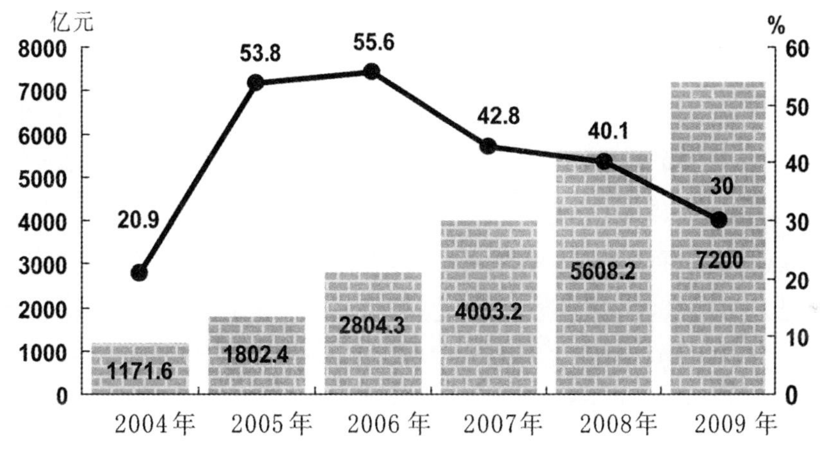

一是从项目情况看，大项目作用增强。大项目，特别是能够“立市立县”的超大项目投资的效率和效益能够有很好的保障，在地区未来的经济增长中能够起到关键性的作用。前11个月，全省新开工计划总投资超亿元以上建设项目达到356个，完成投资778.25亿元，占城镇投资的13.2%，新开工计划总投资超10亿元以上的项目33个，完成投资226.33亿元。其中，计划投资57亿元的吉林成大弘晟油页岩综合开发项目、计划投资40.69亿元的一汽集团一厂换型改造项目、计划投资38.1亿元的松原大广高速公路项目、计划投资30亿元的白山华能煤矸石发电项目、计划投资15.29亿元的吉林油田分公司油气开发项目、计划投资15亿元的博德医学诊断治疗制品产业化基地项目、计划投资15亿元的纽西兰乳液项目是我省今年固定资产投资的重要成果，将对我省未来的经济增长起到重要作用。

二是分行业看，工业投资力度继续加大。前11个月，全省工业完成投资3291.58亿元，同比增长38.5%，增速比全部城镇投资高3.6个百分点。其中，交通运输设备制造业、化工、食品工业、建材和医药等支柱优势产业投资额分别达到504.54亿元、433.76亿元、442.59亿元、227.52亿元和 157.89亿元，同比分别增长71.5%、27.5%、 42.6%、65.2%和64.6%。加大对支柱优势产业的投资建设支持力度，是这些产业部门快速走出危机影响，推动全省工业经济恢复快速增长的重要原因之一。

（四）社会消费品零售总额

前11个月，全省实现社会消费品零售总额2664.14亿元，同比增长19.0%（扣除价格因素增长20.3%），比同期全国平均水平高3.7个百分点，增速在全国各省市区中排第9位。预计，全年可实现社会消费品零售总额2900亿元以上，增长18%左右，超出年初计划目标1个百分点。

一是高层次消费成为消费热点。前11个月，我省汽车类零售额同比增长36.7%，文化办公用品类零售额同比增长21.8%，书报杂志类零售额增长26.7%，体育、娱乐用品类零售额增长34.3%，中西医药类零售额增长61.2%，建筑及装潢材料类零售额增长23.4%，增长速度均明显快于总体零售额增长水平。说明全省人民对高档消费品、医疗保健用品、文化娱乐用品的需求明显高于一般生活用品的需求，人们的消费习惯在向高档消费升级。

二是农村消费品市场领先增长。今年以来在国家多项惠农政策的拉动下，我省的农村消费品市场呈现出了强劲的增长势头。前11个月我省农村消费品零售总额达到594.34亿元，同比增长22.6%，增幅高于全省平均增长水平3.6个百分点，高于城市增长水平4.7个百分点。(见图4)

图4 各月社会消费品零售总额增长速度

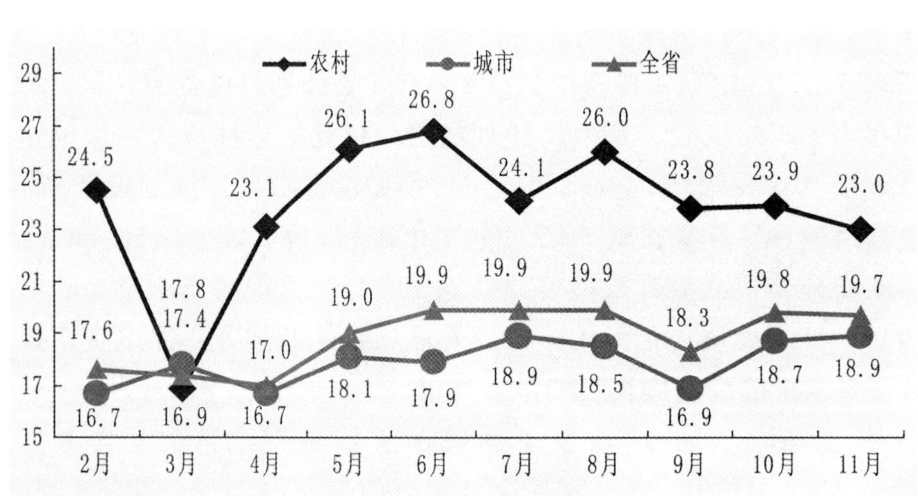

农村消费品零售额不仅增速明显高于全省水平，并且其总量所占比重也明显扩大，由去年前11个月的21.6%提高到今年同期的22.3 %，提升了0.7个百分点。农村消费品市场正在成为全省扩大内需新的增长点。

（五）进出口总额

前11个月，全省累计完成外贸进出口总值103.59亿美元，同比下降12.8%。其中，累计完成进口总值77.02亿美元，同比下降2.8%；累计完成出口总值26.57亿美元，同比下降32.9%。（见图5）

图5 各月累计进出口总额及增速

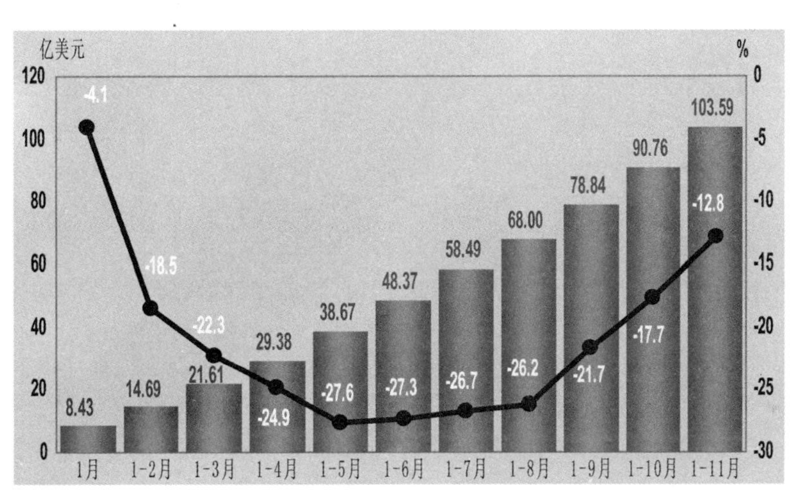

虽然进出口总值全年都处于负增长的状态，但下半年以来其降幅呈现出逐月收窄的态势。上半年降幅为27.3%，前三季度降幅缩小到21.7%。进入四季度以来，在进口额大幅增长的拉动下，降幅进一步缩小。前11个月降幅为12.8%，降幅较上半年缩小了14.5个百分点。

2008年，我省的外贸依存度仅为15%。今年这一现象不会有大的变化，所以进出口总额负增长的态势对全省经济总量的影响不大。

二、经济增长质量不断提高

（一）企业经济效益良好，财政收入大幅增长，城乡居民收入稳步增长

全省1—11月工业企业累计实现利润总额达到455.54亿元，增长24.7%，全年可达到490亿元左右，增长38%左右，将创历史最好水平。1—11月工业亏损额比上年同期下降55.4%，也为近几年较低水平。全省建筑业企业在生产较快增长的带动下，实现了利税持续增长。前三季度，实现利润总额7.28亿元，增长30.2%；上缴税金

18.08亿元，增长20.7%。银行企业前三季度实现利润总额57.37亿元，增长6.7%。(见图6)

图6 规模以上工业累计盈亏相抵后利润额增速

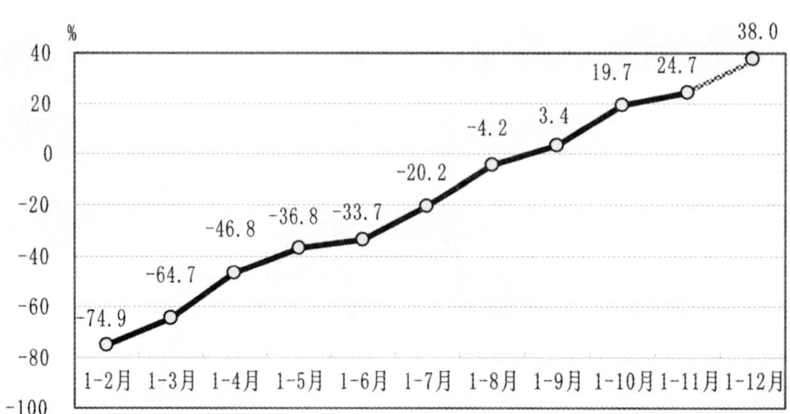

企业利润的大幅回升直接带动财政收入的增长。1—11月全省实现地方财政收入431.38亿元，比上年同期增长16.2%，今年以来始终保持两位数水平增长，并且增速呈逐月加快的趋势。税收收入更是在企业利润回升的拉动下稳步回升。前11个月全省税收收入达到322.20亿元，同比增长15.4%。其中，营业税达到105.42亿元，同比增长24.4%，企业所得税达到42.94亿元，增长6.1%，保持了稳定的增长。（见图7）

图7 各月累计财政收入及增速

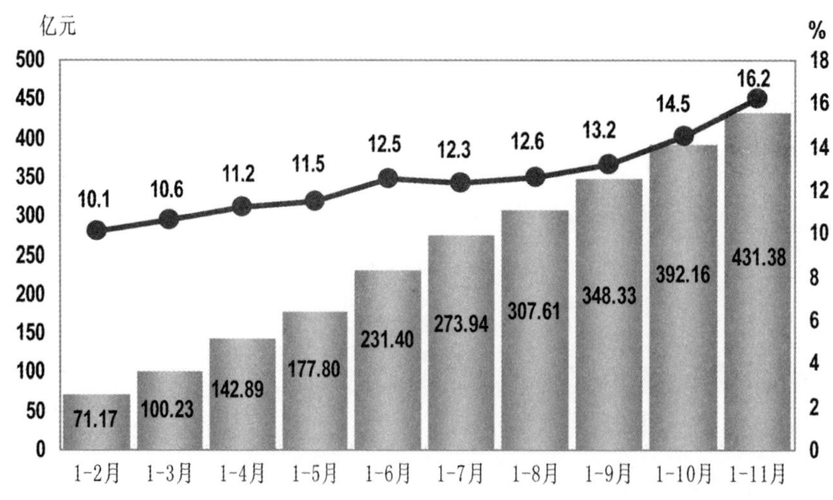

企业效益的好转也直接带动职工劳动报酬的增长。前三季度全省单位从业人员

劳动报酬达到474.60亿元，比上年同期增长13.5%。前三季度城镇居民人均可支配收入达到10483元，同比增长9.7%，农民人均现金收入达到5831元，增长12.6%。

（二）经济发展的保障和服务部门表现稳定

截至11月末城乡居民储蓄存款余额达到4536.87亿元，比年初增加555.32亿元，城乡居民储蓄存款余额大幅增长，表明人民收入稳步增加，潜在的消费需求有保障。截至11月末中长期贷款余额达到3150.27亿元，比年初增加809.76亿元，中长期贷款余额的大幅增长，表明金融机构对我省经济增长充满信心，对大项目建设的金融支持增加。(见图8)

图8 城乡居民储蓄存款余额和中长期贷款余额

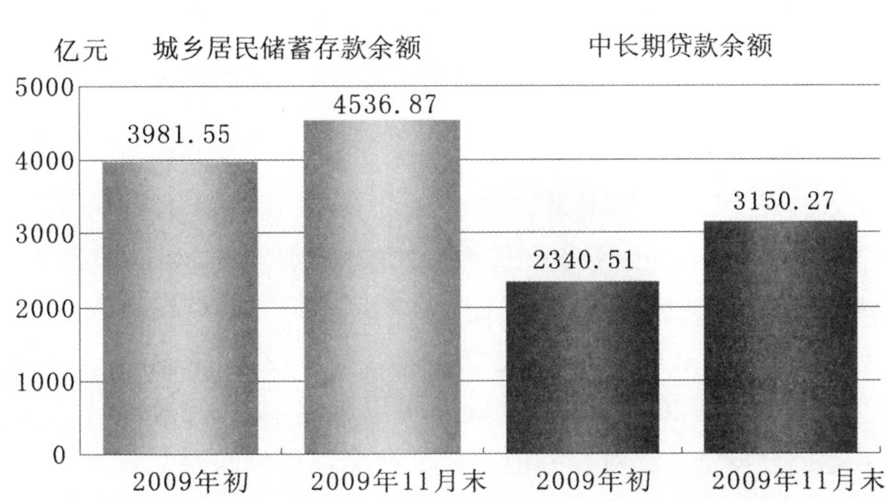

前11个月，全省铁路和公路客运量达到5.32亿人，同比增长3.5%；货运量达到3.08亿吨，同比增长9.2%。前11个月，全省邮电业务总量达到480.77亿元，同比增长15.4%；宽带接入用户219.50万户，增长25.7%；移动电话用户1565.40万部，增长14.9%。交通运输和邮政、电信业务增长大幅回升说明经济运行的服务部门发展稳定。

（三）节能降耗成效显著，单位GDP能耗下降

年初确认全年工业节能降耗率为下降7.0%，前三季度就下降了11.4%，全年下降10%左右的目标完成的把握性较大。这个成绩的取得，得益于我省近几年节能技改项目的达产见效。据测算节能技改项目形成的节能量，约占全部节能量的30%；还得益于我省低耗能产业对工业经济贡献巨大，工业整体布局趋于优化。预计全年单位GDP能耗下降6%左右。(见图9)

图9 单位地区生产总值能耗降低率和单位工业增加值能耗降低率

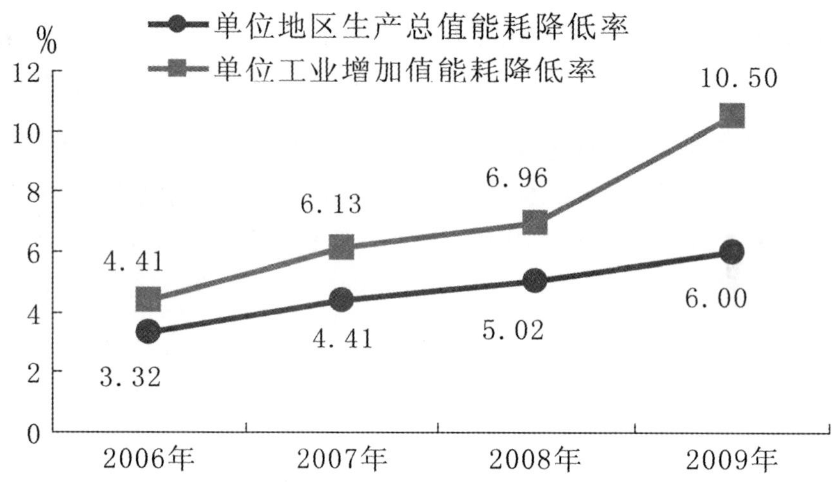

（四） 投入产出效率大幅提升，工业品市场占有率稳定增长

2004年全省工业投入产出效率为0.74， 2008年则增长到1.08，实现了产出大于投入，到2009年1—9月则上升为1.10，比2004年提高了36个百分点。同时，工业产品市场占有率也由2004年的1.68%上升到2009年1—9月的1.74%。当前的工业资产比2004年增加了3538亿元，2009年的销售收入将比2004年增加5400多亿元，充分说明连续几年的工业扩大投资，相对较好地避免了产能过剩的问题。

金融业对我省经济发展的支撑状态分析

王宏阳　兰乔

编者按：《金融业对我省经济发展的支撑状态分析》一文于2009年12月31日以《统计参考》第15期（总第15期）印发。

金融业是国民经济重要的基础性行业,是融通资金、调节资金、聚集资金和配置资金的重要桥梁和纽带，是整个经济运行的血脉。如果站在金融业对宏观经济的促进作用角度分析，通过建立回归模型及定量分析发现,振兴东北老工业基地战略实施以来，金融业对全省经济的促进支撑作用日趋增强,但是金融业规模小，实力不强的问题，影响了金融市场的运行效率，制约了全省经济更快发展。

一、金融业对经济增长具有显著的促进作用

（一）资金利用效果提高

1、资金利用的边际效果较高

金融资产能够反映一个地区金融业发展水平。由于现阶段我省金融资产主要是银行资产，而银行资产又主要是存贷款，所以我们用金融机构人民币存款余额和贷款余额作为衡量金融业发展的数量指标，用地区生产总值GDP衡量经济发展状况，根据指标口径一致性和资料的可获得性原则，以1999—2008年主要数据为样本，通过建立回归模型对金融业与经济发展之间的关系进行探讨。

相关分析结果发现，GDP（Y）与金融机构人民币存款余额（X1）之间的相关系数为0.987，与金融机构人民币贷款余额（X2）之间的相关系数为0.987。这种量化关系深刻表明：GDP与金融机构人民币存款余额和贷款余额之间存在高度正相关关系。

而且回归分析结果证明，金融业发展对经济发展具有较强的促进作用，且金融机构人民币贷款余额对GDP的贡献大于存款余额。在其他变量保持不变的条件下，我省每增加100亿元的贷款，GDP将增加50.2亿元。

通过同一模型，对同处东北老工业基地的黑龙江省进行回归分析，得出每增加100亿元的贷款，GDP增加34.8亿元。也就是说，我省金融业每增加100亿元贷款，

资金利用的边际效果要高于龙江15.4亿元。宏观经济结果也表明，在大体相似的金融生态环境下，我省人均GDP由2004年低于龙江4位，在2007年，一跃超过该省，2008年我省居全国的位置也由2004年的14位上升至第11位，超越龙江2位。回归模型附后。

2、**资金利用的直接效果提高**

金融业贷款的直接产出效果，我们试图用生产总值与贷款的强度系数来衡量，即GDP与贷款的比例关系。2004年到2008年我省生产总值与贷款的强度系数呈上升趋势，表明信贷资金运行质量在提高，金融对经济的增长具有显著促进作用。(见表1)

2004—2009年前三季度

吉林省与全国贷款资金直接产出效果比较

表1

年　份	吉林省GDP与贷款合计的比例系数	全国平均比例系数	吉林省与全国平均比例系数比较(+ -)
2004	0.909	0.897	0.012
2005	1.086	0.941	0.145
2006	1.105	0.940	0.165
2007	1.227	0.983	0.244
2008	1.328	0.991	0.337
2009（1–3季度）	1.175	0.821	0.354

从2004年东北老工业基地振兴之初，我省生产总值与贷款的强度系数为0.909,也就是说,每投入100亿元贷款资金,直接与当年实现的GDP比较,产出量为90.9亿元，资金利用效果显得比较粗放,似乎可以认为我省金融市场没有消除“计划”经济的痕迹。

随着振兴的深化，资金利用效果逐年提高。到2008年达到1.328,比2004年高出41.9个百分点,比当年全国平均水平高出33.7个百分点。这种效果，从宏观看，金融业五年间平均每年增加贷款539亿元，而每年平均多实现GDP 703亿元，后者大于前者160多亿元；从微观看，工业企业负债率由2004年的60.4%,下降到2008年的54.6%,简单推算,仅工业企业当年新增自有资金240多亿元。

2009年前三季度，贷款利用的效果有所下降，这与抵抗金融危机，刺激经济增长，增强流动性有关。与全国平均水平比较，这一比例系数我省仍高于全国平均水平 35.4个百分点，比2008年的利用效果还高出1.7个百分点，说明我省在化解金融危机的过程中，资金利用的直接效果明显好于全国平均水平。

（二）资金来源多元化。(见表2)

2004—2009年我省主要经济指标比较

表2

	固定资产投资额	消费品零售额	进出口总额(亿美元)	工业企业产品销售收入	存款合计(人民币口径)	贷款合计(人民币口径)	存贷比(%)
2004	1171.60	1286.90	67.93	3190.80	3683.49	3435.02	93.25
2005	1802.40	1460.80	65.28	3634.60	4270.49	3332.93	78.05
2006	2804.30	1675.80	79.14	4456.20	4963.71	3870.33	77.97
2007	4003.20	1999.20	102.99	5906.20	5318.59	4306.01	80.96
2008	5608.20	2484.30	133.41	7703.80	6362.48	4835.89	76.01
2009	7250.00	2936.00	150.00	8700.00	8110.08	6129.61	75.58

注:2009年数据为预计数;银行业存贷款数据为2009年前三季度数。

分析上表数据，能够得出以下两个基本印象：一是全省主要经济现象其总体规模逐年扩张；二是贷款增量小于存款增量，存贷比呈逐年下降趋势。如果简单比较，这几年，金融业的存贷款增长速度似乎不能完全支撑全省经济规模的扩张速度，那么结合相关经济现象比较分析，不难发现，我省金融市场的资金来源多元化，即促进了经济总量扩大，也促进了金融市场的有效发展。

1、从政策层面看，振兴东北老工业基地的战略举措,迎合及适应了中央调整变化的财政与货币政策，这几年我省获得的中央财政资金及各政策性银行的软贷款支持，其乘数效应明显。

2、从市场环境看，企业招商引资的作用日趋增强。引入外省资金由2004年的120.98亿元增加到2008年1222.38亿元，增长了10.1 倍。2009年前三季度引进外省资金1313.77亿元，同比增长42.8%。比2008年全年引进省外资金还多出91.39亿元,招商引资总量创历史同期最高。

我省外向型经济的迅速发展和外资企业实力的增强，也增加了全社会资金的供给。2004—2008年，我省外商直接投资累计达 37.53亿美元，折合人民币256.27亿元。

省外及域外资金的大量涌入，以及这几年我省资本市场也有了较大发展,可以说，资金的洼地效应初现。

3、从企业自身发展看，自我创新能力增强。(见表3)

2004—2008年部分行业重点企业效益指标

表2 单位：亿元

年 份	规模以上工业企业		限额以上批零企业		企业存款（人民币口径）
	利润总额	所有者权益	利润总额	所有者权益	
2004	178.73	1780.22	-2.55	56.34	804.90
2005	141.00	1817.22	-0.14	53.91	877.70
2006	206.42	2452.84	11.03	75.18	1039.60
2007	452.10	2635.65	23.63	93.25	1342.70
2008	353.80	3421.41	62.53	155.31	1528.60

企业利润增加，带来的直接效果是，企业所有者权益增长，说明企业自有资金的增多，扩大再生产有了保障，增强创新能力有了资本。而间接效果是,对增加企业银行存款产生积极的作用，企业存款增加将对我省整体金融生态环境改善产生重要影响，增强了我省经济发展的整体信誉,对提高央行对我省的信用额度也大有益处。

（三）金融业自身发展加快

1、金融业增加值比重提高

金融业增加值是反映金融业规模和实力的重要指标。2008年我省金融业实现增加值147.20亿元,比2004年增加70.03亿元,增长了90.7%；2004—2008年金融业增加值占GDP比重在2.3%—2.5%区间徘徊，基本处于稳定；2009年前三季度，我省金融业增加值134.58亿元，占GDP比重跃上3%台阶,达到3.1%,创近六年来新高。(见表4)

2004—2009年前三季度吉林省金融业发展情况

表4

年 份	地区生产总值（亿元）	金融业增加值（亿元）	金融业增加值占GDP比重（%）
2004	3122.01	77.17	2.5
2005	3620.27	83.63	2.3
2006	4275.12	100.75	2.4
2007	5284.69	126.03	2.4
2008	6424.06	147.20	2.3
2009(1−3季度)	4347.45	134.58	3.1

2、**金融业贡献率提高**

金融业是一个高附加值的产业，在运用金融手段推动经济发展的同时，通过自身产值的增长也为经济发展做出直接贡献。2004年，金融业对GDP贡献率仅为0.3%，虽然中间年份波动较大，但总体看仍是上升趋势，2009年前三季度贡献率达近几年来新高,为6.9%。（见表5）

2004—2009年前三季度吉林省金融业发展情况

表5

年　　份	地区生产总值（亿元）	金融业增加值（亿元）	金融业对经济增长贡献率（%）
2004	3122.01	77.17	0.3
2005	3620.27	83.63	1.3
2006	4275.12	100.75	2.8
2007	5284.69	126.03	2.9
2008	6424.06	147.20	1.5
2009(1−3季度)	4347.45	134.58	6.9

3、**金融业自身效益好转**

近年来，我省各类金融机构在促进吉林经济社会不断发展的同时，在控制风险，保持自身不断发展壮大的过程中，运行效益明显好转。2004—2009年前三季度，全省银行业利润总额由负转正,而且呈现不断扩大趋势,企业的所有者权益也在增多。（见表6）

2004-2009前三季度吉林省银行业效益分析

表6　　单位：亿元

年　　份	利润总额	所有者权益
2004	-8.80	-48.80
2005	-17.90	-65.34
2006	2.10	-20.97
2007	32.20	128.03
2008	91.91	209.29
2009前三季度	57.37	237.57

二、金融业发展实力亟待增强

我省的金融业经过多年的不断探索、动态调整和深化改革，在逐步理顺的进程中取得了卓有成效的业绩，对稳定和推动吉林经济社会发展起到了积极的作用。但是也存在着与经济发展不和谐的问题，主要表现在：

（一）金融业总体规模偏小，横向比较实力显弱

近年来，我省金融业自身比较发展较快，但与全国平均水平及经济发达的省份相比，实力明显不强，对经济发展的支撑力度不够。2008年147.20 亿元的金融业增加值，仅占全国金融业总量的0.9%，比我省GDP占全国1.9%的比重低1个百分点;位居全国第24位，只相当于广东、北京、江苏、上海、浙江金融业增加值的 7.0 % 、9.9 % 、9.9 % 、10.2%、10.5% ； 2008年我省金融业增加值占全省GDP比重为 2.3 % ，位居全国第22位，而同期全国平均比重为5.6%,我省低了3.3个百分点。经济发达的北京市、上海市金融业增加值占GDP的比重已达到14.2%和10.5%，比我省高出11.9个和8.2个百分点。(见表7)

（二）金融业发展稳定性较差，行业构成不均衡，国有商业银行的存贷比低

从2004—2009年前三季度看，我省金融业增加值增速起伏跌宕，大起大落。2009年前三季度增长速度高达32.3 %，2004年只增长1.3%，高低相差31个百分点，发展稳定性较差。2004年—2008年金融业增加值平均增速为11.0%,低于同期GDP增速3.3个百分点。(见表8)

2004—2009年前三季度吉林省金融业增长速度比较

表8

年份	金融业增加值增速（%）	GDP增速（%）	金融业增加值增速高（低）于GDP增速（百分点）
2004	1.3	12.2	-10.9
2005	6.6	12.1	-5.5
2006	18.3	15.0	3.3
2007	19.9	16.1	3.8
2008	9.8	16.0	-6.2
2009（1−3季度）	32.3	12.1	20.2

从金融业的行业构成看，我省银行业居于主导地位。改革开放初期，银行业基本是金融业的代名词。上世纪90年代以来，我省保险业由小到大，证券业从无到有，其他金融业活动中金融担保、财务公司等各种类型的新兴金融企业，为融资提

2008年各省、市、自治区金融业增加值情况

表7 单位：亿元

地　区	生产总值	金融业增加值	位 次	金融业增加值占GDP比重(%)	位 次
全　国	300670.00	16816.50		5.59	
北　京	10488.03	1493.58	2	14.24	1
天　津	6354.38	360.55	11	5.67	5
河　北	16188.61	419.01	9	2.59	19
山　西	6938.73	189.76	18	2.73	18
内蒙古	7761.80	166.85	22	2.15	25
辽　宁	13461.57	345.62	12	2.57	20
吉　林	6424.06	147.20	24	2.29	22
黑龙江	8310.00	155.28	23	1.87	29
上　海	13698.15	1442.60	4	10.53	2
江　苏	30312.61	1483.23	3	4.89	7
浙　江	21486.92	1405.20	5	6.54	3
安　徽	8874.17	183.18	19	2.06	26
福　建	10823.11	486.86	7	4.50	8
江　西	6480.33	98.06	26	1.51	31
山　东	31072.06	1020.38	6	3.28	15
河　南	18407.78	345.36	13	1.88	28
湖　北	11330.38	393.05	10	3.47	14
湖　南	11156.64	245.67	14	2.20	24
广　东	35696.46	2117.35	1	5.93	4
广　西	7171.58	181.32	20	2.53	21
海　南	1459.23	26.74	30	1.83	30
重　庆	5096.66	201.30	17	3.95	10
四　川	12506.25	459.29	8	3.67	13
贵　州	3333.40	131.20	25	3.94	11
云　南	5700.10	217.79	15	3.82	12
西　藏	395.91	7.45	31	1.88	27
陕　西	6851.32	208.84	16	3.05	17
甘　肃	3176.11	72.49	27	2.28	23
青　海	961.53	30.47	29	3.17	16
宁　夏	1098.51	57.25	28	5.21	6
新　疆	4203.41	167.26	21	3.98	9

供了便捷的通道。曾经一度淡出人们生活的典当业，随着政策放宽和市场需求又重新出现。但是无论从发展数量还是发展规模上，这些非银行业的金融机构都只能是充当“拾遗补缺”的角色，所起作用非常有限。银行业在金融业中的主导地位始终不变。2009年前三季度，全省银行业金融机构本外币各项存款余额 8194.17亿元，同比增长33.38%，贷款余额为6190.65亿元，同比增长32.99%,存贷款的增长都在30%以

2009年前三季度吉林省银行业本外币存贷款情况

表9　　单位：亿元

金融机构	各项存款		各项贷款		存贷比	
	本期	比同期增长（%）	本期	比同期增长（%）	比例	排序
全省银行业合计	8194.17	33.38	6190.65	32.99	75.5	
政策性银行合计	191.31	137.72	1933.76	25.99		
国家开发银行	146.75	316.54	989.19	27.66	674.1	
农业发展银行	44.56	-1.52	944.57	24.29	2119.8	
国有商业银行合计	4125.33	33.42	2157.24	38.73	52.3	
工商银行	1458.82	28.50	743.48	31.60	51.0	10
农业银行	854.35	20.93	292.53	24.98	34.2	12
中国银行	810.21	60.24	495.77	78.59	61.2	6
建设银行	1001.95	34.55	625.47	36.09	62.4	7
股份制银行合计	863.44	68.39	479.14	65.05	55.5	
交通银行	471.48	36.17	225.98	18.91	47.9	11
中信银行	23.45		18.10		77.2	
光大银行	122.73	13.79	66.23	35.89	54.0	9
招商银行	41.84		42.08		100.6	1
上海浦发银行	133.65	127.83	73.53	42.70	55.0	8
民生银行	70.28		53.22		75.7	3
中小金融机构合计	2063.22	20.17	1589.27	24.28	77.0	
吉林银行	869.51	22.01	636.37	33.53	73.2	5
农村合作机构	1051.56	16.79	854.93	21.07	81.3	2
财务公司合计	142.14	36.88	93.60	1.38	65.8	
信托公司合计	0.00		4.37	15.40		
邮政储蓄银行	558.87	29.86	17.67	397.39	3.2	14
韩亚银行	1.20		0.16		13.6	13
村镇银行合计	18.02		13.41		74.4	4

上。存贷比是贷款余额与存款余额的比值，这个比值在一定程度上揭示了银行主营业务收入增长的动力。今年前三季度，全省银行业金融机构本外币存贷比为75.5%，剔出政策性银行影响后，存贷比为53.2%。其中，国有商业银行存贷比相对较低为52.3%，新引进股份制银行及地方银行存贷比相对较高，招商银行、民生银行和中信银行存贷比分别为100.6%、75.7%和77.2%；吉林地方银行存贷比为73.2%；农村合作机构存贷比为81.3%。（见表9）

（三）银行业存贷款差额过大，金融资源流失

长期以来，我省外来投资有限，经济发展对信贷资金依赖程度相对较高。资金不足一直是制约我省经济发展的一块“绊脚石”。但是自2003年以来,金融机构却出现存款大于贷款的现象, 存贷差由负转正，存差取代贷差成为金融机构运行新的常态,且存贷差呈现逐年扩大趋势。2003年吉林省金融机构人民币存款大于贷款18.38亿元，2004年扩大到248.47亿元，2008年又扩大到1526.59亿元，六年间增长83倍。今年前3季度存贷款差额进一步扩大到1980.47亿元。比去年全年存贷款差额还多453.88亿元。(见表10)

2003—2009年前三季度

吉林省金融机构人民币存贷差额变化情况

表10　　　　单位：亿元

年　份	各项存款合计	各项贷款合计	存贷款差额
2003	3307.25	3288.87	18.38
2004	3683.49	3435.02	248.47
2005	4270.49	3332.93	937.56
2006	4963.71	3870.33	1093.38
2007	5318.59	4306.01	1012.58
2008	6362.48	4835.89	1526.59
2009(1−3季度)	8110.08	6129.61	1980.47

存贷款差额的进一步扩大，一方面反映了近年来我省经济的持续发展，带来居民收入水平的不断提高，企业存款和城乡居民储蓄刚性增长较强；另一方面也反映了银行存在大量的闲置资金，资金使用效率不高，银行盈利空间在缩小；同时急需资金的企业又得不到资金支持，企业发展受阻。虽然形成存贷款差额过大、金融资源流失问题的原因是多方面的，但长此下去必将形成恶性循环，最终影响经济发展。

（四）金融生态环境差，中小企业融资难

近几年，省委、省政府十分重视金融生态环境建设，也取得了一定成绩。重点企业融资需求基本得到满足，中小企业信贷投放有所增加。但总体上来看，我省金融生态环境仍存在“上热下冷”现象。现行以国有商业银行为主体的金融体系，主要服务于国有企业或大中型企业，银行对中小企业的风险状况缺乏有效的识别手段，一亿元贷给上百家小企业与一亿元贷给一家国有企业相比，显然风险大得多，成本费用也高得多。加之中小企业信用等级低，有些信用差的中小企业甚至视银行贷款为“唐僧肉”，抱着能借则借、能逃则逃的态度，使银行信贷支持的信心和能力减弱，对中小企业的贷款需求“敬而远之”，存在“惜贷”、“惧贷”、甚至“恐贷”的现象。严重破坏了银行与企业之间的诚信体系，造成中小企业融资难。

三、加快金融业发展，促进经济更快增长

金融业是我省经济发展的重要支撑力量，大力发展金融业已成为我省经济社会快速发展和全面建设和谐社会的当务之急。营造良好的金融生态环境，加快金融创新步伐，开拓金融产品，拓宽融资渠道，提高金融资本的使用效率，是促进我省金融与经济协调发展，实现金融业助推吉林经济腾飞的最现实的选择。

（一）营造良好的金融生态环境，支持、鼓励金融机构增加信贷投放

金融生态环境是金融业赖以生存和发展的外部基础条件，金融生态环境是一种潜在的生产力，良好的金融生态环境对经济发展能起到助推作用，恶化的金融生态环境会阻碍和破坏经济发展。加强金融生态环境建设，首先要加强诚信建设，构建社会诚信体系。其次要加强金融法治建设，要完善适应现代市场经济发展的金融业相关法律、法规。今年以来，各市、州政府都设立了金融服务办公室，加强对地方金融工作的组织协调和服务，部分市、州还设立了金融发展基金，支持和鼓励金融机构增加信贷投放。当前，要针对金融机构反映较突出的问题，重点做好以下工作：一是解决贷款抵押登记过程中涉及部门多、手续繁杂、收费较高、时限较长的问题；二是要依法维护金融债权，打击利用改制、破产逃废银行债务的行为；三是加强对当地担保机构的监督管理，杜绝虚假出资、抽逃资本金等行为，促进担保机构规范运行，与银行机构分担风险，互利双赢；四是支持当地银行机构化解不良贷款，恢复授信资格和提高授信水平。

（二）加快金融创新步伐，支持企业通过资本市场融资

金融创新是现代金融业发展的动力，是提升金融业服务水平和竞争力的关键。金融与经济协调发展是实现经济最优增长的必要条件。我省经济已经进入到经济加速发展的阶段，经济结构需进一步优化升级，特别是产业结构的升级需要以发展高

新技术产业为主导进行实质性的改进，需要金融业做出相应的变革。一要支持企业通过企业上市融资。利用IPO重启和创业板启动的有利时机，加大企业上市融资、再融资工作力度。通过“一事一议”的办法合力解决企业上市过程中遇到的困难和问题，支持已上市的企业通过增发新股实现再融资。积极发展股权投资基金、产业投资基金，扩大我省企业股权融资的渠道。二要支持企业通过债券市场融资。抓住国家扩大债券市场融资的有利时机，积极支持优质客户发行企业债、短期融资券和中期票据。引导企业通过短期融资券、中期票据、中小企业集合债券等方式进行融资，促进我省信贷结构调整，使金融机构腾出大企业信贷资金支持中小企业发展。

（三）积极开拓农村金融产品，加大金融对农村经济的支持

农村劳动力很难和资本相结合是制约农村经济发展的因素之一，资本在农村为一种稀缺的要素。致使农村近乎无限供给的廉价劳动力资源仅能在城市谋求有限的就业机会，而不能在广阔的农村地区与资本结合，农村经济的发展则必然受阻。

吉林作为传统的农业大省，必须从经济发展战略高度，重视金融对农村经济的支持。金融部门要积极调整工作思路和业务布局。积极推进农村金融产品和服务创新，要利用全国农村金融产品和服务方式试点省份的有力契机，积极向交易商会争取发行农业产业化龙头企业集合票据，既满足企业的资金需求，又整体突出了农业产业优势。也可以利用国家政策向中小企业和三农倾斜的时机，争取中小企业集合债权或集合票据的试点。加大对县域投资项目的信贷投入，结合百镇建设工程，重点支持道路、管网、电厂等基础设施建设，满足县域工业集中区建设信贷需求，支持县域经济发展。农村金融支持是一篇大文章，做好这篇大文章，要靠政府的高度重视，也要靠社会各方面的大力支持和协助，更要靠金融部门，特别是涉农金融部门的积极努力和深入实践，开拓创新，更好地为农民、农业和农村经济服务。

（四）多种方式推进中小企业融资，促进中小企业腾飞

市场经济组成不仅包含大企业，也包含数量众多的中小型企业、大量的小商品生产者，还包含农村的各种专业户、个体和私营工商业、各种手工业者和联合体、乡镇各类企业等。考虑到大企业之外的这些中小及微型企业的实际需求，有条件的金融机构要加快设立中小企业信贷专营服务机构，对中小企业贷款单独设置考核指标。要根据中小企业经营特点，灵活运用各种动产和收益权的质押，加快担保方式创新，扩大抵押物范围，利用信用证、押汇、保理、贸易链融资等多种方式，进一步拓宽中小企业融资渠道。也可以考虑构建各种民间金融市场，设立民间微小银行、民间投资公司、投融资基金，创业投资基金、信用保证基金、互助基金等以补充和解决中小企业资金短缺、融资困难的问题和矛盾。民间微小银行可采取股份合作形式经营，通过借贷双方签订有效合同，或者资产抵押的形式，解决快速小额民

间借贷问题。当然，在一定程度和范围，也可以鼓励一定借贷利息（如10%-20%的利息）的高利贷形式存在，体现高风险、高回报。

（五）及早谋划2010年重大投资项目的金融支持，拓展大项目的融资渠道

截止9月末，我省银行业金融机构本外币各项存款余额8194.17亿元，贷款余额为6190.65亿元，银行业金融机构“不差钱”，还有很大的贷款可利用空间。并且银行业金融机构的贷款条件、贷款资金量、授信额度都比较充裕，只要企业信誉好，对项目资金需求表述的好，设计的好，获得贷款支持是不成问题的。金融机构要按照《长吉图开发开放先导区》等我省重大规划的要求，组织、协调、提前谋划好重大基础设施项目和支柱、优质、特色产业项目的资金需求。及早介入，提供融资咨询服务，做好贷款前各项准备工作，在充分利用信贷资金的同时，吸引保险基金、信托资产、产业投资基金投入，通过多种渠道、多种方式满足重大项目的资金需求。

附：金融业与经济发展相关性的回归分析

为分析金融业对我省经济发展的作用，以下通过建立回归模型对我省金融业与经济发展之间的关系进行深入探讨。

1、建模变量选取

金融资产能够反映一个地区金融业发展水平。由于现阶段我省金融资产主要是银行资产，而银行资产又主要是存贷款，所以本文用金融机构人民币存款余额和贷款余额作为衡量金融业发展的指标，用地区生产总值(GDP)衡量经济发展状况，根据指标口径一致性和资料的可获得性原则，以1999—2008年主要数据为样本（见表1），以GDP为被解释变量Y，金融机构人民币存款合计（X_1）和金融机构人民币贷款合计（X_2）为解释变量，建立回归模型。数据分析使用软件SPSS。(见表11)

2、变量相关分析

根据表2相关分析结果发现，GDP（Y）与金融机构人民币存款余额（X_1）之间的相关系数0.987，与金融机构人民币贷款余额（X_2）之间的相关系数0.987。这表明GDP与金融机构人民币存款余额和贷款余额之间存在高度正相关关系。（见表12）

3、建立回归模型及参数估计

根据以上分析，建立如下模型：

$Y=a+b1\ X_1+b2\ X_2$

其中，a为常数，b1表示金融机构人民币存款余额对GDP的影响系数，b2表示金融机构人民币贷款余额对GDP的影响系数。运用SPSS软件进行回归分析，结果见表3。（见表13）

1999-2008年吉林省经济发展和金融业发展指标

表11　　单位：亿元

年　份	GDP	存款合计	贷款合计
1999	1682.07	1928.25	2580.41
2000	1951.51	2236.71	2651.18
2001	2120.35	2484.23	2828.25
2002	2348.54	2878.28	3057.70
2003	2662.08	3307.25	3288.87
2004	3122.01	3683.49	3435.02
2005	3620.27	4270.49	3332.93
2006	4275.12	4963.71	3870.33
2007	5284.69	5318.59	4306.01
2008	6424.06	6362.48	4835.89

1999-2008年吉林省经济发展与金融业发展相关系数

表12

	Y	X_1	X_2
Y	1.000	0.987	0.987
X1	0.987	1.000	0.980
X2	0.987	0.980	1.000

1999-2008年吉林省经济发展与金融业发展回归分析结果

表13

变量	系数	标准差	t统计量
a		855.848	-2.682**
X1	0.495	0.262	2.019*
X2	0.502	0.524	2.047*

R^2=0.983，经过修正的R^2为0.997，F检验值为208.394。

根据表7结果，可得到如下的估计方程，

$Y= 0.495\quad X_1 +0.502\quad X_2$

可决系数R^2和经过修正的R^2接近于1，表明模型的拟合效果非常好；

D.W=1.132，根据判定法则得证残差序列不存在自相关。金融机构人民币存款余额（X_1）和贷款余额（X_2）能够很好地解释全省经济增长情况。

b1=0.495，b2=0.502说明金融业发展对经济发展具有促进作用，且金融机构人民币贷款余额对GDP的贡献大于存款余额。在其他变量保持不变的条件下，每增加100亿元的存款，GDP将增加49.5亿元；每增加100亿元的贷款，GDP将增加50.2亿元。也就是说，各项存、贷款保持较快增长，将有利于推动经济保持较快发展。